本丛书系国家社科基金"一带一路"建设研究专项"'一带一路'沿线国别研究报告"（批准号：17VDL002）成果，并得到上海社会科学院"一带一路"建设专项经费资助。

总主编 王振
副总主编 王健 李开盛

"一带一路"国别研究报告

（匈牙利卷）

主编 宋黎磊

The Belt and Road Country Studies

(Hungary)

中国社会科学出版社

图书在版编目（CIP）数据

"一带一路"国别研究报告．匈牙利卷/王振总主编；宋黎磊主编．—北京：中国社会科学出版社，2019.12
ISBN 978-7-5203-4917-8

Ⅰ.①一… Ⅱ.①王…②宋… Ⅲ.①政治—研究报告—世界②政治—研究报告—匈牙利 Ⅳ.①D52②D751.5

中国版本图书馆 CIP 数据核字（2019）第 183944 号

出 版 人	赵剑英
责任编辑	赵 丽
责任校对	王佳玉
责任印制	王 超

出　　版	中国社会科学出版社
社　　址	北京鼓楼西大街甲 158 号
邮　　编	100720
网　　址	http://www.csspw.cn
发 行 部	010-84083685
门 市 部	010-84029450
经　　销	新华书店及其他书店
印　　刷	北京明恒达印务有限公司
装　　订	廊坊市广阳区广增装订厂
版　　次	2019 年 12 月第 1 版
印　　次	2019 年 12 月第 1 次印刷
开　　本	710×1000　1/16
印　　张	41
插　　页	2
字　　数	685 千字
定　　价	129.00 元

凡购买中国社会科学出版社图书，如有质量问题请与本社营销中心联系调换
电话：010-84083683
版权所有　侵权必究

总　　序

自习近平主席 2013 年分别在哈萨克斯坦和印度尼西亚提出建设"丝绸之路经济带"和"21 世纪海上丝绸之路"以来,"一带一路"倡议得到了沿线国家的积极呼应,以政策沟通、设施联通、贸易畅通、资金融通、民心相通为合作框架的"五通"成为连接中国与世界的新桥梁、新通道。习近平主席在第二届"一带一路"国际合作高峰论坛开幕式上的主旨演讲中特别提出,共建"一带一路",顺应经济全球化的历史潮流,顺应全球治理体系变革的时代要求,顺应各国人民过上更好日子的强烈愿望。面向未来,我们要聚焦重点、深耕细作,共同绘制精谨细腻的"工笔画",推动共建"一带一路"沿着高质量发展方向不断前进。

上海社会科学院自 2014 年以来积极推进"一带一路"倡议研究和国别数据库建设。2017 年 4 月第一届"一带一路"国际合作高峰论坛召开之际,我们与中国国际经济交流中心紧密合作,联合推出了智库型的"丝路信息网"。在创建"一带一路"数据库过程中,我们深感学术界、智库对"一带一路"沿线国家的国情研究,明显存在广度、深度不足问题。传统的区域国别研究或以历史、语言为背景,或主要局限于国际问题研究领域,往往缺乏国情研究的多学科特点和专业性调研范式,对于"一带一路"建设的实际需求,也考虑较少。"一带一路"沿线国家各有其不同的历史文化和国情特征。只有深入了解和认识这些国家之间的国情特征,才能为"一带一路"建设和相关决策提供较为扎实的智力保障和知识依托。

全国哲学与社会科学工作办公室为推进"一带一路"国情研究,于 2017 年专门设立了"一带一路"国别与数据库建设研究专项,并组织上海社会科学院、中国人民大学国家开发战略研究院、兰州大学中亚研究所三家智库组成联合课题组,系统开展"一带一路"国别研究。2018 年正式启动第一期研究，三家智库根据各自专业优势各选择6个国家开展国别研究，并在合作交流中逐步形成了体现国情研究特征的国别研究框架体系。

上海社会科学院高度重视"一带一路"研究，在张道根院长、于信汇书记的支持下，由副院长王振研究员牵头，组成了跨所跨院的研究团队。既集中了本院国际问题研究所、世界经济研究所、应用经济研究所、城市与人口研究所、宗教研究所、社会学研究所、"一带一路"信息研究中心等相关研究所的科研骨干，还特邀上海外国语大学、同济大学、上海对外经贸大学等上海高校的国别研究权威学者加盟，并担任国别研究的首席专家。在各位首席专家的牵头下，不仅有我院各个领域的科研骨干加入各国别研究小组，还组织国内外的各路专家学者参与国别研究，真正形成了多学科、社会化的合作研究格局。

为深化"一带一路"国别研究，有力推动"一带一路"国情数据库建设，我们在充分评判和总结已有各类研究文献的基础上，特别强调，要突出国情研究的特定类型和方式，要考虑国情数据库内容需要的全面性、积累性、长期性特点。一是内容的相对全面性。即除了研究各个国家的资源禀赋、对外开放、经济成长、地域政治外，还要研究各个国家的中长期战略、产业结构、市场需求、投资政策、劳动政策、科教文化、政党生态、宗教影响等，还要研究重点城市、产业园区等。二是调研的一线性。要收集、整理来自各个国家政府部门、智库的最新报告，同时动员这些国家的专家参与其中的部分研究，增强客观性和实地性；要收集、整理国际组织、发达国家智库最新的各类国别研究报告，增强多角度判断。三是观察的纵向时序性。要有发展轨迹的纵向梳理和评价，同时还要对未来的发展有个基本的展望和把握。四是数据库建设内容更新的可持续性。要研究国情信息来源渠道的权威性、多样性和长期性，确保国情研究和数据库建设的基础内容需要；研究如何把汇集起来的大量国情内容，经过专业人员的分析研究，形成更加符合政府需要、企业需要和学者需要的国情产品。

在国别研究过程中，课题组多次开会讨论、反复推敲，最终形成了包括基本国情、重大专题和双边关系三篇的基本研究框架，并致力于在以下三方面形成研究特色。

一是通过跨学科协作，突出基本国情研究的综合性。在第一篇基本国情中，我们组织了来自经济学、地理学、人口学、政治学、国际关系学、宗教学等学科和领域的专家，分别从综合国力、人口结构、资源禀赋、基础设施、产业结构、政治生态、民族宗教、对外关系等方面对"一带一路"沿线国家的基本国情进行深度剖析。

二是结合"一带一路"建设需要，突出重大专题研究的专业性。本书第二篇重大专题，采取"3+X"模式。"3"即为各"一带一路"沿线国别均须研究的内容，包括国家中长期战略、投资与营商环境、中心城市及其区域影响力。"X"即为基于各国特定国情以及"一带一路"建设在该国的特定需要而设置的主题。例如，关于以色列，我们就比较关注科技体制及其创新战略、巴以冲突和海外离散犹太人等问题。

三是着眼于务实合作，突出双边关系研究的纵深度。第三篇双边关系，同样采取"3+X"模式。"3"即为各国别均须研究的内容，包括：历史与前瞻、中国观、"一带一路"与投资贸易关系。我们认为，这三部分对了解中国与"一带一路"沿线国家双边关系的历史与现实有着重要的意义。"X"则是着眼于具体双边关系的特色，突出每对双边关系中不同优先领域，如匈牙利卷我们关注金融合作、波兰卷关注物流合作、土耳其卷关注反恐合作、希腊卷关注人文交流、摩洛哥卷关注港口合作等。

根据上述研究框架，从2017年底开始，到2019年初，大约用了一年多一点的时间，我们完成首批六个"一带一路"沿线国家的国别研究报告，它们是：波兰、匈牙利、希腊、土耳其、以色列和摩洛哥。在全国哲学与社会科学工作办公室的支持下，我们正总结经验、推广布局，着手开始第二批"一带一路"沿线国家国别报告的研究工作。我们期待，在不长时间里，我们能够完成主要"一带一路"沿线国家的国别研究报告，为政府和企业决策提供相关的基础性信息，为促进我们对"一带一路"沿线国家的了解添砖加瓦，为推动"一带一路"建设尽绵薄之力。

在此首批成果推出之际，要特别感谢全国哲学与社会科学工作办公室智库处。"一带一路"建设研究专项是国家社科基金重大专项之一，有幸入选这一专项并得到持续支持，是我们研究不断推进的根本动力。还要特别感谢各个国别研究小组的首席专家，在他们的组织和专业背景支持下，形成了具有开创性价值的国别研究成果；感谢各个领域的专家们，有了他们深厚的专业造诣和齐心协力，才能确保研究的顺利完成。另外还要感谢跟我们一起入选这一专项的中国人民大学和兰州大学研究团队,我们在各自擅长领域共同研究、分别推进,这种同侪间的交流拓展了我们的视野,让我们获益良多。最后,要感谢中国社会科学出版社给我们提供权威的出版平台,他们的努力是让这套丛书能够尽早与读者见面的直接保证。

王　振
上海社会科学院副院长
2019 年 5 月 30 日

本卷作者

前　言　宋黎磊，同济大学政治与国际关系学院副教授

第一篇

第一章　周琢，上海社会科学院世界经济研究所副研究员
第二章　周海旺，上海社会科学院城市与人口发展研究所副所长、研究员；黄彦，上海社会科学院城市与人口发展研究所研究生
第三章　叶琴，上海师范大学环境与地理科学学院讲师
第四章　马双，上海社会科学院信息研究所助理研究员
第五章　卢晓菲，上海社会科学院产业经济学博士；刘靓，上海对外经贸大学区域经济学硕士
第六章　来庆立，上海社会科学院中国马克思主义研究所助理研究员
第七章　晏可佳，上海社会科学院宗教研究所所长、研究员；史习隽，上海社会科学院宗教研究所助理研究员
第八章　宋黎磊，同济大学政治与国际关系学院副教授

第二篇

第一章　孔田平，中国社会科学院欧洲研究所研究员
第二章　陈新，中国社会科学院欧洲研究所副所长、研究员
第三章　邓智团，上海社会科学院城市与人口发展研究所研究员；陈玉娇，上海社会科学院城市与人口发展研究所研究生
第四章　Pogátsa Zoltán，匈牙利索邦大学经济学系教授
第五章　马骏驰，中国社会科学院欧洲研究所助理研究员
第六章　郐浴日，华东师范大学政治学系副研究员

第七章　贺婷，中国社会科学院俄罗斯东欧中亚研究所助理研究员
第八章　郭晓晶，北京外国语大学副教授
第九章　郑东超，中联部当代世界研究中心副研究员

第三篇

第一章　舒荪乐，中国社会科学院外国文学研究所编辑；张玉芳，四川大学国际关系学院助理教授
第二章　Szunomar Agnes，匈牙利科学院世界经济研究所研究员；王秋萍，北京外国语大学讲师
第三章　廖佳，上海对外经贸大学副教授
第四章　杨晨成，斯洛文尼亚卢布尔雅那大学博士
第五章　杨成玉，中国社会科学院欧洲研究所助理研究员
第六章　鞠维伟，中国社会科学院欧洲研究所助理研究员
第七章　陈迪，上海对外经贸大学助理教授
第八章　Balázs Sárvári，匈牙利考文纽斯大学经济学院助理教授；László Trautmann，匈牙利考文纽斯大学经济学院教授

前　　言

匈牙利（Hungary，Magyarország），位于欧洲中部的喀尔巴阡盆地。国土面积为93030平方公里，水域面积为690平方公里，陆地面积为92340平方公里。匈牙利东邻罗马尼亚、乌克兰，南接斯洛文尼亚、克罗地亚、塞尔维亚，西靠奥地利，北连斯洛伐克，边界线全长2246公里。多瑙河及其支流蒂萨河纵贯全境。

匈牙利属大陆性气候，凉爽湿润，全年平均气温为10.8℃，夏季炎热，较为干燥，夏季平均气温为21.7℃，冬季平均气温为-1.2℃，年平均降水量约为630毫米。

截至2017年1月，全国总人口为979.8万人。首都布达佩斯同时也是国内最大的城市，人口175.9万人（2016年1月）。人口密度为每平方公里107人，是世界平均水平的两倍，其中约1/5的人生活在布达佩斯大都市区，城镇人口占人口总数的69.5%。主要民族为匈牙利（马扎尔）族，约占90%。

匈牙利语是匈牙利官方语言。在欧洲有超过1300万名以匈牙利语为母语的人，它是欧盟24种官方语言和工作语言之一。匈牙利语属于芬兰—乌戈尔语系，乌戈尔语族。标准匈牙利语是以首都布达佩斯的方言为基础的，虽然官方要求使用标准匈牙利语，但匈牙利还有许多城乡方言和土话。罗马尼亚、斯洛伐克、塞尔维亚、乌克兰、以色列和美国均有大量讲匈牙利语的居民。匈牙利居民主要信奉天主教（66.2%）和基督教（17.9%）。

匈牙利农业基础较好。国土面积的62%为农业用地，土地肥沃，主要种植小麦、玉米、向日葵、甜菜、土豆、葡萄等。水资源丰富，除著名河流湖泊外、全国2/3的地区有地热资源。匈牙利自然资源比较贫乏。主要矿产资源是铝矾土，蕴藏量居欧洲第三位，此外有少量褐煤、石油、天然气、铀、铁、锰等。森林覆盖率为20.4%。

（一）历史

匈牙利人的祖先是游牧民族马扎尔人。关于马扎尔人的起源，至今还没有被科学地研究清楚，特别是马扎尔人定居前的历史资料很少，争论最多。根据考古发现，公元896年，马扎尔游牧部落从乌拉尔山脉的东面迁徙到多瑙河盆地。作为游牧部落，他们在征服了现在的喀尔巴阡盆地之后，并没有停下追逐的脚步，一直远征到今天的瑞士、意大利北部和巴尔干半岛，直到公元955年被德意志国王奥托一世的军队击败，军队指挥官被处决。自此，马扎尔人开始放弃征战，转向和平定居。为了在这块土地上生存下去，要被周围国家接纳，匈牙利人必须融入周边的环境。

公元1000年，匈牙利大公伊斯特万一世宣布基督教为国教，并在神圣罗马帝国皇帝奥托二世的支持下，加冕成为首任匈牙利国王，建立匈牙利王国。此后，匈牙利成了作为欧洲世界的最东端的信仰基督教的国家，也成为欧洲的"基督教之盾"，保卫着基督教世界免受穆斯林的侵袭。在此后的几百年里，匈牙利逐渐成长为中欧地区一个强大独立的王国，既有鲜明的文化特色，又同西欧其他文明联系密切。值得一提的是，在国王马加什（1458—1490年在位）统治期间进一步加强了匈牙利国力和政府的权威。在他的统治下，匈牙利（特别是北部，包括今斯洛伐克一部分地区）成为中欧文艺复兴时期的艺术文化中心，包括布达皇宫和以他名字命名的马加什教堂，都可见昔日的繁华。

但是这种繁华没有持续太久，1526年向西方扩张的奥斯曼土耳其帝国入侵匈牙利，结果匈牙利战败，国王战死。奥斯曼帝国虽然在攻打维也纳时失败，但在1541年占领了布达地区，此后长达150年的时间中，匈牙利被一分为三，成为奥斯曼帝国直辖地、哈布斯堡—匈牙利王国和奥斯曼帝国的保护属地——也就是东匈牙利王国，或称为特兰西瓦尼亚公国（外交上依附于土耳其，内政相对独立统治）。在三方割据时期战争不断，公元1600年以后，特兰西瓦尼亚公国因为王位继承战争，势力削弱。1699年起哈布斯堡王朝打败奥斯曼帝国，匈牙利成了哈布斯堡王朝的领地。

1848年欧洲革命期间，匈牙利寻求国家独立，并于1849年4月建立匈牙利共和国。我们熟知的匈牙利著名诗人裴多菲在这一时期写成了他的著名诗篇《自由与爱情》："生命诚可贵，爱情价更高。若为自由故，两者皆可抛"。最终，他在这场匈牙利民族独立战争中不幸战死，成了匈牙利人怀念至今的民族英雄。

受到哈布斯堡王朝镇压，匈牙利的独立运动陷入低迷。但是随着哈布斯堡王朝国力衰弱，国际形势的改变，1867年双方缔结条约，在奥地利—匈牙利君主国的名义下，除了外交和军事统治权之外，匈牙利暂时成了一个独立国家，也就是我们熟知的奥匈二元帝国。

匈牙利由此进入一段繁盛的时期，特别是以1896年匈牙利建国1000周年为契机，布达佩斯作为首都开始了大规模的建设，著名的国家歌剧院、圣伊斯特万大教堂、国会大厦等保留至今的主要建筑物都是当时完成的。特别值得一提的是，当年在布达佩斯建成了欧洲大陆的第一条地铁，也是全球仅次于伦敦的第二古老的地铁。虽然全长仅有5公里，共11站，但到现在还在准点运行。与此同时，布达佩斯的人口也有了飞跃性的增长，据统计，1869年的总人口为30万，但1910年时已成为拥有110万人口的大都市。

第一次世界大战后，奥匈帝国瓦解，独立的匈牙利成为战败国，丧失了71%的国土面积。二战中，匈牙利又站在轴心国一边，两次世界大战让匈牙利付出了惨重代价。1949年8月20日匈牙利人民共和国成立并颁布宪法，匈牙利成为社会主义阵营中的一员，1956年10月爆发匈牙利十月事件。20世纪80年代末，东欧发生剧变，匈牙利共产党丧失执政地位。1989年10月23日匈改国名为匈牙利共和国。2012年1月，匈通过新宪法，更改国名为匈牙利。

总之，纵观匈牙利的历史，在国家经历了多次历史变迁的同时，也因此拥有了丰富的人文历史遗迹和文化底蕴。

（二）经济概况

根据世界银行的分类，匈牙利是属于高收入水平的中等发达国家，经合组织（OECD）成员国。根据国际货币基金组织的统计，匈牙利在2017年的国内生产总值（GDP）约为1523亿美元，人均GDP约1.55万美元。从三大产业构成的经济结构来看，服务业占了GDP的64.7%，工业比重为31.8%，而农业占比约为3.5%，但匈牙利是中东欧唯一的农业和食品净出口国，贡献了全国出口总额的 5.31%，2/3 的出口流向其他欧盟国家，最重要的出口产品包括水果蔬菜、肉类、禽类、糖果和奶制品等。2017 年匈牙利国内生产总值为 1293 亿美元。人均国内生产总值为 13196 美元。国内生产总值增长率为 2%。2017 年经济就业率为 68.3%，就业结构显示后工业经济的特征，服务业就业劳动力占 63.2%，工业占 29.7%，农业占 7.1%。2017 年 9 月失业率为 4.1%，远低于 2007—2008 年金融危机期间的 11%。匈牙利的债务与国内生产总值的比率在 2011 年达到顶峰，当时为 83%，此后有所下降。根据欧盟统计局的数据，2016 年匈牙利的政府债务总额为 251.19 亿福林，占其国内生产总值的 74.1%。

在对外贸易方面，2017 年匈牙利进出口总额为 1933.1 亿欧元。外贸进口额 925.4 亿欧元，比上年增长 11.1%；出口额 1007.7 亿欧元，比上年增长 8.4%；外贸顺差 82.3 亿欧元。匈同欧盟国家的进出口贸易分别占匈进出口总额的 84.7% 和 88.4%，同其他国家分别占 15.3% 和 11.6%。主要进口产品中机械设备占 48.2%，加工产品占 36.5%，能源占 7.7%，原材料占 2.2%，食品、烟、酒占 5.4%。主要出口产品中机械设备占 58%，能源占 23.3%，食品、烟、酒占 11.4%，加工产品占 5.7%，原料占 1.7%。

匈牙利的经济目标是建立以私有制为基础的市场经济。经济转轨顺利，私有化基本完成，市场经济体制已经确立。目前，私营经济的产值约占国内生产总值的 86%。在支出方面，家庭消费是国内生产总值的主要组成部分，占其总使用量的 50%，其次是固定资本投资占 22%，政府支出占 20%。

匈牙利是欧盟成员国，执政党有较好的社会基础，政局较稳定，法律法规健全，金融市场开放，投资环境较好，对外国投资者具有较大吸引力，匈牙利积极发展外贸经济，是中东欧地区人均吸引外资最多的国家之一，2016 年吸引外资总额 32 亿欧元。主要集中在加工业、汽车制造业、贸易、运输和通信、金融、房地产等行业。欧洲国家是外资主要来源地。其中，德国为匈牙利第一大外资来源国，其次为卢森堡、荷兰、奥地利和法国。亚洲地区主要对匈投资国为韩国、日本、中国、新加坡和印度。目前，匈牙利全国约有 3 万多家外商投资企业。目前世界上最大的 50 家跨国公司中已有45家进驻匈牙利。根据世界银行发布《2017年营商环境报告》显示，匈牙利在全球190个经济体中排名第41位。

匈牙利制造业在国民经济中占有重要地位，2015年制造业产值为930亿美元，在工业中占比高达91%。主要产业包括汽车、信息技术、电子产品、食品加工、制药、化学品和旅游业。（1）汽车工业是匈牙利支出产业，匈牙利共有740多家汽车及零部件生产企业，创造15万个就业岗位，总产值约166.5亿欧元，产值占匈牙利国民生产总值的10%，占工业总产值19.4%，占出口总额20%。（2）匈牙利是中欧和东欧最大的电子产品生产国。电子制造和研究是该国创新和经济增长的主要驱动力。在过去的20年里，匈牙利已经成长为移动技术、信息安全和相关硬件研究中心，年产值保持在100亿欧元左右，占中东欧和欧盟电子工业总产值的30%和4.5%。2013年，电子工业产值达93.37亿欧元，占匈牙利制造业产值的13.29%，占匈牙利出口总额的10.8%，从业人数达11.2万。

首都布达佩斯是匈牙利的经济、金融和商业之都，2015年布达佩斯的最终商品和服务产值（GMP）超过1000亿美元，占国民收入的39%，使其成为区域最大的经济体之一，在"全球化和世界城市网络研究"中被归类为Beta+世界城市。在欧洲，它是发展速度第二快的城市经济，2015年，人均GDP同比增长了2.4%，就业人数同比增加了4.7%。在EIU的全球城市竞争力排名中，布达佩斯位于特拉维夫、里斯本、莫斯科和约翰内斯堡等著名城市之前。

(三) 政治与军事

1989年10月18日匈牙利国会通过宪法修正案，对宪法作了重大修改，确定匈实行多党议会民主制，建立独立、民主、法制的国家，执行立法、行政、司法三权分立的原则。2011年，青民盟推动国会通过宪法修正案，新宪法于2012年1月1日起生效。

国会是立法机关和国家最高权力机构，实行一院制。根据匈新《选举法》规定，自2014年起匈国会议席减少至199席，每四年普选一次。总理由国民议会选举产生，担任政府首脑并行使行政权力。一般情况下，总理是议会中多数党的领导人。总理选举内阁部长并拥有解雇他们的权利。内阁则向国民议会负责。总统是国家首脑，由国民议会选举产生，五年一届。总统主要的责任和权利包括接待外国国家元首、根据国民议会的建议正式提名总理、担任军队总司令。现任国家总统阿戴尔·亚诺什（Áder János），2012年5月10日就职，2017年3月10日成功连任，任期5年。

2018年4月，匈举行国会选举，执政党青年民主主义者联盟（简称青民盟）和基督教民主人民党（简称基民党）组成的竞选联盟获胜，共占133席并赢得超过2/3议席；尤比克占26席，社会党与对话党联盟占20席，民主联盟占9席，绿党占8席，独立议员占3席。新一届国会5月8日成立。5月18日，政府完成组阁，宣誓就职。青民盟主席欧尔班连任总理。国会下设15个专门委员会。国会每年分春季会期和秋季会期。国会主席格维尔·拉斯洛（KÖVÉR László，青民盟），2018年5月8日连任。

现政府于2018年5月组成，共设8个部门：财政部、创新与技术部、国防部、外交与对外经济部、内务部、人力资源部、司法部和农业部。另设国有资产管理不管部部长、鲍克什核电站扩建事务不管部部长、负责总理府事务和总理办公室的部长各一名。

法院和检察院是国家司法机构。法院分最高法院、地区法院、州法院和地方法院四级，实行两审终审制。检察机构分最高检察院、地区检察院和州检察院三级。现任最高法院院长道拉克·彼得（Dr. DARÁK Péter），于2012年1月就职，任期9年。最高检察院检察长波尔特·彼得（POLT Péter），2010年12月当选，任期9年。自1990年1月起设宪法法院，现任院长舒尤克·道玛什（SULYOK Tamás），2016年11月就任，任期9年。

1990年2月匈牙利人民军改名为匈牙利国防军。1999年3月，匈牙利正式成为北约成员国。宪法规定共和国总统是武装力量最高统帅。国防部是最高军事统率机关。于2004年12月取消义务兵役制。2010年，匈军拥有T—72型坦克87辆，装甲车574辆，直升机29架，战斗机31架，其中米格29飞机12架，运输机5架。2016年军队总人数为3万，职业兵1.2万，文职人员6742人。2016年派出24支部队参加维和行动，人数为759人。国防军司令兼总参谋长本戈·蒂博尔（BENKŐ TIBOR）上将。2016年国防开支为3425亿福林，占国内生产总值的1%。

（四）与中国的关系

在2012年创建的"中国—中东欧国家合作"框架和2013年起中国提

出的"一带一路"倡议的激励下,中国与中东欧国家的双边关系取得了飞速的发展和具有创新性的突破。匈牙利是与中国开展上述合作中最为积极的中东欧国家,连续创造了好几个"第一"的记录。匈牙利是第一个同中国签署关于共同推进"一带一路"建设的政府间合作文件的欧洲国家,第一个同中国建立和启动"一带一路"工作组机制的国家,第一个中国在中东欧地区设立人民币清算行的国家,第一个发行人民币债券的中东欧国家,第一个设立中国国家旅游局办事处的中东欧国家,同时也是第一个在国内设立母语和汉语双语教学的欧洲国家。

作为一个中等规模的中欧内陆国家,中国连续两届国家领导人(胡锦涛、温家宝、习近平、李克强)均到访过匈牙利,足见对匈牙利的重视,这不仅在中东欧地区是唯一的,在全球也不多见。而匈牙利的主要领导人(总理及其他机构负责人等)也多次到访中国。2010年以来,中方领导人到访匈牙利超过15次,匈牙利方面则达到17人次。此外,双方于2014年签署了《中华人民共和国政府和匈牙利政府关于在新形势下深化双边合作的联合声明》、2015年签署了《中华人民共和国与匈牙利政府关于共同推进丝绸之路经济带和21世纪海上丝绸之路建设的谅解备忘录》、2017年签署了《中华人民共和国和匈牙利关于建立全面战略伙伴关系的联合声明》。

中匈贸易关系由来已久。匈牙利不仅是中国商品在中欧地区的集散地,也是中国商品在欧洲的集散地。在20世纪80—90年代,中国出口到匈牙利的服装、鞋类等商品不少转销到乌克兰、罗马尼亚等周边国家。从这个意义上看,匈牙利是"一带一路"由东方进入欧洲的门户。匈牙利加入欧盟后,针对与中国、亚洲的经贸往来,专门建设了各类新型批发中心。其中投资2亿美元的亚洲中心,是亚洲和中国产品在中欧地区的重要物流中心。除亚洲中心外,布达佩斯还成立了同样为中国投资和批发配送服务的中国商城。

事实上,占匈牙利和中国之间的主要贸易份额的不是小商品和日用品。中匈贸易主要集中于机电产业,属于产业内贸易。匈牙利自中国进口的机电设备中,电机和电气设备占主要比重,匈牙利自中国进口的主要商品仍为机电产品,2017年为46.9亿美元,占匈牙利自中国进口总额的74.4%。中国自匈牙利的进口则主要以机械设备为主,2017年出口10.1

亿美元，占匈牙利对中国出口总额的 56.7%，究其原因是匈牙利国内的重要工业主要是机械设备产业，其产值已超过其工业生产总值的三分之一。匈方自中方主要进口为低附加值的家电日常用品，中方自匈方主要进口为高附加值的汽车，铁路运输等零部件。

经贸合作是中匈关系的基础，也是重点和核心。2010 年欧尔班对中国的访问以及 2011 年温家宝访匈，为中匈经贸关系带来了突破。2011 年双方签署了 12 项政府及企业间合作文件，涵盖投资、基础设施、金融、物流等领域，协议金额约 18 亿美元。在 1984 年至今中匈签署的 22 项经贸协议中，2000 年以来为 11 个，2016 年以来为 6 个。另外，自 1984 年中匈成立经济联委会机制以来，至今已经举行了 20 次会议。在贸易方面，1998 年至 2008 年的 10 年间，中匈贸易从 4.09 亿美元增至 74.77 亿美元，增长了 17 倍多。

2017 年，中匈双边贸易额达 101.4 亿美元，同比增长 14.1%，匈牙利继续保持中国在中东欧地区第三大贸易合作伙伴地位，中国也是匈牙利在欧盟以外的第一大贸易合作伙伴。其中，中国自匈牙利进口 40.9 亿美元，同比增长 18.0%，匈牙利仍然是中国在中东欧地区最大的进口来源国；中国对匈牙利出口 60.5 亿美元，同比增长 11.5%。

在投资方面，匈牙利已成为中东欧地区中资企业最为集中的国家之一，也是中东欧地区吸引中国投资最多的国家。截至 2016 年底，中国对匈牙利投资达到 41 亿美元。投资领域涵盖化工、金融、通信设备、新能源、物流等行业，主要企业有万华（2011 年烟台万华成功收购匈博思德化工厂，总投资达 13.6 亿欧元，是中国企业在匈最大投资）、华为、中兴、中国银行、安徽丰原、日照金禾等，共创造就业岗位 5000 余个。匈牙利在华累计设立投资项目 703 个，累计投资金额 3.6 亿美元，投资领域涵盖污水处理、乳品加工等。

在金融合作领域，2013 年 9 月 9 日，中国人民银行与匈牙利中央银行签署了中匈双边本币互换协议，互换规模为 100 亿元人民币/3750 亿福林。2014 年 12 月，中国银行匈牙利分行开行。2015 年 6 月，中国人民银行与匈牙利中央银行签署《中国人民银行代理匈牙利央行投资中国银行间债券市场的代理投资协议》，并同意将人民币合格境外机构投资者（RQFII）试点地区扩大到匈牙利，投资额度为 500 亿元人民币，同时决定授权中国银行匈牙利分行担任匈牙利人民币业务清算行。2016年4月,匈牙利发行10亿元人民币债券,是中东欧国家发行的首只人民币债券。2017年7月,匈牙利在中国银行间债券市场发行10亿元人民币三年期熊猫债,成为第二个在中国内地发行债券的中东欧国家。此次发行使匈牙利成为第一个在离岸和在岸市场都发行了以人民币计价债券的国家。

产能合作是中匈合作的重点和亮点,在通信、汽车、化工等领域粗具规模。在通信领域,华为、中兴在匈投资累计超过9亿美元,华为在匈设立了向包括欧洲在内的50多个国家供货的欧洲供应中心,年进出口通信设备达30亿美元。在汽车领域,波鸿集团、上海延峰汽配公司已在匈投资超过5000万欧元,两公司生产的汽车零部件及汽车内饰产品已成为匈汽车生产的主要供应商。比亚迪电动大巴生产线已建成,即将为欧盟市场提供电动大巴。在化工领域,山东万华为匈提供3000多个就业岗位,2016年净利润超过1亿欧元。以玉米为原料生产柠檬酸的安徽丰原,总投资超过1亿美元,是匈牙利政府优先支持的合作项目。

在"16+1"合作和"一带一路"倡议框架下,中匈在促进互联互通的合作方面不断加强,在2013年的"16+1"合作贝尔格莱德峰会上,中国、匈牙利、塞尔维亚三国政府联合提出了匈塞铁路项目的提议。

在人文交流方面,早在2004年,布达佩斯匈中双语小学正式设立,2016年11月,匈中双语学校升建高中。匈牙利学汉语的人越来越多,不少年轻人的学习热情源自工作的考虑。随着越来越多的中国企业进驻匈牙利,很多年轻人都希望能够获得更多的就业机会,学习汉语的热情与日俱增,甚至一些孩子从小就开始学习汉语,部分中小学都开设有中文课,将中文列为第二外语并列入考试科目。

目前,在匈牙利已经建有四所孔子学院,2006年由北京外国语大学与匈牙利罗兰大学共同建设,成立了罗兰大学孔子学院,这是匈牙利第一所孔子学院,正成为面向中东欧16国培训本土汉语教师的区域中心。与其他不少欧洲国家的孔子学院不同,匈牙利孔子学院中很多教授中文的教师本身就是当地人。孔子学院利用罗兰大学中文系的丰富资源,已成为匈牙利当代中国研究中心,孔子学院还编写了匈牙利第一套本土汉语教材——《匈牙利汉语课本》。2012年上海外国语大学与匈牙利塞格德大学联合承办了在匈的第二所孔子学院、北京化工大学联合承办的匈牙利第三所孔子学院在米什科尔茨大学设立。2014年河北联合大学承办的匈牙利佩奇大学孔子学院设立，这也是中东欧第一所中医孔子学院。2013年签署中匈互设文化中心协定。匈方于2013年宣布，每年向中方提供200个政府奖学金名额。2017年起，中方为匈提供100个政府奖学金名额。另一方面，匈牙利优秀的文学作品也逐渐为中国大众青睐。比如获得匈牙利政府颁发的"匈牙利文化贡献奖"翻译家余泽民，15年来译书20余部，包含马洛伊·山多尔、克拉斯诺霍尔卡伊·拉斯洛、凯尔泰斯·伊姆莱等人，是与匈牙利无法分割的一个中国名字，更是中匈文化交流方面"无可替代的重要角色"。匈牙利的民族舞蹈和吉普赛音乐在匈牙利国宝舞剧《茜茜公主》中得到淋漓尽致的体现，2017年曾经来北京上演。匈牙利最伟大的作曲家李斯特是浪漫主义艺术家的代表。李斯特所创作的19首钢琴曲《匈牙利狂想曲》将匈牙利和匈牙利吉卜赛人的民歌和民间舞曲融合在一起，形成了独特的民族色彩。李斯特也是中国民众所熟悉的西方音乐家之一，而著名的李斯特音乐学院也迎来越来越多的中国留学生。

此外，两国地方间交往不断扩大，双方结好省州、城市已发展到36对。2008年2月，首届中匈友好省市大会在匈召开，全国对外友协会长陈昊苏出席，16个中国省市派代表团与会。2013年4月，第二届中匈友好城市大会在匈召开，中方有37个省市，匈方有近90个州市派代表与会。

中方视匈牙利为在欧盟内和中东欧国家中值得信赖的好朋友、好伙伴，匈方为中欧关系发展、为中国与中东欧国家"16+1"合作与"一带一路"合作发挥了积极、重要的示范引领作用。而匈方则表示将继续致力于成为中国在欧洲最友好和最信赖的朋友和伙伴，继续在中东欧与中国合作中发挥引领作用、继续致力于做中方企业进入欧洲的桥梁和先导、继续在中方重大关切和核心利益问题上坚定支持中方。

对"16+1"合作和"一带一路"倡议两大平台，匈牙利不仅在外交上全面认同支持，而且凭借自身的区位优势在行动上积极参与合作。匈牙利是"16+1"合作的建议者之一，也是最坚定的支持者之一。对"一带一路"倡议，匈牙利积极响应并在基建、产能、经贸等合作领域深度参与。2014年，中国、匈牙利、塞尔维亚正式签署合作建设匈塞铁路谅解备忘，开通了北京—布达佩斯直航。2015年6月，匈中签署关于共同推进"一带一路"建设的谅解备忘录，成为首个与中国签署此类文件的欧洲国家。2016年中匈成立"一带一路"联合工作组，成为第一个在"一带一路"倡议下建立机制化合作的欧洲国家。正是借助"16+1"合作与"一带一路"倡议两个平台，中匈合作成果务实丰富，双边关系不断提升，成为引领中欧关系、中国中东欧关系发展的一面旗帜。伴随着"16+1"合作与"一带一路"倡议的不断发展，中匈关系也将具有广阔的发展前景。

（五）本书的研究意义与研究结构

2014年，经历了全球金融危机后的匈牙利欧尔班政府制定了"向东开放"的外交政策，这与中国"一带一路"战略相吻合。因此，匈牙利成为第一个签署"一带一路"谅解备忘录的欧洲国家，也是第一个与中国建立"一带一路"工作组机制的国家。推动两国发展战略的对接，是中匈双边关系强化升级的重大机遇。2017年5月13日，在匈牙利总理欧尔班来京参加"一带一路"国际合作高峰论坛期间，两国政府正式将中匈关系升级为全面战略伙伴关系。在经贸投资方面，匈牙利是中国在中东欧地区第三大贸易伙伴和第一大投资对象国，中国则是匈牙利在欧洲外的第一大贸易伙伴。匈牙利是2018年上海进博会中东欧16国唯一主宾国。在人文交流方面，匈牙利是第一个设立中文与母语双语学校的欧洲国家。但是由于以往我们对于基础性国别研究的忽视，我们对匈牙利相关的知识储备和人才队伍已经远远不能跟上形势发展的需要。因此，尽快加强对匈牙利研究，为顺利推进"一带一路"建设和中国进一步走向世界提供知识储备和智力支持，已经刻不容缓。这一形势要求相关研究机构必须要把匈牙利的基本国情搞清楚，特别是要把可能影响到"一带一路"的诸种问题、挑战研究透彻，并通过扎实的现实研究，为未来"一带一路"在当地的开展提供现实而有建设性的建议。

顺应这一要求，在上海社会科学院牵头的"一带一路"大数据库建设研究项目中，匈牙利国情研究被列为第一批受该研究项目资助的课题。本书就是该项目立项后产出的最终成果。本书在充分梳理并厘清匈牙利政党政治、经济发展、社会生态的基础上，探讨影响未来匈牙利政治、社会经济的发展局势，尤其是未来可能影响"一带一路"合作背景下中匈双边关系的若干潜在因素。特别是通过基础研究与专题研究相结合，既能充分了解并掌握匈牙利当前在欧盟内发展态势和未来走势，又能在此基础上对中匈合作未来发展，特别是对中匈双边关系的影响因素有一个宏观的把握。

本书第一篇为基本国情。主要为匈牙利的当前情况分析，包括匈牙利国家概况、历史地理、资源禀赋、基础设施、产业结构、民族宗教、对外关系等，本篇不同于大量已有国别研究以描述性为主，而是基于人口学、产业经济学、宗教学等领域的跨学科团队，给出更多量化和丰富的信息。

第二篇为专题研究。包括国家战略走向及其投资环境、重要经济区域与城市研究、社会生态、教育政策、在匈华人华侨等专题。本篇着重议题研究，约请在匈牙利国别研究中卓有建树的学者就其研究特色进行多角度论述。

第三篇为匈牙利与中国的双边关系，包括中匈交往历史、政治关系、经贸往来、社会人文交流等。本篇特色是以较大篇幅分析中匈关系的历史和进展，涉及未来中匈关系进展、中国在匈投资安全等方面的分析和预测。

（六）本书的写作特色

本书的写作团队包括不同学科背景的中方和匈方近30名专家学者。中方来自上海社会科学院、中国社会科学院欧洲所、中国社会科学院欧亚所、中联部当代世界研究中心、北京外国语大学、四川大学、华东师范大学、上海对外经贸大学、同济大学，其中有多位通晓匈语的著名专家，涵盖了国内中东欧研究的老中青团队。匈方主要邀请了匈牙利智库和大学的知名学者以平衡其观点。匈方学者们主要来自匈牙利科学院世界经济研究所、匈牙利考文纽斯大学经济学院、匈牙利索邦大学经济学系。

本书的创新点包括四个维度：一、空间维度：通过对匈牙利的地理、环境、资源空间关系评估来立体呈现该国的综合国情；二、历史维度：追溯了匈牙利民族来源、国家构成和地区人口迁移的线性发展脉络；三、文化维度：着力于对匈牙利语言文字特色、宗教文化特性等人文领域的分析来突出匈牙利由游牧民族转为欧洲文明国家的漫长历史进程；四、社会维度：基于对匈牙利政党政治生态、社会民生情况等社会科学领域第一手资料的调研和归纳，分析了匈牙利当前与欧盟貌合神离的发展特征。

综上所述，本书是近年来国内对于匈牙利国别研究在内容方面较为全面、体例较为完整、研究方法多样的一本编著。本书体现了基础研究与应用研究的结合；国别研究与领域研究的结合；定量研究与定性研究的结合这三个方面的特征，能够体现出中国当前进行地区国别研究的能力和水平。

在本章篇尾，请允许我对所有参与此书编写工作的专家学者表示真诚的谢意。首先感谢上海社会科学院王振院长对我编写此书的信任和大力支持，其次感谢上海社会科学院国际问题研究所李开盛所长在各方合作编著进程中周到细致的协调工作。特别感谢中国社会科学院欧洲研究所三位中东欧问题研究专家：陈新研究员、孔田平研究员和刘作奎研究员（按拼音顺序排列）在百忙中对于本书的细心审阅并提出中肯的修改意见。在此也要感谢同济大学政治与国际关系学院的领导、同事、学生们以及家人的帮助和关爱。

目 录

第一篇 国情研究

第一章 综合国力评估 ………………………………………… (3)
第一节 综合国力评价 ……………………………………… (3)
第二节 指标分类评价 ……………………………………… (10)

第二章 人口结构研究 ………………………………………… (19)
第一节 人口发展状况 ……………………………………… (19)
第二节 人口结构变化 ……………………………………… (31)
第三节 人口就业状况 ……………………………………… (40)
第四节 国际移民 …………………………………………… (46)
第五节 首都人口发展情况 ………………………………… (50)

第三章 资源禀赋研究 ………………………………………… (52)
第一节 能源资源 …………………………………………… (52)
第二节 矿产资源 …………………………………………… (62)
第三节 土地资源 …………………………………………… (69)
第四节 遗产资源 …………………………………………… (72)

第四章 基础设施研究 ………………………………………… (75)
第一节 交通基础设施 ……………………………………… (75)
第二节 能源基础设施 ……………………………………… (88)
第三节 通信基础设施 ……………………………………… (90)

第五章　产业发展研究 …………………………………………（94）
第一节　产业结构概况 …………………………………………（94）
第二节　重点工业 ………………………………………………（105）
第三节　重点服务业 ……………………………………………（122）

第六章　政治生态研究 …………………………………………（135）
第一节　政治结构 ………………………………………………（135）
第二节　主要政党 ………………………………………………（141）
第三节　政治强人：欧尔班·维克多 …………………………（147）
第四节　国民议会选举 …………………………………………（150）
第五节　近期政治生态的主要特征 ……………………………（156）

第七章　宗教文化研究 …………………………………………（168）
第一节　匈牙利的民族情况 ……………………………………（168）
第二节　匈牙利的宗教信仰情况 ………………………………（180）

第八章　对外关系研究 …………………………………………（194）
第一节　对外政策的形成背景 …………………………………（194）
第二节　对外政策的演变 ………………………………………（197）
第三节　周边外交 ………………………………………………（201）
第四节　对西方世界的外交 ……………………………………（205）
第五节　"向东开放"战略 ………………………………………（213）

第二篇　专题研究

第一章　国家中长期战略 ………………………………………（219）
第一节　欧尔班经济学：政策与成效 …………………………（219）
第二节　经济转轨的可逆性案例 ………………………………（226）
第三节　对经济转轨逆转的初步思考 …………………………（233）
第四节　经济发展战略前瞻 ……………………………………（236）

第二章　投资与营商环境····················(241)
第一节　研究背景····························(241)
第二节　在匈中资企业概况·······················(243)
第三节　商业景气状况··························(247)
第四节　投资环境·····························(251)

第三章　重点城市························(260)
第一节　城市化发展历史与趋势····················(260)
第二节　城市体系与重点城市发展···················(266)
第三节　布达佩斯的经济特点优势···················(274)
第四节　德布勒森的经济特点优势···················(302)

第四章　社会生态研究·····················(312)
第一节　由经济转型塑造的社会结构··················(312)
第二节　社会不平等分析·························(316)
第三节　不充分的社会流动·······················(320)
第四节　税收和社会政策加剧社会不平等···············(326)

第五章　银行业状况·······················(335)
第一节　国家干预主义的兴起······················(336)
第二节　银行业中的国家干预主义···················(340)
第三节　国家干预主义给银行业带来的影响·············(344)
第四节　政府对其他行业的干预····················(347)

第六章　转型历程························(351)
第一节　历史背景·····························(351)
第二节　谈判前奏·····························(352)
第三节　筹备性谈判····························(357)
第四节　圆桌谈判·····························(360)
第五节　全民公投与议会大选······················(365)

第七章 民粹主义和政党政治 (368)
- 第一节 转轨以来的政党政治发展特点 (368)
- 第二节 民粹主义的出现和左翼政党的衰败 (371)
- 第三节 民粹主义的高潮和右翼政党的壮大 (374)
- 第四节 中东欧地区背景下的民粹主义 (379)

第八章 教育政策 (384)
- 第一节 教育的发展 (384)
- 第二节 当前教育体制的基本结构和总体特征 (386)
- 第三节 1990年以后教育立法的主要内容与实施 (388)
- 第四节 入盟前后的高等教育改革 (391)
- 第五节 中长期教育发展战略的目标和举措 (394)

第九章 在匈的华人华侨 (399)
- 第一节 匈奴与匈牙利的历史关系 (399)
- 第二节 在匈华人华侨的发展现状 (401)
- 第三节 华人华侨在匈面临的问题 (405)
- 第四节 华人华侨是我国在匈牙利推进"一带一路"的重要力量 (408)

第三篇 与中国的双边关系研究

第一章 历史与前瞻 (417)
- 第一节 中匈关系的历史 (417)
- 第二节 当前中匈关系发展的背景与动力 (439)
- 第三节 中匈关系高水平发展的现状 (443)
- 第四节 继续推动中匈关系高水平发展的优势与障碍 (448)

第二章 匈牙利的中国观 (453)
- 第一节 中匈关系的发展史 (453)
- 第二节 匈牙利眼中的中国 (459)

第三节　匈牙利人眼中的中国"软实力" …………………… (466)

第三章　"一带一路"与投资贸易关系 ……………………………… (476)
　　第一节　中匈贸易概况 …………………………………………… (476)
　　第二节　中匈商品贸易结构分析 ………………………………… (480)
　　第三节　中匈投资概况 …………………………………………… (488)
　　第四节　中国企业在匈投资面临的机遇与挑战 ………………… (492)

第四章　基础设施合作 ……………………………………………… (499)
　　第一节　合作概况 ………………………………………………… (499)
　　第二节　主要成果 ………………………………………………… (501)
　　第三节　挑战和风险 ……………………………………………… (509)
　　第四节　其他重要成果 …………………………………………… (510)

第五章　金融合作 …………………………………………………… (523)
　　第一节　中匈金融合作历史回顾 ………………………………… (523)
　　第二节　匈对华金融对接的行动与愿景 ………………………… (526)
　　第三节　"16+1"合作框架下的中匈金融合作 ………………… (530)

第六章　人文交流合作 ……………………………………………… (533)
　　第一节　中匈人文交流具备良好基础 …………………………… (533)
　　第二节　中匈人文交流成果 ……………………………………… (536)
　　第三节　中匈人文交流特点 ……………………………………… (540)
　　第四节　中匈人文交流面临的问题 ……………………………… (541)

第七章　"一带一路"倡议下的中匈旅游合作 …………………… (551)
　　第一节　中匈旅游合作的主要举措 ……………………………… (552)
　　第二节　中匈旅游合作的机遇和挑战 …………………………… (560)

第八章　智库合作 …………………………………………………… (563)
　　第一节　智库合作概况 …………………………………………… (563)

第二节　从1949年到《短缺经济学》出版 …………………（565）
第三节　从《短缺经济学》的影响到匈对华经济
　　　　战略的新关注 ……………………………………（568）
第四节　近期匈智库对华经济和社会的态度 ………………（575）

参考文献 ………………………………………………………（591）

第一篇
国情研究

第一章 综合国力评估

综合国力评估是对一个国家基本国情的总体判断，也是我们进行国与国之间比较的基础。尤其在参考国际上的指标体系和竞争力指标的基础上，立足于"一带一路"相关国家的特点，提出了"一带一路"相关国家综合国力指数，旨在揭示"一带一路"相关国家的综合国力和基本国情，以便我们可以更好地判断"一带一路"推进的现实。因此，合理地选取指标和构建"一带一路"相关国家综合国力指数评价体系，有利于真实、客观地反映其质量与综合水平。

第一节 综合国力评价

（一）指标体系构建原则

指标体系构建的原则是为了反映一国国家在一个时期内的综合国力。本书在回顾既有研究成果的基础上，综合运用地理学、经济学、管理学、环境科学、生态学等理论，聚焦"国情"和"综合"，结合"一带一路"国家发展实践，提出"一带一路"国家综合国力指数的构建原则，并据此构建一套系统、科学、可操作的评价指标体系。

构建方法，第一步，本书将原始数据进行标准化处理，第二步，本书按照各级指标进行算术加权平均，第三步，得出相应数值，进行排名。

本书指数的基础数据主要来源于：世界银行数据库，世界竞争力报告数据和欧洲统计局。

（二）指标体系构建内容

本书拟构建一个三级指标体系对一个国家的综合国力进行评估。

1. 一级指标

一级指标体系包括四个"力"和一个"环境",分别为基础国力、消费能力、贸易能力、创新能力和营商环境。

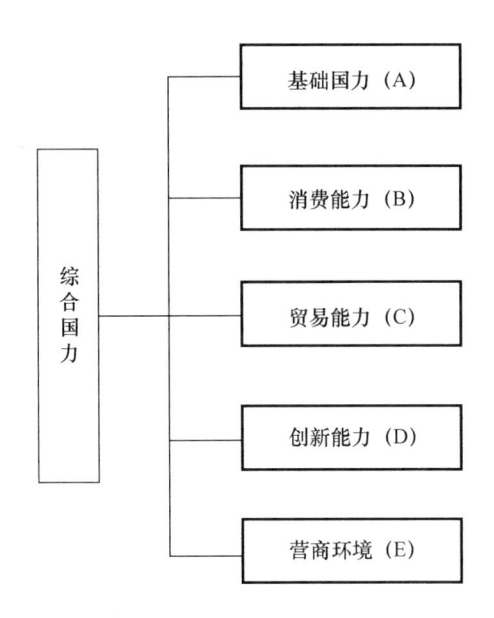

图 I-1-1 "一带一路"国家综合国力的一级指标

2. 二级指标

在基础国力(A)中间,本章设置了四个二级指标,分别是资源禀赋(A1)、人口状况(A2)、教育水平(A3)和基础设施(A4)。

在消费能力(B)中间,本章设置了两个二级指标,分别是消费总量(B1)和消费结构(B2)。

在贸易能力(C)中间,本章设置了两个二级指标,分别是进口能力(C1)和出口能力(C2)。

在创新能力(D)中间,本章设置了三个二级指标,分别是创新人才(D1)、研发投入(D2)和创新成果(D3)。

在营商环境(E)中间,本章设置了四个二级指标,分别是制度环境(E1)、投资安全(E2)、外商政策(E3)和公共服务(E4)。

3. 三级指标

本章的三级指标共有139个,具体见表 I-1-1:

表 I-1-1 "一带一路"国家综合国力指标

一级指标	二级指标	三级指标	三级指标代码
基础国力	资源禀赋	地表面积	A101
		可再生内陆淡水资源总量	A102
		耕地面积	A103
	人口状况	总人口数	A201
		城市人口数	A202
		农村人口数	A203
		少儿人口抚养比	A204
		老龄人口抚养比	A205
	教育水平	中学教育入学率	A301
		教育体系的质量	A302
		数学和科学教育质量	A303
		管理类教育质量	A304
		学校互联网普及程度	A305
		基础教育质量	A306
		基础教育入学率	A307
	基础设施	总体基建水平	A401
		公路长度	A402
		铁路长度	A403
		港口效率	A404
		空中运输	A405
		航线客座千米（百万/每周）	A406
		电力供应	A407
		手机普及程度（每百人）	A408
		固定电话数（每百人）	A409
消费能力	消费总量	GDP（PPP）百万美元	B101
		国内市场规模指数	B102
	消费结构	人均消费（底层40%的人口）（美元/天）	B201
		人均消费（总人口）（美元/天）	B202
		人均实际消费年化增长率（底层40%的人口）（%）	B203
		人均实际消费年化增长率（总人口）（%）	B204

续表

一级指标	二级指标	三级指标	三级指标代码
贸易能力	进口能力	保险和金融服务（占商业服务进口的比例）（%）	C101
		商业服务进口［美元（现价）］	C102
		运输服务（占商业服务进口的比例）（%）	C103
		旅游服务（占商业服务进口的比例）（%）	C104
		货物进口［美元（现价）］	C105
		农业原料进口（占货物进口总额的比例）（%）	C106
		食品进口（占货物进口的比例）（%）	C107
		燃料进口（占货物出口的比例）（%）	C108
		制成品进口（占货物进口的比例）（%）	C109
		矿石和金属进口（占货物进口的比例）（%）	C110
		通信、计算机和其他服务（占商业服务进口的比例）（%）	C111
	出口能力	保险和金融服务（占商业服务出口的比例）（%）	C201
		商业服务出口［美元（现价）］	C202
		运输服务（占商业服务出口的比例）（%）	C203
		旅游服务（占商业服务出口的比例）（%）	C204
		货物出口［美元（现价）］	C205
		农业原料出口（占货物出口总额的比例）（%）	C206
		食品出口（占货物出口的比例）（%）	C207
		燃料出口（占货物出口的比例）（%）	C208
		制成品出口（占货物出口的比例）（%）	C209
		矿石和金属出口（占货物出口的比例）（%）	C210
		通信、计算机和其他服务（占商业服务出口的比例）（%）	C211
创新能力	创新人才	高等教育入学率	D101
		留住人才能力	D102
		吸引人才能力	D103
		科学家和工程师水平	D104
		每百万人中 R&D 研究人员（人）	D105
		每百万人中 R&D 技术人员（人）	D106
	研发投入	研发支出占 GDP 比例	D201
		最新技术有效利用程度	D202
		企业的科技运用能力	D203
		科学研究机构的质量	D204
		企业研发投入	D205

续表

一级指标	二级指标	三级指标	三级指标代码
创新能力	研发投入	产学研一体化程度	D206
		政府对高科技产品的采购	D207
		FDI 和技术转化	D208
		互联网使用者［占总人口的比例（%）］	D209
		固定宽带用户（每百人）	D210
		互联网带宽	D211
		移动互联网用户（每百人）	D212
	创新成果	非居民专利申请数（个）	D301
		居民专利申请数（个）	D302
		商标申请（直接申请，非居民）（个）	D303
		商标申请（直接申请，居民）（个）	D304
		商标申请合计（个）	D305
		高科技产品出口［美元（现价）］	D306
		在科学和技术学术期刊上发表的论文数（篇）	D307
		高科技产品出口占制成品出口的比例（%）	D308
		工业设计应用数量，非居民（个）	D309
		工业设计应用数量，居民（个）	D310
		非居民商标申请（个）	D311
		居民商标申请（个）	D312
		中高技术产品出口占制成品出口的比例（%）	D313
营商环境	制度环境	有形产权保护	E101
		知识产权保护	E102
		公共基金的多样性	E103
		政府公信力	E104
		政府的廉政性	E105
		公正裁决	E106
		政府决策偏袒性	E107
		政府支出效率	E108
		政府管制负担	E109
		争端解决机制的法律效率	E110
		改变陈规的法律效率	E111
		政府政策制定透明程度	E112
		审计和披露标准力度	E113
		公司董事会效能	E114

续表

一级指标	二级指标	三级指标	三级指标代码
营商环境	环境制度	金融服务便利程度	E115
		金融服务价格合理程度	E116
		股票市场融资能力	E117
		贷款便利程度	E118
		风险资本便利程度	E119
	投资安全	公安机关的信任度	E201
		恐怖事件的商业成本	E202
		犯罪和暴力的商业成本	E203
		有组织的犯罪	E204
		中小股东利益保护	E205
		投资者保护（0—10分）	E206
		银行的安全性	E207
	外商政策	当地竞争充分程度	E301
		市场的主导地位	E302
		反垄断政策力度	E303
		税率对投资刺激的有效性	E304
		总体税率［占总利润的比例（%）］	E305
		开办企业的步骤	E306
		开办企业的耗时天数	E307
		农业政策成本	E308
		非关税壁垒的广泛程度	E309
		关税	E310
		外资企业产权保护	E311
	公共服务	当地供应商数量	E401
		当地供应商质量	E402
		产业集群发展	E403
		自然竞争优势	E404
		价值链宽度	E405
		国际分销控制能力	E406
		生产流程成熟度	E407
		营销的能力	E408
		授权的意愿	E409
		劳动和社会保障计划的覆盖率（占总人口的百分比）	E410
		劳动和社会保障计划的充分性（占受益家庭总福利的百分比）	E411

续表

一级指标	二级指标	三级指标	三级指标代码
营商环境	公共服务	20%的最贫困人群的劳动和社会保障计划的受益归属（占总劳动和社会保障计划受益归属的百分比）	E412
		失业救济和积极劳动力市场计划的覆盖率（占总人口的百分比）	E413
		20%的最贫困人群的失业救济和积极劳动力市场计划的受益归属（占总失业救济和积极劳动力市场计划受益归属的百分比）	E414
		社会安全网计划的覆盖率（占总人口的百分比）	E415
		社会安全网计划的充分性（占受益家庭总福利的百分比）	E416
		20%的最贫困人群的社会安全网计划的受益归属（占总安全网受益归属的百分比）	E417
		社会保险计划的覆盖率（占总人口的百分比）	E418
		社会保险计划的充分性（占受益家庭总福利的百分比）	E419

从图Ⅰ-1-2中，我们可以发现，匈牙利的综合国力在"一带一路"国家中排名第11位，在世界137个国家中排名第68位。从横向比较上分析，2017年美国的GDP水平是193906亿美元，中国的GDP水平是122377亿美元，匈牙利的GDP水平是1391.4亿美元，匈牙利的GDP水平仅为美国GDP的0.71%；中国GDP的1.14%。

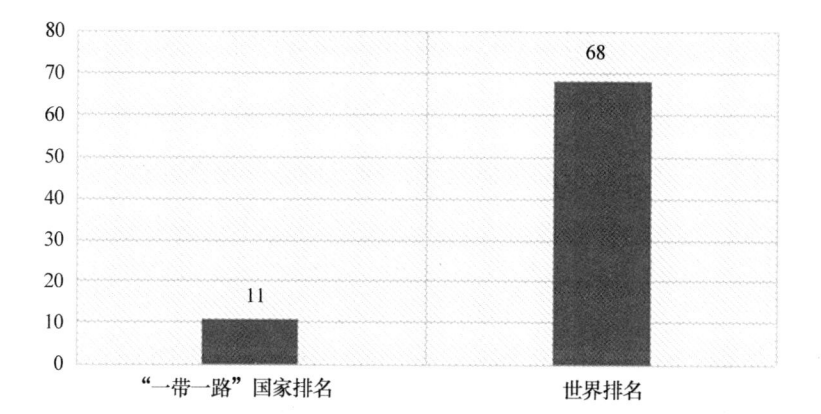

图Ⅰ-1-2 匈牙利的综合国力排名

从图 I-1-3 中，我们可以发现，匈牙利的基础国力在"一带一路"国家中排名第 9 位，在世界 137 个国家中排名第 55 位。匈牙利的消费能力在"一带一路"国家中排名第 11 位，在世界 137 个国家中排名第 61 位。匈牙利的贸易能力在"一带一路"国家中排名第 13 位，在世界 137 个国家中排名第 65 位。匈牙利的创新能力在"一带一路"国家中排名第 13 位，在世界 137 个国家中排名第 75 位。匈牙利的营商环境在"一带一路"国家中排名第 10 位，在世界 137 个国家中排名第 74 位。

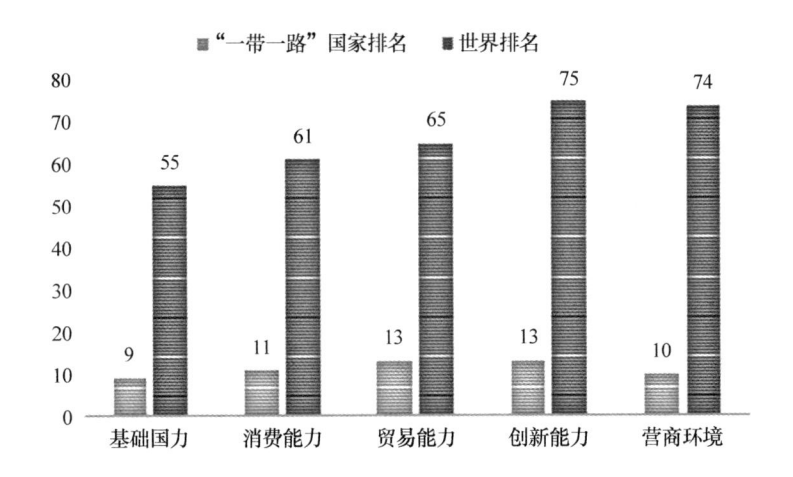

图 I-1-3 匈牙利综合国力一级指标排名

第二节 指标分类评价

(一) 基础国力评价

从图 I-1-4 中，我们可以发现，匈牙利的资源禀赋在"一带一路"国家中排名第 11 位，在世界 137 个国家中排名第 61 位。以土地面积为例，2017 年美国的土地面积为 9147.42 千平方千米，中国的土地面积为 9388.21 千平方千米，匈牙利的土地面积为 9.303 万方千米，匈牙利的土地面积为美国土地面积的 0.99%，为中国土地面积的 0.96%。

匈牙利的人口状况在"一带一路"国家中排名第 9 位，在世界 137 个国家中排名第 62 位。以人口总数为例，2017 年美国的人口总数为 3.26

亿人，中国的人口总数为13.86亿人，匈牙利的人口总数为0.98亿人，匈牙利的人口总数为美国人口总数的30.06%，为中国人口总数的7.07%。

匈牙利的教育水平在"一带一路"国家中排名第8位，在世界137个国家中排名第55位。在我们的计算样本中，美国、中国和匈牙利在教育培训分指标上的得分为别是6.3、4.8和4.3。

匈牙利的基础设施在"一带一路"国家中排名第10位，在世界137个国家中排名59位。在我们的计算样本中，美国、中国和匈牙利在基础设施分指标上的得分为别是6.0、4.7和4.36。

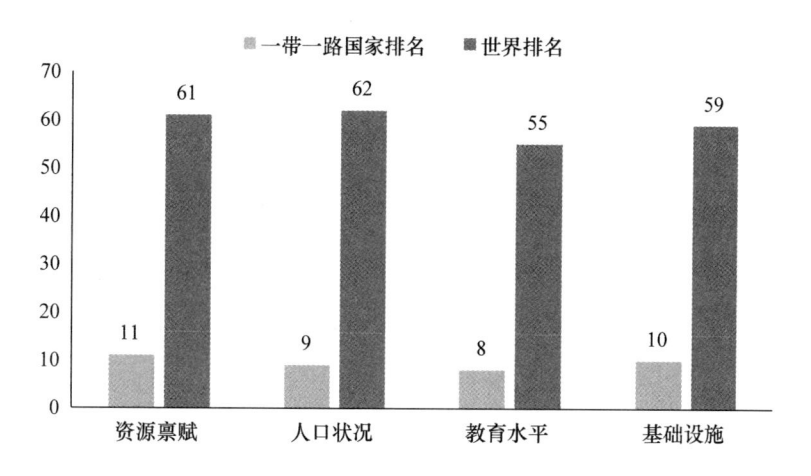

图Ⅰ-1-4 匈牙利基础国力二级指标排名

表Ⅰ-1-2　　　　　　匈牙利基础国力三级指标排名

三级指标	"一带一路"国家排名	世界排名	三级指标	"一带一路"国家排名	世界排名
地表面积	11	63	管理类教育质量	8	68
可再生内陆淡水资源总量	12	66	学校互联网普及程度	9	63
耕地面积	12	62	基础教育质量	9	51
总人口数	15	65	基础教育入学率	5	48
城市人口数	8	61	总体基建水平	12	61

续表

三级指标	"一带一路"国家排名	世界排名	三级指标	"一带一路"国家排名	世界排名
农村人口数	9	69	公路长度	12	63
少儿人口抚养比	16	74	铁路长度	11	61
老龄人口抚养比	13	73	港口效率	8	41
中学教育入学率	7	56	空中运输	9	42
教育体系的质量	7	58	航线客座千米（百万/每周）	9	48
数学和科学教育质量	8	60	电力供应	5	41
固定电话数（每百人）	9	59	手机普及程度（每百人）	9	40

(二) 消费能力评价

从图 I-1-5 中，我们可以发现，匈牙利的消费总量在"一带一路"国家中排名第 10 位，在世界 137 个国家中排名第 59 位。匈牙利的消费结构在"一带一路"国家中排名第 11 位，在世界 137 个国家中排名第 63 位。2017 年，美国、中国和匈牙利的人均 GDP 水平分别是 59531.6 美元、8826.9 美元和 14224.9 美元。

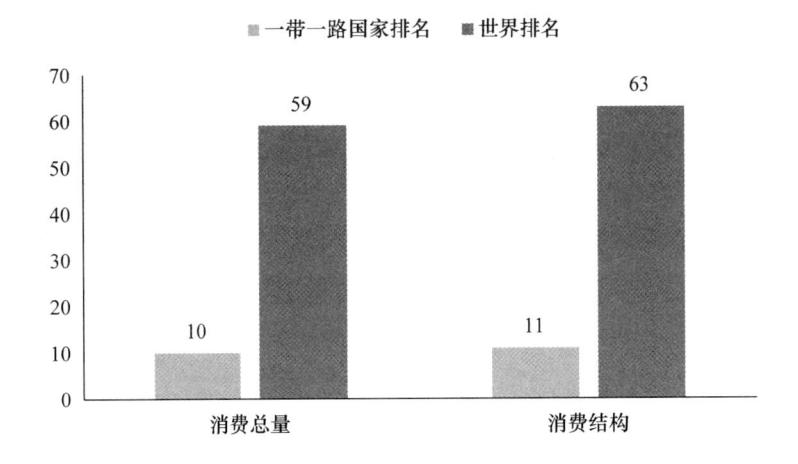

图 I-1-5 匈牙利消费能力二级指标排名

表 I-1-3　　　　　匈牙利消费国力三级指标排名

三级指标	"一带一路"国家排名	世界排名
GDP（PPP）百万美元	10	59
国内市场规模指数	11	67
人均消费（底层40%的人口）（美元/天）	8	60
人均消费（总人口）（美元/天）	10	61
人均实际消费年化增长率（底层40%的人口）（%）	9	58
人均实际消费年化增长率（总人口）（%）	11	57

（三）贸易能力评价

从图 I-1-6 中，我们可以发现，匈牙利的进口能力在"一带一路"国家中排名第 12 位，在世界 137 个国家中排名第 60 位。匈牙利的消费结构在"一带一路"国家中排名第 14 位，在世界 137 个国家中排名 69 位。2017 年，中国和匈牙利商品和服务出口占 GDP 的比重分别为 19.76% 和 90.09%，中国和匈牙利商品和服务进口占 GDP 的比重分别为 18.05% 和 82.27%。这说明匈牙利是一个高度依赖于别国的外向型国家。

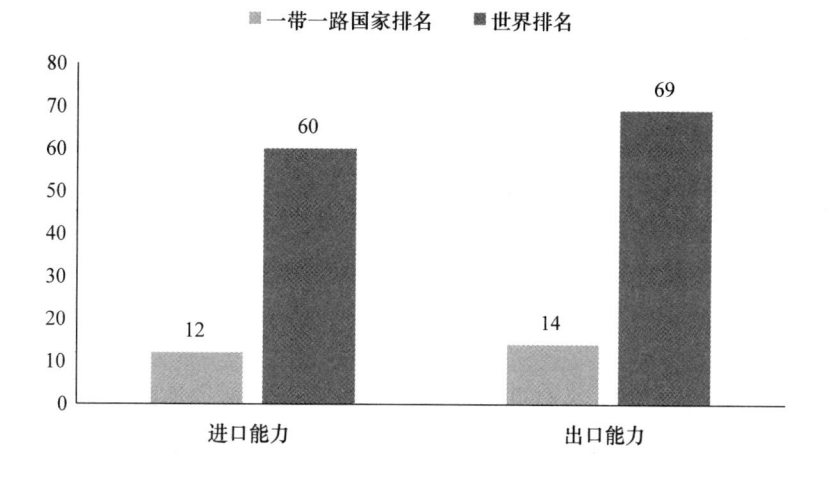

图 I-1-6　匈牙利贸易能力二级指标排名

表 I-1-4 匈牙利贸易能力三级指标排名

	"一带一路"国家排名	世界排名		"一带一路"国家排名	世界排名
保险和金融服务（占商业服务进口的比例）（%）	10	65	保险和金融服务（占商业服务出口的比例）（%）	14	66
商业服务进口［美元（现价）］	12	63	商业服务出口［美元（现价）］	13	68
运输服务（占商业服务进口的比例）（%）	14	62	运输服务（占商业服务出口的比例）（%）	11	63
旅游服务（占商业服务进口的比例）（%）	10	69	旅游服务（占商业服务出口的比例）（%）	9	62
货物进口［美元（现价）］	10	68	货物出口［美元（现价）］	13	64
农业原料进口（占货物进口总额的比例）（%）	11	67	农业原料出口（占货物出口总额的比例）（%）	10	63
食品进口（占货物进口的比例）（%）	13	66	食品出口（占货物出口的比例）（%）	12	67
燃料进口（占货物出口的比例）（%）	12	68	燃料出口（占货物出口的比例）（%）	11	75
制成品进口（占货物进口的比例）（%）	13	70	制成品出口（占货物出口的比例）（%）	13	64
矿石和金属进口（占货物进口的比例）（%）	13	69	矿石和金属出口（占货物出口的比例）（%）	12	63
通信、计算机和其他服务（占商业服务进口的比例）（%）	10	62	通信、计算机和其他服务（占商业服务出口的比例）（%）	14	71

（四）创新能力评价

从图 I-1-7 中，我们可以发现，匈牙利的创新人才在"一带一路"国家中排名第 11 位，在世界 137 个国家中排名第 70 位。匈牙利的研发投入在"一带一路"国家中排名第 16 位，在世界 137 个国家中排名第 81 位。匈牙利的创新成果在"一带一路"国家中排名第 13 位，在世界 137 个国家中排名第 76 位。

■ 一带一路国家排名　■ 世界排名

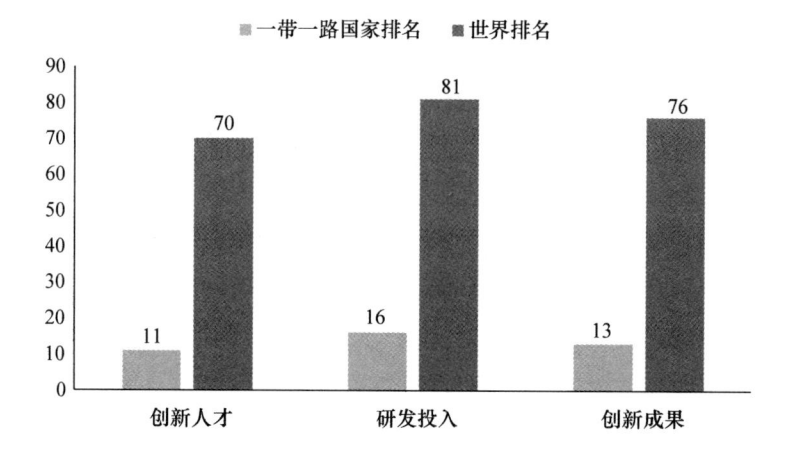

图 I-1-7　匈牙利创新能力二级指标排名

表 I-1-5　　　　　　匈牙利创新能力三级指标排名

	"一带一路"国家排名	世界排名		"一带一路"国家排名	世界排名
高等教育入学率	13	57	固定宽带用户（每百人）	15	63
留住人才能力	11	80	互联网带宽	15	66
吸引人才能力	12	70	移动互联网用户（每百人）	17	81
科学家和工程师水平	6	66	非居民专利申请数	18	80
每百万人中 R&D 研究人员（人）	7	67	居民专利申请数	16	79
每百万人中 R&D 技术人员（人）	8	68	商标申请（直接申请，非居民）	13	75
研发支出占 GDP 比例	13	69	商标申请（直接申请，居民）	10	76
最新技术有效利用程度	11	72	商标申请合计	15	73
企业的科技运用能力	12	78	高科技产品出口［美元（现价）］	17	72
科学研究机构的质量	10	75	在科学和技术学术期刊上发表的论文数（篇）	18	71
企业研发投入	17	80	高科技产品出口占制成品出口的比例（%）	17	70

续表

	"一带一路"国家排名	世界排名		"一带一路"国家排名	世界排名
产学研一体化程度	18	81	工业设计应用数量,非居民	11	71
政府对高科技产品的采购	19	83	工业设计应用数量,居民	16	76
FDI和技术转化	16	84	非居民商标申请	16	85
互联网使用者（占总人口的百分比）	8	82	居民商标申请	14	83
中高技术产品出口占制成品出口的比例（%）	9	61			

（五）营商环境评价

从图Ⅰ-1-8中，我们可以发现，匈牙利的制度环境在"一带一路"国家中排名第11位，在世界137个国家中排名第70位。匈牙利的投资安全在"一带一路"国家中排名第9位，在世界137个国家中排名第75位。匈牙利的外商政策在"一带一路"国家中排名第10位，在世界137个国家中排名第72位。匈牙利的公共服务在"一带一路"国家中排名第12位，在世界137个国家中排名第80位。根据联合国公布的数据，2017年美国、中国和匈牙利的营商指数分别为8.6、7.5和6.7。

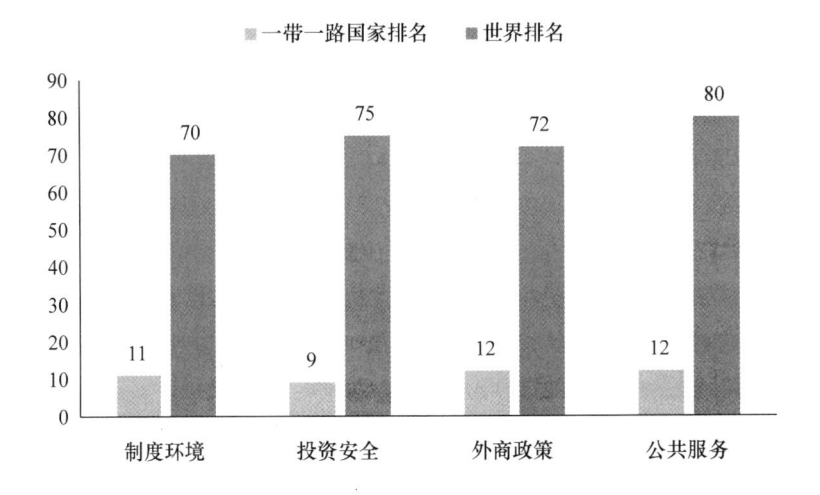

图Ⅰ-1-8 匈牙利营商环境二级指标排名

表 I-1-6　　　　　匈牙利营商环境三级指标排名

	"一带一路"国家排名	世界排名		"一带一路"国家排名	世界排名
有形产权保护	10	76	公司董事会效能	8	75
知识产权保护	11	71	金融服务便利程度	8	78
公共基金的多样性	7	74	金融服务价格合理程度	7	71
政府公信力	12	73	股票市场融资能力	6	72
政府的廉政性	10	75	贷款便利程度	7	72
公正裁决	8	76	风险资本便利程度	8	79
政府决策偏袒性	9	73	公安机关的信任度	7	73
政府支出效率	10	79	恐怖事件的商业成本	4	76
政府管制负担	12	67	犯罪和暴力的商业成本	5	72
争端解决机制的法律效率	9	78	有组织的犯罪	4	79
改变陈规的法律效率	18	80	中小股东利益保护	7	72
政府政策制定透明程度	8	85	投资者保护（0—10分）	6	77
审计和披露标准力度	10	73	银行的安全性	6	76
当地竞争充分程度	9	65	劳动和社会保障计划的充分性（占受益家庭总福利的百分比）	7	70
市场的主导地位	8	68	20%的最贫困人群的劳动和社会保障计划的受益归属（占总劳动和社会保障计划受益归属的百分比）	8	69
反垄断政策力度	9	69	失业救济和积极劳动力市场计划的覆盖率（占总人口的百分比）	9	68
税率对投资刺激的有效性	10	71	20%的最贫困人群的失业救济和积极劳动力市场计划的受益归属（占总失业救济和积极劳动力市场计划受益归属的百分比）	7	67
总体税率（占总利润的百分比）	7	60	社会安全网计划的覆盖率（占总人口的百分比）	10	61

续表

	"一带一路"国家排名	世界排名		"一带一路"国家排名	世界排名
开办企业的步骤	9	69	社会安全网计划的充分性（占受益家庭总福利的百分比）	9	62
开办企业的耗时天数	9	66	20%的最贫困人群的社会安全网计划的受益归属（占总安全网受益归属的百分比）	8	62
农业政策成本	8	68	社会保险计划的覆盖率（占总人口的百分比）	7	63
非关税壁垒的广泛程度	8	69	社会保险计划的充分性（占受益家庭总福利的百分比）	5	64
关税	9	64	自然竞争优势	8	69
外资企业产权保护	8	56	价值链宽度	14	70
当地供应商数量	8	54	国际分销控制能力	12	71
当地供应商质量	10	53	生产流程成熟度	14	80
产业集群发展	9	54	营销的能力	13	81
劳动和社会保障计划的覆盖率（占总人口的百分比）	10	65	授权的意愿	15	82

第二章 人口结构研究

截至2017年,匈牙利全国总人口约为978万人,其中主要民族为匈牙利(马扎尔)族,约占90%,少数民族有斯洛伐克、罗马尼亚、克罗地亚、塞尔维亚、斯洛文尼亚、德意志等族。

截至2017年1月1日,匈牙利全国行政区划分为首都和19个州,有23个州级市,州以下设304个市和2826个乡,国土总面积9.303万平方千米,总人口为979.8万人。

第一节 人口发展状况

(一)人口总量及发展变化趋势

1. 人口总量发展变化趋势

根据匈牙利中央统计局的数据,从人口总量上看,截至2017年,匈牙利总人口数量约为979.8万人,其中男性人口数量约为465万人,占总人口比例为47.6%;女性人口数量约为513万人,占总人口比例为52.4%,总人口性别比为90.7,偏离国际平衡区间96—106,匈牙利男女性别比例较失衡,性别结构不合理。

从人口变化趋势看,2000—2017年匈牙利总人口数量整体呈小幅度下降趋势,2000年总人口数量约为1021万人,到2017年总人口数量约为978万人,总人口减少了约43万人;2000—2017年匈牙利男性人口数量变动趋势同总人口数量变动趋势一致,呈小幅度下降趋势,2000年男性人口数量约为486万人,到2017年男性人口数量约为465万人,男性人口减少了约21万人;2000—2017年匈牙利女性人口数量变动趋势同总人口数量变动趋势也一致,呈小幅度下降趋势,2000年女性人口数量约为535万人，到2017年女性人口数量约为513万人，女性人口减少了约22万人。

从性别结构看，2000—2017年匈牙利女性人口数量一直多于男性人口数量，总人口性别比介于90到91之间，2000—2007年总人口性别比处于小幅度下降阶段，从2000年的90.7下降到2007年的90.2；2008—2017年总人口性别比处于小幅度上升阶段，从2008年的90.2上升到2017年的90.7。

表Ⅰ-2-1　　2000—2017年匈牙利人口总数和性别的变化情况

年份	总人口（个人）	男性（个人）	女性（个人）	总人口性别比
2000	10210971	4857857	5353114	90.7
2001	10187576	4843508	5344068	90.6
2002	10158608	4826805	5331803	90.5
2003	10129552	4810439	5319113	90.4
2004	10107146	4797700	5309446	90.4
2005	10087065	4786593	5300472	90.3
2006	10071370	4778102	5293268	90.3
2007	10055780	4770181	5285599	90.2
2008	10038188	4761795	5276393	90.2
2009	10022650	4754811	5267839	90.3
2010	10000023	4744849	5255174	90.3
2011	9971727	4732555	5239172	90.3
2012	9920362	4709650	5210712	90.4
2013	9893082	4698422	5194660	90.4
2014	9866468	4687640	5178828	90.5
2015	9843028	4678423	5164605	90.6
2016	9814023	4666572	5147451	90.7
2017	9781127	4652858	5128269	90.7

说明：总人口性别比，即人口中每100名女性对应的男性人数。

资料来源：匈牙利中央统计局，http://www.ksh.hu/?lang=en。

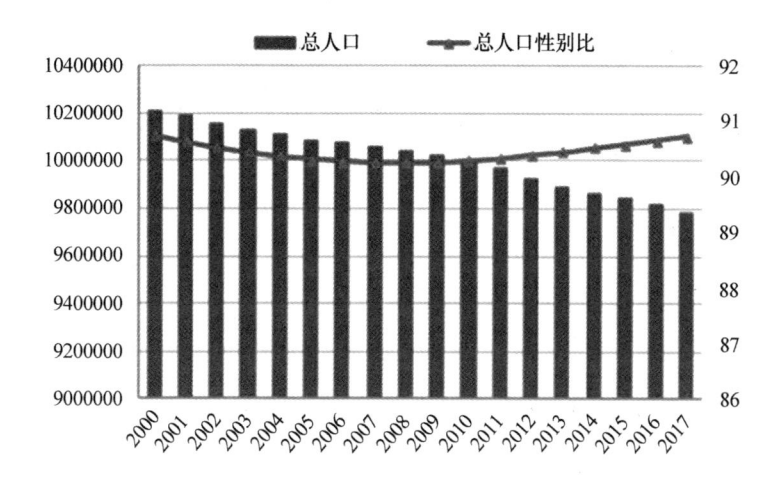

图Ⅰ-2-1 2000—2017年匈牙利总人口数量和总人口性别比

资料来源：匈牙利中央统计局，http://www.ksh.hu/?lang=en。

根据联合国人口司统计数据，从人口数量看，1950—2015年匈牙利人口数量变动趋势大致分为两个阶段：第一阶段，1950—1980年匈牙利人口数量变动呈上升趋势，1950年人口数量约为934万人，到1980年人口数量约为1076万人，人口增加了约141万人；第二阶段，1981—2015年匈牙利人口数量变动呈下降趋势，1981年人口数量约为1075万人，到2015年人口数量约为978万人，人口减少了约97万人。

从人口增长率看，1950—2015年匈牙利各时期人口增长率变动趋势可以分为两个阶段：第一阶段，1950—1980年各时期人口增长率为正值，1950—1955年人口增长率为1.02%，1975—1980年人口增长率下降为0.43；第二阶段，1980—2015年各时期人口增长率为负值，从人口增长率的绝对值大小看，1985—1990年人口增长率为-0.36%，绝对值最大，1990—1995年人口增长率为-0.05%，绝对值最小。

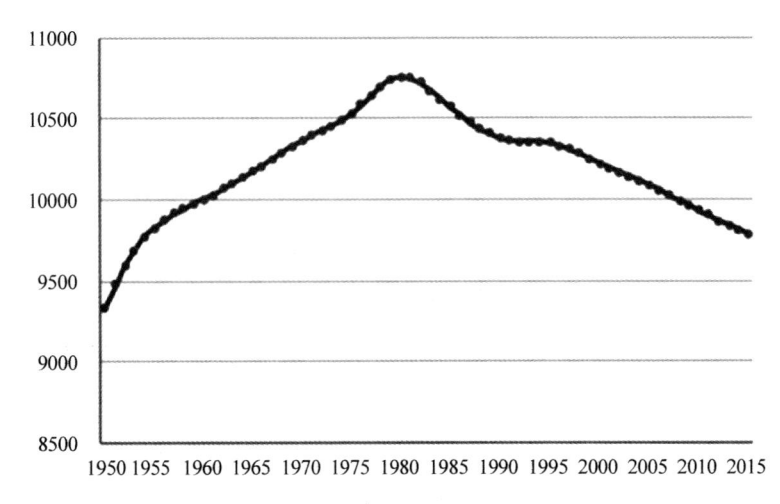

图 I-2-2　1950—2015年匈牙利人口数量变动（单位：千人）

资料来源：联合国人口司，https：//esa. un. org/unpd/wpp/Download/Standard/Population/。

表 I-2-2　　　　　　　　　　匈牙利各时期人口增长率

时期	人口增长率（%）
1950—1955 年	1.02
1955—1960 年	0.35
1960—1965 年	0.34
1965—1970 年	0.38
1970—1975 年	0.31
1975—1980 年	0.43
1980—1985 年	-0.35
1985—1990 年	-0.36
1990—1995 年	-0.05
1995—2000 年	-0.25
2000—2005 年	-0.27
2005—2010 年	-0.32
2010—2015 年	-0.29

说明：人口增长率计算公式为 $\ln(Pt/P0)/t$，其中 t 是周期的长度。

资料来源：联合国人口司，https：//esa. un. org/unpd/wpp/Download/Standard/Population/。

2. 人口发展前景预测

联合国编撰的《2017世界人口展望》中预测2020年匈牙利总人口数量为962.1万人；2025年匈牙利总人口数量为943.9万人；2030年匈牙利总人口数量为923.5万人；2040年匈牙利总人口数量为875.8万人；2050年匈牙利总人口数量为827.9万人。从联合国的人口预测结果可以看出，匈牙利总人口数量变动将呈现下降趋势。

表Ⅰ-2-3　　　　　　　　　匈牙利人口发展预测

年份	总人口（万人）
2020	962.1
2025	943.9
2030	923.5
2040	875.8
2050	827.9

资料来源：联合国：《2017世界人口展望》。

（二）人口自然变动情况

1. 人口自然变化趋势与特点

根据匈牙利中央统计局的数据，截至2017年，匈牙利出生人数为9.2万人，死亡人数为13.2万人，人口负增长4万人。从图Ⅰ-2-3中可以看出，出生人数、死亡人数和自然增长人数长期趋于稳定，从1980年以来一直处于人口自然变动的负增长阶段。人口的自然增长过程大致可以分为两个阶段，第一个阶段：1950—1980年波动中下降，从1950年的8.9万人下降至1980年的0.3万人；第二个阶段：1980—2017年较平缓地下降，从1980年的0.3万人下降至2017年的-4.0万人。从图中可以看出，死亡人数的变化趋势，总体上为平缓波动。

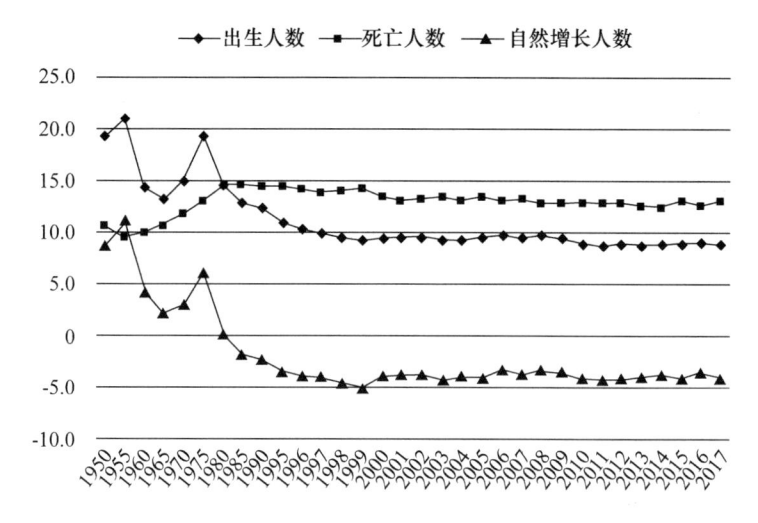

图Ⅰ-2-3　1950—2017年出生人数、死亡人数和自然增长人数变化（单位：万人）

资料来源：匈牙利中央统计局，http：//www.ksh.hu/？lang=en。

表Ⅰ-2-4　1950—2017年出生人数、死亡人数和自然增长人数变化

年份	自然增长数（万人）	出生人数（万人）	死亡人数（万人）
1950	8.9	19.6	10.7
1955	11.3	21.0	9.8
1960	4.5	14.6	10.2
1965	2.5	13.3	10.8
1970	3.2	15.2	12.0
1975	6.3	19.4	13.1
1980	0.3	14.9	14.5
1985	-1.7	13.0	14.8
1990	-2.0	12.6	14.6
1995	-3.3	11.2	14.5
1996	-3.8	10.5	14.3
1997	-3.9	10.0	13.9
1998	-4.4	9.7	14.1
1999	-4.9	9.5	14.3
2000	-3.8	9.8	13.6
2001	-3.5	9.7	13.2
2002	-3.6	9.7	13.3

续表

年份	自然增长数（万人）	出生人数（万人）	死亡人数（万人）
2003	-4.1	9.5	13.6
2004	-3.7	9.5	13.2
2005	-3.8	9.7	13.6
2006	-3.2	10.0	13.2
2007	-3.5	9.8	13.3
2008	-3.1	9.9	13.0
2009	-3.4	9.6	13.0
2010	-4.0	9.0	13.0
2011	-4.1	8.8	12.9
2012	-3.9	9.0	12.9
2013	-3.8	8.9	12.7
2014	-3.5	9.2	12.6
2015	-4.0	9.2	13.2
2016	-3.4	9.3	12.7
2017	-4.0	9.2	13.2

资料来源：匈牙利中央统计局，http://www.ksh.hu/?lang=en。

根据匈牙利中央统计局的数据，截至2017年，匈牙利的人口出生率为9.4‰、人口死亡率为13.5‰、人口自然增长率为-4.1‰。截取1950—2017年的人口数据，从人口出生率看，可以分为三个阶段。第一阶段，1950—1962年下降阶段，这一阶段1950年人口出生率为20.9‰，1970年为12.9‰，下降了8‰；第二阶段，1963—1976年波动中上升阶段，这一阶段人口出生率出现上升，在1976年时上升为17.5‰；第三阶段，1977—2017年为下降阶段，从1977年的16.7‰下降到2017年的9.4‰。从人口死亡率看，可以分为两个阶段。第一阶段，1950—1963年波动中下降，这一阶段人口死亡率从1950年的11.4‰下降至1963年的9.9‰；第二阶段是1964—2017年的平缓上升阶段，这一阶段人口死亡率从10.0‰上升到13.5‰。

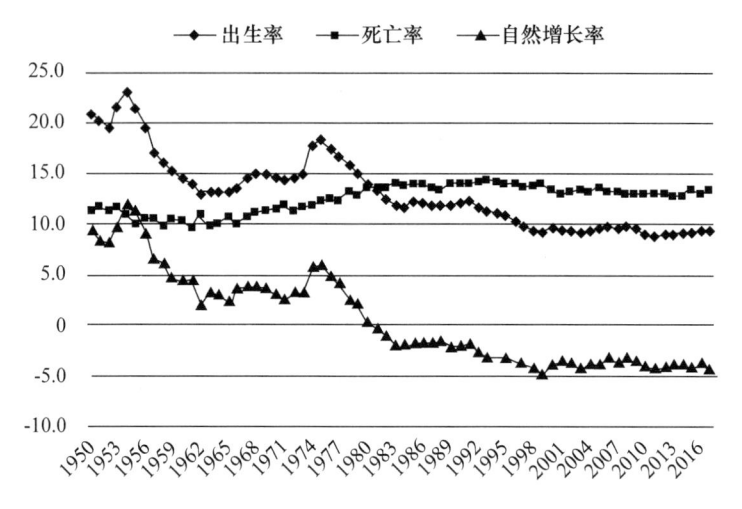

图 I-2-4 1950—2017 年匈牙利人口自然变动情况（单位:‰）
资料来源：匈牙利中央统计局，http://www.ksh.hu/?lang=en。

2. 生育水平变化趋势

从总和生育率看，截至 2016 年，匈牙利总和生育率为 1.45，截取 1960—2016 年的匈牙利总和生育率数据，总和生育率变动整体呈波动下降趋势，波动范围在 1 到 2.5 之间，1960 年匈牙利总和生育率为 2.02，1975 年总和生育率为 2.35，此时达到最大值，2011 年总和生育率为 1.23，此时达到最小值，到 2016 年匈牙利总和生育率为 1.45。

3. 预期寿命变化

截至 2016 年，匈牙利的总人口预期寿命为 75.6 岁，男性预期寿命为 72.3 岁，女性预期寿命为 79 岁。截取 1960—2016 年的匈牙利人口预期寿命数据，总人口预期寿命变动呈上升趋势，从 1960 年的 68 岁上升到 2016 年的 75.6 岁，其中男性人口预期寿命、女性人口预期寿命变动均呈上升趋势，且女性人口预期寿命一直高于男性人口预期寿命，男性人口预期寿命从 1960 年的 65.9 岁上升到 2016 年的 72.3 岁，女性人口预期寿命从 1960 年的 70.2 岁上升到 2016 年的 79 岁。

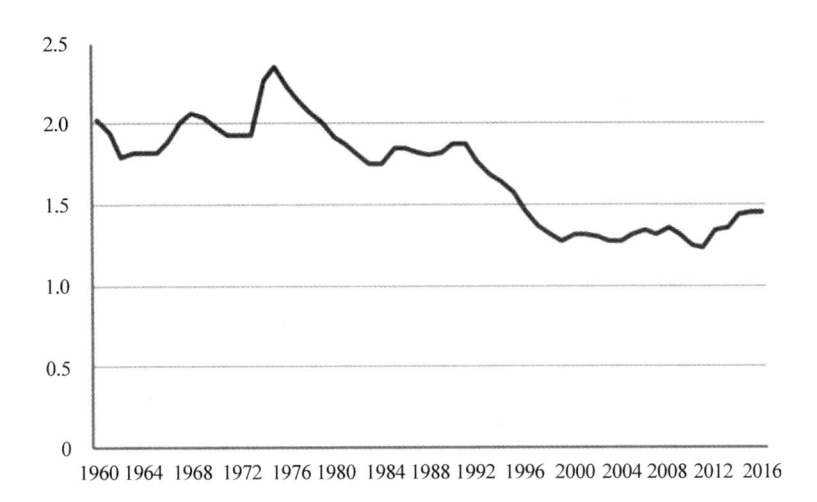

图Ⅰ-2-5　1960—2016年匈牙利总生育率变动（单位：个）

资料来源：联合国人口司，https://esa.un.org/unpd/wpp/Download/Standard/Population/。

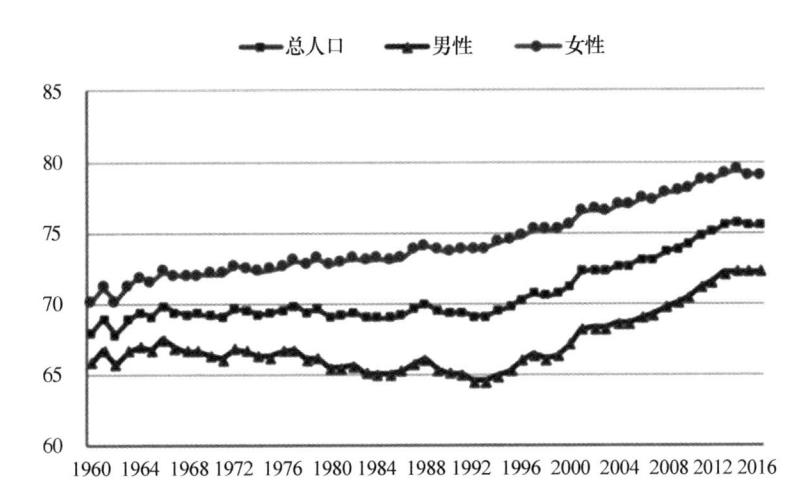

图Ⅰ-2-6　1960—2016年匈牙利预期寿命变化（单位：岁）

资料来源：联合国人口司，https://esa.un.org/unpd/wpp/Download/Standard/Population/。

(三) 人口城乡分布情况

1. 城乡人口规模变化趋势

根据联合国人口司数据统计，截至 2017 年底匈牙利总人口数量为 972.2 万人，其中城市人口数量为 690.8 万人，约占 71.1%；农村人口数量为 281.3 万人，约占 28.9%。

截取 1950—2017 年的匈牙利城乡人口数据，从城市人口数量变动上看，城市人口数量变动整体呈上升趋势，具体来看大致分为三个阶段：第一阶段，1950—1981 年匈牙利城市人口变动处于上升阶段，1950 年城市人口数量为 495.1 万人，到 1981 年城市人口数量增加到 691.8 万人；第二阶段，1982—2001 年匈牙利城市人口变动处于小幅度下降阶段，1982 年城市人口数量为 691.8 万人，到 2001 年城市人口数量减少到 659.2 万人；第三阶段，2001—2017 年匈牙利城市人口变动再次处于上升阶段，城市人口数量从 2001 年的 659.2 万人增加到 2017 年的 690.8 万人。

从农村人口数量变动上看，农村人口数量变动整体呈下降趋势，具体来看大致也分为三个阶段：第一阶段，1950—1990 年匈牙利农村人口变动处于下降阶段，1950 年农村人口数量为 438.7 万人，到 1990 年农村人口数量减少到 354.5 万人；第二阶段，1990—2000 年匈牙利农村人口变动处于小幅度上升阶段，农村人口数量从 1990 年的 354.5 万人增加到 2000 年的 362.1 万人；第三阶段，2000—2017 年匈牙利农村人口变动再次处于下降阶段，农村人口数量从 2000 年的 362.1 万人减少到 2017 年的 281.3 万人。

表 I-2-5　　1950—2017 年匈牙利城乡人口数量变动情况　　（单位：千人）

年份	城市人口	农村人口	总人口
1950	4951	4387	9338
1955	5350	4478	9828
1960	5592	4409	10001
1965	5901	4269	10170
1970	6231	4135	10366
1960	5592	4409	10001
1965	5901	4269	10170

续表

年份	城市人口	农村人口	总人口
1970	6231	4135	10366
1975	6551	3976	10527
1980	6904	3851	10756
1985	6878	3688	10567
1990	6832	3545	10377
1995	6749	3601	10350
2000	6600	3621	10221
2005	6694	3393	10087
2010	6841	3086	9928
2015	6898	2886	9784
2016	6903	2850	9753
2017	6908	2813	9721

资料来源：联合国人口司，https://esa.un.org/unpd/wpp/Download/Standard/Population/。

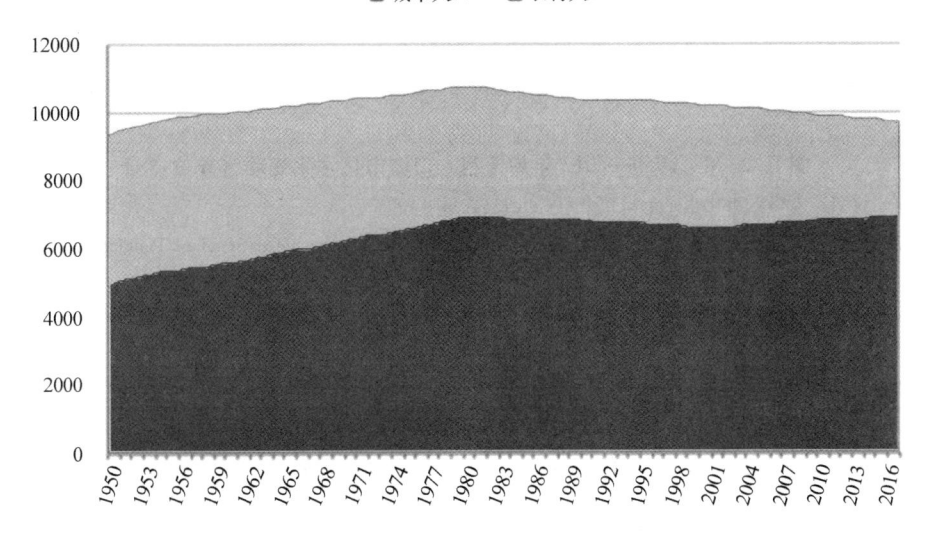

图Ⅰ-2-7 1950—2017年匈牙利城乡人口数量变动（单位：千人）

资料来源：联合国人口司，https://esa.un.org/unpd/wpp/Download/Standard/Population/。

2. 人口城市化水平变化趋势

根据联合国统计数据，截至 2017 年，匈牙利人口城市化水平达到了 71.1%。截取 1950—2017 年匈牙利人口城市化水平变动数据，匈牙利人口城市化水平较高，从整体趋势看，1950—2017 年匈牙利人口城市化水平整体呈上升趋势，1970 年人口城市化水平突破 60%，1985 年人口城市化水平突破 65%，2013 年人口城市化水平突破 70%。

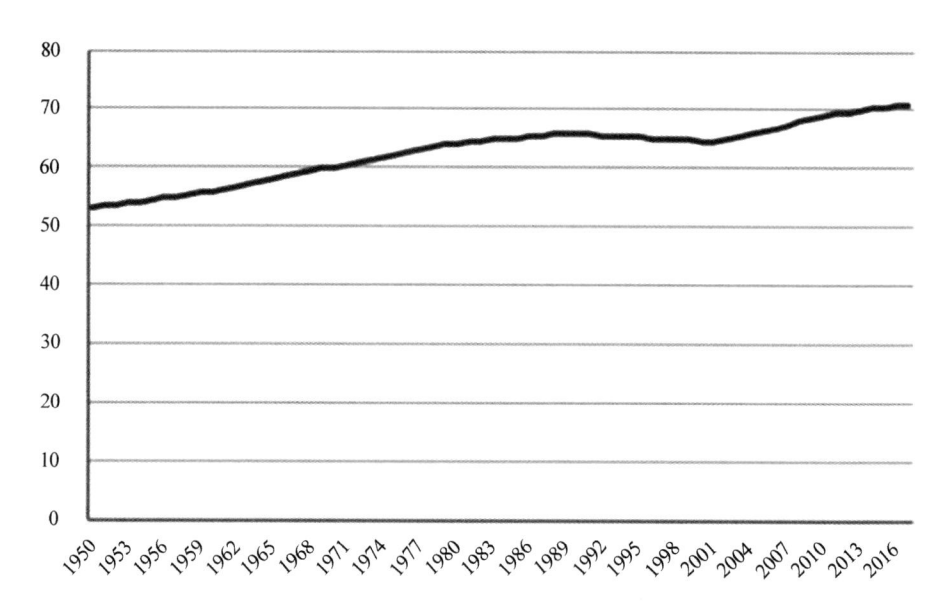

图 I-2-8 1950—2017 年匈牙利人口城市化水平变动（单位:%）

说明：人口城市化水平＝城镇人口/全国总人口×100%

资料来源：联合国人口司，https://esa.un.org/unpd/wpp/Download/Standard/Population/。

（四）人口地区分布情况

根据匈牙利中央统计局统计数字，截至 2011 年底，匈牙利各州区人口占比如表 I-2-6 所示。匈牙利行政区分为首都和 19 个州，其中，首都布达佩斯人口最多，为 172.90 万人，占全国总人口的 17.40%。佩斯州为人口第二大州，人口为 121.75 万人，占全国总人口的 12.25%。

对比 2001 年的人口数据可以看出，费耶尔州、杰尔—莫松—肖普朗州、豪伊杜—比豪尔州和佩斯州的人口占全国的比重到 2011 年均有提升，其中佩斯州的人口比重涨幅最大为 1.62%。其余的首都和 15 个州的人口比重均出现了不同程度的下降，其中包尔绍德—奥包乌伊—曾普伦州的人口比重降幅最大为0.4%。

表Ⅰ-2-6　　　　2001年、2011年匈牙利不同州区人口情况

州区	2001年（万）	占全国比重（%）	2011年（万）	占全国比重（%）
布达佩斯	177.79	17.43	172.90	17.40
巴奇—基什孔州	54.65	5.36	52.03	5.23
巴兰尼亚	40.74	3.99	38.64	3.89
贝凯什州	39.78	3.90	35.99	3.62
包尔绍德—奥包乌伊—曾普伦州	74.44	7.30	68.63	6.90
琼格拉德	43.33	4.25	41.75	4.20
费耶尔	43.43	4.26	42.58	4.28
杰尔—莫松—肖普朗州	43.88	4.30	44.80	4.51
豪伊杜—比豪尔州	55.30	5.42	54.67	5.50
赫维什州	32.57	3.19	30.89	3.11
加兹—纳杰孔—索尔诺克州	41.59	4.08	38.66	3.89
科马罗姆州	31.66	3.10	30.46	3.06
诺格拉德州	22.03	2.16	20.24	2.04
佩斯	108.39	10.63	121.75	12.25
绍莫吉州	33.52	3.29	31.61	3.18
索博尔奇—索特马尔—贝拉格州	58.23	5.71	55.93	5.63
托尔瑙州	24.97	2.45	23.04	2.32
沃什州	26.81	2.63	25.66	2.58
维斯普雷姆州	36.97	3.62	35.31	3.55
佐洛	29.74	2.92	28.22	2.84

资料来源：匈牙利中央统计局，http://www.ksh.hu/?lang=en。

第二节　人口结构变化

(一) 人口年龄结构构成及变化情况

1. 总体情况

根据联合国人口司统计数据，截至2017年，从人口结构图中可以看

出，匈牙利人口金字塔为缩减型，中间宽，塔顶和塔底较窄，少年儿童人口比重缩小，老年人口比重增大。这种类型的人口由于育龄人群比重低，后备力量更低，在生育水平几乎不变的情况下，未来人口变动趋势呈负增长，人口缩减。

从人口数量上看，2017年匈牙利0—14岁人口数量为139.2万人，占总人口数量比重为14.3%，其中0—14岁男性人口数量为71.5万人，0—14岁女性人口数量为67.7万人；15—64岁人口数量为652.4万人，占总人口数量比重为67.1%，其中15—64岁男性人口数量为323万人，15—64岁女性人口数量为329.4万人；匈牙利65岁以上人口数量为180.6万人，占总人口数量比重为18.6%，其中65岁以上男性人口数量为67.8万人，65岁以上女性人口数量为112.8万人。

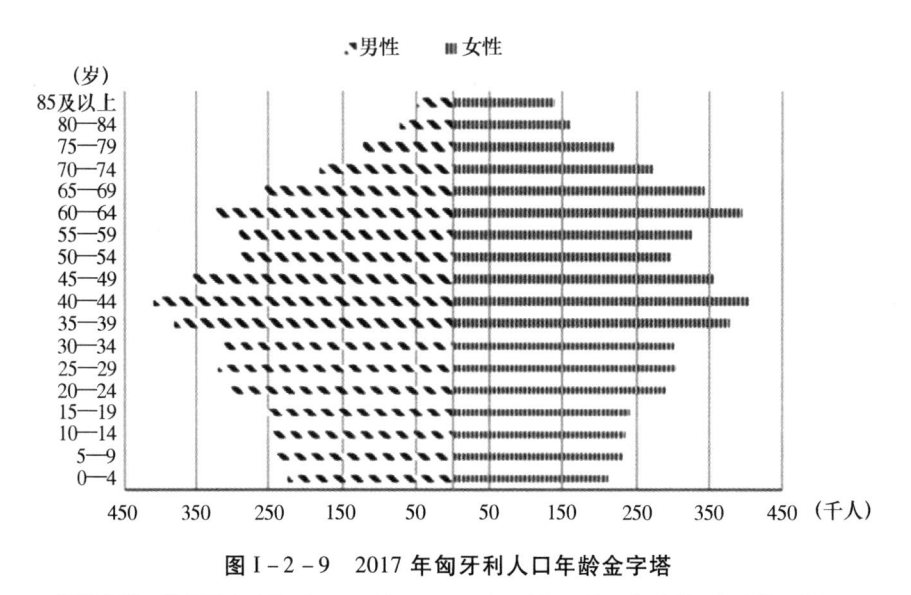

图Ⅰ-2-9 2017年匈牙利人口年龄金字塔

资料来源：联合国人口司，https://esa.un.org/unpd/wpp/Download/Standard/Population/。

2.0—14岁人口情况

从1950年到2015年，匈牙利0—14岁人口数量占总人口数量的比重介于14%到26%之间，整体呈波动下降趋势，1950年匈牙利0—14岁人口数量占人口数量的比重为24.9%，到1975年匈牙利0—14岁人口数量占总人口数量的比重减少到20.1%，到1995年匈牙利0—14岁人口数量占总人口数量的比重减少到18.1%，而到2015年匈牙利0—14岁人口数量占总人口数量的比重减少到14.4%，为历史最低水平。

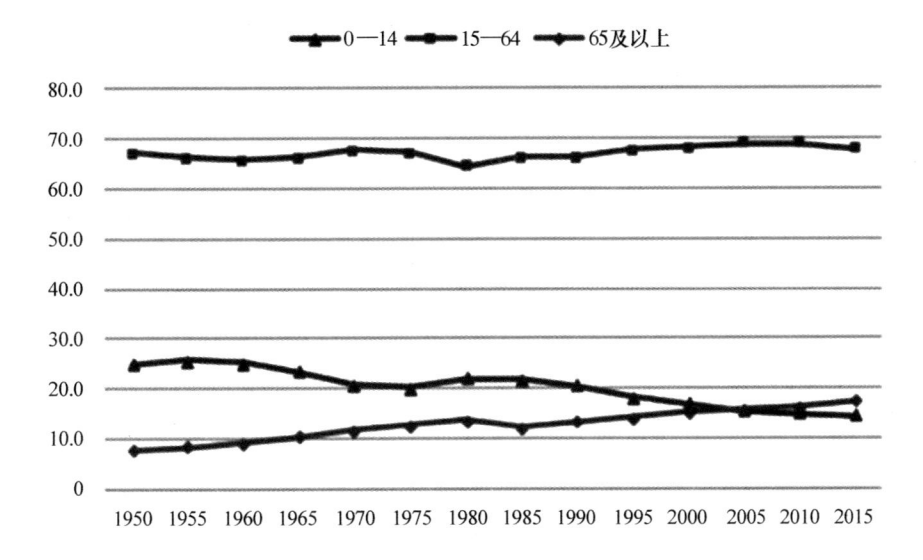

图 I-2-10　1950—2015年匈牙利各个年龄组人口占比变动（单位:%）

资料来源：联合国人口司，https：//esa.un.org/unpd/wpp/Download/Standard/Population/。

3. 15—64岁人口情况

从图 I-2-10人口比重看，匈牙利15—64岁人口数量占总人口数量比重介于64%到69%之间，整体呈波动上升趋势，主要出现三个峰值点：1970年67.7%、1980年64.4%、2010年69%。

具体来看，1950年匈牙利15—64岁人口数量占总人口数量的比重为67.3%，到1960年15—64岁人口数量占总人口数量的比重为65.7%，这一比重减少了1.6%；之后这一比重变动呈小幅度上升趋势，从1960年的65.7%上升到1970年的67.6%；其后这一比重，从1970年的67.6%下降到1980年的64.4%，此时处于历史最低水平；1980年之后，比重变化再次先上升后小幅度下降，从1980年的64.4%先上升到2010年的69%，此时达到历史最高水平，然后从2010年的69%下降到2015年的68.1%。

4.65 岁以上人口情况

从人口比重图 I-2-10 看,匈牙利 65 岁以上人口数量占总人口数量的比重在 7%—18%,整体呈波动上升趋势,具体来看大致可以分为三个阶段:第一阶段,1950—1980 年匈牙利 65 岁以上人口数量占总人口数量的比重变动处于上升趋势,1950 年 65 岁以上人口数量占总人口数量的比重为 7.8%,到 1980 年 65 岁以上人口数量占总人口数量的比重为 13.6%,这一比重增加了 5.8%;第二阶段,1980—1985 年匈牙利 65 岁以上人口数量占总人口数量的比重变动处于小幅度下降趋势,1980 年 65 岁以上人口数量占总人口数量的比重为 13.6%,到 1985 年 65 岁以上人口数量占总人口数量的比重为 12.1%,这一比重下降了 1.5%;第三阶段,1985—2015 年匈牙利 65 岁以上人口数量占总人口数量的比重变动再次处于上升趋势,65 岁以上人口数量占总人口数量的比重从 1985 年的 12.1%上升到 2015 年的 17.5%,这一比重增加了 5.4%。

5. 抚养系数

根据联合国人口司统计数据,从总抚养系数看,2000—2015 年匈牙利总抚养系数整体在 50%左右波动,1980 年达到最大值,为 55.3%;2010 年达到最小值,为 44.8%。

从少儿抚养系数看,2000—2015 年匈牙利少儿抚养系数变动整体呈下降趋势,下降幅度较大,1955 年少儿抚养系数达到最大值,为 38.9%;2015 年少儿抚养系数为最小值,数值为 21.2%。

从老年抚养系数看,2000—2015 年匈牙利老年抚养系数变动整体呈上升趋势,具体来看大致分为三个阶段:第一阶段,1950—1980 年匈牙利老年抚养系数变动处于上升阶段,1950 年老年抚养系数为 11.6%,到 1980 年老年抚养系数增加到 21.1%;第二阶段,1980—1985 年匈牙利老年抚养系数变动处于小幅度下降阶段,老年抚养系数从 1980 年的 21.1%下降到 1985 年的 18.3%;第三阶段,1985—2015 年匈牙利老年抚养系数变动再次处于上升阶段,老年抚养系数从 1985 年的 18.3%增加到 2015 年的 25.7%。

(二)人口受教育情况

1. 人口文化程度变动情况

根据联合国教科文组织统计的 1970 年、1980 年、2001 年、2005 年、

──■── 总抚养系数　──▲── 少儿抚养系数　──●── 老年抚养系数

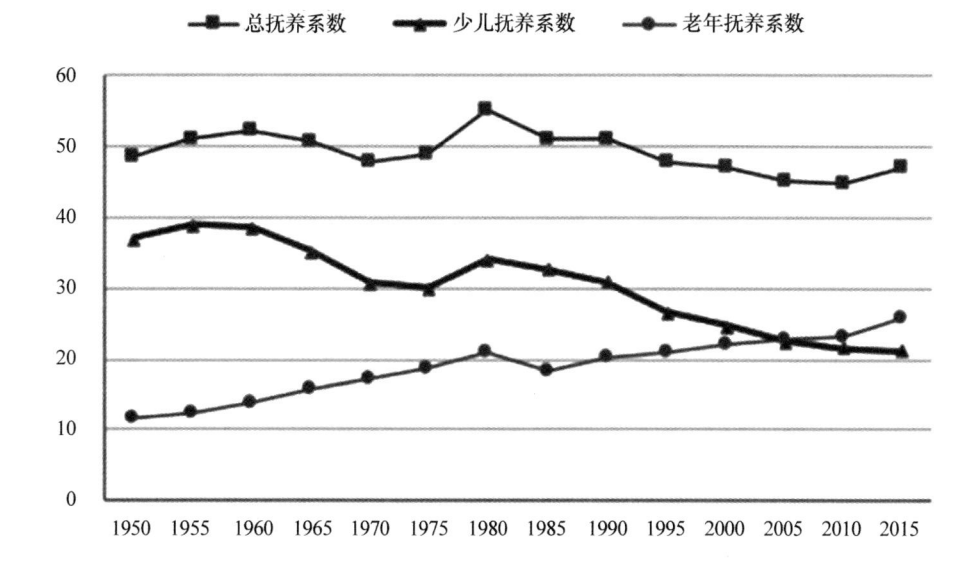

图 I-2-11　1950 年以来匈牙利抚养系数变动（单位:%）

说明：总抚养系数=（0—14岁人口数量+65岁及以上人口数量）/15—64岁人口数量×100%，少儿抚养系数=（0—14岁人口数量/15—64岁人口数量）×100%，老年抚养系数=（65岁及以上人口数量/15—64岁人口数量）×100%。

资料来源：联合国人口司，https://esa.un.org/unpd/wpp/Download/Standard/Population/。

2015年匈牙利25岁以上人口受教育程度的数据，可以发现：受过高中、大学以上教育的人口比重从1970年开始逐渐递增，初中学历的人口比重逐年递减。在1970年、1980年匈牙利人口的受教育程度超过半数为初中学历。至2001年，高中学历人口比重超过了初中学历人口比重。在2005年、2015年受教育程度为高中的人口占总人口受教育程度的比重逐渐接近50%。从1970年到2015年接受过大学及以上教育的比重从5.1%上升到28.7%。可见匈牙利人口整体的文化程度在不断地提高。

表 I-2-7　匈牙利25岁以上人口受教育程度构成变动情况　　单位:%

年份	小学	初中	高中	大学及以上
1970	4.9	64.6	10.8	5.1
1980	3.2	56.9	23.6	7.0

续表

年份	小学	初中	高中	大学及以上
2001	11.2	32.2	41.5	13.6
2005	8.2	27.2	47.4	16.2
2015	2.8	21.7	46.4	28.7

资料来源：联合国教科文组织，http://www.unesco.org。

2. 教育的性别差异情况

在了解匈牙利25岁以上人口受教育程度的基础上，可以继续进一步研究匈牙利男性与女性人口之间的教育差异问题。根据联合国教科文组织统计的数据，可以得到1971—2016年匈牙利分别在小学、中学、高等学院各阶段女生与男生的入学比例。

结合数据和对应的折线图可以观察到：从整体来看，在小学，1971—2016年匈牙利女生与男生的入学比例几乎稳定，维持在1∶1左右，在小学阶段，教育资源在男性与女性之间分布较均匀。

在中学，匈牙利女生与男生的入学比例可以大致分为三个阶段：第一阶段，1971—1985年匈牙利女生入学人数低于男生入学人数，女生与男生的入学比例小于1，但这一比例逐步提升，女生与男生的入学比例从1971年的0.891上升到1985年的0.999；第二阶段，1986—2002年匈牙利女生入学人数高于男生入学人数，女生与男生的入学比例大于1，这一比例最高为1995年的1.036；第三阶段，2013—2016年匈牙利女生入学人数和男生入学人数几乎相当，女生与男生的入学比例大致保持在1。可以看出，在中学阶段，教育资源从初期较倾斜于男性上逐渐改变，经过发展，实现了教育资源在男性与女性之间的均匀分布。

在高等学院匈牙利女生与男生的入学比例可以大致分为四个阶段：第一阶段，1971—1987年匈牙利女生与男生的入学比例从0.775一直提升到1.208，即从男生入学人数大于女生入学人数变到女生入学人数大于男生入学人数；第二阶段，1987—1992年女生与男生的入学比例从1987年的1.208逐步回落到1992年的1.059；第三阶段，

1992—2006年女生与男生的入学比例持续增加,从1992年的1.059增加到2006年的1.465;第四阶段,2006—2016年女生与男生的入学比例持续回落,从2006年的1.465回落到2016年的1.248。可以看出,在高等学院阶段,在初期教育资源逐渐消除在性别上的差异,在后期数量上更倾向于女性接受高等教育比例高于男性,男性人口教育程度相对弱化的问题出现了。

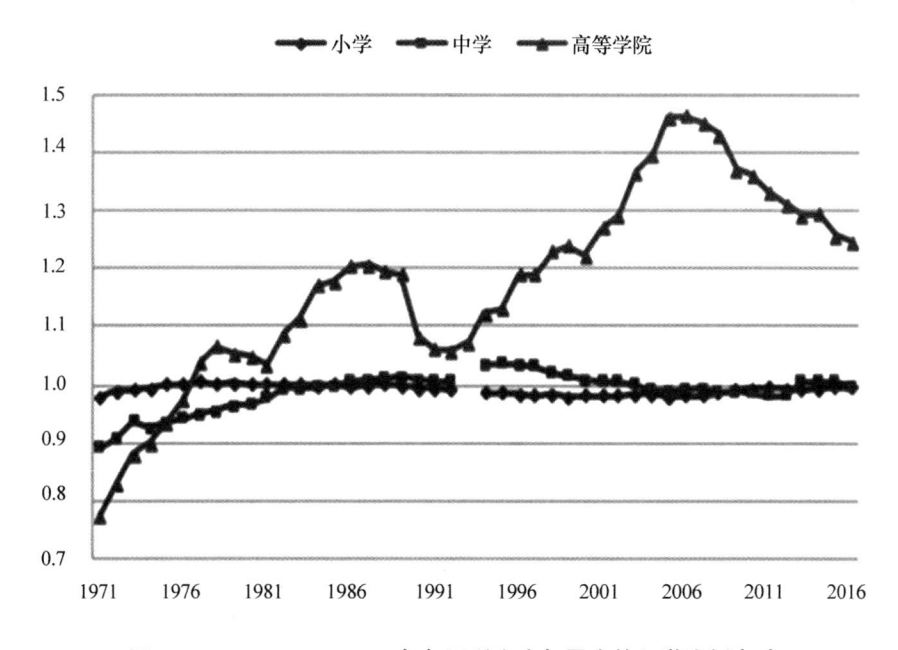

图Ⅰ-2-12 1971—2016年匈牙利女生与男生的入学比例变动

说明:1993年仅有高等学院女生与男生的入学比例数据;本图中用女生入学人数/男生入学人数表示分性别的入学比例。

资料来源:联合国教科文组织,http://www.unesco.org。

3. 小学、中学和大学的入学率

(1) 小学入学率

根据联合国教科文组织数据统计,1971—2016年匈牙利小学教育入学率情况如下:从总入学率看,分为六个阶段:1971—1975年,呈上升趋势;1976—1980年,整体呈下降趋势;1981—1984年呈上升趋势;1985—1989年整体呈下降趋势;1990—1994年呈现上升趋势;1995—

2016年整体平稳波动略有减少。分性别看（1993年数据缺失），可以分为三个阶段。第一阶段：1971—1974年男性入学率高于女性入学率；第二阶段：1975—1988年女性入学率高于男性入学率；第三阶段：1989—2016年男性入学率高于女性入学率。

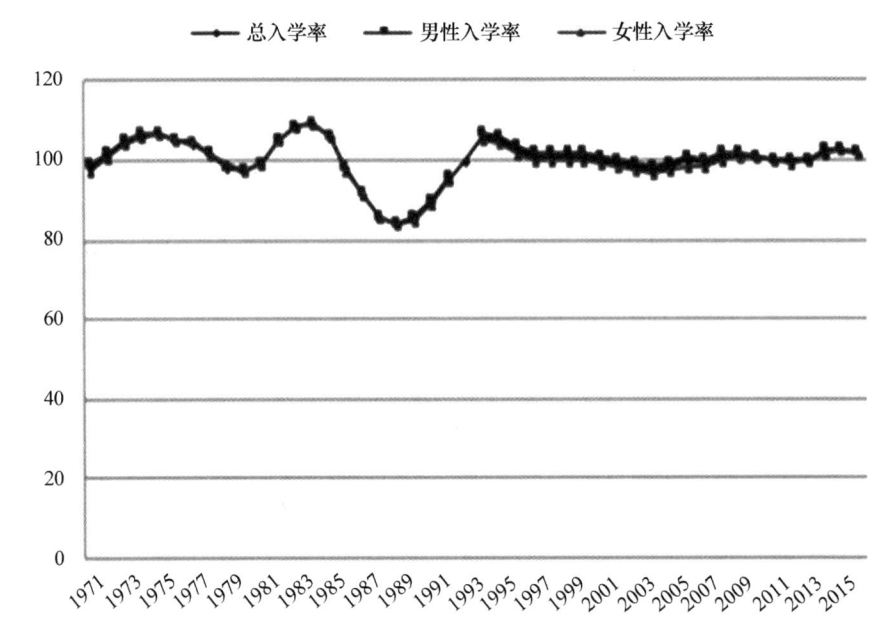

图Ⅰ-2-13　1971—2016年匈牙利小学入学率变化情况（单位:%）

说明：小学总入学率是指无论年龄大小，小学的总入学人数，与官方规定的小学适龄总人口的百分比值。总入学率可能超过100%，因为包含了较早或较晚入学及复读的小龄和超龄学生。

资料来源：联合国教科文组织，http://www.unesco.org。

(2) 中学入学率

根据联合国教科文组织数据统计，1971—2016年匈牙利中学教育入学率情况如下：从总入学率看，分为两个阶段。第一个阶段：1971—1981年总体呈快速上升趋势；第二个阶段：1982—2016年总体为平缓上升趋势。分性别来看，分为两个阶段。第一阶段：1971—1985年，男性入学率一直高于女性入学率；第二阶段：1986—2003年，女性入学率高于男性入学率。第三阶段：2004—2012年，男性入学率高于女性入学率。第四阶段：2013—2016年，女性入学率高于男性入学率。

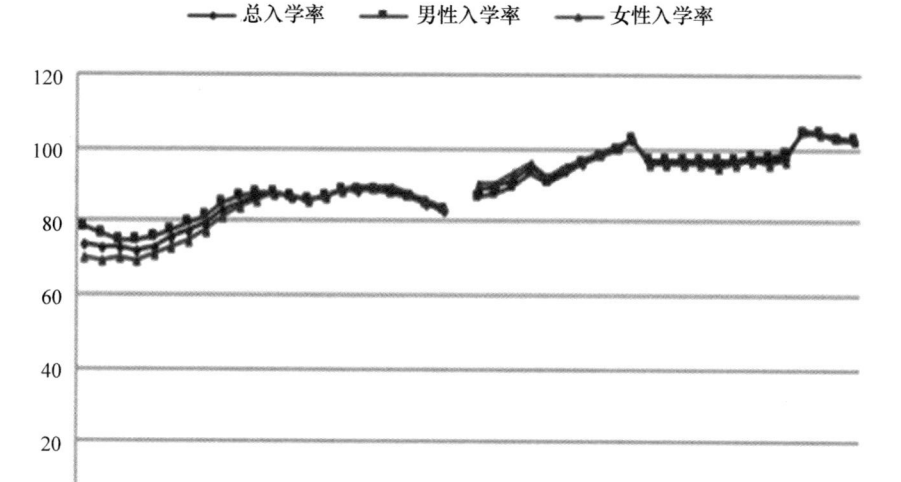

图 I-2-14　1971—2016 年匈牙利中学入学率变化情况（单位:%）

说明：中学所有课程总入学率，是指不论年龄大小，中学在校生总数占符合中学官方入学年龄人口的百分比。总入学率可能超过 100%，因为包含了较早或较晚入学及复读的小龄和超龄学生。

资料来源：联合国教科文组织，http://www.unesco.org。

(3) 大学入学率

根据联合国教科文组织数据统计，1971—2016 年匈牙利大学入学率情况如下：从总入学率看，分为三个阶段。第一个阶段：1971—1992 年增长较为平缓；第二个阶段：1992—2007 年总入学率增长速度加快；第三个阶段：2008—2016 年，总体入学率出现下降。分性别来看，分为两个阶段。第一个阶段：1971—1975 年，男性入学率高于女性入学率；第二个阶段：1976—2016 年女性入学率高于男性入学率。2008 年，女性大学入学率达到 80% 以上的峰值，其后开始回落，2015 年回落到 53% 左右。

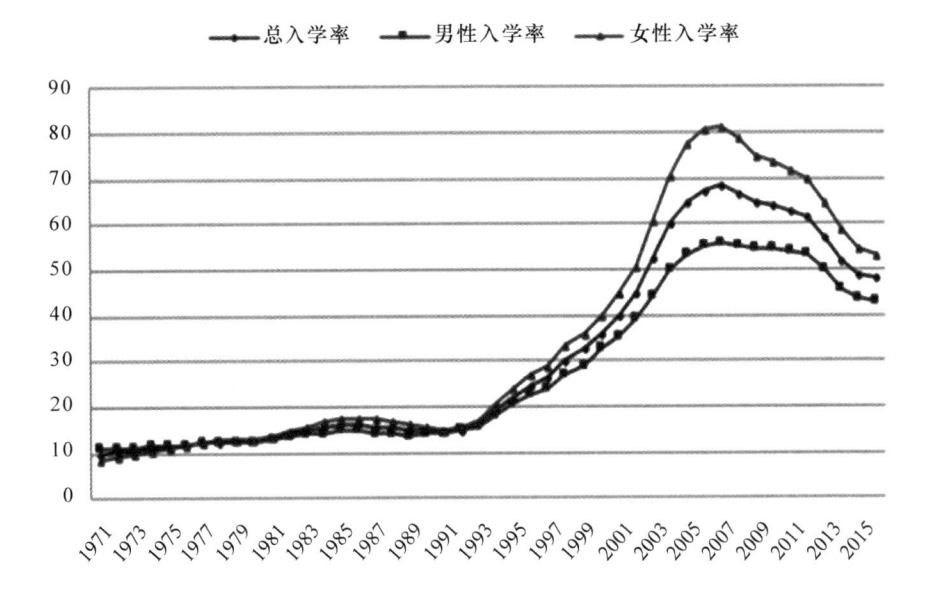

图 I-2-15 1971—2016 年匈牙利大学入学率变化情况（单位：%）

说明：大学总入学率，是指不论年龄大小，大学在校生总数，占中学之后 5 年学龄人口总数的百分比。

资料来源：联合国教科文组织，http://www.unesco.org。

第三节 人口就业状况

(一) 就业人口规模及变化情况

1. 2010 年以来劳动参与率持续提高

根据联合国人口司统计数据，截至 2017 年，匈牙利劳动就业人口总数为 442.1 万人，其中女性就业人口数为 200.4 万人、男性就业人口数为 241.7 万人。15 岁及以上劳动参与率为 53.16%，其中，15 岁及以上男性劳动参与率为 61.43%，15 岁及以上女性劳动参与率为 45.84%。

1991—2017 年匈牙利 15 岁及以上男性和女性劳动参与率的变动趋势同总劳动参与率的变动趋势一致；变动趋势大致可以分为四个阶段：第一阶段，1991—1997 年匈牙利 15 岁及以上总劳动参与率、男性劳动参与率、女性劳动参与率均呈下降趋势，各指标下降了约 6 个百分点；第二阶段，1997—1999 年匈牙利 15 岁及以上总劳动参与率、男性劳动参与率、女性劳动参与率均呈小幅度上升趋势，各指标上升了约 2 个百分点；第三阶段，1999—2009 年匈牙利 15 岁及以上总劳动参与率、男性劳动参与率、女性劳动参与率均保持在稳定水平；第四阶段，2009—2017 年匈牙利 15 岁及以上总劳动参与率、男性劳动参与率、女性劳动参与率均呈上升趋势，各指标上升了约 8 个百分点。从数值大小上看，15 岁及以上男性劳动参与率始终大于 15 岁及以上女性劳动参与率，而 15 岁及以上劳动参与率介于两者之间，15 岁及以上男性劳动参与率始终高于 15 岁及以上劳动参与率 7 到 8 个百分点，15 岁及以上女性劳动参与率始终低于 15 岁及以上劳动参与率 6 到 7 个百分点。

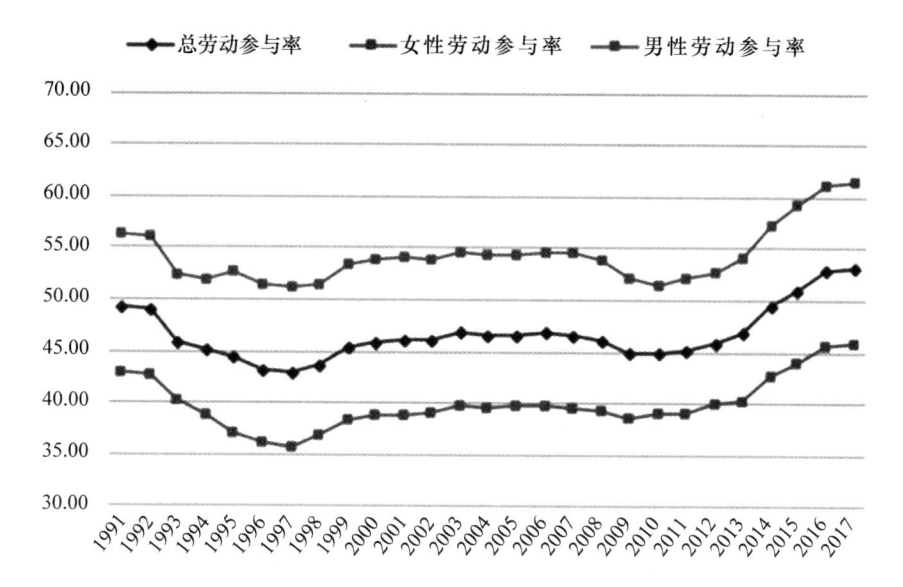

图 I-2-16　1991—2017 匈牙利 15 岁及以上劳动参与率（单位:%）
说明：劳动参与率 = 从业人口/劳动年龄人口 ×100%。
资料来源：国际劳工组织，https://www.ilo.org/global/lang-en/index.htm。

2. 失业率

从匈牙利 2000—2017 年失业率数据看，男性失业率、女性失业率变动同总人口失业率变动趋势一致，呈现出先上升后下降的特点，从

2000—2007年男性失业率、女性失业率、总人口失业率较低，均不高于8%；2008年以后男性失业率、女性失业率、总人口失业率快速上升，于2010年均达到峰值，男性失业率为11.6%，女性失业率为10.7%，总失业率为11.2%；2011—2017年男性失业率、女性失业率、总人口失业率均快速下降，到2017年男性失业率为3.8%，女性失业率为4.6%，总人口失业率为4.2%。

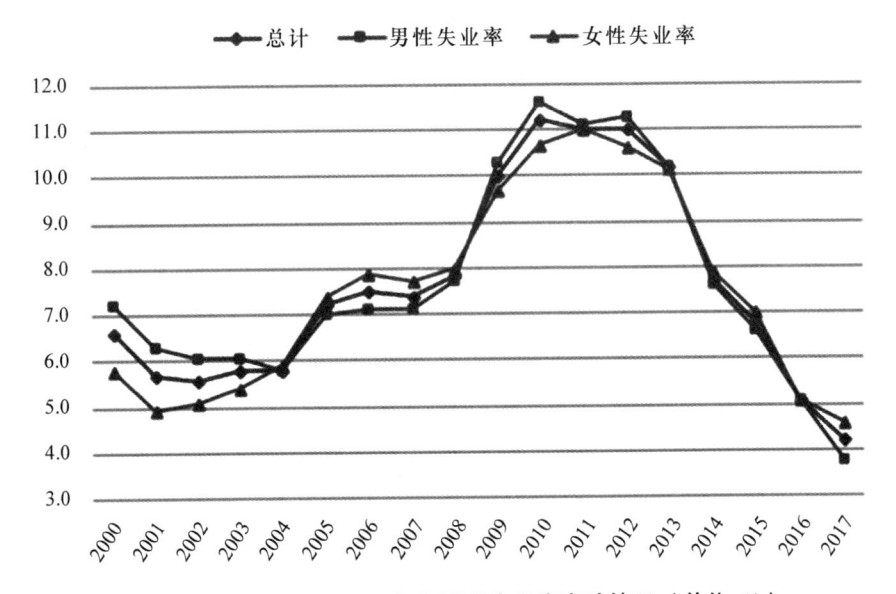

图Ⅰ-2-17 2000—2017年匈牙利失业率变动情况（单位:%）

资料来源：国际劳工组织，https://www.ilo.org/global/lang-en/index.htm。

（二）就业人口的主要行业构成及变化特点

1. 男性就业人口比女性多，服务业成为就业的主要行业

根据国际劳工组织统计数据，2017年匈牙利就业人口的行业就业情况如下：以农业、工业、服务业为主的就业人口总数为443.6万人，其中男性人数为241.5万人，占比为54.4%，女性人数为202.1万人，占比为45.6%；农业就业人数为22.1万人，占就业人口总数的5.0%，其中男性人数为16.5万人，占农业就业人口的74.3%，女性人数为5.7万人，占农业就业人口的25.7%；工业就业人数为133.9万人，占就业人口总数的30.2%，其中男性人数为96.0万人，占工业就业人口的

71.6%，女性人数为38.1万人，占工业就业人口的28.4%；服务业就业人数为287.6万人，占就业人口总数的64.8%，其中男性人数为129万人，占服务业就业人口的44.9%，女性人数为158.3万人，占服务业就业人口的55.1%。

表Ⅰ-2-8　　　2017年匈牙利分行业的就业人数和性别构成

行业	类别	人数（千人）	比例（%）
总就业人口	合计	4436	100
	男性	2415	54.4
	女性	2021	45.6
农业	合计	221	100
	男性	165	74.3
	女性	57	25.7
工业	合计	1339	100
	男性	960	71.6
	女性	381	28.4
服务业	合计	2873	100
	男性	1290	44.9
	女性	1583	55.1

资料来源：国际劳工组织，https：//www.ilo.org/global/lang-en/index.htm。

2. 各行业的就业人数都在持续增加

从2005—2017年匈牙利就业人口和农业、工业、服务业就业人口数来看，2005年匈牙利总就业人口数为396.6万人，其中农业就业人口数为19.3万人、工业就业人口数为128.8万人、服务业就业人口数为248.5万人。总就业人口数从2005年到2010年呈下降趋势，2010年总就业人口数为380.7万人，其中农业就业人口数为17.2万人、工业就业人口数为116.4万人、服务业就业人口数为245.5万人。总就业人口数在2010年到2017年间呈上升趋势，2017年总就业人口数为443.6万人，其中农业就业人口数为22.1万人、工业就业人口数为133.9万人、服务业就业人口数为287.6万人。

从农业、工业、服务业的产业变动中可知，农业就业人口数历年变化幅度较小，就业人口数在20万人左右浮动，其中女性就业人数在5万人左右、男性就业人数在15万人左右；工业就业人数在2008年到2012年期间呈下降趋势，2012年人数为115.2万人，其中女性就业人数为34.2万人、男性就业人数为81万人，2013年到2017年呈缓慢上升趋势；服务业就业人数变动趋势与总就业人口变动趋势类似，2005年到2010年呈下降趋势，2010年为245.5万人，2010年到2017年呈上升趋势，2017年为287.6万人。

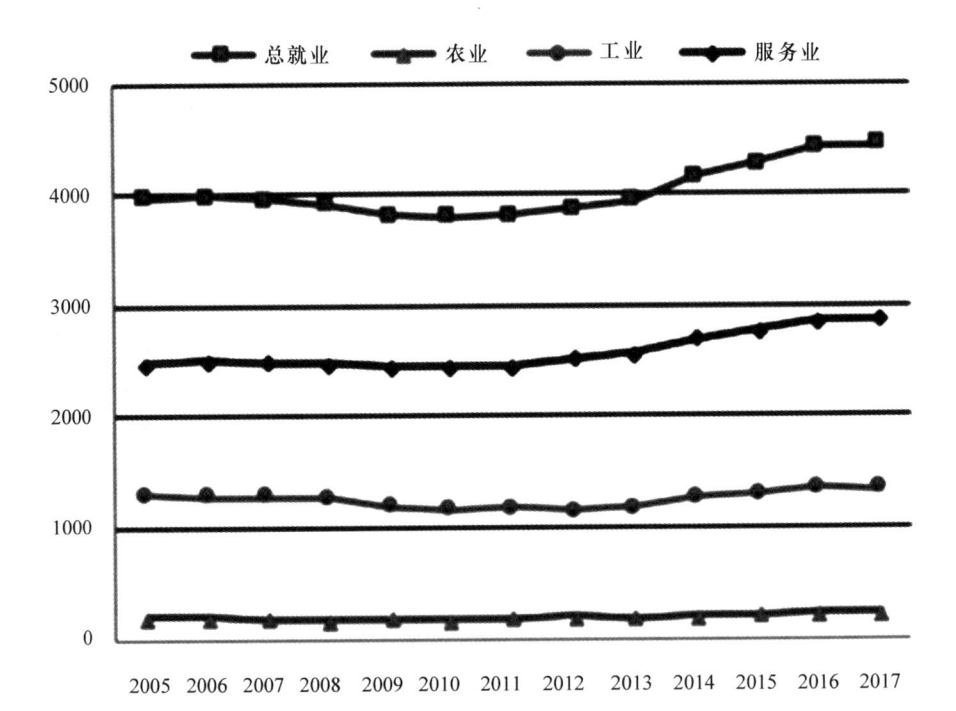

图Ⅰ-2-18 2005—2017年匈牙利分行业就业情况（单位：千人）

资料来源：国际劳工组织，https://www.ilo.org/global/lang-en/index.htm。

（三）就业人口的职业构成

匈牙利各职业大类的就业人数比较均衡，专业技术人员和技术工人的就业规模比较大。根据国际劳工组织统计数据，截至2017年匈牙利就业人口的职业分布如下：

管理者总数为20.3万人，其中女性人数为8万人、男性人数为12.3万人，管理者就业人数占总就业人数的4.60%；

专业技术人员总数为 65.0 万人，其中女性就业人数为 33.7 万人、男性就业人数为 31.3 万人，专业技术人员占总就业人数的 14.70%；

一般技术人员总数为 66.3 万人，其中女性就业人数为 41.2 万人、男性就业人数为 25.1 万人，一般技术人员占总就业人数的 15.00%；

文职人员总数为 33.1 万人，其中女性就业人数为 24.1 万人、男性就业人数为 8.9 万人，文职人员就业人数占总就业人数的 7.48%；

服务和销售人员总数为 67.2 万人，其中女性就业人员为 39.2 万人、男性就业人员为 28.0 万人，服务和销售人员占总就业人数的 15.20%；

熟练的农业、林业和渔业工人总数为 12.9 万人，其中女性就业人数为 3.6 万人、男性就业人数为 9.3 万人，熟练的农业、林业和渔业工人占总就业人数的 2.91%；

工艺有关人员总数为 65.3 万人，其中女性就业人数为 7.2 万人、男性就业人数为 58.1 万人，工艺有关人员占总就业人数的 14.77%；

工厂机器操作员和装配工总数为 64.0 万人，其中女性就业人数为 18.5 万人、男性人数为 45.5 万人，工厂机器操作员和装配工占总就业人数的 14.47%；

简单劳动职员总数为 46.4 万人，其中女性就业人数为 24.7 万人、男性就业人数为 21.7 万人，简单劳动职员占总就业人数的 10.49%；

武装人员总数为 1.7 万人，其中女性就业人数为 0.2 万人、男性就业人数为 1.6 万人，武装人员占总就业人数的 0.38%。

表 I-2-9　　　　2017 年匈牙利分职业人口就业人数

类别	数量（千人）
就业总人数	4421
管理者	203
专业技术人员	650
一般技术人员	663
文职人员	331
服务和销售人员	672
熟练的农业、林业和渔业工人	129
工艺有关人员	653
工厂机器操作员和装配工	640

续表

类别	数量（千人）
简单劳动职员	464
武装人员	17

说明：此处的就业总人数为表中不同职业就业人数的总和，与社会上总的就业人口数据有出入，因为有一部分就业人口不在本表内所分职业中。

资料来源：国际劳工组织，https://www.ilo.org/global/lang-en/index.htm。

第四节 国际移民

（一）国际移民数量

1. 总体情况

根据匈牙利中央统计局统计数据，截至2016年，匈牙利国际移民数量为150125人。国际移民主要来源国为罗马尼亚、乌克兰、塞尔维亚、德国、斯洛伐克、越南等。其中，来自罗马尼亚的国际移民数为21738人，占总国际移民比重为14.5%；来自德国的国际移民数为19517人，占总国际移民比重为13.0%；来自斯洛伐克的国际移民数为17051人，占总国际移民比重为11.4%；来自中国的国际移民数为13279人，占总国际移民比重为8.8%；来自乌克兰的国际移民数为4966人，占总国际移民比重为3.3%；来自越南的国际移民数为4512人，占总国际移民比重为3.0%。

2. 近年变动趋势

根据匈牙利中央统计局统计数据，2001年匈牙利国际移民数量为9.3万人左右，2011年匈牙利国际移民数量增长到14.3万人左右，到了2016年，这一数据增加到15.0万人左右，可以看出匈牙利不断吸引着国际移民的到来，国际移民数量逐步增加。其中罗马尼亚一直为其最大移民来源国，乌克兰、塞尔维亚、斯洛伐克和德国也提供了较多的移民来源。中国和越南作为来自亚洲的主要来源国，其中来自中国的国际移民有显著增加，2001年，来自中国的移民数量为0.4万人左右，在2011年，这一数据增加到0.9万人左右，到了2016年，这一数据达到1.3万人左右。

表 I-2-10　　　　　　　　匈牙利国际移民变动情况

年份	主要来源国	移民数量（人）	移民总数（人）
2001	罗马尼亚	35558	93246
	乌克兰	10195	
	塞尔维亚	8920	
	德国	5674	
	斯洛伐克	4213	
	中国	4057	
	其他国家	24629	
2011	罗马尼亚	38574	143310
	乌克兰	11820	
	塞尔维亚	7752	
	德国	16987	
	斯洛伐克	8246	
	中国	8852	
	其他国家	51079	
2016	罗马尼亚	21738	150125
	德国	19517	
	斯洛伐克	17051	
	中国	13279	
	乌克兰	4966	
	越南	4512	
	其他国家	69062	

资料来源：匈牙利中央统计局，http://www.ksh.hu/?lang=en。

3. 国际移民来源地中罗马尼亚在减少，而德国、斯洛伐克、中国在增加

匈牙利是位于欧洲中部的内陆国家，东邻罗马尼亚，南接塞尔维亚，西与奥地利接壤，北与捷克、斯洛伐克、乌克兰为邻。匈牙利的国际移民来源覆盖亚洲、欧洲、美洲、非洲、大洋洲。其中大部分移民来源集中在欧洲和亚洲国家，国际移民来自欧洲的国家主要包括罗马尼亚、乌克兰、塞尔维亚、德国、斯洛伐克，来自亚洲的国家主要包括中国和越南。

在 2001 年，匈牙利国际移民来源地主要包括罗马尼亚、乌克兰、塞尔维亚、德国、斯洛伐克、中国，其占匈牙利国际移民总数量的比重依次降低，分别为 38.1%、10.9%、9.6%、6.1%、4.5%、4.4%；在 2011

年，匈牙利国际移民来源地主要包括罗马尼亚、乌克兰、塞尔维亚、德国、斯洛伐克、中国，但是具体所占匈牙利国际移民总数量的比重发生了一定的变化，所占比重从大到小的国家顺序为罗马尼亚、德国、乌克兰、中国、塞尔维亚、斯洛伐克、塞尔维亚，比重分别为 26.9%、11.9%、8.2%、6.2%、5.8%、5.4%；2016 年，匈牙利国际移民来源地主要包括罗马尼亚、德国、斯洛伐克、中国、乌克兰、越南，其占匈牙利国际移民总数量的比重依次降低，分别为 14.5%、13.0%、11.4%、8.8%、3.3%、3.0%。

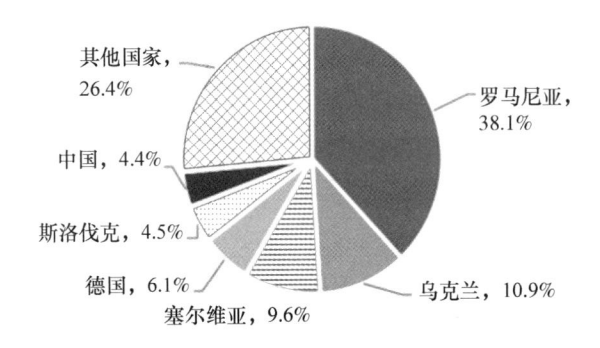

图Ⅰ-2-19　2001 年匈牙利国际移民来源地构成

资料来源：匈牙利中央统计局，http：//www.ksh.hu/? lang = en。

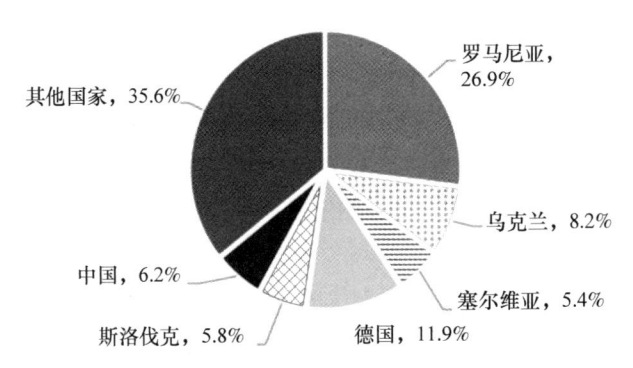

图Ⅰ-2-20　2011 年匈牙利国际移民来源地构成

资料来源：匈牙利中央统计局，http：//www.ksh.hu/? lang = en。

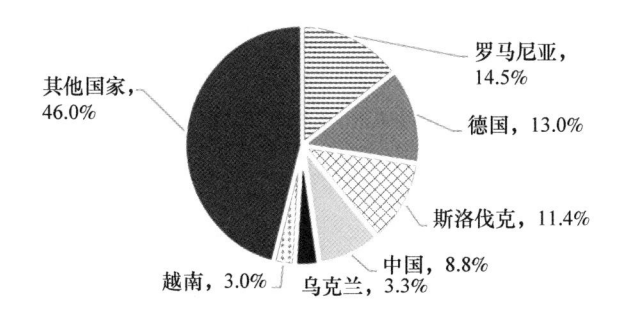

图 I-2-21　2016年匈牙利国际移民来源地主要构成

资料来源：匈牙利中央统计局，http：//www.ksh.hu/? lang = en。

(二) 国际移民流出情况

匈牙利流向国外的国际移民数量增长快，主要是流向欧洲的罗马尼亚、德国等国家。根据匈牙利中央统计局对匈牙利城市公民移民国外的统计，匈牙利的国际移民中，以2017年为例，75.2%的人口流向了欧洲，15.3%的移民流向了亚洲。由匈牙利国际移民流出趋势图可以看出，匈牙利移民欧洲的人数最多，历年变动幅度最大，在2011年达到低谷为1596人，2013年达到峰值为11407人。

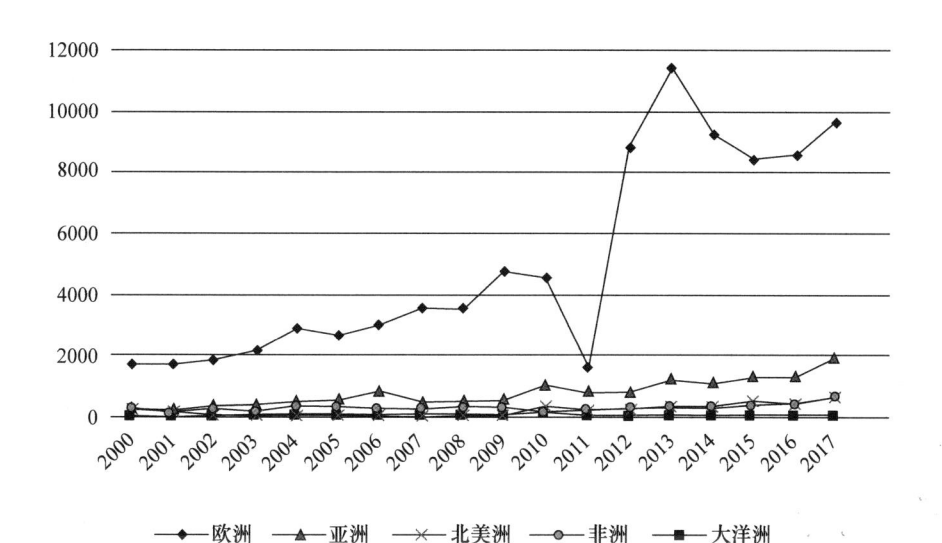

图 I-2-22　2000—2017年匈牙利国际移民流出情况（单位：人）

资料来源：匈牙利中央统计局，http：//www.ksh.hu/stadat_ annual_ 1。

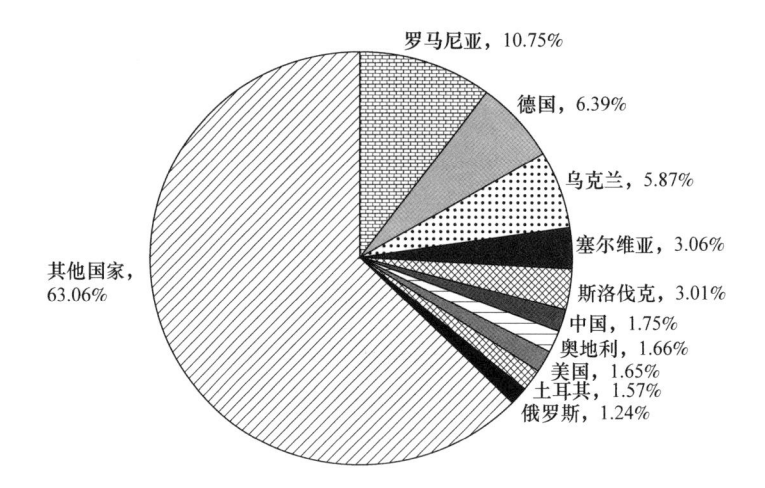

图 I-2-23　2017 年匈牙利国际移民流向前十位国家

资料来源：匈牙利中央统计局，http://www.ksh.hu/stadat_annual_1。

根据匈牙利中央统计局统计数据，2017 年，匈牙利公民国际移民流出数量为 22343 人。匈牙利公民国际移民流出主要流向罗马尼亚、德国、乌克兰、塞尔维亚、斯洛伐克、中国、奥地利、美国、土耳其、俄罗斯等国家。其中，流向罗马尼亚的移民为 2401 人，占流出移民总数的 10.75%。流向德国的移民为 1427 人，占流出移民总数的 6.39%。

第五节　首都人口发展情况

(一) 城市概述

布达佩斯是匈牙利首都，也是该国主要的政治、商业、运输中心和最大的城市，也被认为是东欧一个重要的中继站，它是欧洲联盟第七大城市，也是欧洲著名古城，位于国境中北部，坐落在多瑙河中游两岸，早先是遥遥相对的两座城市，后经几个世纪的扩建，在 1873 年由位于多瑙河一边的城市布达和古布达以及另一边的城市佩斯合并而成。在 1867—1914 年的奥匈帝国时期，布达佩斯的综合实力逐步发展，社会分层、贸易、基础设施和工业慢慢趋于成熟，在这段时间里，布达佩斯的城市化进程相对较快，成为一个大都市，甚至转瞬之间就成为一个现代化的城市。许多年轻的公司抓住时代的机遇，不断拼搏创新，为布达佩斯的快速发展做出了贡献。布达佩斯成为与西欧各大城市比肩的大都市,人口高峰期超过200万人居住在这里,后来部分人口移居西欧,导致人口总数下降,目前约有不到180万人,这使得今天的布达佩斯城市里的常住人口远少于警戒线,也不存在严重拥堵的问题。

(二)人口总数历史变动情况

根据匈牙利中央统计局统计数据,截至2018年6月29日,布达佩斯常住人口数量约为174.9万人。

根据联合国人口司和匈牙利中央统计局的统计数据,布达佩斯人口数量变动大致可以分为两个阶段。第一阶段为1950—1980年人口数量上升阶段,1950年布达佩斯人口数量为161.8万人,到1980年布达佩斯人口数量增加到205.7万人,达到了人口数量的最大值。第二阶段为1981—2018年人口数量逐渐下降阶段,到1990年人口数量下降到200.5万人,到2000年人口数量下降到178.7万人,2005年之后,布达佩斯人口数量在173万人到175万人之间波动。

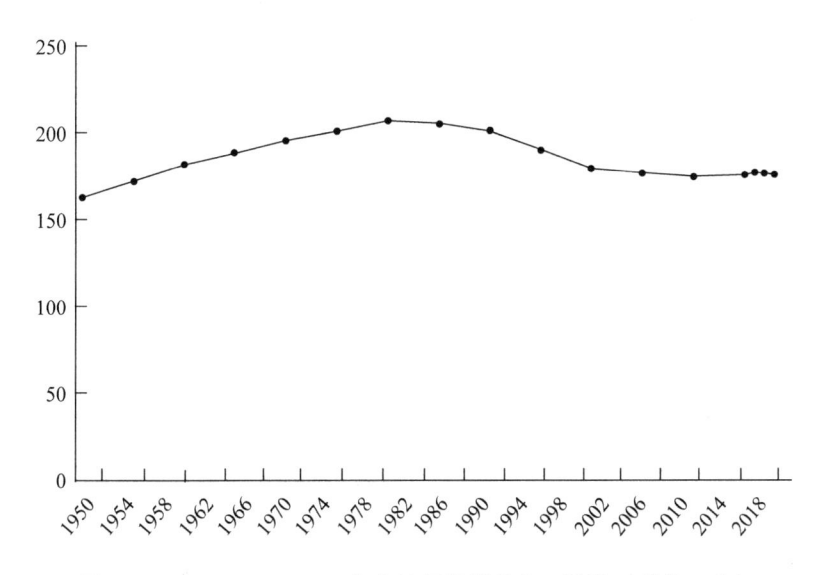

图Ⅰ-2-24 2010—2018年布达佩斯常住人口数量(单位:人)

说明:本图1950—2015年的资料来源为联合国人口司;2016—2018年的资料来源为匈牙利统计局,其中2018年的为截至2018年6月29日的数据。

资料来源:匈牙利中央统计局,http://www.ksh.hu/?lang=en;联合国人口司,https://esa.un.org/unpd/wpp/Download/Standard/Population/。

第三章 资源禀赋研究

匈牙利自然资源比较贫乏，主要矿产资源为铝矾土，其蕴藏量居欧洲第三位。此外有少量褐煤、石油、天然气、铀、铁、锰等。森林覆盖率约为20%。匈牙利农业基础较好，在国民经济中占重要地位，匈牙利是欧洲农业增长最快的国家之一，与2010年相比，2018年农业产值增长达到50%以上，其中畜牧业增长了40%，农作物产量增长了63%，创造了7万多个就业机会。匈牙利旅游业比较发达，共有8处世界遗产，其中7处为世界文化遗产，1处为世界自然遗产。

第一节 能源资源

（一）能源资源基本情况

匈牙利原油、天然气、煤炭等能源资源储量少。2017年匈牙利可开采资源中，原油可开采储量为0.81亿吨，天然气可开采储量为16.44亿吨，褐煤可开采储量仅为42.48亿吨，硬煤可开采储量仅为19.15亿吨（表Ⅰ-3-1）。匈牙利的能源生产远不能满足能源消费，2014年匈牙利能源生产总量为1.0千万吨，能源消耗总量为2.3千万吨。匈牙利一直依靠能源进口满足国内能源消耗，2014年匈牙利进口的能源占能源消耗总量的61.7%[1]，俄罗斯是匈牙利最主要的能源进口国。

2015年匈牙利的主要能源消耗量为3420万吨，天然气占最大份额（31.3%），其次是石油（28.4%），核能（17.3%）和煤炭（9.6%）。天然气是目前匈牙利消费比例最高的能源，这得益于匈牙利与中东欧、南

---

[1] 匈牙利中央统计局：《匈牙利统计年鉴2015》。

欧各国建立的广泛天然气供应网络①，目前匈牙利70%的天然气依赖进口。

从2005—2016年匈牙利主要能源产量情况看（表Ⅰ-3-2），总体上，煤炭、原油、天然气产量降低，而核能和可再生能源产量逐年提高。从能源发电情况看，2015年的匈牙利全国发电量达到30.2太瓦时，装机容量总计约8.6吉瓦，发电量不能满足国内经济发展需求，2015年，匈牙利净进口电量为13.7太瓦时。匈牙利积极发展核电和可再生能源发电，核能是匈牙利未来发展的重要能源资源。匈牙利政府认为清洁的核能应在国家能源结构中长期保持重要的地位，Paks核电站已经安全运营了三十多年，是匈牙利稳定的电力供应基地。Paks核电站是匈牙利目前唯一的国有核电站，其核能占国内电力生产的52.5%。Paks核电站有四个反应堆，总容量为2000兆瓦，最近已启动许可程序以延长反应堆的使用寿命。此外，还计划近期为现有核电站增加新装置。燃气发电也为国家电力供应做出了重大贡献：2015年其占有率为16.8%。2015年，煤炭和褐煤产生的电力占国内电力生产的19.5%，主要来自MÁTRAIERÖMÜZRT地区。可再生能源产生的电力约占国内电力生产的9.9%，主要的可再生能源有生物质、风能、水力、沼气和可再生城市垃圾，太阳能只扮演次要角色。匈牙利设定目标到2020年将可再生能源在最终总能耗中的份额提高到14.65%。

表Ⅰ-3-1　　2013—2017年匈牙利可开采资源储量（百万吨）

矿产类型	2013年	2014年	2015年	2016年	2017年
原油	47.68	67.72	67.20	66.90	81.61
天然气	2458.34	1603.80	1639.10	1646.30	1644.45
二氧化碳气体	31.93	30.94	29.10	29.00	28.91
硬煤	1915.50	1915.50	1915.40	1915.40	1915.39
棕煤	2241.36	2240.58	2240.00	2240.00	2241.17
褐煤（开放式开采）	4330.17	4320.89	4271.00	4258.33	4248.75
铀矿石	26.77	26.77	26.80	26.77	26.77

---

① Miklós Seszták. Hungary's Participation in the 3rd Jordan International Energy Summit. http://www.kormany.hu/en/ministry-of-national-development/news/hungary-s-participation-in-the-3rd-jordan-international-energy-summit, 2017-4-3, 2018-7-5.

续表

矿产类型	2013 年	2014 年	2015 年	2016 年	2017 年
铁矿	43.66	43.66	43.66	43.66	43.66
矾土	79.86	79.76	79.76	79.72	79.71
铅锌矿	100.82	100.82	100.82	100.82	100.82
铜矿	726.46	726.46	726.46	726.46	726.46
珍贵矿石	36.51	36.51	36.51	36.51	36.51
锰矿石	52.15	52.11	52.11	52.00	51.98
工业矿物	1209.54	1205.70	1207.52	1207.55	1196.66
水泥工业矿物	1411.42	1409.10	1406.25	1403.84	1400.88
建筑石材	3048.20	3054.78	3067.21	3249.80	3261.73
沙子和砾石	5555.46	5561.60	5578.66	5574.14	5592.38
陶瓷工业矿物	1215.51	1224.60	1230.28	1219.61	1216.43
泥炭和石灰泥	123.25	123.20	123.56	123.43	123.00
其他	13.68	4.70	59.94	63.40	82.49

资料来源：匈牙利中央统计局，http://www.ksh.hu/? lang=en.

表 I-3-2　2005—2016 年匈牙利主要能源产量（1000 吨石油当量）

年份	固体燃料	原油（不含天然气凝析液）	液态天然气（天然气凝析液）	天然气	核能	可再生能源
2005	1748.1	903.5	487.6	2330.7	3584.5	1689.5
2006	1756.6	851.5	482.4	2382.1	3486.5	1714.8
2007	1772.8	804.7	394.9	2004.5	3798.9	1853.5
2008	1693.6	786.0	435.5	2005.8	3835.6	2010.3
2009	1556.0	765.9	416.0	2287.3	3991.3	2557.0
2010	1593.3	713.0	351.2	2234.9	4077.6	2744.3
2011	1645.4	642.6	294.8	2115.3	4058.1	2856.7
2012	1606.5	633.2	317.4	1768.1	4086.5	3133.4
2013	1611.7	584.6	279.4	1544.3	3976.8	3314.0
2014	1588.0	569.1	250.6	1437.3	4055.3	2980.1
2015	1518.3	606.2	238.3	1369.0	4103.6	3248.0
2016	1462.5	703.7	267.0	1428.8	4161.4	3194.1

资料来源：欧盟统计局（Eurostat），https://ec.europa.eu/eurostat/tgm/refreshTableAction.do? tab=table&plugin=1&pcode=ten00076&language=en.

2018年2月，匈牙利总理欧尔班（Viktor Orbán）在匈牙利和塞尔维亚的商业合作论坛上发表讲话，指出匈牙利未来几年最重要的经济任务之一就是建立广泛的区域能源网络，以此巩固中欧各国的能源安全[①]。匈牙利与罗马尼亚之间的天然气供应合作将使匈牙利在2022年结束过度依赖俄罗斯天然气供应的状态。匈牙利能源资源匮乏，一直以来努力尽可能与更多的国家建立天然气供应线路。然而，到目前为止，罗马尼亚和克罗地亚还未能在其境内建立供应线路，导致这些国家的天然气无法到达匈牙利。

欧尔班总理强调，中欧地区对能源的需求每年增加3%—5%，这给匈牙利的能源供应带来巨大的挑战。匈牙利没有丰富的化石燃料资源，未来将大力发展能源产业，例如收购能源公司，扩建核电站，建设能源供应基础设施等方式，使得能源产业具有竞争力，如果合作开发项目也能实现，匈牙利有机会从目前的能源进口国转变为能源出口国。目前塞尔维亚和匈牙利的电力交换所的整合即是两国能源产业合作向前迈出的重要一步。

（二）煤炭

匈牙利的常规能源资源总量大约为105亿吨煤，24亿立方米天然气（包括非常规天然气）和2400万吨石油（包括非常规石油）。棕煤和褐煤储量约占匈牙利煤炭总资源的一半，是目前匈牙利最重要的能源资源。匈牙利的硬煤和褐煤的分布情况如图Ⅰ-3-1所示：

匈牙利的煤炭总产量（Blackcoal、Browncoal、Lignite）在过去几年中略有变量，黑煤产量太少，可以忽略不计。棕煤（Browncoal）产量近年逐渐下降。褐煤（Lignite）产量略有上升（图Ⅰ-3-2、表Ⅰ-3-3）。

---

① Viktor Orbán. Hungary's Excessive Reliance on Russian Gas will end by 2022. http://www.kormany.hu/en/the-prime-minister/news/hungary-s-excessive-reliance-on-russian-gas-will-end-by-2022，2018-2-10，2018-7-5.

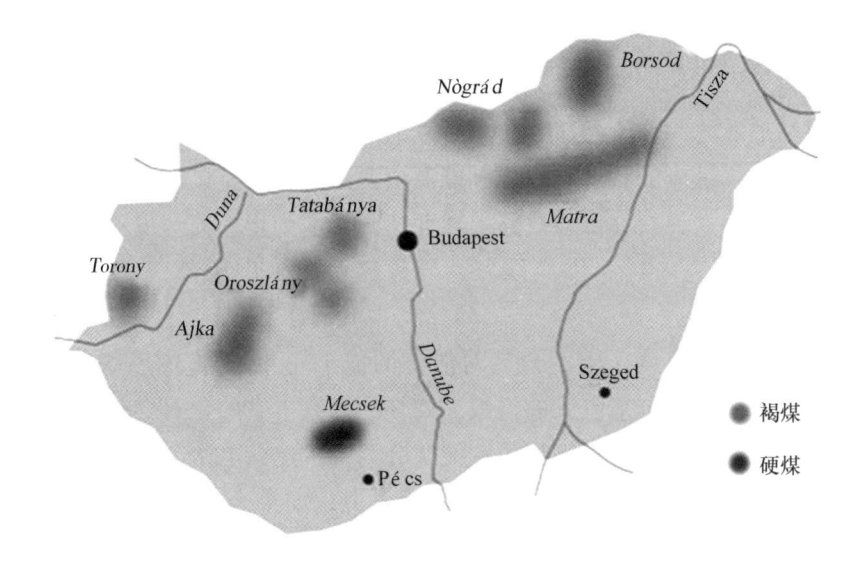

图 I-3-1 2015年匈牙利硬煤和褐煤资源分布

资料来源：EURACOAL，https://euracoal.eu/info/country-profiles/hungary/.

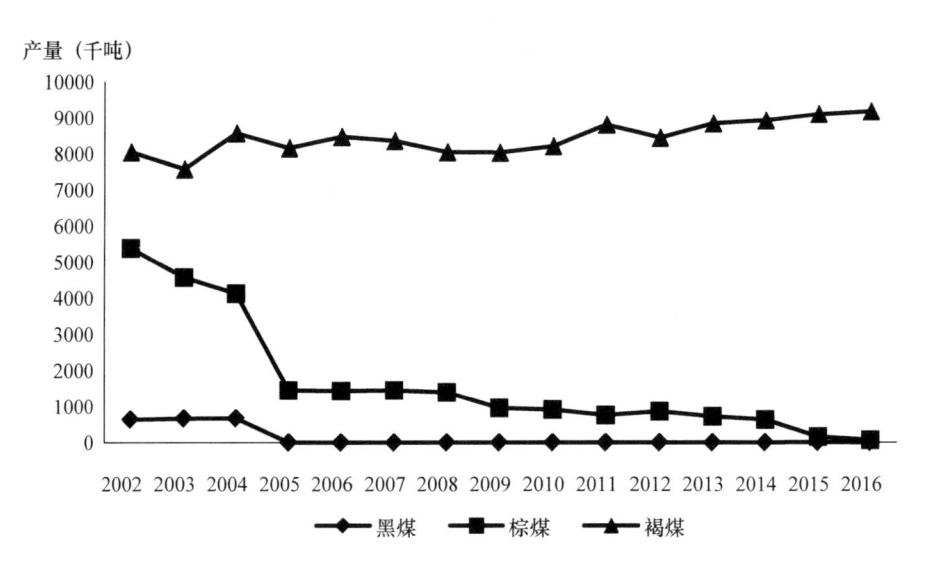

图 I-3-2 2002—2016年匈牙利煤炭产量（千吨）

资料来源：匈牙利采矿地质办公室，https://mbfsz.gov.hu/en/asvanyvagyon_nyilvantartas.

表 I-3-3　　　　　　　　2015—2016 年匈牙利煤炭产量

煤炭	2015 年煤炭产量（千吨）	2016 年煤炭产量（千吨）
黑煤	5.687	0.748
棕煤	162.49	68.061
褐煤	9095	9164

资料来源：匈牙利采矿地质办公室，https：//mbfsz.gov.hu/en/asvanyvagyon_ nyilvantartas。

1. 褐煤和棕煤

匈牙利的褐煤和棕煤资源集中在 Transdanubia 地区以及匈牙利北部和东北部。2014 年匈牙利褐煤露天生产保持上升趋势，而棕煤生产继续减少。烟煤生产自 20 世纪 70 年代初以来一直在减少，现在烟煤生产几乎停止，产量非常少。2014 年，匈牙利的褐煤产量约为 890 万吨，比 2013 年的 880 万吨略有增加。2014 年匈牙利棕煤产量为 73.4 万吨，比 2013 年的 74.7 万吨略有下降。早在 1964 年的高峰时期，棕煤的产量约为 2240 万吨，采矿地块总数为 72 个，2015 年有 30 个处于暂停状态。2015 年，匈牙利褐煤总产量为 930 万吨，其中约 90% 用于发热和发电，剩下的褐煤用于市政、家庭和其他消费。

匈牙利有三个主要的褐煤开采地点。大约 6% 的开采来自匈牙利西部 VÉRTESIRIÖMÜZRT 的 Márkushegy 地下矿。该矿为 Oroszlány 发电厂供应煤炭。2014 年 12 月，位于匈牙利西北部的 Márkushegy 地下矿因为财务问题在欧盟规定下关闭。欧盟已于 2013 年 1 月授权公共资金，帮助在 2014 年底关闭 Márkushegy 地下矿，以减轻关闭造成的社会或环境影响。该矿是匈牙利最后一个主要的地下煤矿，产量占全国煤炭产量的 10% 左右。由于 Márkushegy 地下矿的关闭，匈牙利国有 Magyar Villamos Muvek Zrt 公司计划将使用 Márkushegy 地下矿用煤发电的 Vertes 动力装置转换为内置容量为 108 兆瓦的生物质发电厂。截至 2014 年底，Márkushegy 地下矿的采矿业务停止，但电厂继续使用矿山和发电厂的库存褐煤以及其他来源的褐煤。

匈牙利褐煤开采主要来自两个露天矿，位于 MÁTRAIERÖMÜZRT 的 Visonta 和 Bükkábrány 矿床。采矿公司位于布达佩斯东北 90 千米处。2015

年，MÁTRAI 生产了约 880 万吨褐煤，并去除了 6520 万立方米的覆盖层。Visonta 公司用这里开采的褐煤进行发电，该发电厂包括五个褐煤燃烧单元和两个顶级燃气轮机。该发电厂的总容量为 966 兆瓦（2×100 MW 机组，1×220MW，2×232MW，两台 2×33MW 燃气轮机和 16MW 太阳能园区）。为了向发电厂供应褐煤，采矿公司在发电站附近的 Visonta 开设露天矿，在距离 50 千米的 Bükkábrány 开设第二个露天矿。褐煤通过铁路运输到发电厂。两个 MÁTRAI 露天矿的核准采矿场拥有约 5 亿吨褐煤储量。该公司正在探索，可能在以后开发更多的褐煤矿床。

Visonta 和 Bükkábrány 两个露天矿床的煤碳产量约占匈牙利煤炭产量的 90%。Bükkábrány 矿规模较大，位于匈牙利东北部，在产量和发电方面在国内占据更为重要的地位，它提供了容量为 880 兆瓦的 Matrai ErÖmÜ 动力装置。

2. 硬煤

2014 年底，Mecsek 地区进行了一些试采工作。2014 年，位于 Pecs 附近的 Vasas 煤矿重新开放用于小规模生产，以供应当地家庭，但没有生产数据。Vasas 煤矿重新开放之后，位于匈牙利东北部的 Farkaslyuk 煤矿在 20 年的关闭后，于 2013 年下半年重新开放。PANNONHÖERÖMÜKFT 每年用在 PécsVasas 露天矿开采的约 1.5 万吨次烟煤，为当地家庭提供价格合理的燃料。匈牙利煤炭资源的储量、生产、消耗情况如表 I-3-4 和表 I-3-5 所示，从表 I-3-4 可以看出，褐煤的资源、储量、可销售产量高于硬煤。褐煤用于发电，硬煤用于发电的比例很小。

表 I-3-4　　　　2015 年匈牙利煤炭资源储量与可售煤质

煤炭资源和储量	单位	数量	可售煤质	单位	数量
硬煤资源	Mt	4820	硬煤净热值	KJ/kg	18333
褐煤资源	Mt	5725	褐煤净热值	KJ/kg	7186
硬煤储备	Mt	4156	褐煤灰含量	% ar	20.5
褐煤储备	Mt	4321	褐煤含水量	% ar	47.4
			褐煤含硫量	% ar	1.3

资料来源：EURACOAL, https://euracoal.eu/info/country-profiles/hungary/.

表Ⅰ-3-5　　2015年匈牙利煤炭进出口、生产、消耗、发电情况

煤炭利用与进出口	单位	数量	一次能源消耗	单位	数量
直接褐煤开采	t	1655	一次能源消耗总量	Mtce	34.2
			硬煤消耗量	Mtce	1.1
硬煤进口	Mt	1.3	褐煤消费	Mtce	2.2
一次能源生产	单位	数量	电力供应	单位	数量
一次能源总产量	Mtce	14.5	总发电量	TWh	30.2
硬煤（可销售产量）	Mt/Mtce	0.05/—	褐煤发电	TWh	5.8
褐煤（可销售产量）	Mt/Mtce	9.3/2.2	褐煤发电量	MW	929

资料来源：EURACOAL，https：//euracoal.eu/info/country-profiles/hungary/.

（三）原油、天然气、二氧化碳

匈牙利已登记的原油和天然气采矿场有311个，2016年由21个矿产企业负责所有矿产资源开采。从表Ⅰ-3-6和图Ⅰ-3-4可以看出，匈牙利天然气地质资源较原油相对丰富，但近年产量，与原油一样，呈下降的趋势。二氧化碳的储量和开采量总体都非常小。匈牙利非常规原油和天然气资源的储量是不变的，而传统的原油资源则减少了1%，这主要是由勘探造成的，经过了开采和资源修正的综合影响。常规天然气，登记的资源数据增加了4%，而储量数据修正后增加了9.6%。二氧化碳的地质资源和可开采储量均下降，这是产量减少的缘故（表Ⅰ-3-6、图Ⅰ-3-3、图Ⅰ-3-4）。

表Ⅰ-3-6　　2017年匈牙利碳氢化合物与二氧化碳地质资源

	单位	2017年地质资源
原油	Mm^3	812
天然气	Gm^3	4114.3
CO_2气体	Gm^3	44.8

资料来源：匈牙利采矿地质办公室，https：//mbfsz.gov.hu/en/asvanyvagyon_ nyilvantartas。

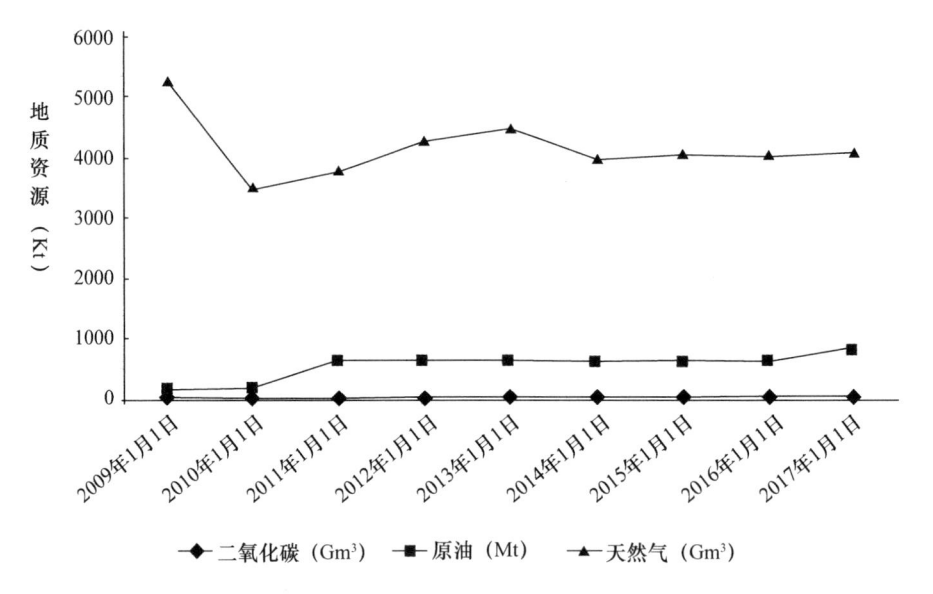

图 I-3-3 2009—2017 年匈牙利碳氢化合物与二氧化碳地质资源

资料来源：匈牙利采矿地质办公室，https：//mbfsz.gov.hu/en/asvanyvagyon_nyilvantartas。

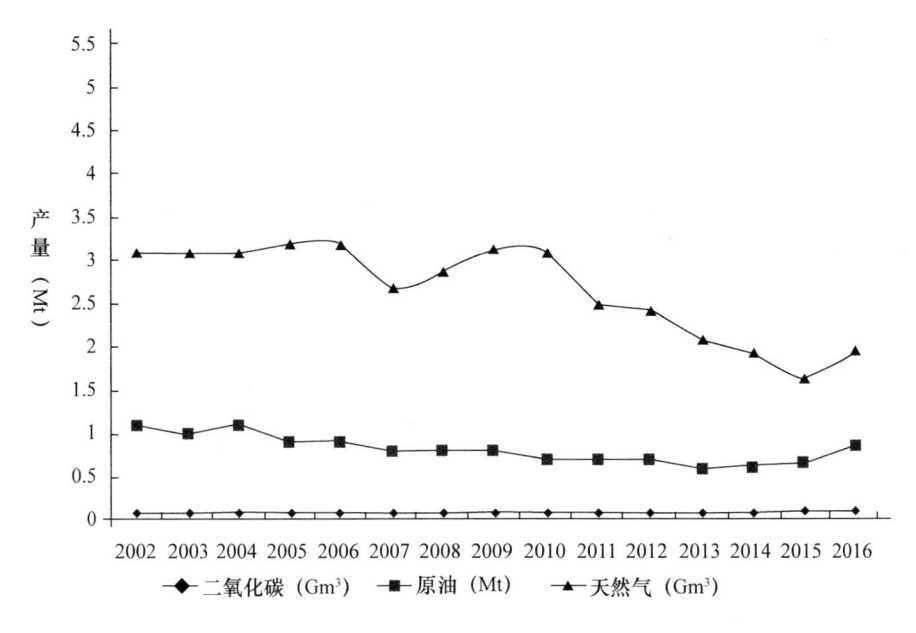

图 I-3-4 2002—2016 年匈牙利原油、天然气、二氧化碳产量

资料来源：匈牙利采矿地质办公室，https：//mbfsz.gov.hu/en/asvanyvagyon_nyilvantartas。

从2009—2017年匈牙利的碳氢化合物和二氧化碳的地质资源变化情况看（图Ⅰ-3-3），由于新油田的勘探，登记的原油地质资源在近年有所上升，而天然气地质资源储量总体保持平稳。从产量情况看（图Ⅰ-3-4），由于自然资源的开采，2002—2015年，总体上，匈牙利的原油和天然气的产量呈下降趋势，在2016年有所上升。匈牙利的原油开采量在1985年达到顶峰，约为每天64000桶（bbl/d），1990年天然气开采量达到49亿立方米，但自此以来原油和天然气的产量急剧下降。匈牙利石油产量约占该国石油需求的13%，而天然气产量约占国内消费量的24%。为了振兴油气勘探和开采，匈牙利政府于2014年2月和2014年6月发布了招标，随后与6家公司签订了8个碳氢化合物特许区块和两个地热特许区块的合同。

匈牙利的炼油行业提供了约80%—85%的国内石油产品需求，其余为进口，2014年匈牙利石油主要产品为天然气和柴油（45%）、汽油（16%）、石脑油（15%）和残余燃料油（1%）。匈牙利的三家炼油厂全部归匈牙利石油及天然气供应商MOL集团所有（MOL集团的最大股东是匈牙利政府，拥有该公司25.2%的股份，MOL Plc and Mol Investment Kft为第二大股东，占股9.3%，第三大股东是Oman Oil Budapest，占股7.1%）。三家炼油厂生产大量的柴油、汽油、喷气式煤油和残余燃料以满足国内消费需求，但生产的石脑油、液化石油气（LPG）和乙烷依然供不应求。Duna炼油厂对原油蒸馏浓缩，其容量为165000桶/天，该炼油厂的主要产品是苯、乙烯、丙烯、甲苯和二甲苯。Tisza炼油厂加氢精制瓦斯油，并生产乙基叔丁基醚（ETBE）。Zala炼油厂吹制和混合沥青。

MOL集团也是匈牙利的主要碳氢化合物和炼油石油产品生产商，原油国内市场份额为98%，天然气国内市场份额为95%。MOL公司报告的2014年日均原油和凝析油产量为10900桶油当量（BOE），同比下降5.2%，平均每日天然气产量为26000桶油当量，同比下降了4%。该公司的目标是通过开发新的勘探特许权来保持产量下降低于5%。2014年，MOL集团获得了塞格德盆地西部和Okany Eastern烃类特许区块以及Jaszbereny地热区块的勘探许可证。该公司还继续在Derecske盆地进行非常规勘探项目。

TXM勘探与生产有限责任公司是爱尔兰猎鹰石油天然气有限公司的子公司，在MakóTrough拥有35年的碳氢化合物生产许可证，主要生产区域位于中欧大潘诺尼亚盆地,占地面积约 1000 平方千米,靠近 MOL 集团所有和经营的 Algyöfeld,2014 年已生产约 2.2 亿桶原油和 780 亿立方米天然气。

2014 年 1 月,Falcon 开始测试三个计划勘探井,第一个是 Kútvölgy—1,以确定目标 Algyö 地层的储层质量和天然气产量。2014 年 5 月,该公司完成了 Kútvölgy—1 的测试操作,还钻了第二口井 Besa—D—1。Falcon 堵塞并放弃了 Kútvölgy—1 井,因为 Kútvölgy—1 井的开采获利较低。2014 年 7 月,该公司在钻探 3km,勘探到燃气后,暂停了 Besa—D—1 井,三井的勘探计划延长至 2014 年 12 月 31 日。然而,到 2014 年 12 月,Falcom 也在生产未达到商业价格后堵塞并放弃了第二口井。

(四)地热资源

地热是储存在地质构造中的热量,因为它与表面平均温度相比具有更高的温度。在匈牙利,地热梯度的平均值为每 100 米 5 摄氏度,是世界平均值的 1.5 倍。表层平均温度为 11 摄氏度。考虑地热梯度,1km 深度的岩石温度为 60 摄氏度,2km 深度的岩石温度为 110 摄氏度。原因是匈牙利 Pannonian 盆地的地壳比世界平均值薄(24—26km 厚,比世界其他地方薄了 1—15km)。

地热水资源是匈牙利重要的自然资源,分布范围十分广泛,总面积约为 9.3 万平方千米,占全国总面积的 2/3。地热水主要分布在大、小匈牙利平原。盆地各凹陷中布满了第三纪多孔沉积物,凹陷最深处约在海平面 6km 以下,平均深度为 3km。此外,大量的地热水还储存于三叠纪后期的石灰岩和白云岩中,为匈牙利第二大热水储层。匈牙利地热水的利用的特点是历史悠久、范围广阔。尤其是对 100 摄氏度以下的地热水利用,以地热农副业利用著称于世。地热浴疗、康复、旅游利用广泛,近年来地热区域供暖发展也较快。匈牙利园艺和温室暖气系统的 80% 用地热水供暖,地热温室是匈牙利冬季蔬菜、鲜花供应的主要来源。同时,地热在养殖、饲料加工、谷物烘干等方面也得到了广泛应用。

第二节 矿产资源

(一)矿产资源基本情况

匈牙利领土位于潘诺尼亚盆地的中部,其前第三纪地质构造由含煤地层、铝土矿和石灰岩组成。虽然该国有大约80种不同的矿藏，但目前只记录了有限数量的矿产资源。匈牙利历史上是铝土矿、煤、铜、碳氢化合物、钢铁和铀的重要生产国。在20世纪90年代从中央计划经济向自由市场经济过渡期间，由于许多国有企业在私有化后关闭或缩小规模，矿产业的产出和就业以及对国民经济的贡献大幅下降。2014年，铝土矿开采停止，铜和铀矿开采也早已停止。除褐煤外，煤炭开采继续减少。钢铁产量由下降转为上升。建筑业的扩张使原始建筑材料（包括骨料、碎石、沙砾和沙子）以及其他工业矿物（如黏土、硅藻土、石灰、泥炭、珍珠岩和石英岩）的开采得以维持。

2014年，匈牙利是世界上第五大珍珠岩生产国（主要用于建筑业），占全球产量的约3%。就金属矿物而言，匈牙利仍在生产氧化铝和铝，镓是氧化铝精炼的副产品，但由于近年铝土矿开采的减少，其产量水平远低于以前。匈牙利镓产量占世界镓总产量的份额小于1%。

如表Ⅰ-3-7所示，2017年，匈牙利的采矿和采石业的产值为918.02亿福林（3.3亿美元），占2017年国内生产总值的0.26%。金属和金属制品制造业（机械和设备除外）的产值为23038.13亿福林（82.9亿美元），占国内生产总值的6.5%。其他非金属矿产品制造业的生产价值为22744.28亿福林（81.9亿美元），占GDP的6.4%。焦炭和石油炼制产品制造业的产值为12079.42亿福林（约43.5亿美元），占2014年GDP的3.4%。可以看出，2017年，匈牙利矿物开采与制造相关产业的生产产值同比都有不同程度的上升。

表Ⅰ-3-7　　　　2000—2017年矿物开采与制造相关
产业生产产值（按现价，百万福林）

年份	采矿和采石	焦炭和精制石油产品制造	生产橡胶和塑料制品，及其他非金属矿物制品	除机械和设备外的基本金属和金属制品的制造	制造业
2001	67424	577216	763657	919328	11153506
2002	64040	512568	812983	871126	11294933
2003	64696	511541	857787	1004519	12285332
2004	74413	696953	884142	1206824	13677282

续表

年份	采矿和采石	焦炭和精制石油产品制造	生产橡胶和塑料制品，及其他非金属矿物制品	除机械和设备外的基本金属和金属制品的制造	制造业
2005	74277	1001575	992713	1247967	15003972
2006	88749	1211686	1195464	1508454	17663688
2007	73919	1235519	1432697	1571829	18886472
2008	104068	1511197	1502536	1662025	19329180
2009	93938	1070824	1226829	1074497	16401337
2010	73739	1432331	1336700	1295869	18904517
2011	83607	1794031	1519410	1575815	21041720
2012	98848	1814615	1602776	1600762	21469503
2013	94187	1663279	1619850	1616759	22103442
2014	99362	1608379	1747504	1775179	24262639
2015	87617	1142191	2030773	1860684	25978699
2016	71246	954648	2091693	1924118	26118061
2017	91802	1207942	2274428	2303813	28116642

资料来源：匈牙利中央统计局，http：//www.ksh.hu/？lang = en。

（二）有色金属矿产

匈牙利矿产资源较为贫乏，主要矿产资源是铝矾土，此外有少量铀、铁、锰。匈牙利矿石开采业产量在过去几年中显著下降。2016 年只有一家矿山开采铝土矿，而锰矿石的生产已经停止。截至 2017 年，匈牙利地质矿石资源储量见表Ⅰ-3-8 和表Ⅰ-3-9。近年铝土矿产量见图Ⅰ-3-5。[1]

表Ⅰ-3-8　　　　2017 年匈牙利铁、铀与有色金属矿产地质资源

金属矿物类型	地质资源（百万吨）
铁矿	43.2
铅锌矿	90.8
铜矿	781.2
贵金属矿	36.6
铀矿石	26.8

---

[1] The Hungarian Office for Mining and Geology. Mineral Resources of Hungary as of 1 January，2017，https：//mbfsz.gov.hu/en/asvanyvagyon_ nyilvantartas，2017，2018 - 07 - 05.

表I-3-9　2015年、2016年匈牙利铝土矿石与锰矿石的储量和产量情况（百万吨）

矿产类型	2015年 资源和储量 地质资源	2015年 资源和储量 可开采资源	2016年 资源和储量 地质资源	2016年 资源和储量 可开采资源	2015年 产量	2016年 产量
铝土矿	123.90	79.70	123.80	79.70	0.01	0.02
锰矿石	78.90	52.00	78.90	52.00	0.06	0.02

资料来源：匈牙利采矿地质办公室，https：//mbfsz.gov.hu/en/asvanyvagyon_ nyilvantartas。

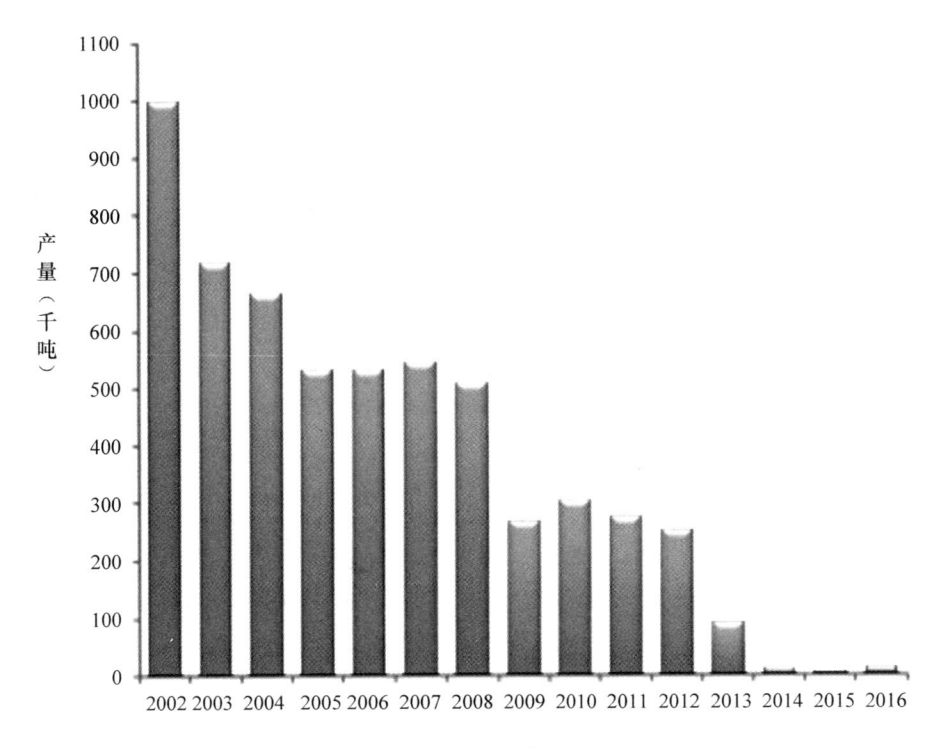

图I-3-5　2002—2016年匈牙利铝土矿产量

资料来源：匈牙利采矿地质办公室，https：//mbfsz.gov.hu/en/asvanyvagyon_ nyilvantartas。

从图I-3-5可以看出，2013年以前，匈牙利的铝产量保持着较高水平，然而2014年以后，匈牙利的铝、铝土矿和氧化铝以及镓—铝土矿开采几乎停滞，这主要是由于铝土矿开采产生了严重的环境影响。2010年10

月，匈牙利领先的铝土矿和氧化铝生产商的 MaL 公司维护的尾矿坝倒塌造成大量环境问题，此次倒塌被认为是匈牙利最严重的环境事故。MaL 公司于 2013 年 2 月关闭其 halimba 铝土矿，原因是不具备生产能力，并停止加工 halimba 铝土矿。2013 年 2 月，匈牙利国家资产管理公司（MnV）接管 MaL 公司的运营和管理。MnV 最初承诺提供资金以维持 MaL 及其供应商的生产，并于 2014 年 4 月成立了一家新公司（nemzeti-MaL-a aluminium-termelo）以接管 MaL 的资产。而到了 2014 年 7 月，MnV 开始出售 MaL 的资产。2014 年 MaL 开始清算其资产以遵守 2013 年法院颁布的停止生产的命令，偿还公司债权人以及支付其他起诉人的损害赔偿。[①]

在 Wildhorse 公司于 2014 年终止 Mecsek Hills 项目后，匈牙利就几乎停止了铀生产。Mecsek Hills 矿床的地质资源量约为 2680 万吨铀矿石，而推断资源量为 1500 万吨，探明资源总量为 75 万吨。测量、推断与探明的铀矿石资源约含铀 31400 吨。Mecsek Hills 项目共生产了 20600 吨铀，1956 年至 1997 年平均回收率为 50%—60%。2012 年 6 月，政府决定审查 Wildhorse 公司的铀开采可行性研究，Wildhorse 公司在佩奇市附近的 20 年勘探和开采许可证所涵盖的区域扩大到 355 平方千米，使联合矿石资源委员会（JORC）的合规推断资源增加到含铀 30000 吨。然而，2014 年 10 月，Wildhorse 公司停止了所有在匈牙利的勘探活动，并因高运营成本和缺乏进展而放弃了该项目，专注于其在美国的金鹰铀和钒项目。[②]

（三）非金属矿产

在国家经济建设过程中，非金属矿产的使用非常多，有 60 多种固体矿物类型，目前匈牙利的非金属矿产地质资源总量为 10827Mm³，其中 6314Mm³ 可以开采。目前的资源分为 3166 项。匈牙利目前使用最多的非金属矿物原料是以下 7 类：

（1）矿物原料：（如藻酸盐、耐火和耐酸黏土、工业和玻璃砂、不同质量的石灰石和白云石、高岭土等）；应用的主要行业有化工、冶金、陶

---

① Daily News Hungary, 2014, State Liquidator Offers MAL Assets: Daily News Hungary, July 18, http://dailynewshungary.com/state-liquidator-offers-mal-assets/.
② Varga, Daniel, 2015, Energy Law in Hungary, in Newbery, Mark, and Goldberg, Silke, eds., European Energy Handbook 2015: London, United Kingdom, Herbert Smith Freehills, March, pp. 101 – 102.

瓷工业、农业、建筑/建筑业（饰面膏药，绝缘材料）。

（2）泥炭、泥浆、石灰。

（3）水泥和石灰工业原料：水泥和石灰工业的基本材料，如石灰石、泥灰岩。

（4）建筑装饰石材原料：应用的主要行业有建筑/建筑（材料）工业、交通运输、水利工程、雕塑。

（5）建筑业用砂。

（6）建筑业用砾石：混凝土构件，道路施工的基础材料。

（7）陶瓷工业原料：应用的主要行业有砖瓦、瓷砖和瓷器工厂、小型陶瓷工业。

从表Ⅰ-3-10可以看出，非金属矿产中的建筑业用砾石资源总量最高，为3670.7百万立方米，其次为建筑装饰业石材原料，为1921.1百万立方米，排名第三的是矿物原料，为1711.4百万立方米。从图Ⅰ-3-6可以看出，这些非金属矿物原料主要用于建筑业和陶瓷业。

表Ⅰ-3-10　　2016—2017年匈牙利非金属矿产资源储量和产量

主要类别	地质资源（百万立方米）		可开采储量（百万立方米）		2015年产量（千立方米）	2016年产量（千立方米）
	2016年	2017年	2016年	2017年		
矿物原料	1718	1711.43	551.814	544.99	1092.95	1130.23
泥炭、泥浆、石灰	1714.94	538.55	305.69	305.23	286.3	217.33
水泥和石灰工业原料	539.02	1136.8	570.02	568.84	1027.1	1181.66
建筑装饰业石材原料	1137.98	1921.09	1288.39	1291.4	5293.3	4996.67
建筑用沙	1912.47	807.38	556.61	578.12	3398.54	3325.43
建筑业用砾石	764.19	3670.7	2351.43	2343.77	14230.2	12297.7
陶瓷工业原料	3692.17	988.4	642.48	640.59	1286.05	1105.46
其他	990.51	52.88	31.63	41.99	589.2	179.67
非金属矿产总量	12469.3	10827.2	6298.1	6314.9	27203.6	24434.2

资料来源：匈牙利采矿地质办公室，https：//mbfsz.gov.hu/en/asvanyvagyon_nyilvantartas。

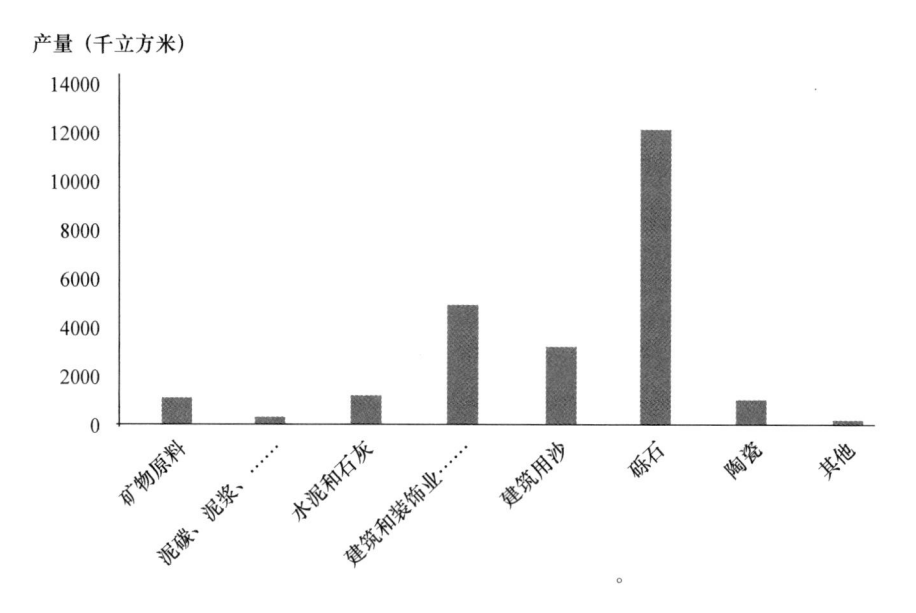

图 I-3-6　2002—2016 年匈牙利非金属矿产产量

资料来源：匈牙利采矿地质办公室，https：//mbfsz.gov.hu/en/asvanyvagyon_nyilvantartas。

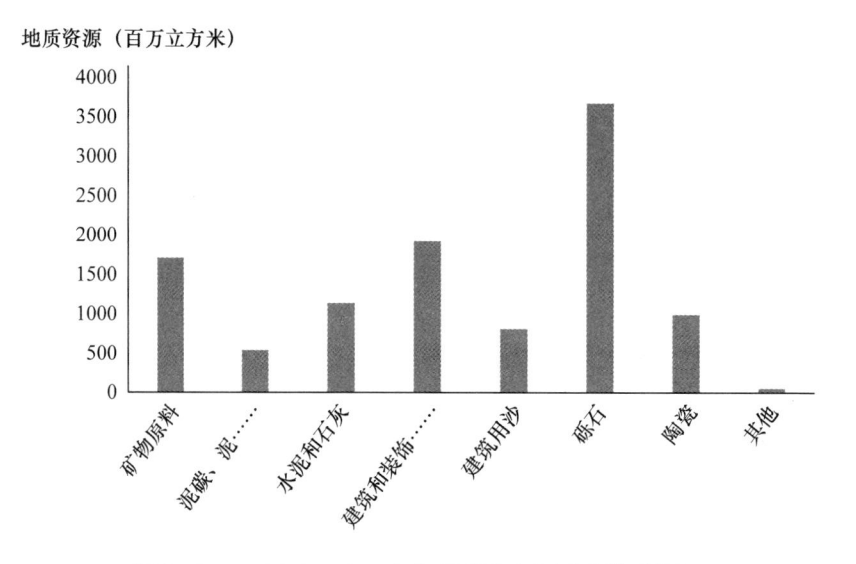

图 I-3-7　2009—2017 年匈牙利非金属矿产地质资源

资料来源：匈牙利采矿地质办公室，https：//mbfsz.gov.hu/en/asvanyvagyon_nyilvantartas。

第三节 土地资源

匈牙利国土面积为93030平方千米（不包括内陆水域面积）。其中可耕地面积占总土地面积的48.7%，永久农田占总土地面积的1.9%，林地面积占总土地面积的22.9%。2015年，匈牙利的非农业和森林区域面积总计为1637平方千米；农业用地面积占总土地面积的59.1%。匈牙利50%的耕地具有突出的农业潜力，大约10%的可耕地位于环境干扰特别敏感的地区。（农业用地指的是共享的土地面积，即种植永久作物和永久牧场的耕地。耕地包括由联合国粮食与农业组织按照临时性作物（双作物面积按一次产量计算）、收割或放牧的临时草地、市场或果菜园及临时休耕地划分的土地，其中不包括由于轮垦造成的弃耕地。种植永久作物的土地指的是播种长期占据土地的作物且于收割后无须再次种植的土地，例如可可、咖啡及橡胶。永久性耕地还包括除生长木材或木料树木土地外的观花灌木、果树、坚果树和葡萄树。永久牧场指的是用作放牧（持续5年或更久的），包括种植自然和耕种作物的土地。

从1991—2016年匈牙利自然保护区数量和面积变化情况看（表Ⅰ-3-11），匈牙利非常重视自然资源的保护，1991—2016年，国家级自然保护区的数量由194个增加到307个，国家级自然保护区面积由617千公顷增加到849千公顷，其中受高保护的自然区域面积由85.5千公顷增加到127.2千公顷。区域级自然保护区的数量和面积也都有大幅提高。自然保护区是专门用于自然保护的特殊功能区域，完全限制其他类型的土地利用。

匈牙利是农业大国，农业用地面积占总土地面积的比例高。自然保护区和农业生产区都具有环境敏感的特点，那么匈牙利的土地应如何开发和利用？圣斯蒂芬大学环境管理研究所Viktor等教授于2013年对匈牙利土地利用进行了系统的研究。该研究在分析匈牙利的自然保护区和农业生产系统现状的基础上，利用NECONET和CORINE Land Cover两大数据库中的数据，包括匈牙利的地形、土壤构造、土壤侵蚀、土地覆盖、气候、植物群、动物群、水资源方面数据，对匈牙利地区环境敏感性、土地农业潜力、农业集约化等问题进行了讨论，对匈牙利的土地利用方式提出了建议。

匈牙利适宜进行农业开发的区域分布在多瑙河的西岸与巴拉顿湖东部，蒂萨河的东岸地区也是广袤的适宜农业区。多瑙河与蒂萨河这两条并行的河流，是典型的平原河流，滋润着大片的牧草，在两河之间的中间地带，多为沙漠，人烟稀少，土地不适宜农业开发。匈牙利环境敏感区与农业适宜区大致形成对应，适宜农业区大多为环境低敏感区，而不适宜农业区多为环境高敏感区。匈牙利耕地面积约为45305平方千米，通过使用CORINE土地覆盖数据，Viktor研究匈牙利集约耕地区和粗放耕地区，结果表明，集约耕地区主要是那些农业适宜—环境低敏感的区域，位于多瑙河西岸与蒂萨河的东岸。多瑙河与蒂萨河两条河流的中间地带、匈牙利靠近斯洛伐克的区域，以及东北区域，即马泰绍尔考区域，环境较为敏感，多为粗放耕地区。匈牙利近50%的耕地具有突出的农业潜力，即农业适宜性高于平均水平，大约10%的可耕地位于对环境干扰特别敏感的地区，匈牙利可利用的农业区域非常广阔，非耕地区和保护区占国土面积的比例总体较小。目前，匈牙利的实际森林区主要分布在匈牙利北部，与斯洛伐克接壤地带，以及围绕巴拉顿湖的区域，主要分布在匈牙利的北部与西部区域，东部与东南区域实际森林区域面积小。

表 I-3-11　　　　1991—2016年匈牙利自然保护区域情况

年份	国家级自然保护区域					区域级自然保护区域	总计
	国家公园	景观保护区	自然保护区	自然纪念遗迹	总计		
自然保护区数量							
1991	5	46	142	1	194	878	1072
1995	5	51	145	1	202	858	1060
2000	9	38	140	1	188	1210	1398
2005	10	36	147	1	194	1287	1481
2006	10	36	152	1	199	1287	1486
2007	10	37	162	1	210	1296	1506
2008	10	37	163	1	211	1664	1875
2009	10	38	160	1	209	1816	2025
2010	10	38	160	1	209	1816	2025
2011	10	38	162	1	211	1917	2128
2012	10	39	168	1	218	2014	2232

续表

年份	国家级自然保护区域					区域级自然保护区域	总计
	国家公园	景观保护区	自然保护区	自然纪念遗迹	总计		
2013	10	39	169	1	219	2053	2272
2014	10	39	170	42	261	1880	2141
2015	10	39	170	88	307	1772	2079
2016	10	39	170	88	307	1785	2092
其中：自然保护区面积（千公顷）								
1991	159.1	422.4	35.6	—	617.1	34.7	651.8
1995	177.7	466.7	26.6	—	671.0	33.0	704.0
2000	440.8	349.3	25.9	—	816.0	36.7	852.7
2005	486.0	324.0	28.9	—	838.9	39.4	878.3
2006	485.8	324.0	29.2	—	839.0	39.4	878.4
2007	485.9	326.7	32.1	—	844.7	39.4	884.1
2008	482.6	324.8	30.1	—	837.5	46.8	884.3
2009	482.6	334.5	29.4	—	846.5	46.6	893.1
2010	482.6	334.5	29.4	—	846.5	46.6	893.1
2011	482.6	334.5	29.4	—	846.5	45.7	892.2
2012	483.1	336.9	30.7	—	850.7	46.1	896.8
2013	480.7	336.9	30.6	—	848.2	46.4	894.6
2014	480.7	336.9	31.1	—	848.7	43.1	891.8
2015	480.7	336.9	31.1	0.1	848.8	41.5	890.2
2016	480.7	336.9	31.3	0.1	849.0	42.2	891.2
其中：受到高保护的自然区面积（千公顷）								
1991	27.9	56.1	1.5	—	85.5	—	85.5
1995	29.2	55.7	1.7	—	86.6	—	86.6
2000	76.7	31.5	1.3	—	109.5	—	109.5
2005	85.1	45.5	2.8	—	133.4	—	133.4
2006	83.6	45.1	2.8	—	131.5	—	131.5
2007	85.1	45.5	2.8	—	133.4	—	133.4
2008	85.1	45.5	2.8	—	133.4	—	133.4
2009	85.1	45.5	2.8	—	133.4	—	133.4
2010	85.1	45.5	2.8	—	133.4	—	133.4
2011	90.2	35.0	2.0	—	127.2	—	127.2
2012	90.2	35.0	2.0	—	127.2	—	127.2
2013	90.2	35.0	2.0	—	127.2	—	127.2

续表

年份	国家级自然保护区域					区域级自然保护区域	总计
	国家公园	景观保护区	自然保护区	自然纪念遗迹	总计		
2014	90.2	35.0	2.0	—	127.2	—	127.2
2015	90.2	35.0	2.0	—	127.2	—	127.2
2016	90.2	35.0	2.0	—	127.2	—	127.2

资料来源：匈牙利中央统计局，http://www.ksh.hu/?lang=en。

第四节　遗产资源

匈牙利共有8处遗产列入世界遗产名录，分别是布达佩斯（多瑙河两岸、布达城堡区和安德拉什大街）（1987，2002）、霍洛克古村落及其周边（1987）、阿格泰列克洞穴和斯洛伐克喀斯特地貌（1995，2000）、潘诺恩哈尔姆千年修道院及其自然环境（1996）、霍勒托巴吉国家公园（1999）、佩奇的早期基督教陵墓（2000）、新锡德尔湖与费尔特湖地区文化景观（2001）、托卡伊葡萄酒产地历史文化景观（2002）[1]。其中两项世界遗产是与其他国家共建：与奥地利共建的新锡德尔湖与费尔特湖地区文化景观，与斯洛伐克共建的阿格泰列克洞穴和斯洛伐克喀斯特地貌，后者也是匈牙利唯一的世界自然遗产。遗产的分布情况如图Ⅰ-3-8所示。

1987年，布达佩斯老城，包括多瑙河裴多菲桥至链桥之间，布达一侧盖尔雷特山至布达山一线及多瑙河边的长条区域，包括布达古城和城下的陶班与水城部分，被认定为匈牙利的第一处世界文化遗产。同年，与布达世界文化遗产区域相对应的佩斯一侧，南北从链桥延长至玛尔吉特桥，也被列入世界遗产，同时被批准的还有保留了几百年独特文化传统的霍洛格村和村中的50多处老房。1995年，阿格泰列克洞穴和斯洛伐克喀斯特地貌被列入世界自然文化遗产，该地区有欧洲最大的鲍劳德拉岩溶洞穴群，总长度25千米，大部分在匈牙利境内。1996年，匈牙利最古老的修道院——鲍诺哈尔马本笃会总隐修院，被列为世界文化遗产，该修道院在匈牙利建国之前就已奠基，已有1000多年历史，部分建筑至今仍保留

---

[1] 括号内年份代表列入世界遗产名录的时间。

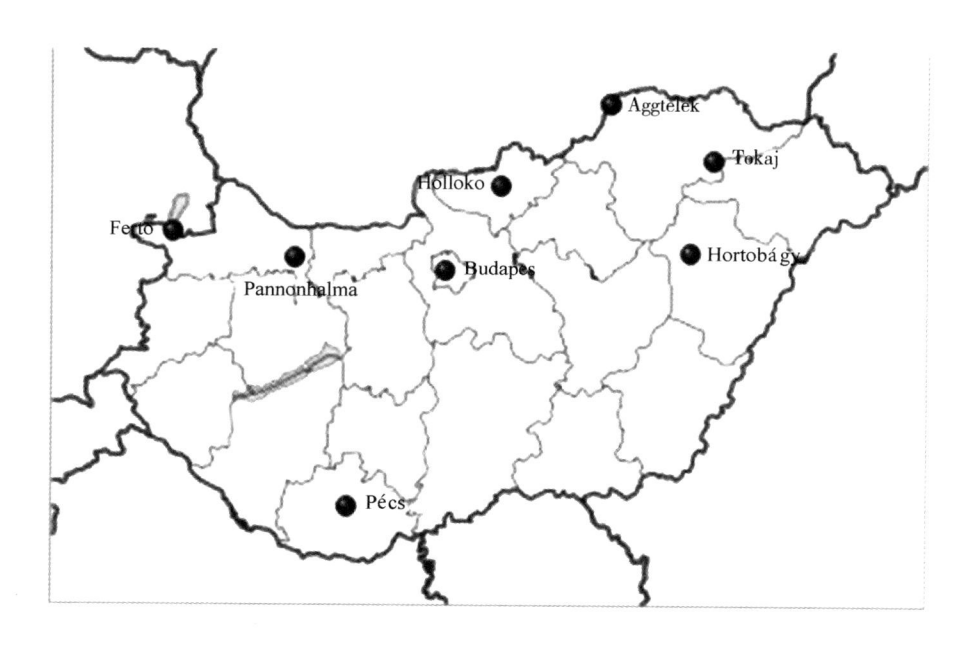

图Ⅰ-3-8 匈牙利世界遗产分布

资料来源：维基百科，https：//en. wikipedia. org/wiki/List_ of_ World_ Heritage_ Sites_ in_ Hungary。

原样。

1999年，霍勒托巴吉被列入世界自然文化遗产，这是中欧最大的一处原始草原，位于匈牙利东部，生长着珍稀的匈牙利水牛、匈牙利灰牛和欧洲羚羊。2000年，匈牙利南部城市佩奇的一处古罗马时期的基督教古墓穴，被列为世界文化遗产。2001年，匈奥边境的费尔德湖被列为世界自然文化遗产，费尔德湖是中欧第三大湖，总面积约300平方千米，由于位居两国边界，人为开发较少，水草密集，是鸟类的天然王国，匈牙利一侧虽只有70平方千米湖面，但包括了湖南侧10000多公顷的费尔德—豪沙格国家公园，两座贵族庄园也在其内，从而使匈牙利在这处世界遗产中占有1/3面积。2002年，拥有几百年葡萄栽培与酿酒历史的托卡依地区被列入世界文化遗产，这里有一条长达4.5千米位居东中欧第一的超大型葡萄酒窖。

除了世界遗产之外，匈牙利还有9处国家公园。分别是：多瑙—依波伊、费尔德—豪沙格、上巴拉顿、多瑙—德拉瓦、基什库恩沙格、格勒什—毛洛什、霍勒托巴吉、奥格带赖克和碧克山。其中最有特点的奥格带赖克、霍勒托巴吉和费尔德—豪沙格,这三个国家公园也是旅游的热门地,其他几处国家公园不属于热门的旅游区。从图Ⅰ-3-9所示的2016年外国人商旅住宿消费占旅游住宿总消费的比例情况看,匈牙利的Western Transdanubia(44.1%)、Budapest(88.7%)、Northern Great Plain(30.7%)是最吸引外国人商旅的地区。将图Ⅰ-3-8与图Ⅰ-3-9比较,可以看出,霍洛克古村落及其周边、潘诺恩哈尔姆千年修道院、布达佩斯、霍勒托巴吉国家公园是匈牙利最具旅游市场的世界遗产。

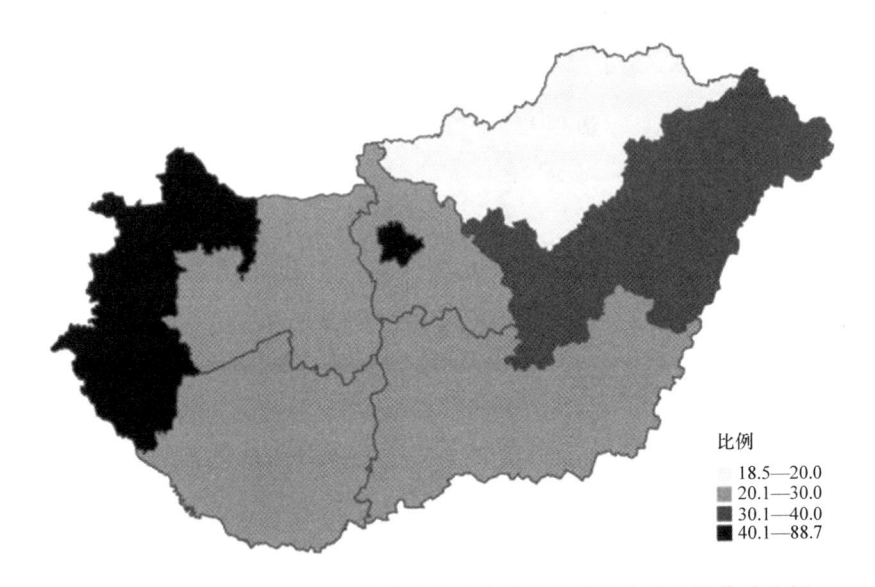

比例
18.5—20.0
20.1—30.0
30.1—40.0
40.1—88.7

图Ⅰ-3-9 2016年外国人商旅住宿消费占地区旅游住宿总消费的比例

资料来源:匈牙利中央统计局,http://www.ksh.hu/interaktiv/terkepek/mo/idegenf_eng.html?mapid=OGA001。

第四章 基础设施研究

近年来，为符合欧盟一体化的要求，匈政府高度重视基础设施建设，在欧盟补贴的基础上，不断加大对基础设施投入并进行大规模重建。在此背景下，匈牙利高速公路和铁路里程数不断增加，高速公路和高速铁路方兴未艾，机场和港口规模增速较快，能源和通信基础设施发展前景也较为广阔。2004年，匈牙利国会通过了《2003—2015年匈牙利交通发展计划》；2014年，匈牙利根据欧盟要求，制定了匈牙利《2015—2020年基础设施发展规划》，主要涉及铁路新建和升级改造、高速公路建设等领域。该政策有三个突出特点：（1）重视发展国内落后的通往欧盟的基础设施；（2）完全采纳欧盟交通标准；（3）建立环保的交通系统。匈牙利在基础设施建设方面的资金来源主要有凝聚基金、结构基金、欧盟发展援助基金以及欧洲投资银行等。2005年，欧洲投资银行贷款1.57亿欧元与凝聚基金配套融资用于匈牙利基础设施建设，包括M0号公路以及布达佩斯至匈—罗边境铁路等项目的建设。2007—2013年，欧盟向匈牙利提供220多亿欧元的支持资金，其中用于公路基础设施建设的金额约90亿欧元。

第一节 交通基础设施

（一）公路

匈牙利的公路基础设施建设一直较为缓慢，2003—2016年匈牙利建成高速公路和快速公路总长不超过3500千米。为此，匈牙利政府提出《2014—2023年匈牙利国家道路建设方案》，计划将花费1070亿兹罗提（约合285亿美元）用于建设3900千米的高速公路和57条新的环形路，主要目标是完成匈牙利的道路网络，连接主要城市并缩短路程时间至少15%，该方案将进一步改善匈牙利的公路基础设施状况。匈牙利路网密度在欧洲仅次于比利时、荷兰，几乎每个城镇之间都有柏油公路连通。公路运输在匈牙利交通运输中占据主导地位。

匈牙利高速公路路名以"M"打头，后跟阿拉伯数字。主要高速公路有8条，分别为M0—M7。M0公路为布达佩斯环城公路，M1至M7公路均起始于布达佩斯，呈顺时针放射状排列。其中，M1公路通往奥地利，M2公路通往斯洛伐克，M3公路通往乌克兰，M4公路将通往罗马尼亚，M5公路通往塞尔维亚，M6公路通往克罗地亚，M7公路通往斯洛文尼亚和克罗地亚。各条高速公路均与欧洲公路网络连接。

匈牙利国家公路管理主要包括两个部分。一是高速公路，匈牙利高速公路管理、经营和保养由匈牙利高速公路管理公司、匈牙利大平原特许高速公路公司和M6多瑙高速公路公司负责，匈牙利高速公路管理公司管理的高速公路总长572.42千米，匈牙利大平原特许高速公路公司负责M5号公路的管理，M6多瑙高速公路公司管理M6号公路。匈牙利高速公路建设由匈牙利高速公路管理公司负责。二是普通公路及桥梁，由匈牙利公路局负责路网规划、管理和建设，该局隶属匈牙利经济交通部，普通公路的招投标工作由该局负责。根据匈牙利政府规定，匈公路质量标准为EN ISO9001/1996。

表Ⅰ-4-1　　　　　　　　　　匈牙利主要高速公路

高速公路	起点	终点	途经主要城市	里程（千米）
M1	布达佩斯	海捷什哈罗姆	淘淘巴尼奥、久尔	167
M2	布达佩斯	瓦茨	—	30
M3	布达佩斯	尼赖吉哈佐	米什科尔茨、德布勒森	228
M4	布达佩斯	瑙吉盖莱奇	索尔诺克	—
M5	布达佩斯	罗斯克	凯奇凯梅特、塞格德	165
M6	布达佩斯	佩奇附近	多瑙新城、塞克萨德	175
M7	布达佩斯	莱登涅	赛克什白堡、希欧福克	230
M8（规划中）	圣戈特哈德	索尔诺克	—	—
M9（规划中）	松博特海伊	塞克萨德	—	—

续表

高速公路	起点	终点	途经主要城市	里程（千米）
M15	莱维尔	劳伊考	—	14
M30	伊格里茨	米什科尔茨	—	29
M31	M0	M3	—	12
M43	山多尔法尔沃	毛古	—	24
M51	M5	M0	—	9
M60	波利	佩奇	—	30
M70	莱登涅	托儿尼圣米克洛什	—	20
M85	爱涅什	爱涅什	爱涅什绕城	7
M86	松博特海伊	塞莱什特	—	18.2

资料来源：匈牙利高速公路管理公司。

根据世界道路协会的统计数据，截至2016年，匈牙利共有公路线路长度415599千米，其中硬面公路290919千米，占比达到70%，国道19293千米，还有超过1646千米的高速公路和超过1832千米的快速公路。常规公交线路方面，国内线路14608条，总长754026千米，平均公路长度51.6千米；国际线路100条，总长126094千米，平均公路长度1260.9千米。公路客运周转量232.8亿人/千米，公路货运周转量2691.6亿吨/千米。

从发展历程来看，2000—2016年匈牙利公路总里程从157935千米增加到209202千米，年均复合增长率为1.77%，其中硬面公路总里程从71370千米增加到79037千米，年均复合增长率为0.64%，所占比重从45.19%下降至37.78%，下降了7.41%。公路路网密度从2000年的1.70千米/百平方千米上升至2016年的2.26千米/百平方千米，路网密度增加了0.56千米/百平方千米，年均复合增长率为1.80%。公路客运周转量从2000年的8403亿人/千米上升至2016年的44391亿人/千米，增加了35998亿人/千米，年均复合增长率10.96%；公路货运周转量从2000年的10000亿吨/千米增加至2016年的159739亿吨/千米，上升了149739亿吨/千米，年均复合增长率为18.91%。总体而言，匈牙利公路基础设施及其运输能力发展较为迅速，发展前景广阔。

表 I-4-2　　2000—2016年匈牙利公路路网和运量情况

年份	公路总里程（千米）	硬面公路所占比重（%）	公路密度（千米/百平方千米）	公路客运周转量（亿人/千米）	公路货运周转量（亿吨/千米）
2000	157935	45.19	1.70	8403	10000
2001	158741	44.55	1.71	8554	10998
2002	159110	44.02	1.72	8631	11746
2003	159568	43.90	1.72	9709	12505
2004	159584	41.94	1.72	9994	11000
2005	159600	40.78	1.72	10436	9090
2006	192978	38.04	2.07	11784	30495
2007	195719	37.72	2.10	11784	30395
2008	197534	37.65	2.12	20449	35743
2009	198106	36.43	2.14	22765	48064
2010	199201	36.30	2.15	25546	59581
2011	200152	36.50	2.16	28094	72577
2012	201529	36.68	2.17	30199	87052
2013	202225	36.93	2.18	33451	103006
2014	204779	37.06	2.21	36982	120438
2015	206159	37.52	2.22	41983	139349
2016	209202	37.78	2.26	44391	159739

资料来源：中国国家统计局《国际统计年鉴》。

从时间序列来看，2000—2016年匈牙利公路总里程呈现出持续上升的趋势，而硬面公路占比则出现先下降后缓慢回升的态势。公路总里程在2000—2005年呈现稳定态势，年均复合增长率不足2%，2005—2006年出现陡然上升情况，2006年之后一直平稳发展，于2011年公路总里程超过20万千米。相反，同期硬面公路占比持续下降，直到2009年金融危机之后发生转变，硬面公路占比重新开始回升，2009—2016年一直稳定在37%上下。总体而言，匈牙利公路总里程规模不断扩大，但高等级的硬面公路里程发展较为缓慢，被较快发展的低等级路面所稀释，因此硬面公路里程占比出现下滑态势。

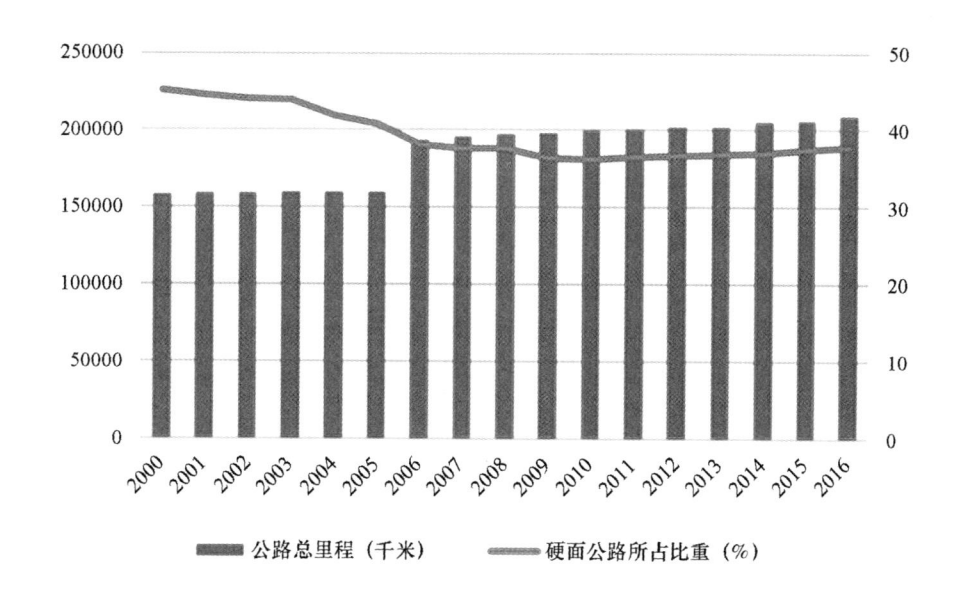

图 I-4-1　2000—2016 年匈牙利公路里程和硬面公路占比变化情况

2000—2016 年，匈牙利公路路网密度也呈现出持续上升的趋势，2000—2005 年呈现稳定态势，年均复合增长率较低，2005—2006 年出现陡然上升情况，2006 年之后一直持续上升，至 2016 年公路路网密度已达 2.26 千米/百平方千米。

从公路的客运和货运周转情况来看，2000—2016 年匈牙利公路客周转量和货运周转量均呈现出上升趋势，其中公路客运周转量增速较缓，公路货运周转量增速极快。公路客运周转量从 2007 年开始有较大幅度提升，之后于 2015 年首次超过 40000 亿人/千米；公路货运周转量在 2006 年有大幅度提升，2007—2008 年出现先小幅下滑后缓慢回升的趋势（受金融危机影响），但在 2009 年之后，匈牙利公路货运周转量迅猛发展，年均复合增长率超过了 20%，是东欧地区公路货运周转量发展速度最快的国家之一。

（二）铁路

近年来，匈牙利的铁路基础设施建设一直处于翻新改造、完善升级的状态，其主要发展方向为：（1）2013 年，重新修建泛欧洲通道 IV、V 和

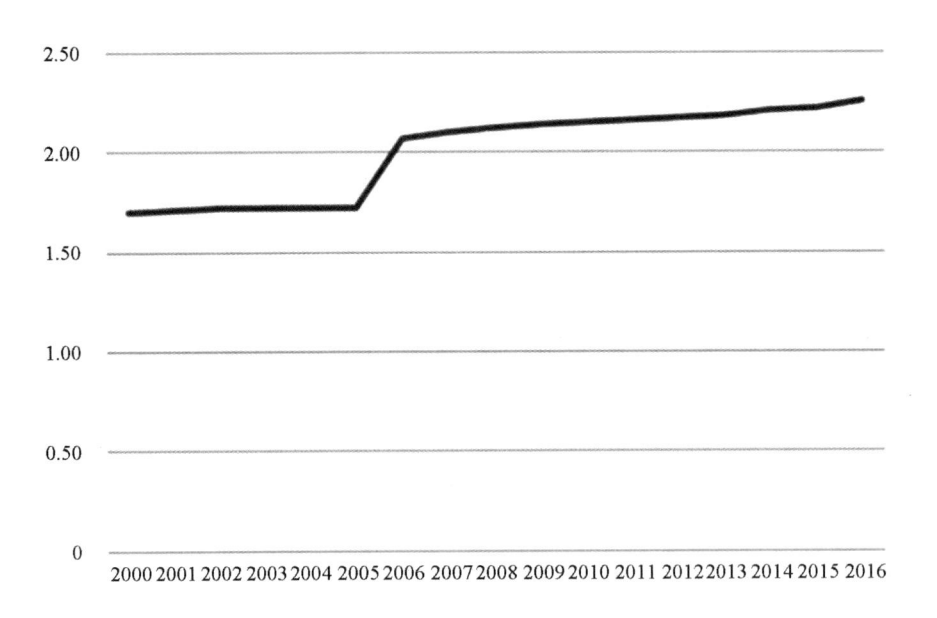

图Ⅰ-4-2　2000—2016年匈牙利公路路网密度变化情况

V/b等时速在120—160千米/小时的主要铁路；（2）发展郊区铁路网，改善车站条件、建立现代交通控制和乘客信息系统等；（3）翻新和增加客车数量，主要是在郊区；（4）建立机场快速铁路；（5）发展热点旅游线路列车（如巴拉顿湖方向等）；（6）发展铁路组合交通和物流中心服务；（7）改善布达佩斯北部铁路桥；（8）建立安全的铁路信息和乘客信息及票务系统。

首都布达佩斯为匈牙利全国铁路枢纽，从这里可乘坐火车通达匈牙利主要城市及周边多个国家。布达佩斯有3座火车站，分别为东站（Keleti）、西站（Nyugati）和南站（Deli）。匈牙利国家铁路公司负责匈牙利全国的铁路路网建设及维护，其子公司铁路客运公司专门负责旅客运输。匈牙利铁路货运公司是匈牙利最大的铁路货运企业，其前身为匈牙利国家铁路公司专门负责货运业务的子公司，由于债务包袱沉重，匈牙利政府对其实施私有化，于2008年被奥地利铁路货运公司收购。

根据世界银行的统计数据，截至2016年，匈牙利共有铁路线路长度7749千米，铁路路网密度8.3千米/百平方千米，在欧盟成员国中居第五

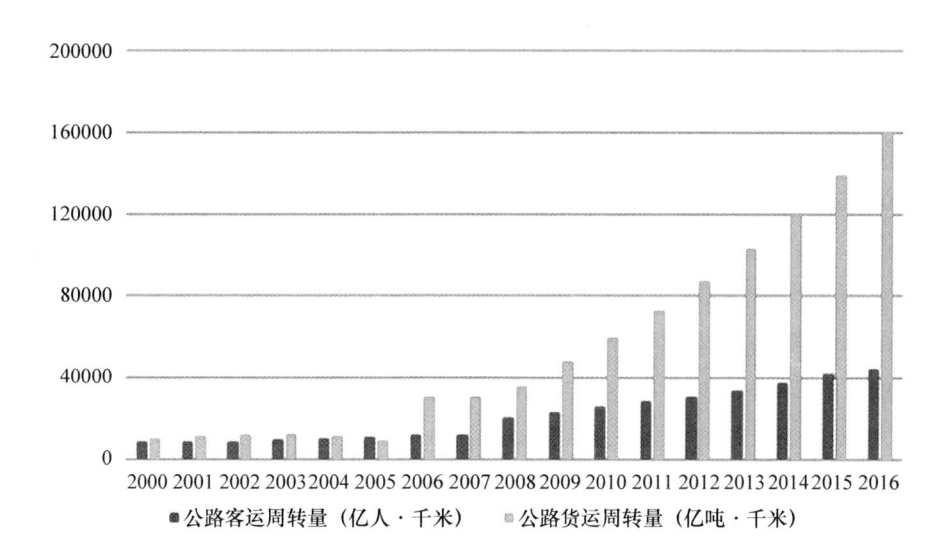

图 I-4-3　2000—2016 年匈牙利公路客运货运周转量变化情况

位，仅次于卢森堡、捷克、比利时和德国。高速铁路里程占比不足 10%，复线铁道近 1200 千米，占总长的 15% 左右，电气化铁路 2600 多千米，铁路总体电气化率为近 35%。铁路货运量约占货运总量的 18.55%，城际旅客运输量的 22.38%。铁路客运周转量 5391 百万人/千米，铁路货运周转量 456 百万吨/千米。

从发展历程来看，2000—2016 年匈牙利铁路总里程从 8004 千米微降至 7749 千米，铁路里程长度减少了 255 千米，年均复合增长率为 -0.20%；铁路路网密度从 2000 年的 8.6 千米/百平方千米下降至 2016 年的 8.3 千米/百平方千米，路网密度减少了 0.3 千米/百平方千米，年均复合增长率为 -0.22%。铁路客运周转量从 2000 年的 7052 百万人/千米减少至 2016 年的 5391 百万人/千米，下降了 1661 亿人/千米，年均复合增长率 -1.69%；铁路货运周转量从 2000 年的 7460 百万吨/千米减少至 2016 年的 456 百万吨/千米，下降了 7004 百万吨/千米，年均复合增长率为 -19.09%。总体而言，匈牙利铁路基础设施及其运输能力呈现倒退态势。

表 I-4-3　　2000—2016 年匈牙利铁路里程和运量情况

年份	铁路总里程 （千米）	铁路密度 （千米/百平方千米）	铁路客运周转量 （百万人/千米）	铁路货运周转量 （百万吨/千米）
2000	8004	8.6	7052	7460
2001	7516	8.1	9906	7426
2002	7729	8.3	7387	7319
2003	7730	8.3	7300	7568
2004	7730	8.3	7199	8270
2005	7950	8.5	7135	8997
2006	7932	8.5	6923	9083
2007	7960	8.6	6244	8323
2008	7942	8.5	5927	7786
2009	7793	8.4	5708	447
2010	7893	8.5	5398	1000
2011	7906	8.5	5760	733
2012	7877	8.5	5887	1179
2013	7895	8.5	5802	705
2014	7895	8.5	5789	439
2015	7896	8.5	5655	447
2016	7749	8.3	5391	456

资料来源：世界银行。

从时间序列来看，2000—2016 年，匈牙利铁路总里程及路网密度呈现出波动下降的趋势。铁路总里程在 2000—2001 年出现剧烈的下降情况，之后波动上升至 2007 年的最高点，随后受金融危机的影响下降至 2009 年的低点，随后又回升并在 2011—2015 年保持平稳状况，2016 年又出现下降态势，同期的铁路路网密度也保持同样变化趋势。总体而言，匈牙利铁路总里程及路网密度出现略微下降情况，细分时间段则呈现快速下降—波动上升—总体趋稳—略微下降的发展态势。

从铁路的客运和货运周转情况来看，2000—2016 年匈牙利铁路客运周转量和货运周转量均呈现下降态势。其中，铁路客运周转量下降幅度较为缓和，铁路货运周转量下降幅度较大，特别是 2009 年后金融危机的影响导致匈牙利铁路货运周转量从 8000 百万吨/千米迅猛减少至 1000 百万吨/千米，降幅达 7 倍。匈牙利铁路翻新改造计划，可能是导致铁路客运量和货运量减少的原因之一。

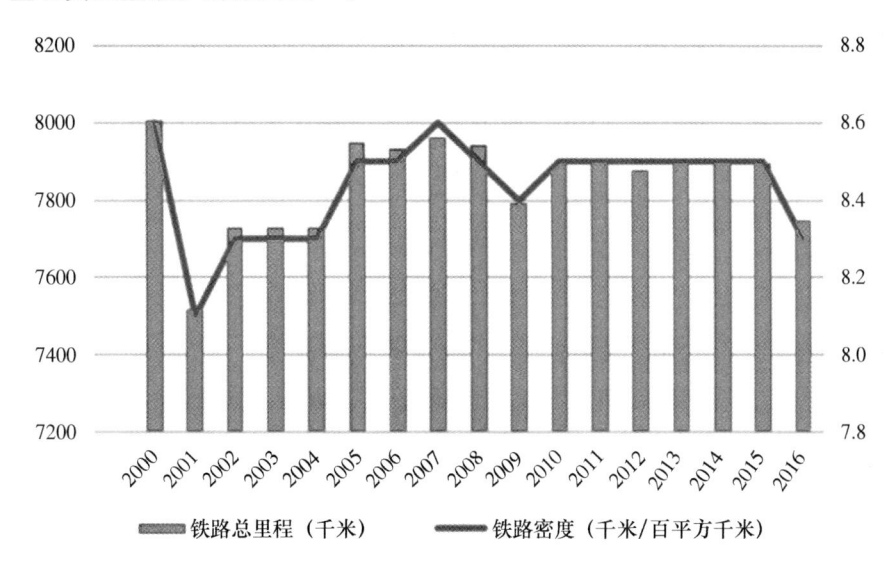

图Ⅰ-4-4 2000—2016年匈牙利铁路总里程和路网密度变化情况

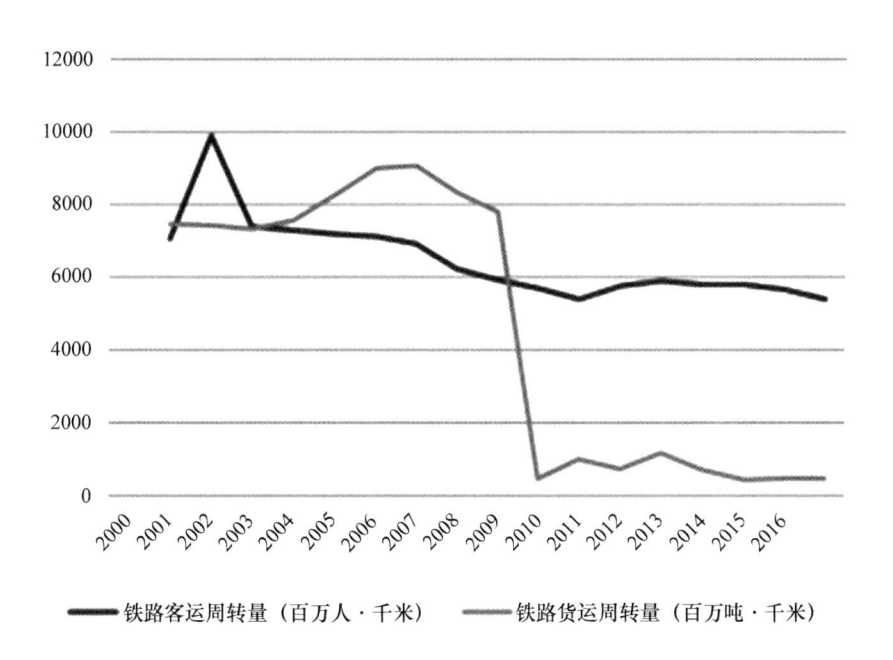

图Ⅰ-4-5 2000—2016年匈牙利铁路客运货运周转量变化情况

城市轨道交通方面，首都布达佩斯地铁是欧洲大陆最古老的电气化铁路系统，也是世界上仅次于伦敦地铁的第二条电气化地铁线路。第一条地铁从1896年便开始运营，目前整个地铁系统由黄、红、蓝、绿4条线构成，全长39.1千米，合计52个车站，每年运送旅客近百万人次。

黄线（1号线）沿着位于城市中心的安德拉西大道上的东北—西南方向铺设，全长3.7千米，全线设有11个车站（其中9个为地下车站，2个为地面车站）；红线（2号线）于1970年建设完成，初期设置了7个车站，后来增加至11个车站。红线沿着东西方向铺设路线，连接着主要的城区和火车站；蓝线（3号线）于1963年开始规划，1976年开通运营，共设有7个车站。随后几经南北向延伸，至1990年蓝线的运营里程为16千米，设有20个车站，是迄今为止布达佩斯地铁最长的运营线路；绿线（4号线）于2014年3月开通运营，设有十多个车站，全长近5千米。

（三）水运港口

匈牙利水运航道里程约1622千米，航道主要在多瑙河和蒂萨河上。水运在匈牙利交通运输中起辅助作用，仅占货运总量和城际旅客运输量的3.26%和1.00%。多瑙河水路位于泛欧洲通道ⅤⅡ上，对于从鹿特丹到康斯坦察的欧洲水路来说，顺利通行吃水2.5米、载重1300—1600吨的标准船舶是十分重要的。而匈牙利必须对多瑙河匈牙利段能够顺利通行吃水2.5米船舶进行国际义务认证，其关键是在符合环保和生态环境要求的前提下，保证河水的高度。2007—2013年，这一项目将耗资近3亿欧元。对于蒂萨河而言，最主要的问题是保证北部充格拉德州段符合国际河道的标准条件。

匈牙利是内陆国家，没有天然海港，但可通过多瑙河直接抵达黑海港口。1992年开通的莱茵—美因—多瑙河将多瑙河与莱茵河连接起来，使匈牙利货物可以通过水路进出荷兰鹿特丹港，并可抵达多瑙河与莱茵河流经的德国、奥地利、塞尔维亚、罗马尼亚、保加利亚等国家。目前，匈牙利拥有内陆港口5座，另有3座港口在建，按照分类可分为国家级、地区级和小型港口。国家级港口有3座，分别位于切佩尔、多瑙新城和塞格德。其中，位于布达佩斯南部切佩尔岛上的切佩尔港是匈牙利最大的进出口口岸，通过多瑙河与海外连接，在匈牙利水路交通运输中起着举足轻重的作用。其他港口还有久尔、包姚和莫哈奇。为提高运输效率，匈牙利政府致力于将国家级港口与国家铁路网相连接,且保证载重量达 22.5 吨。另外,布达佩斯国际客轮站已经达到其极限,迫切需要建造新的站点以满足快速增长的客流需要。总体而言,匈牙利的港口水运基础设施因自身禀赋原因而发展较为落后,国内港口主要服务于内河航运。

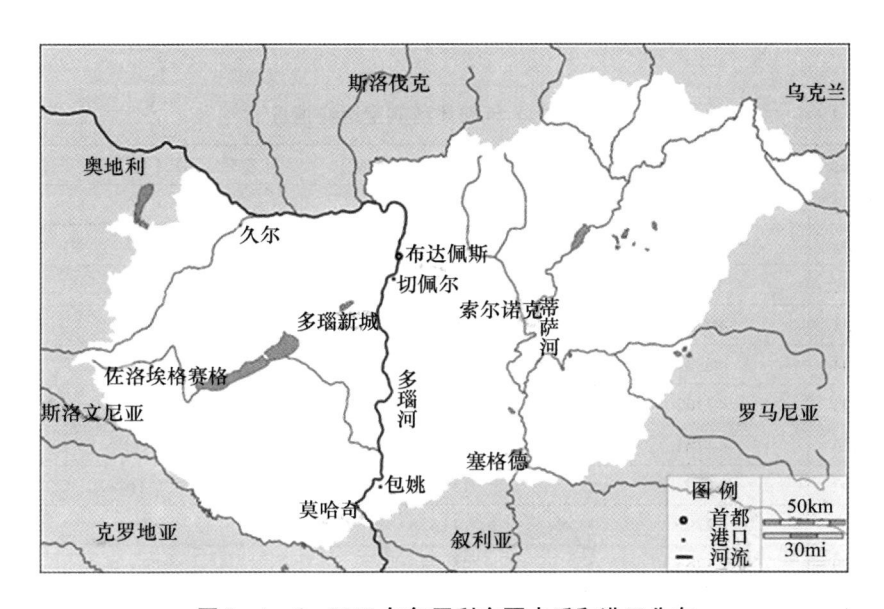

图 I-4-6 2017 年匈牙利主要水系和港口分布

资料来源:根据 https://d-maps.com/绘制。

(四)航空

根据世界银行的统计数据,截至 2017 年,匈牙利航空运输量累计达到 158454 次,各机场旅客吞吐量超过 3300 万人次,其中国际旅客运输占 85%。航空客运量 7376934 人/千米,航空货运量 221.81 百万吨/千米。

目前,匈牙利拥有 43 个机场,其中国际机场 5 个。匈牙利最大的机场为首都布达佩斯的李斯特·费伦茨国际机场,绝大部分国际航班在此起降。该机场位于布达佩斯东南部,距市中心约 16 千米,拥有 T1 和 T2 两座航站楼。其中,T1 航站楼主要服务廉价航空公司,设计年客流量 250 万人次,于 2012 年 5 月暂停使用;T2 航站楼设计年客流量 1050 万人次,拥有 2A、2B 和 SKY COURT3 个候机厅。2015 年,李斯特·费伦茨机场旅客吞吐量达 1030.5 万人次,货物吞吐量达 9.2 万吨。

法国航空、意大利航空、汉莎航空、芬兰航空等欧洲主要航空公司均有通往布达佩斯的航线，另外还有 Easyjet、Wizz、Ryan 等廉价航空公司。其中，匈牙利 Wizz 航空公司为中东欧地区最大的廉价航空公司，共 355 条航线，航点遍布 37 个欧洲国家的 106 座城市，2014 年运载旅客 1580 万人次，增长 17%，在欧洲各大廉价航空公司中居第六位。

表 I-4-4　　　　　2000—2017 年匈牙利航空运量情况

年份	航空运输量（次）	航空客运量（人/千米）	航空货运量（百万吨/千米）
2000	32297	2197521	50.85
2001	31654	2023385	32.29
2002	33290	2098760	25.15
2003	40233	2260849	28.37
2004	46837	2546234	24.00
2005	47362	2735214	21.43
2006	45781	2591666	20.00
2007	51003	3133574	27.16
2008	49795	3111575	11.76
2009	45861	2952885	9.80
2010	111307	12477063	5.61
2011	120826	13729554	5.85
2012	88802	12289555	0.47
2013	103080	13926540	0.30
2014	123708	16482060	0.20
2015	145492	20043787	0.10
2016	137605	21399963	0.10
2017	158454	26066294	0.10

资料来源：世界银行。

从发展历程来看，2000—2017 年匈牙利航空运输量从 52371 次增加到 106427 次，年均复合增长率为 4.26%。航空客运量从 2000 年的 2340919 人/千米增加至 2017 年的 7376934 人/千米，航空客运量增加了 5036015 人/千米，年均复合增长率为 6.99%；航空货运量从 2000 年的 77.83 百万吨/千米增加至 2017 年的 221.81 百万吨/千米，增加了 143.98

百万吨/千米，年均复合增长率为6.35%。总体而言，匈牙利航空基础设施及其运输能力发展十分迅猛，航空客运和货运能力有显著提升。

从时间序列来看，2000—2017年，匈牙利航空运输量呈现波动上升趋势。航空运输量在2000—2008年呈现略有波动的上升态势，年均增长率为7.01%，之后受到金融危机的影响，从2008年开始直到2015年，航空运输量一直处于下降态势，随后在2015—2017年保持快速回升态势，年均增长率为24.81%。总体而言，匈牙利航空运输量发展迅猛，细分时间段则呈现快速上升—缓慢下降—快速回升的发展态势。

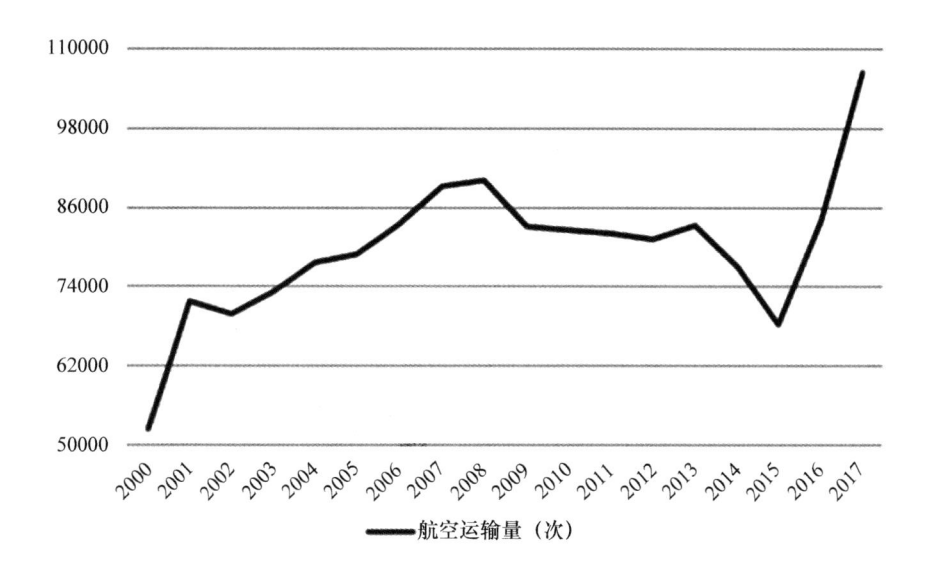

图 I-4-7 2000—2017年匈牙利航空运输量变化情况

从港口国际海运装货卸货情况来看，2000—2017年匈牙利航空客运量和货运量均呈现出波动上升的态势。其中，航空客运量在2000—2008年呈现缓慢上升趋势，之后由于金融危机的影响，在2008—2010年出现快速下降情况。2010—2014年开始缓慢回升，之后在2015—2017年出现快速上升趋势。航空货运量在2000—2011年缓慢下降，之后从2012年开始上升，特别是2015年后出现快速上升的态势。总体而言，匈牙利航空客运量和航空货运量的发展趋势基本类似，呈现缓慢上升—陡然下降—缓慢上升—快速上升的发展态势。

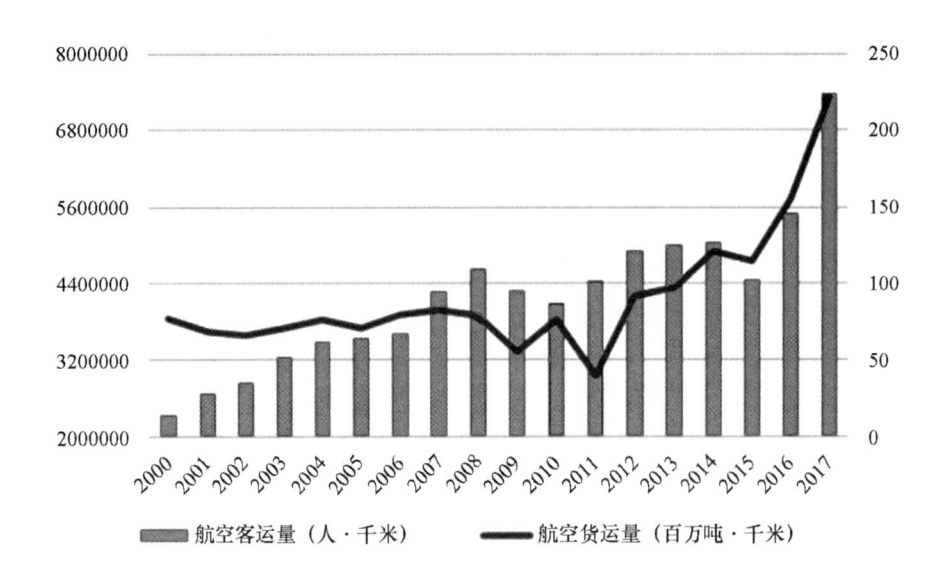

图 I-4-8　2000—2017 年匈牙利航空客运货运能力变化情况

第二节　能源基础设施

匈牙利能源设施完善，电力供给较为充裕，能够满足经济发展需求。据世界银行的统计数据，2015 年匈牙利发电量 300.5 亿度，其中核能发电量占比 52.45%，煤炭发电量占比 19.47%，天然气发电量占比 16.83%，水力发电量占比 0.77%，石油发电量占比 0.25%，其他能源（如风能、地热能等）发电量占比 10.23%。电力进口 137 亿度，总供给 437.4 亿度。

近年来，匈牙利电力市场逐渐放开，消费者选择趋于多元。发电企业主要有 Paks 核电站、Matra、Dunamenti、Tisza 和 Gonyu 发电厂，其发电量占全部发电量的 58%。匈牙利国家电力公司（MVM）是匈牙利最大的电力贸易商，负责将发电站生产的电力集中批发给各大经销商。电力终端销售主要控制在德国 E.ON 公司、德国 RWE 公司、法国 ZDF 公司三家经销商手中，三家公司按区域实行分片经营。匈牙利电网与奥地利、斯洛伐克电网相连,能够根据电力生产成本灵活调整电力进出口。

从发展历程来看,2000—2015年匈牙利煤炭发电量占比从2000年的27.58%下降到2015年的19.47%,下降了8.11个百分点;天然气发电量占比从2000年的18.76%下降到2015年的16.83%,下降了1.93个百分点;石油发电量占比从2000年的12.51%大幅下降到2015年的0.25%;水力发电量占比从2000年的0.51%小幅上升到2015年的0.77%,核能发电量占比从2000年的40.29%增加到2015年的52.45%;其他能源发电量占比从2000年的0.36%快速增加到2015年的10.23%,上升了9.87个百分点。总体而言,匈牙利现阶段的能源基础设施的能源供应主要依靠核能、天然气、地热能、风能等可再生清洁能源,煤炭、石油等不可再生污染能源发电量占比已大幅下降,匈牙利能源基础设施的发展水平达到较高层级。

表 I-4-5　　2000—2015年匈牙利各能源基础设施发电量情况

年份	煤炭发电量占比(%)	天然气发电量占比(%)	石油发电量占比(%)	水力发电量占比(%)	核能发电量占比(%)	其他能源发电量占比(%)
2000	27.58	18.76	12.51	0.51	40.29	0.36
2001	24.50	24.33	11.51	0.51	38.79	0.37
2002	25.07	29.70	5.91	0.54	38.59	0.19
2003	27.10	34.80	4.76	0.50	32.25	0.59
2004	24.74	34.77	2.29	0.61	35.35	2.24
2005	19.99	34.62	1.27	0.56	38.69	4.87
2006	19.78	36.70	1.45	0.52	37.54	4.01
2007	18.74	38.12	1.34	0.53	36.73	4.54
2008	18.00	37.92	0.89	0.53	37.02	5.64
2009	17.87	29.02	1.76	0.63	42.96	7.76
2010	16.99	31.03	1.31	0.50	42.17	8.00
2011	18.35	29.81	0.40	0.62	43.55	7.27
2012	18.74	27.14	0.53	0.53	45.60	7.38
2013	21.07	18.29	0.26	0.70	50.74	8.94
2014	20.80	14.43	0.26	1.02	53.28	10.21
2015	19.47	16.83	0.25	0.77	52.45	10.23

资料来源:世界银行。

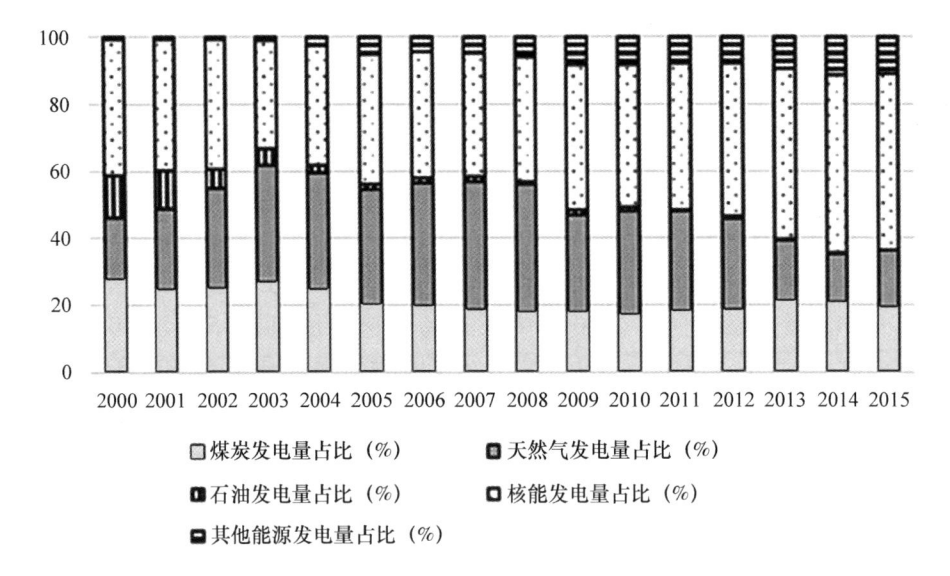

图 I-4-9　2000—2015 年匈牙利能源基础设施发电量占比变化情况

第三节　通信基础设施

匈牙利通信基础设施完善，通信市场完全自由化，外资企业在该国通信市场中占据支配地位。目前，匈牙利固定电话市场约一半的市场份额由德国电信（Deutsche Telekom）及其子公司匈牙利电信（Magyar Telekom）控制。移动通信市场由德国电信、挪威 Telenor 公司和英国沃达丰公司（Vodafone）三分天下，三家企业的市场占比分别为 50%、31% 和 23%。互联网市场有数十家服务供应商，在宽带服务方面，匈牙利电信占据约 35% 的市场份额。

根据世界银行的统计数据，截至 2017 年，匈牙利每百人拥有移动电话 123.8 部，普及率 123.8%；每百人拥有固定电话 32.2 部，普及率 32.2%。从发展历程来看，2000—2017 年匈牙利每百人拥有移动电话数从 2000 年的 30.1 部增加到 2017 年的 123.8 部，增加了 93.7 部，年均复合增长率 8.67%；匈牙利每百人拥有固定电话数从 2000 年的 37.2 部减少到 2017 年的 32.2 部，下降了 5.0 部，年均复合增长率 -0.85%。出现上述情况可能与移动通信技术的迅猛发展有关，移动端用户增多而固定端用户减少。

表 I-4-6　　2000—2017 年匈牙利固定/移动电话基础设施情况

年份	每百人拥有移动电话（部）	每百人拥有固定电话（部）
2000	30.1	37.2
2001	48.7	36.7
2002	67.7	36.1
2003	78.3	35.5
2004	86.3	35.2
2005	92.4	33.9
2006	99.1	33.4
2007	110.0	32.4
2008	122.3	31.0
2009	118.4	30.8
2010	121.0	30.0
2011	118.1	29.6
2012	117.3	30.0
2013	117.8	30.3
2014	119.5	30.7
2015	120.5	31.6
2016	120.8	32.0
2017	123.8	32.2

资料来源：世界银行。

从时间序列来看，2000—2017 年，匈牙利每百人拥有移动电话和每百人拥有固定电话的发展趋势正好相反。每百人拥有移动电话部数在 2000—2008 年迅猛增长，国际金融危机之后出现较为平稳的微增长态势，每百人拥有的移动电话数一直维持在 120 部左右。相反，每百人拥有固定电话部数一直处于下降态势，但幅度很小，2000—2008 年下降了近 5 个百分点，2008 年之后一直处于平稳发展态势，每百人拥有的固定电话数一直维持在 31 部左右。

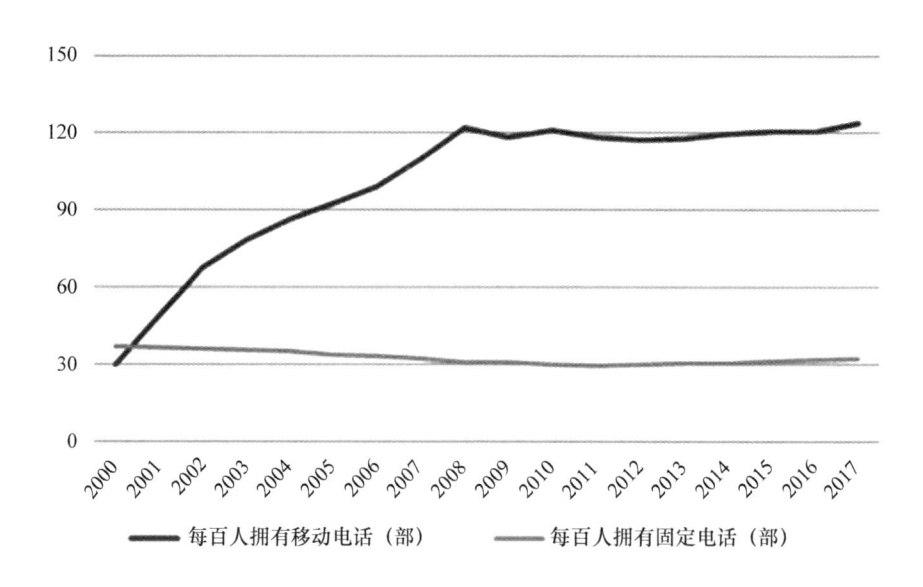

图 I-4-10　2000—2017 年匈牙利每百人移动/固定电话拥有量变化情况

从互联网基础设施发展情况来看，截至 2017 年，匈牙利互联网普及率 76.8%，每百万人拥有互联网服务器数 13636.7 个，每百人拥有固定宽带数 30.41 部。

从发展历程来看，2000—2017 年匈牙利互联网普及率从 2000 年的 7.0% 迅猛增加到 2017 年的 76.8%，增加了 10 倍多，年均复合增长率 15.13%；每百人拥有互联网服务器数从 2000 年的 20.4 个快速增加到 2017 年的 13636.7 个，年均复合增长率 46.62%；每百人拥有固定宽带数实现了从无到有、从小到大的进化，2000 年只有 0.03 部，到 2017 年已经达到 30.41 部。

表 I-4-7　　　　2000—2017 年匈牙利互联网基础设施情况

年份	互联网普及率（%）	每百万人拥有互联网服务器数（个）	每百人拥有固定宽带（部）
2000	7.0	20.4	0.03
2001	14.5	31.3	0.31
2002	16.7	44.4	1.10
2003	21.6	59.8	2.61
2004	27.7	70.2	4.06
2005	39.0	86.3	6.46

续表

年份	互联网普及率（%）	每百万人拥有互联网服务器数（个）	每百人拥有固定宽带（部）
2006	47.1	95.1	11.93
2007	53.3	106.5	14.51
2008	61.0	119.9	17.72
2009	62.0	137.6	19.85
2010	65.0	167.7	21.75
2011	68.0	217.8	23.37
2012	70.6	393.1	24.28
2013	72.6	515.4	26.39
2014	75.7	668.1	26.30
2015	72.8	926.5	27.79
2016	79.3	4125.9	28.86
2017	76.8	13636.7	30.41

资料来源：世界银行。

从时间序列来看，2000—2017年，匈牙利互联网普及率和每百人拥有固定宽带部数均呈现先快速上升后缓慢上升的发展态势，而每百万人拥有互联网服务器个数则呈现出持续快速上升的发展态势。总体而言，相较于发达国家，匈牙利通信基础设施的发展还较为落后，但发展速度较快，空间潜力巨大，发展前景乐观。

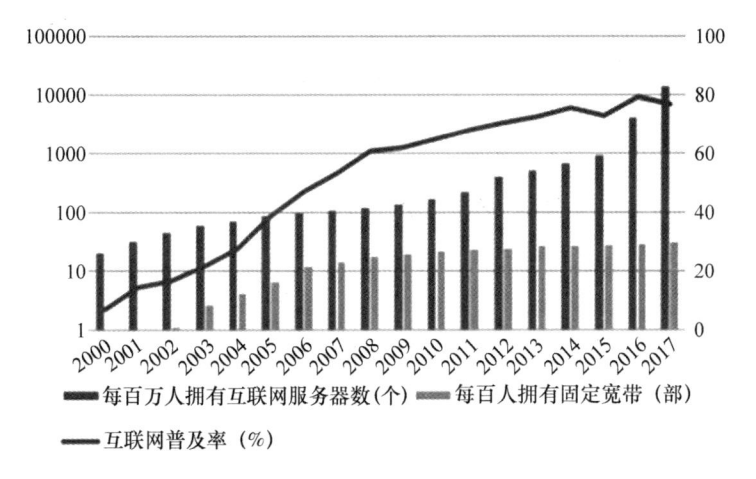

图Ⅰ-4-11 2000—2017年匈牙利互联网基础设施发展变化情况

第五章 产业发展研究

匈牙利地处欧洲中心，属于中等发达国家。近年来，匈牙利经济增长持续保持强劲势头。GDP增速连续五年保持在3%左右的增速，但随着产能限制的增加，未来两年将有所放缓。实际工资增长和就业增长将支持私人消费，而私人公司和欧盟结构基金的支出将刺激投资。尽管市场份额增长将放缓，但出口将受益于强劲的外部需求和新的产能扩张。劳动力市场条件收紧导致的工资增长将提高通胀率，预计未来两年将超过央行3%的目标。强劲的国内需求正在推动增长。私人消费受到最低工资大幅增加，就业快速增长和消费者信心增强的支撑，已达到2002年以来的最高水平。随着就业继续增加，失业率快速下降。劳动力市场的紧缩和最低工资的持续增长导致2018年初的年化工资增长率达到13%[1]。整体通货膨胀率略有上升，达到2.3%[2]，通胀压力主要来源于食品、烟草和酒精的价格上涨，而非基本工资压力。从产业结构来看，匈牙利是典型的后工业化国家，服务业是其主导产业。

第一节 产业结构概况

（一）三大产业结构演变

第一产业近十年稳步增长，但GDP占比逐年下降。第一产业的GDP

---

[1] Hungary Central Statistic Office, "Minimum Wage", September 21, 2018. http://www.ksh.hu/docs/eng/xstadat/xstadat_annual/i_qli041.html，登录时间：2018年10月1日。

[2] World Bank, "Data: Inflation, GDP Deflator (annual %)", December 1, 2017. https://data.worldbank.org/indicator/NY.GDP.DEFL.KD.ZG?locations=HU，登录时间：2018年9月1日。

占比从1980年的19.13%下降至2017年的3.9%，匈牙利农业已经进入稳定发展期。值得提及的是，匈牙利第一产业在1990年到2000年这段时间，比重下降较快，这是因为匈牙利2000年开始重点推广农业科技化。在此之前匈牙利的耕地施肥不足，农田除草和病虫害防治比较粗放，库房的消毒不严，出口种子因杂草含量太高引起的退货率由以前的0.5%增到3.0%。牲畜饲养条件比较简陋，其中70%的棚舍需要重建和更新设备[①]。由于技术条件较差，饲料制造商使用蛋白质含量较低的廉价原料，多数农户不能生产高质牛奶，一度导致农业发展相对于第二、第三产业较为缓慢。2017年，第一产业增加值达14399.89亿福林[②]，同比增长9.3%。

第二产业缓慢增长，近十年来占比逐渐稳定。第二产业占比波动较大，直到2000年以后，在GDP中的占比才逐渐稳定。第二产业从GDP中占比最高的产业逐渐发展为GDP中占比次高的产业，占比从1980年的47.06%下降到2017年的30%。20世纪80年代初，匈牙利开始大力发展第二产业，1989年是匈牙利领导人推行经济改革的最后一年，之后工业无论是从熟练度还是从规模上都得到了提升，但是这个时候匈牙利向经互会成员国的出口以轻工业、工业半制成品为主。同时匈牙利在这个阶段的生产率和现代化有待提高，现代化工业明显技术资源不够，技术和组织机构跟不上。2017年，第二产业增加值达98292.33亿福林，同比增长7.6%。

第三产业规模逐年扩大，占GDP的比重逐渐上升。服务业的崛起主要取决于其优越的地理位置因素、历史文化因素以及作为欧盟和申根国成员的集群因素。尤其在1990年之后，第三产业比重迅速上升，第三产业占GDP的比重从1980年的33.81%提升至2017年的65.1%，逐渐超过第二产业而成为GDP中占比最高的产业。1990年到1995年发展尤其迅速，1995年之后匈牙利顺利进入后工业化阶段。匈牙利在这段时间凭借第二产业的变革，成功地推广产业集约化和科技生产，解放出一定的劳动力流向第三产业。与此同时，第二产业的发展给第三产业提供了基础设施以及相关生产和制造服务。第三产业近十年来的占比均超过60%，表明

---

① 中欧农技中心：《匈牙利农业概况（一）》，2006年1月，安徽省商务厅，http://www.ahbofcom.gov.cn/zhiliView.aspx?TypeId=10806&Id=41920。

② 本章福林均指匈牙利福林，下同。

96　第一篇　国情研究

匈牙利是非常典型的发达国家。2017 年，匈牙利第三产业增加值达 211891.68 亿福林，同时增长 8.7%（图 I-5-1，表 I-5-1）。

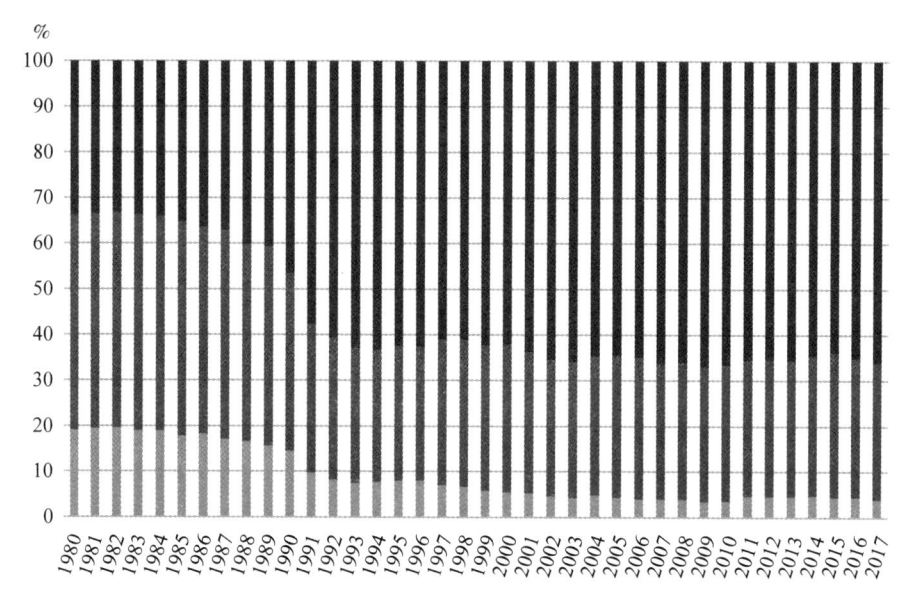

图 I-5-1　1980—2017 年三大产业在 GDP 中的占比

资料来源：根据匈牙利中央统计局数据绘制[①]。

表 I-5-1　　　　1995—2017 年匈牙利三大产业增加值及增速

年份	第一产业 增加值（亿福林）	增速（%）	第二产业 增加值（亿福林）	增速（%）	第三产业 增加值（亿福林）	增速（%）
1995	4135.91		15028.77		30299.91	
2000	6511.14	6.47	36080.42	11.64	71366.86	15.58
2005	8289.11	-8.5	60797.45	8.54	125264.24	8.49
2006	8483.23	2.34	65653.9	7.99	136501.86	8.97
2007	8735.54	2.97	68380.8	4.15	143699.95	5.27

---

① 根据匈牙利中央统计局的分类标准，第一产业包括农林牧渔，第二产业包括采掘业、制造业、水电气供应业和建筑业，第三产业主要是批发零售维修等各类服务业。

续表

年份	第一产业 增加值（亿福林）	增速（%）	第二产业 增加值（亿福林）	增速（%）	第三产业 增加值（亿福林）	增速（%）
2008	9146.12	4.70	69896.67	2.22	153898.13	7.1
2009	7836.02	-14.32	66266.54	-5.19	150487.39	-2.22
2010	8128.97	3.74	68948.92	4.05	153462.40	1.98
2011	11054.09	35.98	71896.30	4.27	157634.46	2.72
2012	11066.23	0.11	72709.64	1.13	158136.71	0.32
2013	11651.24	5.29	76152.78	4.74	167389.73	5.85
2014	12924.35	10.93	84100.86	10.44	177914.50	6.29
2015	12734.87	-1.47	91415.54	8.70	184083.47	3.47
2016	13171.82	3.43	91329.11	-0.09	194932.75	5.89
2017	14399.89	9.32	98292.33	7.62	211891.68	8.70

资料来源：根据匈牙利中央统计局提供的数据整理。

产业与就业相互联系相互制约，就业结构的变动也是产业结构变动的重要体现。匈牙利就业结构变动的总体趋势是第一产业的就业人数逐渐减少，第三产业则逐渐增加。农业就业占比逐渐下降。1991年，农业的就业占比为11.4%，2005年下降为4.86%，2017年增加至5%。农业就业占比逐年降低主要是由于20世纪90年代开始，匈牙利将工业化科技成果应用于农业，解放了一部分农业劳动力。第二产业就业人数变化不大。工业就业占比略有下降，流入第二产业的人数和流出第二产业的就业人数基本持平。1990年到2017年工业就业占比从1990年的35.4%下降至2014年31.4%，近年来一直稳定在30%左右。第三产业就业人数显著增长。1990年到2017年服务业就业占比逐渐扩大，2017年稳定在63.6%。匈牙利服务业发展之初，其产业链为就业提供了大量的机会，就业种类多，门槛相对较低，吸引了大量的劳动力（图Ⅰ-5-2）。

(二) 三大产业现状

1. 农业发展概况

匈牙利农业发展得益于自然禀赋，同时与食品工业相辅相成。适宜的气候、肥沃的土壤加上本国的科技与知识技能，使得匈牙利农业不仅可以满足本国居民的需要，还可以供应国外的市场。2000年以前，受集约化

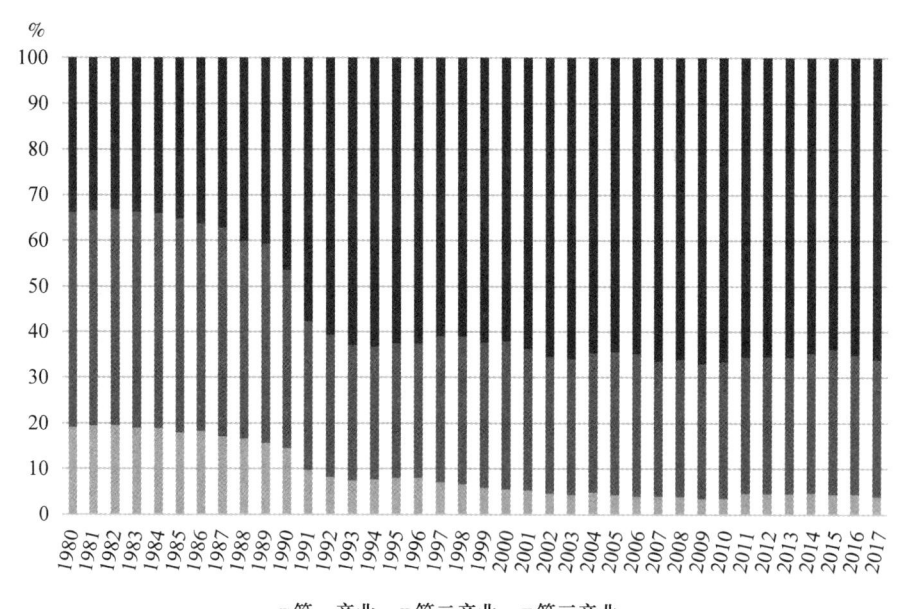

图 I-5-2　1991年—2017年三大产业就业人员占比

资料来源：根据匈牙利中央统计局提供的数据整理。

水平低的制约，匈牙利农业发展水平和管理水平与欧盟国家有较大的差距。2005年之后，匈牙利通过改进、提高产品质量，推广农业机械化，农业和食品业在国际上恢复了声望。

尽管农业在匈牙利GDP中的占比不足5%，但是农业依然是匈牙利较为重要的传统产业。2016年农业延续了2011年以来的增长趋势，农业总产出增至25877.53亿福林，同比增长4%，年均增长5%。其中，农业总产出以农产品为主，2016年农产品总产出达24005.19亿福林，农产品占农业总产出的90%以上（图I-5-3）。

匈牙利农产品总产出包括农作物和动物及动物产品，从最初两者份额相当发展至今，主要以农作物居多，2016年农作物在农产品总产出中的占比达65%，动物及动物产品占35%（图I-5-4）。在农作物中，匈牙利以谷物、工业农作物和蔬菜及园艺产品为主，2016年，这三种农作物在农作物产出中的份额之和达82%，尤其是谷物，几乎占了匈牙利农作物总产出的一半，虽然近年来占比一直在减小，但是仍然是匈牙利的重要

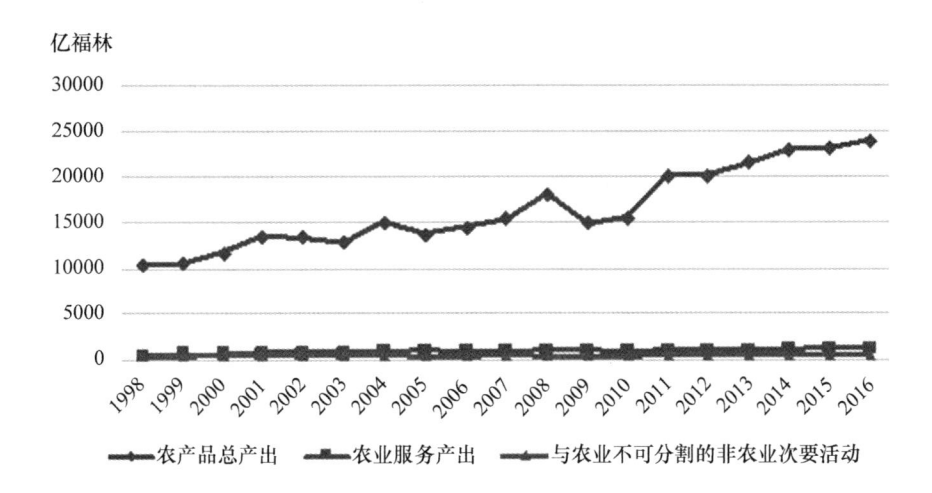

图 I-5-3　1998—2016 年匈牙利农业总产出趋势及结构

资料来源：根据匈牙利中央统计局数据绘制。

农产品。此外，得益于得天独厚的气候条件，匈牙利的水果类产品份额也较大，占其农作物总产出的 7% 左右，同时独特的葡萄酒产业已成规模，近年来占其农产品总产出的 2% 左右的份额（图 I-5-5）。

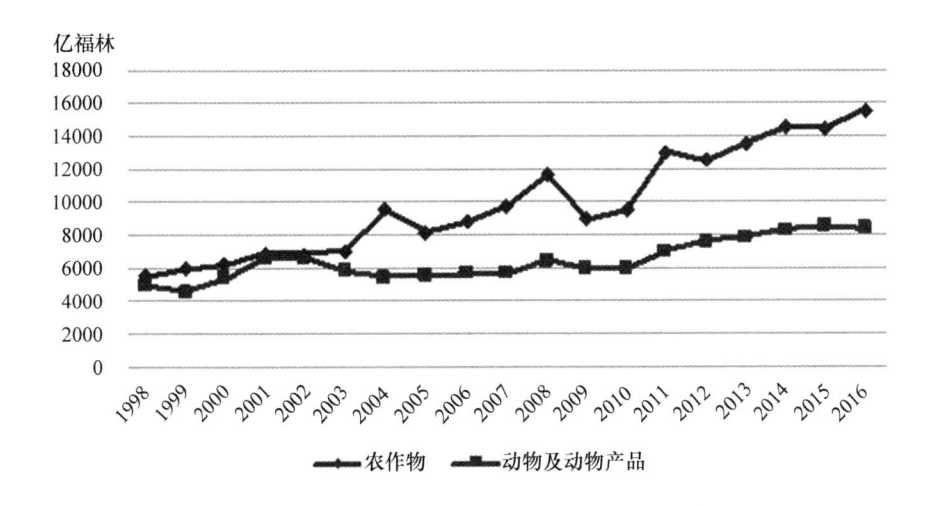

图 I-5-4　1998—2016 年匈牙利农产品总产出趋势及结构

资料来源：根据匈牙利中央统计局数据绘制。

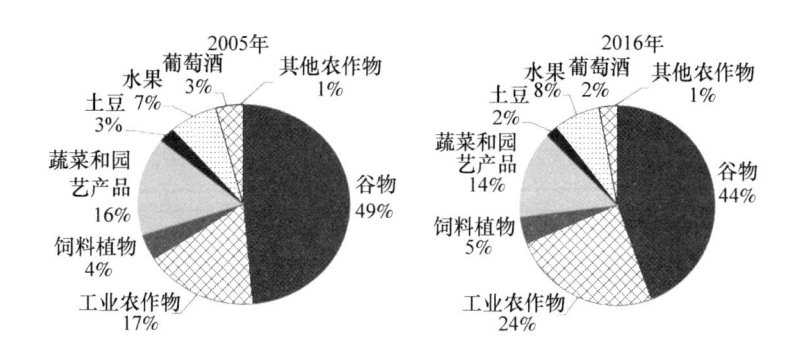

图 I-5-5　2005年和2016年匈牙利主要农作物产出分布

资料来源：根据匈牙利中央统计局数据绘制。

近几年由于匈牙利农业集约化水平的提升，劳动力需求逐渐下降。2012年就业人员在三大产业中的占比几乎一直维持在5%，波动幅度较小。从商品增加值占比来看，2012年到2016年，除了2015年，基本稳定在4.5%以上。从投资在三大产业中占比来看，投资占比变化与政府是否限制外国购买本国土地有关，而近几年土地政策变化不大，所以农业部门投资近几年也比较稳定。总的来说，匈牙利的农业发展近几年进入平稳发展阶段，各项指标上表现较为稳定（表I-5-2）。

表I-5-2　匈牙利农业主要指标（2012—2016年）

年份	农业指标占比（%）		
	劳动力占比（%）	商品增加值占比（%）	投资占比（%）
2012	5.0	4.6	5.6
2013	4.7	4.6	5.7
2014	4.6	4.7	5.7
2015	4.8	4.1	4.7
2016	5.0	4.5	5.2

资料来源：根据匈牙利中央统计局提供的数据整理。

2. 工业发展现状

匈牙利从1980年之后注重对第二产业的研发投入，加大对第二产业的投资。良好的教育和创新环境、物流系统的发展、政府的贸易政策和经济私有化改革等有利因素，促进了匈牙利的第二产业的升级和进一步发展。

匈牙利第二产业以工业为主，工业中又以制造业为主。从近几年的产值来看，除了2009年受国际金融危机的影响有所下降，制造业产值一直处于稳定增长的态势之中，2017年增长至281166.42亿福林，在第二产业的占比逐年提高，2017年高达95.43%。采掘业、电气供应业占工业产值之和不足5%（图Ⅰ-5-6）。

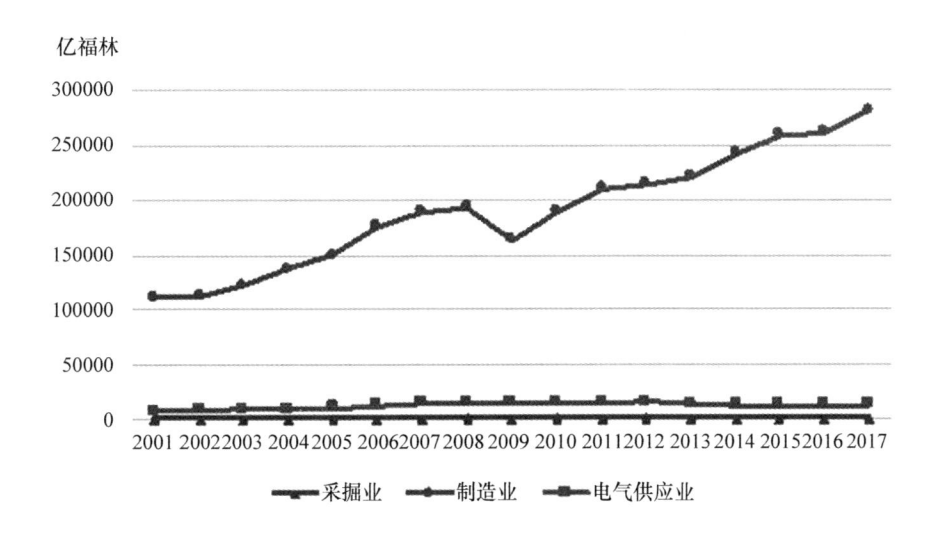

图Ⅰ-5-6 2001—2017年匈牙利工业细分行业产值变化趋势
资料来源：匈牙利中央统计局。

匈牙利是典型的出口制造国，近十年来，70%左右的制造业产出都用于出口，仅有30%左右的制造业产品用于满足国内市场的需求。电力和天然气供应业则主要用于国内市场消费（图Ⅰ-5-7）。

匈牙利工业非常依赖出口，外资大部分都投资于制造业，制造业因此也获得了工艺改造和提升。得益于外部性，匈牙利工业基础较好，计算机、通信器材、仪器、化工和医药等知识密集型产品较为发达。

2017年，匈牙利第二产业以制造业为主，占比达76%，其次是建筑业，电气、蒸汽和空调供应业增加值，水供应和废物管理业，采掘业（图Ⅰ-5-8）。

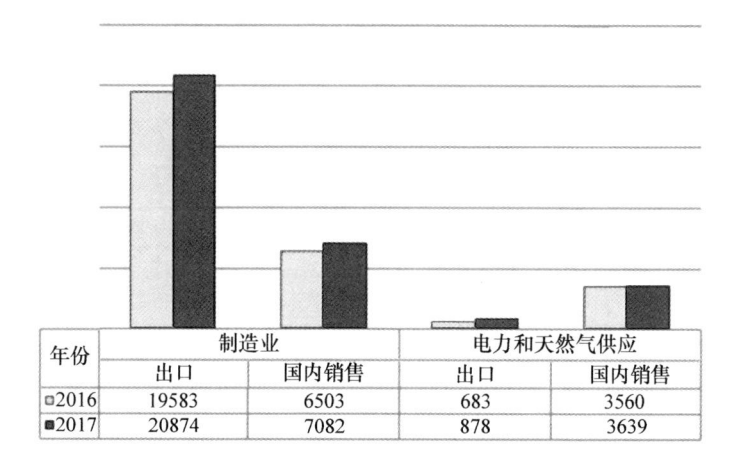

年份	制造业 出口	制造业 国内销售	电力和天然气供应 出口	电力和天然气供应 国内销售
2016	19583	6503	683	3560
2017	20874	7082	878	3639

图 I-5-7 2016—2017年匈牙利主要工业的出口和内销结构（十亿福林）

资料来源：匈牙利中央统计局。

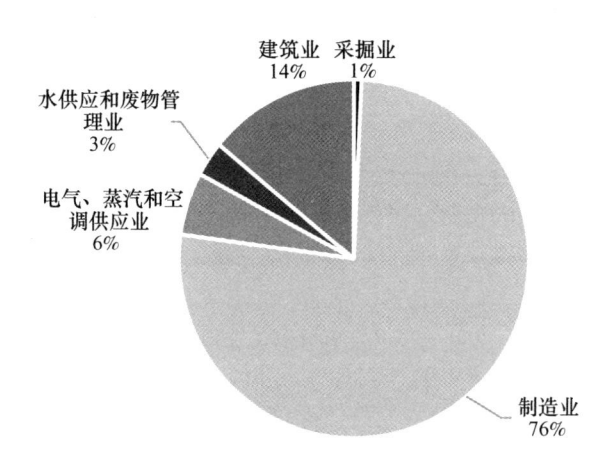

图 I-5-8 匈牙利2017年第二产业增加值结构

资料来源：根据匈牙利中央统计局数据绘制。

制造业在第二产业中占比最大，第二产业具有代表性的行业多来自制造业部门。制造业产值的行业分布中，交通运输设备制造业，计算机、电子及光学产品制造业及食品、饮料和烟草业份额较大，分别达29%、12%和11%。据此选取交通运输设备制造业中知名度最高的汽车制造业，借助技术和出口闻名的电子制造行业以及电力燃气传统能源行业作为第二产业的代表行业（图Ⅰ-5-9）。

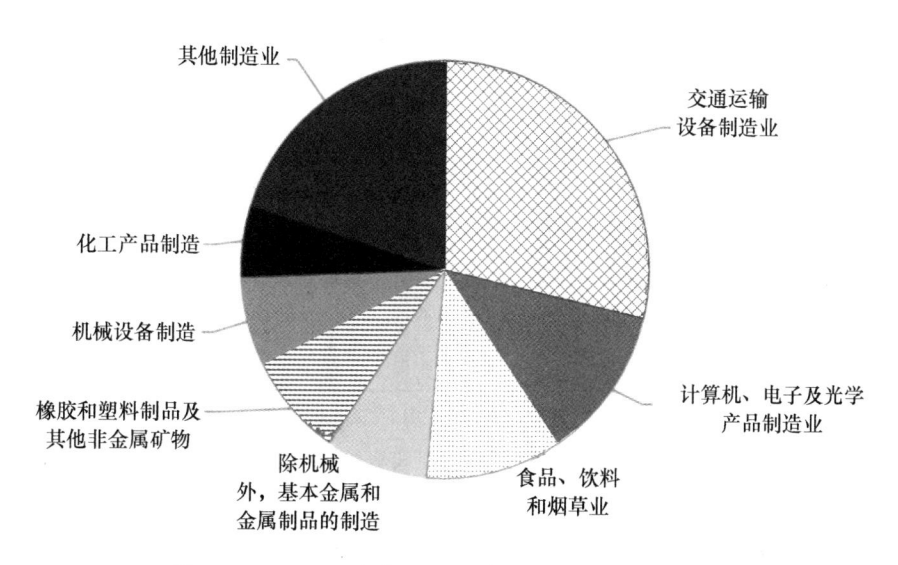

图Ⅰ-5-9　2017年匈牙利制造业细分行业产值结构

资料来源：根据匈牙利中央统计局数据绘制。

3. 服务业发展概况

匈牙利第三产业发展的近况得益于与其他国家和地区的商业合作，以及贸易互惠政策。匈牙利的服务出口额呈现周期性增长，这与国际环境以及产业结构升级有着密切关系。

服务业是匈牙利的支柱产业，在GDP中占比最高。服务业为匈牙利提供了大量的就业机会。从匈牙利服务业进出口的结构上看，近十年匈牙利服务出口与进口的差距越来越明显，服务出口日益增长，规模远大于服务进口。服务业中最主要的行业有旅游业、物流业（图Ⅰ-5-10）。

服务业在匈牙利的地位举足轻重。第三产业近十年不断发展，2017年，匈牙利第三产业增加值是近十年的最高水平，占总GDP的65.1%，是匈牙利经济增长最重要的动力。在结构上，2017年匈牙利的服务业与其他产业部门的重点行业有所衔接，形成完整的产业链。比如占比最高的批发零售业是汽车制造业的下游行业，仓储行业则与能源制造供给业形成了上下游产业链。其中旅游业、信息通信技术行业以及物流运输业最为出

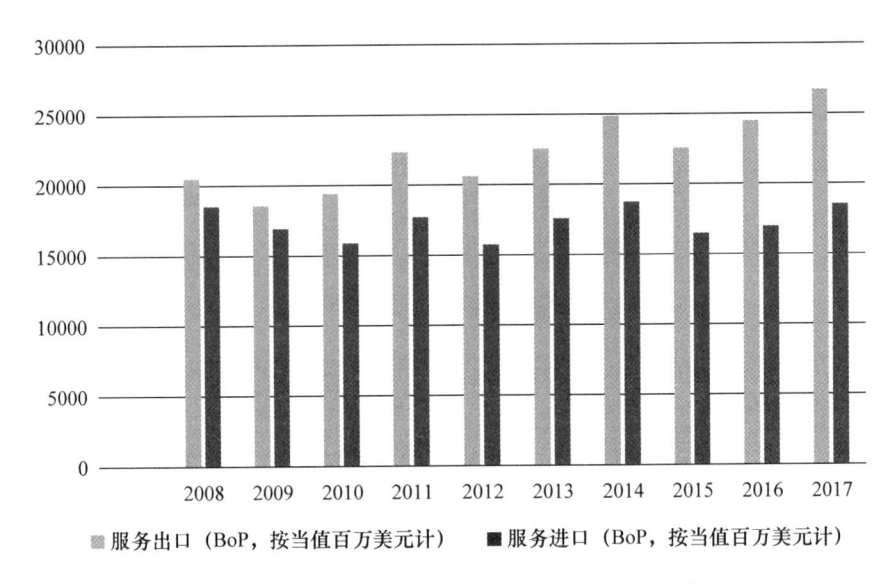

图 I-5-10　匈牙利2008—2017年服务进出口对比

资料来源：根据匈牙利中央统计局数据绘制。

名。从图 I-5-11 可以看出，按照匈牙利国家统计局对第三产业的划分，批发零售和机动车辆维修、公共管理和社会保障、房地产、运输仓储是第三产业中增加值占比最大的四个行业，分别达到 16%、13%、12%、10%。

总的来说，匈牙利已经进入了后工业化阶段，其产业结构具有以下特征：

1. 产业结构逐渐与国际前沿化接轨，更加合理。目前世界发达国家的产业结构均以第三产业为主导产业，第二产业次之，农业部门仅占很小的比重。

2. 劳动力就业结构变化随产业结构变化，支持了产业结构变动。20世纪 80 年代，政府对企业集中的现象进行了管理和调整，将原来的重工业部门，轻工业部门，冶金和机械部门取消，合并成立统一的工业部，并进行精简改革，要求大企业一定要建立子母企业，这样大企业垄断的格局得以改善，同时在后续渐进的改革中推动市场化改革，鼓励非国有企业发展，推动私有化控股，这个举动不仅能缓解对外负债的压力，同时融入了

行业	增加值
批发零售和机动车辆维修	
公共管理和社会保障	
房地产	
运输仓储	
专业科技服务	
信息通信	
教育	
保健和社会工作	
管理支持	
金融保险	
食宿服务	
其他服务	
艺术娱乐	

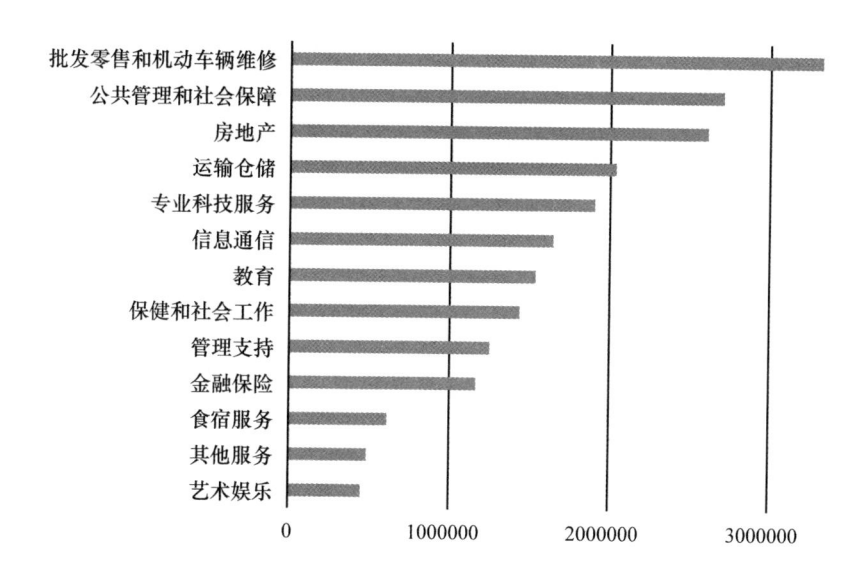

图Ⅰ-5-11　2017年服务业增加值行业分布（百万福林）

来源：根据匈牙利中央统计局数据绘制。

外国先进的管理技术，也削弱了第二产业的垄断地位，为第三产业的自由发展创造了良好的宏观环境。

第二节　重点工业

（一）汽车工业

1. 汽车工业概况

在欧洲，匈牙利被称为"东方底特律"。其汽车工业已有100多年的历史，最早可以追溯到1905年，匈牙利皇家邮政局在布达佩斯理工大学生产的邮件运输车。如今，匈牙利汽车行业已形成以外商投资为主、出口贸易为导向、加工制造为核心的成熟产业，是中东欧最大的汽车制造和加工中心。2017年，匈牙利的汽车工业产值达到261亿欧元，占到制造业的28.7%。[①]

---

① Hungarian Investment Promotion Agency,"Automotive Industry in Hungary", September20, 2018. http：//hipa.hu/main，登录时间：2018年10月1日。

目前匈牙利汽车工业的相关从业人员为175800人，占总人口数的18%[①]，主要从事汽车零部件的生产和组装以及销售工作。从2010年到2017年，匈牙利的汽车工业产值平均增速达13%[②]，根据毕马威的研究，未来10年内，匈牙利的汽车工业增长速度还将维持在8%以上。

匈牙利年度汽车产量的数据也可以看出匈牙利近几年汽车工业的发展趋势（图Ⅰ-5-12）。在欧债危机的背景下，匈牙利的汽车产量在2010年后依然维持着稳步上升的趋势，2014年的增长速度最快，当年汽车产量几乎是2013年汽车产量的一倍。这与奥迪、奔驰、铃木等汽车巨头加大对匈牙利的投资有密切的关系。在欧债危机的大背景下，匈牙利汽车工业逆势上涨，成了中东欧汽车工业投资的沃土。

2. 外商投资属性

匈牙利的汽车行业拥有极高的外商投资比例。匈牙利凭借得天独厚的地理位置，便捷的交通和发达的物流行业，加之较为廉价的劳动力成本，吸引着全球的汽车厂商在此投资。

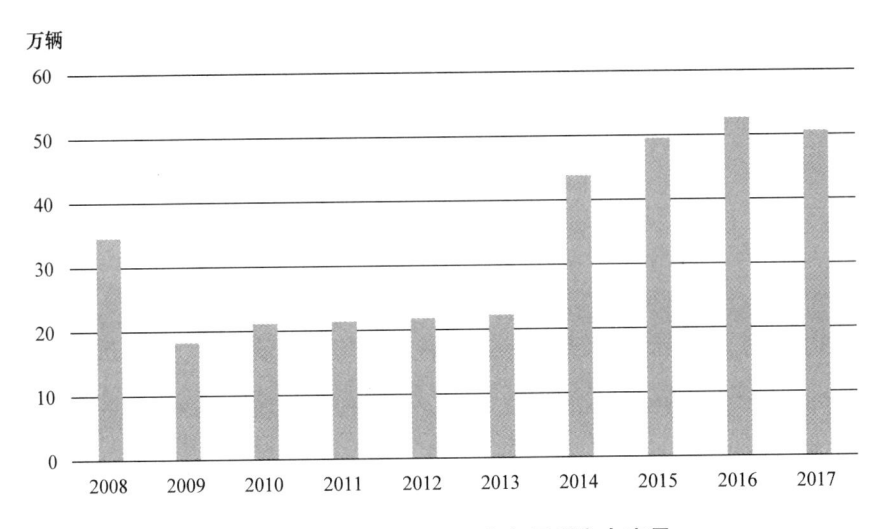

图Ⅰ-5-12 2008—2017年匈牙利汽车产量

资料来源：根据中国汽车工业协会数据绘制。

[①] Hungarian Investment Promotion Agency,"Automotive Industry in Hungary", September20, 2018. http://hipa.hu/main, 登录时间：2018年10月1日。

[②] 同上。

匈牙利国内拥有 700 多家汽车及零部件生产企业，虽然匈牙利并没有世界顶级的汽车品牌，但是有许多知名汽车品牌在匈牙利设立厂商和零件分发中心，可以说，匈牙利汽车产业绝大部分产值都来自外商的投资，全球 100 家顶级汽车厂商中有 40 家在匈牙利设立工厂。

在整车生产方面，匈牙利主要有奔驰、奥迪和铃木等品牌。大众熟知的奔驰 A 级、B 级、CLA 都是出自匈牙利的厂商，奥迪旗下的 TT、A3、敞篷跑车也产自匈牙利，而宝马在 2018 年 7 月 31 日宣布在距离匈牙利首都布达佩斯 200 千米处设立工厂，此工厂预计将带来一年 15 万辆汽车的产能；同时，也有许多知名品牌在匈牙利设立零配件工厂，比如奥迪、GM、欧宝的发动机很多出自匈牙利，全球最大的汽车电子部件生产中心就是博世在匈牙利投资建设的。除了生产商外，匈牙利还吸引了许多国际知名的汽车销售供应商，包括 Asahi Glass、博世、Delphi Calsonic、电装、Ibiden、Knorr-Bremse、Lear 和 Visteon。匈牙利主要有两个汽车产业带，一是以凯奇凯梅特市为中心，奔驰汽车厂为龙头的中部匈牙利地区；二是以久尔市为中心，奥迪汽车厂和铃木汽车厂为龙头的西北部匈牙利地区。

匈牙利在汽车工业极强的外资属性一方面促进了行业的快速增长，但也带来了一系列的问题，首当其冲的就是工人的薪水问题。各家汽车品牌在匈牙利设厂的一个重要原因在于匈牙利劳动成本低，其工人的工资远远低于德国、美国等传统汽车强国。工资的过低在一定程度上造成了劳动力的短缺，阻碍了匈牙利汽车工业的发展。在 2017 年初，奥迪匈牙利工厂就发生大规模的罢工，最终以奥迪与工会达成连续两年的工资上涨协议为终结，协议中规定工人每月的基础工资上涨至 103 美元，2018 年每月基础工资在 2017 年的基础上继续上涨 103 美元，相对于 2016 年涨幅总共为 206 美元，并在工资中加入忠诚薪资；此前，奔驰、戴姆勒集团都有过大规模的罢工。这些罢工只是工资过低问题的一个缩影，在薪资方面的问题将会是匈牙利汽车工业一个长期的问题。

3. 出口导向属性

汽车工业是匈牙利的重要出口产业，占匈牙利出口总额的 20%。汽车出口是匈牙利工业最重要的收入来源。汽车行业一直都是匈牙利出口产值重要组成部分。从图Ⅰ-5-13可以看出匈牙利汽车行业出口额稳定在120亿欧元以上,主要出口对象为欧盟国家,占到总出口额的87%,德国是其最大的出口市场。2017年,汽车行业出口额已经突破170亿欧元,占到当年总出口额的17%。汽车工业的产值约有91.8%来自出口,充分体现了匈牙利汽车行业外向性的特征。[①]

匈牙利地处中欧,有四条欧洲公路穿越匈牙利,能够很方便地通往东欧和西欧,又有多瑙河横穿匈牙利国境,使得匈牙利有着汽车工业出口得天独厚的地理优势。在国际上,匈牙利是世界贸易组织(WTO)、欧洲自由贸易协定(EFTA)、中欧自由贸易地区(CEFTA)的成员,并于2004年加入欧盟;匈牙利还与以色列、土耳其、克罗地亚、爱沙尼亚签订双边自由贸易协定;另外,匈牙利于2001年取消了世贸组织成员国的产品配额,同时也取消了欧盟和中欧自由贸易额地区国家进口工业产品关税。以上政策的执行,以及匈牙利汽车工业极高的外资属性,都为汽车行业大量的出口额奠定了基础,让匈牙利成为中东欧最重要的汽车工业出口国。

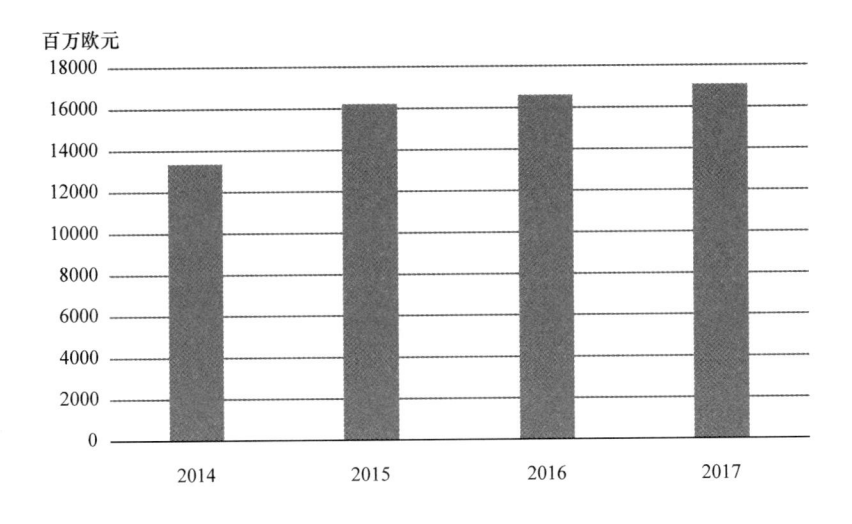

图Ⅰ-5-13 2014—2017年汽车行业出口额变化趋势

资料来源:根据匈牙利中央统计局数据绘制。

[①] Hungarian Investment Promotion Agency,"Automotive Industry in Hungary",September 20, 2018. http://hipa.hu/main,登录时间:2018年10月1日。

4. 汽车工业展望：电动汽车的发展

匈牙利的汽车行业在未来一段时间内依然能够保持比较稳定的发展。而在新时代下，匈牙利的汽车工业也在追求创新。近几年，电动汽车行业在匈牙利迅速发展，电动汽车也将是匈牙利汽车行业的一大发展趋势。各大汽车品牌看中了电动汽车的发展潜力和匈牙利良好的汽车工业基础，纷纷加大对匈牙利电动汽车行业的投资。

宝马在2019年投入使用的新汽车制造厂将生产传统的汽车和电动汽车，实现统一生产线上既生产传统汽车又生产电动汽车。奔驰则投资10亿欧元在凯奇凯梅特市建立全球第一家智能工厂，该工厂将在统一生产线上灵活地生产包括电动车在内的多种车辆。奥迪也将在匈牙利工厂生产电动机，生产旗下e-tron纯电动汽车。此外，三星、捷安特、特斯拉等著名企业也纷纷向匈牙利电动汽车行业投资。

为加快电动汽车在国内的发展，匈牙利政府制定计划，希望到2020年，国内的电动车数量达到5万辆，并对购买电动汽车提供优惠政策，最高可补贴全车购买价的21%。2019年，匈牙利将建成600个充电站，为电动汽车车主节约时间。匈牙利出租车公司Fötaxi、匈牙利国家电力公司ELM、EU-Solar、e-Mobi等均宣布将在匈牙利和中东欧区域加紧布局。如今的匈牙利已成为全球电动汽车的生产中心。

匈牙利也是中国"一带一路"倡议的参与国之一，匈牙利政府也在积极促进引进中国的电动汽车生产商。比亚迪在2017年投资2000万元，在匈牙利设立中国在欧洲第一家新能源电动车生产基地和研发中心。该生产基地将主要生产纯电动公交车和叉车，后续有可能将会生产电动卡车，甚至是太阳能汽车。此举也将加强中国与匈牙利汽车工业的交流。

2017年，《布达佩斯商业日报》曾提出电动汽车的高速发展也可能对匈牙利汽车行业造成一定的损失。该报认为电动汽车比传统汽车的零部件少60%左右，而零部件的生产是匈牙利汽车行业非常重要的组成部分。此外，德国作为匈牙利最重要的汽车行业出口市场，其电动汽车零部件的生产成本低于劳动密集型的匈牙利，也将对匈牙利汽车行业的外包造成一定打击。而这些，也将是匈牙利电动汽车发展必须面对的一系列问题。

(二) 电子工业

1. 电子工业发展概况

匈牙利的电子工业是传统优势行业，无论产值还是出口额都在工业部门占据较大的比重。根据匈牙利投资与贸易局的数据，电子工业 2016 年在 GDP 中的占比为 4%，产值在制造业中的占比为 20.4%。[①] 2016 年，匈牙利政府拨款 2 亿美元于电子工业，扩大了整个电子工业的就业岗位，足以见得政府对电子工业的重视程度。如今的匈牙利凭借优越的地理位置、发达的制造业和物流业、良好的教育以及低廉的劳动力价格，已成为中东欧最大的电子生产国和世界电子工业主要的生产基地之一。

电子行业虽然波动较大，但近三年经过变革，实现稳步增长并逐渐恢复到之前的水平。在国际金融危机和欧债危机的影响下，从 2010 年到 2014 年，电子工业的产值呈现持续走低的趋势，2014 年后，电子工业产值缓慢上升，呈现逐渐恢复之势。从图 I-5-14 可以看出，在 2017 年，电子工业的产值达到 33552 亿福林（约 118 亿美元），与 2008 年的产值水平相当。匈牙利近十年的电子工业产值维持在 25000 亿福林（约 88 亿美元）至 45000 亿福林（约 158 亿美元）之间。

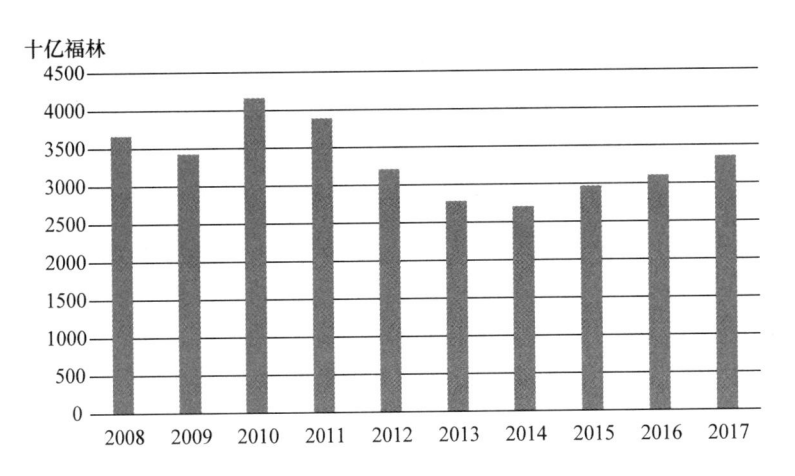

图 I-5-14 2008—2017 年匈牙利电子工业总产值

资料来源：匈牙利中央统计局。

[①] Hungarian Investment Promotion Agency, "Electronics Industry in Hungary", July 11, 2017. http://hipa.hu/main, 登录时间：2018 年 10 月 1 日。

2. 电子工业发展特点

匈牙利的电子工业是典型的劳动密集型产业，大部分企业主要从事零部件组装。在匈牙利，有 200 家以上电子工业相关的企业，约有 17 万人从事相关的行业，约占匈牙利总人口的 17%[①]。匈牙利能够提供如此之多的劳动力在很大程度上的得益于本土出色的教育模式。匈牙利在电子工业方面的高等教育是按照国际最高标准来执行的，并与企业有着密切的合作关系。以国际知名电子制造商博世与米什科尔茨大学的合作为例。博世在匈牙利拥有 14000 名员工，在匈牙利境内从事电子产品、电器、汽车零部件的生产。基于现代化的传感器、机器人和电子驱动系统，公司与匈牙利最古老的大学——米什科尔茨大学合作进行实用型教育。

匈牙利的电子工业是典型的外向型行业，出口是电子工业产值的增长源泉。匈牙利电子工业最普遍的模式就是从国外进口零部件，在匈牙利国内进行组装，增加附加值，凭借着匈牙利得天独厚的地理优势和发达的物流系统，进而将产品再出口至其他国家。匈牙利的电子行业出口额与产值的变化趋势相同，均是在 2014 年出现回升。匈牙利的电子工业出口值稳定在 2.5 万亿福林（约 90 亿美元）至 4 万亿福林（约 143 亿美元）之间。与电子工业的总体产值趋势相同，电子工业的出口值在 2010 年达到峰值，2010 年到 2014 年呈现下滑趋势，2014 年后缓慢回升。在 2017 年达到 31785 万亿福林（约 113 亿美元）。根据匈牙利投资与贸易局的数据，电子工业产品的出口比重达到了 93.5%，出口值占匈牙利总出口值的 27.8%，主要的出口市场为欧盟国家（图 I-5-15）。

匈牙利电子工业的外向性还体现在大部分电子工业都属于外商直接投资，匈牙利本土的电子工业企业其实非常稀少，这与匈牙利的电子工业发展历程密不可分。匈牙利电子工业的发展始于 20 世纪 80 年代，由于当时中东欧的经济较为落后，电子产品的生产能力低，大部分的技术只能依赖外国公司，造成匈牙利电子工业的垄断。生产水平低下以及匈牙利国内电子行业的垄断局面直接导致了电子零部件的供应不足，加剧了匈牙利本土

---

① Hungarian Investment Promotion Agency, "Electronics Industry in Hungary", July 11, 2017. http://hipa.hu/main，登录时间：2018 年 10 月 1 日。

十亿福林

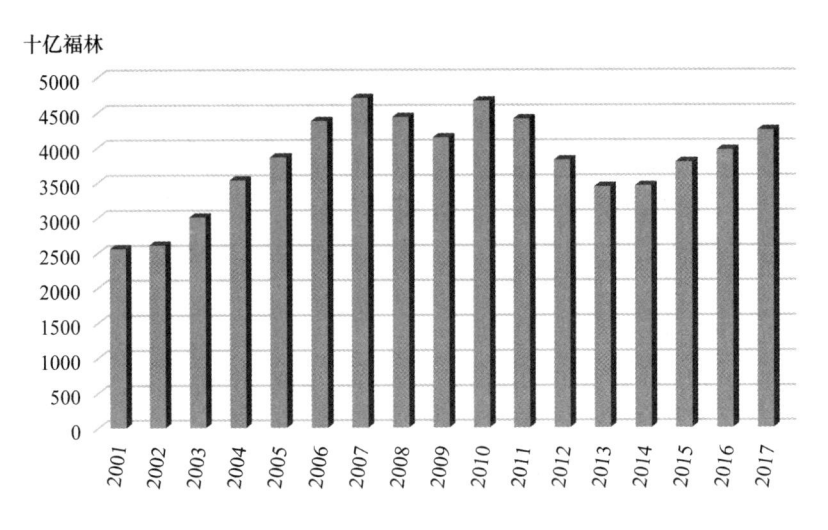

图 I-5-15　匈牙利2008—2017年电子工业出口值

资料来源：匈牙利中央统计局。

电子工业恶化。20世纪90年代初，亚洲进口电子产品风靡中东欧，进一步排挤掉了匈牙利本土电子制造商，使得本土制造商深陷危机。到了90年代后期，PC组装行业在中东欧兴起，这一浪潮引起了国外各大电子制造商的兴趣，匈牙利凭借着相对较低的劳动力成本优势，吸引大量外商进行投资。2004年匈牙利加入欧盟、2007年成为申根国家，进一步加快了外商对于匈牙利电子工业的投资。如今，外商直接投资已成为匈牙利电子工业赖以发展的最重要动力，2016年，其外商直接投资总额高达40亿欧元。

以近几年在匈牙利电子工业中活动频繁的Alpine和三星为例，对外商在匈牙利电子工业的投资进行介绍。来自日本的电子产业企业Alpine在匈牙利拥有1100名员工，于2015年投资了3900万美元在匈牙利建厂。预计到2019年，该投资能让Alpine在匈牙利的工厂产值翻倍，并增加近500个名就业岗位。Alpine计划在未来继续加大对匈牙利电子工业的投资、研发新的技术和安装新的产品生产线，同时加大与匈牙利供应商的联系。三星集团对匈牙利电子行业的投资可以追溯至1989年，在过去的25年，三星集团在匈牙利共生产了6200万件电子产品，包括电视、显像管等。2016年，三星集团投资3亿欧元于匈牙利的电子工业，其主要目的是生产电力车所需要的电池。该投资将为匈牙利提供600个新的就业岗位，其产品将服务于5万辆电力车。目前，三星集团在匈牙利设有两个工厂，共提供了2700个就业岗位。

除了以上两个具有代表性的企业外，还有许多知名企业都对匈牙利的电子工业进行了投资，原始设备制造厂有20多家，包括博世、西门子、飞利浦等企业；代工厂有富士康、卓能电子等。

而与庞大的外商直接投资相比较，匈牙利本土企业稀少，电子工业的资本有90%掌握在外商手上，而外商也掌握着核心技术，这也是匈牙利电子工业长久以来需要解决的一个重要问题。

（三）传统能源行业

1. 传统能源行业概况

匈牙利传统能源行业包括对石油和天然气、核能的再加工，采矿和挖掘以及供应，在匈牙利的行业分类中主要包括炼油和煤炭制造业以及天然气和电力供应业。匈牙利的传统能源行业以完整的产业链和产业技术闻名世界，是匈牙利非常引以为自豪的产业，其优势主要体现在开放性政策和能源再生产技术上，匈牙利中央统计局数据显示，2016年能源行业产值在整个工业部门占比达到了8.8%。

传统能源行业中，炼油和煤炭制造业与天然气和电力供应业的规模基本相当。其中，2012年前后能源行业达到高峰期，炼油和煤炭制造业、天然气和电力供应业一度达到近十年来的最高水平，分别高达18146.2亿福林和15726亿福林，此后能源行业逐渐萎缩，尤其是炼油和煤炭制造业在2016年甚至降低到不足1万亿福林，但是2017年，能源行业开始回升，炼油和煤炭制造业与天然气和电力供应业均稳定在12000亿福林（图Ⅰ-5-16）。

2. 传统能源行业的结构

从能源的供应集中程度的角度来看，煤炭、天然气和石油依然是匈牙利的主要能源。其中，天然气占比达27.1%，是匈牙利能源供应中最主要的能源。这主要是因为匈牙利比较注重清洁能源的使用，并且拥有先进的天然气能源的加工和存储技术。而第二产业例如建筑业，其他制造业都依赖于石油和煤炭，导致石油和煤炭也是匈牙利不可或缺的重要能源，各

十亿福林

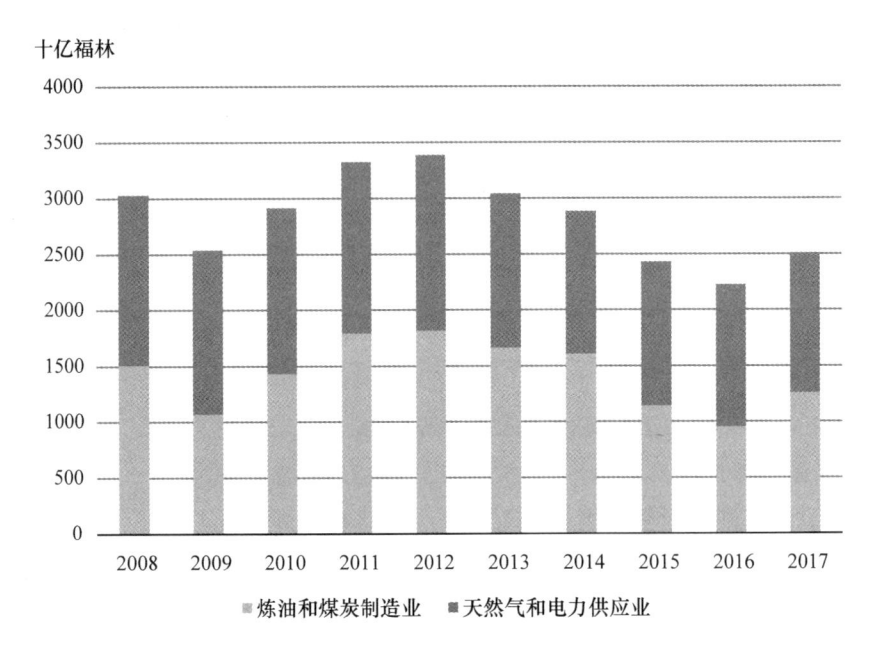

图 I-5-16 匈牙利2008—2017年能源行业产值

资料来源：匈牙利中央统计局。

占24.6%。此外，核能在匈牙利的能源结构中也占据重要地位，占比达15.9%（图 I-5-17）。

从能源发电的角度来看，匈牙利的主要发电能源是核电，核电占比达52%，可再生能源和电力水电储备占11%。传统能源行业在发电中占比为34.96%，在发电中的能源位置依然不可取代。由于国内产量低，匈牙利的化石燃料生产和消费主要依靠进口。传统能源中，燃煤发电占电力生产的20%，燃气占17%，石油占0.2%。但是自2015年欧盟委员会决定批准关闭国家援助后，匈牙利石油和天然气进口进一步下降。2015年，进口石油650万吨、天然气68亿立方米和煤160万吨。[1]

---

[1] International Energy Agency, "Energy Policies of IEA Countries: Hungary 2017 Review", June 15, 2017. https://webstore.iea.org/energy-policies-of-iea-countries-hungary-2017-review, 登录时间：2018年9月2日。

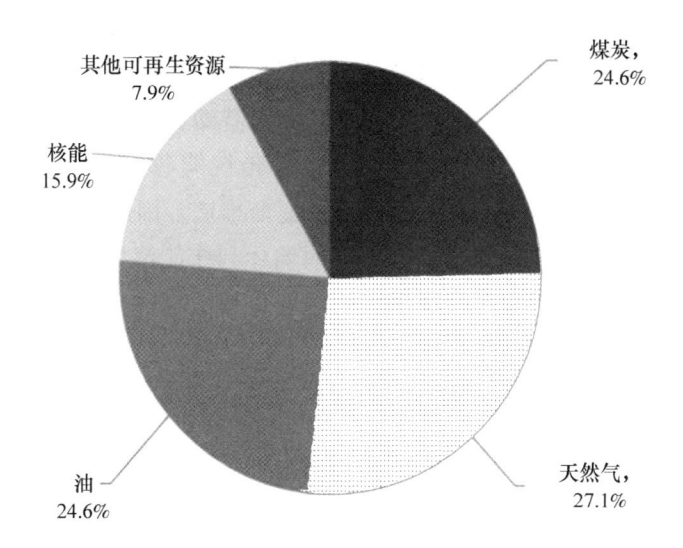

图 I-5-17　2017年基础能源供应集中程度

资料来源：国际能源委员会。

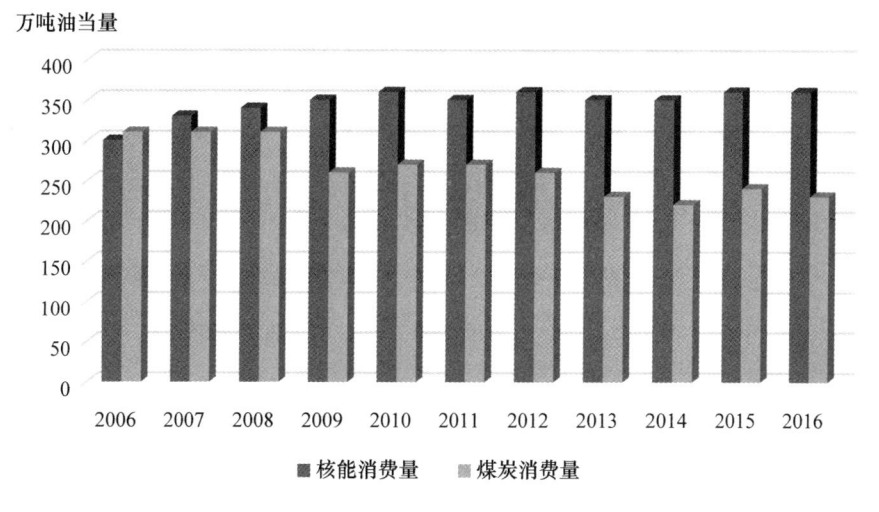

图 I-5-18　匈牙利2006—2016年核能与煤炭消费量

资料来源：BP世界能源统计回顾。

3. 传统能源行业消费结构转变

能源消费与产业的发展有关，与环保理念紧密联系在一起，同时也受到了传统能源行业不可再生以及地区资源禀赋的限制。

匈牙利的煤炭资源较为匮乏，所以需要借助在其他国家和地区的开发满足其能源需求。但是作为排炭量最高的传统能源，不利于可持续发展，匈牙利为此在努力寻找替代能源并准备逐渐推广，因此近几年煤炭消费有缓慢下降的趋势。2016年最新数据表明匈牙利核能消费为3.6百万吨石油当量，近十年差别不大。反观煤炭的消费量却呈现逐年下降的趋势，2016年的煤炭消费量为2.3百万吨石油当量，相对于2015年下降了4%。反映出匈牙利由不清洁的煤炭转向清洁的核能的能源消费结构的变化（图I-5-18）。原油的总体消费量较为稳定。2016年匈牙利原油消费为7.1百万吨，2006—2012年消费量呈现逐年下降的趋势，但是之后又逐渐回到2009年的水平（图I-5-19）。

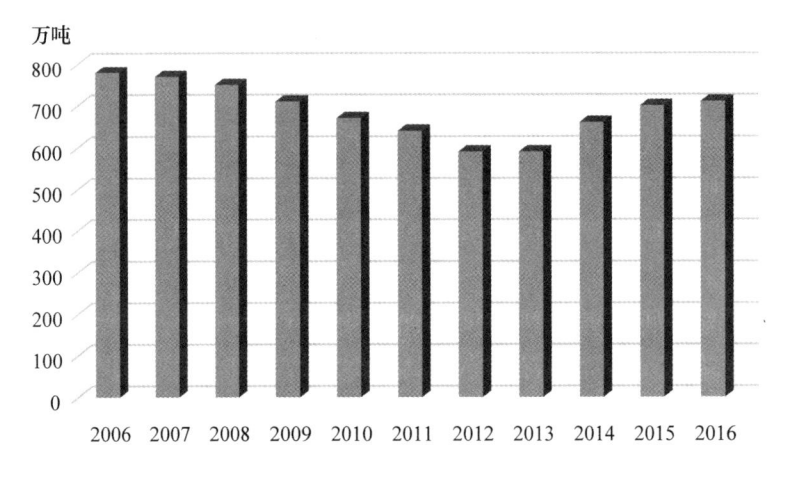

图I-5-19　匈牙利2006—2016年原油消费量

资料来源：BP世界能源统计回顾。

天然气在传统能源中相对清洁，并且内需很高，缺点是不易储存，因此运输量和供应量有限。2016年天然气消费量为8.9亿立方米，2013年以来稳步增长，主要是由于天然气发电效率的进一步提高和储存技术的改良（图I-5-20）。

第五章 产业发展研究　117

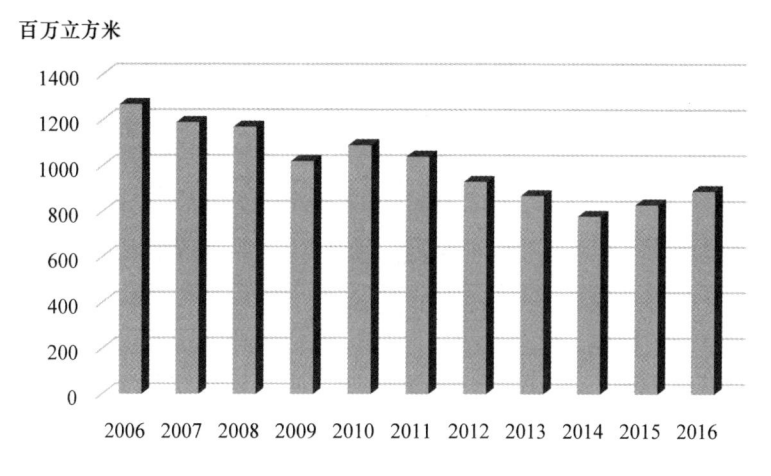

图Ⅰ-5-20　匈牙利2006—2016年天然气消费量

资料来源：BP世界能源统计回顾。

4. 传统能源进出口情况

从进出口目的国来看，2017年，由于能源不易保存且不易运输，所以能源进出口最多的国家多是距离匈牙利比较近的国家。

从主要能源来看，根据表Ⅰ-5-3可以看出，匈牙利本国石油资源匮乏，主要从俄罗斯进口石油，石油进口远大于出口。相较之下，匈牙利石油产品进出口规模相当，石油产品因而成为其重要的贸易产品，邻近的斯洛伐克和罗马尼亚是匈牙利石油产品的主要贸易伙伴。天然气资源对于匈牙利而言也较为缺少，因此匈牙利是重要的天然气进口国，主要来源于俄罗斯。煤炭资源上，匈牙利也是进口规模大于出口，进口主要来源于美国。

表Ⅰ-5-3　　　　　匈牙利2017年能源进出口情况

能源种类	数量	进口/出口国家
石油		
进口	6.3Mt	俄罗斯（76.2%）
出口	0.1Mt	斯洛伐克（81.3%）

续表

能源种类	数量	进口/出口国家
石油产品		
进口	3.0Mt	斯洛伐克（25.6%）
出口	2.8Mt	罗马尼亚（28.3%）
天然气		
进口	8.6bcm	俄罗斯（95.0%）
出口	1.1bcm	乌克兰（94.4%）
煤炭		
进口	1.5Mt	美国（35.2%）
出口	0.2Mt	罗马尼亚（99.1%）
电力		
进口	19.9TWh	斯洛伐克（49.2%）
出口	6.2TWh	克罗地亚（77.9%）

资料来源：2017世界能源平衡表。

典型企业案例分析——匈牙利 MOL 集团

1. 企业简介

匈牙利油气集团（Mol Hungarian Oil & Gas），又称 MOL 集团，包括 MOL Plc 及其子公司，集团总部位于匈牙利布达佩斯，在2012年全球五百强企业中居第412位。除匈牙利本土外，该集团还将业务扩展到欧洲、中东、非洲地区及独联体，经营石油汽油勘探、生产、精炼、营销和石油化工产品。该集团在全球拥有超过31000名员工，在匈牙利和斯洛伐克一直处于市场领导地位，还是中欧和东欧第二大公司。

2. 企业发展历程

1991年该公司正式成立，1995年 MOL 第一个加油站在罗马尼亚 Nagyszalonta 开业，之后相继在临近的国家建立加油站，比如1996年第一次在斯洛伐克和乌克兰建立自己的加油站。

1997年为了拓展 MOL 的零售业务，收购了 Amoco Oil Holding Company，扩大了 MOL 集团在罗马尼亚的零售网络。1998年由于巴基斯坦的自然资源优势，在巴基斯坦 TAL 勘探区获得了特许经营权，为了方便在巴基斯坦的业务经营发展，1999 年 MOL 巴基斯坦成立。

之后开始走上国际投资的道路，MOL 开始拓展自己的企业规模，实现业务范围的国际化。2000 年获得以化学产品为主要经营的公司 Slovnaft 36.2% 的股份，同时收购了 TVK 32.9% 的股权，2001 年以 34.5% 的股权控制 TVK。2002 年在俄罗斯 ZMB 油田成立了勘探企业 Zapadno Malobalik JV。2003 年以 70% 的股权控制了 Slovnaft，2004 年已经在 Slovnaft 获得了 98.4% 的股权。2004 年，MOL 在华沙交易所上市，为了拓展自己第二产业勘探业务，先获得哈萨克斯坦的 Fedorovsky 勘探区 22.5% 的股份，之后收购了壳牌罗马尼亚零售网络。

2005 年，在哈萨克斯坦 Fedorovsky 勘探区股权上升到 27.5%，获得波斯尼亚和巴基斯坦勘探区 60%[①]以上的股权，同年开始向 E. ON Ruhrgas International 出售自己天然气业务。2007—2009 年依然在增加自己在其他国家勘探区的股份比重。2008 年开始寻求自己在电力领域的战略合作伙伴。

2010 年 MOL 被列入道·琼斯可持续发展世界指数，是匈牙利唯一一家公司。2010 年依然在增加其他国家勘探区股份，并且收购了斯洛文尼亚的 TUS 石油控股公司。2013 年开始将勘探业务拓展到中东地区。2014 年收购了捷克共和国以及斯洛伐克和罗马尼亚的 208 个加油站，通过 6 个许可证的离岸资产扩展其在北海中部的上游投资组合。

2017 年 MOL 连续第二年成为道·琼斯可持续发展世界指数的成分股。在英国北海最重要的勘探与生产开发项目按时投入使用，远低于最初的整体预算。签署了"多元醇项目"核心技术的重要许可协议，标志着这一主要石化转型之旅的第一个里程碑。

3. 企业主要业务和主要产品

MOL 集团的业务拓展到上中下游，重要产品在能源行业的上中下游都有所分布，优势在于形成了完整的从能源生产到销售的产业链。

上游：MOL 上游采取多样化投资组合。上游能源的勘探和生产采取

---

① MOL Group, "About MOL Group: Our History", October 1, 2017, https://molgroup.info/en/about-mol-group/our-histor，登录时间：2018 年 8 月 20 日。

多元化组合。投资组合涉及石油和天然气，其生产活动遍布全球8个国家。主要业务包括石油的勘测，钻孔，开采和储藏，天然气开发。由于石油资源和天然气不可再生的特性，这部分业务的生产增长主要取决于MOL集团在其他国家的石油储备，以及成本优化。

中游：天然气存储与管道运输，管道运输长达5782千米。该公司拥有并负责维护匈牙利国内全部高压管道系统的运行控制。

下游：MOL集团运营5个炼油厂，2个石化企业和1个全区域物流体系供应的现代化零售加油站网络，由非常有效的供应链管理进行优化。该集团旗下的两个规模最大的炼油厂，即布拉迪斯拉发炼油厂和多瑙河炼油厂，仍旧保持着他们强大的产业结构、高净现金利润率以及内陆市场核心地位带来的优势。

主要产品包括天然气和原油加工产品。

4. 营收状况

2017年，MOL集团主营业务收入达到41303.20亿福林，相对于2016年有所增加，2017年净利润为3164.10亿福林，近几年一直在持续下滑，一直到2016年净利润才出现增长，因为2016年前后的几年间，上中游业务持续缩水，导致总体净利润出现下滑（如图Ⅰ-5-21）。2017年的增长是因为2016年到2017年，上下游的业务净利润均有所增长，上游主营业务收入增长了11%，下游业务收入增长了19%。这与近几年的研发支出持续增加有一定联系。

MoL集团在2017年的研发支出为3126百万福林，相比2016年有所下降，总体来看近几年的研发支出是上升的，主要投入在中游和下游，即天然气运输与存储以及下游的零售上（如图Ⅰ-5-22）。

从2017年产品的生产分布上看，MOL集团主要生产的产品中，天然气占到50.4%左右，是该集团产值最高的产品，其次是原油（如图Ⅰ-5-23）。

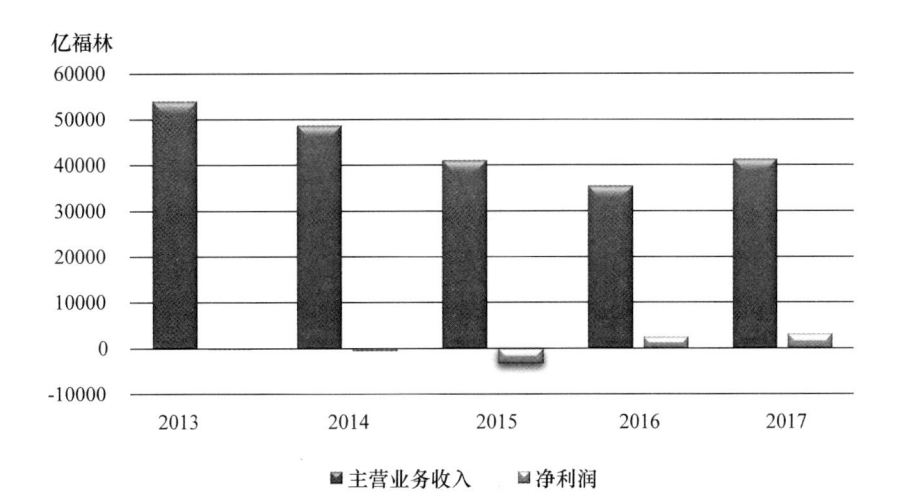

图 I-5-21 2013—2017年MOL集团主要财务指标

资料来源：MOL集团年报。

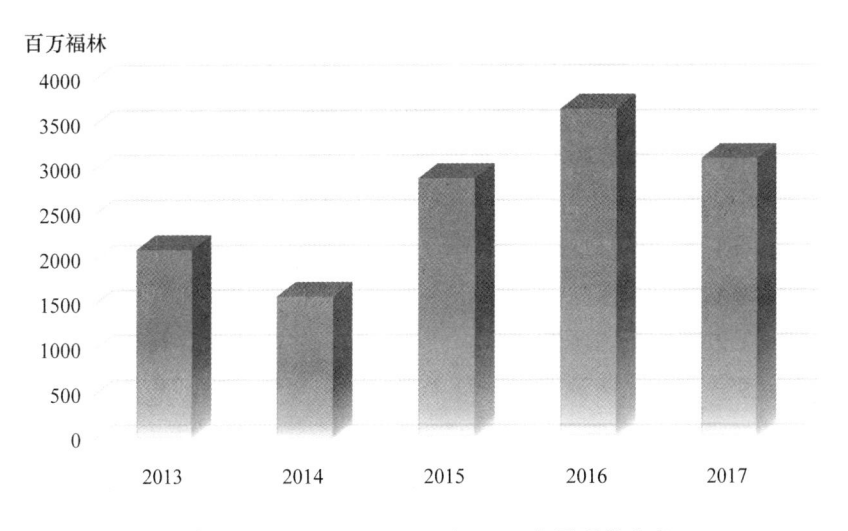

图 I-5-22 2013—2017年MOL集团研发支出

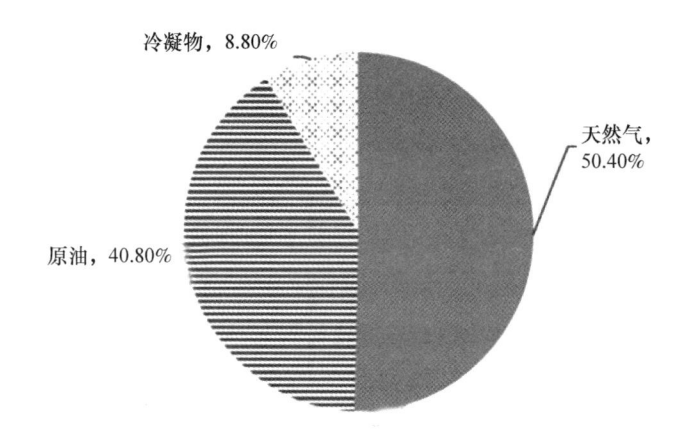

图Ⅰ-5-23 2017年MOL集团主要生产占比

资料来源：MOL集团年报。

MOL集团的产业一体化做得十分成功，但是鉴于该集团是依赖不可再生能源进行加工生产，导致MOL的资源局限性非常明显。同时，能源运输成本巨大也是亟待解决的重要问题。

第三节 重点服务业

（一）物流运输业

1. 物流运输业概况

得益于欧洲交通枢纽的优势，匈牙利政府把加强物流设施建设作为国家战略发展方向之一，不断推进多式联运物流中心建设。目前，匈牙利已建成十余个多式联运物流中心，每个物流中心至少可提供两种以上的运输方式。

2017年匈牙利的物流运输占所有商品服务出口的25.02%，占商品服务进口的24.21%[①]，无论从进口还是出口看，物流业都是匈牙利服务业中的支柱产业。

---

① World Bank, "Data: Transport services (% of service exports, BoP)", September 1, 2017, https://data.worldbank.org/indicator/BX.GSR.TRAN.ZS?locations=HU，登录时间：2018年8月1日。

2. 货运结构分布

工业部门重点产业——汽车制造业发展迅速除了得益于匈牙利是中欧和东欧国家的区域配送中心这一战略性的地理位置（欧洲联盟和申根区域成员），还依赖于发达的物流系统。匈牙利不断加强与其他国家的合作，形成国际网络，从而可以获得时效和距离的保证，进一步促进了物流系统的发展。

匈牙利物流主要的运输方式有铁路、公路、管道运输和水运。铁路和公路是匈牙利保证物流时效和运输量的重要运输方式，但由于匈牙利在内陆地区，并不依赖河运或者海运等，水运的货运量相对于陆运和管道运输，几乎可以忽略。从货运重量的角度来看，匈牙利的公路运输系统更为发达，匈牙利60%—70%的货物都由公路运输系统运输，2017年公路运输货物多达18826万吨，占比达65%。其次是铁路（18.5%），管道运输近来开始在匈牙利兴起，在货运总量中的占比逐年提高，2008年至2017年从7.3%提高至13.2%。水运在匈牙利货物运输中的占比较低，基本在2%左右（图Ⅰ-5-24）。

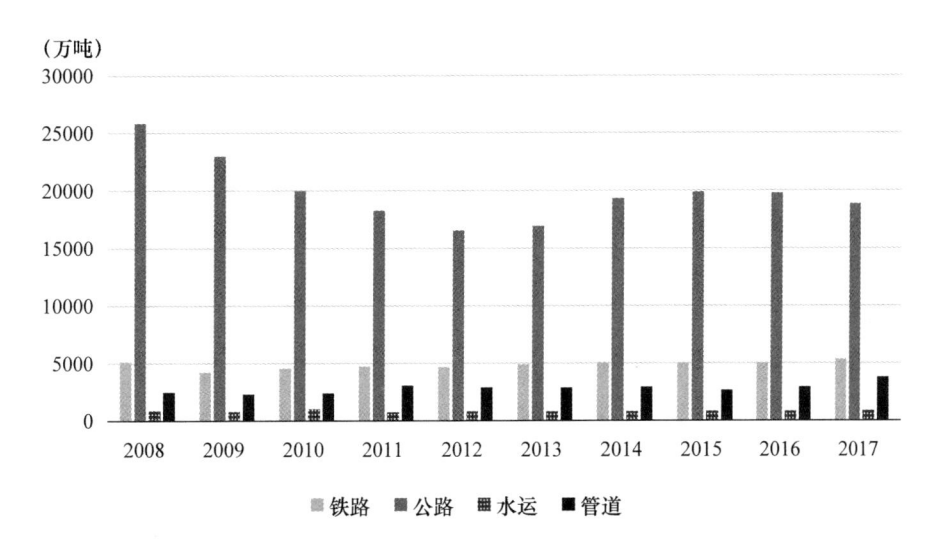

图Ⅰ-5-24　2008—2017年匈牙利货运结构变化

资料来源：匈牙利中央统计局。

相比陆地运输，航空运输局限性大，货运量相对陆地运输方式少很多，但航空运输凭借速度快、效率高成为非常重要的物流运输方式。2007年至2018年，匈牙利的贸易多依赖于航空运输，近十年来，匈牙利的航运卸货量和离境载货量之间的差异越来越小。2017年卸货量为38132吨，其载货量为32379吨（图Ⅰ-5-25）。

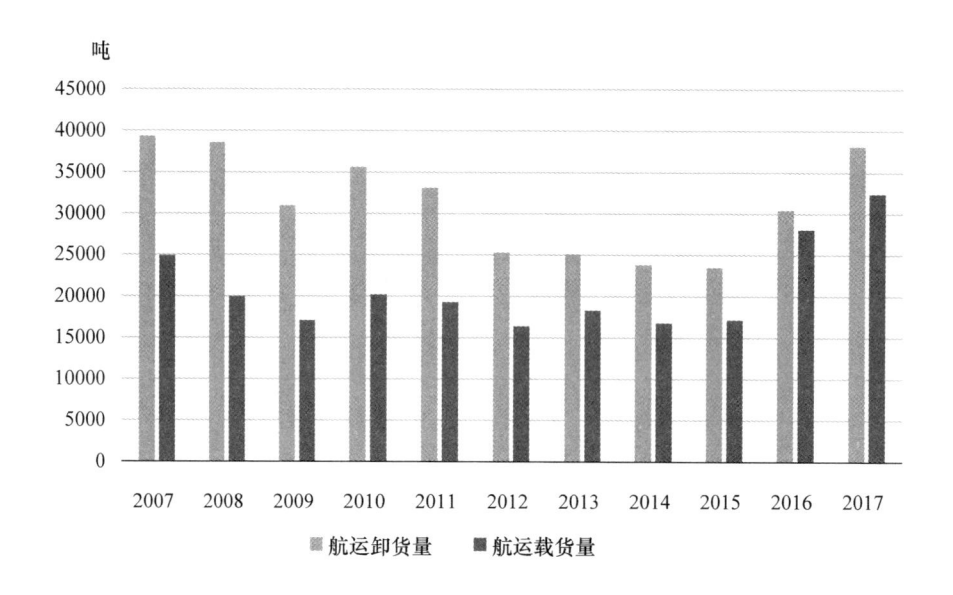

图Ⅰ-5-25 匈牙利航空运输货运量

资料来源：匈牙利中央统计局。

3. 物流运输效率评估

物流成本与物流效率息息相关，但并不能直接反映物流效率，因此需要更客观的指标去评估匈牙利物流行业的整体效率。物流成本高不一定是因为与贸易伙伴距离远，还有可能是供应链的可靠性比较低，通常物流专业人员根据调查得到的运输时效、距离、流程等指标的详细数据形成综合指标，即物流绩效指数LPI去评估自己国家的物流环境总体时效。每当LPI降低一分，就意味着出口从公司到港口需要多花3天，从港口进口到公司则需要多花6天，甚至还需要花更多的时间在检查货物上。每提高一分，都说明该国的物流时效得到了改进。

决定整体物流绩效的主要因素包括基础设施、服务、边境的物流程序和时间、供应链的可靠性。通过与世界平均水平的物流景气指数进行对比可以得到该国家的物流行业在世界范围内的发展水平。

匈牙利的物流绩效指数一直略高于世界平均水平，目前仍然处在发展的平稳时期，物流产业链上下游的企业发展比较迅速。从图Ⅰ-5-26可以看出，匈牙利物流绩效指数从2010年的2.99迅速上升到2018年的3.42，国际排名从第52名提升到最近两年较为稳定的第31名。

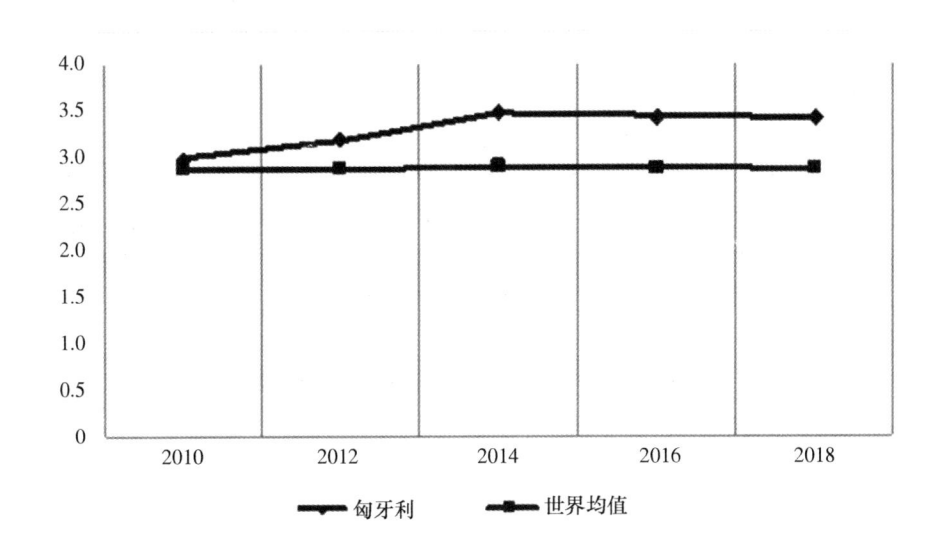

图Ⅰ-5-26 匈牙利物流绩效指数与世界物流绩效指数对比

资料来源：根据世界银行国际物流绩效指数数据库数据绘制。

根据物流绩效的不同方面分析其物流效率，如清关效率、基础设施、国际货运、物流追踪能力以及预定过境时间评估六个方面看匈牙利物流近十年的发展趋势（每个指标的评估打分标准都是1分表示评估结果差，5分则表示评估结果较好）。总体趋势上，匈牙利物流效率的六个方面都在比较高的分数上。匈牙利的物流优势主要体现在海关清关效率、物流追踪能力上。首先，物流运输时间在缩短，过境效率有所提高。从图Ⅰ-5-27看出，海关清关效率的评分从2007年的3.00分上升到2018年的3.37分。其次，物流追踪能力2014年有所下降，2016年之后恢复增长，物流跟踪技术大大节省了买卖双方的成本和精力，是物流效率提升的另一种体现，总体上匈牙利物流追踪能力从2007年的3.07上升到2018年的3.23。

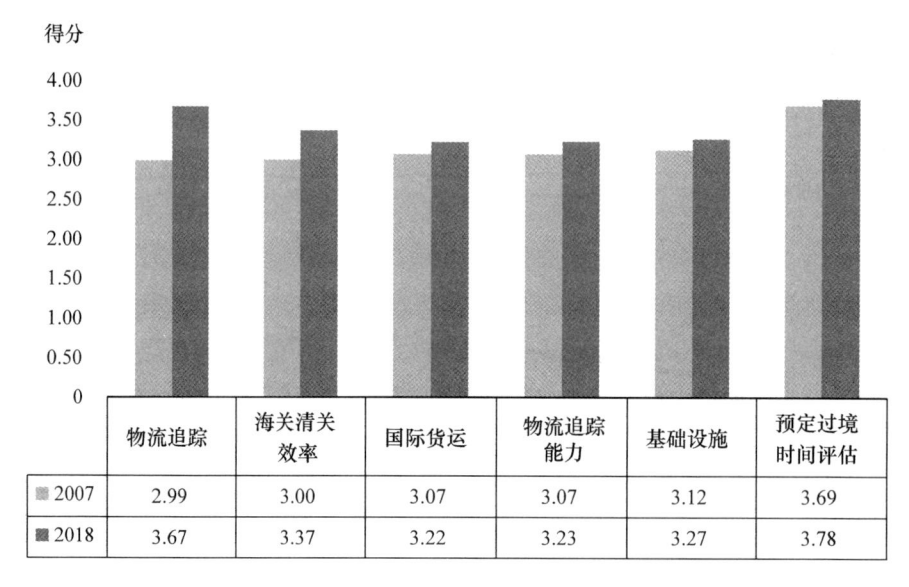

得分	物流追踪	海关清关效率	国际货运	物流追踪能力	基础设施	预定过境时间评估
2007	2.99	3.00	3.07	3.07	3.12	3.69
2018	3.67	3.37	3.22	3.23	3.27	3.78

图 I-5-27 2007 年和 2018 年匈牙利物流评估得分

资料来源：世界银行。

(二) 旅游业

1. 旅游业概况

旅游业作为匈牙利第三产业的核心行业，对其他的产业具有乘数效应。匈牙利政府通过一系列政策刺激旅游业的发展，并且扩大供给带动与旅游业相关的制造业，甚至是农业部门的发展。2017年，匈牙利中央统计局的数据显示，匈牙利的旅游总人次达到了15785千人次，旅游总消费达到了13653.11亿福林，旅游区域重点集中在布达佩斯和多瑙河流域附近，2017年旅游每日人均支出达到近十年来最高水平。

按照入境目的最高人次和入境最高支出统计，匈牙利入境游主要目的是中转或休闲旅游。2017年，匈牙利入境游目的中，中转目的人次排名第一，中转高达18242千人次。入境游人均支出最高的是休闲旅游，主要是为了走访亲友或者医疗保健，其中在走访亲友上的消费为1557.11亿福林，医疗保健上的消费为1715.07亿福林。

2. 游客消费结构和人次结构（按时间分）

按照境外游客入境游的旅游天数计算，主要分为1日游，2—4日游，5日及以上境内游。匈牙利是欧盟国家，签证跟欧洲其他国家通用，附近其他欧盟国家大多将匈牙利作为短途旅行的目标国家之一，导致匈牙利的旅游业中入境1日游较为普遍。此外，匈牙利提供国际摆渡服务，很多游客在游玩匈牙利之后又通过多瑙河去附近的国家旅游。同时，匈牙利的服务业水平较高，物价较高，为了节省开支，很多欧洲游客也会选择当天往返游匈牙利。

从入境游客消费支出来看，5日及以上境内游占旅游总消费的42%。虽然1日境内游在总消费中占比最低，但是1日境内游人次占比最高，是近十年旅游业发展最重要的动力（图Ⅰ-5-28，图Ⅰ-5-29）。

从境内游每天的人均消费角度看，三种时间长度的境内游变化趋势一致。其中每天人均消费最高的是2—4日境内游，其次是5日及以上境内游，最后才是1日境内游。2017年，2—4日境内游每天人均消费为21000福林，1日境内游的人均消费为11900福林，5日及以上境内游每天人均消费为13600福林。这三种时间长度的旅游每天人均消费相对于2016年均有所增长（图Ⅰ-5-30）。

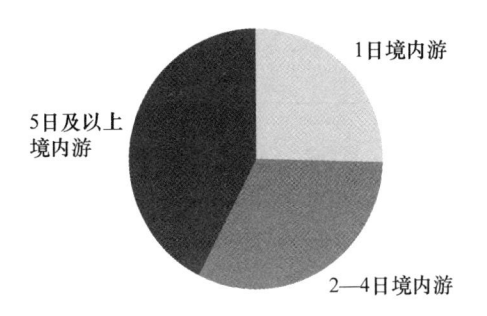

图Ⅰ-5-28　2017年不同入境游时间长度的消费结构

资料来源：匈牙利中央统计局。

从消费支出的时间趋势来看，匈牙利旅游消费总体趋势在不断上升，与全球收入水平提高有关，更与匈牙利的服务有关。2017年，一日境内游消费达到了4671亿福林，相对于2016年的消费同比增长7.89%，较上年12.38%的增速有所放缓。2—4日境内游的消费总支出近十年来呈现出波动增长的态势，国际金融危机之后先是出现短暂的负增长，之后由于经济恢复快速发展,之后又出现下滑。2017年,2—4日境内游消费支出达到5878亿福林的水平,同比增长11%,近十年来的平均增幅达10%。外国游客在匈牙利长期旅游消费变化较小,甚至一度有缓慢下降的趋势。2017年外国游客5日及以上境内游的总消费为7774亿福林,2014—2017年,5日及以上境内游的总消费额基本变化不大,主要是由于在此期间游客人次波动较小(图Ⅰ-5-31,图Ⅰ-5-32,图Ⅰ-5-33)。

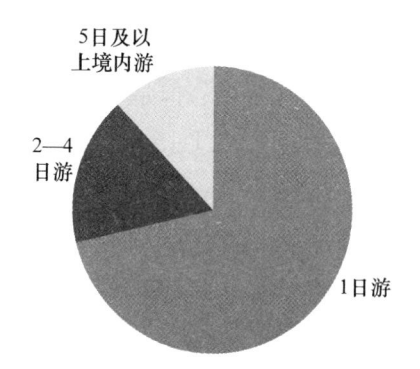

图Ⅰ-5-29 2017年不同入境游时间长度的人次结构

资料来源:匈牙利中央统计局。

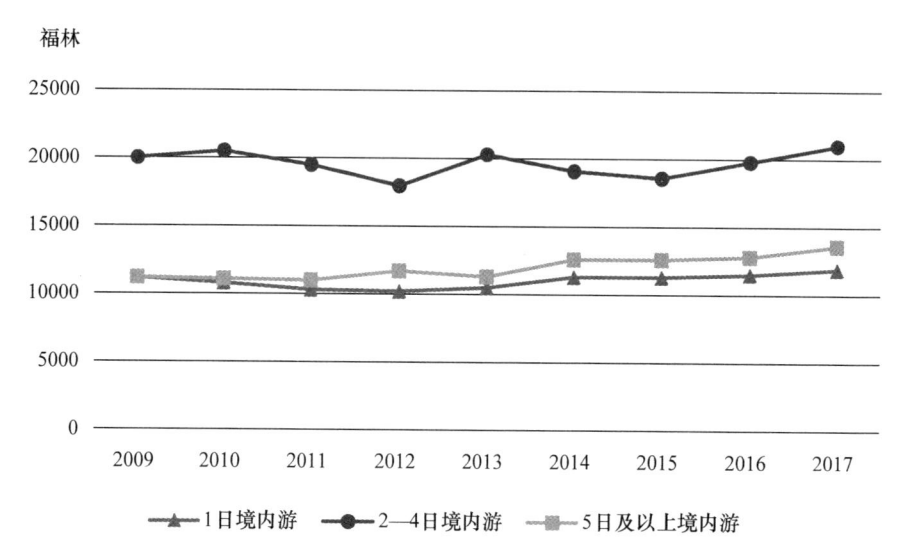

图Ⅰ-5-30 匈牙利三种不同时间长度境内游每天人均消费变化趋势

资料来源:匈牙利统计局。

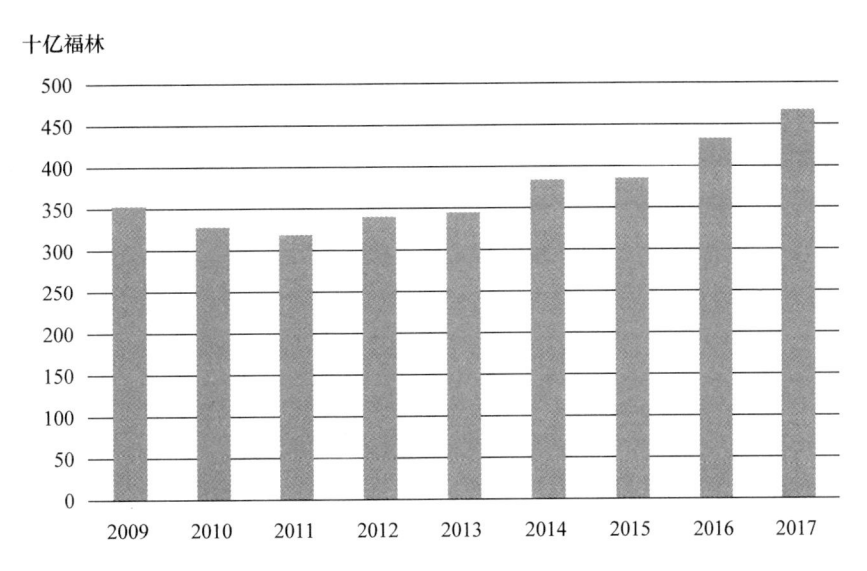

图Ⅰ-5-31 2009—2017年匈牙利1日境内游的总消费额变化

资料来源：匈牙利统计局。

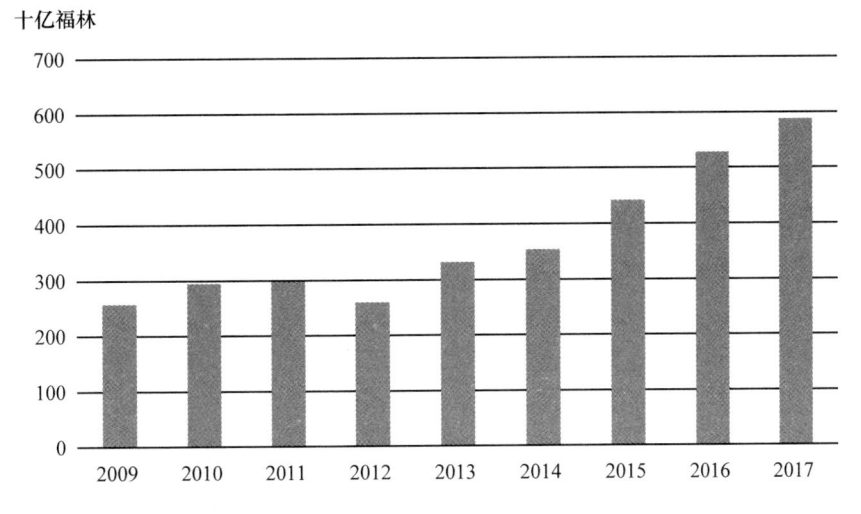

图Ⅰ-5-32 匈牙利2008—2017年外国游客2—4日境内游消费额

资料来源：匈牙利中央统计局。

十亿福林

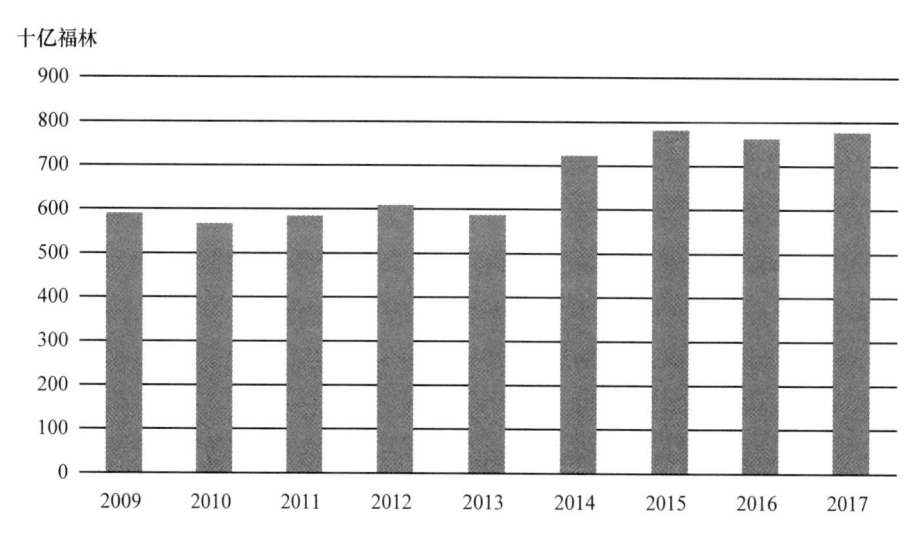

图 I-5-33　2009—2017 年匈牙利 5 日及以上境内游的消费额
资料来源：匈牙利中央统计局。

从入境旅游的人次看，匈牙利 1 日境内游总人次在三种时间长度的入境游人次中占绝大部分，基本上是其余两种入境游总人次之和的 3 倍，这与匈牙利地处欧洲中心、作为欧洲重要的交通枢纽有关，大部分游客将匈牙利作为去往其他旅游目的地的重要中转地。1 日境内游总人次近十年来也一直处于增长态势之中，是匈牙利游客的重要组成部分，2017 年，1 日境内游总人次高达 39176 千人次，同比增长 4%，近十年年均增长 2.8%。2—4 日境内游和 5 日及以上境内游的人次在匈牙利旅游总人次中的占比相对较小，2017 年这两种时间长度的游客总人次占比之和不及 30%（图 I-5-34）。

3. 入境游客国别结构

从匈牙利入境游游客的国别结构来看，去匈牙利旅游最多的游客主要来自罗马尼亚、斯洛伐克、奥地利、黑山和塞尔维亚、德国，这五个国家的游客在匈牙利总人次中占比高达 68%。从匈牙利入境游客消费的国别结构来看，德国、奥地利、罗马尼亚、美国、斯洛伐克这五个国家的游客在匈牙利消费最多，占游客总消费支出的 34%（图 I-5-35，图 I-5-36）。

第五章　产业发展研究　131

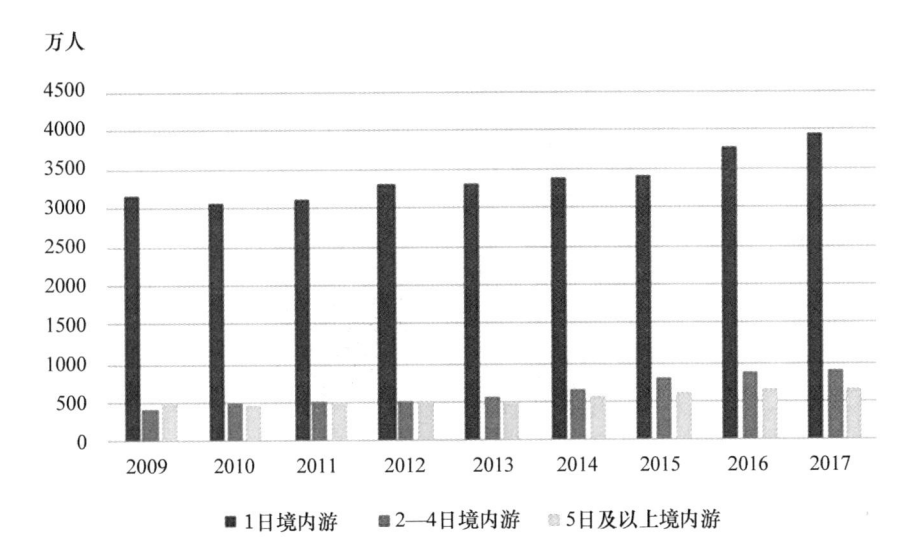

图 I-5-34　匈牙利不同入境游时间长度总人次变化

资料来源：根据匈牙利中央统计局数据绘制。

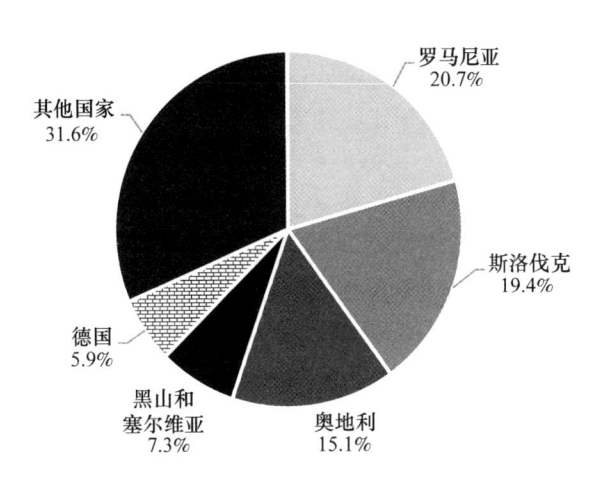

图 I-5-35　匈牙利入境游客人次的国别结构

资料来源：匈牙利中央统计局。

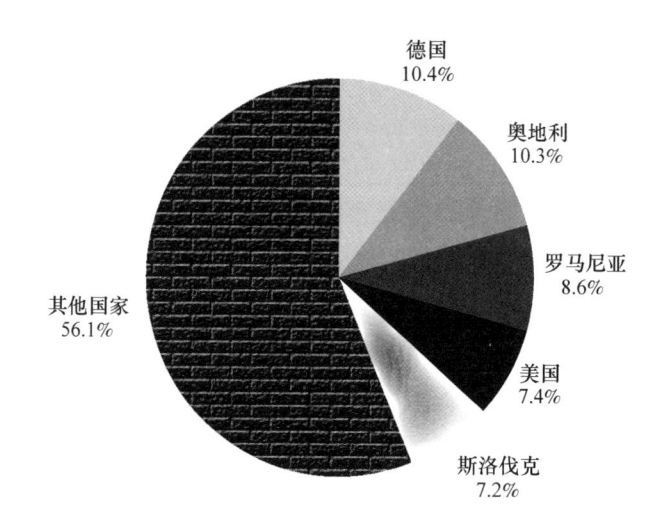

图 I-5-36　匈牙利入境游客消费的国别结构

资料来源：匈牙利中央统计局。

匈牙利的旅游配套产业随着旅游业的发展进一步扩大。根据匈牙利中央统计局的最新数据，匈牙利的酒店入住率增长了 1.5%，2017 年 10 月的外国游客与 2016 年 10 月相比，人数增加了 10.7%，酒店入住率平均为 60.7%。

匈牙利政府也在致力于发展旅游业。匈牙利已经得到了一系列航空公司良好服务的承诺，有消息称卡塔尔航空公司计划将布达佩斯的运力扩大到多哈航线，对匈牙利旅游业来说是一个利好因素，因为这将方便中东地区游客的出行选择。

4. 境内居民在匈牙利旅游状况分析

匈牙利居民境内旅游的近几年趋势都是上升的，长期旅游对于金融危机的冲击反应是十分敏感的，在受到冲击后境内居民的长期旅游消费明显下降，但是短期旅游依然保持增长。

从匈牙利居民旅游消费来看，匈牙利本地居民的境内旅游以 2—4 日短期旅游为主，2—4 日境内游的消费总支出近十年来一直大于 5 日以上的旅游，且差距逐年增大。5 日及以上境内游的消费总支出近十年来基本保持在 1300 亿福林的水平，波动非常小，而 2—4 日境内游则逐年稳定增长，2017年高达1974亿福林，同比增长12%，年均增长4%。由于幅员较小，短期境内旅游是匈牙利本国居民的主要旅游方式（图Ⅰ-5-37）。

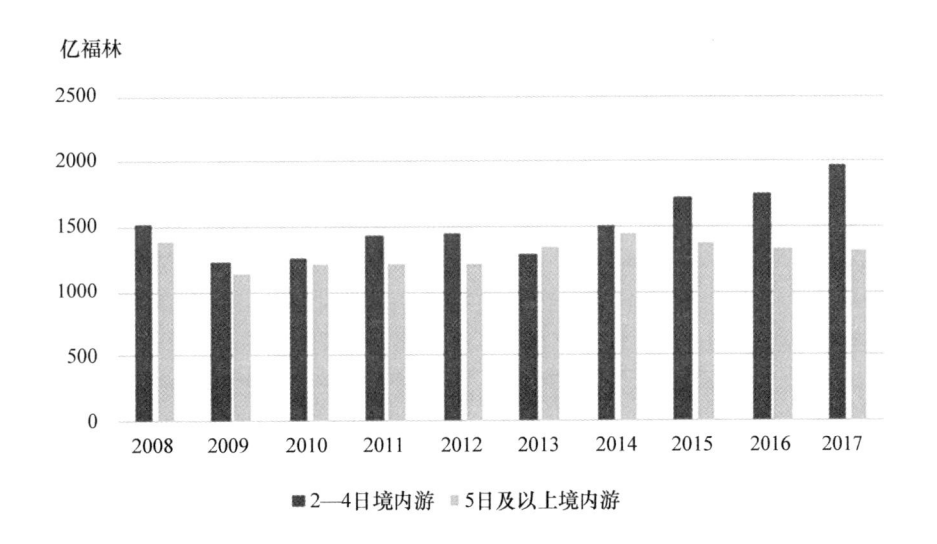

图Ⅰ-5-37 匈牙利居民旅游消费结构（按旅游时间长度分）

资料来源：根据匈牙利中央统计局数据绘制。

从匈牙利居民国内游的总人次上看，无论是2—4日境内游还是5日及以上境内游，匈牙利居民近几年来的旅游总人数均处于逐年减少的趋势之中。具体来看，2—4日境内游的旅游总人次远大于5日及以上境内游的总人次，前者近乎是后者的3倍之多。2008—2017年，2—4日境内游下降幅度较大，2016年下降至10664千人次，2017年基本保持不变，维持在10737千人次，近十年来年均下跌4%。5日及以上境内游相对来说下跌幅度比较小，2017年下跌至3637千人次，同比下跌3.3%，近十年年均下跌3.9%（图Ⅰ-5-38）。

匈牙利本国居民在旅游支出上的消费，无论长期旅游还是短期旅游每天人均消费几乎一致。近十年所有旅行时间长度每天人均消费一直在不断地增长，2017年，从2008年的3166福林增长到近十年中的最高水平，达到了6072福林，近十年的年平均增长率为9.1%。匈牙利国内2—4日境内游消费与5日及以上境内游每天人均消费增长趋势一致，且两种时间长度的旅游每日人均消费接近。5 日及以上境内游在 2010—2011 年和 2016—2017 年增长趋势放缓，相比之下，2—4 日境内游增长趋势更稳定（图 Ⅰ-5-39）。

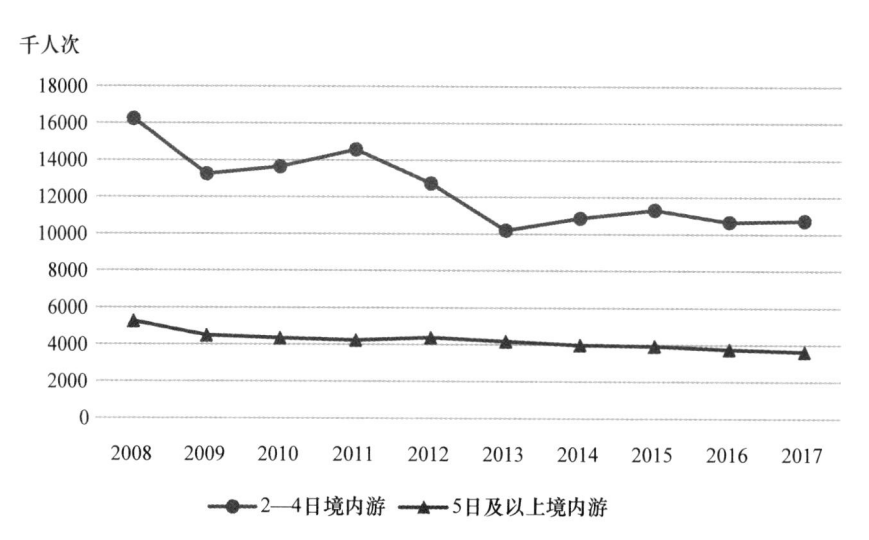

图 Ⅰ-5-38 匈牙利居民旅游人次结构（按旅游时间长度分）
资料来源：匈牙利中央统计局。

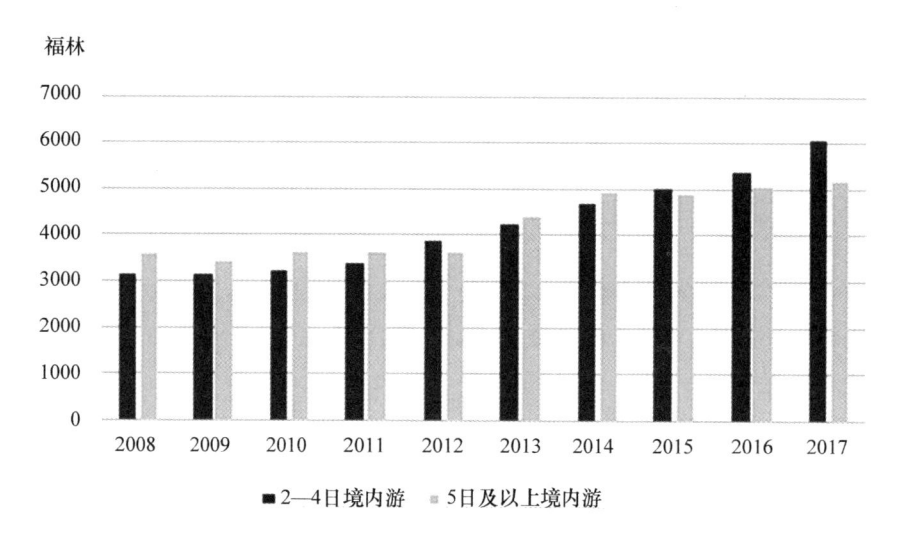

图 Ⅰ-5-39 匈牙利居民每日人均消费结构（按旅游时间长度分）
资料来源：根据匈牙利中央统计局数据绘制。

第六章　政治生态研究

从地缘上看，匈牙利是中欧内陆国家，西部是阿尔卑斯山脉，东北部是喀尔巴阡山，国土主体部分是多瑙河冲积平原。东邻乌克兰、罗马尼亚，北靠斯洛伐克，西邻奥地利，南接罗马尼亚、塞尔维亚、克罗地亚和斯洛文尼亚。与俄罗斯、德国、意大利等大国均不接壤，金砖五国、G7、G20等国家也都不是匈牙利的邻国，这使之具有相对宽松的外部环境，能够保持一定的独立性。

从历史上看，匈牙利的主体民族是马扎尔人，1000年左右，匈牙利大公伊斯特万一世获天主教教皇加冕。1849年4月，匈牙利建立共和国，1867年与奥地利组成奥匈帝国。1919年起，独立后的匈牙利先后经历了苏维埃共和国时期、君主立宪王国时期。第二次世界大战后，1949年匈牙利宣布成立人民共和国。在东欧剧变时期改称匈牙利共和国。1989年之后，匈牙利政局大体上在多党议会制下运行，政局基本保持稳定。

从现实上看，可以从政治结构、主要政党、主要政要、国民议会选举、政治文化、政治发展等多方面阐释匈牙利当前政治生态。

第一节　政治结构

匈牙利现行政治制度是在1989年之后逐步建立起来的。1989年10月18日，匈牙利国民议会通过宪法修改草案，将国名改为"匈牙利共和国"。经历1990年3月和4月两次国会选举后，匈牙利民主论坛、独立小农党及基督教民主人民党组成联合政府，匈牙利正式实行多党议会制。1990年6月，匈牙利又一次修改宪法，并且在8月颁布《匈牙利共和国宪法》。2011年4月，匈牙利国会通过名为《匈牙利基本法》(The Fundamental Law of Hungary）的新宪法，于2012年1月1日生效，新宪法生效后，国名改为"匈牙利"。

（一）宪法

1. 1990年宪法和2012年宪法

1990年8月24日公布的《匈牙利共和国宪法》为旧宪法，它是在1949年宪法的基础上修改而成的。在这部宪法中，匈牙利的国家性质发生了根本改变，匈牙利不再是人民共和国，而是共和国，国家制度为多党议会制，取消了关于马克思列宁主义政党的领导作用的规定，匈牙利社会主义工人党不再是唯一的、处于领导地位的政党。宪法同时宣布匈牙利共和国是一个独立的民主国家。

《匈牙利共和国宪法》共15章78条。主要包括以下几个方面：（1）一般条款；（2）国会；（3）共和国总统；（4）宪法法院；（5）公民权利的国会监护人及少数民族和种族权利的国会监护人；（6）国家审计署和匈牙利国家银行；（7）政府；（8）武装力量和警察；（9）地方自治政府；（10）法院；（11）检察院；（12）基本权利和义务；（13）选举和基本原则；（14）匈牙利共和国首都和国家标志；（15）最终条款。[1]

2011年4月25日，匈牙利公布了新的宪法《匈牙利基本法》[2]，并于2012年正式生效。《匈牙利基本法》包括以下几个方面：（1）国家声明；（2）基础条款（共21项条款）；（3）自由和责任（共31项条款）；（4）国家和议会（共14项条款）；（5）政府（共8项条款）；（6）自治管理机构（共1项条款）；（7）宪法法院（共1项条款）；（8）法院（共4项条款）；（9）诉讼服务（共1项条款）；（10）基本权利委员会（共1项条款）；（11）地方政府（共5项条款）；（12）公共财政（共9项条款）；（13）国防力量（共1项条款）；（14）警察和国家安全部门（共1项条款）；（15）关于参与军事行动的决定（共1项条款）；（16）特殊法律条款（共7项条款）。

这16个部分被分为四大层面：一是国家声明；二是基础条款；三是

---

[1] 参见 http：//www.servat.unibe.ch/icl/hu_ _ indx.html。
[2] 参见 https：//web.archive.org/web/20140221180827/http：//www.kormany.hu/download/a/1c/11000/The%20New%20Fundamental%20Law%20of%20Hungary.pdf。

自由和责任；四是国家（分为 15 个方面共 54 个条款）。

2. 2012 年宪法的转向

相较于 1990 年宪法，《匈牙利基本法》有较大改变。在国家声明方面，《匈牙利基本法》将国名改为"匈牙利"，更加突出了基督教价值，如"我们认识到基督教在维护国家方面的作用。我们重视我们国家的各种宗教传统"；规定了民主价值的效用，如，"民主只有在国家为其公民服务并以公平的方式管理其事务的情况下才有可能"；突出了国家、社区和家庭的作用，如"家庭和国家是我们共存的主要框架"，"社区的力量和每个人的荣誉都是以劳动为基础的"，等等。大体上看，《匈牙利基本法》对 1990 年宪法的修订体现在以下五个方面。

第一，改变原来的选举体制（在议会选举部分阐释），使之朝向对执政党有利的方面转变。

第二，将基督教作为匈牙利历史和文明的基础。对非基督教信仰者、单亲家庭、未婚同居者、同性恋者等社会少数人群提出了种种限制。

第三，限制宪法法院的权力，突出了政府权力。

第四，恢复保守的家庭观念和社会伦理秩序，如规定从怀孕时起便对胎儿的生命进行保护；婚姻只能在男人和女人之间产生；家庭的定义为一对夫妻和儿童；反对堕胎和同性恋；因故意犯罪和暴力犯罪可判处不得假释的无期徒刑；国家资助的学生应在指定的时间内在匈牙利工作，等等。

第五，政府权力扩大。如，政党和国家有权力控制媒体，对独立于政府之外的宪法法院和中央银行的权力进行限制，等等。

（二）国体与政体

1. 国体

1990 年《匈牙利共和国宪法》规定，匈牙利是共和国，一切权力属于人民。实行议会民主和自由选举，将匈牙利建设成为公民社会；公民在法律面前人人平等；年满 18 岁的公民均享有选举权和被选举权；等等。宪法规定，共和国的一切权力属于人民；实行议会民主，进行自由选举，努力将国家建设成为公民社会；公民在法律面前人人平等；每个人都拥有生存权。

国会为国家最高权力机关，政府为国家最高权力执行和管理机关，总统为国家元首、全国武装力量最高统帅，宪法法院、法院、检察院等为司法机关，农村、城市、首都和首都的各个区及州的选民群体享有地方自治权。

2012年的《匈牙利基本法》仍规定匈牙利是共和国，国会为国家最高权力机关，政府为国家最高权力执行和管理机关，对议会负责。总统为国家元首，是匈牙利国防军总司令。宪法法院是保护基本法的主要机关，法院、检察院等为司法机关，农村、城市、首都和首都的各个区及州的选民群体享有地方自治权。

2. 政体

1989年以后，匈牙利实行议会民主制。国会是匈牙利共和国最高国家权力和人民代表机关。匈牙利共和国总统、政府、所有国会委员和任何国会代表都可以提议立法，立法权属于国会。匈牙利国家元首是共和国总统，是武装力量总司令；政府是国家最高权力执行机关和管理机关，由总理和各部长组成。国会通过的法律先由国会主席签署，然后转交给共和国总统，再由总统签署要公布的法令；共和国总统决定进行选举。宪法法院审查法律法规是否符合宪法，承担法律规定的权力范围内的任务；匈牙利共和国最高检察长根据共和国总统的建议由国会选出，最高副检察长根据最高检察长的建议由共和国总统任命。最高检察长对国会负责。

（三）国民议会

随着1989年10月23日宪法的修改和1990年新政府的成立，匈牙利成为议会制共和国。国家最高权力机关和人民的代表机关是国会，国会行使人民主权所赋予的权力，保证社会的宪法秩序，决定执政的组织、方针和条件。议会为一院制，即国会由386名经选举的成员组成，任期为4年，由18岁以上公民按普遍参与、无记名投票、平等和直接选举的原则选举产生。在国会选举后一个月的过渡期内，国会由总统负责。

根据2012年《匈牙利基本法》规定，国会由199名经选举的成员组成，任期为4年，由18岁以上公民按普遍参与、无记名投票、平等和直接选举的原则选举产生。在国会选举后一个月的过渡期内，国会由总统负责。

国会由国会主席、副主席、书记员、国会委员会、国会常设委员会组成。除了常设委员会之外，还可以成立临时委员会（特别委员会和调查委员会），一般经过1/5代表提出，国会就可以成立调查委员会，临时委员会主席一般每周举行会议协助调查委员会工作。

（四）总统

根据2012年的《匈牙利基本法》规定，匈牙利国家元首是共和国总统，同时也是武装力量总司令，总统的任期为5年，由国会选举产生，只能连任1次。

宪法规定，每位拥有选举权且在选举之日年满35岁的公民都可以被选为总统。在选举总统之前要提名候选人，提名需要有国会至少1/5议员的书面推荐才能成立。提名要在投票之前递交国会主席。国会的每位成员只能推荐1名候选人。投票共分为两轮，在第一轮投票中当选，应获得国民议会2/3成员投票。如果第一轮投票没有结果，则应举行第二轮投票。在第二轮投票中，可以对在第一轮中获得最高和第二高票数的两位候选人进行投票。如果在第一轮投票中获得并列第一名，则可以为获得最多票数的候选人投票。如没有出现并列情况，则为第一轮得票前两名的候选人投票。如果第二轮投票也没有结果，则应在重复提名的基础上举行新的选举。

现任匈牙利总统为阿戴尔·亚诺什，2012年当选，2017年连任总统。

（五）政府

政府是国家最高权力执行机关，由总理和部长组成。政府由总理在国家元首的授权下组成。总理由在大选中获胜的该党提名，并根据总统建议经过国会代表多数人表决选出，同时决定政府各部长人选。各部长根据总理建议由总统任命。政府对其运行向国会负责，必须定期向国会报告工作情况。政府成员对政府和国会负责，必须向政府和国会报告他们的工作。

现任政府构成为[①]：

总理：欧尔班·欧尔班·维克多

副总理：谢姆延·若尔特

不管部部长：巴尔特法伊-马格尔·安德雷娅

国防部部长：本戈·蒂博尔

总理办公室主任：古雅什·盖尔盖伊

人力资源部部长：卡什勒·米克洛什

---

① 参见http://www.kormany.hu/en。

农业部部长：纳吉·伊什特凡

创新与科技部部长：帕尔科维奇·拉斯洛

内政部部长：平特·山多尔

外交和贸易部长：西亚尔托·彼得

司法部部长：特罗恰尼·拉斯洛

财政部部长：瓦尔高·米哈伊

(六) 立法与司法

1. 立法机构

根据《匈牙利基本法》规定，立法权属于国会。总统、政府、所有国会委员会和任何国会代表都可以提议立法。由国会主席签署国会通过的法律，需转交总统，由总统签署后予以发布。宪法规定，立法程序由法律进行规定，通过其法律则需要得到与会国会代表2/3的选票。

2. 司法机构

匈牙利的司法机构包括最高法院、首都法院、州级法院、地方法院以及宪法法院和检察院等。

(1) 法院

宪法规定，最高法院院长根据总统建议由国会选出，副院长根据最高法院院长的建议由总统任命；最高法院院长的选举需要国会代表2/3的赞成票才能通过。职业法官由总统按照法律规定的方式任命；法官独立并只服从于法律，法官不能是任何一个政党的成员，不得从事政治活动。

现任最高法院院长为达拉克·彼得。

(2) 检察院

根据宪法，最高检察长根据总统建议由国会选出，最高副检察长根据最高检察长的建议由总统任命；最高检察长对国会负责，并且必须向国会报告其工作情况。

检察员由最高检察长任命，检察员不能是任何一个政党的成员，且不得从事政治活动。律师的任命属最高检察长职权，律师同样不能参加政党及政治活动。

现任最高检察长为波尔特·彼得。

(3) 宪法法院

1990 年宪法规定，宪法法院旨在通过司法手段制约立法与行政，其任务是审查各项法律法规是否符合宪法规定；审理由于宪法规定的权利受到侵害而提出的诉讼；解决国家机关与自治政府机关之间以及自治政府相互之间在职权范围内出现的矛盾。在出现违宪情况时，宪法法院有权宣布违宪的法律和法规无效。

2012 年《匈牙利基本法》则规定，宪法法院是保护基本法的主要机关，旨在通过司法手段制约立法与行政，其任务是审查尚未颁布的已通过的基本法的法案；优先审查在特定案件中适用的任何法律规定是否符合基本法；审查在特定案件中适用的任何法律规定是否符合基本法；审查任何司法判决是否符合基本法，等等。在出现违宪情况时，宪法法院有权宣布违宪的法律和法规无效。

宪法法院由 15 名成员组成，每个成员在国民议会 2/3 成员的投票中选出，任期为 12 年。议会应在 2/3 议员的支持下，选出一名宪法法院法官担任院长，直至其任期届满。

现任宪法法院院长为舒尤克·道玛什。

第二节 主要政党

自东欧剧变、苏联解体以来，现今仍活跃在匈牙利政坛上的主要政党是匈牙利社会党（Hungarian Socialist Party，MSZP）和青年民主主义者联盟（Fidesz-Hungarian Civic Alliance，Fidesz）。随着 2008 年国际经济危机以及难民问题、移民问题等诸多热点问题的爆发，匈牙利政治逐渐右转，极右翼政党尤比克党（The Movement for a Better Hungary，Jobbik）也成了匈牙利政坛一支不可忽视的力量。

（一）匈牙利社会党[①]

1. 前身

匈牙利社会党的前身是匈牙利社会主义工人党（Hungarian Socialist

[①] 相关介绍参见 https：//mszp. hu/；http：//bus. lsbu. ac. uk/resources/CIBS/european-institute-papers/papers2/499. PDF。

Workers' Party，MSZMP）。1989 年，该党放弃马克思列宁主义和共产主义，推行向市场经济转型的激进改革。涅尔什·雷热当选为该党四人领导集体的主席，成为匈牙利的领导人。涅尔什·雷热在 20 世纪 60、70 年代曾在匈牙利推行经济改革，1962 年至 1973 年担任匈牙利国家经济委员会主席，是掌管经济工作的决策人物之一，1966 年兼任党中央经济政策委员会主席和党中央经济工作小组组长。他是匈牙利 1968 年经济体制改革的倡导者，被称为匈牙利的"新经济体制之父"，1973 年在反右倾运动中受到党内保守派和苏联的批判。

2. 支持新自由主义的左翼

1989 年 10 月 7 日，匈牙利社会主义工人党解散，重组为匈牙利社会党，涅尔什·雷热成为第一任党主席。在匈牙利，往往是社会党，而非保守的反对派倡导自由的市场经济，后者倾向于通过经济和价格监管以及国家拥有主要企业的所有权，推行国家干预主义。社会党在 1995 年前后实施了一系列强有力的市场改革、紧缩和私有化等政策。

3. 衰落

在历次选举中，社会党始终是匈牙利政坛的主要力量，在 1994 年到 2006 年的 4 次选举中，社会党要么是得票第一，要么是议会第一大党，并在 1994—1998 年、2002—2010 年间三次执政。但是，自 2008 年经济危机爆发后，新自由主义受到广泛质疑，社会党也处于自身发展的拐点。2009 年 3 月，久尔恰尼·费伦茨辞去总理和党主席职位，社会党在欧洲议会选举中也失去了一半支持者，只获得了 17.37% 的得票率和 4 个席位。这次竞选失败被不少观察家视为自 1998 年以来，匈牙利事实上两党制的终结。

在 2010 年的议会选举中，社会党遭到了沉重打击，只获得了 19.3% 的选票和 59 个议会席位，党主席兰德沃伊·伊尔迪科辞职，社会党成为最大的反对党。此后，匈牙利左翼支离破碎，在 2010 年 10 月同样重要的地方选举失败之后，社会党发生了分裂，前国会主席西利·卡塔琳脱党，另组新党社会联盟（Social Union，SZU），前总理久尔恰尼·费伦茨与其他九名议员脱党成立民主联盟（Democratic Coalition，DK）。

2014 年 1 月，社会党与其他四个政党组成"团结"选举联盟，参加 4 月的议会选举。迈什特尔哈兹·阿提拉（Mesterházy Attila）当选总理职位候选人，但未能获胜。之后，选举联盟解散。在 2014 年欧洲议会选举中，社会党遭受了自 1990 年议会选举以来的最大失败，只获得 10% 的选票，迈什特尔哈兹·奥蒂洛和社会党主席团集体辞职。2014 年 7 月 19 日，托比阿斯·约瑟夫当选社会党领袖。他不支持与现总理欧尔班·维克多展开合作。2016 年 6 月，莫尔纳尔·久拉击败托比阿斯·约瑟夫，成为新一任党主席。2016 年 2 月，由于财务原因，该党决定出售其总部。2018 年 6 月，在该党遭遇自 1990 年以来最糟糕的选举失败后，莫尔纳尔·久拉辞去了党主席职务，贝塔兰·托特托斯成为新一任党主席。

表 I-6-1　　　　　　　匈牙利社会党历任党主席

党主席	任期	是否担任总理
涅尔什·雷热（Nyers Rezsö）	1989 年 10 月—1990 年 5 月	
霍恩·久拉（Horn Gyula）	1990 年 5 月—1998 年 9 月	1994—1998 年任总理
科瓦奇·拉斯洛（Kovács László）	1998 年 9 月—2004 年 10 月	
希勒尔·伊斯特凡（Hiller István）	2004 年 10 月—2007 年 2 月	
久尔恰尼·费伦茨（Gyurcsány Ferenc）	2007 年 2 月—2009 年 4 月	2004—2009 年任总理
兰德沃伊·伊尔迪科（Lendvai Ildikó）	2009 年 4 月—2010 年 7 月	
迈什特尔哈兹·奥蒂洛（Mesterházy Attila）	2010 年 7 月—2014 年 5 月	
拉斯洛·博特卡（Botka László）	2014 年 5 月—2014 年 7 月	
托比阿斯·约瑟夫（Tóbiás József）	2014 年 7 月—2016 年 6 月	
莫尔纳尔·久拉（Molnár Gyula）	2016 年 6 月—2018 年 6 月	
贝塔兰·托特托斯（Bertalan Tóth）	2018 年 6 月至今	

资料来源：笔者自制。

（二）青年民主主义者联盟[①]

1. 从自由主义转向保守主义

青年民主主义者联盟成立于 1988 年，简称 Fidesz, Fiatal Demokraták

[①] 相关介绍参见 http://www.fidesz.hu/；http://www.fideszfrakcio.hu/index.php?CikkID=5350&FIDESZSESSID=3a4bab2f8242ecbeba363bf9fb8b1152.

Szövetsége 的匈牙利语意为青年民主主义者联盟。该党最初宣扬古典自由主义，创始者是一群年轻民主人士（主要是学生）。1994 年之前，该党是一个温和的中间派和自由派政党，1989 年获得托洛尔夫·拉夫托纪念奖（Thorolf Rafto Memorial Prize），1992 年加入自由国际（Liberal International）。1994 年，青年民主主义者联盟在议会选举中失败，其政治立场逐渐从自由主义转向保守主义。1995 年，该党增加了"匈牙利公民党"（Magyar Polgári Párt）的缩写名称，逐渐转向保守主义，这也使该党部分成员加入自由民主联盟或退党。

2. 两党制时期与短暂执政

1998 年，青年民主主义者联盟在党主席欧尔班·维克多的领导下成为执政党，与匈牙利民主论坛等政党组成联合政府，欧尔班·维克多出任政府总理。2000 年，青年民主主义者联盟加入欧洲人民党，退出自由国际。从 1998 年议会选举到 2010 年议会选举，青年民主主义者联盟与社会党塑造了匈牙利政坛的两党制时期。2003 年，青年民主主义者联盟采用了现在的名字，"青年民主主义者—匈牙利公民联盟"（Fidesz-Hungarian Civic Alliance）。

2002 年到 2010 年，青年民主主义者联盟在议会竞选中都未能击败社会党，没能参与或组建联合政府。

3. 欧尔班·维克多时代

青年民主主义者联盟在 2009 年欧洲议会选举中取得了压倒性的胜利，获得了 56.36% 的选票和 22 个席位中的 14 个席位。在 2010 年的议会选举中，他们与基督教民主人民党组成的竞选联盟在议会中占据绝对多数，取得了修改宪法的资格。这也意味着 1998 年以来两党制的终结和青年民主主义者联盟一党独大的开始。2012 年，在青年民主主义者联盟的领导下，匈牙利通过了新宪法，新宪法带有明显的基督教民主主义、民族主义和保守主义痕迹。2014 年，青年民主主义者联盟再次赢得了全国议会选举和绝对多数议席。2018 年 4 月，青年民主主义者联盟连续第三次赢得了全国议会选举和绝对多数席位，欧尔班·维克多也赢得了自己的连续第三个总理任期。

表 I-6-2　　　　　匈牙利青年民主主义者联盟历任党主席

党主席	任期	是否担任总理
欧尔班·欧尔班·维克多（Viktor Orbán）	1993年4月—2000年1月	1998—2002年任总理
克维尔·拉斯洛（Kövér László）	2000年1月—2001年5月	
波科尔尼·佐尔坦（Pokorni Zoltán）	2001年5月—2002年7月	
阿戴尔·亚诺什（Áder János）	2002年7月—2003年5月	
欧尔班·欧尔班·维克多（Orbán Viktor）	2003年5月至今	2010年至今任总理

资料来源：笔者自制。

（三）尤比克党[①]

1. 初创

尤比克党（匈牙利语：Magyarországért Mozgalom），俗称 Jobbik［匈牙利语（jobbik）］，是一个激进民族主义政党，宣称自己是"保守和极端爱国的基督教党派"，其根本目的是保护"匈牙利的价值观和利益"。自2014年以来，尤比克党开始重新定义自身，试图消除自身内部存在的有争议的因素（比如反犹太人），该党宣称代表所有匈牙利公民和人民，旨在建立现代的民族认同，反对沙文主义。值得注意的是，在2018年4月举行的匈牙利议会选举中，该党总共获得1090751票，得票率为19.81%，已经成为匈牙利议会第二大党。

尤比克党成立于2002年，由一群天主教和新教右翼青年大学生创立，并在2003年注册成为政党。科瓦奇·大卫（Kovács Dávid）成为首任党主席。2006年，尤比克党与另一个极右翼政党匈牙利正义与生活党组成了竞选联盟参加选举，只赢得了2.2%的选票。

2. 发展与内部冲突

在没有政治盟友的情况下，尤比克党独自参加了2010年和2014年的大选，取得了不俗的成绩。但该党内部始终存在"公共秩序与民族自卫"的矛盾。在21世纪初期公共秩序是匈牙利政治生活的重要议题之一，特别是在2006年，罗姆人在匈牙利东部村庄处死了一位匈牙利教师。这使

[①] 相关介绍参见 http：//www.jobbik.com/；Kovács，András，The Post-Communist Extreme Right：The Jobbik Party in Hungary. Right-Wing Populism in Europe：Politics and Discourse，London/New York：Bloomsbury，2013，pp. 223-234；https：//hvg.hu/english/20051017nationalistright.

人们开始质疑匈牙利警方是否具有维持匈牙利的法律和公共秩序的能力，右翼和保守主义政党试图单独建立一个"匈牙利卫队"。

2007年6月，在该党的支持下，"匈牙利卫队"成立，希望积极参与"加强民族自卫"和"维护公共秩序"，加强匈牙利的防灾和民防力量，支持和组织社会慈善事业。这一举措自始至终都伴随着激烈的政治辩论，部分党员认为党的行为不应当破坏匈牙利正常的公共秩序。2008年3月，三位领导人从党内辞职：第一位党主席科瓦奇·大卫，委员会主席纳吉·埃尔文（Nagy Ervin）和前道德委员会主席法利·马尔顿（Fári Márton）。

2009年7月，"匈牙利卫队"解散，因为法院认为其活动违反了匈牙利宪法保障的少数民族人权。此后，尤比克党试图转变自身，但一些激进分子认为这是对右翼的背叛。

3. 转变

在2014年议会选举之前，尤比克党试图转变为人民党，改变自身早期和过去的右翼激进因素。党的领导人沃纳·加博尔（Vona Gábor）宣称，尤比克党已从一个激进的右翼政党转变为一个温和的保守党、人民党。2016年，该党试图通过放弃部分激进意识形态、开除某些极端主义分子，让大众和外部更容易接受自身，重新塑造政党形象。同时，该党还成为欧尔班保守政府的主要反对者。但仍有许多左翼知识分子和公众人物表示，他们希望与"不民主的组织"保持距离。

当前，不少年轻人由于看不到生活的前景、生活条件下降和腐败现象频发，更加认同和欢迎尤比克党。自2014年以来，尤比克党也有意识地吸引失望的年轻人。根据2016年进行的一项调查，年龄在18—35岁的年轻人，有53%投票支持尤比克党。

4. 分裂

2018年议会选举后，党主席沃纳·加博尔辞职，因为他早些时候承诺，如果不能领导该党在选举中获胜就辞职。2018年5月，该党选举施耐德·塔玛什（Sneider Tamás）为主席，匈牙利媒体认为这是温和派政治家的胜利。但另一方面，在党主席竞选中失败（获得了46.2%的选票）的托罗斯考伊·拉斯洛（Toroczkai László）提出，他将成立一个更符合右翼政治的政党，恢复尤比克党原来追求的目标。2018年6月，托罗斯考伊·拉斯洛组建了自己的政党"我们的家运动"（Our Home Movement），正式从尤比克党中分离出来。

表Ⅰ-6-3　　　　　　　匈牙利尤比克党历任党主席

党主席	任期
科瓦奇·大卫（Kovács Dávid）	2003年10月—2006年11月
沃纳·加博尔（Vona Gábor）	2006年11月—2018年5月
施耐德·塔玛什（Sneider Tamás）	2018年5月至今

资料来源：笔者自制。

第三节　政治强人：欧尔班·维克多

欧尔班·维克多，出生于1963年5月31日，现任匈牙利总理，是1990年以来匈牙利三次连任总理的第一位政治人物，也是执政党青年民主主义者联盟的领导人。自2010年以来，欧尔班·维克多不仅修改了匈牙利宪法，还主导了匈牙利各个领域的政策制定和发展方向，是中东欧政治"向右转"的代表人物，也被称为匈牙利的政治强人。他的社会保守主义、国家保守主义、欧洲怀疑主义以及他提出的所谓"不自由国家"引起了国际社会的广泛关注。[①]

（一）从政之前

欧尔班·维克多出生在塞凯什白堡（Székesfehérvár）的一个农村中产阶级家庭，父亲欧尔班·久佐（Orbán Gyz）是一名企业家和农艺师。欧尔班·维克多是长子，他有两个弟弟，都是企业家。1981年，欧尔班·维克多毕业于塞凯什白堡的布兰卡、特莱奇（Blanka Teleki）高中。在完成两年兵役后，他在布达佩斯的罗兰大学学习法律。1987年毕业后，他在匈牙利农业和食品部下属的一个管理培训学院任职。1989年，欧尔班·维克多获得了索罗斯基金会奖学金，在牛津彭布罗克学院学习政治学。1990年1月返回匈牙利竞选国民议会议员。

（二）从政之初（1988—1998年）

1988年3月，欧尔班·维克多成为青年民主主义者联盟的创始成员之一，

[①] 欧尔班·维克多的生平介绍参见 http://www.parlament.hu/kepv/eletrajz/hu/o320.pdf；Paul Lendvai, *Orbán: Hungary's Strongman*, Oxford University Press, 2017.

担任该党发言人。该党的第一批成员大多来自罗兰大学,他们反对匈牙利社会主义工人党。欧尔班·维克多是这些激进学生中的重要人物之一。

1989年6月,欧尔班·维克多在布达佩斯英雄广场发表讲话,他在演讲中要求自由选举和苏联撤军。这次演讲给他带来了广泛赞誉。1989年夏天,他代表青年民主主义者联盟参加了反对派圆桌会谈。从英国回到匈牙利后,欧尔班·维克多在1990年议会选举中当选议员,并被任命为青年民主主义者联盟议会党团主席。

1993年4月18日,欧尔班·维克多成为青年民主主义者联盟主席,在他的领导下,该党从原来的古典自由主义和亲欧盟立场转向中右翼国家保守主义。这一转变使青年民主主义者联盟分裂。几位重要成员退党,不少人加入了自由民主联盟,后者最初是青年民主主义者联盟的强大盟友,后来成为政治对手。

在1994年的议会选举中,尽管欧尔班·维克多当选议员,但青年民主主义者联盟的成绩并不理想。1995—2003年,在担任党主席期间,欧尔班·维克多将公民党加到青民盟的名称中,即青民盟—匈牙利公民党(Fidesz-Magyar Polgári Párt)。

(三) 第一任总理任期(1998—2002年)

1998年,欧尔班·维克多与匈牙利民主论坛(MDF)和独立小农党等政党组成竞选联盟,以42%的得票率赢得选举。欧尔班·维克多也成为匈牙利第二年轻的总理。在他的领导下,新政府立即对国家行政进行改革,重组各部委,在经济领域建立了一个超级部门。欧尔班·维克多还加强了总理权力,并任命了一位新部长来监督其内阁的工作。在这一过程中,成千上万公务员被替换。欧尔班·维克多集中权力的做法引起了反对党的激烈抗议。反对派认为,欧尔班·维克多使议会立法效率和监督政府的能力降低了。欧尔班·维克多政府甚至试图修改国民议会的竞选规则,但宪法法院裁定这一行为违宪。

欧尔班·维克多领导的联合政府与反对派之间的关系逐渐恶化,他也放弃了寻求共识的所有尝试,不断让党内成员担任匈牙利主要机构的负责人。在其第一个执政期间发生了诸多事件,最终导致联合政府在2001年解体,欧尔班·维克多的第一个总理任期也惨淡收场。

在担任总理期间,欧尔班·维克多试图通过减税和社会保险缴款的经济政策，降低通货膨胀率和失业率。新政府的首批措施之一是取消大学学费并重新引入普遍的产假福利。欧尔班政府宣布打算继续实施前任政府的计划，并承诺缩小预算赤字。上届政府几乎完成了企业私有化，并启动了全面的养老金改革。然而，社会党尚未完成医疗保健和农业改革，这也是欧尔班·维克多第一个总理任期在经济社会领域的首要任务。在外交方面，1999年，匈牙利与捷克和波兰一起加入了北约，这使匈牙利获得了一定的安全保障。

（四）反对党领袖（2002—2010年）

2002年的议会选举是匈牙利十多年来最激烈的选举，也使该国形成了前所未有的政治文化——政治分裂。在竞选中，欧尔班·维克多的青年民主主义者联盟败给了社会党，后者与其长期盟友：自由民主联盟组建联合政府。2006年议会选举，欧尔班·维克多再次败给了社会党，但两次竞选失败并没有损害他在党内的地位。2007年，欧尔班·维克多再次当选青年民主主义者联盟的主席。

（五）第二任总理任期（2010年至今）

在2010年4月的议会选举中，欧尔班·维克多和青年民主主义者联盟赢得了52.73%的民众选票和2/3多数的议会席位，这使他有足够的权力修改宪法，使之朝向民族主义和保守主义转变，并将匈牙利的议会席位数从386个减少到199个。

在第二个总理任期内，欧尔班·维克多采取了更为激进的政策措施，使匈牙利政治逐渐转向右翼。这主要表现在以下三个方面。

第一，反对自由民主，加强管控，提出"互联网税"，等等。在他的第二个总理任期，不少民众曾多次抗议其相关政策，包括2014年11月在布达佩斯举行的反对拟议的"互联网税"的抗议活动。

第二，强烈的民族主义倾向。欧尔班·维克多曾说，"匈牙利人不会按照外国势力的命令生活"。在2015年欧洲难民危机期间，欧尔班·维克多下令建立匈牙利—塞尔维亚隔离墙以阻止非法移民入境，以便匈牙利可以登记从塞尔维亚抵达的所有移民。此外，欧尔班·维克多还采取了许多行动打击非法移民。

第三，普遍的欧洲怀疑主义认知。比如，在国内立法方面，欧尔班政府通过了"让匈牙利更加独立于欧洲中央银行"的中央银行法。

一些观察家认为，欧尔班·维克多融合了欧洲怀疑主义、民粹主义和国家保守主义等意识形态，其政治哲学通过不妥协地维护国家主权和不信任欧盟，回应普通民众尤其是农民和工人阶级的不满。欧尔班·维克多在2014年的公开演讲中具体阐述了他的政治观点。在演讲中，他否定了新自由主义，即古典自由主义理论，认为国家是组织、振兴甚至建构社会的手段。虽然国家尊重传统自由主义概念，如公民权利，但它被欧尔班·维克多称为"不自由"的国家，因为它将社区而不是个人视为基本政治单位。在实践中，欧尔班·维克多声称，这样一个国家应该促进国家自给自足、维护国家主权、守护家庭主义价值观、保障充分就业和保护文化遗产。欧尔班·维克多领导的2011年宪法改革特别被指控为集中权力、遏制公民自由、限制言论自由、削弱宪法法院和司法机构。然而，也有其他评论员指出，欧洲移民危机加上欧盟持续的难民问题和伊斯兰恐怖主义，使不少人赞同欧尔班·维克多的政策观念。

第四节 国民议会选举

自1990年以来，匈牙利总共进行了8次国民议会选举[①]（截至2018年，分别是1990年、1994年、1998年、2002年、2006年、2010年、2014年、2018年）。

（一）国民议会选举规则

以2012年选举改革为界限，匈牙利的国民议会选举规则有很大变化，1990年到2010年的6次选举与2014年和2018年的2次选举采用了不同的规则。

根据1990年宪法规定，匈牙利的选举制度采用比例代表制和单席位选区代表制的混合制。根据选举法，在国会386名议员中，176名议员由单席位地方选区选举产生，需要在第一轮选举中获得绝对多数的候选人才能当选正式议员；在无人过半数的地区，首轮选举中得票排在前三位或达

[①] 匈牙利的大选大致可以分为三个层面，一是国民议会选举、二是地方选举、三是欧洲议会选举（每5年一次）。这里主要介绍议会选举。相关数据参见 http://www.parliament.hu/en/web/house-of-the-national-assembly；http://www.nsd.uib.no/european_election_database/country/hungary/.

到 15% 的候选人之间于两周后进行第二轮选举 152 个席位，在比例代表制的基础上由 20 个多席位的州县选区选出，每个选区的代表数根据人口由 4 个到 28 个席位不等，在每个州县各政党提出其候选人名单，然后根据赢得的百分比分配席位；58 名议员在全国名单中选举产生。列入地区名单和全国名单的候选人都是由各政党推荐的党派代表，而只有得票率超过全国选票总数 4% 的政党才能列入地区名单和全国名单。匈牙利选举要求进行两轮投票：第一轮是投单席位地方选区的候选人，第二轮投票是从地区政党名单中选择。

而 2011 年的新宪法所通过定于 2014 年施行的国会选举法则规定，匈牙利国会共有 199 个议席，其中，106 个议席由个人选区直接选举产生，其余 93 个议席由进入国会的政党分配，之前的三方核心的选举体系（个人选区、区域名单和全国名单）变为一个两方核心体系（区域名单被废除），废除两轮投票制、区域与全国名单合并为"政党名单"（partylist）并大幅减少名额，单一选区反多于政党比例代表席次。这无疑有利于当前的执政党青年民主主义者联盟。

（二）历年选举结果

1. 1990 年议会选举

1990 年匈牙利议会选举是匈牙利在经历东欧剧变后的第一次议会选举，投票率为 65%，赢得 194 个席位即为议会多数，成为执政党。匈牙利民主论坛领导人安塔尔·约瑟夫（Antall József）成为新一届匈牙利总理。

2. 1994 年议会选举

1994 年匈牙利选举的最大特点是社会党以压倒性优势竞选成功，成为议会多数，获得单独组阁的权力，最终组建了获得议会 2/3 多数的政府。匈牙利民主论坛竞选失败的原因大体上可以被归结为，一是没有使匈牙利经济恢复正轨并取得稳定的增长；二是没有给民众和社会带来东欧剧变之前的社会安全感和秩序感；三是一些针对社会主义政策的改革，以及市场经济转轨带来的负面效应和针对所谓"共产主义受害者"的补偿，在某种程度上伤害了执政党和政府。社会主义党领导人霍恩·久拉（Horn Gyula）成为匈牙利新一任总理。

表 I-6-4　　　　　　　匈牙利 1990 年议会选举结果

政党	单一选区选举 得票	得票率	席位	比例代表制选举 得票	得票率	席位	国家席位	席位总数
民主论坛	1186791	23.9	114	1213820	24.7	40	10	164
自由民主联盟	1082965	21.8	35	1050440	21.4	34	23	92
独立小农党	529299	10.7	11	576256	11.7	16	17	44
社会党	504995	10.2	1	534897	10.9	14	18	33
基督教民主人民党	287614	5.8	3	317183	6.5	8	10	21
青年民主主义者联盟	235611	4.8	1	439448	9.0	8	12	21

资料来源：匈牙利议会，http：//www.parliament.hu/en/web/house-of-the-national-assembly。

表 I-6-5　　　　　　　匈牙利 1994 年议会选举结果

政党	单一选区选举 得票	得票率	席位	比例代表制选举 得票	得票率	席位	国家席位	席位总数
社会党	1689081	31.3	149	1781867	33.0	53	7	209
自由民主联盟	1005776	18.6	16	1066074	19.7	28	25	69
民主论坛	649966	12.0	5	633957	11.7	18	15	38
独立小农党	425482	7.9	1	476416	8.8	14	11	26
青年民主主义者联盟	416143	7.7	0	379295	7.0	7	13	20
基督教民主人民党	397887	7.4	3	379573	7.0	5	14	22

资料来源：匈牙利议会，http：//www.parliament.hu/en/web/house-of-the-national-assembly。

3. 1998 年议会选举

1998 年议会选举的最大特点是右翼政党的崛起，尤其是青年民主主义者联盟获得了议会多数席位，与独立小农党、极右翼政党匈牙利正义与生活党和匈牙利民主论坛组成中右翼联合政府，欧尔班·维克多出任总理。值得一提的是，匈牙利社会党仍旧获得了最多选票。

表 I-6-6　　　　　　　匈牙利1998年议会选举结果

政党	单一选区选举 得票	得票率	席位	比例代表制选举 得票	得票率	席位	国家席位	席位总数
社会党	1332412	29.8	54	1446138	32.2	50	30	134
青年民主主义者联盟	1161520	26.0	90	1263563	28.2	48	10	148
独立小农党	594099	13.3	12	617821	13.8	22	14	48
自由民主联盟	456032	10.2	2	353205	7.9	5	17	24
正义与生活党	249135	5.6	0	248832	5.5	3	11	14
民主论坛	137621	3.1	17	139934	3.1	0	0	17

资料来源：匈牙利议会，http://www.parlament.hu/en/web/house-of-the-national-assembly。

4. 2002年议会选举

2002年议会选举基本延续了1998年议会选举的态势，青年民主主义者联盟仍旧是议会第一大党，社会党仍旧获得了最多选票，但由社会党和自由民主联盟组建联合政府，社会党领袖迈杰希·彼得（Medgyessy Péter）出任总理。2002年议会选举延续了社会党和青年民主主义者联盟两党独大的态势。

表 I-6-7　　　　　　　匈牙利2002年议会选举结果

政党	单一选区选举 得票	得票率	席位	比例代表制选举 得票	得票率	席位	国家席位	席位总数
社会党	2277732	40.5	78	2361983	42.1	69	31	178
青年民主主义者联盟	2217755	39.4	95	2306763	41.1	67	26	188
自由民主联盟	380982	6.8	2	313084	5.6	4	13	19

资料来源：匈牙利议会，http://www.parlament.hu/en/web/house-of-the-national-assembly。

5. 2006 年议会选举

2006 年议会选举仍旧是社会党和青年民主主义者联盟两党独大,但社会党赢得选举,再次与自由民主联盟组建联合政府,这是 1990 年以来匈牙利议会政党第一次在议会选举中连胜,社会党领袖久尔恰尼·费伦茨(Gyurcsány Ferenc)出任总理。

表 I-6-8　　　　　　　匈牙利 2006 年议会选举结果

政党	单一选区选举 得票	得票率	席位	比例代表制选举 得票	得票率	席位	国家席位	席位总数
青年民主主义者联盟	2269241	42.0	68	2272979	42.1	69	31	178
社会党	2175312	40.3	98	2336705	41.1	67	26	188
自由民主联盟	340746	6.3	3	351612	5.6	4	13	19
匈牙利民主论坛	238566	4.4	0	272831	5.0	2	9	11

资料来源:匈牙利议会,http://www.parliament.hu/en/web/house-of-the-national-assembly。

6. 2010 年议会选举

2010 年议会选举是 2008 年国际经济危机爆发后匈牙利举行的第一次议会选举,从选举结果看,这是匈牙利政坛向右急转的最明显标志。在第一轮选举中,青年民主主义者联盟获得了绝对多数,可以独立组建政府,在第二轮选举中,青年民主主义者联盟又联合基督教民主人民党获得了可以修改宪法的 2/3 以上绝对多数,这更加意味着匈牙利"向右转",欧尔班·维克多再一次出任匈牙利总理。

7. 2014 年议会选举

2014 年议会选举是匈牙利修改宪法之后进行的第一次选举,青年民主主义者联盟——基督教民主人民党仍旧维持了自身在议会中的统治地位,欧尔班·维克多连任匈牙利总理。

表Ⅰ-6-9　　　　　匈牙利2010年议会选举结果

政党	单一选区选举 得票	得票率	席位	比例代表制选举 得票	得票率	席位	国家席位	席位总数
青年民主主义者联盟—基督教民主人民党	2703857	52.7	87	2729327	53.4	173	3	263
社会党	989609	19.3	28	1087097	21.3	2	29	59
尤比克党	854745	16.7	26	835841	16.4	0	21	47
不一样的政治	382991	7.5	5	258078	5.1	0	11	16

资料来源：匈牙利议会，http://www.parliament.hu/en/web/house-of-the-national-assembly。

表Ⅰ-6-10　　　　　匈牙利2014年议会选举结果

政党和联盟	政党席位 得票	得票率	席位	议员席位 得票	席位	席位总数
青年民主主义者联盟—基督教民主人民党	2264780	44.87	37	2165342	96	133
团结（Unity，由匈牙利社会党领导）	1290806	25.57	28	1317879	10	38
尤比克党	1020476	20.22	23	1000637	0	23
不一样的政治	269414	5.34	5	244191	0	5

资料来源：匈牙利议会，http://www.parliament.hu/en/web/house-of-the-national-assembly。

8. 2018年议会选举

2018年议会选举在某种程度上更像是前两次议会竞选的翻版，青年民主主义者联盟—基督教民主人民党取得"三连胜"，欧尔班·维克多仍旧出任总理，并且将议题集中于移民问题与民族"独立"问题，这被不少人视为欧洲右翼民粹主义的一次胜利。

表 I-6-11　　　　　　　　匈牙利2018年议会选举结果

政党和联盟	政党席位			议员席位		席位总数
	得票	得票率	席位	得票	席位	
青年民主主义者联盟—基督教民主人民党	2824551	49.27	42	2636201	91	133
尤比克党	1092806	19.06	25	1276840	1	26
社会党	682701	11.91	12	622458	8	20
不一样的政治	404429	7.06	7	312731	1	8
民主联盟	308161	5.38	6	348176	3	9

资料来源：匈牙利议会，http：//www.parlament.hu/en/web/house-of-the-national-assembly。

第五节　近期政治生态的主要特征

（一）"民主衰退"和欧尔班政府权力的加强

现今，不少观察家和学者将匈牙利视为中东欧国家偏离欧盟主流价值观和民主制度的代表，尤其是2010年匈牙利议会选举以来，欧尔班政府毫不犹豫地对匈牙利政治制度进行了一系列重大改革："欧盟历史上从未有过成员国的选举导致政治、行政、法律等诸多领域，在如此短的时间内实现如此规模的变革。"[1] 在不少人看来，这是一次"投票箱的革命"，相当于"宪法政变"。[2] 西方著名民主制度评价机构自由之家对匈牙利民主制度的评价不断走低，该机构认为，2010年至2016年，匈牙利在自由度下降最多的国家中排名前十，在欧盟国家自由度排名倒数第一。[3]

综合现有的国外研究来看，对于匈牙利当前的政治样态，人们并没有

---

[1] Nick Sitter, Absolute Power? Hungary Twenty Years after the Fall of Communism, in Elisabeth Bakke and Ingo Peters ed., *Twenty Years after the Fall of the Berlin Wall*, Berlin: Berliner Wissenschafts-Verlag, 2011. Körösényi and Patkós, Variations for Inspirational Leadership: The Incumbency of Berlusconi and Orbán, Parliamentary Affairs, No. 70, 2017.

[2] Ágh Attila, The Triple Crisis in Hungary: The "Backsliding" of Hungarian Democracy after Twenty Years, *Romanian Journal of Political Science*, No. 1, 2013.

[3] 参见 Freedom House, Freedom in the World 2018, http://freedomhouse.org/report/freedom-world/freedom-world—2018。

共识，且说法多种多样，例如，有人认为匈牙利是一个"专制国家，是独裁的开始"；有人认为，匈牙利正向"半独裁"迈进；有人认为匈牙利是"民选的专制"国家；有人认为，匈牙利是一个"混合政权，民主和专制实践的混合体"，"在自由民主与全面威权主义之间的灰色地带某个地方"；还有人认为，匈牙利正在经历"民主的倒退"，是"民粹主义民主"，"选择性民主"，和民主的"缩小"形式。① 在所有与民主有关的形容词中，"非自由"是最常见的。

这就需要解决三个层面的问题，一是如何定义自由民主；二是什么是"民主有缺陷的国家"；三是匈牙利发生变化的原因。

1. 自由民主与匈牙利"民主衰退"的表现

民主不单纯是一个投票和选举问题，认为匈牙利"民主衰退"的相关学者认为，民主概念应有三个维度：一是纵向合法性；二是横向责任与法治；三是有效政府。② 垂直合法性涉及公民与统治者之间的选举、被选举和政治权利的关系。横向责任包括宪政和问责制。有效的政府意味着被选举出来的代表应真正掌握权力，其决定具有权威性。这实际上是一种嵌入式民主的概念，其中蕴含五个因素：选举、政治参与权、公民权利、横向问责制和有效政府。正是根据这种嵌入式的民主概念，贝塔斯曼（the Bertelsmann Transformation Index，BTI）和自由之家设定了相关指标评价匈牙利的民主制度，从中可见，匈牙利的评分不断下降。③

表 I-6-12　　匈牙利 10 年民主指数（2006—2016，BTI）

BTI 指数	2006	2008	2010	2012	2014	2016
自由选举	10	10	10	9	9	7
集会权	10	10	10	9	9	7

---

① 相关评价可参见 Matthijs Bogaards, De-democratization in Hungary: Diffusely Defective, Democratization, Vol. 25, 2018。

② Wolfgang Merkel, Eingebettete und Defekte Demokratien, In Zeitgenössische Demokratietheorie, Band 2: Empirische Demokratietheorien, edited by Oliver Lembcke, Claudia Ritziand Gary Schaal, Wiesbaden: Springer VS, 2016, pp. 455 – 484.

③ 参见 BTI, Hungary Country Report 2016, https://www.bti-roject.org/fileadmin/files/BTI/Downloads/Reports/2016/pdf/BTI_2016_Hungary.pdf; https://freedomhouse.org/report/freedom-world-aggregate-and-subcategoryscores.

续表

BTI 指数	2006	2008	2010	2012	2014	2016
言论自由	10	10	10	8	7	6
司法独立	9	9	9	8	7	6
公民权	9	10	9	8	8	8
权力分立	10	10	10	7	6	5
滥用职权的惩罚	8	8	8	8	8	7
权力的有效治理	10	10	10	10	10	10
民主地位	9.40	9.35	9.25	8.35	7.95	7.60
自由之家指数	2006	2008	2010	2012	2014	2016
选举进程	12	12	12	12	12	9
政治多样性和政治参与	15	15	15	15	15	15
集会自由	12	12	12	12	12	11
言论自由	16	16	16	15	15	13
个人自治权和个人权利	14	14	14	14	14	13
法治	13	13	12	11	11	10
政府功能	10	10	10	9	9	8

资料来源：贝塔斯曼基金会：《2016年匈牙利国别报告》，https：//www. bti - roject. org/fileadmin/files/BTI/Downloads/Reports/2016/pdf/BTI_2016_Hungary. pdf。

不依赖于总得分和平均分，BIT和自由之家往往根据其中的相关指数设定最低值来评价一个国家民主和专制与否，根据数据来看，尤其是选举和权力分立的分数下降，匈牙利才被认为是"有缺陷的民主国家"。这一缺陷在西方学者看来[1]，在民主概念的三个维度、五大元素上表现得十分明显。

---

[1] 参见 Matthijs Bogaards, De-democratization in Hungary: Diffusely Defective, Democratization, Vol. 25, 2018。

表Ⅰ-6-13　匈牙利10年民主指数（2006—2016，freedomhouse）

自由之家指数	2006	2008	2010	2012	2014	2016
选举进程	12	12	12	12	12	9
政治多样性和政治参与	15	15	15	15	15	15
集会自由	12	12	12	12	12	11
言论自由	16	16	16	15	15	13
个人自治权和个人权利	14	14	14	14	14	13
法治	13	13	12	11	11	10
政府功能	10	10	10	9	9	8

表Ⅰ-6-14　匈牙利民主制度评价

三个维度	五大元素	标准	匈牙利的缺陷	民主缺陷评价
纵向合法性	选举	积极、自由、公平选举	1. 新选举法有利于执政党 2. 议会选举委员会被执政党掌控	排外的民主
	政治参与权利	集会、言论和出版自由	1. 反对NGO 2. 政府掌控媒体	排外的民主
横向责任与法治	公民权	各领域对个人权利的保护和人人平等	1. 任人唯亲与腐败 2. 民族主义倾向严重	不自由的民主
	问责制	问责制与分权	1. 政府掌控的有限议会 2. 政府掌握司法机构 3. 宪法法院独立性下降	委任式民主
有效政府	有效政府	被选举的官员掌握真实的权力	有利于保护执政党权力	有限领域的民主

资料来源：Matthijs Bogaards, De-democratization in Hungary: Diffusely Defective, Democratization, Vol. 25, 2018。

2. 匈牙利"民主衰退"的原因

一些西方学者提出，出现"民主缺陷"主要有五方面原因：（1）社会经济发展和现代化；（2）社会文化因素；（3）前政权类型和过渡方式；

(4) 国家特征和国家建构方式;(5) 国际因素。① 基于该理论,大体上可以将欧尔班政府不断连任和匈牙利"民主衰退"的原因归结为以下几点。

首先,匈牙利出现"民主衰退"源于经济社会发展过程中出现的不平等现象,以及频繁出现的社会分裂问题;其次,前政权甚至现政权在社会资源上的分配不均等;再次,匈牙利并没有很长的民主传统,欧尔班·维克多又是一个强势总理和领袖;最后,匈牙利与欧盟的关系也是其偏离"主流"的原因。

实际上,在2010年之前,匈牙利实施民主制度不过20年,旧制度的变革和新的政治—经济关系的建立,使失去"国家强权"的匈牙利较难应对系统、平行、复杂和多维的变革。其中,经济、政治和社会变革容易具有截然不同的进程、指导思想和理论,甚至会出现彼此对立与相互否定的情况。在经济领域,从计划经济向市场经济深刻而快速地转变,容易产生社会矛盾、高失业率和社会分化,匈牙利"年轻"的民主往往是"弱民主",无法以"负责任"的方式使这一转变平稳进行,从而不得不为市场化和民主化付出一定代价。同时,参与式、内嵌式民主不仅没有完善,到2010年,人们对民主化的期盼反而落后了。"人们对四分之一世纪的发展感到失望","这种民主给匈牙利社会带来了贫困和不安全感"②,这在一定程度上使不少民众转向认同"强政权"。

另一方面,"民主缺陷"出现的原因还在于,在匈牙利的政党发展进程中,随着社会党的分裂和两党制在事实上的解体,匈牙利的民主反对派出现"权力真空"。同时,极右翼和左翼在事实上难以联合,也较难影响欧尔班政府和青年民主主义者联盟的地位。当前,青年民主主义者联盟已经成为影响匈牙利的主要政治力量,其政治组织逐步掌控了匈牙利的大部分经济、社会、政治和文化部门③。凭借非正式组织,它还渗透到整个社会,包括从经济到媒体的所有部门④。因此,青年民主主义者联盟不仅是

---

① Wolfgang Merkel, Hans-Jürgen Puhle, Aurel Croissant, Claudia Eicher, and Peter Thiery, Defekte Demokratie: Band 1: Theorie, Opladen: Leske & Budrich, 2003.

② 参见 Attila Ágh, The Decline of Democracy in East-Central Europe, Problems of Post-Communism, No. 5 – 6, 2016.

③ 同上。

④ 参见 Bajomi-Lázár, Péter, The Party Colonisation of Media: The Case of Hungary, *East European Politics and Societies*, No. 3, 2013。

一个政党，它也已经成为一个在各领域存在的、复杂的、包罗万象的、组织良好的行动者，具有强固的等级结构的政党代表和组织，并由富有个人魅力的领导者统治。

最后，欧盟的一些价值观和行为引起了不少中东欧国家民众的反感，例如难民问题、移民问题、民族认同和价值观问题，等等。这使欧尔班政府能够利用这一情绪，与欧盟主导的政策和价值观相对抗，从而提高自身支持率，这反过来又加强了"民主衰退"的趋势。

（二）极右翼政治的崛起及其原因

当前，除了欧尔班政府加强自身权力和所谓的"民主衰退"外，匈牙利政治生态呈现的第二个重要特征就是右翼政治的崛起，在一些观察家看来，尤比克党（Jobbik）是当代欧洲最成功的极右翼组织之一。[1]

尤比克党的崛起，在很大程度上得益于年轻人的支持，其中的原因在于，匈牙利社会的亚文化表现了社会运动和政党之间的潜在联系，这是极右翼青年激进主义的滋生地。而这一亚文化和尤比克党的诉求主张存在重叠之处。基层动员同样也发挥了核心作用。同时，反罗姆人和反腐败运动将民族主义、仇外心理和反政治民粹主义元素结合起来，形成了一种政治—社会"共振"，这些都是极右翼政治在匈牙利崛起的原因。

1. 亚文化

匈牙利极右翼长期以来一直活跃在议会外，在尤比克党崛起之前，极右翼亚文化由成千上万年轻人组成，但通常受到组织能力和政治边缘化的限制，发展和普及程度有限。

民族摇滚音乐在极右翼的自我联合和自我确证中，起着至关重要的作用，这些乐队所涵盖的主题通常是恢复民族荣耀和民族复兴主义，强调与居住在邻国的匈牙利人的兄弟情谊，并表达对中世纪匈牙利的"辉煌岁月"的怀念。[2] 这些歌曲描绘了匈牙利民族受到外部势力的威胁，尤其是

---

[1] 参见 Andrea L. P. Pirroa and Dániel Rónab, Far-right Activism in Hungary: Youth Participation in Jobbik and Its Network, *European Societies*, Vol. 20, 2018; Philipp Karl, Hungary's Radical Right 2.0, *Nationalities Papers*, No. 3, 2017; Vassilis Petsinis, The "New" Far Right in Hungary: A Political, Psychologist's Perspective, *Ournal of Contemporary European Studies*, No. 2, 2015.

[2] Andrea L. P. Pirroa and Dániel Rónab, Far-right activism in Hungary: Youth Participation in Jobbik and Its Network, *European Societies*, Vol. 20, 2018.

全球化以来所谓外国势力以及罗姆人、犹太人在内的各种外部族群。对此，这些年轻人不断呼吁采取行动。通过摇滚乐，上述因素往往使"年轻人能够获得自豪感"。①

这些乐队有时甚至是新纳粹乐队经常在尤比克党组织的集会上演出。② 除了提供音乐场地以外，尤比克党还组织了自己的青年论坛和营地，经常邀请上述乐队参与演出。总的来说，尤比克党投入了大量资源来吸引匈牙利青年，大多数党内成员认为，类似的投资是尤比克党的首要任务。③

2. 互联网

极右翼活动的重要阵地之一是互联网。根据匈牙利媒体机构的报道，即使在2010年进入议会之后，尤比克党在主流媒体中的支持者仍不多。④ 因此，互联网是极右翼，特别是尤比克党不可或缺的推广工具。匈牙利极右翼组织活动的重要互联网平台是 kuruc.info，一个具有明显种族主义和反犹太主义内容的网站，每天能够吸引 60000—80000 名用户。根据相关研究者的调查，在许多人的认知当中，kuruc.info 是唯一可靠的信息来源，代表着被主流媒体隐藏的真相。⑤ Kuruc.info 等网站有助于"另类"社会观的养成，并提升尤比克党的支持率。

尤比克党和其他极右翼组织也热衷于在"脸书"上活动。尤比克党的"脸书"关注者比匈牙利的其他任何一个政党都多。尤比克党的青年组织拥有的粉丝比其他政党的青年组织都多。互联网和社交媒体显然使尤比克党在年轻群体中更受欢迎，因为匈牙利青年更容易使用互联网，特别是"脸书"，这也是他们获取政治信息的主要（甚至是唯一的）来源。

---

① M. Feischmidt and G. Pulay, Rocking the Nation: The Popular Culture of Neo-nationalism, *Nations and Nationalism*, No. 2, 2017.
② 参见 https://444.hu/2014/05/01/magyarorszag-legnemzetibb-rockegyutteseia-jobbik-kedvenc-hazizenekarai；http://magyarnarancs.hu/belpol/vonagabor-neppartosodasa-az-egeszseges-fejborrel-105411。
③ Andrea L. P. Pirroa and Dániel Rónab, Far-right Activism in Hungary: Youth Participation in Jobbik and Its network, *European Societies*, Vol. 20, 2018.
④ 参见 http://nmhh.hu/szakmaierdekeltek/mediafelugyelet/politikai-szereplok-mediahasznalata。
⑤ Andrea L. P. Pirroa and Dániel Rónab, Far-right Activism in Hungary: Youth Participation in Jobbik and Its network, *European Societies*, Vol. 20, 2018.

3. 通过基层组织和动员吸引年轻人

通过亚文化和互联网，仅仅是尤比克党将其政治诉求社会化的"文化"工具，对于自身来说，针对年轻人的基层组织和动员是其成功之处。①

尤比克党对基层动员和对年轻群体的重视，引起了匈牙利青年的共鸣。根据尤比克党全国青年组织领导人的说法，年轻化是尤比克党的一个主要特征，其中一半的成员年龄低于 18 岁，党员年龄多在 16—35 岁。根据调查，20—22 岁就可以算尤比克党中的资深成员。调查显示，与其他（即非尤比克党）学生相比，年轻的尤比克党的活动家们并不热衷于其他工作，也较少经历恋爱关系，因此有更多的时间精力投入到政党活动中去。同时，除了尤比克党之外，他们在主客观层面都不太愿意成为其他民间协会的成员。不能忽视的是，除了尤比克党之外，愿意参与政治的青年几乎也没有其他选择。

在政党组织建设层面，年轻党员大多认为，活动频繁而且政党各个层面的领导人都会与普通党员共同组织、参与活动，这容易让人感受到与领导层的亲切以及自身得到的重视，从而获得更好的参与感。

根据调查，尤比克党的典型支持者是年轻男性，并且具有很强的独立性和排他性，但另一方面，年轻化也容易导致"疲劳"和"祛魅"，特别是随着年龄的增长和阅历的增加，个体的理性思维会不断发展。经过多年的政治活动，人们容易变得疲惫不堪。25—27 岁及以上的党员，往往容易成为"强迫性狂热者"。

在意识形态建设层面，尤比克党往往也在起主导作用。持反罗姆人、民族主义、欧洲怀疑论主义等思想的学生更有可能加入尤比克党，其激进主义对持共同目标和世界观人们的发展呈现正相关。但另一方面，一些新党员在入党之后很少意识到所谓的意识形态因素。相反，他们通过政治参与变得具有并认同相关意识形态。

（三）政治社会的主要诉求：反资本主义和民族主义

欧尔班政府和极右翼政党的崛起，在很大程度上是因为 2008 年国际经济危机造成的不平等，以及经济转轨中社会资源分配的不公平，二者互

---

① 详细内容可参见 Andrea L. P. Pirroa and Dániel Rónab, Far-right Activism in Hungary: Youth Participation in Jobbik and Its network, *European Societies*, Vol. 20, 2018.

为表里，共同发展。加之全球化进程中的普遍问题，如移民、局部冲突带来的难民问题，更加剧了本来就存在的社会撕裂和民族问题。从而在现今的匈牙利社会中造成了反资本主义和民族主义为主的政治社会诉求。

1. 反资本主义

匈牙利政治社会的特殊性在于，"改旗易帜"后的左翼政党社会党，并没有秉持一般左翼的立场，反而走向新自由主义，认同自由市场和自由民主，推行激进的市场经济转型。另一方面，保守主义政党、"民主反对派"和中右翼政党却认同国有化、国家管控等原本属于社会主义的议题。这就使当前匈牙利政治社会形成了一个独特的现象，中右翼和极右翼政党，往往持反对民主价值观、反对新自由主义—资本主义等立场，这在当前的匈牙利国内外大背景下获得了不少民众的支持。以尤比克党为例，可以明显观察到这一现象。

有研究认为[①]，在所谓民族主义、民粹主义和反罗姆人情绪的背后，尤比克党是以解决新自由主义和资本主义全球化引发的贫困、去福利化和紧缩问题为核心的。该党前领袖沃纳·加博尔认为，尤比克党是一个试图将"匈牙利国家变成最勇敢地反对全球资本主义的国家"的政党。[②] 这尤其体现在其2010年以来历次选举纲领之中。

作为极右翼政党，尤比克党似乎却更像左翼：它从民族主义者的角度关注经济问题，认为这是民族国家面临的最大威胁。这往往也是极右翼与欧尔班政府具有的共同点。如果极右翼建立起了解决经济问题的强大话语，那么它就可以获得相当多的选民支持并挑战执政党。

尤比克党认为，如果他们要获得更多的支持，就应当依靠经济问题，它声称代表某些"失意者"群体（例如失业者）发言，如那些对国家和经济发展方向心存不满的人。

从2013年开始，尤比克党调整了选举策略，并着手调整自我形象，提出夺取政权的合理策略取决于获得"中间选民"的支持，使自己成为"人民党"，尤比克党已经淡化了其言论中最具争议性的方面。此后，尤

---

① Mihai Varga, Hungary's "Anti-capitalist" Far-right: Jobbik and the Hungarian Guard, *Nationalities Papers*, No. 5, 2014.

② 参见 Mihai Varga, Hungary's "Anti-capitalist" Far-right: Jobbik and the Hungarian Guard, *Nationalities Papers*, No. 5, 2014。

比克党将其政治计划放在对经济的强烈关注上，表明对民族生存的最大威胁来自贫困、缺乏就业和社会保护。而造成这些恶果的原因在于外国势力及其盟友干预匈牙利政治经济议题。

这恰恰是尤比克党不同于其他极右翼政党的特点所在，这可以追溯到该党在 2006 年公布的长达 13 页的政治计划①中。尤比克党在其中首先强调了经济的中心性，并且用 2 页反对资本主义全球化，批判新自由主义，认为当前匈牙利不需要新自由主义的伪民主，这只会在自由竞争的幌子下将社会分成少数富人和多数穷人。有原则的民主国家，应当使民主中起到防御作用，使国家成为发展的主导力量。

尤比克党提出的解决方案是，国家应在经济中发挥更大作用，使"货币政策从属于国家利益"、使经济部门国有化、扩大福利（最重要的是国有化私人养老基金，撤回对跨国公司的支持，并将其扩展到"匈牙利中小企业"，在跨国公司实施工会化，等等）。这份计划中共有 11 个要点，其中有 5 个涉及经济问题。2010 年，尤比克党的竞选纲领更为复杂，但包含的想法不变：主要关注经济和贫困，解决方案是增大国家在经济中的作用。此外，尤比克党还总结了匈牙利需要解决的三大主要问题，并提供了自己的替代性方案。一是"国际社会"和欧盟大国对匈牙利经济的侵蚀，使匈牙利日趋衰落；二是"外债陷阱"。"国际社会"将匈牙利变成"易受攻击的猎物"，是"国际商业和欧盟"的一个环节；三是最严重的问题，和前两个问题紧密相连："人口陷阱"：总生育率下降加上罗姆人生育率的提高、威胁国家的社会道德败坏和腐败问题，使社会逐渐走向"犯罪化社会"。

这表明，右翼的民族主义立场在于：失去主权和增加债务带来了很大风险，可能导致贫困，这有利于支持对匈牙利民族有威胁的族裔的崛起。

2. 民族主义

在国内外大背景下，匈牙利政治向右转的主要原因，除了经济社会不平等以外，无法回避的话题就是民族主义。根据波兰尼的"钟摆理论"，当社会整体从繁荣走向危机时，就容易从市场主导转向社会和国家主导，

---

① 参见 Mihai Varga, Hungary's "Anti-capitalist" Far-right: Jobbik and the Hungarian Guard, *Nationalities Papers*, No. 5, 2014。

进而使人们反思资本主义和自由市场带来的负面影响。这尤其表现在以下几个方面：第一，全球化和丧失民族文化特征；第二，社会不平等和福利国家的萎缩导致"国家和民族"优先的情绪出现；第三，对国际社会（欧盟）的"民主赤字"感到失望；第四，对移民和"不可靠"少数群体的恐惧。

根据一些社会学调查研究发现，匈牙利公众中存在相当多的仇外心理。[①] 然而匈牙利的移民比例仍然很低。因此，反移民言论和仇视伊斯兰教并不构成匈牙利民族主义的主要组成部分。匈牙利的民族主义主要表现在四个层面，一是复兴匈牙利历史的辉煌；二是打击几个世纪以来一直居住在匈牙利的少数民族，比如罗姆人；三是维护居住在境外和属于他国公民的匈牙利族裔的利益；四是认为国家资源（例如福利政策）应给予忠诚、诚实和勤奋的匈牙利人。

在这四个层面中，比较吸引大众的往往是打击罗姆人等少数群体的权利和维护境外匈牙利人的利益。对外，他们往往认为，匈牙利进入欧盟但不属于欧洲，尤其是欧盟并没有解决匈牙利族裔的生存问题。不少匈牙利人将他们对文化和民族认同丧失的不安全感与欧盟、全球化联系起来。对外，所谓的"吉卜赛（罗姆人）犯罪"、政治腐败和个人福利丧失等其他不安全感相结合，共同塑造了匈牙利的民族主义。与此同时，浪漫的民族主义仍然对民众有一定的吸引力。

从中也可以认为，这种民族主义不同于19世纪、20世纪所谓的民族解放运动，其本质是在一种还未把解放全人类作为目的的生产力发展方式陷入危机之后，民众在心理和情绪上的反映。这一标准和信念是不稳定的。但这为中右翼政治提供了土壤，塑造了近十年匈牙利民族主义的政治文化、参与政治的社会心理和新的政治合法化的标准。

综上所述，匈牙利政治生态的现状和未来发展具有如下三个主要特征：

第一，总体形势保持稳定。2018年，欧尔班·维克多再次出任匈牙利总理，这表明，欧尔班政府的相关政策措施获得了民众支持。"当下西

---

① U. Korkut, The Migration Myth in the Absence of Immigrants: How Does the Conservative Right in Hungary and Turkey Grapple with Immigration? Comparative European Politics, No. 6, 2014, http://cps.ceu.hu/publications/policy-researchreports/tolerance-and-cultural-diversity-discourses-hungary—2011.

欧由于难民危机和恐怖主义势力导致的各类事件频发，匈牙利选民逐渐意识到了难民可能给本国带来的安全隐患，因此对于选民而言，虽然欧尔班在之前八年的执政期间，不断出现腐败等丑闻，但是强硬有效应对难民的措施更为重要。"① 另一方面，反对派尽管抛弃了"左右之争"，但是较难达成一致，无法推选出联合候选人以制衡欧尔班·维克多。因此，从总体上看，至少在欧尔班·维克多的下个四年任期内，匈牙利政治大方向将保持不变，政治形势较为稳定。

第二，与俄罗斯、中国维持良好关系。"与匈牙利在欧洲的特立孤行相伴随的是匈牙利的向东方开放政策，积极与俄罗斯、哈萨克斯坦、韩国等东方国家改善关系。"② 中国在这一政策中同样扮演着重要的角色。中匈双边关系在2017年5月已经提升至全面战略伙伴关系。因此可以说，在未来四年内，匈牙利将是中国在"一带一路"倡议中较为稳定的合作伙伴。

第三，稳定中暗藏的政治风险。从近几年匈牙利政治生态体现的特点来看，主要存在三方面风险，值得警惕。一是，欧尔班·维克多和青民盟一家独大，集权倾向明显，内部隐藏"动乱"危险。民众不仅抗议修改《宪法》，还对欧尔班·维克多政府的腐败不满。对于欧尔班·维克多提出的"互联网税"、削减福利以及限制言论自由等政策，不少年轻人都喊出了"结束欧尔班时代"的口号。二是，匈牙利政治明显向右转，不断挑战欧洲和西方主流价值观，民族主义思潮不断涌现。类似"要匈牙利人的匈牙利"等口号，使匈牙利民众可能抵制任何损害匈牙利民族利益的行为。三是，匈牙利向东转的战略，容易引起美国、欧盟和北约的警惕。在积极发展与匈牙利关系的同时，也需要注意复杂多变的国际关系。

---

① 马骏驰：《2018年匈牙利大选与未来匈政治与经济走向》，https：//baijiahao.baidu.com/s？id=1598260515908103432&wfr=spider&for=pc。

② 徐亮：《"一带一路"投资政治风险研究之匈牙利》，http：//opinion.china.com.cn/opinion_86_129286.html。

第七章 宗教文化研究

在宗教信仰方面，基督教一直都是匈牙利最主要的宗教，有一半以上的国民信仰基督教。其中，信仰天主教的信徒群体最多，加尔文宗次之，第三为路德宗。此外，匈牙利还有一批数量可观的信奉正教（包括东正教与希腊正教）的信徒群体，主要为该国的少数民族，包括罗马尼亚族人、塞尔维亚族人、乌克兰族人等。另外，匈牙利还有一部分国民信仰犹太教，和少部分穆斯林。目前，匈牙利的信教群体开始出现减少的趋势，越来越多的国民表示自己没有宗教信仰。鉴于匈牙利的年轻人群体对宗教信仰的兴趣不高，预计未来匈牙利的信教人数会进一步降低。

第一节 匈牙利的民族情况

（一）匈牙利国名的起源

匈牙利在匈牙利语中被叫作 Magyarország，在英语中被称为 Hungary。前者很显然来源于匈牙利最主要的民族马扎尔族人（magyar，匈牙利语为 magyarok。又被称为匈牙利族人），由 magyar 和 ország（匈牙利语：国家）两个词构成。① 但关于匈牙利英文的来源则存在两种不同的假说。

第一种假说认为 Hungary 一词来源于匈人（Huns）。匈人是一个最初生活在欧亚大陆的游牧民族。他们于4世纪西迁到了东欧，并入侵东、西罗马帝国。在依次灭亡了北高加索的阿兰国、东哥特人之后，匈人又于378年在阿德里安堡（Adrianople）打败罗马皇帝瓦伦斯（Valens），由此

---

① György Balázs, Károly Szelényi, *The Magyars: the Birth of a European Nation*, Corvina, 1989, p. 8.

动摇了罗马的根基。随后，匈人再征服了北方的诸日耳曼部落，并夺取了潘诺尼亚平原（Pannonian Plain）。① 而罗马帝国时期，今天的匈牙利西部曾为潘诺尼亚行省的一部分。罗马帝国灭亡后，各民族陆续地迁移至此，如阿瓦尔人、斯拉夫人等。其中也包括罗马帝国的征服者匈人。因此，很多人认为英语 Hungary 以及拉丁语 Hungaria 中的 Hun 便来自曾经征服潘诺尼亚的匈人。另外，18 世纪，法国历史学家约瑟夫·德金（Joseph de Guignes）提出认为匈人就是中国史书记载中的匈奴人的观点，② 一部分学者，如德国学者夏德、中国学者章太炎等也支持这一论点。这是因为：第一，北匈奴西迁和三百年后在欧洲出现的匈人时间上吻合；第二，"匈奴"的"匈"跟"匈人"的发音"Huns"，音韵上非常接近；第三，中国记载匈奴灭奄蔡而欧洲也记载匈人灭阿兰王国（古称奄蔡）。此外，根据罗马有关史料的记载，匈人身材矮壮、圆头、平鼻、小眼睛。由此可以推测匈人同匈奴人属蒙古人种。并且，匈人在祭祀天地鬼神、崇拜日月、歃血为盟、脱帽致谢等方面与匈奴人存在一定的相似性。然而，目前有关匈人和古代位于中国大陆的匈奴人是否有血缘关系或系同一民族尚无定论。

第二种假说认为 Hungary 之名来自欧诺古尔（Onogur）人的推论。Onogur 一词被认为是突厥语。9 世纪，马扎尔族人遭到另一支游牧民族"佩切捏格人"（Pecheneg）的入侵而转入巴尔干地区。参与这次迁徙的有七部马扎尔人以及三部卡扎尔人（Khazar），他们被称为"突厥十部"，又称为"十箭十回纥"。在突厥语里，"On"的意思为"十"，而 On 和 ogur 分开就是"十支箭"的意思。③ 由于马扎尔人在中亚与突厥人频繁接触，受到强烈的影响，其语言成分中引进了许多突厥语。因此，历史上很多欧洲国家，如拜占庭的史书经常将马扎尔人称为突厥人（Turk）或是欧诺古尔人。不仅仅是匈牙利的英语名称 Hungary，其德语名称 Ungarn、法语名称 Hongrois，以及意大利语名称 Ungheresi 等都被认为源自 Onogur 一

---

① Thompson, E. A., *A History of Attila and the Huns*, Oxford University Press, 1948.
② Joseph de Guignes: *Histoire générale des huns, des turcs, des mogols, et des autres tartares occidentaux*, Chez Desaint & Saillant, 1756 – 1758.
③ Peter F. Sugar, ed. *A History of Hungary*, Indiana University Press, 1990, p. 9.

词。① 不过，由于突厥语属于阿尔泰语系，而匈牙利语属于乌拉尔语系，因此有学者认为他们之间并无关系。

（二）民族构成与主要民族介绍

根据匈牙利于2011年进行的人口普查结果显示，目前在匈牙利全国人口中，马扎尔族人口约占85.6%，其次是罗姆族人（约占3.2%）、德意志族人（约占1.9%）、斯洛伐克族人（约占0.4%）、罗马尼亚族人（约占0.4%）和克罗地亚族人（约占0.3%）。另外，约有15%的人口没有确定的民族。

1. 匈牙利的主要民族

（1）马扎尔族人

马扎尔族人是匈牙利的主体民族，其母语属于乌拉尔语系（Uralic），发展自原本生活于乌拉尔山脉（Ural Mountains）的游牧民族。9世纪，由数个来自东方的游牧民族组成的马扎尔族从乌拉尔山西麓和伏尔加河一带向西迁徙，自896年起，在族长阿尔帕德（Arpad）的领导下在喀尔巴阡盆地（Carpathian Basin）上陆续定居，并建立了阿尔帕德王朝。1000年，匈牙利大公伊斯特万一世（Istvan I）正式建立匈牙利王国。

1526年，奥斯曼帝国的入侵导致匈牙利国家解体，分裂成为三个部分：受到奥地利的哈布斯堡王朝（Habsburg）控制的西部、受奥斯曼土耳其帝国统治的中部，以及东南部半独立的特兰西瓦尼亚（Transylvania，现属罗马尼亚）。奥斯曼帝国对东欧的征服直接导致了马扎尔族人口的大量减少。由于奥斯曼与欧洲人的主要战场就是匈牙利所在的欧洲中部地区，因此马扎尔人受到的影响尤其严重。受奥斯曼帝国统治的150年间，连绵不绝的战争、洗劫、饥荒以及瘟疫，导致18世纪末马扎尔族人在整个潘诺尼亚平原人口中的所占比例降至39%。18世纪开始，欧洲其他民族如斯洛伐克人、塞尔维亚人和德意志人开始涌入喀尔巴阡盆地。在奥斯曼土耳其和哈布斯堡王朝的双重影响下，匈牙利的民族构成发生了很大变化。据统计，1720年至1787年间，匈牙利国家的总人口翻了三倍，但其中马

---

① 龚方震：《拜占庭的智慧》，新潮社2012年版，第42—43页。

扎尔族人仅占不到40%。①

第一次世界大战之后，当时作为战败国的匈牙利签署了《特里亚农条约》(The Treaty of Trianon)，匈牙利3/4的领土与2/3的人口割让给了捷克斯洛伐克、罗马尼亚和塞尔维亚—克罗地亚—斯洛文尼亚王国。②马扎尔族人从而再度成了匈牙利人口结构中绝对的主体。然而，由于领地的分割，也有大批马扎尔族人被归入上述诸国。例如原本居住于特兰西瓦尼亚的大量马扎尔族人被归为罗马尼亚。目前，除了匈牙利以外，马扎尔族人也大量分布于罗马尼亚、斯洛伐克、塞尔维亚及乌克兰等地。

值得一提的是，在文化上，马扎尔族人与东亚文化圈在一些方面较为相近。例如，匈牙利人名命名方式是先姓，后名，最后身份。这在欧洲国家中是独一无二的。这一方式与周围的印欧语系完全相反，但和东亚地区的一些民族相同，皆以前姓后名为序。

（2）罗姆族人

匈牙利的罗姆族人常被称为罗姆匈牙利人（Romani Hungarian），被认为是罗姆族人的后裔。罗姆人又经常被称为吉普赛人，被认为起源于印度北部的旁遮普（Punjab）和拉贾斯坦邦（Rajasthan）。③ 14—15世纪，第一批罗姆族人从土耳其逃往匈牙利，并于此定居。18世纪，匈牙利受到奥地利的哈布斯堡王朝统治。为了使奥地利从中世纪封建国家转变为近代中央集权国家，女皇玛丽亚·特蕾莎（Maria Theresa）实施了一些推进国民近代化的政策，其中包括对罗姆族人的同化政策。1773年12月，玛丽亚·特蕾莎下令将普雷斯堡（Pressburg）以及富伦多夫（Fahlendorf）领地内所有五岁以上的罗姆族小孩全都运至遥远的村庄，以每年支付一定的津贴交由农夫抚养长大。此外，还推行定居化政策，试图让流动性较强的罗姆族人成为农民。1782年，玛丽亚·特蕾莎的儿子约瑟夫二世（Josef

---

① Steven W. Sowards, *Twenty-Five Lectures on Modern Balkan History* (*The Balkans in the Age of Nationalism*), Lecture 4: Hungary and the limits of Habsburg authority, Michigan State University Libraries, 2009.

② 孔寒冰：《东欧史》，上海人民出版社2010年版，第181页。

③ Mendizabal Isabel, "Reconstructing the Population History of European Romani from Genome-wide Data", *Current Biology*, 22, 6 December 2012.

Ⅱ）重新颁布 59 项政令，强迫罗姆族儿童就学、参与宗教服务，并禁止罗姆族语言、服装及音乐。这一系列法令意在通过改变罗姆族人的生活习性，加速其与其他民族的同化。罗姆族人是匈牙利最大的少数民族。进入 21 世纪之后，罗姆族人的人口增长迅速。目前，匈牙利 1/6 至 1/5 的新生儿为罗姆族人后代。根据目前的人口发展趋势，中欧管理情报咨询公司（Central European Management Intelligence）估计，至 2050 年罗姆族的人口将增加一倍，占到全国总人口数的 14%—15%。①

(3) 德意志族人

在匈牙利的德意志族人或日耳曼族人，又被称为德意志匈牙利人（Germanic Hungarian）或多瑙河斯瓦比亚人（Danube Swabian）。② 996 年，伊斯特万大公迎娶了出生于德国的巴伐利亚亨利二世（Henry Ⅱ）的女儿吉塞拉（Gisela），一批德国骑士跟随吉塞拉进入匈牙利。之后，伊斯特万还在教会与德国骑士的帮助下平定了原部落首领寇帕尼等人的叛乱。之后，数批说德语的移民开始陆续迁徙至匈牙利，他们主要生活于上匈牙利（匈牙利王国北部地区，大致相当于现在的斯洛伐克）以及南部的特兰西瓦尼亚。奥斯曼土耳其帝国撤出匈牙利领土之后，又有一大批德语移民进入匈牙利。

自 1711 年至 1780 年，德语移民迁徙至匈牙利南部，主要集中于巴纳特（Bánát）、巴奇卡—博德罗格（Bács-Bodrog）、巴兰尼亚（Baranya）、托尔瑙（Tolna）等地区。至 18 世纪末，匈牙利王国的德意志族人的人口数量超过 100 万人。③ 整个 19 世纪，德意志族人在匈牙利的石造业、吹制玻璃、锻造业等产业取得了长足发展。这被认为是以马扎尔人为主体的政府在文化上同化德意志族人的同时，又保持其经济生产力的做法。第二次世界大战之后，239000 名德意志族人因为其与纳粹德国的联系被驱逐出匈牙利。不过那些加入匈牙利国籍的德意志族人免于被驱逐，并逐渐彻底融入匈牙利社会。④

---

① https://index.hu/gazdasag/magyar/roma060508.
② 多瑙河斯瓦比亚人为对东南欧各国，尤其是多瑙河流域的德语人口的统称。
③ Sue Clarkson,"History of German Settlements in Southern Hungary", https://web.archive.org/web/19970204103909/; http://www.feefhs.org/banat/bhistory.html.
④ https://www.worldatlas.com/articles/ethnic-groups-of-hungary.html.

(4) 斯洛伐克族人

斯洛伐克族人是匈牙利的第三大少数民族。9—10 世纪，在被归入匈牙利公国之前，斯洛伐克人占领了大摩拉维亚（the Great Moravian）等地的一些领土。当匈牙利王国因为奥斯曼土耳其的入侵而被一分为三之后，斯洛伐克族人占领的大部分领土受奥地利哈布斯堡王朝的统治。至 18、19 世纪，一批斯洛伐克族人移居至目前为匈牙利北部的一些省份，另一些则在南部地区定居。第二次世界大战之后，匈牙利与捷克斯洛伐克之间进行人口互换。匈牙利约有 73000 名斯洛伐克族人迁徙至捷克斯洛伐克，捷克斯洛伐克约有 74000 名匈牙利族人被迁入匈牙利。[1]

(5) 罗马尼亚族人

匈牙利王国的罗马尼亚族人大量分布于特兰西瓦尼亚、巴纳特、马拉穆列什县（Maramureş）等地区。罗马尼亚族人被认为起源于瓦拉几亚人（Vlach，又被称为弗拉赫人），中世纪时期生活于多瑙河的北部与南部。有学者认为，在 13 世纪蒙古人入侵欧洲之际，瓦拉几亚人曾占据特兰西瓦尼亚总人口的 2/3。[2] 1400 年前后，在特兰西瓦尼亚和巴纳特地区有 76 个村落属于罗马尼亚族人，约占整体比例的 4.3%。近代早期，罗马尼亚族人的人口比例开始急剧上升。16 世纪奥斯曼土耳其帝国入侵时，拥有大量罗马尼亚族人的特兰西瓦尼亚地区处于半独立状态。17 世纪，六成以上的罗马尼亚族人主要从事农业生产。1700 年，罗马尼亚族人的人口比例占到了特兰西瓦尼亚总人口的 40%。并且在整个 18 世纪，这一比例还在不断上升。

第一次世界大战后，匈牙利签署《特里亚农条约》，特兰西瓦尼亚和大部分巴纳特被归入罗马尼亚。根据 1910 年的人口调查显示，当时特兰西瓦尼亚的总人口中有 53.8% 为罗马尼亚族人。因此，随着领地的丧失，匈牙利的罗马尼亚族人也大量减少。在第二次世界大战期间，希特勒曾通过第二次《维也纳仲裁裁决》（Vienna Diktat），将特兰西瓦尼亚的北部划

---

[1] Janusz Bugajski, *Ethnic Politics in Eastern Europe: a Guide to Nationality Policies, Organizations, and Parties*, M. E. Sharpe, 1995, p. 402.

[2] Sedlar Jean, W., *East Central Europe in the Middle Ages*, 1000 – 1500, University of Washington Press, 1994, p. 8.

给匈牙利，导致匈牙利的罗马尼亚族人口比例显著上升。[1] 1941 年的人口普查结果显示，罗马尼亚族人占总人口的 7.2%，成为当时匈牙利第一大少数民族。但第二次世界大战结束后，1947 年战胜方同盟国与轴心国签署的《巴黎和平条约》（Paris Peace Treaties）又废除了《维也纳仲裁裁决》，并将特兰西瓦尼亚的北部归还罗马尼亚。第二次世界大战之后，随着大量德意志族人被驱逐出匈牙利，以及匈牙利与捷克斯洛伐克之间的人口交换导致斯洛伐克族人减少，罗马尼亚族人所占比例一度与匈牙利其他主要少数民族持平。

（6）克罗地亚族人

克罗地亚族人为南斯拉夫人的一个分支，主要分布于匈牙利的南部以及多瑙河沿岸，包括布达佩斯等地。1102 年，克罗地亚与匈牙利签订条约，与匈牙利结盟，并同意让匈牙利国王担任克罗地亚君主，自此克罗地亚即成为匈牙利的一部分。但克罗地亚仍保持其本身的体制，设有自己的议会、军队和货币。内政由总督管辖。担任总督的既有匈牙利王室成员，也有克罗地亚贵族，对外关系则由共同的国王控制。克罗地亚和匈牙利的这种特殊关系一直持续到 1860 年。18 世纪，匈牙利全国有近 6 万克罗地亚族人，占总人口的约 4%。根据 2011 年的人口普查，匈牙利约有 26774 名克罗地亚族人。[2]

2. 近年来各民族发展趋势

除了上述各主要民族之外，匈牙利还居住着一部分塞尔维亚族（Serbian）、斯洛文尼亚族（Slovene 或 Slovenian）等其他民族群体。另外，从表 I-7-1 的对比可以发现[3]，匈牙利的主体民族马扎尔族人的人口数有明显的下降，而罗姆族人则出现上升的趋势。

虽然由于两次人口普查的调查方法与回答人数皆有不同，会导致数据出现一定偏差。但表 I-7-1 也在一定程度上反映出了匈牙利各民族的发展趋势。马扎尔族的人口下降或许与匈牙利整体人口下降的原因如低出生

---

[1] Károly Kocsis, Eszter Kocsisné Hodosi, *Ethnic Geography of the Hungarian Minorities in the Carpathian Basin*, Simon Publications LLC, 1998, pp. 116 - 153.

[2] http：//www. hrvatiizvanrh. hr/en/hmiu/croatian-minority-in-hungary/9.

[3] 表格数据来源于 2001 年与 2011 年的人口普查，https：//en. wikipedia. org/wiki/Demographics_ of_ Hungary#cite_ note-etn1—86.

率、老龄化、向更富有国家的移民率增高等问题密切相关。罗姆族人的人口增长速率虽然较快，然而，罗姆族面临着相对于匈牙利的其他少数民族收入水平、受教育程度、健康水平等总体较低的问题。

表Ⅰ-7-1　　　　　　　匈牙利人口（2001—2011）

民族	2001年人口普查 人口数	2001年人口普查 百分比（%）	2011年人口普查 人口数	2011年人口普查 百分比（%）
马扎尔族	9416045	92.3	8504492	85.6
罗姆族	189984	2.0	315583	3.2
德意志族	62105	0.6	185696	1.9
罗马尼亚族	7995	0.1	35641	0.4
斯洛伐克族	17693	0.2	35208	0.4
克罗地亚族	15597	0.2	26774	0.3
塞尔维亚族	3816	0	10038	0.1
斯洛文尼亚族	3025	0	2820	0
其他民族	57059	0.6	73399	0.9
未作答者	570537	5.6	1398731	14.1

资料来源：2001年与2011年的人口普查，https://en.wikipedia.org/wiki/Demographics_ of_ Hungary#cite_ note-etn1—86.

（三）匈牙利的民族合作与共治

如表Ⅰ-7-1所示，匈牙利是一个多个民族组成的国家。如何维护各民族之间的和谐共处与相互合作，是匈牙利始终面对的一个重要问题。

匈牙利在历史上曾经推行过一系列民族同化政策。例如，哈布斯堡王朝统治时期女皇玛丽业·特蕾沙及其子约瑟夫二世推行的对罗姆族人的同化措施。另外，19世纪中期，匈牙利也曾通过马扎尔族人的移居、推行匈牙利化教育、审查少数民族报刊及出版物等措施，在斯洛伐克和特兰西瓦尼亚地区等一些少数民族较为集中的地区推行"匈牙利化"政策。

1993年，匈牙利通过了《少数民族权利法》，扩展了匈牙利少数民族群体在匈牙利的自治权利，包括少数民族的个人权利及集体权利、少数民族自治政府的建立、地方少数民族发言制度、少数民族教育与文化自治、语言的使用等。① 2004 年，匈牙利正式加入欧盟，并签署了《哥本哈根协议》《马斯特里赫特条约》《阿姆斯特丹条约》等涉及保护少数民族"集体人权"的法律。2011 年 4 月 18 日，匈牙利议会通过名为《匈牙利基本法》的新宪法。② 该《基本法》明确了国家秩序建设在民族合作的基础上，并强调要保护匈牙利各少数民族的语言和文化，维护民族团结。其中，第二十九条规定了：（1）于匈牙利生活的各民族构成国家组成部分。任何民族的匈牙利公民，均享有自由地表现和保存民族认同之权利。生活于匈牙利的各民族均享有使用母语、单独或者集体以母语使用名称、保护其文化以及接受母语教育之权利。（2）生活于匈牙利的各民族均享受创建地方性和全国性自治政府之权利。

（四）跨界民族问题

1. 历史背景

如前所述，匈牙利在历史上曾经因为奥斯曼土耳其帝国的入侵而被分裂为三，后又于 1920 年 6 月 4 日，作为战败的协约国成员与同盟国成员之间签订《特里亚农条约》，将原属匈牙利的部分领土割让给了罗马尼亚、南斯拉夫、捷克斯洛伐克和奥地利等国家。该条约使得匈牙利的国土面积从战前的 323750 平方千米缩小到 92980 平方千米，丧失了 71% 的领土。伴随着领土的丧失，匈牙利的人口数量也从战前的 2100 万人锐减到 750 万人，几乎所有被分割领土内的非马扎尔族人和 300 万马扎尔族人都成了异国公民。在第二次世界大战期间，匈牙利曾通过第二次《维也纳仲裁裁决》，试图收复在《特里亚农条约》中失去的领土，包括喀尔巴阡山脉罗塞尼亚北部、斯洛伐克东部及特兰西瓦尼亚北部地区。第二次世界大战结束后，《巴黎和约》废除了《维也纳仲裁裁决》，使匈牙利边界又基本重新回到 1920 年签订《特里亚农条约》时的状态。之后，匈牙利又与捷克斯洛伐克进行了民族交换，但仍有大量马扎尔族人生活在斯洛伐克，

---

① Act LXXV Ⅱ of 1993 on the Rights of National and Ethnic Minorities, http://www.refworld.org/docid/4c3476272.html.

② Hungary's Constitution of 2011, https://www.constituteproject.org/constitution/Hungary_2011.pdf.

主要分布在其南部与匈牙利交界地带。①

上述历史问题导致匈牙利周边的罗马尼亚、斯洛伐克、塞尔维亚及乌克兰等国均生活着数量可观的马扎尔族人。目前,生活在其他国家的马扎尔族人数量将近300万,他们的存在深刻影响着匈牙利与这些周边国家的关系。

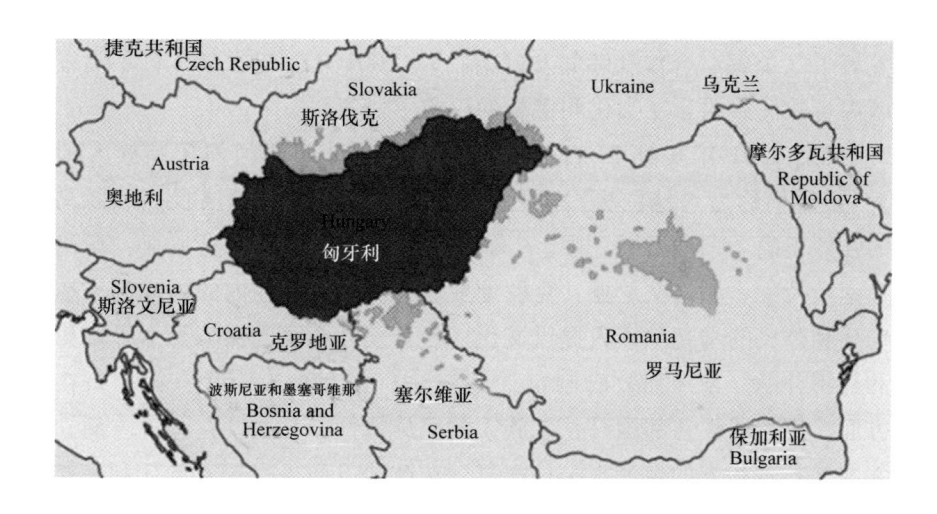

图 I-7-1 马扎尔族人在中东欧的分布

https：//upload. wikimedia. org/wikipedia/commons/thumb/5/51/MagyarsOutsideHungary. png/640px-MagyarsOutsideHungary. png.

2. 引发争议的法案

第二次世界大战结束后,围绕马扎尔族人(匈牙利族人)问题,匈牙利与罗马尼亚、斯洛伐克、塞尔维亚等国之间摩擦不断。罗马尼亚与捷克斯洛伐克都曾经实施过同化国内马扎尔族人的政策。例如,罗马尼亚曾经下令关闭匈牙利语学校、停办匈牙利语专业,甚至取消少数民族事务管理局,禁止匈牙利语广播和刊物出版等。而捷克斯洛伐克的做法更为激进,为了同化马扎尔族人,政府曾强迫4万多名马扎尔族人流放至德意志人曾经居住过的捷克边境地区。② 斯洛伐克独立后,国民议会还曾通过

---

① 徐刚:《东欧国家跨界民族问题探析:以匈牙利族人为例》,《俄罗斯东欧中亚研究》2013年第3期。

② 同上。

《国家语言法》修正案,规定在少数民族人口不足20%的居民区,在正式场合使用少数民族语言将要受到惩罚,最高处罚可达5000欧元。而马扎尔族人口约占斯洛伐克全国人口的9.7%,因此该法案出台后立即招致匈牙利的批评。① 东欧剧变之后,为了加入欧盟和北约,这些国家均在处理马扎尔族人问题上进行了协商与和解。例如,1996年,匈牙利和罗马尼亚签署了《谅解、合作和睦邻友好条约》。2001年,双方又签订了关于保护境内少数民族语言、文化和宗教的议定书。

然而,2001年6月19日,匈牙利国会通过《邻国匈牙利族人地位法》(以下简称为《地位法》),② 遭到其邻国,尤其是斯洛伐克和罗马尼亚的强烈不满。《地位法》规定,匈牙利政府将向包括罗马尼亚、斯洛伐克、南斯拉夫、斯洛文尼亚、克罗地亚和乌克兰6国在内的周边国家境内非匈牙利公民的马扎尔族人提供文化、教育及社会福利保障等多种优惠待遇和经济补贴。匈牙利政府制定《地位法》的目的有三个:第一,在文化方面,保持居住在邻国马扎尔族人的民族特性;其次,在经济方面,提高邻国马扎尔族人的生活水平;第三,在政治方面,实现"匈牙利民族的统一"。为此,《地位法》规定,匈牙利邻国的马扎尔族人只需到住在代表匈族社团利益且被匈牙利承认的机构申明自己是马扎尔族人即可获得"马扎尔族人证件",随后便可享受匈牙利提供的一些优惠待遇和经济补贴。《地位法》于2002年1月1日开始生效。该法出台后,立即招致罗马尼亚和斯洛伐克的批评。面对这些邻国的反对、欧盟的意见、邻国马扎尔族人的要求以及国内反对党的压力,匈牙利现政府做出了一定妥协和让步,试图通过修改法案淡化因此引起的各种国际与国内问题。然而,该修正案并未得到各邻国,尤其是斯洛伐克的认可,其与匈牙利之间的矛盾并未因此得到有效的调和。③

2010年,匈牙利对1993年的匈牙利国籍法进行修订,通过了《双

---

① 高歌:《斯洛伐克重修语言法东欧民族矛盾再激化》,《中国民族报》2009年7月10日。
② Act LXⅡ of 2001 on Hungarians Living in Neighbouring Countries, http://www.refworld.org/docid/3f460e764.html.
③ 参见姜琍《"邻国匈牙利族人地位法"与匈斯关系》,《俄罗斯中亚东欧研究》2004年第2期。

重国籍法》（*Dual citizenship law*），① 给予境外马扎尔族人匈牙利国籍。该法一出台，立即遭到斯洛伐克、罗马尼亚等国家的极度不满。为了表达抗议，斯洛伐克通过国籍修正案，规定若其国民申请双重国籍，则其原有的斯洛伐克国籍将被取消。罗马尼亚由于为了吸引摩尔多瓦人（Moldovan）加入本国国籍，曾于2009年通过《双重国籍法》，因此无法对匈牙利的《双重国籍法》采取反制措施，但罗马尼亚民众中依然有不少反对的声音。②

除了罗马尼亚与斯洛伐克，匈牙利与乌克兰之间也因为双重国籍的问题嫌隙不断。在乌克兰境内有约15万名持有乌克兰和匈牙利双重国籍的马扎尔族人，他们主要集中在乌克兰的外喀尔巴阡州（Transcarpathia）地区。虽然乌克兰禁止双重国籍，但是当局对于那些取得双重国籍的居民并没有明确而规范的处理措施。在2014年的克里米亚（Crimea）公投之后，匈牙利总理欧尔班便希望该地区的马扎尔族人能够获得自治权，但遭到乌克兰方面的拒绝。双方关系由此出现裂痕。为了表达不满，在俄罗斯的影响下，匈牙利政府暂停了与乌克兰的天然气"逆回购"合作。2017年秋，乌克兰议会出台了一项限制少数族裔使用本民族母语进行教育权利的法案，使境内的马扎尔族人受到了很大影响。该法案导致乌匈关系急剧恶化。之后，匈牙利议会出台了一项针对持有匈牙利和乌克兰双重国籍的乌克兰人的法案，限制这部分人参与匈牙利的政治活动的权利，双方矛盾激化。③ 随着两国频繁闹出外交纠纷，已经是欧盟和北约成员国的匈牙利表示会阻挠乌克兰加入欧盟和北约。2018年10月，乌克兰下令驱逐匈牙利派驻乌克兰西部城市别列戈沃（Berehove）的一名领事，理由是他违规向乌克兰境内的马扎尔族人发放护照。别列戈沃位于乌克兰靠近匈牙利的边境地区，是马扎尔族人主要聚居地。据21世纪初乌克兰进行的人口普查的结果显示，别列戈沃的主体居民为马扎尔族人，约占居民总

---

① Act XLIV of 2010 amending Act LV of 1993 on Hungarian Nationality, https://www.legislationline.org/documents/id/5331.

② 徐刚：《东欧国家跨界民族问题探析：以匈牙利族人为例》，《俄罗斯东欧中亚研究》2013年第3期。

③ http://wemedia.ifeng.com/62317947/wemedia.shtml; https://hungarytoday.hu/hungarian-ukrainian-relations-how-much-worse-can-it-get/.

数的50%。而乌克兰人则只占该市人口的38%左右。2012年，别列戈沃市政府在民众的呼吁声中，曾把匈牙利语认定为该地区的官方语言。但随着乌克兰政府对相关教育法规的变更，有关允许使用匈牙利语作为流通语言的区域语言法也失去了效力。随即，匈牙利驻乌克兰别列戈沃市领事馆开始向当地民众大量发放匈牙利护照。在驻别列戈沃的领事被驱逐之后，作为回应，匈牙利也把乌克兰驻布达佩斯大使馆工作的一名领事驱逐出境。①

总而言之，以马扎尔族人为中心的跨界民族问题是影响匈牙利与周边国家外交关系的一个重要因素。如何妥善处理这一问题也是这些国家在未来较长时期内需要面对的重要课题。

第二节　匈牙利的宗教信仰情况

（一）宗教信仰分布

几个世纪以来，基督教一直都是匈牙利最主要的宗教信仰。2011年匈牙利的人口普查结果显示，39%的匈牙利国民信奉罗马天主教，约14%的国民信奉新教，其中加尔文宗派信徒占总人口的11.6%，路德宗派信徒占2.2%，另外还有2.0%的国民信奉其他宗教，如东正教、希腊正教、犹太教等。16.7%的国民没有宗教信仰，其中包括约1.5%的国民为无神论者。

不过，根据欧盟在2012年进行的一次涉及宗教信仰的调查，匈牙利信奉宗教的国民比例更高。数据显示71%的匈牙利国民信仰基督宗教，其中天主教的信徒群体最多，约有58%的国民信奉天主教，约有7%的国民信奉新教，6%的国民信奉东正教、希腊正教等其他基督宗教。另外，无宗教信仰者或不可知论者占国民总数的21%，无神论者占1%。②

---

① http://www.xinhuanet.com/world/2018—10/06/c_129966197.htm; http://www.sohu.com/a/257725460_731085.

② Discrimination in the EU in 2012, http://ec.europa.eu/commfrontoffice/publicopinion/archives/ebs/ebs_393_en.pdf.

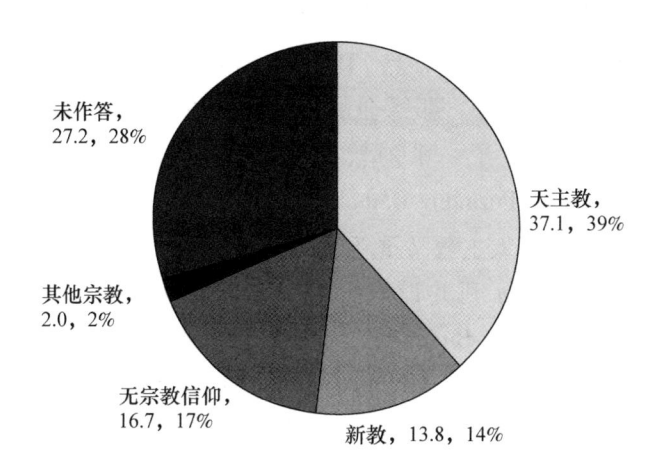

图 I-7-2　匈牙利信教群体比例

资料来源：匈牙利2011人口普查。

1. 基督教

（1）罗马天主教

1000年，匈牙利国王伊斯特万一世将天主教定为国教，并且获得教宗加冕成为首任匈牙利国王，一时间举国上下改宗天主教。此后很长一段时间，天主教始终都是匈牙利最为主要的宗教。16世纪初期，德国发起由马丁·路德领导的宗教改革运动，其影响开始逐渐扩大至整个欧洲。路德宗、加尔文宗等新教宗派也开始逐渐传入匈牙利。

1526年，奥斯曼帝国的入侵改变了匈牙利原有的信仰格局。由于国家被一分为三，居民分别信奉其所归属国家的宗教。这对匈牙利的天主教势力造成了严重的影响，同时也为新教的发展提供了宽松的环境。各地区统治者为寻求更多支持，实施相对宽容的宗教政策。同时，战乱带来的心理创伤使许多匈牙利人从新教中寻求精神救赎。在种种因素作用下，新教在匈牙利迅速传播，最终于16世纪末占据优势地位。[1]

---

[1] 宋保军：《16世纪匈牙利新教改革探析》，《东北师范大学学报》（哲学社会科学版）2016年第5期。

16世纪后半叶,为了对抗新教势力,天主教会开始进行改革。为了振兴天主教会而新成立的耶稣会(The Society of Jesus)在这次"反宗教改革运动"中成了中坚力量。耶稣会的传教活动在匈牙利取得了极大的成功。他们在匈牙利建立了一系列教育机构,包括创于1635年的帕兹马尼·彼得大学(Péter Pázmány Catholic University)——匈牙利现存最古老的大学。至17世纪,天主教又重新成为匈牙利的主体宗教。

罗马天主教在匈牙利共设有五个教省:艾斯特根—布达佩斯教省(Archdiocese of Esztergom-Budapest)、埃格尔教省(Archdiocese of Eger)、考洛乔—凯奇凯梅特教省(Archdiocese of Kalocsa-Kecskemét)、维斯普雷姆教省(Archdiocese of Veszprém)以及豪伊杜多罗格教省(希腊礼,Archeparchy of Hajdúdorog)。每个教省设一位总主教。这些教省又进一步被分为十个教区和五个总教区,由主教或总主教负责管理。这十五个教区和总教区组成了匈牙利主教团。

(2)新教

在2011年的人口普查中,匈牙利有超137万国民为新教信徒。在匈牙利的新教信徒群体中,加尔文宗(又被称为归正宗,或改革宗)教徒占大多数,其信徒总数是路德宗信徒的近6倍。在匈牙利的东部,尤其是德布勒森等地依然在一定程度上保留着较强的新教传统。在16世纪宗教改革兴起时,德布勒森较早推行改革,居民大多信奉加尔文宗派,该地甚至被称为"加尔文主义的罗马"(the Calvinist Rome)。匈牙利的归正教会是匈牙利第二大教会,其信徒超过162万名。该教会拥有1249个团体,27个长老会以及1550名牧师,并在德布勒森、布达佩斯、沙罗什保陶克(Sárospatak)、帕波(Pápa)等地设有神学院。[①]

相较于加尔文宗,路德宗信徒群体的规模要小得多。匈牙利全国信奉路德宗的教徒仅占国民总数的2.2%。16世纪初期,特兰西瓦尼亚的撒克逊移民将路德宗传入匈牙利。然而,天主教会的反宗教改革运动使其于17世纪后期几乎在匈牙利销声匿迹。之后,通过中部地区的撒克逊和斯洛伐克族人,路德宗又重新传入匈牙利。目前,匈牙利的路德宗派信徒约为215000人。尽管信徒群体规模相对较小,但在匈牙利从哈布斯堡王朝

---

① http://www.reformatus.hu/mutat/6819/.

独立之后，路德宗对匈牙利的国内政治曾经产生过重要影响。①

（3）正教

匈牙利还有一批数量可观的信奉正教（包括东正教与希腊正教）的信徒群体，他们主要为该国的少数民族，包括罗马尼亚族人、塞尔维亚族人、乌克兰族人等。他们最初集中在现在的匈牙利东北部地区，大多数是为了躲避奥斯曼土耳其的统治而从塞尔维亚等地逃往匈牙利的东正教徒。在18世纪，大批匈牙利正教信徒改宗天主教，但使用拜占庭礼，并在礼仪中使用匈牙利语。1912年6月8日，教宗庇护十世（Sanctus Pius PP. X）将162个使用匈牙利语的拜占庭礼堂区组成匈牙利希腊礼天主教豪伊杜多罗格教区。第一次世界大战之后，《特里亚农条约》使部分特兰西瓦尼亚成为罗马尼亚领土，斯洛伐克成为捷克斯洛伐克一部分，导致匈牙利正教信徒人数大量下降。在20世纪初期，匈牙利有13%的国民信奉东正教或希腊正教，而1920年后，这一比例骤降至0.6%。豪伊杜多罗格教区管理面积也减小，堂区由战前的168个减少至90个。②

2. 犹太教

11世纪下半叶，来自德国、波希米亚和摩拉维亚等地的犹太移民进入匈牙利。16世纪，奥斯曼土耳其帝国占领匈牙利时，布达佩斯成为奥斯曼帝国最重要的犹太社区之一。18世纪末期，在匈牙利大部分地区处在哈布斯堡王朝统治下时，国内仅剩少量古老的犹太社区。与此同时，犹太人向匈牙利移居，主要来自摩拉维亚，部分来自波兰。19世纪，为了逃避沙俄政府的排犹政策③，大量犹太人从邻国移入匈牙利，导致犹太人口的迅速增长。据1869年的统计资料，匈牙利约有54.2万犹太人。第一次世界大战后，随着领土的减少，该国的犹太人口也减少了一半。在两次世界大战期间，一半以上的犹太人居住在大布达佩斯地区，65%的犹太人住在宗教改革派社区，29%住在正统派社区。第二次世界大战时期，大量

---

① https：//ipfs. io/ipfs/QmXoypizjW3WknFiJnKLwHCnL72vedxjQkDDP1mXWo6uco/wiki/Religion_ in_ Hungary. html.

② https：//orthodoxwiki. org/Orthodoxy_ in_ Hungary；http：//orthodoxengland. org. uk/oehungar. htm.

③ 朱雯霞：《沙俄政府的反犹政策与苏联政府对犹政策之比较》，《俄罗斯中亚东欧研究》2004年第5期。

犹太人受到纳粹迫害。匈牙利80.3万—85万名犹太人中有56.5万人惨遭屠杀。数千名犹太人逃往罗马尼亚或者隐匿在布达佩斯。1941年的人口普查结果显示,匈牙利6.2%的国民被认为是犹太人。1973年匈牙利有8万名犹太人,其中6.5万人住在布达佩斯,开办有30座犹太会堂,还有犹太中学、宗教小学、拉比学院和犹太博物馆。布达佩斯的犹太社区出版犹太杂志。[1]

3. 伊斯兰教

伊斯兰教在匈牙利有着悠久的历史。10世纪,早在奥斯曼土耳其入侵匈牙利之前,伊斯兰教便已传入匈牙利。在奥斯曼土耳其帝国统治时期,伊斯兰教的势力得到了显著扩大,很多基督教堂被改建成清真寺。虽然奥斯曼土耳其帝国统治匈牙利长达150年,但生活在匈牙利的土耳其人大部分都逐渐被马扎尔人同化,因此伊斯兰教并没有对匈牙利的基督教传统造成太大影响。奥匈帝国时期,基督教势力迅速恢复,许多奥斯曼帝国统治时期建造的清真寺都被改造成教堂。[2]

根据2011年的人口普查,匈牙利仅有5579名穆斯林,只占总人口的0.056%,其中42%为阿拉伯人。该国的穆斯林大部分为逊尼派教徒。由于匈牙利国民的主体为信仰基督宗教的信徒,加诸从1541年到1699年长达158年的时间内匈牙利王国的中南部一直被奥斯曼帝国所统治,对其造成了一种"创伤性体验"。因此,匈牙利在2015年的难民危机中,坚决抵制欧盟的难民安置方案,并公开宣称拒绝接受穆斯林难民。[3] 匈牙利甚至还在其与塞尔维亚边界地区架设带刺的铁丝网围栏,阻止难民涌入。

4. 近年来宗教信仰变化趋势

从表Ⅰ-7-2的对比可以发现[4],2001—2011年的十年内,匈牙利所有宗教的信教群体都出现了减小的趋势。其中,匈牙利最具传统、信徒数量最为庞大的罗马天主教的信徒人数下降幅度最为明显。

在2012年的欧洲民意调查中,匈牙利21%的国民表示自己没有宗教

---

[1] https://www.pmume.com/view/nbv7p.shtml.
[2] 李丹琳编:《匈牙利》第一章第三节"居民与宗教",社会科学文献出版社2006年版。
[3] 严天钦:《欧盟成员国拒绝接受穆斯林难民背后的宗教因素探析——以匈牙利为例》,《世界宗教文化》2015年第6期。
[4] 数据来源于2001年与2011年的人口普查。

信仰或为不可知论者，1%的国民宣称自己为无神论者。[1] 在2017年"中东欧宗教信仰与国家归属感"调查中，26%的匈牙利国民完全确定自己拥有宗教信仰，26%的国民比较确定自己拥有宗教信仰，7%的国民不确定自己是否拥有宗教信仰，30%的国民确定自己没有宗教信仰。[2]

匈牙利信徒群体的减少，或许与匈牙利的年轻人对宗教热情的缺乏有一定关系。根据伦敦圣玛丽大学与巴黎天主教大学合作完成的名为"欧洲青年与宗教"的研究报告显示，匈牙利有67%的年轻人宣称自己"没有宗教信仰"。并且调查还指出，未来没有宗教信仰的年轻人会越来越多。[3]

表Ⅰ-7-2　　　匈牙利信仰宗教人口比例（2001—2011）

宗教	2001 人数	2001 百分比（%）	2011 人数	2011 百分比（%）
基督宗教	7500982	73.5	5253998	52.9
罗马天主教	5289521	51.9	3691348	37.1
希腊正教	268935	2.6	179176	1.8
加尔文宗	1622796	15.9	1153442	11.6
路德宗	304705	3.0	214965	2.2
东正教	14520	0.1	13710	0.1
犹太教	12871	0.1	10965	0.1
其他宗教	96760	0.9	167231	1.7
无宗教信仰	1483369	14.5	1659023	16.7
无神论者	n/a	n/a	147386	1.5
未作答者	1104333	10.8	2699025	27.2

资料来源：2001年与2011年的人口普查。

（二）匈牙利的政教关系

1000年，伊斯特万一世将天主教定为国教，并获得罗马教宗加冕，成为首任匈牙利国王。此后很长一段时期，匈牙利王国一直与罗马天主教

---

[1] Discrimination in the EU in 2012.
[2] "Religious Belief and National Belonging in Central and Eastern Europe", Pew Research Center's Religion & Public Life Project. 10 May 2017.
[3] Europe's Young Adults and Religion Findings from the European Social Survey (2014—16) to inform the 2018 Synod of Bishops, https://www.stmarys.ac.uk/research/centres/benedict-xvi/docs/2018-mar-europe-young-people-report-eng.pdf.

会关系密切，其政治统治始终受到教皇和神圣罗马帝国皇帝的影响。

第二次世界大战结束后，加入社会主义阵营的匈牙利人民共和国开始推行政教分离，同时将教会与学校、教育分离。虽然当时匈牙利政府制定了一系列保障宗教信仰自由的政策，然而在政策执行过程中，执政党的一些做法导致政教关系恶化，使得国家与教会之间的关系一度变得紧张。匈牙利十月事件之后，政府开始转变政策。1964年，在梵蒂冈的斡旋下，匈牙利天主教会与政府达成了默许的协议：天主教会保证拥护政权，而政府不对信徒进行迫害，也不领导反基督教的运动，并且增加宗教人士在政府机构和群众团体中的代表名额。此后，政府与教会之间的关系逐渐趋于稳定。剧变之后，东欧国家取消了对宗教情绪表达的限制，开始承认宗教的社会存在价值。匈牙利经历了宗教的复苏，宗教在匈牙利的影响日益扩大，宗教组织也有了更大的自主权。政府还曾颁布法令归还此前被政府没收的教会建筑，或通过政府和教会代表的谈判，给教会以货币赔偿。①

2012年1月，匈牙利议会通过名为《匈牙利基本法》的新宪法，在宗教与政治关系上实行政教分离政策。《基本法》承认基督教维护国家的作用，同时也强调应重视本国的多种宗教传统。《基本法》规定国家基于公众利益应该与教会合作，这种合作目的是维护各自独立的两个权力之间的友好关系。②

虽然匈牙利实行政教分离政策，但教会对于政治仍具有较大影响，道德资本使其成为具有影响力的政治力量。右翼政党多支持传统的宗教，而左翼政党则赞同世俗化、无神论和各种宗教的平等。教会方面，新教内部对于参加选举的政党态度并不一致，但天主教会则保持了统一立场，对右翼政党表现出明显的同情。自2010年起执掌政权的右翼保守政党——青年民主主义者联盟（Fidesz）便带有明显的宗教色彩。目前，在匈牙利国会共有199个席位中，现任匈牙利总理欧尔班领导的青民盟及其执政伙伴基督教民主人民党（KDNP）在国会拥有2/3多数议席。③ 基民党成立于1989年，主要由支持右翼的基督教信众组成，是民间组织"基督教社会民俗运动"（KSZN）的分支。其与青民盟联合执政的意义被认为在于扩

---

① 孔田平：《东欧剧变后国家与教会关系的演变》，《俄罗斯中亚东欧研究》2003年第4期。
② 王秀哲：《政教关系的全球考察》，《环球法律评论》2012年第4期。
③ http://www.xinhuanet.com/world/2018—05/10/c_1122814937.htm.

大青民盟在宗教,尤其是基督教方面的影响力。而匈牙利总理欧尔班本人是归正教会的成员。并且,其在政府中最亲密的同事——人力资源部部长鲍洛格·佐尔丹(Balog Zoltán)曾经是一名归正教的牧师。① 欧尔班政权多次强调匈牙利的基督教信仰传统。例如,欧尔班曾在2017年的圣诞节演讲中宣称:"我们匈牙利人无疑地认为自己是一个基督教国家",以及"匈牙利一千年来基督教的本质和我们的生活信仰使我们一直处于欧洲的中心"。②

鉴于匈牙利的政治体制与社会制度,匈牙利的各种教会与宗教政治团体并不被视为其多元权力模式中的自主实体,而只是在宏观政治层面巩固青民盟的政权,包括宣扬青民盟的正统性。内阁会帮助这些教会及宗教团体在有限的范围内代表其自身利益,前提是这些行为或活动同时也符合青民盟的利益。③ 一些主要教会还会为青民盟的政策提供公共支持,例如组织反对接受难民的运动。在2015年的难民危机中,匈牙利总理欧尔班坚决抵制欧盟关于转移安置难民的方案,甚至公开宣称拒绝接受穆斯林难民。许多匈牙利教会组织的领袖都曾公开支持总理欧尔班的观点。例如,匈牙利南方天主教区的大主教克斯·瑞格(Kiss Rigo)便将难民潮看成是一次"入侵",其言论在匈牙利民众中具有很大的影响力。④ 也有一些教会领袖,如天主教会米克洛斯(Miklós Beer)主教曾指责政府在对待难民问题上的激进态度,路德宗的领袖同样在难民问题上与政府持相反立场。⑤

社会政策是匈牙利政府与教会合作的另一个重要领域。据相关统计数据显示,在2004年,天主教会拥有50所幼儿园、97所小学、50所寄宿学校、76所高中,六成的教会学校都由天主教会管理。天主教会学校受到许多家长的青睐,因为他们认为孩子们在这样的学校不仅可以学到知识,还可以培养良好的道德品质和性格。⑥ 在办学过程中,天主教会得到了匈牙利政府的大力支持。随着公立学校教育质量的不断下降,许多当地社区将其学校置于教会的管理之下,希望以此提高教育条件的质量。而政

---

① https://budapestbeacon.com/political-christianity-in-orbans-hungary/.
② http://www.bw40.net/12265.html.
③ http://politicalcritique.org/explains/2016/religion-politics-state-hungary/.
④ 严天钦:《欧盟成员国拒绝接受穆斯林难民背后的宗教因素探析——以匈牙利为例》。
⑤ http://politicalcritique.org/explains/2016/religion-politics-state-hungary/.
⑥ 严天钦:《欧盟成员国拒绝接受穆斯林难民背后的宗教因素探析——以匈牙利为例》。

府对于这种教育系统的教会化则表示鼓励。2010 年以来，由教会管理的学校数量增加了 60%，学生数量已经超过 20 万。据统计，至 2014—2015 年，匈牙利由天主教会负责管理的教育机构达到 497 所，由归正教会管理的教育机构为 221 所，由路德宗教会管理的机构为 74 所。[1] 不过，这一变化趋势同样造成了罗姆族人被隔离出教会学校系统。随着越来越多来自富有白人家庭的适龄儿童进入教会管理的学校，不被教会学校接受的罗姆族儿童只能留在教育条件较差的公立学校。[2]

（三）匈牙利的著名宗教名胜

1. 天主教

（1）马加什教堂（Matthias Church）

马加什教堂坐落于匈牙利的首都布达佩斯，位于布达城堡的心脏。这座教堂的正式名称为圣母教堂（Church of Our Lady of Buda）。马加什教堂可谓是匈牙利历史的缩影，它见证了千年来匈牙利的政治与文化变迁。

根据历史文献记载，匈牙利第一任国王伊斯特万曾经在这一位置建立了一座圣母堂，但目前并没有发现有关这一教堂的考古学证据。这座教堂最古老的遗迹可以追溯至 13 世纪匈牙利国王贝拉四世（Béla IV）在蒙古大军于 1241—1242 年入侵匈牙利之后下令在城堡山（Castle Hill）所建造的教堂。教堂的北塔便建造于这一时期（1255—1269）。马加什教堂最古老的部分为南口的马丽门（Mary Gate），由 14 世纪安茹王朝（Angevin dynasty）的洛约什一世（Nagy Lajos）建造。其哥特式的石雕描绘的是圣母升天（Assumption of the Blessed Virgin Mary）时的景象。卢森堡王朝的西吉斯蒙德国王（Sigismund of Luxembourg）在位时对教堂进行了扩建，并且在此举行了他与皇后巴巴拉（Barbara of Cilli）的婚礼。[3]

马加什教堂得名于 15 世纪的匈牙利国王匈雅提·马加什（Matthias Corvinus），也被称为马加什一世。马加什曾留学意大利，并将意大利文艺复兴的文化成就推广到匈牙利，他被认为是匈牙利历史上最伟大的国王之一。马加什一世在位时对这座教堂进行了扩建并赋予其文艺复兴时期的建

---

[1] http：//hungarianspectrum.org/2016/04/01/the-hungarian-catholic-church-and-education/；http：//nol.hu/belfold/elithalozatot-epit-az-allam—1509167.

[2] http：//politicalcritique.org/explains/2016/religion-politics-state-hungary/.

[3] https：//www.budapestbylocals.com/matthias-church.html.

筑风格。不仅如此，马加什一世还在这座教堂中举行了他加冕为匈牙利国王的仪式以及他的两次婚礼。①

16世纪初期，匈牙利被土耳其占领。由于担心被土耳其人掠夺，大多数教会珍品均被运往当时仍受匈牙利统治的普雷斯堡（1536—1784年间为匈牙利首都）。1541年布达沦陷，马加什教堂被改建为清真寺，墙上华丽的壁画与室内陈设均被清除。在1686年反土耳其神圣联盟包围布达之前，原来的天主教堂遗迹已经所剩无几。

在赶走土耳其人之后，匈牙利人在这座教堂的遗迹上建造了一座新的巴洛克风格的教堂。然而，该教堂在18世纪的战乱中遭到了更多破坏。19世纪，建筑师弗里杰舒勒克（Frigyes Schulek）以新哥特式风格对教堂进行了重建。这次修复不仅遵照了13世纪的设计图，还很大程度上恢复了建造之初的哥特式风格。同时，建筑师还加入了钻石图案瓦和滴水嘴尖顶等一些新元素，修复完成引起了较大争议。②

第二次世界大战期间，马加什教堂再次受到较大损坏。20世纪60年代，匈牙利对其进行了重新修复。

（2）埃斯泰尔戈姆圣殿（Esztergom Basilica）

埃斯泰尔戈姆圣殿位于城堡山上，是匈牙利最高的建筑，也是该国最大的教堂。其内部面积为56000平方米。长118米，宽49米，其半球形穹顶位于中部，有12扇窗户。内部高71.5米，直径33.5米，外部高100米。该教堂为天主教艾斯特根—布达佩斯总教区的主教座堂，也是匈牙利天主教会的总部。

今天的埃斯泰尔戈姆圣殿的建筑建造在数个中世纪教堂的遗址之上。据历史文献记载，包括埃斯泰尔戈姆圣殿在内，城堡山上曾经矗立过七座教堂。第一座为圣阿达尔贝特教堂（The Saint Adalbert Cathedral），根据西方史料它建造于1010年前后，大致坐落于今天埃斯泰尔戈姆圣殿所在的位置。它的北面矗立着由匈牙利王国第一任国王伊斯特万一世之父——盖萨大公（Prince Géza）建造的殉道者圣斯德望教堂（Church of Saint Ste-

---

① 马加什先于1461年迎娶了波西米亚的凯瑟琳公主（Catherine of Podebrady）。凯瑟琳去世后，马加什又与那不勒斯的碧翠丝公主（Beatrice of Naples，又被称为 Beatrice of Aragon）成婚。
② 《まっぷるウィーンプラハ・ブダペスト》，昭文社2016年版，第19页。

phen the Martyr)。据称该教堂是第一座建造于城堡山上的教堂。第三座教堂为一座圣斯德望时期的圆形教堂，主保圣人不详，出土于阿拉德王朝时期国王们的皇宫。第四座为圣维特教堂，坐落于埃斯泰尔戈姆壁垒上。第五座教堂为国王贝拉三世的城堡教堂，同样位于阿帕德王朝时期国王的皇宫中，由于其建筑风格中带有早期巴黎哥特风格与后期罗曼式建筑风格，而被认为是匈牙利中世纪建筑杰出的纪念碑。第六座教堂为巴克茨教堂（Bakócz Chapel），建造于 16 世纪，体现了匈牙利文艺复兴风格。1823 年，该教堂被搬离原址，成为埃斯泰尔戈姆圣殿的附属小堂。

但现在，埃斯泰尔戈姆圣殿是唯一矗立于城堡山上的教堂。它建造于 1822—1869 年间，采取了古典主义建筑风格。埃斯泰尔戈姆圣殿在规模上超过了上述 6 座教堂，但同时也体现了这些中世纪教堂的精神遗产。[1]

2. 新教

德布勒森归正大教堂（Reformed Great Church of Debrecen）

德布勒森归正大教堂位于德布勒森市的中心，是匈牙利最大的新教教堂。该教堂修建于 1805—1824 年间，采用了新古典主义的建筑风格。德布勒森归正大教堂拥有匈牙利所有新教教堂中最大的钟。中世纪时期，德布勒森归正大教堂所在位置上原本建有一座哥特式的教堂——圣安德烈教堂（St. Andrew Church）。它一度是特兰西比斯肯教区（Transtibiscan Church District）最大的哥特式教堂。然而，1564 年该教堂被烧毁。1626 年，已经加入新教的德布勒森居民开始重建圣安德烈教堂，并于两年后完成。此次重建还得到了特兰西瓦尼亚王子乔治一世（George I Rákóczi）的支持。1640—1642 年，教堂的塔楼建造完成，上面还安置了一座重达 300 公斤的由奥地利炮弹制造而成的大钟。1707 年，在拉科齐·费伦茨二世（Francis II Rákóczi）领导的马扎尔民族独立运动中，安德烈教堂遭到了严重破坏。在 1802 年德布勒森的大火中，该教堂被彻底焚毁。3 年后，在安德烈教堂的原址开始建造德布勒森归正大教堂。其著名的教堂大钟拉科奇钟（Rákóczi-bell）重达 5 吨。[2]

---

[1] https：//www. bazilika-esztergom. hu/en/history.

[2] https：//www. budapest. com/hungary/debrecen/sights/the _ reformed _ great _ church. en. html.

德布勒森归正大教堂是匈牙利最为重要的古典主义历史建筑之一，被认为是匈牙利新教教堂的标志，正是因为这座教堂的存在，德布勒森也被称为"加尔文主义的罗马"。

3. 犹太教

烟草街会堂（The Dohany street Synagogue）

烟草街会堂位于布达佩斯的第七区，堂内设有 3000 个座位，是欧亚大陆上最大的犹太会堂，也是世界第二大犹太会堂。该会堂建于 1854 年到 1859 年，主要采用了摩尔复兴式建筑风格，但同时也带有拜占庭和哥特式元素。由于设计师并非犹太人，因此会堂在外观上与早期的基督教堂比较相似。烟草街会堂是整个匈牙利犹太教的中心。① 除了犹太会堂之外，烟草街会堂建筑群内还设有英烈堂（Heroes' Temple）、墓地、纪念馆和犹太博物馆。

1939 年，匈牙利极右组织箭十字党（Arrow Cross Party）曾经对烟草街会堂进行轰炸。② 第二次世界大战期间，这里曾被德军用作无线电基地和马厩。通常，犹太会堂附近并不会设公墓。然而，自 1944 年至 1945 年，在烟草街会堂所在的犹太人聚居区，有 8000—10000 名犹太人丧生。其中 2000 多人被埋葬于此。③ 在纳粹占领时期以及布达佩斯围城战（Siege of Budapest）中，烟草街会堂曾经遭到了严重的破坏。社会主义时期，破败的烟草街会堂再次成了布达佩斯犹太人群体的祈祷所。在私人捐助下，对烟草街会堂的重建与翻新开始于 1991 年，并于 1998 年正式完成。

4. 伊斯兰教

（1）卡西姆帕夏清真寺（Mosque of Pasha Qasim）

卡西姆帕夏清真寺是奥斯曼土耳其帝国占领匈牙利时在南部城市佩奇（Pecs）曾经建立的一座清真寺。目前已经被改建成为天主教堂——圣母玛利亚圣烛节教堂（Downtown Candlemas Church of the Blessed Virgin Mary）。

该清真寺由卡西姆·帕夏建造于 1543—1546 年。1702 年，在哈布斯

---

① http：//www.greatsynagogue.hu/gallery_syn.html.
② Tibor, Frank, ed., *Discussing Hitler: Advisers of U. S. Diplomacy in Central Europe: 1934 - 1941*, Budapest: Central European University Press, 2003.
③ https：//dailynewshungary.com/121-facts-dohany-street-synagogue/.

堡与匈牙利联军攻占佩奇之后，卡西姆帕夏清真寺被改建成为教堂。1766年，耶稣会毁掉了该建筑的尖塔（minaret，清真寺的宣礼塔）。但该建筑依然是匈牙利最大的土耳其式建筑，并且是佩奇的重要地标之一。

（2）约克瓦力帕夏清真寺（Mosque of Pasha Yakovali Hassan）

约克瓦力帕夏清真寺创建于16世纪下半叶，位于佩奇市"西格提门"（Szigeti gate）外。这是匈牙利唯一现存的保留了尖塔的土耳其占领时期建造的清真寺。

哈布斯堡王朝占领佩奇后，佩奇的内斯尔罗德主教（Bishop Nesselrode）于1702—1732年间将约克瓦力帕夏清真寺改建为教堂，并添加了巴洛克式的风格。[①] 20世纪后巴洛克式的建筑被拆除恢复成为清真寺。清真寺大殿里有一个小博物馆，展示的是由土耳其政府捐赠的有关奥斯曼统治时期清真寺与佩奇市历史的文物。

约克瓦力帕夏清真寺成了一个穆斯林的重要朝圣地，也是匈牙利伊斯兰教信仰的中心。[②]

总之，匈牙利是一个以马扎尔族人为主体的多民族国家。马扎尔族人，也被称为匈牙利族，占该国人口的90%以上。由于马扎尔族人最初发展自乌拉尔山脉以东的游牧民族，因此其在文化习惯上，如姓名顺序等方面与东亚民族类似。除了马扎尔族人外，匈牙利还有罗姆族、德意志族、斯洛伐克族、罗马尼亚族、克罗地亚族等其他少数民族。其中，罗姆族是匈牙利群体最为庞大的少数民族。并且近年来，马扎尔族人的总体数量开始下降，而罗姆族人的数量则开始上升。马扎尔族人数量的下降应与匈牙利面临的低出生率、老龄化等问题存在紧密的联系。而罗姆族人的增加则使其面对的收入、教育、健康水平低下等问题将会成为更为严峻的社会问题。

1993年以来，匈牙利实施了一系列保障少数民族权利的措施，包括出台《少数民族权利法》、加入欧盟时签署并接受《哥本哈根协议》等涉及保护少数民族"集体人权"的法律。并且，在2011年匈牙利通过的新

---

① https://www.iranypecs.hu/en/info/attractions/turkish-age/the-mosque-of-pasha-yakovali-hassan.html.

② http://www.guideinfo.hu/en/80-latnivalok/latnivalok-pecsett/202-mosque-of-pasha-yakovali-hassan.

宪法《匈牙利基本法》中也明确规定了少数民族享有使用民族语言、保护文化、创建地方性和全国性自治政府等权利。

相较于国内少数民族共治问题，由马扎尔族引起的跨界民族问题是匈牙利目前亟须妥善处理的问题。由于历史原因，现在有近300万马扎尔族人生活在匈牙利周边的罗马尼亚、斯洛伐克、塞尔维亚及乌克兰等国。2001年匈牙利出台的《邻国匈牙利族人地位法》以及2010年通过的《双重国籍法》引起了匈牙利周边诸国的强烈反对。这一问题将长期影响匈牙利与周边国家的外交关系。

基督教一直都是匈牙利最主要的宗教，有一半以上的国民信仰基督教。2015年的难民危机中，匈牙利总理欧尔班对欧盟关于转移安置难民方案的坚决抵制便是以其强调的匈牙利的基督教传统为背景的。另外，在教育领域，天主教会在办学方面得到了匈牙利政府的大力支持。2010年以来，由教会管理的学校数量与学生数量大幅增加。

第八章 对外关系研究

地处中欧腹地的匈牙利，位于东西大国交界地带，几个世纪以来，多次卷入大国间战争。受地缘政治和小国禀赋的制约，要在大国的夹缝中求生存，匈牙利自身的力量太过单薄，因此，其对外政策的主要方向是在区域和次区域层面加入更强大的政治、经济和军事组织。在区域层面，北约和欧盟是匈牙利外交获取安全保障和经济支持的出发点。在次区域层面，匈牙利积极在维谢格拉德国家集团内发声，突出匈牙利的中欧特性和民族国家外交，并通过维谢格拉德集团平台争夺在欧盟内更大的影响力。随着国际政治、经济和军事力量的中心由跨大西洋地区逐步向太平洋地区转移，为应对全球性的挑战，匈牙利积极调整其外交与安全政策，推出"向东开放"战略，采取追求以经济利益为导向并致力于国家贸易关系多样化的务实性外交。

第一节 对外政策的形成背景

匈牙利的对外政策[①]主要由该国地缘位置、历史记忆、价值观念和战略利益来决定。

第一，从地缘位置来看，匈牙利是一个地处中欧的内陆国家，国土呈现不规则的六边形，大部分的面积位于喀尔巴阡盆地，匈东邻罗马尼亚、

[①] 即使在匈牙利语出版物方面，现代匈牙利外交政策总体上也未得到充分研究。比较有限的研究参见 Dunay and Zellner（1998）以及 Gazdag and Kiss（2004），主要研究侧重 1920 年《特里亚农条约》对匈牙利外交的影响。匈牙利的外交政策除了相关的议会和政府组织（包括外交部和部分国防部）外，只有少数研究机构和非政府组织参与外交政策制定。这也客观上导致了相关公开出版物比较少。

乌克兰，南接斯洛文尼亚、克罗地亚、塞尔维亚，西靠奥地利，北连斯洛伐克，边界线全长2246千米。这样的地理位置决定了匈牙利与周边7国错综复杂的关系和审慎的周边外交政策。

从国际等级体系用来衡量国家地位的领土面积、人口规模、经济总量、军事实力等指标考虑，我们将小国定义为在领土、人口、经济产出和军事能力方面的规模低于其地区平均数的实体。比照欧盟平均水平，匈牙利是欧盟内的小国（表Ⅰ-8-1）。匈牙利国土面积为93030平方千米，居欧洲第19位。全国总人口为977.8万人，占欧盟总人口的1.9%，在人口上居欧盟第14位。在经济实力上，2017年，匈牙利经济总量1523亿美元，人均GDP1.55万美元，在欧盟内排名第18位，人均国内生产总值居欧盟第25位。在军事实力上，2016年，匈牙利全球和平指数在163个国家中排名第19位。2016年军队总人数为3万人，2016年派出24支部队参加维和行动，人数为759人。2017年，军费开支将达到12.1亿美元，约占GDP的0.94%，低于北约2%的目标。

表Ⅰ-8-1　　　　　　　　　　匈牙利国情概况

	领土（平方千米）	人口	GDP（百万美元）	军事能力（占GDP的百分比）
匈牙利	93030	977.8万	157700	1.20
欧盟平均水平	151346	18141530	661219	1.52

资料来源：中国外交部网站（2019），笔者自制。

第一，按照欧洲标准，匈牙利是一个资源有限的小国家，匈牙利的经济发展很大程度上取决于对外贸易、外国资本投资，并且在很大程度上取决于国内企业的对外扩张。匈牙利积极利用全球化的优势，通过欧洲一体化、区域内的合作以及将与欧盟的发展方向相适应，保护自己免受全球化的不利影响。为了成功实现现代化和可持续发展，匈牙利对移民的态度是在全球化趋势下，在国内人口减少和就业率低的情况下，受过训练的劳动力有序流入可以帮助增长和再分配以及保证养老金的可持续性，但是最好是通过来自邻国的匈牙利人的重新安置的办法。

第二，回顾匈牙利的建国历程，匈牙利是一个建国1100年的中欧国家，与迁徙到欧洲的日耳曼人和斯拉夫人不同，匈牙利人的祖先来自东方，是在896年移居到多瑙河盆地的马扎尔游牧部落，他们来自亚洲西伯利亚地区，因而被称为"丢在欧洲的一块亚洲石头"。但是如今从容貌上已经很难看出他们的亚洲痕迹了。历经了1100多年的风霜，匈牙利人被日耳曼民族、拉丁民族和斯拉夫民族的各国包围，在中欧幸存下来，还保存了自己的文化传统。匈牙利的主体民族，也就是马扎尔人，约占90%。匈牙利人因为祖先来自遥远的东方，语言风俗和周边国家不一样，但是在漫长的历史发展进程中也受到了周边文化的影响。匈牙利著名诗人奥第·安德烈（Endre Ady，1877—1919年）称匈牙利是一个"渡船国家"，意思是匈牙利在东西方之间一条想象的河的两岸穿梭。① 匈牙利总理欧尔班·维克多说匈牙利在这片土地上经常有孤独感。因而这种民族个性也反映在其外交政策中。此外，长期以来，匈牙利外交特别强调国家对外政策的自主性，这源于其历史记忆，其基础是"光荣的过去"和"不幸的现在"的二分法的混合。② 从成为奥匈帝国的组成部分到20世纪之前，匈牙利完全独立的记忆只限于1848—1849年的欧洲革命时期。而在20世纪，作为一个能够控制自己事务的自由小国只是在两次世界大战之间的二十年，而当时国家的合法性是构建在修改《特里亚农条约》的雄心之上的。

第三，从宗教信仰和价值观念来看，66.2%的匈牙利居民信奉天主教，17.9%信仰基督教新教，匈牙利社会较为重视传统价值观。2010年以来在匈牙利连续执政的青年民主主义者联盟—匈牙利公民联盟（简称青民盟）重视传统价值，自称是匈牙利传统价值的捍卫者，具有明显的保守主义特征。③ 其外交政策强调国家干预和中央集权，反对欧盟机构在涉及国家利益的具体领域掌握更多的超国家权力而更加强调政府间主义。特别是2010年匈牙利议会选举中，青民盟与其竞选伙伴基督教民主人民党（简称基民党）组成的联盟获得议会386个席位中的262个，占有2/3以上的多数席位。在随后的四年中，青民盟利用其优势，在议会中通过了多

---

① 伊诺泰·安德拉什、叶桐：《欧盟面临的新挑战与"新琥珀之路"》，载陈新主编《匈牙利看"一带一路"和中国—中东欧合作》，中国社会科学出版社2017年版。

② Gyoöri Szabó, R. 2011. A magyar külpolitika története 1848—tól napjainkig [The History of Hungarian Foreign Policy from 1848 Until Now], Budapest: Helikon, p. 14.

③ 刘作奎：《2018年大选后匈牙利的内政和外交走向》，《当代世界》2018年第6期。

项招致国内外议论之声的法案，2012年1月匈牙利新宪法生效，将原宪法国名"匈牙利共和国"改为"匈牙利"，突出基督教作为匈牙利历史和文明的基础性作用。青民盟对宪法中法院的权力进行了限制，反对堕胎和同性恋，文化趋向于保守。

第四，从战略利益角度看，欧尔班政府的外交策略是利用机会将匈牙利的地位与具有更大潜力的国家联系在一起。[1] 在安全方面，欧尔班政府认为俄罗斯不是对欧洲或匈牙利安全的严重威胁，相反大规模非法移民和国际恐怖主义是更严重的挑战。在区域层面，北约和欧盟是匈牙利外交获取安全保障和经济支持的出发点。在次区域层面，匈牙利积极在维谢格拉德国家集团内发声，突出匈牙利的中欧国家特性和民族国家特性，并在维谢格拉德集团平台上争夺在欧盟内更大的影响力。考虑到欧盟对匈牙利的重要性，匈牙利将影响欧盟议程及其制度发展方向作为该国区域战略的重要一环。

作为资源匮乏，以对外贸易为经济支柱的欧洲小国，匈牙利的外交工作的一项重要任务就是保证该国扩大出口、拓宽出口市场，保持并提高匈牙利的国际竞争力。匈牙利基本的对外政策和对外经济目标始终是相互协调的。[2] 2000年2月，为更加有效地协调对外政策与对外经济利益，匈牙利政府将对外经济管理的任务转到匈牙利外交部的管辖之下，合称"匈牙利外交与对外经济部"。[3] 目前执政的青民盟非常重视对外贸易，匈牙利将继续坚持其东向战略，争取与中国和印度等国达成双边经济协议的机会。

第二节　对外政策的演变

欧盟和北约的成员资格为匈牙利的战略目标提供了框架和基础。匈牙利的主要合作伙伴是欧盟成员国和其周边邻国，美国和北约盟国。目前，匈牙利将美国、欧盟、俄罗斯、中国及周边邻国列为五大优先方向，重点推进与上述国家的务实合作。冷战结束至今，匈牙利的外交政策经过三次

---

[1] Peter Marton, "The Sources of Visegrad Conduct: A Comparative Analysis of V4 Foreign Policy-making", The Polish Quarterly of International Affairs, 2012, No. 4, pp. 7 - 8.
[2] 李丹琳编著：《列国志：匈牙利》，社会科学文献出版社2006年版，第287页。
[3] http://www.kormany.hu/en/ministry-of-foreign-affairs-and-trade.

较大幅度的调整。

（一）冷战结束的适应期

1990年匈牙利转型之后首届民主选举产生的首相安道尔·约瑟夫（Jozsef Antall）政府确立了匈牙利外交政策的三个主要方向：第一，匈牙利积极申请加入北约和欧盟；第二，与邻国保持稳定的关系；第三，保护居住在邻国的匈牙利少数民族。① 第一届政府虽然为实现匈牙利加入欧盟和北约的目标迈出了重要的一步，却没有意识到这三个优先事项的相互关联程度有多大。因此，保护邻国内的匈牙利少数民族是1990年至1993年间的绝对优先事项。② 与此同时，在这一时期，匈牙利的外交是以安全为导向的。造成这种情况的最重要原因有三个方面：一是南斯拉夫内战的爆发。二是乌克兰在东方的不稳定。三是俄罗斯转型时期对匈牙利造成的安全挑战。匈牙利安全政策原则的第11/1993号议会法令（Ⅲ.12）详细地说明了当时不稳定的区域环境，该文件提出了区域安全的主要挑战，例如联邦国家的解体，种族间冲突，新生民主国家的发展问题等。③

在与邻国关系问题上，考虑到在冷战时代，匈牙利只与苏联建立了制度化的外交关系，而与其他苏维埃社会主义共和国的接触非常有限。苏联解体后，匈牙利与其他新独立的东欧国家的关系必须建立起来。当时优先建立外交关系的是乌克兰以及摩尔多瓦共和国。自苏联解体以来，支持邻国乌克兰的稳定一直是匈牙利外交政策的重心之一。这主要是出于安全的考虑，匈牙利希望致力于确保乌克兰的和平过渡，并加强对生活在乌克兰扎卡尔帕蒂亚地区的匈牙利少数民族的保护。1991年5月31日，双方已经签署了关于相互保护少数民族的协议。匈牙利—乌克兰基本条约于同年12月6日签署。此外，20世纪90年代匈牙利—罗马尼亚关系因为罗马尼

---

① Hungarian Government (1990) *A nemzeti megújhodás programja. A Köztársaság elsö három éve.* [Programme of the National Renewal. The First Three Years of the Republic.] Budapest：Hungarian Government.

② Dunay, Pál (2004) 'Az átmenet magyar külpolitikája' [Foreign policy of the Hungarian transition.], in Ferenc Gazdag and László J. Kiss (eds) *Magyar külpolitika a 20. században* [Hungarian foreign Policy in the 20th century.], Budapest：Zrínyi Kiadó, pp. 221–240.

③ Hungarian Parliament (1993) *OGY határozat：a Magyar Köztársaság biztonságpolitikájának alapelvei.* [Parliamentary Resolution on the Basic Principles of the Security Policy of the Republic of Hungary.] 11/1993 (Ⅲ.12.)

亚匈牙利少数民族权利问题比较紧张，因此，匈通过加强与摩尔多瓦的关系来平衡其与罗马尼亚的双边紧张关系。匈牙利于1992年与摩尔多瓦建立了外交关系，并于同年在基希讷乌开设了大使馆。

总之，在冷战结束后，匈牙利对其他东欧国家的关注非常有限。与他们的外交关系是在1991—1992年建立的，但除了一些中层访问外，在90年代初期，这方面几乎没有取得任何进展。这主要是因为此时匈牙利的外交政策主要向西看，着重于加入北约和欧盟。

（二）加入北约和欧盟后的过渡期

匈牙利于1999年加入北约以及2004年加入欧盟以来，之前的三大战略目标有所调整。调整的背景是在与邻国签订匈牙利少数民族保护协定后，与邻国就匈少数民族保护问题产生的冲突得以缓解。当时匈牙利的外交部部长索莫吉·弗兰克（Somogyi Ferenc）宣称，加入欧盟后，匈牙利外交政策的三大支柱也必须加以修改。[①] 第一，匈牙利加入欧盟后，开始更多关注欧盟内部有效决策的重要性。第二，匈牙利对大西洋伙伴关系加强关注，第三，支持邻国特别是罗马尼亚、克罗地亚、塞尔维亚和黑山等国加入欧盟，因为这些国家的稳定对匈牙利的安全至关重要。[②] 经过2004年之后一段低调的调整和适应期，2004年以后，匈牙利对国际事务的参与度明显提高，匈牙利开始为欧盟共同外交和安全政策以及欧盟邻国政策做出贡献。[③] 这主要源于匈牙利身份的转变，一方面是成了欧盟成员国，另一方面通过北约框架，成了美国的安全合作伙伴。[④]

[①] Somogyi, Ferenc (2005) 'Magyar érdekek, uniós értékek. Az euroatlanti bövítés új helyzetbe hozta Magyarország szomszédságpolitikáját.' [Hungarian Interests, EU values. The Euro-Atlantic Enlargement has Put the Neighbourhood Policy of Hungary in a New Situation.] *Népszabadság*, April 2, 2005, www.nol.hu/archivum/archiv—357249.

[②] Medve-Balint, Gergo (2010) 'Return to Europe. Reflections after 20 Years of Democratic Renewal. Research Report on Hungary'. Center for Policy Studies. Working papers, cps.ceu.hu/sites/default/files/publications/cps-working-paper-return-to-europe-2010.pdf. p. 19.

[③] András Rácz, Hungary: a most reluctant ally, *Contemporary Security Policy*, Vol. 26, No. 3, 2005, pp. 544–557.

[④] Dunay, Pál (2006) 'A külpolitika esélyei a hármas prioritás megvalósulása után' [Chances of Foreign Policy after the Realization of the Three Priorities.], in Hegedüs István (ed.) A magyarok bemenetele. Tagállamként a bövülö Európai Unióban. [Hungarian Coming in. Hungary as a Member State in the Enlarging European Union.], Budapest: Demokrácia Kutatások Magyar Központja Alapítvány, pp. 381–412.

2008 年通过的匈牙利"对外关系战略"中明确指出:"欧盟是匈牙利外交政策和行动的最重要框架"。同时,匈牙利的邻国政策仍然占重要地位,主要关注对象是克罗地亚、塞尔维亚等。① 文件指出"匈牙利需帮助上述国家准备加入欧盟",同时,"匈牙利鼓励制定有效的欧洲邻国政策,在东部和南部方向的合作和风险应对问题上建立平衡的关系"。②

(三) 2011 年以来的稳固期

在总理欧尔班·维克多 2010 年任职后,特别是以匈牙利于 2011 年担任欧盟轮值主席国为契机,外交政策的讨论开始在匈牙利大众媒体和新媒体平台上更多地出现。

匈牙利政府关于匈牙利超越小国身份,在世界上占有一席之地的愿景是在匈牙利 2011 年担任欧盟理事会主席之后的"匈牙利外交政策"文件中提出的。③ 甚至可以认为,2011 年之后,欧尔班政府重塑了国家的外交政策。据此,匈牙利的对外战略目标又有了第三轮的大幅调整。第一,匈牙利特别注意促进与经济、文化和民间社会发展最重要的伙伴国家的合作。与维谢格拉德国家以及欧盟内的欧盟成员邻国合作符合其最佳利益。第二,继续巩固大西洋伙伴关系,美国是牢固的盟友,是全球政治的决定性角色。第三,匈牙利在欧洲联盟和北约的对话框架内,在双边经济利益的基础上发展与俄罗斯的伙伴关系。第四,加强与中国、印度、日本、韩国及世界快速发展地区的关系,增加匈牙利的出口机会。这份文件中最显著的就是提出了向东开放政策,以发展与东方和阿拉伯世界崛起的大国的联系。此外,该文件前所未有地强调对外贸易,还提出了向南开放政策,以便在非洲和拉丁美洲开展业务。

在应对全球性安全挑战方面,匈牙利认为当前全球面临的首要风险包

---

① Magyarics, Tamás (2007). *A szomszédsági kapcsolatok helye a magyar külpolitikában. Kérdések és lehetöségek az EU szomszédságpolitikájának tükrében.* [The Place of Neighbourly Relations in Hungarian Foreign Policy. Questions and Possibilities in the Mirror of the Neighbourhood Policy of the EU.] Budapest: Magyar Külügyi Intézet, www. kulugyiintezet. hu/projectek/kulkapcs/kulkapcs-MT. pdf.

② Hungarian Ministry of Foreign Affairs (2007) *Hungary in the World.* Online: www. kulugyminiszterium. hu/kum/en/bal/foreign_ policy/hungary_ in_ the_ world/.

③ Ministry of Foreign Affairs of Hungary (2011). "Hungary's Foreign Policy after the Hungarian Presidency of the Council of the European Union", Available at http://eu. kormany. hu/admin/download/f/1b/30000/foreign_ policy_ 20111219. pdf.

括：环境退化，气候变化，全球流行病，国际恐怖主义，大规模杀伤性武器扩散，非法移民和国际犯罪，贫困和严重的不平等。在发展方面，匈牙利的目标是通过其双边和多边国际发展和援助方案减少贫穷，帮助民主进程并在伙伴国家发展公民社会。在安全方面，匈牙利支持北约框架下的欧洲集体防务，同时也将其视为匈牙利安全的首要保障，也通过多边机构和传统的国际法准则保证安全。① 在此基础上，匈牙利积极参加多边国际组织，如欧安会、联合国的活动等。

目前，匈牙利政府的目标是到2020年，匈牙利将成为最具活力的欧洲国家之一，2030年，匈牙利成为欧盟生活和工作的五个最佳国家之一。② 匈牙利外交政策则是为上述目标服务。主要包括：（1）保障国民安全，服务国内经济发展和改善民生，高效应对全球化挑战；（2）加强中欧地区合作，加深中欧地区的合作以及区域和欧洲一体化；（3）与欧盟伙伴国和北约盟国密切合作；（4）继续加强东向战略。

第三节 周边外交

第一次世界大战前作为奥匈二元帝国一部分的匈牙利王国，统治着大片土地，除现在的匈牙利外，还包括特兰西瓦尼亚、斯洛伐克、卢西尼亚（外喀尔巴阡乌克兰）、克罗地亚、波黑、现在塞尔维亚北部等大片土地。第一次世界大战结束后，匈牙利于1920年3月22日签署了《特里亚农条约》，失去了将近2/3的领土和近1/3的人口，当时大约有250万匈牙利族人成为其他国家的公民。其中斯洛伐克和外喀尔巴阡的乌克兰地区划归捷克、斯洛文尼亚、克罗地亚，巴契卡和巴纳特西部归南斯拉夫，特兰西瓦尼亚和巴纳特东部归罗马尼亚，布尔根兰归奥地利。《特里亚农条约》

---

① Government of the Republic of Hungary, The National Security Strategy of the Republic of Hungary (Budapest: Government of the Republic of Hungary, 31 March 2004), www. kulugyminiszterium. hu/archivum/Kulugyminiszterium/EN/Ministry/Departments/NATO/ National_ Security_ Strategy. htm.
② Prime Minister Viktor Orbán's Address after Swearing the Prime-ministerial Oath of Office, May 10 2018, http://www. kormany. hu/en/the-prime-minister/the-prime-minister-s-speeches/prime-minister-viktor-orban-s-address-after-swearing-the-prime-ministerial-oath-of-office.

引发的匈牙利人的受害情结和悲情意识成为匈牙利现代民族主义的重要来源。① 从那时起，匈牙利对外政策中出现了一个新的主题——对居住在国外的匈牙利少数民族权利的保护。这个主题一直存在于匈牙利的外交政策思想和身份中，尽管在不同的时间段重视程度有所差别。② 可以说匈牙利对周边国家的外交关切也部分源于对居住在周边国家的匈牙利少数民族的承诺。大多数匈牙利政客都想要利用这种民族损失感，而欧尔班政府则最为巧妙地利用了这种民族情绪。③

20 世纪 80 年代末和 90 年代初中东欧国家各国政局纷纷发生变化，在这一背景下，匈牙利重新审视与邻近其他中东欧国家的关系，通过签订一系列双边条约，建立国家间关系的新基础。采取的主要措施如下：第一，改善与邻国的关系。为了尽快加入欧盟和北约，努力加强同各邻国的关系，同它们签署基础条约，解决边界问题，保证境内少数民族享有平等权利。第二，积极参与区域合作和地区性问题的解决，努力成为地区稳定与安全的积极因素。区域合作的重点之一是安全领域的合作，与邻国一起，在预防和解决冲突、防止跨国犯罪、打击和防范恐怖活动和其他非常规威胁方面，特别是在打击黑社会、武器走私、偷渡与非法移民、腐败、贩毒问题上进行卓有成效的合作，第三，为周边国家提供政治和外交上的支持，促使其他中东欧国家和东南欧国家逐步加入欧洲—大西洋框架体系。这样也可以促进境外匈牙利人社会也积极加入欧洲一体化进程，匈牙利人之间的自由往来不再被边界阻断。匈牙利人整体在安全方面得到北约保障。这样有助于重建匈牙利人在语言、文化、经济和基础设施各方面的联系。第四，在保障境外匈牙利人权益的问题上，匈牙利的外交有两个方向：一是在相关的欧洲机构框架内，就欧盟内外保护少数民族权利的目标和责任方面提出相关提案，推动欧盟对此类问题的关注和解决，以及共同

---

① Romsics, Ignác (ed.) (2007). *Magyarország története*. [The History of Hungary.] Budapest: Akadémiai Kiadó, p. 5.

② Kiss, László J. (2007). 'Magyarország szomszédsági kapcsolatainak jövöje'. [The Future of Hungary's Neighbourly Relations.], Grotius. Budapest: Magyar Külügyminisztérium. Online: www.mfa.gov.hu/NR/rdonlyres/0B215186-028A—4C5E-A871-FEF9C68A5DB8/0/Magyarorszag_ szomszedsagi_ kapcs070508.pdf.

③ Paul Lendvai, *Orbán*: *Europe's New Strongman*, C., Hurst & Co. London, 2017, pp. 189 – 190.

标准的成立。二是积极参与欧盟内相关政策的制定，如签证、跨境合作和跨边界贸易制度等。2001年6月19日，匈牙利议会通过了《邻国匈牙利族人地位法》（以下简称《地位法》），2002年1月1日，该法案开始生效。该地位法规定，匈牙利政府将向其6个周边国家（罗马尼亚、斯洛伐克、南斯拉夫联盟、斯洛文尼亚、克罗地亚和乌克兰）境内的匈族人提供文化、教育及社会福利保障等多种优惠待遇和经济补贴。同时国内各政党就是否允许居住在国外的匈牙利人申请匈牙利公民身份展开旷日持久的辩论，直到2011年通过该条款。

在中东欧地区合作方面，匈牙利是维谢格拉德集团的发起国，匈牙利把维谢格拉德集团不断加深合作看作是中欧国家具有共同特征的体现，也看作是中东欧政策的框架。[1] 1991年2月，捷、匈、波三国高级领导人在维谢格拉德签订了合作声明，商定在融入欧洲和取消华约进程中协调步伐。在维谢格拉德国家集团内部的协调问题上，匈牙利与斯洛伐克就边界问题的沟通最为典型。在斯约生活着60万匈族人，占斯总人口的10%左右，而在匈生活着约10万名斯族人。匈当局支持斯境内匈少数民族的自治要求。双方在这一问题上不断发生争执，此外，斯洛伐克与匈牙利接壤的边界最长，也是斯历史上变动次数最多的一段边界。1995年3月，斯匈两国签署《斯匈睦邻和友好合作条约》，条约重申双方相互无领土要求，并将欧洲委员会关于少数民族权利问题的第1201号建议纳入条约。

目前，匈牙利与邻国的关系基本得到了解决，其中大多数国家也是欧盟和北约的成员。匈牙利认为与邻国的关系不仅是匈牙利的外交和安全政策，也是国家政策和经济合作方面努力的一个非常重要的领域。周边区域的政治、社会、经济和环境发展对匈牙利的安全具有最直接的影响。中欧、东欧和东南欧地区的稳定，民主体制和市场经济的进步，以及日益密集的合作符合匈牙利的基本利益。匈牙利的战略利益是促进周边地区各国成为欧盟和北约的成员，在政治上支持它们为此做出的努力，并为其准备提供实际援助。匈牙利在支持邻国罗马尼亚、克罗地亚完成加入欧盟和北约的目标后，也一并推动西巴尔干的欧洲一体化进程。积极发展与塞尔维

---

[1] M. Dangerfield, "The Contribution of the Visegrad Group to the European Union's 'Eastern' Policy: Rhetoric or Reality?," *Europe-Asia Studies*, Vol. 61, No. 10, December 2009, p. 1737.

亚和黑山等西巴尔干国家的关系。同时积极支持欧盟的东部伙伴关系对象国，特别是与乌克兰和摩尔多瓦加强合作。① 与此同时，匈牙利希望能够同时成功地通过共同的安全，经济和其他利益以及与居住在邻国的匈牙利族人的社区形成跨境的次区域合作，在加强和促进该地区的多边机构和合作论坛中扮演积极角色。

在对周边国家的对外发展援助方面，题为《匈牙利国际发展合作政策》的文件中规定，匈牙利的发展合作包括在教育、知识转让、农业、医疗保健、水管理和基础设施规划方面对周边国家的援助。该合作文件宣布匈牙利的发展援助应根据即将加入欧盟的计划进行规划，并应在此过程中考虑欧盟和经合组织的发展原则。② 匈牙利政府开展的国际发展合作和民主援助的地理重点是两个区域，一是巴尔干区域，二是欧盟的东部伙伴对象国。这也反映在匈牙利外交资源的投入中，例如大使馆的规模和外交人员的数量。③ 乌克兰和摩尔多瓦是匈牙利优先考虑合作的对象。④ 布达佩斯在东欧的发展援助也集中在这两个国家，2008年，两国都被宣布为战略合作伙伴。⑤ 另一个对匈牙利非常重要的多边合作项目是多瑙河战略，这使匈牙利有机会将其周边政策的两个优先区域联系起来。⑥

---

① Rácz, András (2010) 'Hungary and the Eastern Partnership', in Izabela Albrycht (ed.) *The Eastern Partnership in the Context of the European Neighbourhood Policy and V4 Agenda*, Budapest: CEU Centre for EU Enlargement Studies, http://3csep.ceu.hu/sites/default/files/publications/the-publication_0.pdf, pp. 19-35.

② Hungarian Ministry of Foreign Affairs (2006) *A Brief Summary of Hungary's International Development Co-operation Activities*. Budapest. Online: www.mfa.gov.hu/NR/rdonlyres/6C909959-3C4A-4881-9096—9C8F368B4748/0/061206_ODA_HU.pdf.

③ Európai Tükör '"Az Európai Uniónak hosszú távon és stratégiai szempontból mindenképpen érdeke a bövítés." Interjú Dr. Sztúray Péterrel'. ['In the long run, from a strategic perspective, enlargement is in the interest of the European Union'. Interview with Dr. Peter Sztáray.] *Európai Tükör*, June 2011, p. 11.

④ Rácz, András "Hungary and the Eastern Partnership", in Izabela Albrycht (ed.) *The Eastern Partnership in the Context of the European Neighbourhood Policy and V4 Agenda*, Budapest: CEU Centre for EU Enlargement Studies, 2010, http://3csep.ceu.hu/sites/default/files/publications/the-publication_0.pdf. pp. 19-35.

⑤ A. Rácz, "A Limited Priority: Hungary and the Eastern Neighbourhood," Perspectives, Vol. 19, No. 2, 2011, pp. 143-145.

⑥ European Commission (2010) *EU Strategy for the Danube Region*, Communication to the Council and the Parliament, 15/07/2010, COM (2010) 715 final.

从区域维度来看，匈牙利政府，无论其政党组成如何，都一直支持维谢格拉德集团合作，强调中欧模式的重要性。① 维谢格拉德集团是中东欧地区最重要的地区组织之一，捷克、匈牙利、波兰和斯洛伐克是成员国，目前已经发展出了"V4+德国""V4+法国""V4+波罗的海国家"和"V4+西巴尔干国家"等多种合作模式。匈牙利会继续在维谢格拉德国家集团中发挥积极作用。欧尔班政府将加强与波兰政府的合作，提升维谢格拉德国家集团在欧盟的影响力和发言权，匈牙利总理欧尔班认为"中欧人民需要根据中欧利益，在俄罗斯和德国这两个伟大国家之间组织这个世界。这不是对任何事情的制衡，而是从我们的历史中吸取的教训"。② 维谢格拉德国家集团是匈牙利重要的外交资源。V4 的创立取得了巨大的成功，也是匈牙利外交的成就。欧洲政治在过去主要依靠德国和法国之间的合作，但今天也有德国和 V4 之间的合作。现在欧盟至少有两个轴心。③

第四节　对西方世界的外交

匈牙利最重要的两个合作伙伴仍被认为是德国和美国，匈牙利是"传统的欧洲—大西洋盟友"的支持者。在近期的民调中显示，德国是唯一一个被所有受访者一致认为是匈牙利最重要的合作伙伴之一的国家。④

（一）匈牙利和欧盟的关系

匈牙利的第一个身份定位是欧盟成员国，欧盟是匈牙利政策和行动的最重要框架。

---

① Visegrad Group "Joint Statement on the Enhanced Visegrad Group Activities in the Eastern Partnership", Visegrad Group Prime Ministers' Meeting, 16 June 2011, Bratislava. Online：www. visegradgroup. eu/main. php? folderID = 1&articleID = 34344&ctag = articlelist&iid = 1.

② Interview with Viktor Orbán on Polish Public Television TVP, January 12, 2018, http：//www. kormany. hu/en/the-prime-minister/the-prime-minister-s-speeches/interview-with-viktor-orban-on-polish-public-television-tvp.

③ Prime Minister Viktor Orbán's Speech at the Meeting for the Heads of Diplomatic Missions, March 4, 2016, http：//www. kormany. hu/en/the-prime-minister/the-prime-minister-s-speeches/prime-minister-viktor-orban-s-speech-at-the-meeting-for-the-heads-of-diplomatic-missions.

④ Zsuzsanna Végh, What do Hungarian foreign policy Stakeholders Think?, *EU Frontiers*, Policy Paper no. 12, January 2016, http：//www. cps. ceu. hu/sites/default/files/publications/ policypaperno12 eufrontiersvegh. pdf. p. 3.

2004年5月1日，匈牙利正式成为欧盟成员国。2007年12月21日，匈牙利正式加入申根区。2011年1月1日至6月30日，匈牙利曾担任欧盟轮值主席国。2011年以来，匈牙利通过一系列的政策调整，已逐步走出经济衰退，实现了经济稳定增长，失业率稳定，通胀维持在低水平，国际货币基金组织的贷款已经偿还，这些都利好匈牙利经济，也使得匈牙利认为自己是"欧盟内发展成功的样板"。

在区域层面，匈牙利已经由被动接受欧盟政策转而根据自身的利益积极影响欧盟运作和决策。欧尔班政府设想的"双速欧洲"是欧盟克服经济危机和恢复活力的关键。在次区域层面，匈牙利会通过维谢格拉德集团平台争夺在欧盟内更大的影响力，坚持匈牙利的主权优先（pro-sovereignty）的外交政策。[1] 欧尔班政府不支持匈牙利加入欧元区或欧盟的难民危机的解决方案，也反对欧盟财政一体化和社会政策的深层融合。欧尔班政府希望保持欧洲一体化的现有成就，但是希望避免建立以欧元区成员身份为基础的核心欧洲，同时支持基于欧盟成员国为主体的欧洲一体化。将欧盟视为欧洲国家的联盟。[2] 在欧洲一体化问题上，匈牙利赞同巴尔干国家应该成为欧洲联盟的成员。[3]

由于青民盟执政时期，匈牙利经济很快复苏，欧盟担心怀疑"自由民主制度"的"欧尔班模式"被其他国家所效仿，影响欧盟价值观和政治架构的稳定性。随着欧盟对匈牙利内政方面改革是背离"欧盟价值观"的指责日益加剧，欧尔班政府也多次批评欧盟对匈牙利不公平。欧洲议会（EP）于2018年9月通过所谓的萨根廷尼提案时，欧洲议会批准了萨根廷尼报告，认为匈牙利严重违反欧盟价值观带来了"明显风险"，根据《欧盟条约》第7条实施处罚措施以防止"严重违反"的风险。但是匈牙

---

[1] Prime Minister Viktor Orbán's Speech at the Meeting for the Heads of Diplomatic missions, March 4, 2016, http://www.kormany.hu/en/the-prime-minister/the-prime-minister-s-speeches/prime-minister-viktor-orban-s-speech-at-the-meeting-for-the-heads-of-diplomatic-missions.

[2] Prime Minister Viktor Orbán's Speech at the 5th Meeting of the Hungarian Diaspora Council, December 9, 2015, http://www.kormany.hu/en/the-prime-minister/the-prime-minister-s-speeches/prime-minister-viktor-orban-s-speech-at-the-5th-meeting-of-the-hungarian-diaspora-council.

[3] Interview with Viktor Orbán on Polish Public Television TVP, January 12, 2018, http://www.kormany.hu/en/the-prime-minister/the-prime-minister-s-speeches/interview-with-viktor-orban-on-polish-public-television-tvp.

利是不可能背离欧洲一体化进程的,匈牙利依靠欧盟内的进出口贸易经济结构为匈牙利的经济增长提供了主要的增长动力。匈清楚地认识到只有在欧洲一体化的进程中,匈牙利才更有可能实现经济的长期增长和国家利益的最大化。

随着 2010 年以来欧尔班领导的青民盟在匈牙利执政地位的巩固,欧尔班政府希望在更大的舞台发挥作用。欧尔班强调,"成员国而不是欧盟机构是欧盟的基础","欧盟不是在布鲁塞尔,而是在 28 个成员国的首都"。欧尔班认为,面临多重危机的欧盟有沦为区域性力量的可能性。阻止欧盟衰落的方法是欧洲领导人摆脱所谓的超国家欧洲的乌托邦。匈牙利和法律与公正党主政的波兰相互支持,形成"匈波轴心",以抗衡法德的影响。这一民族主义诉求在应对难民危机的问题上得到了充分的体现。

欧尔班政府在应对难民危机时直接将匈牙利的民族利益置于首位,民族主义色彩浓厚。而其历史原因可以回溯到 1000 年,匈牙利大公伊斯特万一世宣布基督教为国教,并在神圣罗马帝国皇帝奥托二世的支持下,加冕成为首任匈牙利国王,建立匈牙利王国。此后,匈牙利成了作为欧洲世界的最东端的信仰基督教的国家,也成为欧洲的"基督教之盾",保卫着基督教世界免受穆斯林的侵袭。这也奠定了匈牙利对伊斯兰世界的不信任感,也是目前匈牙利坚持不在难民危机的问题上与德国妥协的历史根源。欧尔班号召欧洲对移民采取限制措施,表示不希望看到在匈牙利存在一个与他们的文化特色及背景有明显差异的少数民族,称"要匈牙利人的匈牙利"。[1] 这些主张与欧盟的主流价值观相背离,导致了德国等国家以及国际舆论的批评。欧尔班一再公开表示大批难民涌入欧洲会大幅提高恐怖犯罪风险,而移民配额制也会让恐怖主义在欧洲蔓延。[2] 欧盟内的主要西欧国家都对其进行指责。[3] 但欧尔班政府并非孤立无援,其行为获得了维谢格拉德集团成员国的支持。维谢格拉德集团在 2016 年峰会期间宣布拒绝

---

[1] A Culture War is not Being Fought in Hungary, but in Europe, October 4, 2018, http://www.kormany.hu/en/the-prime-minister/news/a-culture-war-is-not-being-fought-in-hungary-but-in-europe.

[2] Prime Minister Viktor Orbán on the Kossuth Radio Programme "180 Minutes", June 10, 2018, http://www.kormany.hu/en/the-prime-minister/the-prime-minister-s-speeches/prime-minister-viktor-orban-on-the-kossuth-radio-programme-180-minutes—20180610.

[3] http://www.neurope.eu/article/tension-between-germany-and-hungary/.

接受欧盟难民配额，强调要从保护边境和难民产生的根源这两个方面入手系统解决难民问题，强制性分配申请政治避难者只会引起更大的移民潮，并导致欧盟分裂。

当然匈牙利总理欧尔班仍然指出，匈牙利现在并将继续成为西方联盟体系的忠实成员。[①] 执政党青民盟属于欧洲人民党，这是欧洲议会中的主要政治力量。这一成员资格帮助缓解了匈牙利政府与欧盟委员会之间在匈牙利实施的宪法改革后双方产生的紧张关系以及该国在难民危机以来与欧盟和主要成员国的龃龉。

（二）匈牙利对德国的外交

在历史长河中，德国和匈牙利的命运多次凝结在一起。在文化上，896年，马扎尔游牧部落从乌拉尔山脉的东面迁徙到多瑙河盆地。作为游牧部落，他们在征服了现在的喀尔巴阡盆地之后，并没有停下追逐的脚步，一直远征到今天的瑞士、意大利北部和巴尔干半岛，直到955年被德意志国王奥托一世的军队击败，军队指挥官被处决。遭到德意志各个部落的联合痛击后，马扎尔人开始放弃征战，转向和平定居生活。为了在这块土地上生存下去，要被周围国家接纳，匈牙利人必须融入周边的环境，在这一过程中，德意志人扮演了重要角色。匈牙利国王盖佐（Géza，972—997年在位）决定引入基督教，他向德意志国王奥托二世承诺，匈牙利人不再四处掠夺，请奥托二世派传教士到匈牙利。996年，盖佐的儿子，即后来的匈牙利国王伊斯特万一世正式迎娶了巴伐利亚公爵海因里希二世的女儿吉塞拉，随这位王后定居到匈牙利的还有包括巴伐利亚牧师和骑士在内的一大批德意志人。这次联姻是匈牙利与德意志民族关系的开端，不仅加速了基督教在匈牙利的传播，使匈牙利开始融入基督教文明圈，也加强了匈牙利与周边国家的联系。[②]

在地缘上，中东欧地区不仅对德国的国家安全有重要意义，对德国的经济也有重要意义。对德国而言，冷战结束后，帮助匈牙利等中东欧国家

---

① Prime Minister Viktor Orbán's Address after Swearing the Prime-ministerial Oath of Office, May 10 2018, http://www.kormany.hu/en/the-prime-minister/the-prime-minister-s-speeches/prime-minister-viktor-orban-s-address-after-swearing-the-prime-ministerial-oath-of-office.

② 贺婷：《德国与匈牙利的双边关系：历史与现实》，载杨烨、高歌主编《冷战后德国与中东欧的关系》，社会科学文献出版社2017年版，第151—153页。

加速转型,并加入欧洲一体化,有助于德国东部区域的安全稳定,有助于德国重新树立在欧洲的角色和地位,有助于开辟新的商品市场,同时还可以打消邻国对德国的顾忌。早在 1990 年,时任德国外长根舍就曾说,德国对中东欧地区的发展负有"特殊责任",为在中东欧国家的变化过程创造牢固的政治、经济、社会和生态基本条件是发展欧洲稳定政策的重大任务。① 德国政府将欧盟东扩作为重要政治议题,同时将这一议题列入德国政府的工作重点。德国对匈牙利的支持还体现在财政援助上。在欧共体/欧盟的多项援助计划和项目中,德国提供了相当比例的资金,是匈牙利的重要援助国。②

在经济上,2004 年匈牙利入盟之后,德国和匈牙利之间的贸易量逐步攀升,合作领域不断拓宽,人员的流动也带来了技术的流动,促进双方经济的增长。经贸合作是这一阶段德国和匈牙利关系中最重要的发展领域。一方面,匈牙利在这种密切的贸易往来中获得更多收益;但另一方面,过多地依赖使得这种关系并不平衡,匈牙利经济对德国的依赖度较高,匈牙利的进出口严重依赖德国,对德国资本的依赖度也较高,德国已经成为匈牙利第一大出口目的国、第一大进口来源国,是匈牙利在欧盟内最重要的贸易伙伴。在经济层面,匈牙利不但有 20% 的商品出口到德国,而且德国汽车业对匈牙利的投资是该国接受的最大外国投资,汽车产业也是该国受雇工作人员最多的产业。匈牙利却只是德国第十六大贸易伙伴。这种不平衡是两国的资源禀赋和经济总量决定的。从长远来讲,在全球经济和安全局势没有大变动的前提下,如果德国经济发展稳定,对外投资稳定增长,匈牙利经济在可预见的未来仍可依赖德国。

在安全合作方面,德国和匈牙利在安全领域的合作多是基于北约框架。两国都参与了部分北约军事行动,在北约对阿富汗和科索沃的军事行动中进行了合作。匈牙利派驻阿富汗的军事小组从德国那里得到了技术设备的支持。加入北约后,德国和匈牙利的安全合作都基于北约框架。在涉及本国安全和地区安全的问题上,德国和匈牙利往往能保持一致意见。

---

① 陈乐民:《东欧巨变与欧洲重建》,世界知识出版社 1991 年版,第 162—165 页。
② 熊炜:《统一以后的德国外交政策 1990—2004》,世界知识出版社 2008 年版,第 120 页。

(三) 匈牙利和美国的关系

在欧洲以外的政策层面，匈牙利早在 1993 年就和波兰、捷克一起加盟了北大西洋公约组织，在匈牙利的外交排序中，美国总是排在第一位的。① 在 20 世纪 90 年代，匈牙利的大西洋主义倾向更具决定性。在南斯拉夫内战和科索沃战争期间与其邻国不同，匈牙利位于北约的特殊"边界位置"。② 在此期间，华盛顿被认为是匈牙利获得安全保障最重要的战略盟友。从 1993 年到 2005 年，匈牙利军队共获得价值为 9400 万美元的援助，美国在职业培训、语言培训、软件和基本技能方面为匈牙利提供了支持。

随着巴尔干地区大规模武装冲突的解决，2004 年北约的第二轮扩大，以及同年加入欧盟十个新成员国以及乌克兰的"橙色革命"的发生，匈牙利的安全环境发生了变化。从军事角度来看，1990 年的"欧洲常规力量条约"（CFE），1995 年《代顿和平协定》（*Dayton Peace Accords*）和 1995 年前南斯拉夫的次区域军备控制条约（1996 年）大大加强了区域稳定。匈牙利不需要考虑其附近的任何军事威胁。③ 虽然一些旧的传统安全挑战仍然存在，但新的非传统安全挑战也不断出现。匈牙利开始更多关注非法移民、毒品和武器贸易，人口贩运和有组织犯罪对匈牙利构成的严重挑战，环境安全以及经济和社会安全问题。因此，匈牙利与美国也加深了在非传统安全方面的合作。2008 年，匈美两国签订《打击恐怖主义组织信息交换协议》和《刑事犯罪信息交换协议》。2009 年 6 月，匈美两国签订《刑事犯罪法律援助协议》。

同时由于促进民主价值观在美国议程中占据重要位置，特别是在两届布什政府期间，促进周边国家的民主转型也在匈牙利外交政策中发挥了优先作用。④ 正如共和党研究所智囊团所做的一份分析报告所说，"匈牙利接受欧洲和美国的敦促和建议，有时甚至是发挥积极合法作用的压力，并投入资

---

① Pal Dunay P. Dunay and Z. Lachowski, "Euro-Atlantic Organizations and Relationships," in "Armaments, Disarmament and International Security," SIPRI Yearbook 2004, Oxford: Oxford University Press, 2004, p. 44.

② A. Rácz, "Hungary: A most reluctant ALLY", *Contemporary Security Policy*, Issue. 26, No. 3, 2005, pp. 544 – 557.

③ F. Gazdag, "From Alliance to Alliance: Hungary's Path from the Warsaw Pact to NATO," *Foreign Policy Review*, Vol. 2, No. 1, 2004, p. 162.

④ D. Levy, V. Small, "Afghanistan Attack: No Pressure on Hungary," Stuff. co. nz, 7 August 2012.

源来实现支持旨在促进和加强民主和改革的活动"。[1] 匈牙利支持美国在科索沃、阿富汗、伊拉克等问题上的立场。[2] 目前，匈牙利政府希望特朗普的总统任期将在全球范围内带来实质性的、有益的政治和经济变革，并将改变欧洲安全的架构。匈牙利还希望双边主义在国际关系中占主导地位。[3]

匈牙利也积极参与美国主导的北约安全合作。中东欧地区的民族主义和种族冲突是始终未能解决的安全隐患。匈牙利试图加入欧洲现有的多边安全合作组织——北约，以寻求更大的安全保障。在东扩问题上，西欧和北约成员国将匈牙利视为向东的桥头堡而非缓冲带。1997年7月，北约国家首脑会议在马德里举行，确定包括匈牙利在内的三个中东欧国家第一批加入北约。1999年2月10日，匈牙利总统签署了加入北约的文件。在1999年加入北约之前，匈牙利举行了关于加入北约的公民投票，并试图直接批准加入。85.33%的匈牙利人对此表示"赞成"。从此，匈牙利正式成为欧洲—大西洋框架的一部分，匈牙利加入北约后，积极参与并担负了北约的集体任务，主要是执行特殊任务，如军事治安工作、淡水净化、桥梁建设等。在参与维和任务中，工兵部队出色地完成了波斯尼亚等国的战后重建任务。2003年组建了一支远程侦察连，接受了专门和特殊的训练，担任北约快速反应部队的值班部队。

2016年，作为国际维和部队的一部分，匈牙利军队驻扎在外国约有700名士兵，其中包括由北约领导的驻阿富汗国际安全援助部队中的100名民主力量军队，在科索沃境内210名匈牙利士兵，以及在波斯尼亚和黑塞哥维那的160名士兵。尽管公众舆论反对该国参与战争，但匈牙利向伊拉克派遣了一个包括300名士兵的强大后勤部队，以帮助美国占领武装运输车队。欧尔班政府已经宣布匈牙利将努力达到北约国防开支的最低目标。匈牙利政府已宣布逐步增加其国防预算，每年增长0.1%，直至2026年，届时军费开支将达到GDP的2%。

---

[1] Dérer, Miklós, *A demokrácia terjesztése és a magyar külpolitika.* [Democracy Promotion and Hungarian Foreign Policy.] Budapest: Republikon Intézet, Republikon. 2007, hu/upload/5000060/A_ demokracia_ terjesztese_ es_ a_ magyar_ kulpolitika_ derer. pdf.

[2] M. Rhodes, "Central Europe and Iraq: Balance, Bandwagon, or Bridge?," Orbis, Summer 2004, pp. 423–436.

[3] Veronika Józwiak, "Hungary's Foreign Policy in a Changing International Environment", No. 31 (971), 29 March 2017.

虽然围绕中欧大学的未来的激烈辩论是近年来匈牙利与美国最严重的对抗点之一，但匈牙利和美国仍然在围绕上述两个方面展开合作，一是欧尔班和特朗普都持共同的反移民立场。二是两国都明确强调北约国家的自卫能力。

（四）匈牙利和俄罗斯的关系

匈牙利与俄罗斯的关系在苏联解体后曾一度疏远。1992年11月俄罗斯总统叶利钦访问匈牙利，建立了新的双边关系基础。在叶利钦访问期间，两国共签署了9项政府间和部门间协议。在这些协议基础上开始了双边合作机构框架的建设进程，同时，政府间和各部门间协议也开始逐步发展，如内务部、外交部、教育部及文化部之间的合作有相关的法律进行规定。1995年，匈牙利和俄罗斯签署了一项政府间协议，规定对在对方国家牺牲的本国士兵的墓地和纪念碑应该予以关照。

2002年社会党政府上台后，匈牙利对俄罗斯开展务实外交，推动双边经贸关系的发展，两国关系显著改善，实现了高层互访。两国在众多合作领域签署了协议。在经贸合作方面，2000年以后双方合作持续增长。在匈牙利，俄罗斯文化被看作是欧洲文化最重要的组成部分之一。而位于莫斯科的匈牙利文化、科学和信息中心在向俄罗斯宣传匈牙利文化方面起到非常重要的作用。2008年的俄格战争问题上，匈牙利采取温和立场。当时执政的匈牙利社会党政府一直不愿进一步批评俄罗斯，也对欧盟—北约支持格鲁吉亚的共识声明保持沉默，这也在当时引起了美国的不满。

2004年加入欧盟后，匈牙利在《国家安全战略》文件中宣称，"从区域安全的角度来看，我们认为俄罗斯和乌克兰的局势至关重要"。[1] 考虑到匈牙利对俄罗斯的能源依赖极为严重。目前，匈牙利100%的进口天然气来自俄罗斯，占国内的88.7%。[2] 匈牙利外交政策中的重要一点就是不要过分疏远俄罗斯。[3] 2010年1月，两国签署了"南溪"天然气管道工程

---

[1] Hungarian Ministry of Foreign Affairs, "*The National Security Strategy of the Republic of Hungary*", 2004, www.mfa.gov.hu/NR/rdonlyres/61FB6933-AE67-47F8-BDD3-ECB1D9ADA7A1/0/national_security_strategy.pdf.

[2] International Energy Agency (2014) "Gas Information 2014".

[3] Leonard, Mark and Nicu Popescu, *A Power Audit of EU - Russia Relations*, London: The European Council on Foreign Relations, 2007, p. 17.

匈牙利项目及"南溪"股份公司的成立协议。2010 年政府计划表达了打算向东方开放匈牙利经济的意图，包括俄罗斯。政府计划特别强调了向俄罗斯发展运输基础设施的重要性，同时为匈牙利农业、加工业和旅游业开辟了新的市场。[1] 2011 年 12 月发布的外交政策战略文件中进一步阐述了这些优先事项。[2]

2013 年和 2014 年，欧尔班总理两次访问俄罗斯，与普京总统举行会谈，并于 2014 年会谈期间签署和平利用核能政府间协议，同意双方合作扩建匈牙利鲍克什核电站。俄罗斯总统弗拉基米尔·普京于 2015 年 2 月对布达佩斯进行高层互访，重新谈判匈牙利的天然气供应合同。匈牙利政府对欧盟制裁俄罗斯的声音的批评通常也被视为对莫斯科的一种姿态。这也成为匈牙利与 V4 其他三国在区域安全问题上意见的分歧点。

近年来，匈牙利与俄罗斯的关系越发紧密。2017 年 2 月，俄罗斯总统弗拉基米尔·普京访问匈牙利，这是自 2014 年俄乌冲突以来的普京第二次访问，这在某种程度上削弱了匈牙利作为北约和欧盟内部可靠盟友的形象。匈牙利公开指责乌克兰违反明斯克二号协议。在与普京的联合新闻发布会上，欧尔班指责乌克兰对生活在乌克兰西部的匈牙利人没有提供足够的少数群体权利保障，试图转移媒体对东部问题的关注。匈牙利采取了与西方盟国有所不同的立场，强调制裁俄罗斯不符合匈牙利的利益。匈牙利根据其多样化外交的原则，为维护和深化与俄罗斯及其他东欧国家的政治和经济关系一直在努力。

第五节 "向东开放"战略

在匈牙利的外交政策思想中，"东方"一词（匈牙利语中的 Kelet）缺乏广泛认同的含义。当匈牙利官员谈论"东方"时，这可能意味着从俄罗斯到中国，或从土耳其到印度的任何一个国家。每次使用该单词时，首

---

[1] "A Nemzeti Együttműködés Programja" [Program of National Cooperation], *Parliament of Hungary*, May 22, 2010. Available: http://www.parlament.hu/irom39/00047/00047.pdf.
[2] "Magyar külpolitika az uniós elnökség után" [Hungarian Foreign Policy after the EU Presidency], *Government of Hungary*, December, 2011. http://www.kormany.hu/download/a/cb/60000/ kulpolitikai_ strategia_ 20111219. pdf.

先需要给出单独的定义,以便在给定的上下文中指定"东"的实际含义。总而言之,匈牙利话语中的"东方"缺乏一个特定的具体定义。

"向东开放"政策主要是寻求新的投资和扩展商业合作关系。改善对外贸易关系是其政策基石。2009 年,时任匈牙利总理欧尔班提出,"我们坐在欧盟的船上,但需要来自东方的劲风",以此表明匈牙利需要在全球范围内加强与东方国家关系。① 欧尔班指出,基于西方主导地位的世界经济秩序在过去几年中处于最后阶段。世界经济向东方向亚洲转移,世界经济重心的这种转变将成为决定我们未来几十年生活的起点。② 2010 年,匈牙利政府决定,除了传统的欧洲市场之外,有必要重点发展与东方国家的经贸关系。这一决策被称为"向东开放"政策。具体体现在 2010 年以来,匈牙利通过加强同东方国家的政治和经济联系,包括东南亚、中亚、外高加索和波斯湾国家。这一想法背后的战略目标是加强与这些大型合作伙伴的匈牙利对外贸易,并吸引他们的投资。欧尔班于 2011 年 5 月在巴黎使用了"向东方开放"这一明确的术语。③

2010—2014 年,匈牙利集中加强同东方国家的政治和经济联系,包括东南亚、中亚、外高加索和波斯湾国家。匈牙利高层官员陆续出访了阿塞拜疆、哈萨克斯坦、马来西亚、菲律宾、沙特阿拉伯、泰国、土耳其、土库曼斯坦、阿联酋和乌兹别克斯坦,但访问俄罗斯和中国的次数最多。欧尔班指出,匈牙利模式是由四个部分构成的,即政治稳定、严格的财政政策、劳动福利社会和向东开放。"向东开放"的政策也构成了匈牙利方案、匈牙利模式的一部分。④

匈牙利的"向东开放"政策在历史上没有先例可循。回顾匈牙利的对外政策发展历程,对于现在被称为"东区"的地区都没有任何重大的

---

① 包彤学:《评论:"欧洲船帆"要借"东方劲风"》,2013—11—26,http://www.gov.cn/zhengce/2013—11/26/content_ 2603593.htm。

② Prime Minister Viktor Orbán's Speech at the 5th Meeting of the Hungarian Diaspora Council, December 9, 2015, http://www.kormany.hu/en/the-prime-minister/the-prime-minister-s-speeches/prime-minister-viktor-orban-s-speech-at-the-5th-meeting-of-the-hungarian-diaspora-council.

③ Orbán, Viktor, 'Folytatódik a keleti nyitás.' [The Eastern opening goes on.] 25 May, 2011, www.miniszterelnok.hu/cikk/folytatodik_ a_ keleti_ nyitas.

④ Prime Minister Viktor Orbán's Speech at the Lámfalussy Conference, January 25, 2017, http://www.kormany.hu/en/the-prime-minister/the-prime-minister-s-speeches/prime-minister-viktor-orbans-speech-at-the-lamfalussy-conference.

野心，甚至没有明确的战略愿景。事实证明，东北喀尔巴阡山脉和东喀尔巴阡山脉的山峰是一个坚固稳定的边界，几个世纪以来匈牙利与东方分离。即使是奥匈帝国时代，匈牙利也将巴尔干地区作为其东方政策的主要方向，而不是东欧。[1]

那么为何要实行"向东开放"政策？从短期原因看，2008年金融危机给全球经济带来负面影响，随之而来的欧洲部分国家的主权债务危机使欧盟经济雪上加霜。匈牙利也受到影响，一度需要国际基金组织的贷款来渡过难关。受欧盟国家经济不景气的影响，匈牙利的进出口在2009年出现了大幅下降。在这一背景下，2010年上台的匈牙利政府意识到，单纯依赖欧盟发展经济，一旦欧盟经济疲软，自顾不暇，匈牙利经济也难有起色。因此，提出了"向东开放"政策，将对外政策的重点向俄罗斯、中国等东方国家倾斜，试图在东西方之间达到平衡。从长期原因看，匈牙利学者塔玛斯·诺瓦克认为[2]，匈牙利经济发展主要依靠出口业绩，对外开放性很高，出口创造的GDP占比高达80%—95%，但匈牙利并没有易于出口的自然资源，其出口主要是基于与外国直接投资相关的制造业和服务业，国内购买力有限，因此在未来较长一段时间仍然要维持着出口导向的发展战略。由于匈牙利无法与低工资国家竞争（尽管在欧洲它的工资水平仍然较低），维持长期可持续的发展战略必然要对技术水平进行升级，以维持或提高目前的出口水平。另一种可能是寻找新的市场，推动越来越多的国内中小企业的国际化或吸引更大的外来投资，这种诉求对匈牙利来说也是比较迫切的。因此，与经济发展迅速的东方国家的合作不仅涉及双边合作问题，更是从本质上为匈牙利的发展提供了一种战略选择。随着东方国家在世界市场的地位愈发重要以及匈牙利本身经济出现问题，需要同这些国家开展合作。正是因为短期和长期原因的双重因素，可以预见"东向战略"会逐渐成为匈牙利对外政策中的重要一环。

---

[1] Romsics, Ignác (ed.) (2007) *Magyarország története.* [*The History of Hungary.*] Budapest: Akadémiai Kiadó, p. 55. V Kotyk, "Hungarian Foreign Policy", *Perspectives*, 1999, No. 12, pp. 83–87.

[2] 刘作奎等：《中国和匈牙利的全面战略伙伴关系》，中国社会科学出版社2018年版，第4—5页。

第二篇
专题研究

第一章 国家中长期战略

匈牙利一度属于经济转轨最成功的国家之列。1997—1998年，匈牙利作为一个小型的开放型经济，避免了亚洲金融危机和俄罗斯危机的冲击。无论从吸引外资还是从经济增长来看，匈牙利保持了良好的记录，被称为中东欧经济转轨成功的样板。2004年5月，匈牙利成为欧盟的正式成员国。2008年国际金融危机爆发，匈牙利受到严重冲击，经济的积弊暴露无遗，不得不寻求国际货币基金组织的救助。昔日的转轨明星黯然失色，从此匈牙利陷入了危机的旋涡之中，难以自拔。2010年欧尔班领导的青民盟赢得大选胜利，获得了议会2/3的议席，匈牙利进入了欧尔班主政时代。欧尔班经济学应运而生，非正统的经济政策大行其道，欧尔班特立独行的治国方略引起国际关注。匈牙利的经济政策发生重大转变，1989—1990年开启的经济转轨发生逆转。20世纪90年代中期公认的关于经济转轨不可逆转的命题受到了新的挑战。匈牙利的案例清楚地表明，经济转轨具有可逆性。本书将首先对欧尔班经济学进行阐释，考察其主要政策及其效果。在此基础上，本书将以匈牙利为案例对经济转轨的可逆性进行探讨。最后本书将就经济转轨逆转提出一些值得思考的问题。

第一节 欧尔班经济学：政策与成效

（一）欧尔班经济学出台的背景

2009年匈牙利经历了最严重的衰退，国内生产总值下降了6.8%。鲍伊瑙伊·戈尔东政府承诺改善公共财政，与国际货币基金组织达成救助协议，匈牙利得以避免债务违约。2010年4月，匈牙利举行议会大选。欧尔班领导的青民盟取得压倒性胜利。获得议会2/3议席。青民盟在竞选中强烈批评社会党政府的经济政策,承诺当选后结束紧缩政策。欧尔班出任总理后,出台了一系列非正统的经济政策。

欧尔班经济学(Orbanomics)是对匈牙利总理欧尔班 2010 年上台后实行的经济政策的简称。《金融时报》在涉及匈牙利的报道中多次使用欧尔班经济学。匈牙利经济学家、中央银行前副行长尤莉亚·基拉伊试图对欧尔班经济学进行学术的界定。她认为,"欧尔班经济学的含义多于所谓的从未明确界定的'非正统的经济政策'。更准确地说,它是一个政治经济框架。欧尔班经济学的主要驱动力量为:(1)法律的不确定性(立法活动爆发和事后立法);(2)缺乏透明度(法律与行动缺乏支持性解释,秘密的政府决策,欧洲最不透明的预算体系);(3)完全缺乏制衡(缺乏机构或缺乏机构的真正独立性如宪法法院、反托拉斯局、国家审计署、中央银行和财政委员会);(4)缺乏公平的竞争环境(公有制优于私有制,国有制优于跨国公司)"。[1]

(二)欧尔班政府的经济政策

欧尔班政府上台后,毛托尔齐担任经济部部长,是匈牙利经济政策的主要执行人。后来,毛托尔齐担任匈牙利中央银行行长。2014 年亲民盟再次赢得大选,政府继续延续 2010 年实行的经济政策。2018 年 4 月,青民盟连续第三次赢得大选。欧尔班总理在胜选后的首次记者招待会上强调,新政府的经济政策将继续遵循匈牙利中央银行行长久尔捷·毛托尔齐的经济学派,其前提是国家的财政必须保持有序。这意味着匈牙利公共债务将进一步下降。[2]

2010 年之后欧尔班政府实行下列经济政策:

实行税制改革。2011 年实行单一税率个人所得税,税率为 16%。而之前个人所得税的两档税率为 18% 和 36%。公司所得税税率为 16%,而原来公司所得税税率为 19% 和 10%。增值税从 25% 提高到 27%。政府决定征收金融交易税,税率原为 0.1%,后提高到 0.3%。媒体广告的税率从 40% 提高到 50%。对烟草生产和销售企业征收 4.5% 的流通税。针对特

---

[1] Júlia Király: The not Surprising Economic Slowdown, http://hungarianspectrum.org/tag/orbanomics/.

[2] Orbán: New Government's Economic Policy to Follow "Matolcsy School", https://hungarytoday.hu/orban-new-governments-economic-policy-to-follow-matolcsy-school/.

定部门征收危机税,这些部门包括银行、保险公司、能源公司、电信服务企业、零售连锁店。

私人养老基金的国有化。2011年5月底,匈牙利政府建立了养老改革和减债基金。实行私人养老基金国有化,将职工私人养老基金的储蓄纳入政府现收现付的养老体系之中。匈牙利政府因此获得29453亿福林(147亿美元)的资金。政府利用这笔资金偿还公共债务。

对战略性部门实行国有化。政府决定对一些战略性部门实行国有化。匈牙利通过并购,将外资银行资产转移到政府手中。国有的匈牙利开发银行收购了德国中央合作银行(DZ Bank)在匈牙利储蓄银行(Takarekbank)的股份(由储蓄合作社成立,后国家注资)。2014年匈牙利政府收购了通用资本布达佩斯银行和巴伐利亚银行控制的匈牙利外贸银行。到2014年底,匈牙利已经控制了银行体系的50%以上。以18.8亿欧元的价格从俄罗斯苏尔古特石油天然气股份公司收购匈牙利油气集团(MOL)21%的股权(MOL为地区石油市场的重要企业,匈牙利天然气传输体系的运营商)。国有企业MVM以8.7亿欧元购买属于德国意昂集团(E.ON)的公司。2016年8月,匈牙利油气集团收购意大利能源巨头埃尼公司麾下的匈牙利分公司埃尼匈牙利公司。

加强对经济的管制。2011年贷款人可以以优惠汇率一次性偿还抵押贷款。政府试图阻止银行提供外汇贷款,迫使银行将外币贷款转换为本币贷款。政府迫使能源公司降低个人用户的价格,2013年电力、天然气和集中供暖的价格下降了20%。在一些部门实行国家垄断,设立国家烟草商店网络,对烟草零售实行垄断。

欧尔班政府的非正统的经济政策既有自由主义的因素如实行单一税率、降低个人所得税和公司所得税的税率,又有强烈的干预主义色彩如征收银行税,开放型养老基金的国有化等措施。其非正统的经济政策是基于三个支柱:经济发展更多依赖国内资金来源;降低预算赤字与外债;对消费征税而不是对投资征税。[①] 欧尔班政府的经济政策具有危机管理性质,是对2008年金融危机影响的应对。欧尔班政府的主张是普通公民应当尽

[①] Michał Kowalczyk, Hungary's Unorthodox Economic Policies, https://financialobserver.eu/ce/hungarys-unorthodox-economic-policies/.

可能少地负担改革的负担，政府决定将偿债的负担转嫁给外资银行和商业连锁店等。

（三）经济政策的成效

保持财政约束，将预算赤字降低到国内生产总值的3%以下是政府最大的成就。2004年匈牙利加入欧盟。2004—2010年匈牙利保持较高的预算赤字，预算赤字占国内生产总值的比重在3.7%至9.4%之间。欧尔班政府上台后，采取措施降低预算赤字。自2012年起，将预算赤字占国内生产总值的比重降低到3%以下。2012年、2013年、2014年和2015年预算赤字占国内生产总值的比重分别为2.3%、2.5%、2.5%和1.9%。欧尔班政府也采取措施，降低公共债务。2011年公共债务占国内生产总值的80.8%，到2012—2015年每年均略有下降，2015年公共债务占国内生产总值的75.3%。2013年匈牙利提前偿还所欠的国际货币基金组织贷款，并命令国际货币基金组织关闭其驻布达佩斯办事处。

从2010年以来匈牙利的经济增长记录看，匈牙利在维谢格拉德集团中接近于捷克，与波兰和斯洛伐克差距较大。2012年匈牙利经济再次陷入衰退。如果从2013年和2014年看，匈牙利成为维谢格拉德集团中增长最快的国家。其经济增长主要得益于投资的增长、私人消费的增长和出口的增长。2013年投资在连续下降6年后首次实现增长。2014年投资实现两位数的增长。尽管与欧盟冲突不断，匈牙利的增长在欧洲内部也属表现突出，似乎欧尔班经济学已发挥作用。但是2016年第一季度的经济表现再次为匈牙利敲响警钟。匈牙利第一季度的国内生产总值与上一季度相比下降了0.8%，是欧盟国家中表现最差的。这主要是投资大幅度下降造成的，这是16年间投资第二次最大幅度的下降。[1] 匈牙利经济部预测，2016年匈牙利经济将增长2.5%。经济学教授卡托纳·陶马什认为政府的预测过于乐观，从上半年情况看，匈牙利经济增长率为1.7%，大大落后于本地区其他国家。如罗马尼亚增长5.9%，斯洛伐克增长3.9%，波兰增长3%。匈牙利投资的40%来自政府部门，主要是欧盟基金（占年度国内生产总值的3.5%）。其他来源是奔驰和奥迪等公司的投资。未来要保

---

[1] Andrew Byme, Hungary's "Orbanomics" Hits Hurdle with First-quarter Contraction, June 9, 2016, http://www.ft.com/cms/s/0/881fb470-2d5a-11e6-a18d-a96ab29e3c95.html#axzz4JmZaHlo1.

持持续的经济增长取决于激活私营部门的投资。目前主要的出口导向型企业的投资低于危机前的水平。受国家管制能源价格影响，能源部门的投资也在下降。尤莉亚·基拉伊认为，匈牙利是中东欧地区唯一外国直接投资没有恢复，净资本流动为负数的国家（除了强制增加银行资本之外）。低投资率意味着缺乏手段支持国家的长远的可持续增长。① 2016年匈牙利经济增长2.2%，低于匈牙利经济部的预测。2017年匈牙利经济增长4.0%，其经济增长率低于捷克和波兰，高于斯洛伐克。匈牙利官方预测匈牙利经济在2018年和2019年将分别增长4.3%和3.8%，而欧盟委员会2018年5月的预测分别为4.0%和3.2%。② 2018年6月，匈牙利GKI经济研究公司将2018年经济增长的预测从3.8%提高到4.0%。③ 2018年匈牙利经济的实际增长率为4.5%，高于所有预测机构的预测。2018年匈牙利经济增长率达到2010年以来的最高水平，几乎是欧元区增长率的3倍。匈牙利经济的高增长得益于中央银行增长的货币政策以及外资的持续流入。④ 在2010年欧尔班当政以来，匈牙利出口额也有提升，出口额从2010年的19.69万亿福林增加到2017年的31.102万亿福林。

表 II-1-1 2010—2017年维谢格拉德集团四国的经济增长率（%）

	2010	2011	2012	2013	2014	2015	2016	2017
捷克	2.3	2.0	-0.9	-0.5	2.0	4.6	2.5	4.3
匈牙利	0.7	1.8	-1.7	1.9	3.7	2.9	2.2	4.0
波兰	3.7	5.0	1.6	1.3	3.3	3.6	3.0	4.6
斯洛伐克	5.1	2.8	1.5	1.4	2.5	3.6	3.3	3.4

资料来源：https://ec.europa.eu/eurostat/.

---

① Júlia Király: The not Surprising Economic Slowdown, http://hungarianspectrum.org/tag/orbanomics/.
② EC Raises Hungary 2018 GDP Growth Forecast to 4%, https://bbj.hu/economy/ec-raises-hungary-2018-gdp-growth-forecast-to-4-_148816.
③ Hungary's Economic Policy Goals and the Room of Manoeuvring for the Economy after the Elections, https://www.gki.hu/language/en/2018/06/26/hungarys-economic-policy-goals-and-the-room-of-manoeuvring-for-the-economy-after-the-elections/.
④ Hungarian Press Roundup: Record GDP Growth in 2018, https://hungarytoday.hu/hungarian-press-roundup-record-gdp-growth-in—2018/.

劳动力市场在2010年欧尔班执政后出现了积极的变化。2010年第一季度，匈牙利的失业率为11.8%。自2013年起，失业率持续下降。2014年第一季度下降到8.3%，2015年第一季度下降到7.8%，2016年第一季度和第二季度分别下降到6.0%和5.1%。到2017年第二季度，匈牙利的失业率下降到4.3%。匈牙利位于欧盟失业率最低的国家之列，匈牙利的失业率仅高于马耳他（4.1%）、德国（3.8%）和捷克（2.9%）。[1] 匈牙利的失业率降至剧变后的历史新低，这不能不说是欧尔班经济政策的一个成就。政府在社会转移支付、提前退休和提高法定退休年龄上的严格要求增加了劳动力供给。自2013年底起，私营部门也开始创造就业机会。失业率的下降主要归功于匈牙利人移居国外和政府的公共工程项目。匈牙利经济部国务秘书彼得·切莱什涅什强调，过去6年间新增就业人数达到66万人。[2] 尤莉亚·基拉伊认为，就业增长的25%—30%来自匈牙利人在国外就业，超过50%的就业为"强制性的公共工程"。经济研究所的实证研究表明，公共工程适得其反，是代价高昂的项目。其成本超出政府在劳动力市场支出的50%。

参加公共工程的人在竞争性劳动力市场找到工作的机会降低。只有不到10%的职工能够找到持久的工作。公共工程促进了短期的增长率，但是损害了长期的增长潜力。公共工程制度不会促进劳动力市场的灵活性，反而将未受过教育的劳动力推入陷阱。[3] 科尔内也对公共工程提出批评，认为就业者在糟糕的条件下，拿着最低的工资，其工资只有平均工资的31%—33%。[4] 欧盟委员会的报告认为，匈牙利的公共工程项目更多的是福利就业项目，而非获得私营部门岗位的敲门砖。[5] 匈牙利财政部部长沃尔高认为，自2010年欧尔班执政以来，就业人数增加了77.4万人，多数

---

[1] Michal Kowalczyk, Exceptionally Low Unemployment Rate in Hungary, https://financialobserver.eu/ce/hungary/exceptionally-low-unemployment-rate-in-hungary/.

[2] State Office: Unemployment Rate in Hungary Drops to 5%, http://hungarytoday.hu/news/stats-office-unemployment-rate-hungary-drops-5—42359.

[3] Júlia Király: The not Surprising Economic Slowdown, http://hungarianspectrum.org/tag/orbanomics/.

[4] Ibid.

[5] Ministry for National Economy, European Commission Report Underlines Hungary's Balanced Albeit Modest Growth Path, March 3, 2016.

就业岗位来自公共部门。目前匈牙利就业人数接近450万人。① 尽管失业率下降，但是匈牙利的人口形势不容乐观。首先，人口持续下降。2003年匈牙利尚有约1014万人口，2010年下降到1010万，2017年下降到约978万。其次，人口老化加剧。2010年匈牙利人平均年龄为39岁，2011年增加到40岁，2017年则为41.6岁。2016年儿童（15岁以下人口）下降到140万人，据称为1870年首次人口普查以来的最低水平。

2013—2017年实际工资持续增长，家庭可支配收入增加。② 如果考虑到家庭税收减免，2010年以来实际工资增长了36%，是2002—2010年工资增长幅度的两倍。2017年月平均净工资增长到205000福林，自2010年以来平均净工资增长了54%。2017年公共部门（不包括公共工程职员）的实际工资增长了10.4%，公共部门和私营部门间的工资差距有所缩小。2017年私营部门的实际工资平均增长9%。

在2008年危机之后，匈牙利经济开始去杠杆化。负债的企业和家庭试图减少债务负担。由于欧尔班政府实行银行税，针对外资银行实行特别的规制措施，外资银行的经营环境发生重大变化。外资银行的负担增加，银行资本的供给出现问题。银行丧失了2/3的缓冲资本，迫使总行增加其资本。中东欧所有国家私人贷款总额已经超过危机前水平，而且均保持增长。只有匈牙利例外，其借贷活动陷入停滞。③ 2016—2017年投资增长迅速，2017年投资额达到64400亿福林，创1995年以来的新高。自2010年以来，固定资产投资总额增长超过30%。④ 匈牙利政府提前偿还了所欠国际货币基金组织的债务，政府债务水平从占国内生产总值的85%下降到71%。

欧尔班经济学并未像一些分析家和政治对手预言的那样导致灾难。欧

---

① 4.5 Million People Have a Job in Hungary, http://www.kormany.hu/en/ministry-for-national-economy/news/4-5-million-people-have-a-job-in-hungary.

② Wages in Real Terms Gained above 10 Percent in 2017, http://www.kormany.hu/en/ministry-for-national-economy/news/wages-in-real-terms-gained-above-10-percent-in-2017.

③ Júlia Király: The not Surprising Economic Slowdown, http://hungarianspectrum.org/tag/orbanomics/.

④ The Volume of Investment Totalled more than HUF 6000bn (EUR 19.3bn) Last Year in Hungary, http://www.kormany.hu/en/ministry-for-national-economy/news/the-volume-of-investment-totalled-more-than-huf-6-000bn-eur-19-3bn-last-year-in-hungary.

尔班经济学确实在保持财政约束、降低预算赤字上取得重大进展，在降低公共债务上取得进展。2010—2016年匈牙利保持了一定的增长率，但是与波兰和斯洛伐克相比，增长记录并不光鲜，然而2017—2018年匈牙利的经济增长令人印象深刻，其经济增长率在维谢格拉德集团中仅次于波兰。从资本、劳动力以及金融等约束条件看，匈牙利经济的长期可持续发展尚面临挑战。

第二节　经济转轨的可逆性案例

20世纪90年代中期，当中东欧经济转轨取得初步成效后，人们认为中东欧新形成的市场经济已经稳固，经济转轨已不可逆转。匈牙利2010年后的演化表明经济转轨具有可逆性。需要强调的是，经济转轨的可逆性只是对经济转轨进程的描述，不是对经济转轨结果的评价。经济转轨的逆转程度也不尽相同，最极端的是重新回到中央计划经济。但从中东欧国家的政治和社会现实看，重新回到中央计划经济并不是可行的选项。匈牙利经济学家科尔内认为，到2010年中东欧国家的共同的方向是走向基于法治和私有的市场经济，而2010年之后匈牙利则反其道而行之，成为中东欧国家中第一个实行180度大转弯的国家。[①] 欧尔班经济学不过是经济转轨逆转在经济政策上的体现。匈牙利的转变为我们提供了转型国家制度变迁的独特案例。

（一）匈牙利经济转轨逆转的原因

匈牙利经济转轨逆转的直接原因为匈牙利经济的失败。2010年4月青民盟取得选举胜利后，匈牙利作家彼得·纳道什撰文不无讽刺意味地指出，与其他中欧国家相比，匈牙利在过去20年最糟经济政策竞赛中取得胜利。[②] 根据世界银行的资料，1991年匈牙利人均国内生产总值为3330美元，2015年增加到12300美元。而波兰1991年的人均国内生产总值为2190美元，2015年达到12500美元。波兰人均国内生产总值已经超过匈

[①] János Kornai, Hungary's U-Turn, http：//www.kornai-janos.hu/Kornai_Hungary's%20U-Turn%20-%20full.pdf.

[②] Wolfgang Klotz, Media Democracy, Hungarian Style, http：//www.boell.de/worldwide/europenorthamerica/europe-north-america-media-democracy-hungary-10964.html.

牙利。入盟十年，维谢格拉德国家中匈牙利与欧盟 28 国的平均水平缩小程度最低，到 2013 年匈牙利成为维谢格拉德国家中人均国内生产总值最低的国家（参见表 II-1-2）。匈牙利经济学家韦尔泰什坦称，匈牙利加入欧盟十年，与其他成员国相比，匈牙利并没有缩小与欧盟发达国家的差距。匈牙利从中东欧的顶端跌倒了底端，非常接近于东南欧国家。①

表 II-1-2　　维谢格拉德集团国家人均国内生产总值的变化

（欧盟 28 国 = 100，购买力平价标准）

	2003 年	2013 年
捷克	77	82
匈牙利	62	66
波兰	48	67
斯洛伐克	55	75

资料来源：Key Figures on Europe, 2015 Edition, Eurastat.

为何在经济转轨的第一个 10 年匈牙利被称为经济转轨的典范，而第二个 10 年成为失去的 10 年或失败的 10 年？这其中的原因耐人寻味。匈牙利奉行的渐进主义的转轨战略并不能完全解释匈牙利沉沦的原因。欧尔班政府认为私有化速度太快，价格太低。市场过于自由化，仓促让国内准备不足的参与者面对富有的国外竞争者。政府管制不足，缺乏政府的直接干预。匈牙利私有化确实不同于其他中东欧国家，匈牙利明确拒绝免费分配国有资产的建议，强调以市场方式进行产权改造。基于市场原则的快速和竞争性私有化是匈牙利私有化的特征。中东欧国家国有经济的私有化伴随着寻租、腐败和资产的贱卖。在市场秩序形成的过程中，原体制中掌握权力的人拥有社会资本，而外国资本则占有资本优势，而拥有优势的人上往往会成为私有化的赢家。私有化仅是全面经济转轨的一个方面，私有化的问题并不能解释转轨的成败。斯洛文尼亚在私有化上非常审慎，大公司和银行基本上都控制在国家手中，但这不能阻止斯洛文尼亚金融危机的爆发。而自由派则认为，匈牙利的社会福利制度超前，过于慷慨，超越了国

---

① Vértes András, The Hungarian Economy. On the Wrong Trajectory, Südosteuropa, Volume 63, No. 2, 2015.

家的实际能力。匈牙利与其他转轨国家一样,在转轨之初经历了科尔内所称的"转轨性衰退",匈牙利的国内生产总值下降了近20%。到21世纪初期,匈牙利的GDP达到转轨前的水平,而收入和消费水平仍低于转轨前水平。[1] 在经济转轨进程中,社会主义时期形成的福利国家并未完全解体,社会主义福利国家的遗产被纳入了新的市场经济之中。在1998—2002年青民盟执政期间,将国家福利扩大到居住在境外的匈牙利族。2002年大选中社会党许诺提高公务员工资50%,为退休者增加第13个月工资。社会党麦杰希政府兑现承诺,其结果是财政赤字大幅增加,公共财政陷入恶化。建立与经济发展水平相适应的福利制度也属经济转轨的重要组成部分。遗憾的是短视的民粹主义的经济政策不仅破坏了公共财政的稳定,而且损害了民众长期福利的改善。转轨后政治权力和经济权力边界的模糊为政治权力和经济权力的相互渗透提供了条件。20世纪90年代末,政治权力与经济权力的融合得到进一步强化。"企业家意识到,在政治支持的条件下,更容易战胜竞争者,而需要真正的市场竞争。政治家得出结论,他们可以通过政治职位获得大量财富。贪婪无限度,财富不分色(红色:社会党;橙色:青民盟;蓝色:自由派)。所有的政治力量开始了激烈的财富积累"。[2] 政治权力与经济权力的融合为寻租和腐败打开了方便之门。匈牙利走向沉沦,其政治精英难辞其咎。

政治危机与经济危机的交织为经济转轨的逆转提供了契机。2004年接任总理的久尔恰尼意识到改革必要性,但是出于选举政治的考虑,未能进行痛苦的改革。2006年久尔恰尼领导的社会党再次赢得大选胜利,改革已提到议事日程。然而2006年9月,久尔恰尼在社会党议会党团的闭门会议上的讲话曝光,称他和社会党"在过去18个月以至两年的时间内都在撒谎"。久尔恰尼的讲话在匈牙利引起轩然大波,在野党青民盟围绕此事大做文章,社会党政府因此丧失了政治信誉,原来设计明确的经济政策无法实行。青民盟针对社会党政府的医院收取挂号费和住院费以及大学向学生收取学费的改革举措,发起举行全民公决的动议,并获议会批准。

---

[1] Vértes András, The Hungarian Economy. On the Wrong Trajectory, Südosteuropa, Volume 63, No. 2, 2015.

[2] Ibid.

2008年3月匈牙利举行全民公决，匈牙利民众否决了政府的改革举措。2008年秋，国际金融危机爆发，奉行扩张性财政政策和积累了巨额外债的匈牙利受到直接冲击。匈牙利不得不寻求国际货币基金组织的救助，并获得国际货币基金组织、世界银行和欧盟200亿欧元的救助资金。2009年春，久尔恰尼总理辞职，由鲍尔瑙伊继任总理。尽管新总理竭尽所能，推行取消第13个月养老金和工资等紧缩措施，但是无力改变经济的危局。2009年匈牙利经历了转轨性衰退结束后最严重的经济衰退，国内生产总值下降6.8%，投资下降11%，消费下降5.6%。福林相对于欧元贬值10%。公司、家庭和政府的外汇债务大幅增加。解决危机的重任自然落在了2010年选举的赢家。由于社会党丧失政治信誉，欧尔班领导的右翼保守政党以压倒性多数取得大选胜利。获得议会2/3议席的青民盟获得了变革的政治授权，超级政治优势使得青民盟任何的变革都不可阻止。

欧尔班作为青民盟领导人就成为2010年之后变革的主导者。在中东欧的制度变迁中，领导人的作用不可忽视。匈牙利观察家安达拉什·施韦特泽尔认为，在柏林墙倒塌后，匈牙利缺乏像捷克斯洛伐克的哈维尔和波兰的瓦文萨那样杰出的政治家，伊斯特万·比伯（曾在纳吉政府担任部长）作为杰出的学者和坚定的民主派，可为异见者所接受，但是却在1979年去世。在匈牙利的异见者中，欧尔班最有才能且最雄心勃勃，他通过严厉对付对手和关注民众期望，在20世纪最后25年在政治上得以幸存。1998年首次出任总理就显示了实现政治和经济集权的愿望，2010—2014年议会2/3多数使之得以实现。[①] 仅有个人才干和雄心并不足以导致转轨逆转，该领导人还要有不同的政治理念以及改变现状的强烈意愿。欧尔班对后共产主义的认知是其政治理念的反映。"后共产主义是共产主义崩溃后的时期，首先宪政制度是脆弱的，特别是由于没有新宪法作为宪政制度的基础；毫无疑问，市场规则确实存在，但是非正式的力量和主导的旧的政治精英压倒了正式的规则。因此从表面上看，我们有基于竞争的市场经济，但事实上我们有基于垄断的经济；后共产主义时期的第三个特点

---

① András Schweitzer: Factors that Made Hungary a Borderline Democracy, http://hungarianspectrum.org/2014/04/08/andras-schweitzer-factors-that-made-hungary-a-borderline-democracy-and-are-likely-to-stay/.

是在共产主义时期缺乏根基的政党相当薄弱,而且组织松散"。① 现政府攻击自由派、单一市场和公平竞争,而正是这些因素构成了过去 25 年中东欧向市场经济转轨的基础。②

不可忽视的是,匈牙利民众对转向民主和市场经济的支持率急剧下降。根据皮尤的研究报告,1991 年匈牙利对转向民主的支持率为 74%,2009 年下降到 56%,匈牙利民众对民主的支持率下降了 19 个百分点。而维谢格拉德集团其他国家,1991 年和 2009 年捷克对转向民主的支持率高达 80%,没有变化。斯洛伐克 1991 年的支持率为 70%,2009 年上升到 71%。波兰 1991 年的支持率为 66%,2009 年上升到 70%。维谢格拉德集团中只有匈牙利对转向民主的支持率下降,而且降幅很大。关于对转向市场经济的支持率,维谢格拉德国家的支持率均有下降,唯有匈牙利降幅最大。1991 年捷克对转向市场经济的支持率为 87%,2009 年下降到 79%,斯洛伐克的支持率从 1991 年的 69% 下降到 66%,波兰的支持率从 1991 年的 80% 下降到 71%。匈牙利则从 1991 年的 80% 下降到 2009 年的 46%,支持率下降 34 个百分点。这表明匈牙利民众对政治转轨和经济转轨的极端失望。匈牙利成为转轨逆转的第一个中东欧国家绝非偶然。

(二) 匈牙利经济转轨逆转的表现

对于 2010 年匈牙利的变化,有不同的界定。有观察家认为,2010—2014 年欧尔班政府形成了独特的体制,可称之为"临界民主"(borderline democracy)。欧尔班政府一方面采取所有可能的非民主措施确保其掌握权力,另一方面同时保持民主的所有正式的法律标准。③ 华沙大学教授古拉尔奇克在接受波兰《观察》周刊采访时,强调匈牙利的体制为欧尔班体制。他认为欧尔班体制有两个机制。第一个机制是一个人决定一切。第二个机制是如果你来自青民盟,你有拥有欧盟基金、公共采购、广告资金,

---

① Speech By Hungarian PM Viktor Orbán At The London School of Economics, http://www.xpatloop.com/news/speech_by_hungarian_pm_viktor_orban_at_the_london_school_of_economics.

② Vértes András, The Hungarian Economy. On the Wrong Trajectory, Südosteuropa, Volume 63, No. 2, 2015.

③ András Schweitzer: Factors that Made Hungary a Borderline Democracy, http://hungarianspectrum.org/2014/04/08/andras-schweitzer-factors-that-made-hungary-a-borderline-democracy-and-are-likely-to-stay/.

当然还有工作职位。如果你不是来自青民盟，你一无所有"。① 保加利亚前财政部部长迪扬科夫认为，"匈牙利正在走向中央计划的资本主义，类似于俄罗斯和土耳其奉行的经济发展模式"。② 匈牙利经济学家科尔内教授强调，"匈牙利，一个属于北约和欧盟的国家，正在背弃1989—1990年制度变化所取得的伟大成就即民主、法治、自由运作的公民社会、知识生活的多元化，正在全世界眼前攻击私人财产和自由市场机制"。③

2010年青民盟上台后，匈牙利的经济体制确实发生了重大变化。需要强调的是，匈牙利并未取消市场，并未向计划经济回归。毋庸置疑，匈牙利已经偏离1990年以来主流的经济转轨路径，经济转轨出现了某种程度的逆转。其表现如下：

（1）从私有化向国有化转变。欧尔班自2010年上台后，以私有产权为主导的产权制度受到挑战。欧尔班政府开始对一些战略性部门的企业实行国有化。首当其冲的是银行部门，在2010年之前匈牙利的银行部门90%多控制在外资手中。欧尔班政府宣布至少50%的银行应当控制在匈牙利人手中，通过对外资银行的收购，这一目标到2014年11月已经实现。欧尔班期待60%以上的银行实现国有化。④ 欧尔班强调，没有国家的金融体系，就没有国家的主权。匈牙利政府还对1998年养老体系改革建立的第二支柱私人养老基金强制实行国有化，将职工的养老储蓄纳入国库。"国有部门在银行、能源、公共工程、交通、媒体、广告等部门显著扩大。在这些领域，国家购买产权。许多情况下，原主人被迫以低于市场价值的价格将财产卖给国家"。⑤ 国有经济在经济中的分量和影响力上升。

（2）从自由经济向管制经济转变。欧尔班政府自2010年以来，加强了对经济的管制。对公用事业企业实行管制，强制公用事业企业为居民用

---

① Rozmawia Robert Walenciak, System Orbania, Przegląd, Nr. 34（868），22—28.08.2016.

② Simeon Djankov, Hungary under Orbán: Can Central Planning Revive Its Economy? Peterson Institute of International Economics, Policy Brief, July 2015.

③ János Kornai, Hungary's U-Turn, http：//www.kornai-janos.hu/Kornai _ Hungary's%20U-Turn%20-%20full.pdf.

④ Hungary's Orban sees Two-thirds of Banks in Domestic Hands, http：//www.reuters.com/article/hungary-banks-idUSL6N0T41RF20141114.

⑤ János Kornai, Hungary's U-Turn, http：//www.kornai-janos.hu/Kornai _ Hungary's%20U-Turn%20-%20full.pdf.

户降价。国家动用法律手段，介入契约的执行。2014年政府通过法律，宣布之前6—12年银行与家庭签署的外币抵押贷款合同无效，银行为此蒙受巨额损失。政府管制领域扩大，从自助餐厅到赌场，从烟草零售店到药店，国家管制无所不在。

（3）从经济决策分权化走向集中化。在欧尔班执政时期，由于政治力量的失衡，出现了政治权力的高度集中的格局。由于缺乏制衡，政治权力具有的自我扩张驱动得以释放，政治权力进入了经济领域。由于实行国有化和强化对经济的管制，国家在经济中的作用得到加强。相应地，在经济领域也出现了经济决策集中化的趋势。

（4）国家与市场关系的重新界定。欧尔班上台后，国家与市场的关系发生了重大变化。科尔内认为，就经济协调机制而言，尚不是180度的转变，可称之为"半圈旋转"。市场机制仍居主导地位，但国家与市场的关系发生改变。匈牙利国家与市场的共存和互动受到严重扭曲，国家与市场的共生受政治利益的影响。匈牙利的问题还不是国家俘获的问题。在权力巅峰的欧尔班及其亲信决定谁成为寡头和谁继续当寡头。市场竞争的自然选择被政治考虑所改写。[1] 2002年开始的财政不负责任逐渐转移到政治领域。政治和经济权力的交织、腐败的扩散以及滥用主导地位，毒化了社会与经济。欧尔班执政后，这一趋势得到强化。经济学家"在这种特殊类型的国家俘获中，无所不在的国家与一些强大的商业集团或寡头形成共生关系……在现在的匈牙利，腐败类似于整个公共部门的结构，具有极端集中化的特征。这包括取消独立的国家机构，几乎完全取消制衡，侵犯私人产权，寻租行为和行动的增长"。[2] 匈牙利正在出现"裙带资本主义"的现象，企业日益依附于政治权力，甚至出现亲青民盟企业的说法。

（5）从以所得税和增值税为核心的税制向特别利润税转变。匈牙利实行单一税率的个人所得税和公司所得税，统一的税率为16%。在公共财政面临困难的条件下，降低所得税税率对政府的财政收入有不利影响。匈牙利选择特别税以弥补降低所得税税率的收入损失。所得税部分为特别

---

[1] János Kornai, Hungary's U-Turn, http://www.kornai-janos.hu/Kornai_Hungary's%20U-Turn%20-%20full.pdf.

[2] András Vértes, The Hungarian Economy. On the Wrong Trajectory, Südosteuropa, Volume 63, No. 2, 2015.

利润税所取代。为填补预算漏洞，政府实行危机税。最初为临时税收，后来使之成为经济政策的永久组成部分。税收扩大到10个行业：电信、零售商业、能源、公用设施和制药。统称危机税。匈牙利公司所得税很低，小企业10%，大企业19%。来自危机税的税收达到9000亿福林，占国内生产总值的3%。相对于公司所得税的250%。[1]

匈牙利经济转轨的逆转是中东欧国家经济转轨出现的新现象。目前该进程尚在进行，很难全面评估其对匈牙利以及整个中东欧地区的影响。2015年法律与公正党上台后，似乎正在步匈牙利的后尘。匈牙利经济转轨的逆转是一种独特的试验，其后果及影响值得持续关注。匈牙利经济转轨偏离了自由主义的转轨模式，可视为经济体制的调整。欧尔班称之为经济体制的匈牙利模式。

第三节 对经济转轨逆转的初步思考

匈牙利的案例证明经济转轨具有可逆性。匈牙利经济转轨的逆转为我们重新思考制度变迁提供了独特的机会。应当说，我们对于大规模制度变迁的了解尚处于初级阶段。匈牙利案例提出了许多值得深思的问题。

1. 制度变迁中政治与经济关系。经济转轨不仅是一个经济进程，而且首要是一个政治进程。1990年中东欧国家开始的经济转轨是1989年政治转轨的结果。主导的政治力量对经济转轨的战略及方向具有决定性影响。匈牙利2010年之后的变局事实上也是从政治开始，因为欧尔班领导的青民盟矢志于建立非自由的民主，非自由民主的政治秩序必然要求与之相适应的非自由的经济秩序。经济转轨的逆转是政治转轨逆转的必然结果。对匈牙利的经济转轨的可逆性需要转轨政治经济学的思考。匈牙利总理欧尔班认为，2010年选举胜利青民盟获得了结束20年转轨混乱、建立新体制的授权，即政治上建立新的宪政秩序（基于民族和基督教），经济上形成匈牙利模式。2014年选举胜利获得了巩固这一体制的授权。2018

---

[1] András Vértes, "The Hungarian Economy", *On the Wrong Trajectory*, Südosteuropa, Volume 63, No. 2, 2015.

年的胜利我们获得了建立新时代的授权。① 欧尔班总理认为，2018 年匈牙利进入新时代。在欧尔班看来，新时代不只是政治体制。新时代是特别的独特的文化现实。新时代是精神秩序，一种主导的氛围，甚至是一种趣味，一种态度。政治体制是由规则和政治决策决定的。一个时代远胜于此。一个时代是由文化趋向、集体信仰和社会习俗所决定的，因此必须将政治体制嵌入到文化时代之中。

2. 制度变迁的时间维度。无论是东欧国家在第二次世界大战后被强加苏联型的中央计划经济，抑或是 1990 年开始从中央计划经济到市场经济的转轨，均涉及制度的破与立。制度变迁都有时间的维度，以何种时间维度考察制度变迁的绩效需要进行深入的思考。以前认为社会主义时期改革经验的积累有助于经济转轨的顺利推进，匈牙利案例提出一个问题，改革经验的积累对 2010 年之前和 2010 年之后的转轨的影响有何差异？过去的成功并不能导向未来的成功，2010 年之前没有人预测到昔日的自由改革明星会成为自由改革的"叛徒"。

3. 制度的择优与择劣。制度变迁本身是一系列随机事件的产物。1989 年开启中东欧国家的制度变迁亦是如此。制度的择优与择劣本质是一个公共选择过程，不同的选择均有其内在的逻辑。波兰经济转轨的设计师巴尔采罗维奇教授对好的转轨与坏的转轨进行了区分。好的转轨意味着从坏体制向更好体制的转变，坏的转轨意味着从相对好的体制向更坏的体制的转变。坏的转轨，换言之就是改革的逆转。② 如何避免坏的转轨是转型国家面临的重大挑战。

4. 正式的制度与非正式的制度。在过去 27 年，经济转轨的制度视角日益引起关注。哈特维尔根据转轨国家的经验试图对制度进行重新界定，他认为"制度是设计或形成的、用以改变个人行为体行为的、通过正式或非正式的方式实施的、外在于个人的一系列的规则、约束和行为准则"。③

---

① Prime Minister Viktor Orbán's Speech at the 29th Bálványos Summer Open University and Student Camp, http：//www. kormany. hu/en/the-prime-minister/the-prime-minister-s-speeches/prime-minister-viktor-orban-s-speech-at-the-29th-balvanyos-summer-open-university-and-student-camp.

② Leszek Balcerowicz, Bad Transitions, http：//www. balcerowicz. pl/pliki/artykuly/44_ Balcerowicz-Budapest_ 12_ 03_ 2015. pdf.

③ Christopher A. Hartwell, Institutional Barriers in the Transition to Market：Examining Performance and Divergence in Transition Economies, p. 17, Palgrave Macmillan 2013.

其对制度的分类值得关注（参见表Ⅱ-1-3）。科尔内根据匈牙利的经验，认为基于正式的制度的分析可能是误导的，名义上的独立机构完全从属于欧尔班。对于转型国家的制度变迁，不应忽视非正式制度的作用。

表Ⅱ-1-3　　　　　　　　　　　制度分类

	政治制度	经济制度		
		建立市场	稳定市场	抑制市场
正式	权力的集中 法治水平 继承方式、宪法和选举	产权 结构 执行	货币制度 金融制度	政府财政规模 竞争强度制度
非正式	公民社会 非正式的司法制度 法律外行政	习惯性产权	非正式的借贷制度 文化约束	部门合作社/行会/工会 有组织犯罪

资料来源：Christopher A. Hartwell, *Institutional Barriers in the Transition to Market: Examining Performance and Divergence in Transition Economies*, Palgrave Macmillan 2013, p. 22.

5. 欧洲方式与民族国家方式。匈牙利的变化进一步表明，在中东欧国家的现代化过程中，欧洲方式与民族国家方式之间存在一定张力。1989年中东欧剧变的一个口号是回归欧洲，欧洲化在塑造中东欧的政治经济体制中发挥了独特作用。2004年、2009年和2013年欧盟在中东欧地区的三次扩大将11个中东欧国家纳入麾下。2010年后的匈牙利尽管没有脱离欧盟，但是疏离了欧盟。2014年7月，欧尔班在演讲中明确强调，"我们正在建设的新国家是非自由的国家。这并不意味着否定自由主义的基本价值观"。他强调匈牙利不会使这一意识形态成为国家组织的最重要的因素，相反匈牙利会实行特定的民族的解决方式。欧尔班认为，在欧盟内部建立非自由的民族国家是可能的。欧盟成员国地位并不排除这一选择。[1] 如果这成为现实，中东欧国家入盟时的哥本哈根标准的价值何在？陷入多重危机的欧盟显然对匈牙利和波兰的变局准备不足。欧盟对成员国反对其价值体系和共同体正式和非正式的规范缺乏准备，无所适从。英国脱欧公决之

---

[1] Full text of Viktor Orbán's Speech at Băile Tuşnad (Tusnádfürdo) of 26 July 2014, http://budapestbeacon.com/public-policy/full-text-of-viktor-orbans-speech-at-baile-tusnad-tusnadfurdo-of-26-july-2014/10592.

后，欧洲化与民族国家化的冲突在一定程度上会加剧。

6. 现代方式与传统方式。中东欧国家的制度变迁存在传统与现代之争。越是偏离欧洲主流价值，就越需要回归传统。反欧洲的思想潜流需要传统知识资源的支持。科尔内认为，2010年后的匈牙利在回归过去，1945年之前霍尔蒂时期的官方观点以不同的方式正在恢复。[①] 2015年以来主政波兰的法律与公正党也在复苏毕苏斯基的历史记忆。根本的问题并不是全球化背景下现代的知识资源的匮乏，而是现代的知识资源特别是自由主义并不切合当政者的需要。

第四节　经济发展战略前瞻

2010年欧尔班执政以来，匈牙利的经济体制已偏离转轨之初的自由主义模式，形成了经济体制的匈牙利模式。匈牙利的经济体制并未放弃市场经济，国家在经济中的作用得到加强。欧尔班政府实行的非正统的经济政策在应对金融危机上取得进展，欧尔班政府面临的主要挑战是匈牙利能否实现经济的可持续增长，缩短与西欧发达国家的差距。欧尔班领导的青民盟已经连续三次赢得大选，欧尔班政府对匈牙利的经济体制进行重塑，匈牙利独特的经济模式成为匈牙利经济发展的制度框架。

表 II-1-4　　　　　　　匈牙利2030年宏观经济结果

	不改革道路（中等发展陷阱）	改革道路
相对于奥地利的发展水平	59%	86%
平均的GDP增长潜力	1.4%	4.4%
累进净实际工资的增长	28%	87%
工资所占份额	58%	57%
经常账户余额	变为赤字	持续盈余
净外债占GDP的比例	保持目前水平	下降

---

① János Kornai, Hungary's U-Turn, http://www.kornai-janos.hu/Kornai_Hungary's%20U-Turn%20—%20full.pdf.

续表

	不改革道路（中等发展陷阱）	改革道路
通货膨胀率	3%	3%
预算余额	-2.0%	0.5%
政府债务	59%	38%

资料来源：匈牙利中央银行（MNB）。

2018 年 7 月，匈牙利中央银行公布题为《匈牙利经济实现可持续趋同的 180 个步骤》的报告。[①] 报告认为可持续的趋同意味着高质量生活和强大的匈牙利。高质量的生活涉及体面的工资、高质量的医疗、有竞争力的教育、家庭友好的环境、依靠国内储蓄而不是债务积累以及积极的理念或思维。强大的匈牙利意味着稳定的政府财政、安全、有效治理、平衡的能源组合以及强大的国内公司和中产阶级。报告认为目的在于赶上奥地利的生活水平，目前匈牙利的生活水平只接近于奥地利的 55%。

报告列举了影响匈牙利发展的大趋势，如机器人化和人工智能、老龄社会、世界经济力量的重组、对高技能劳动力的争夺加剧、能源组合的改变以及日益增加的全球服务。报告强调要实现向资本和技术密集型发展阶段的转变。报告认为，2010—2017 年匈牙利的增长为粗放型增长，其目的是增加就业，发展灵活的劳动力市场，降低税负。2017 年之后，匈牙利则实行集约型的增长路径，其目的是增加生产率，提高竞争力，鼓励研发，提高资本密集度，发展人力资本，发展创意产业，实现充分就业。

报告认为匈牙利的目标是保持有机的经济增长，在 10 年内使实际工资翻一番。提高生产率，使生产率的增长与国内生产总值的增长保持同步；提高资本密集度，投资率保持在 23%—25%；实现经济的快速增长，年度经济增长率保持在 4%—4.5%；实现充分就业。报告强调了改革对匈牙利赶超奥地利的积极作用，认为如果匈牙利选择改革，到 2030 年匈牙利会达到奥地利发展水平的 86%。表 II-1-4 表明，改革对匈牙利的宏观经济指标有良好的影响。报告认为改革会导致工资趋同，降低对进口的依赖，提高生产率，实现 4%—4.5% 的潜在的经济增长率，而不改革会导致低生产率，低潜在增长率，趋同停滞，有技能劳动力外流。

[①] MNB, 180 Steps for the Sustainable Convergence of the Hungarian Economy, July 2018.

该报告提出了实现经济趋同所需采取的180项措施,确定了2030年需要达到的雄心勃勃的目标。报告认为,匈牙利的经济进步应当基于治理的增长,而不是基于数量的增长。作为竞争力改革的结果,匈牙利的生产率可以得到提高。10年之间名义工资实现翻番,实现充分就业。国内生产总值增长4%—4.5%可持续实现。匈牙利中央银行就不同领域提出了14个建议,许多建议与政府计划相一致,例如在税收、人口计划和劳动力市场改革等领域。该报告提出有效国家的主张,设立了有效国家需要达到的目标:将每年花在税收申报的小时数降至欧盟的平均水平,从270小时降到170小时;将隐形经济的比例降到欧盟的平均水平,从22%降至18%;通过发展电子政务达到欧盟数字经济和社会指数的平均水平,从35%提高到55%。

该报告提出如下建议:形成有效国家,减少官僚机构(增加可网上办理的公共行政事务数量;工资单管理和绩效措施;推出新的分类和补偿体制;提高平均工资,减少官僚机构);推行电子政务(数据库储存的数据的相互连通和自动化;推动较为简单流程的移动应用;增加电子表格和数据表的预填写部分;建立税收当局预填写的电子申报体系);实行无纸张的税收行政管理(形成对纳税人友好的透明的网址,扩大适合网上处理的事宜范围;推行网上收银和电子公路贸易监管体制)。报告提出要进行第二次税制改革。

第二次税制改革的目标如下:将税楔降至地区平均水平,从45%降至40%;15—74岁的就业率超过欧盟的平均水平,从59%提高到63%;鼓励在国外工作的人回国,至少增加10万人。报告建议继续降低对劳动力的税收;增加对教育和医疗的拨款,通过税收手段鼓励终身教育;将就业保护行动计划扩大到最低工资。该报告强调匈牙利央行提出的进一步降低与工作相关的税收以及小而高效的国家理念与政府的政策相契合。中央银行的建议涉及医疗和教育体系的转型,建议的1/4篇幅指向公立教育、高等教育以及医疗的问题。

报告认为,在上述领域,匈牙利不仅与西欧相比,而且与中欧相比表现不佳。报告强调要发展人力资本,发展高质量的公共教育。其目标是在每门课程上国际学生评估项目结果要超过欧盟平均水平;辍学率低于维谢格拉德三国平均水平;公共教育结束后每个学生获得英语中等水平证书;

每个学生获得用户级的数字技能;报告为改善小学和中学教育提出了具体的建议。该报告强调要发展国际认可的高等教育。

其目标如下:使匈牙利大学获得国际承认,有1所大学进入前50名,另外1所大学进入前100名,另外2所大学进入前200名;25—34岁年龄段的受过高等教育的比重超过欧盟平均水平,从30%提高到40%;国家对高等教育的支出占GDP的比重达到欧盟的平均水平,从0.8%提高到1.3%。20—29岁年龄段理科毕业生比例超过维谢格拉德三国平均水平。主要措施有加强高校和公司之间联系;关注市场需求,引入私人资本;加强机构间合作;支持双学位项目;支持英文出版;扩大录取基础;增加宿舍容量;扩大学术和社会奖学金体系;国家增加对高等教育的投入。

报告强调要建立现代医疗体系,其目标如下:家庭医疗支出占整个医疗支出的比例降至维谢格拉德集团平均水平以下,从28%下降到18%;健康预期寿命应当成为维谢格拉德集团中最高,从60.1岁提高到63.7岁;根据性别、年龄和风险因素至少为每个公民进行一项筛查。主要的措施涉及完善医疗拨款体制、改善医疗服务、重视疾病预防等。该报告关注人口问题,提出了扭转不利的人口趋势的目标。其目标如下:提高总和生育率,从1.5提高到2.1;每个孩子均有托儿场所。报告提出了鼓励生育的一系列措施。

报告涉及中小企业发展战略。其主要目标是更好地利用规模经济潜力,建立5000家小企业和1000家中型企业;形成创新型的国内企业家生态体系;减小大公司与中小企业之间的工资差别;提高参加职业培训人员的比例。该报告还涉及产业战略,其主要目标如下:提高产业内创新服务和服务集成管理的比例;提高国内经济创造价值的能力。主要措施有降低进口比例,支持知识密集型加工工业的发展,发展农业水利基础设施。

该报告关注创新,强调要建立创新型经济。其主要目标如下:提高中小企业参与产品或流程创新的比例,从15%提高到30%;增加研发人员的比例,从总就业人数的0.8%提高到1.35%;在中小企业中传播高技术解决方案,提高到奥地利的水平。主要措施有增加研发支出和专利活动,增加研发人员,传播高技术解决方案等。该报告提出了出口战略。出口战略的主要目标如下:增加中小企业的外贸活动,新增1万家从事出口的中小企业;以稳定的制度进入快速增长的新市场,如东南欧、东南亚、南非、巴西和墨西哥。

报告建议关注外部环境，推动出口；利用"一带一路"的地缘政治利益（物流发展和吸引中国投资）；推动企业进入快速发展的新市场；支持国内外贸交易商，支持新的贸易商行的构想；在保持商品出口的同时，推动服务出口（水净化、环境保护和绿色能源）。该报告涉及现代基础设施，强调要发展铁路、公路和电力网络。该报告涉及形成有效的能源组合，以改变匈牙利单位 GDP 能源消耗为欧盟平均水平约 2 倍的现状。其主要目标是单位 GDP 能源消耗达到欧盟的平均水平；净能源进口的比例降到欧盟平均水平之下，低于 50%。

报告强调要形成竞争性的金融体系。主要目标如下：为兴办企业提供专门融资，提供支持环境，交流经验与技能；提高效率，减少额外收费，广泛发放信贷，形成竞争性的银行体系；帮助风险大但能生存的企业获得资金，形成更加有效的担保体系；资本市场应当成为获得资金的有竞争力的一种选择，形成强大的资本市场。报告提出了发展金融体系的具体措施。

该报告在匈牙利国内引起强烈反响，据称财政部对中央银行颇有微词，认为中央银行越位，银行的任务不是向政府提出建议。[①] 考虑到匈牙利中央银行行长毛托尔齐与欧尔班总理的密切关系，中央银行的报告的影响不容忽视。一些匈牙利学者认为该报告是匈牙利的发展战略，类似于波兰的莫拉维茨基计划。2018 年再次赢得大选的青民盟将继续欧尔班两任任期的经济政策，而欧尔班总理对匈牙利经济的未来充满信心。欧尔班总理的目标是到 2030 年使匈牙利位居欧盟五个最具竞争力的国家之列，使匈牙利成为欧盟中最宜于生活和工作的国家之一。[②] 从匈牙利在维谢格拉德集团中的地位看，欧尔班总理的 2030 年目标过于雄心勃勃，完全实现有相当的难度。

[①] The Master Plan Revealed: How the Hungarian Economy Can Catch Up with Austria's, https://hungarytoday.hu/the-master-plan-revealed-how-the-hungarian-economy-can-catch-up-with-austrias/.

[②] Prime Minister Viktor Orbán's Speech at the 29th Bálványos Summer Open University and Student Camp, http://www.kormany.hu/en/the-prime-minister/the-prime-minister-s-speeches/prime-minister-viktor-orban-s-speech-at-the-29th-balvanyos-summer-open-university-and-student-camp.

第二章　投资与营商环境*

为了进一步了解中国在匈牙利企业的商业环境，促进中国在匈企业持续发展，中国—中东欧研究院在中国驻匈牙利大使馆经商参处的支持下，于 2018 年 4 月在匈牙利联合开展了"2018 年中资企业在匈牙利商业环境调查"。本章是该项调查的结果。

第一节　研究背景

本章选取中国在匈牙利的企业进行相关考察和研究，主要出于以下几个方面的考虑。

第一，双边稳定的政治关系。匈牙利位于欧洲中部，无论从国土面积还是人口数量上看，都是中等规模的国家，但其在发展对华关系中则有着独特的地位。中匈关系创造了很多"第一"的纪录：匈牙利是第一个与中国签署关于共同推进"一带一路"建设政府间合作文件的欧洲国家，第一个与中国建立和启动"一带一路"工作组机制的国家，第一个在中东欧地区推进人民币国际化的国家，第一个中国在中东欧地区设立人民币清算行的国家，第一个发行人民币债券的中东欧国家，第一个设立中国国家旅游局办事处的中东欧国家，同时也是第一个在国内设立母语和汉语双语教学的欧洲国家。这些"第一"充分显示了中匈关系的高水平。习近平、李克强、胡锦涛、温家宝等中国党和国家领导人均访问过匈牙利，这在中东欧地区是唯一的，甚至在全球也不多见。[1] 2017 年 5 月，匈牙利总

---

* 原载《欧亚经济》2018 年第 4 期。

[1] 陈新：《匈牙利看"一带一路"和中国—中东欧国家合作》，中国社会科学出版社 2017 年版，第 1 页。

理欧尔班在来华参加"一带一路"国际合作高峰论坛时,中匈领导人宣布把两国关系从友好合作关系一次性提升为全面战略伙伴关系,实现了两国政治关系的跨越式发展。

第二,不断发展的双边经贸关系。2011 年,时任中国总理温家宝访问匈牙利之际,中国—中东欧国家经贸合作论坛在布达佩斯举行,成为一年后在华沙启动的中国—中东欧国家合作的前奏。"一带一路"倡议发布后,中国—中东欧国家合作中的 16 个中东欧国家全部成为"一带一路"沿线国家。2017 年 11 月,匈牙利举办第六次中国—中东欧国家领导人会晤和第七届中国—中东欧国家经贸论坛,中国—中东欧国家合作从布达佩斯再次启程。在"一带一路"倡议和中国—中东欧国家合作的推动下,中匈双边经贸关系也不断向前发展。据中国商务部数据,2011—2017 年,中国与中东欧国家的贸易额增长 28%,其中中国对中东欧国家的出口额增长 23%,从中东欧国家的进口额增长 45%。同期,中国与欧盟 28 国的贸易额仅增长 8.5%,进口额增长 15.9%;中国对全球的贸易额增长 12.7%,进口额增长 5.6%。中国与中东欧国家的贸易得到大幅提升,尤其是加大了从中东欧国家进口的力度。匈牙利是中国在中东欧地区进口增长最快的国家,从 2011 年的 25 亿美元增至 2017 年的 41 亿美元,占当年中国从中东欧国家进口总额的 22%,位列第一。[1]

中国在匈牙利的投资也在不断增加。2011—2016 年,中国对中东欧国家的投资存量从 10 亿美元增至 17 亿美元,2015 年曾一度达到近 20 亿美元。其中,中国在匈牙利的投资存量曾最大,2015 年达到最高的 5.71 亿美元,2016 年降至 3.14 亿美元,位居第二,被波兰以 3.21 亿美元的微弱优势超越。从投资流量看,2016 年,匈牙利接收的中国直接投资最高,为 5700 万美元;塞尔维亚次之,为 3100 万美元。[2]

第三,中资企业在匈牙利拥有自己的社团。对企业进行调研,样本的选取很关键。20 世纪 90 年代,大量的中国个体户和私营业主走进匈牙利,并以匈牙利为依托开辟中东欧国家市场。据统计,目前在匈华人有两

---

[1] 中国商务部网站,http://ozs.mofcom.gov.cn/article/zojmgx/date/。

[2] 中国商务部、国家统计局、外汇管理局:《2016 年度中国对外直接投资统计公报》,中国统计出版社 2017 年版。

万多人，绝大多数从事贸易批发零售以及餐饮业。鉴于这部分人群极为分散，因此未列入本章的关注目标。而中国企业"走出去"时间不长，在各国呈相对分散状态，但中匈资企业的特点则是较早地"抱团取暖"。在中匈资企业于2004年11月就成立了匈牙利中资企业商会，这是经中国商务部对外投资和经济合作司批准，在匈牙利成立的非政府、非营利性质的中资企业服务机构，是第一家在中东欧地区成立的中资企业商会[①]，比2013年在德国成立的德国中国商会早近9年。匈牙利中资企业商会正式会员近50家，均是在匈牙利实力最强且有发展愿景的中国企业，业务范围几乎涵盖所有领域。目前，会长单位为万华宝思德化学公司，副会长单位是中国银行、"中国中铁"、"华为"、"中兴"、中欧商贸物流园，常务理事单位有"东方国药"、威克公司、金色家园公司、摩根斯达公司。[②]匈牙利中资企业商会为本章的写作提供了组织条件。

基于以上考虑，匈牙利虽然国家不大，中国在匈牙利的投资额也无法与中国在德国、英国和意大利等欧洲大国相比，但麻雀虽小五脏俱全，通过本章调研，可以在一定程度上折射出中国在中东欧地区投资的现状。

第二节　在匈中资企业概况

本章采用问卷方式，对匈牙利中资企业商会的会员发放了问卷。共有33家会员填写了问卷，问卷回收率为66%。参与调查的企业有以下特点：

第一，行业分布覆盖面广。按照中国商务部对外直接投资统计口径，在15个行业中，除了农林牧渔业、采矿业以及水利、环境和公共设施管理业3个行业之外，其他12个行业均有覆盖。根据匈牙利法律，外国人拥有匈牙利的农业用地需具备3个条件：一是必须在匈牙利有3年的农业种植经历；二是购买土地必须自己进行农业种植；三是购买农业用地必须公示，相邻土地所有人和市政府有优先购买权和否决权。这些规定限制了中资企业进入匈牙利农业部门。中方更多的是在农产品生产和销售领域与

---

① http：//chinese.people.com.cn/BIG5/5680618.html.
② 匈牙利中资企业商会网站，https：//aceh.hu/mainzn/。

匈牙利伙伴进行合作。匈牙利的矿产资源不太丰富，因此，目前还没有中国投资进入匈牙利的矿产资源领域。而水利、环境和公共设施管理更多地涉及市政公用部门，目前，除了李嘉诚在英国有所涉足之外，一般中资企业很少进入这一领域，在匈牙利也不例外。

第二，贸易企业和制造业企业合计占到一半以上。据统计，30%的企业从事贸易，包括批发和零售业，24%的企业从事制造业（见图Ⅱ-2-1）。

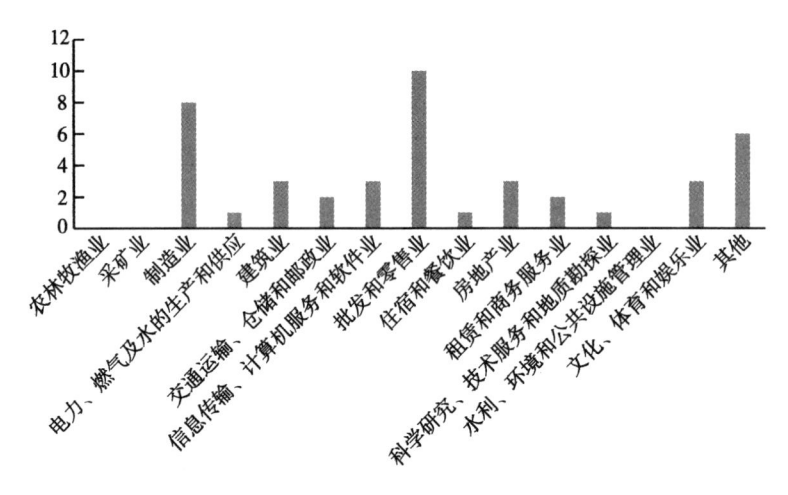

图Ⅱ-2-1　在中匈资企业行业分布（单位：家）

第三，从企业进入方式上看，并购仅占13%，绿地投资占29%，其他方式占58%（见图Ⅱ-2-2）。

第四，从股权结构来看，73%的企业为独资企业，21%的企业为合资企业，2%的企业未提供相关数据。

第五，从注册时间来看，45%的企业是2011年以后进入匈牙利市场。这在一定意义上也体现"一带一路"倡议和中国—中东欧国家合作等政策对企业的引导效果。

第六，从企业规模来看，绝大多数企业在匈牙利被归为中小企业范畴。员工人数在50人以下的企业占61%，员工人数在50—250人的企业占21%，员工人数在250—500人的企业占6%，员工人数在500—1000人的企业占6%，员工人数在1000人以上的企业占6%（见图Ⅱ-2-3）。这表明中国在匈投资还处于初步尝试阶段。

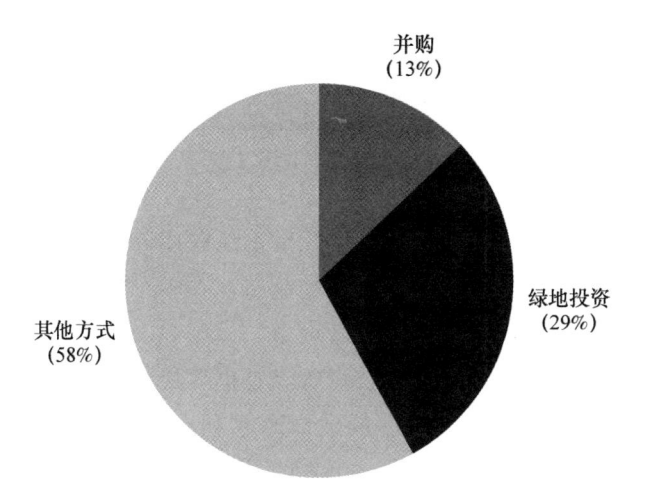

图 Ⅱ-2-2 在中匈资企业进入方式

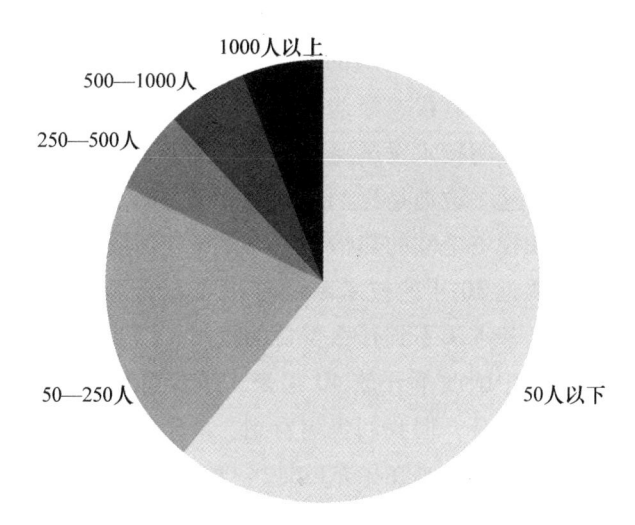

图 Ⅱ-2-3 在中匈资企业就业规模

第七，关于在匈牙利投资的动机，52%的企业以贸易为目的，这同贸易类企业占比较大相吻合；只有27%的企业是出于加工生产的目的进入匈牙利投资。这表明，中国企业在匈牙利投资更多看中的是通过匈牙利进入欧盟统一大市场。

第八，促成中方赴匈投资的因素中，政府招商引资占3%，几乎可以忽略不计；自行考察决定投资的占2/3；此外，还有15%的企业是受行业或关联产业带动的影响。这表明，有一部分中国企业已经开始尝试融入欧洲的产业链。

中国制造业企业在匈投资占比不足1/4，且以中小企业居多，绝大部分企业处于试水探路阶段，这在一定程度上反映中匈两国在制造业合作方面的困境。在社会主义时期，匈牙利的制造业在中东欧国家中有着独特的技术优势，并向中国出口了许多成套设备、设施和交通工具。例如商用车制造领域，匈牙利伊卡鲁斯客车公司曾经是世界最大的客车制造厂，匈牙利制造的中重型卡车是为数不多的适应高寒和高原气候的产品。20世纪80年代，匈牙利制造的电视机、电冰箱等曾出口中国，此外，医疗器械、制药、家禽饲养和屠宰加工设备、锅炉、化工储存罐等产品都非常适应当时中国市场的需求。但在20世纪90年代的私有化过程中，匈牙利同其他中东欧国家一样，技术上"自毁长城"，非但把市场拱手让给了欧美竞争者，甚至多年的技术积累也以图纸的形式封存甚至在会计账本上被清零。中东欧国家的私有化将所有权、经营管理体制与技术积累混为一谈，最终彻底冲击了中东欧国家的技术发展路径，使其丧失了技术上的优势，沦为欧美企业的代工厂。这一教训是深刻的，也是痛心的。中国企业在中东欧地区投资没有出现如投资南欧的热情，更不用说在西欧的投资力度，跟中东欧国家私有化造成近30年的技术断层有相当大的关系。换句话说，中国企业在中东欧地区基本买不到什么需要的技术，因为中东欧地区无法提供自有技术。此外，中国改革开放40年来，不仅融入了全球产业链，而且在技术路径上不断攀升，但我们也应看到，中国能够主导的自有技术领域并不太多。这就形成了中国在中东欧地区投资的尴尬局面：中东欧国家欢迎中国投资，但自己没有什么技术可以提供，而中国也愿意去中东欧地区投资，但自身并没有太多有竞争优势的技术进入欧洲市场。因此，中欧产业链合作可能会成为今后中国在包括匈牙利在内的中东欧地区投资和产能合作的方向。

在调查中，我们也发现中资企业存在一些不足，尤其表现在以下两个方面。

一是企业不重视认证，尤其不重视环境和企业社会责任认证。仅有36%的企业进行了质量认证（ISO 9000），21%的企业进行了环境认证

（ISO 4000），1家企业正在进行企业社会责任认证（SA8000）。实际上，中国企业在匈牙利开展了许多有关企业社会责任的活动，也投入了很多资金，但由于认识上的不足，导致其进行相关认证的意愿有限。而在质量认证方面，可能是由于30%的企业从事贸易，而相关产品在进出口过程中已经通过了产品质量认证。

二是绝大多数企业重市场、轻研发。70%的企业没有在匈牙利开展研发。对于中国企业来说，匈牙利目前仅意味着劳动力成本低、可以进入欧盟大市场，而匈牙利的研发能力和人才素质等潜在的优势还远远没有被中国投资者所挖掘。

第三节 商业景气状况

总体来说，在匈牙利的中国企业对本行业的商业景气状况持乐观态度。如图Ⅱ-2-4所示，2/3以上的企业对本行业的宏观商业景气状况持乐观态度，并对未来3年持同样预期。与此同时，近60%的企业认为市场对自己产品的需求较大，同时认为未来3年会保持类似需求。

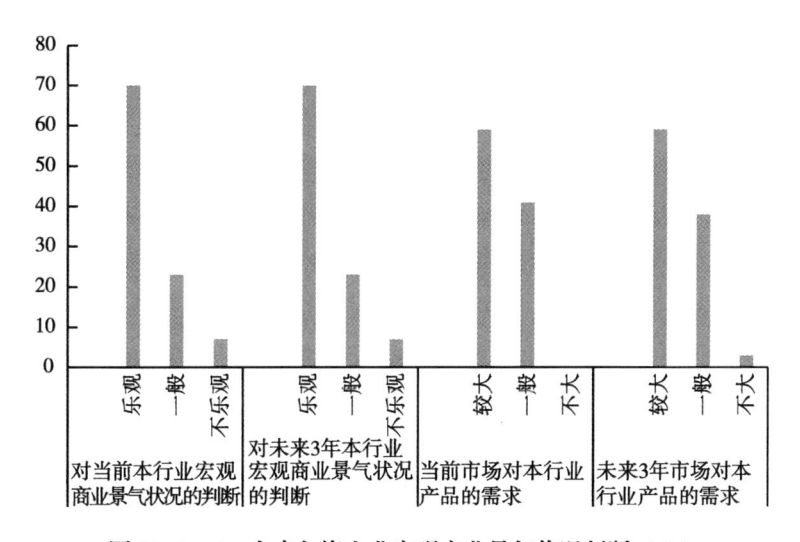

图Ⅱ-2-4 在中匈资企业宏观商业景气状况判断（%）

对企业自身市场经营状况的进一步调查更加验证了这一结论。

第一，绝大部分企业认为主营收入会增加。近3年来，66%的企业主营收入增加，13%的企业主营收入减少，21%的企业主营收入持平。展望未来3年，67%的企业认为主营收入会继续增加，10%的企业认为主营收入会减少，23%的企业认为将持平。

第二，一半以上的企业认为订单会增加。62%的企业认为2018年订单会增加，7%的企业认为会减少，31%的企业认为会持平；与此同时，58%的企业认为2019年订单会继续增加，4%的企业认为会减少，38%的企业认为会持平。50%的企业认为2018年国外订单会增加，8%的企业认为会减少，42%的企业认为会持平；对于2019年，38%的企业认为国外订单会增加，8%的企业认为会减少，54%的企业认为会持平。

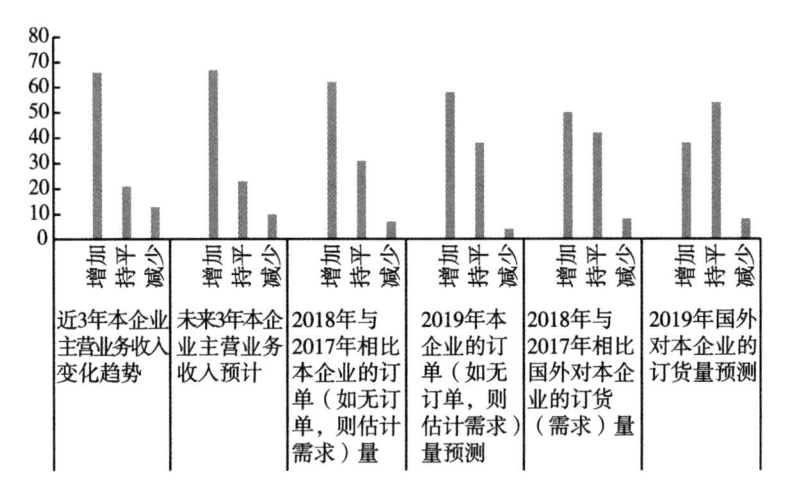

图Ⅱ-2-5 企业近3年和未来3年的主营业务收入变化和2018—2019年订单预测（%）

从企业进出口情况来看，29%的中资企业出口占销售产值的比重超50%，21%的企业在50%以下，有一半的企业没有出口。进口方面，企业进口原材料和零部件的比重在50%以上的占38%，8%的企业在50%以下，54%的企业没有进口（见图Ⅱ-2-6）。这说明有部分中资企业从事的是加工贸易或转口贸易。

从对利润的评估情况来看，在中匈资企业对盈利能力抱有充足的信心。近3年来，50%的企业表示利润在增加，30%的企业认为利润没有变

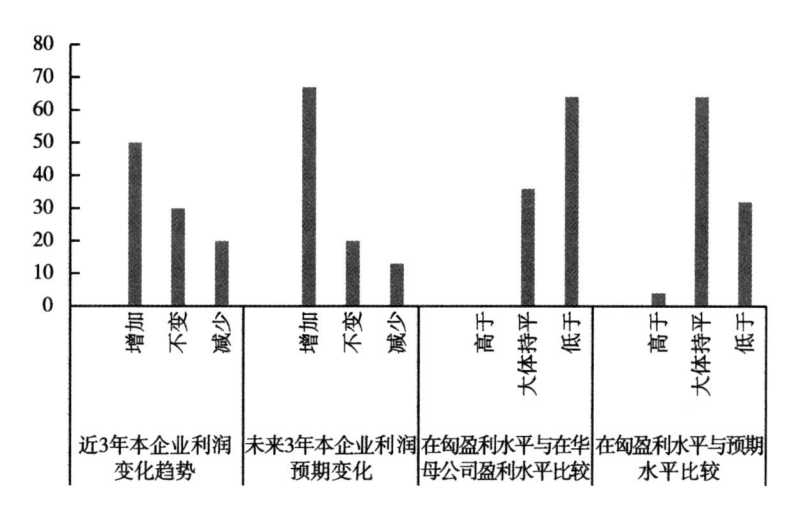

图Ⅱ-2-6　中资企业出口占销售产值的比重以及进口原材料和零部件的比重（%）

化，20%的企业认为利润在减少。未来3年，67%的企业认为利润会继续增加，20%的企业表示利润不会有变化，13%的企业认为利润会减少。与此同时，大部分企业认为盈利水平不及在国内的母公司。参与调查的企业中，同国内母公司相比，36%的企业认为盈利水平同国内持平，64%的企业认为盈利水平不及国内。绝大部分企业认为在匈盈利水平与预期水平大体持平，只有4%的企业认为在匈盈利水平高于预期水平，近1/3的企业认为盈利水平低于预期（见图Ⅱ-2-7）。

基于对商业景气状况的乐观预期，在中匈资企业在用工方面的评估也比较积极。在参加调查的企业中，48%的企业认为2018年的用工量比2017年增加，38%的企业认为持平，只有14%的企业认为用工量比2017年减少。展望2019年，企业也同样表现出乐观的态度：42%的企业认为用工量会进一步增加，51%的企业认为会持平，只有7%的企业表示用工量会减少。在劳动力成本对企业总经营成本的影响程度问题上，32%的企业认为近3年影响较大，46%的企业认为有一定影响，只有14%的企业认为影响不大，还有8%的企业无法判断（见图Ⅱ-2-8）。这一结果与近几年来匈牙利经济从复苏走向持续增长导致劳动力成本不断上升有很大的关联性。

总的来说，中资企业对其在匈牙利的生产经营综合状况持积极态度。

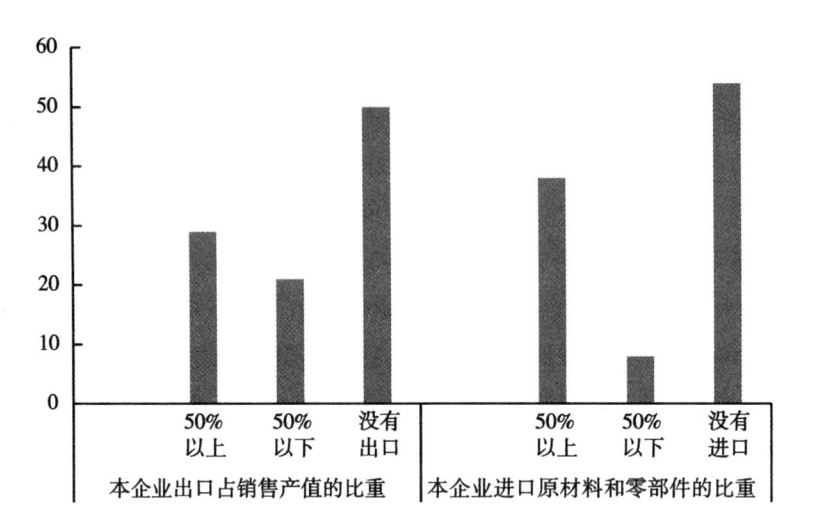

图 Ⅱ-2-7　中资企业对利润的预期（%）

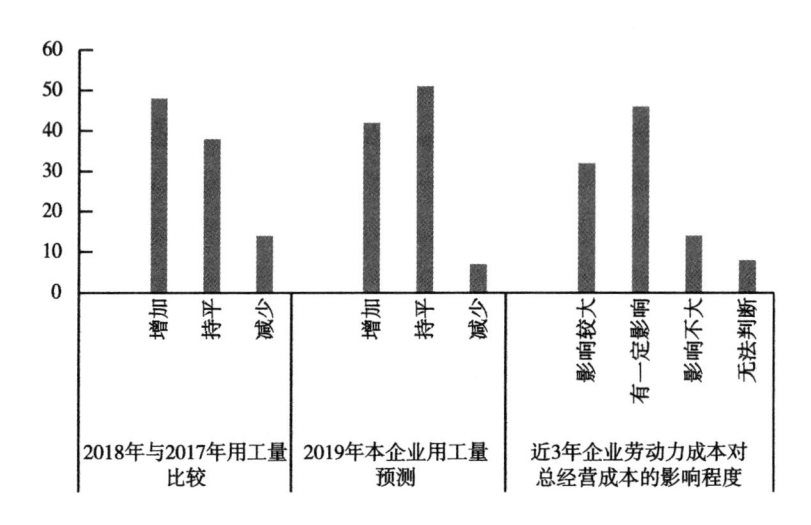

图 Ⅱ-2-8　企业对用工量和劳动力成本的评价（%）

54%的企业认为综合状况良好，46%的企业认为一般。未来3年，74%的企业预计生产经营综合状况良好，26%的企业评价一般。在关于未来3年企业投资规划问题上，52%的企业表示将增加投资，37%的企业将维持现状，仅有11%的企业可能会减少投资，没有企业表示准备撤资（见图Ⅱ-2-9）。

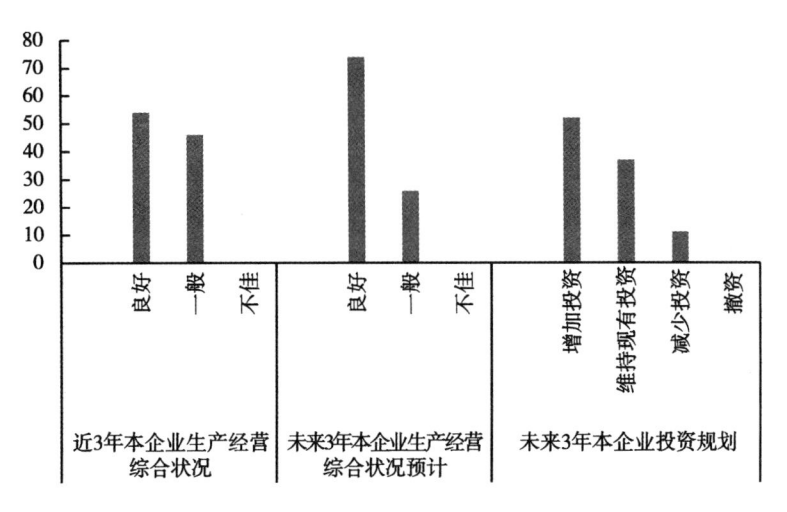

图Ⅱ-2-9 在中匈资企业生产经营状况和未来投资规划（%）

中资企业对匈牙利的商业景气状况总体呈乐观态度，这跟匈牙利近年经济所发生的变化密不可分。2014—2017年匈牙利GDP年均增长3.6%，在欧盟28国中名列第9位，在中东欧国家中位于罗马尼亚、捷克和波兰之后。2017年匈牙利GDP增长4%。匈政府预计，到2020年匈牙利经济增速将维持在4%以上。从2012年起，匈预算赤字占GDP的比重已经降到3%以下，2017年赤字率为2%。匈政府的目标是到2020年把赤字率降到1.3%左右。政府债务占GDP的比重从2010年的80.5%降至2017年的73.6%，预计到2022年将降至60%以下。[1]

第四节 投资环境

在中匈资企业对匈投资环境予以积极评价，其中60%的企业对当地的投资环境评价良好，40%的企业认为当地总体投资环境一般，没有企业认为投资环境不佳。

---

[1] Ministry for National Economy, "Hungary's Economic Outlook to Remain Bright in Coming Years", Weekly Report by NGM Released on 10 May 2018, Hungary.

(一) 投资软环境评价

在法律环境方面，被调查的中资企业予以高度评价。73%的企业认为法律环境良好，27%的企业认为环境一般，没有企业认为法律环境不佳。在知识产权保护方面，79%的企业认为良好，21%的企业认为一般，没有企业认为知识产权保护不佳。在竞争环境方面，评价比法律环境稍低一些，60%的企业认为竞争环境良好，40%的企业认为一般，没有企业认为竞争环境不佳（见图Ⅱ-2-10）。

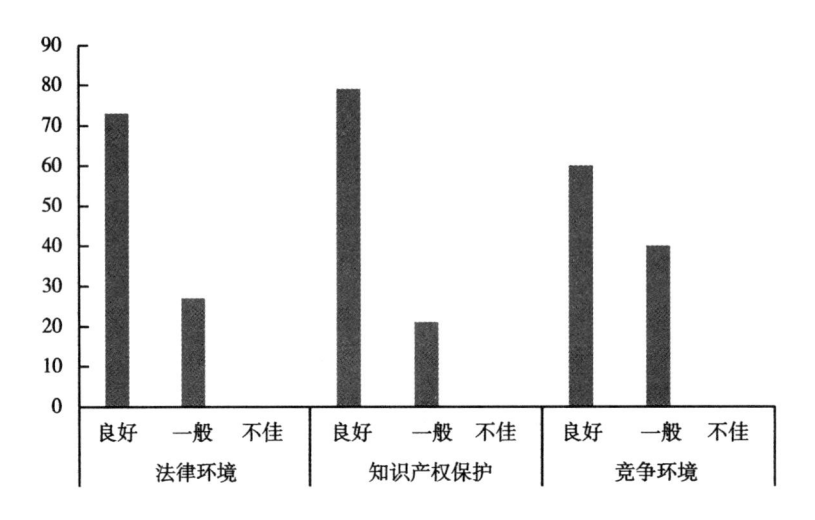

图Ⅱ-2-10 企业对法律环境、知识产权保护以及竞争环境的评价（%）

在政府服务水平方面，在中匈资企业认为政府服务态度良好，政府廉政程度较高，但对政府办事效率评价不高。60%的企业认为政府服务态度良好，37%认为一般，3%认为服务不佳。在政府廉政程度问题上，48%的企业认为良好，52%的企业认为一般。在政府办事效率方面，20%的企业认为良好，63%的企业认为一般，17%的企业认为不佳（见图Ⅱ-2-11）。

在中匈资企业对税费政策评价一般，对环保政策评价良好，对社保和劳工政策评价也较好。在税费政策方面，30%的企业认为良好，57%的企业认为一般，13%的企业认为不佳。在环保政策方面，83%的企业认为良好，17%的企业认为一般，没有企业认为环保政策不佳。在社保和劳工政策方面，60%的企业认为良好，40%的企业认为一般，没有企业认为不佳

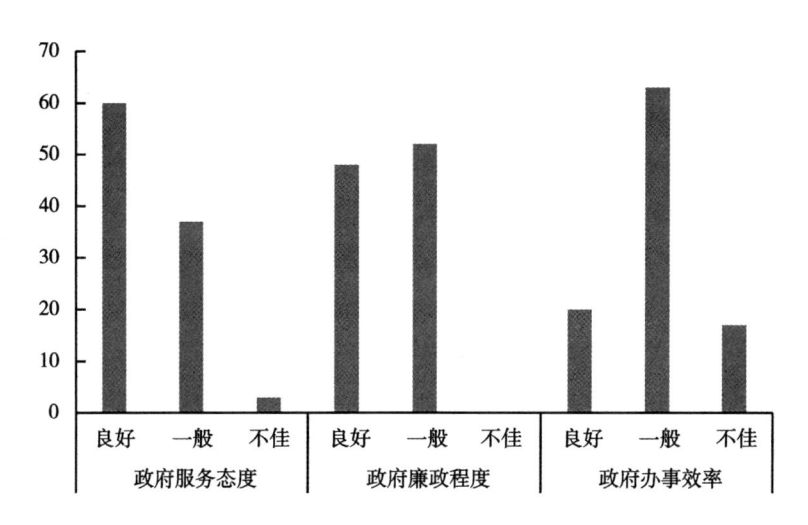

图 II-2-11　企业对政府服务水平的评价（%）

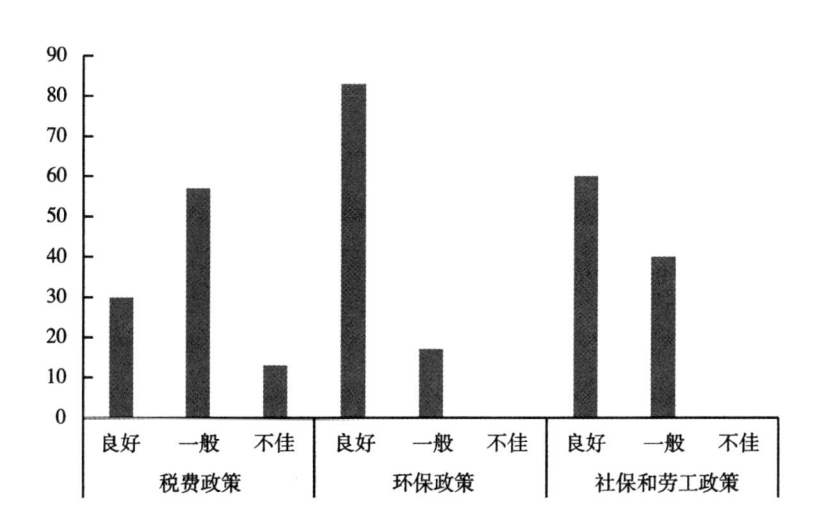

（见图 II-2-12）。

图 II-2-12　企业对税费政策、环保政策、社保和劳工政策的评价（%）

总的来说，83%被调查的中资企业认为企业所在地的投资软环境良好，17%的企业认为一般。而对近3年匈牙利和企业所在地投资软环境的变化评价方面，32%的企业认为在变好，68%的企业认为变化不大（见

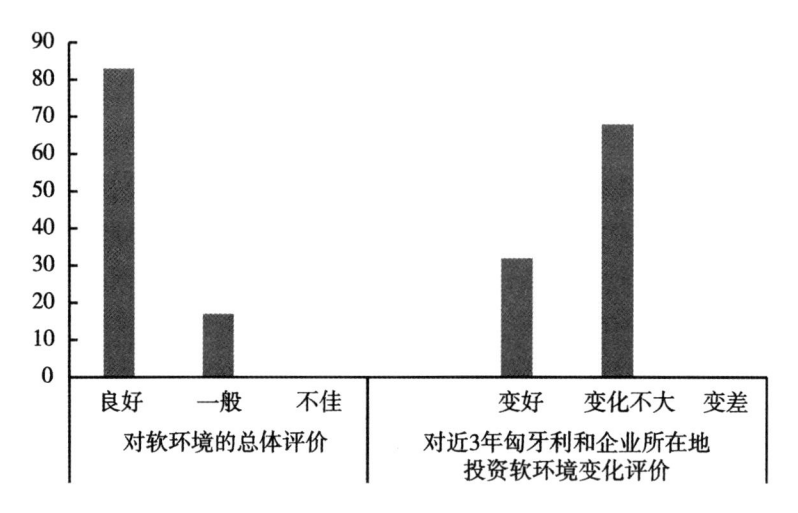

图 II - 2 - 13)。

图 II - 2 - 13　企业对投资软环境的总体评价 (%)

(二) 投资硬环境评价

在交通基础设施方面，企业对公路和航空运输评价较好，对铁路和内河航运评价一般。66%的企业认为匈牙利的公路交通运输设施良好，31%的企业认为一般，3%的企业认为不佳。在空港及航空运输方面，50%的企业认为良好，43%的企业认为一般，7%的企业认为不佳。铁路运输是匈牙利交通基础设施中"良好"得分最低的，为34%，59%的企业认为一般，7%的企业认为不佳。在内河运输方面，37%的企业认为良好，52%的企业认为一般，11%的企业认为不佳（见图 II - 2 - 14）。这反映了匈牙利的交通运输以公路和航空运输为主，铁路基础设施滞后，内河航运落后。

在中匈资企业对电、煤、水、气等公用设施评价较好，但对邮电通信评价一般。在接受调查的企业中，43%的企业认为匈牙利的邮电通信良好，50%的企业认为一般，7%的企业认为不佳。在电力供应方面，72%的企业认为良好，24%的企业认为一般，4%的企业认为不佳。在煤炭供应方面，50%和42%的企业分别认为良好和一般，8%的企业认为不佳。在水供应和排放方面，61%的企业认为良好，39%的企业认为一般。在油气供应方面，68%的企业认为良好，32%的企业认为一般（见图 II - 2 - 15）。

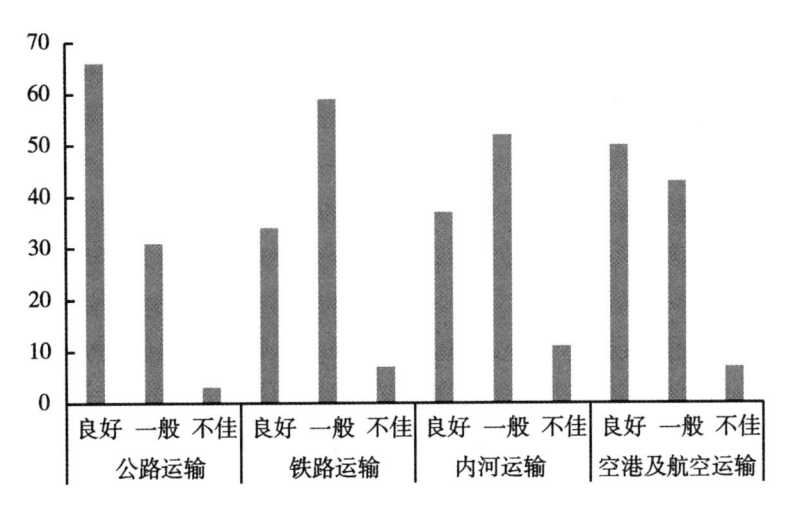

图 II-2-14　企业对交通运输基础设施的评价（%）

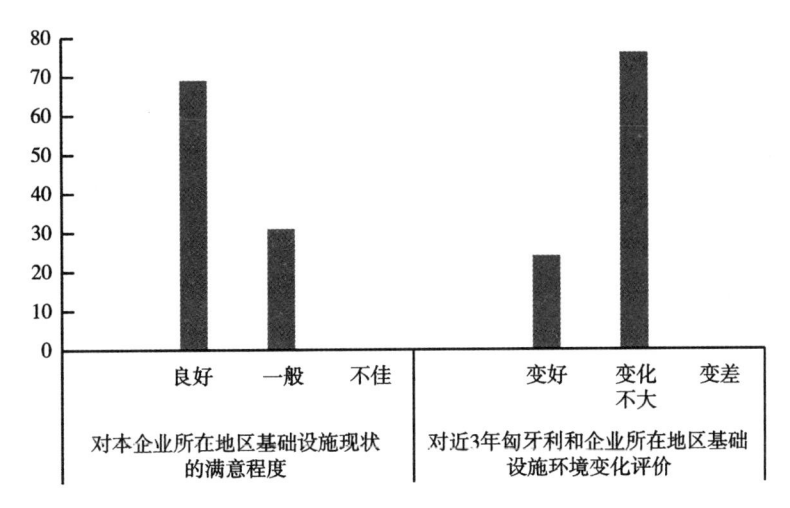

图 II-2-15　企业对邮电通信、电、煤、水、油、气等公用设施的评价（%）

总的来说，在中匈资企业对所在地区的投资硬环境评价较高，有69%的企业认为硬环境良好，31%的企业认为一般，没有企业认为不佳。同时，对近3年投资硬环境的变化，24%的企业认为在变好，76%的企业认为变化不大（见图 II-2-16）。

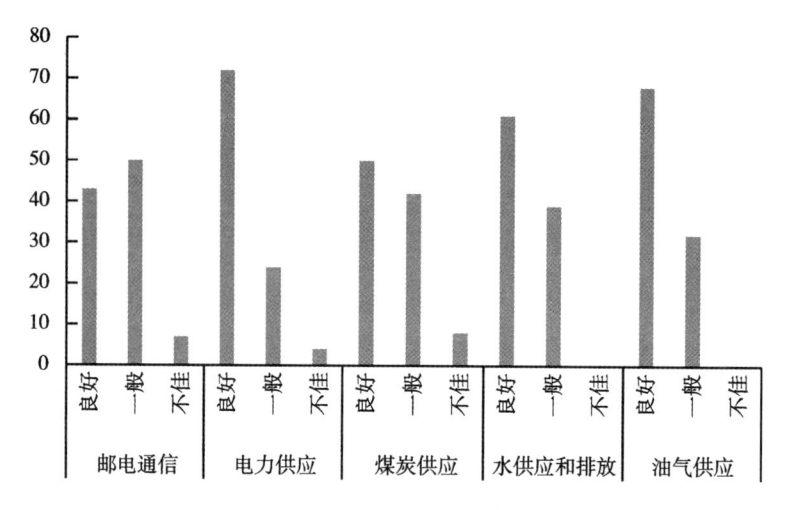

图 II-2-16　企业对投资硬环境的总体评价（%）

（三）对企业生产经营影响较大的因素

在对企业生产经营影响较大的因素中（可多选），在中匈资企业反映比较集中的是税费政策、社保和劳工政策，50%以上的企业认为这是影响他们在匈经营的两个最大因素。排在第3位的是公平竞争，占33%。此外，政府服务水平和环保政策在一定程度上也影响企业的经营。知识产权保护和行政干预这两个因素对企业的影响相对较弱（见图 II-2-17）。

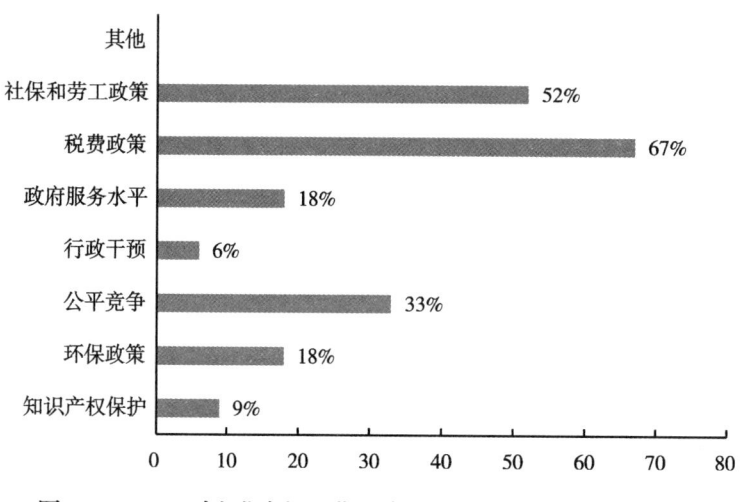

图 II-2-17　对企业市场经营影响较大的因素（可多选）（%）

（四）中资企业集中反映的一些问题

虽然中资企业总体认可匈牙利的投资环境，但在某些具体问题上企业反映比较集中。

一是用工荒。目前，匈牙利劳工短缺，导致企业招工困难。虽然近年匈牙利的劳动力成本不断上升，但依然挡不住匈牙利劳动力的外流。随着欧洲经济稳健复苏，德国、奥地利等国对熟练和非熟练劳动力的需求也在上升，在欧盟内部市场劳动力自由流动的大背景下，劳动力从欧盟东部向西部流动也是大趋势。

一方面是用工荒、招工难，另一方面是加班费用和加班时长限制，这导致很多生产企业运营困难。

二是海关清关便利化。欧盟是统一关税区，由于关税收入归欧盟，所以理论上在欧盟的任何一个海关进行清关并没有太大差别。但欧盟规定，各成员国可以从收缴的关税中扣除一定比例作为清关的成本，为此，各成员国都希望在本国清关，尤其是新成员国。这就造成了成员国之间的清关竞争和对来自其他成员国的清关产品进行严格检查。

在中匈资企业呼吁搭建海关清关和运输系统平台，尽快实现清关便利化。

三是政府办事效率。前面问卷中已经提及，中资企业对匈政府服务较为满意，但对政府的办事效率评价一般。一些企业反映所在地政府办事和决策效率较低，拖长企业的投入周期，给企业带来一定的负担。此外，对于地市一级的政府部门，政府官员英文水平非常一般，语言沟通存在一定障碍。

四是工业园区规划。在中匈资企业呼吁，当地政府在招商引资时应注重工业园区整体规划。关联性企业在同一园区能够加强企业间合作，增强企业竞争力。政府应加强市政公用能源建设，降低企业能源成本，创造适宜的投资环境。

五是签证便利化。中资企业反映，中方人员工作签证办理过程复杂、周期长，希望在今后工作中能针对中匈双方重大合作项目提供审办绿色通道，确保双方人员交流顺利进行。

受益于政策推动，在中国—中东欧国家合作以及"一带一路"大背景下，近一半的中资企业在2011年后进入匈牙利市场进行投资。总体来说，中资企业在匈牙利经营状况良好，盈利能力和盈利水平符合预期，对匈投资环境评价积极，对未来的发展充满信心。

与此同时，我们也应看到未来中资企业在匈牙利的发展也存在许多挑战。

1. 在中匈资企业贸易类比重较大，制造业企业比重相对不足

由于包括匈牙利在内的中东欧国家自有技术储备匮乏，对寻求先进技术的中资企业来说无的放矢，有劲儿无处使。与此同时，大量中资企业的自有技术也未能达到领先地位，因此，中国在包括匈牙利在内的中东欧地区的投资路径跟在西欧截然不同。中匈双方大力探讨在欧洲产业链中的合作应该是可行之路。

2. 在中匈资企业的自我维权意识不够

许多企业还处于"农耕时代"，认为经营好自己的"一亩三分地"足矣。加入中资企业商会更多的是希望得到一些经贸信息，为了"搭便车"，并没有树立起自己也是主人的意识。企业商业环境调查问卷，一方面是通过调查的方式预测商业景气状况，另一方面也是增强对匈牙利投资环境的了解，而这恰恰需要所有会员的积极参与才能形成相对客观的调查结果。但遗憾的是，会员参与不足削弱了问卷样本的数量，在一定程度上影响了调查的效果。

3. 在中匈资企业的研发能力严重不足

匈牙利不仅有低成本劳动力和进入欧盟大市场的通道，更关键的是有高质量的教育体系和高素质的研发队伍。中国企业在这方面利用不足，限制了中国在匈牙利投资的进一步发展。

4. 在中匈资企业参与"企业社会责任认证（SA8000）"严重不足

所调查的企业中，仅有一家正在进行SA8000认证。其实，据了解，许多中资企业在当地都积极参与了各种与企业社会责任相关的活动，也提供了许多资金，但遗憾的是，企业在这方面的意识不强，参加认证的程度非常低。

在未来发展方面，物流可能会成为中国企业对匈投资的一个新热点。从希腊比利埃夫斯港到匈牙利布达佩斯的"中欧陆海快线"已经开始借

道现有铁路线运营。中欧班列也开通了从长沙、厦门到布达佩斯的班次。前不久,中国香港开通了到布达佩斯的电商货运航线。匈牙利已经发展成为中国在中东欧地区唯一的"海陆空三位一体"的物流枢纽,成为中国进入欧洲的名副其实的"桥头堡"。随着"一带一路"建设的不断推进,匈牙利也会因欧洲中部的地理位置而从中持续受益。

第三章 重点城市

对比中东欧、整个欧洲，乃至世界水平，匈牙利的城市化率的年均增长率都处在极低水平。1950—2018 年，匈牙利城市化的年均增长率不足 0.3%，同期，东欧的水平为 0.4% 左右，欧洲的水平约为 2.5%，三者在世界水平中均处于非常低的位置。匈牙利 19 个州，除首都布达佩斯人口数量最多、人口密度最大之外，各州占地面积、人口数量和人口密度相对均衡。

第一节 城市化发展历史与趋势

匈牙利国土面积 9.3 万平方千米，人口约 1000 万人，人口密度 107 人/平方千米；首都为布达佩斯，人口约 175 万人，人口密度 3351 人/平方千米（2017 年数据）。匈牙利属于中等发达国家，到 2017 年，人均 GDP 为 14225 美元，经济发展水平在中东欧国家位居前列。[①]

（一）高度城市化

1. 城市化水平在较高基础上于少许波动中逐渐升高

早在 1950 年，匈牙利的城市化率就已经超过了 50%；同时，城市人口数量为 496 万人。1950—1980 年，匈牙利的城市人口和乡村人口数量都稳健上升，但是城市人口数量上升更快，从而使得城市化率逐年稳定上升。1980—2000 年，一反世界各国人口普遍上升的常态，匈牙利的城市人口和乡村人口数量均出现了明显下降，其中乡村人口数量下降相对更多；并且，城市人口所占比重相对降低，导致匈牙利的城市化率有了小幅

---

① World bank (2018). https：//data.worldbank.org.cn/country/hungary? view = chart.

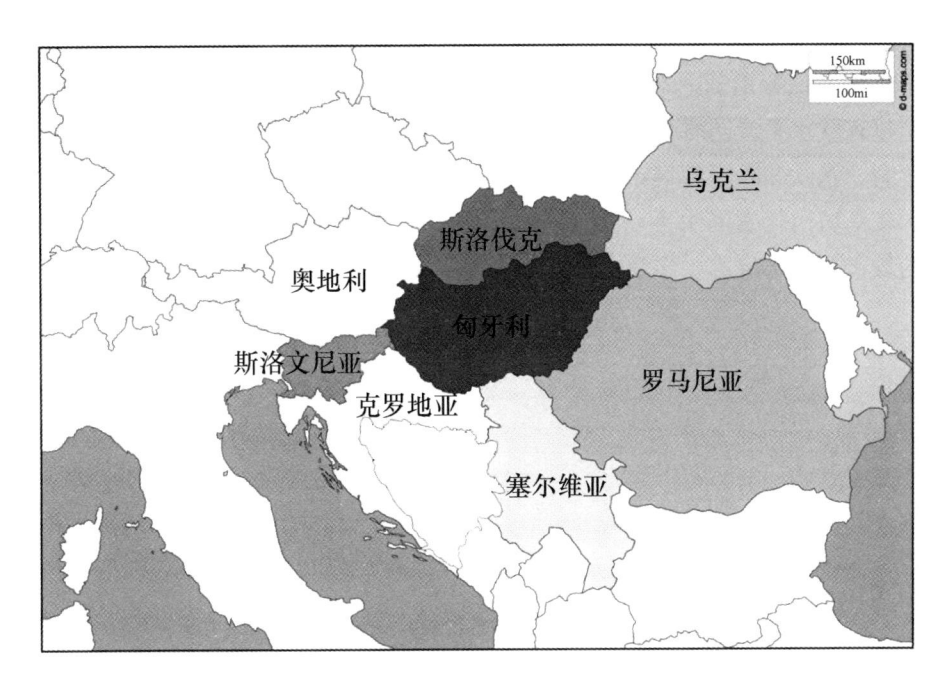

图 II-3-1 匈牙利及其周边接壤国家地图

资料来源：作者基于 https://d-maps.com/pays.php?num_pay=197&lang=zh 绘制。

下降。2000 年以后，匈牙利的城市人口有小幅上升，但是从 2010 年开始，城市人口数量增幅在已经很低的情况下逐年更低，到 2018 年，城市人口数量为 691 万人，增量相比上一年仅为 5 万人。与此同时，匈牙利的乡村人口保持 1980 年以来的态势，逐年减少，且降幅已经超过了城市人口的增幅，从而导致匈牙利的总人口数量自 1980 年达到顶峰之后便处于逐年下降的态势。与此相伴随的是匈牙利的城市化率自 2000 年起逐年稳健上升，到 2018 年已经高达 71.4%。根据联合国预测，直至 2050 年，匈牙利的人口数量都不会再有起色，城市人口将在平稳中下降至 677 万人，而城市化率将进一步上升至 81.8%。

2. 该国及其所处地区的城市化率均处于世界较高水平

将 1950 年来匈牙利的城市化率与其身处的欧洲和东欧相比较，可以发现，1950—1980 年 30 年，匈牙利的城市化率稳步上升且高于东欧水平，但是东欧整体城市化率的迅速上升，一方面迎头赶上了匈牙利的城市化率，另一方面也提升了欧洲整体的城市化率。1980—2000 年，匈牙利的城市化水平有所下降，东欧的城市化水平逐渐走向稳定，同时欧洲的城市化水平低幅增长。2000年后，匈牙利的城市化水平增长态势明显，再度超过东欧水平，同时带动欧洲城市化率增幅有小幅提升。截至2018年，匈牙利、东欧和欧洲的城市化率分别为71.4%、69.6%和74.5%，均处于世界较高城市化发展水平。根据联合国预测，2018年后匈牙利、东欧和欧洲的城市化率都将进一步稳定上升，均会超过80%。

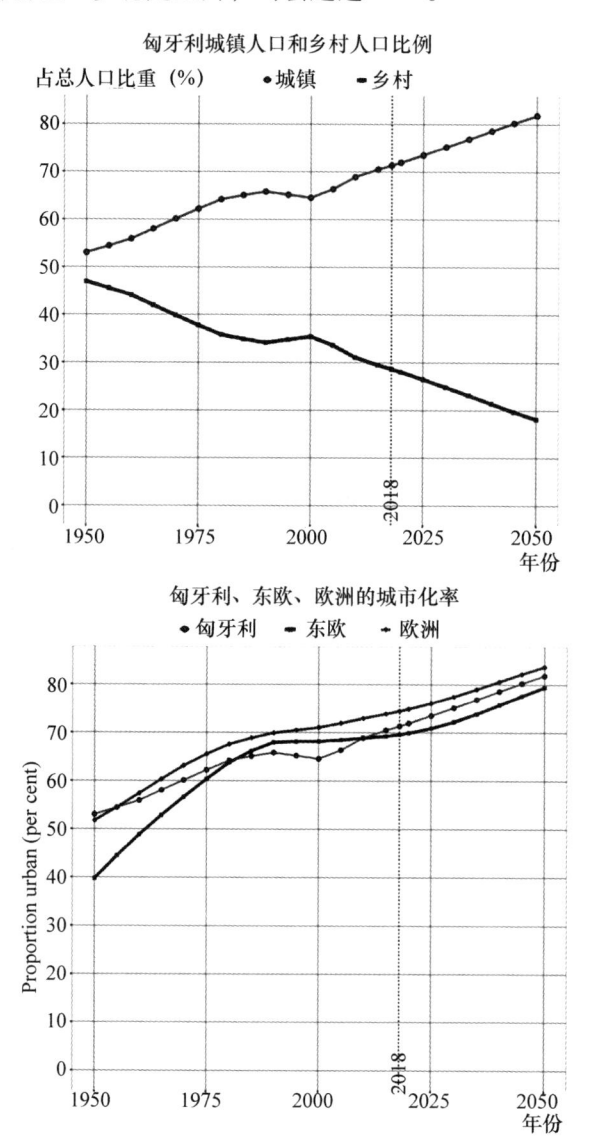

匈牙利城镇人口和乡村人口比例

匈牙利、东欧、欧洲的城市化率

2018年各国城市化率

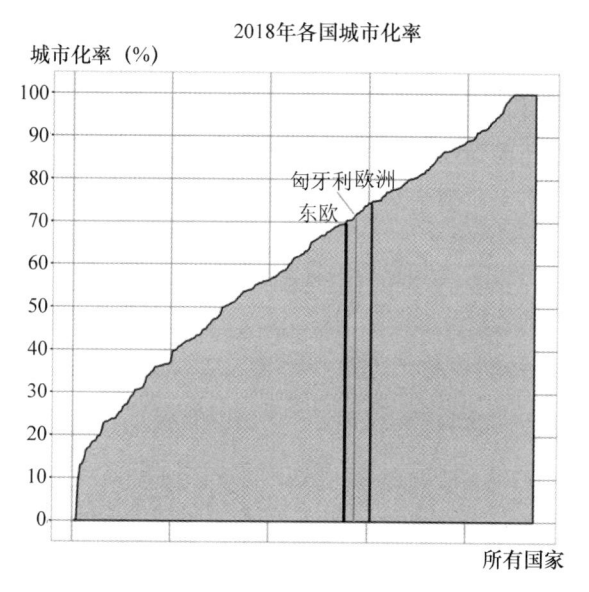

匈牙利城镇人口和乡村人口数量

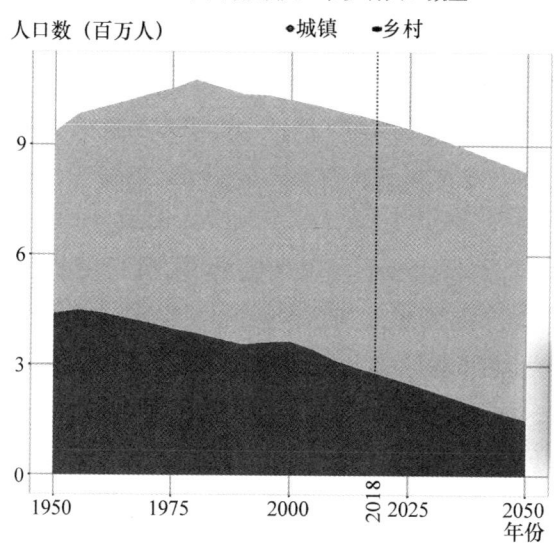

图 Ⅱ-3-2 匈牙利城市化的发展与比较

资料来源: United Nations, World Urbanization Prospects 2018, https://esa.un.org/unpd/wup/.

(二) 城市化速度趋缓

1950—1980年, 匈牙利的城市人口数量在小幅波动中逐年上升, 年均增长率在一个百分点左右。但是在1980年, 匈牙利的城市人口经历了断崖式跌落，此后20年，城市人口以逐年增加的幅度减少。这种反常的情况直到2000年才有所回转，城市人口数量开始有了正增长，但在2005—2010年城市人口增长率达到峰值0.44%之后，又开始陷入低迷，2015—2020年预计仅为0.07%，并且预计此后城市人口增幅将逐渐降低，2030年开始，城市人口数量将每年不断减少。

城市人口数量的平均年变化率（%）

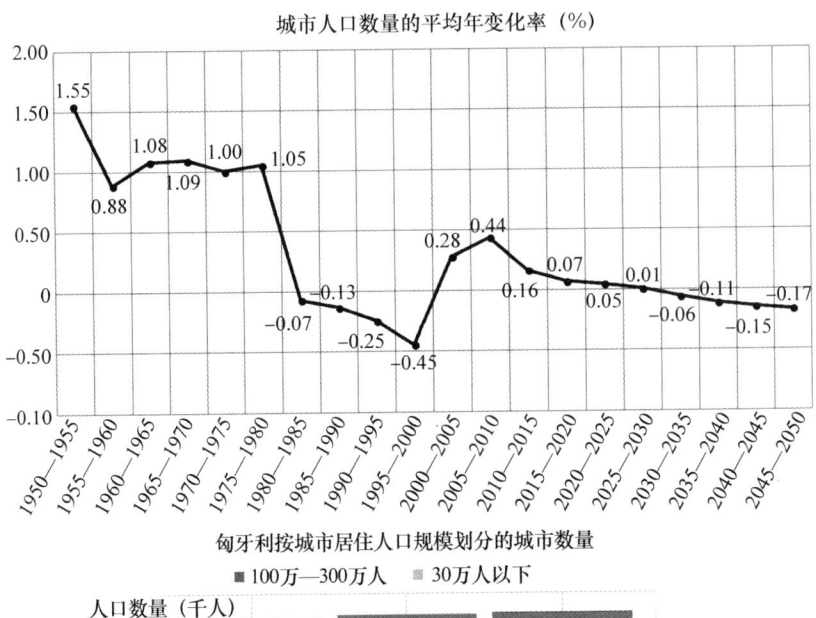

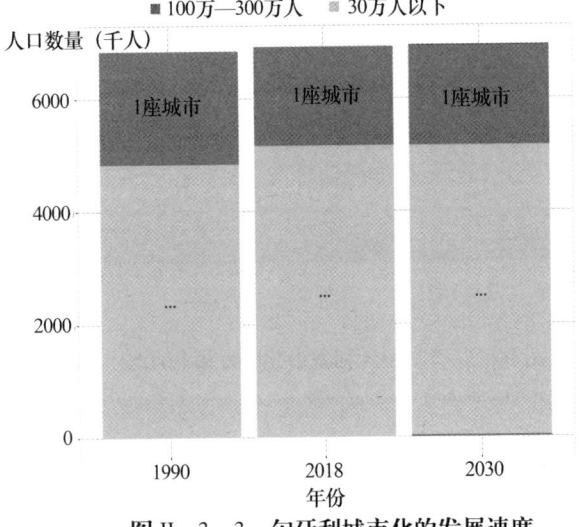

匈牙利按城市居住人口规模划分的城市数量

■ 100万—300万人　　■ 30万人以下

图 II-3-3　匈牙利城市化的发展速度

资料来源：United Nations, World Urbanization Prospects 2018, https://esa.un.org/unpd/wup/.

1990年开始，匈牙利拥有唯一一个人口超过100万的城市（首都布达佩斯），随后直到2018年，全国依然仅拥有布达佩斯一个大城市，其余均为30万人口以下的小城市。联合国预计，这种情况直至2050年都将维

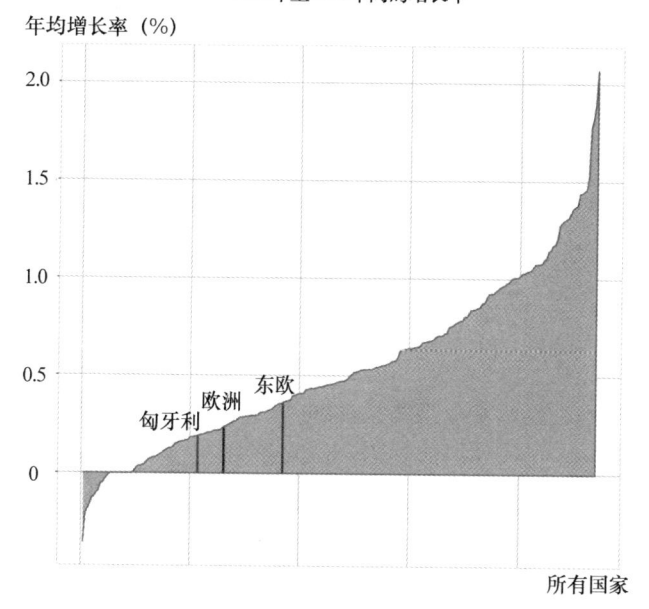

图 II-3-4 匈牙利城市化率的发展速度

资料来源：Unibted Nations, World Urbanization Prospects 2018, https://esa.un.org/unpd/wup/.

持不变。

除1990—2000年，1950年至今，匈牙利的城市化率均是大于0。1950—1960年，匈牙利城市化率的年均增长率维持在0.53%左右的水平；1960—1980年，匈牙利城市化率的年均增长率有所增长，均维持在0.62%以上；1980年开始，匈牙利的城市化率的年均增长率开始年年遭遇断崖式下跌，到1990年开始，连续十年负增长0.2%；2000年开始，匈牙利的城市化率的年均增长率又一跃升至0.55%；到2005—2010年，更是上升至历史最高水平（0.75%）；但随后便下跌至2010—2015年0.45%的水平，并在此后基本维持此水平不变。

第二节　城市体系与重点城市发展

(一) 匈牙利的城市发展

匈牙利全国行政区划分为首都（布达佩斯）和19个州（佩斯州、包尔绍德—奥包乌伊—曾普伦州、索博尔奇—索特马尔—贝拉格州、豪伊杜—比豪尔州、巴奇—基什孔州、杰尔—莫松—肖普朗州、费耶尔州、琼格拉德州、加兹—纳杰孔—索尔诺克州、巴兰尼亚州、维斯普雷姆州、贝凯什州、绍莫吉州、科马罗姆—埃斯泰尔戈姆州、赫维什州、佐洛州、沃什州、托尔瑙州、诺格拉德州）（见图Ⅱ-3-5）。各州首府（布达佩斯、米什科尔茨、尼赖吉哈佐、德布勒森、凯奇凯梅特、杰尔、塞克什白堡、塞格德、索尔诺克、佩奇、维斯普雷姆、贝凯什乔包、考波什堡、陶陶巴尼奥、埃格尔、佐洛埃格塞格、松博特海伊、塞克萨德、绍尔戈陶尔扬）及其他5个城市（埃尔德、霍德梅泽瓦、多瑙新城、肖普朗、瑙吉考尼饶），共24个城市，具有州的权力。[①] 州下分镇、乡两级。

纵观匈牙利19个州，除首都布达佩斯人口数量最多、人口密度最大之外，各州占地面积、人口数量和人口密度相对均衡（见表Ⅱ-3-1）。

---

① 对于5个具有州的权力的城市，其人口数依旧计入所属州的总人口中。

第三章 重点城市 267

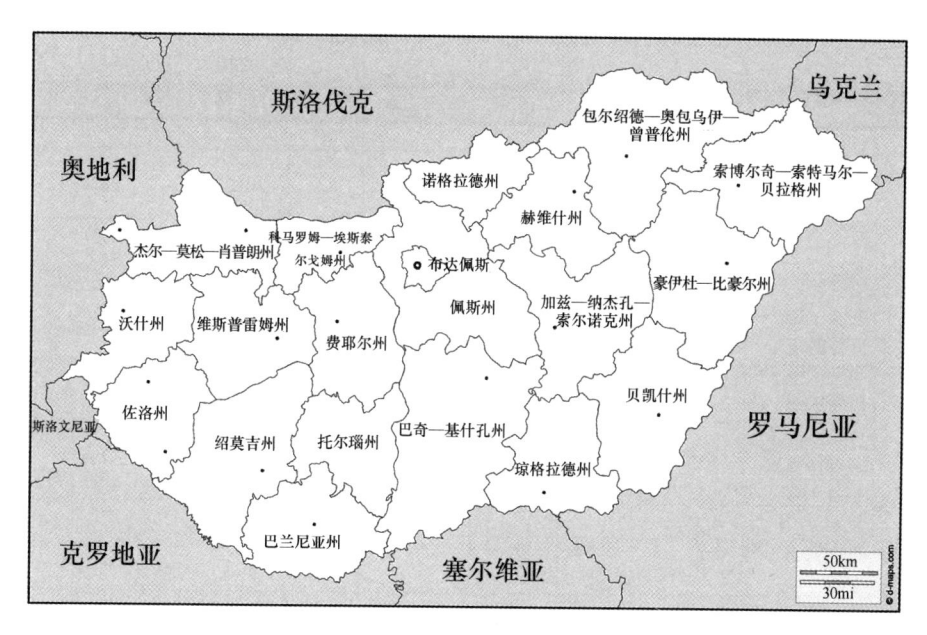

图 Ⅱ-3-5 匈牙利各州地图

资料来源：作者基于 https://d-maps.com/pays.php?num_pay=197&lang=zh 绘制。

表 Ⅱ-3-1 匈牙利各州基本信息①

序号	州名	首府	面积（km²）	人口（2017）	人口密度（人/km²）	镇/乡	重点城市人口数量（2017）	重点城市人口数量占其所属州总人口数的百分比
1	佩斯州	布达佩斯（1）②	6391	3000076	469	186	1752704	58%
2	包尔绍德—奥包乌伊—曾普伦州	米什科尔茨（4）	7247	654402	90	355	157177	24%
3	索博尔奇—索特马尔—贝拉格州	尼赖吉哈佐（7）	5936	562058	95	228	117689	21%

① 为便于观察和统计，此表在原数据统计方式的基础上有些许调整。此表中，佩斯州的总人口数量包含了其领土范围内的首府布达佩斯的人口数，其余各州也都是按照领土范围统计人口数量，并没有将具有州的权利的城市的人口单独剔出。

② 括号内数字代表重点城市排序。

续表

序号	州名	首府	面积（km²）	人口（2017）	人口密度（人/km²）	镇/乡	重点城市人口数量（2017）	重点城市人口数量占其所属州总人口数的百分比
4	豪伊杜—比豪尔州	德布勒森（2）	6210	532399	86	82	201981	38%
5	巴奇—基什孔州	凯奇凯梅特（8）	8445	508017	60	119	110813	22%
6	杰尔—莫松—肖普朗州	杰尔（6）	4208	457344	109	182	129301	28%
7	费耶尔州	塞克什白堡（9）	4358	416215	96	108	97617	23%
8	琼格拉德州	塞格德（3）	4263	401469	94	60	161137	40%
9	加兹—纳杰孔—索尔诺克州	索尔诺克	5582	373631	67	75	—	—
10	巴兰尼亚州	佩奇（5）	4430	365726	83	301	144675	40%
11	维斯普雷姆州	维斯普雷姆	4464	342501	77	217	—	—
12	贝凯什州	贝凯什乔包	5630	342438	61	75	—	—
13	绍莫吉州	考波什堡	6065	306698	51	244	—	—
14	科马罗姆—埃斯泰尔戈姆州	陶陶巴尼奥	2264	297381	131	76	—	—
15	赫维什州	埃格尔	3637	296927	82	119	—	—
16	佐洛州	佐洛埃格塞格	3784	272798	72	257	—	—
17	沃什州	松博特海伊	3336	253109	76	216	—	—
18	托尔瑙州	塞克萨德	3703	221799	60	108	—	—
19	诺格拉德州	绍尔戈陶尔扬	2544	192573	76	129	—	—
	匈牙利	布达佩斯	93023	9797561	105	3137	—	—

资料来源：http://www.citypopulation.de/Hungary-Cities.html。

注：此表格按照各州人口数排序，浅灰色部分代表匈牙利重点城市。

1. 占地面积

除科马罗姆—埃斯泰尔戈姆州和诺格拉德州小于3000km²，包尔绍德—奥包乌伊—曾普伦州和巴奇—基什孔州大于6000km²之外，其余15个州的占地面积均在3300km²到6400km²，各州之间相差最大不到一倍。即使是占地面积最大的巴奇—基什孔州，其占地面积也不到占地面积最小的科马罗姆—埃斯泰尔戈姆州的4倍。

2. 人口数量

佩斯州人口数量最多，高达300万人（含首都布达佩斯）；其次是包尔绍德—奥包乌伊—曾普伦州，拥有65万人口。其余各州人口数量介于19万人到56万人，各州之间相差最大不到3倍。可以发现，全国人口大部分聚集在首都布达佩斯（175万人）以及环绕它的佩斯州（125万人），二者合计300万人口，占据全国总人口数量（980万人）的31%，远远高于中国长江三角洲城市群人口数量占全国人口总数的比例（11%）。

3. 人口密度

佩斯州人口密度最高，达到195人/km²，其次是科马罗姆—埃斯泰尔戈姆州和杰尔—莫松—肖普朗州，分别为131人/km²和109人/km²。除此三州之外，其余16个州的人口密度介于51人/km²到96人/km²，各州之间相差最大不到一倍。可以发现，各州的占地面积和其人口数量之间不存在线性关系；各州镇/乡数量与其占地面积、人口数量和人口密度均无明显关系。

(二) 匈牙利9个重点城市规模

1. 重点城市概况

可以发现，匈牙利的9个重点城市的排序与其人口数量完全正相关，排序越靠前的城市其人口数量越多；同时，9个重点城市的人口数量占其所属州总人口数的百分比相对较高，布达佩斯、佩奇、塞格德3个城市的人口数量占其所属州总人口数的百分比分别高达40%、40%、38%，其余6个城市占比也处在21%—28%的高位上。但是，9个重点城市各自所处州的位置在地理上并无明显临近性，而是散乱分布于全国各地。在图Ⅱ-3-6中，颜色越深的区域代表排名越靠前的城市所在州，州内部的小黑点代表重点城市，同时，颜色越深也代表该城市人口越多。

进一步分析可以发现，9个重点城市均处在国内的交通要道上，水运、陆运均十分便捷，可以有效与周边城市或国家进行沟通、交流（见图

Ⅱ-3-7)。并且,除了塞克什白堡(9)所在州完全处于国境内部之外,

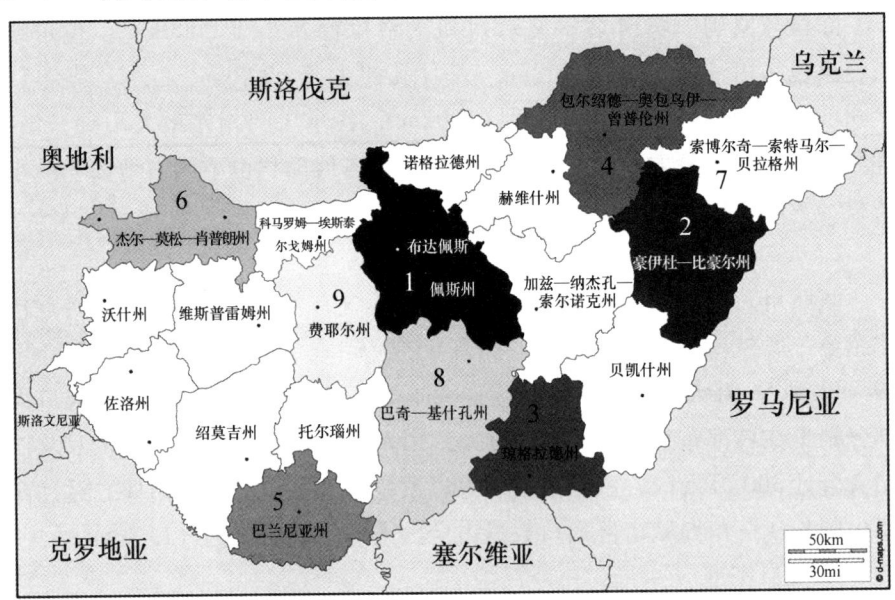

图 Ⅱ-3-6　匈牙利重点城市图

资料来源:基于https://d-maps.com/pays.php?num_pay=197&lang=zh 绘制。

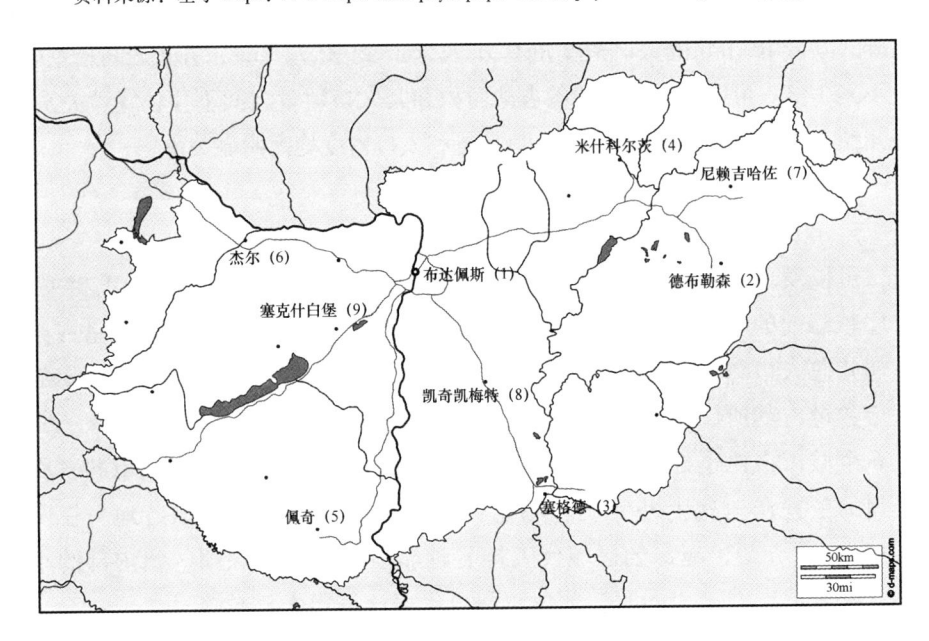

图 Ⅱ-3-7　匈牙利9个重点城市

资料来源:基于https://d-maps.com/pays.php?num_pay=197&lang=zh 绘制。

其余 8 个城市所在州均与周边国家接壤，尼赖吉哈佐（7）所在的索博尔奇—索特马尔—贝拉格州，更是与斯洛伐克、乌克兰和罗马尼亚三个国家国境相连。此外，尼赖吉哈佐（7）所在州与德布勒森（2）和米什科尔茨（4）所在州紧密相连；凯奇凯梅特（8）所在州与布达佩斯（1）和塞格德（3）所在州紧密相连；塞克什白堡（9）所在州与佩斯州紧密相连。而佩奇（5）和杰尔（6）距离中部的四大州和东部的三大州都较远。

2. 重点城市规模变化

通过考察 1980 年至今主要年份匈牙利 9 个重点城市的人口数量，可以发现，大多数城市都呈现出人口不断下降的趋势（表 II-3-2、图 II-3-8）。

表 II-3-2　　匈牙利重点城市主要年份人口数量

序号	城市名称	1980 年	1990 年	2001 年	2011 年	2017 年
1	布达佩斯	2059226	2016681	1777921	1729040	1752704
2	德布勒森	198195	212235	211034	211320	201981
3	塞格德	164437	169930	168273	168048	161137
4	米什科尔茨	208103	196442	184125	167754	157177
5	佩奇	169134	170039	162498	156049	144675
6	杰尔	124130	129331	129412	129527	129301
7	尼赖吉哈佐	108235	114152	118795	119746	117689
8	凯奇凯梅特	96882	102516	107749	111411	110813
9	塞克什白堡	103571	108958	106346	100570	97617

资料来源：http：//www.citypopulation.de/Hungary-Cities.html。

（1）首先考察最大城市布达佩斯的情况，1980 年至 2011 年，人口数量不断下降，由 200 万以上人口降至 175 万左右。截至 2017 年，布达佩斯人口数量有小幅上升,相比 2011 年增加了 2 万余人,达到 175 万人口规模。根据联合国预测①,布达佩斯的人口规模将在今后 30 余年,先不断小幅增长至峰值——178.6 万人口（2030 年）,随后开始逐渐缩小;到 2050 年,人口数将为 178.4 万。除布达佩斯,观察其余 8 个重点城市的人口规模变化情况可以发现(见图 II-3-8 下):

(2) 德布勒森的人口数量在 20 世纪 80 年代有过一次突破性的增长（由 19.8 万人增长至 21.2 万人,突破 20 万人关口）,随后直至 2011 年,人口数量基本维持稳定。但是在 2011 年至 2017 年,人口数量有了空前性跌落,减少了将近 1 万人口,2017 年人口数量仅为 20 万人,并且显示出人口数量进一步跌落的趋势,面临 20 万人口水平失守的情况。

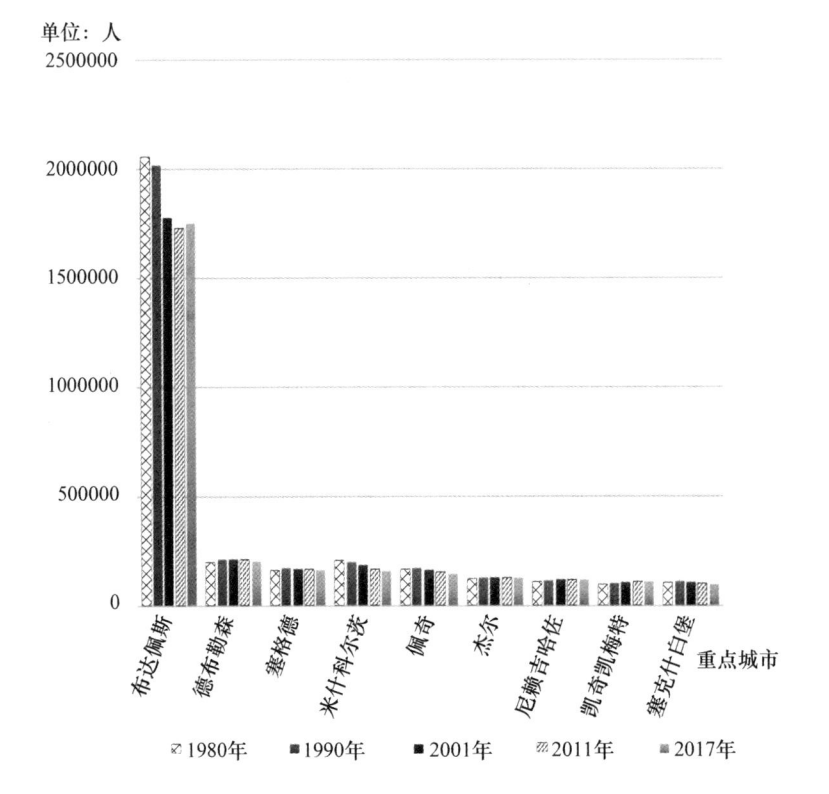

---

① World Urbanization Prospects 2018, https://esa.un.org/unpd/wup/Download/Files/WUP2018-F17a-City_Size_Class.xls.

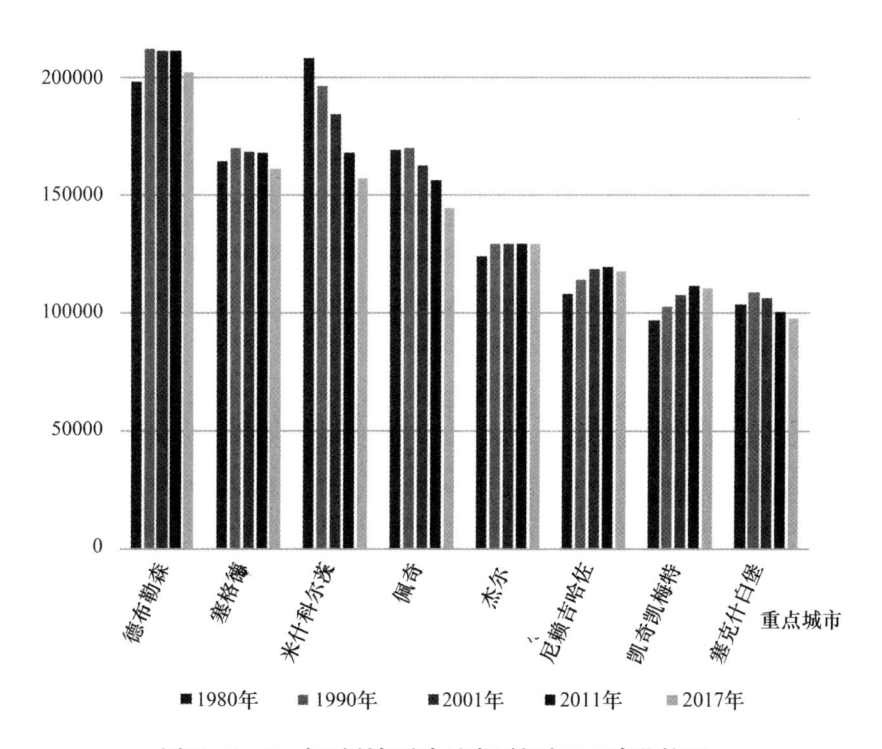

图 II-3-8　匈牙利各重点城市历年来人口变化情况

资料来源：作者绘制。

（3）塞格德的情况和德布勒森类似，1980年至1990年人口规模有较大增长，由16.4万增长至17万；随后20年，人口数量在小幅波动中基本稳定；但是在2011年至2017年，人口跌落至比1980年更低的水平（2017年人口数量为16.1万人）。

（4）米什科尔茨的城市规模变化情况极具特点，早在1980年，其人口规模是仅次于布达佩斯的。但是1980年至2017年，每隔十年，人口数量便下降一个阶梯，而且呈现出降幅逐渐增大的趋势。1980年人口数量为20.8万人，1990年为19.6万人，2001年为18.4万人，2011年为16.8万人，2017年为15.7万人，人口规模的缩小速度可见一斑。

（5）佩奇的人口规模变化情况与米什科尔茨类似，1980年至1990年，人口规模基本保持不变。但是1990年至今，人口数量不断减少，2017年已经跌落至15万人口以下，仅拥有14.5万人口。

（6）杰尔的城市规模变化情况也十分特殊，自1990年较之十年前增加5000人口，达到约13万人之后，迄今为止，人口数量基本保持不变，1990—2001年、2001—2011年，每十年人口变化数量不超过120人。2017年，杰尔的人口数量为129301人，比37年前减少了30人。

（7）尼赖吉哈佐与全国人口变化的趋势相逆，1980年至2011年，人口数量不断有明显增加，从不足11万人增至近12万人。但是2011年至2017年，尼赖吉哈佐的人口规模也开始逐渐收敛，减少了将近2千人，降至12万人以下。

（8）凯奇凯梅特与尼赖吉哈佐的城市规模变化情况类似，1980年至2011年，人口数量不断有明显增加，从9.7万人增至11.1万人。但是2011年至2017年，人口规模开始有些微收敛，减少了将近600人。

（9）塞克什白堡的人口规模变化情况和佩奇类似，1980年至1990年人口增加了5000余人后，人口数量开始不断以稳定的状态逐渐减少，到2017年，人口已不足10万人，这也意味着，截至2017年，匈牙利10万人口规模以上的城市仅有8个。

总体而言，匈牙利的9个重点城市，仅首都布达佩斯人口数量最多（百万人口级水平），人口密度最高（每平方千米人口数逾3000人，与上海相近），且二者近年来保持稳定；其余8个城市的人口规模都较小，基本上处于10万—20万人口规模水平，并且近年来还呈现出人口规模不断下降的态势。

第三节　布达佩斯的经济特点优势

（一）布达佩斯概况

布达佩斯是匈牙利首都，全国的政治、经济、文化、科技中心和最大的城市。布达佩斯的人口在20世纪80年代中期曾达到高峰207万人，目前仅有约175万居民，是欧盟第七大城市。作为世界上最美丽的城市之一，布达佩斯位于国境中北部，处在平原与丘陵的十字路口，坐落于多瑙河中游两岸，西岸是布达，东岸是佩斯。东岸的佩斯地处平原，占据全市面积的2/3，曾被誉为"东欧的巴黎"，随处可见五六十年代的建筑，充满了古典的韵味，同时也是行政、商业和工业集聚的区域，城市的重心，拥有广泛的生活和娱乐空间，生活节奏较快；多瑙河对岸的布达（含老布达）则群山环绕，更显静谧与悠然，是城市住宅区和休闲区的所在。

布达和佩斯两座城市隔河守望，由9座桥梁跨河连接。其中，最古老的链子桥，作为布达与佩斯迅速发展的桥梁，一直是布达佩斯的象征。经历过几个世纪的扩建，两岸双城于1873年合二为一，称作布达佩斯。优越的地理位置、绮丽的自然风光，以及古老与现代碰撞结合的城市建筑，使得布达佩斯成为欧洲著名古城，被誉为"多瑙河上的明珠"。[①]

1. 行政区划及各区规模

布达佩斯占地面积为525.2平方千米，占全国领土面积不足0.6%；但拥有逾175万人口，承载了全国人口总量的近18%。围绕布达佩斯的是全国19个州之一的佩斯州，占地面积（含布达佩斯）为6391km^2，占全国领土面积约6.9%；拥有人口约300万人，占据全国总人口的30.6%。

布达佩斯的行政分区共分23个区（图Ⅱ-3-9），其分区方式与巴黎基本相似：按顺时针方向逐圈向外递增。以多瑙河为界，仅一区、二区、三区、十一区、十二区和二十二区这六个区位于河岸以西（其中二十二区位于多瑙河及其一条支流之间），其余17个区均位于河岸以东的佩斯。

图Ⅱ-3-9的区块颜色越深，代表其人口密度越大。其中，布达佩斯七区的人口密度最高，达到25380人/km^2；其次是六区、八区和五区，每平方千米人口数均超过一万人，分别高达16137人/km^2，11117人/km^{2}和10007人/km^2。每平方千米人口数介于5000人到1万人的有十三区、一区、十四区、十九区、四区和二十区，分别为8897人/km^2、7396人/km^2、6839人/km^2、6411人/km^2、5392人/km^{2}和5369人/km^2。可以看出，人

---

① 黄健：《多瑙河畔的明珠布达佩斯》，《广西城镇建设》2016年第6期。

276　第二篇　专题研究

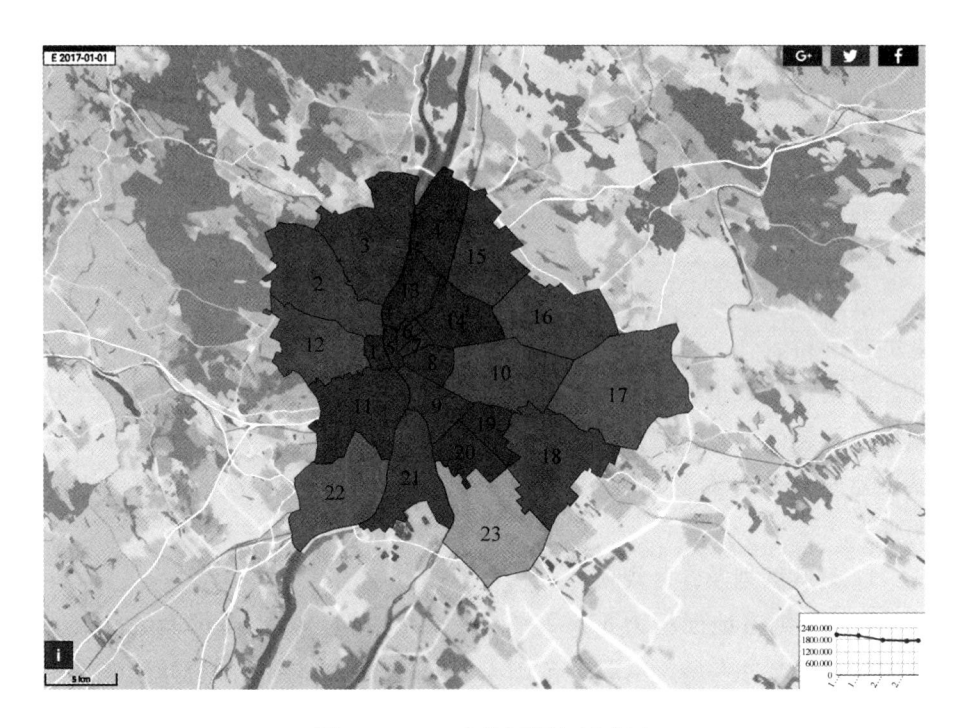

图 II-3-9　布达佩斯各行政区

资料来源：http://www.citypopulation.de/php/hungary-budapestcity.php?mode=density&map=standard&opacity=0.8。

口密度位列前十的区都位于布达佩斯的中部地区，且主要位于佩斯；越向四周分散，人口密度越低，在距离市中心区域最远的二十三区、二十二区和十七区，人口密度分别为 560.7 人/km^2、1592 人/km^2 和 1601 人/km^2，均不足人口密度第二高的六区人口密度的 1/10。

将布达佩斯 23 个区按照 2017 年的人口密度由高到低排序，观察其自 1980 年以来主要年份的人口数量及其变化情况（图 II-3-10、表 II-3-3），可以发现：各区人口在过去 37 年变化情况各异，但总体呈现出中心高密度区域的人口不断向周边较低密度区域疏散，以及城市总人口不断下降的现象。人口密度排名最高的七区人口数量自 1980 年以来不断下降；随后的六区、八区和五区，人口数量自 1980 年至 2011 年间不断下降，但是 2011 年至 2017 年维持稳定，不再下降，五区甚至有小幅提升。十三区、一区和十四区在1980年至2000年，经历了全国普遍性的人口大幅下降，但随后降幅有所控制，近年来人口相对保持稳定。十九区和四区在1980年至1990年一反全国常态，人口数量有了较大增长；但在接下来的20年，人口数量又不断下滑；2011年至2017年间，人口数量又有少量回升。二十区、九区和十一区在1980年至2011年间，人口数量不断下降；九区和十一区在1990年至2000年人口数量更是断崖式跌落；但在2011年至2017年，三个区的人口数量分别轻微上升、轻微下降和明显上升。三区的人口变化趋势与十九区类似，在1980年至1990年一反全国常态，人口数量有了较大增长；但在接下来的20年，人口数量又不断下滑；2011年至2017年，人口数量又有少量回升。十五区、二区、十区和十二区这4个区，人口密度均位列23个区的后十位，1980年至2011年，人口数量都经历了十分直观的下降，但在2011年至2017年，人口数量基本保持稳定，变化幅度不大。二十一区和十八区的人口数量在37年间不断波动，但是2017年较之2011年均有了小幅提升。十六区、二十二区和二十三区的人口数量在37年间有幅度十分轻微的波动，但基本保持稳定。最

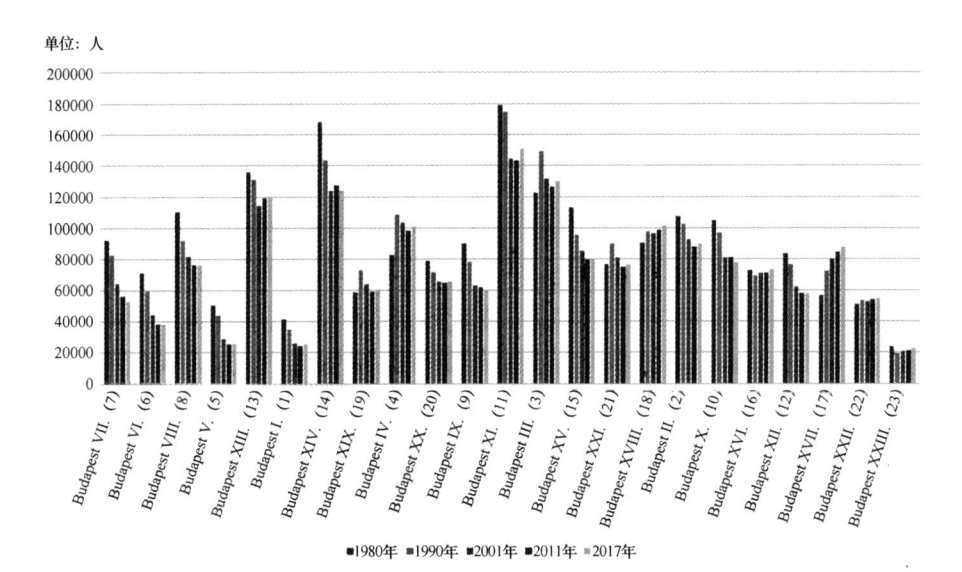

图Ⅱ-3-10 布达佩斯各区主要年份人口变化情况（按2017年人口密度排序）

资料来源：作者绘制。

后是十七区，该区规模发展别具特色，异于其他 22 个区，从 1980 年至 2017 年，该区人口不断上升，1980 年人口不足 6 万人，1990 年越过 7 万人口台阶，2000 年达到近 8 万人口，2017 年人口向 9 万人发展。

表 II-3-3　　布达佩斯各区主要年份人口数量

序号	区名	1980 年	1990 年	2001 年	2011 年	2017 年
1	Budapest I.	41097	34778	25914	24158	25219
2	Budapest II.	107292	102665	92520	87744	89889
3	Budapest III.	122423	149028	131605	126478	130175
4	Budapest IV.	82513	108453	103492	98284	101480
5	Budapest V.	50128	43937	28948	25210	25917
6	Budapest VI.	71204	59477	44137	38319	38406
7	Budapest VII.	92350	82864	64137	56093	53045
8	Budapest VIII.	110532	92386	81787	76250	76152
9	Budapest IX.	90095	78422	62995	61553	59483
10	Budapest X.	104656	96843	80852	80978	77906
11	Budapest XI.	178960	174509	144441	143165	150978
12	Budapest XII.	83382	76495	61763	57709	57656
13	Budapest XIII.	135889	131143	114353	119057	119575
14	Budapest XIV.	168020	143501	123510	127010	123990
15	Budapest XV.	112810	95593	85232	79645	80061
16	Budapest XVI.	72758	69410	71028	71180	73783
17	Budapest XVII.	56279	72317	79989	84381	87773
18	Budapest XVIII.	90617	97700	96353	98499	101757
19	Budapest XIX.	58732	72838	63810	59055	60131
20	Budapest XX.	78665	71658	65295	64358	65454
21	Budapest XXI.	76692	90197	80982	75055	76500
22	Budapest XXII.	50791	53282	52548	53704	54515
23	Budapest XXIII.	23341	19185	20697	21155	22859

资料来源：http：//www.citypopulation.de/php/hungary-budapestcity.php。

2. 土地利用与空间扩张

布达佩斯的人口主要集中在城市中部的多瑙河两岸，其中颜色最深的区域代表人口密度大于 500 人/公顷；东岸的佩斯南、北部也集中了相当部分人口；越往四周扩散，人口密度越低，布达佩斯的最外环人口密度基本在 20 人/公顷以下（图 II-3-11）。与此同时，商场密度与人口密度正向相关，面积为 50000—75000m² 的超大型购物超市（营业面积 6000m² 以上，可以满足消费者一次性购物需求）[①] 主要分布于多瑙河沿线的两岸，佩斯中、北部人口较为集中的区域也拥有数量相当的大型购物超市；面积为 1000—2500m² 的标准超市则分散性分布于布达佩斯各地，但人口更加密集的区域该规模商场数量也相对更多。密集的人口产生更多的消费需求，并且带动更多的消费，促使各等级规模商场纷纷入驻人口密度较高的区域；人口较为稀疏的地区则仅拥有少量抑或拥有面积仅为 1000—2500m² 的标准超市。

---

① 超市基础知识，https://wenku.baidu.com/view/4fa877e8f121dd36a32d82e1。

图 Ⅱ-3-11　布达佩斯的住宅区和购物中心

资料来源：《布达佩斯2030》，http：//infoszab.budapest.hu：8080/GetSPFile.aspx？Attachment=egyebkozzetetel/Lists/Hirdetmeny/Attachments/74/Budapest_2030.pdf。

布达佩斯拥有许多独特的温泉和药用泉水，温泉浴已有超过2000年的历史，在世界上几乎是无与伦比的。仅布达佩斯十九区，便拥有7000万升不同温度和治疗功效的泉水。布达佩斯历来是国际温泉度假胜地，1934年，被授予"温泉镇"称号；1937年，第一届国际沐浴大会在此举行。[①] 约130个矿物质和疗效温泉，使得布达佩斯被称为"欧洲第七大田园诗般的居住地"，非常适合生活和居住。

布达佩斯的7个主要温泉均位于人口密集的市中心，且其中的6个均位于多瑙河沿岸，仅1个处于内陆；有4个位于布达，3个地处佩斯［见图Ⅱ-3-12（上）的小黑点］。图Ⅱ-3-12（下）中，较大的黑点代表25米游泳池，较小的黑点代表学校游泳池，总体上散乱分布于布达佩斯

---

① 中国商务部：《对外投资合作国别（地区）指南——匈牙利》，2017年版，http：//fec.mofcom.gov.cn/article/gbdqzn/upload/xiongyali.pdf。

各个区域,但大部分仍集中在市中心以及人口密度较高的区域。

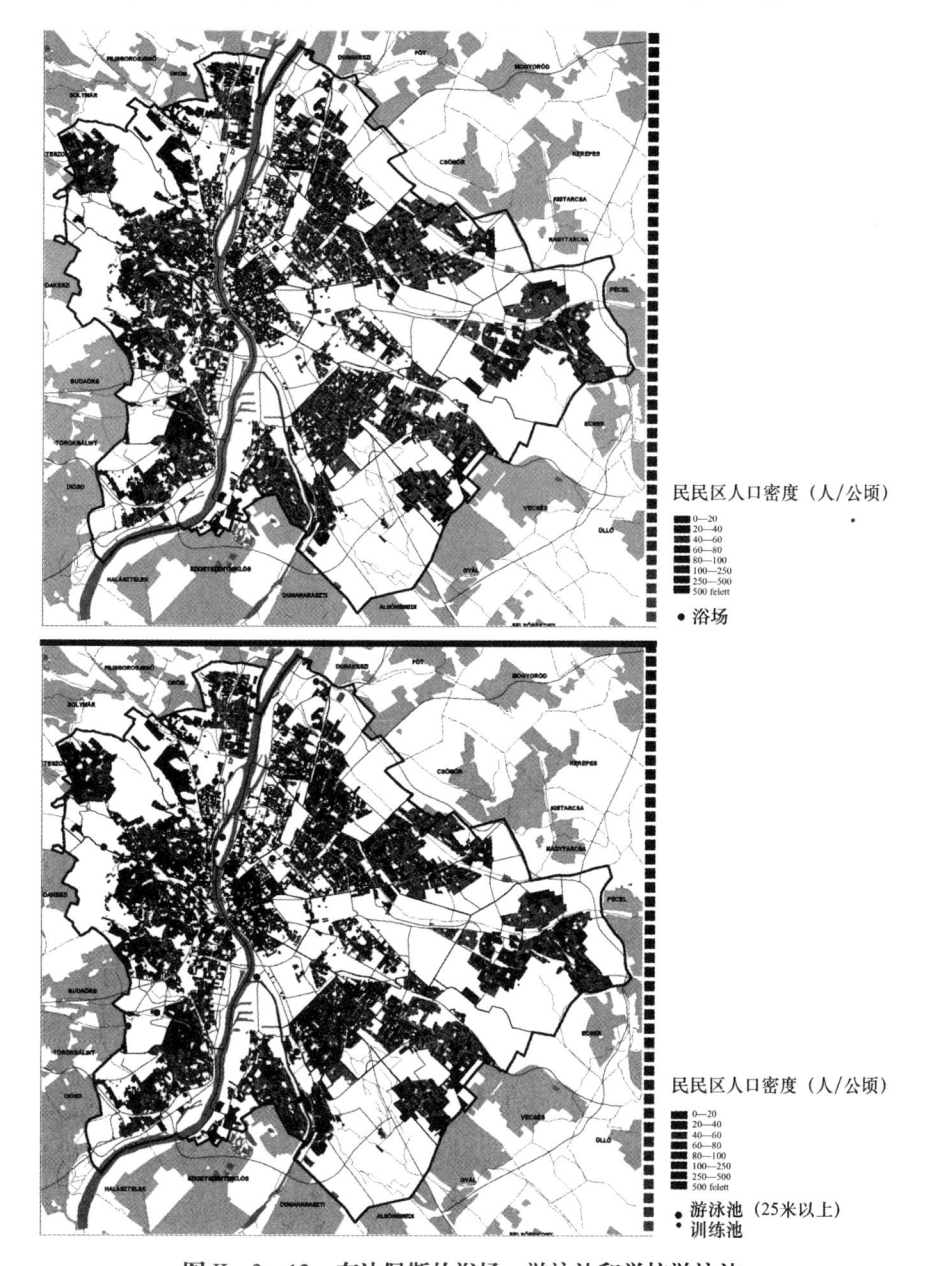

图 Ⅱ-3-12　布达佩斯的浴场、游泳池和学校游泳池

资料来源:《布达佩斯 2030》,http://infoszab.budapest.hu:8080/GetSPFile.aspx?Attachment = egyebkozzetetel/Lists/Hirdetmeny/Attachments/74/Budapest_ 2030.pdf。

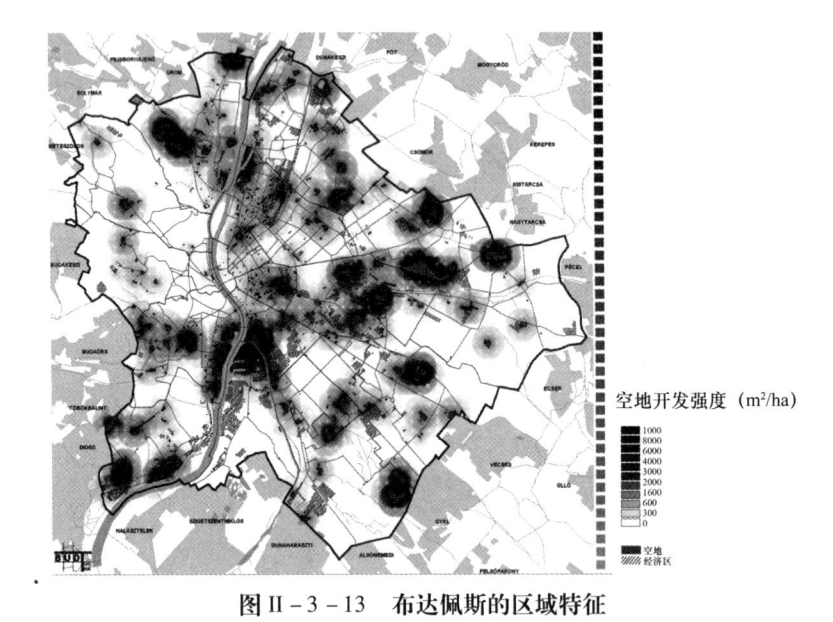

图 II-3-13　布达佩斯的区域特征

资料来源：《布达佩斯 2030》，http：//infoszab. budapest. hu：8080/GetSPFile. aspx? Attachment = egyebkozzetetel/Lists/Hirdetmeny/Attachments/74/Budapest_ 2030. pdf。

布达佩斯的绿地覆盖率与人口密度高度负相关，人口密度越高的区域绿地覆盖率越低，反之，人口密度越低的区域绿地覆盖率越高（图 II-3-14）。总体看来，位于西岸的布达，群山环绕，绿地覆盖率更高；位于东岸的佩斯，多瑙河及其支流附近的区域人口更加密集，绿地覆盖率较低。

布达佩斯的区域划分和地形地貌方面，以城市中心为环状，沿多瑙河两岸，是城市的内区；再往外扩散，除开山区和沙丘区域，是城市的过渡区；过渡区之外的布达大多是山区，南部为高地；过渡区之外的佩斯则均为高地。布达佩斯的交通连接状况良好，在城市中心及过渡区，道路呈环状往外扩散；通向更远区域的交通线路则是呈直线延伸。历史建成的、新建的、计划修建的以及重建的各个区域中心，密集分布在市中心以及过渡区，且主要位于交通要道上；在过渡区以外的区域中心，分布较为稀疏，但也几乎均沿交通道路分布（图 II-3-15）。

位于多瑙河两岸、城市中心的横向粗条纹区域代表布达佩斯的中心区；铺满全城的灰色阴影区域是住宅区；城市中部的斜纹区域是工作区（图 II-3-16）。

第三章 重点城市 283

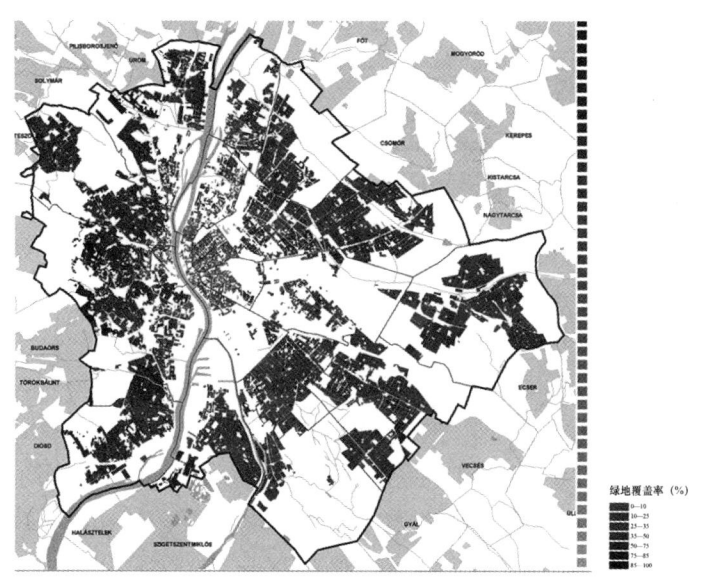

图 Ⅱ-3-14 布达佩斯的绿地覆盖率

资料来源：《布达佩斯 2030》，http：//infoszab. budapest. hu：8080/GetSPFile. aspx？ Attachment = egyebkozzetetel/Lists/Hirdetmeny/Attachments/74/Budapest_ 2030. pdf。

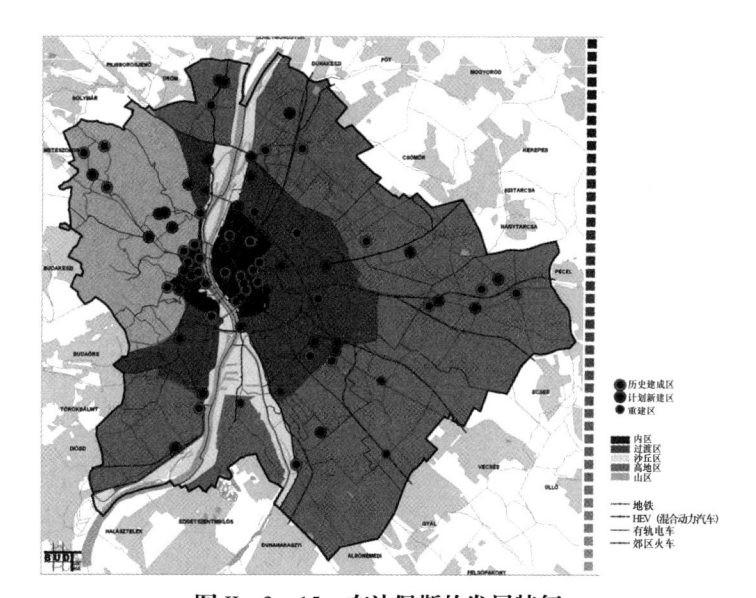

图 Ⅱ-3-15 布达佩斯的发展特征

资料来源：《布达佩斯 2030》，http：//infoszab. budapest. hu：8080/GetSPFile. aspx？ Attachment = egyebkozzetetel/Lists/Hirdetmeny/Attachments/74/Budapest_ 2030. pdf。

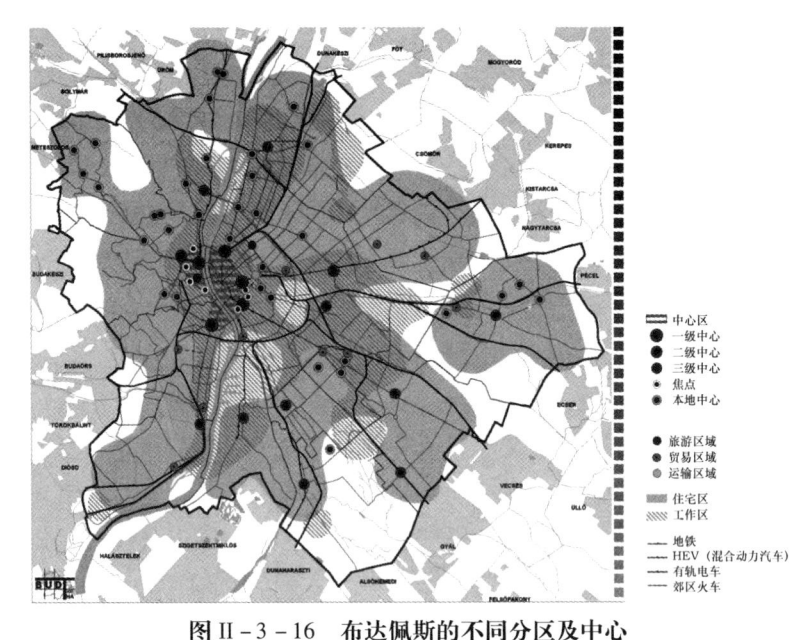

284　第二篇　专题研究

图 II-3-16　布达佩斯的不同分区及中心

资料来源：《布达佩斯 2030》，http：//infoszab.budapest.hu：8080/GetSPFile.aspx？Attachment=egyebkozzetetel/Lists/Hirdetmeny/Attachments/74/Budapest_ 2030.pdf。

可以看出，中心区集中而紧凑，位于城市的正中心；工作区以中心区为中心，主要沿多瑙河两岸呈细条状扩展延伸，多瑙河东岸的佩斯中部也拥有相当部分的工作区；住宅区则进一步在工作区的基础上往四周延伸，基本覆盖了布达佩斯全境。布达佩斯的不同中心是分散性分布，绝大部分集中于中心区和工作区，并处在交通要道上；区中心和当地中心则散乱分布于住宅区各地，且也主要位于交通要道沿线。

布达佩斯的经济区、商业区、办公区和行政区的分布情况见图 II-3-17，其中，经济区主要位于多瑙河东岸的佩斯，整体上居于布达佩斯的正中心位置；商业区沿多瑙河两岸分布，主要位于城市的中北部；办公区面积相对较小，主要位于城市中部、多瑙河东岸；行政区与办公区有相当部分重叠，但是横向面积更广。总体而言，商业服务区和核心经济区覆盖了办公区、行政区和特征工作区，总体上位于布达佩斯中部，且沿多瑙河不断伸展。

1940 年以来，布达佩斯的集成区域不断由最中部的区域向四周扩展，直至布达佩斯的最边缘地带（图 II-3-18）。可以看出，布达佩斯的城市

第三章　重点城市　　285

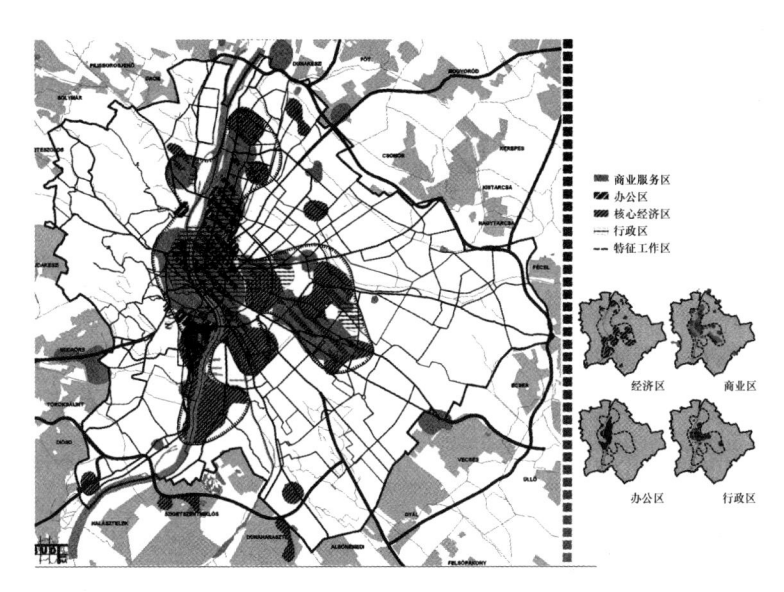

图 II-3-17　布达佩斯的发展特征

资料来源：《布达佩斯2030》，http：//infoszab. budapest. hu：8080/GetSPFile. aspx？Attachment＝egyebkozzetetel/Lists/Hirdetmeny/Attachments/74/Budapest_ 2030. pdf。

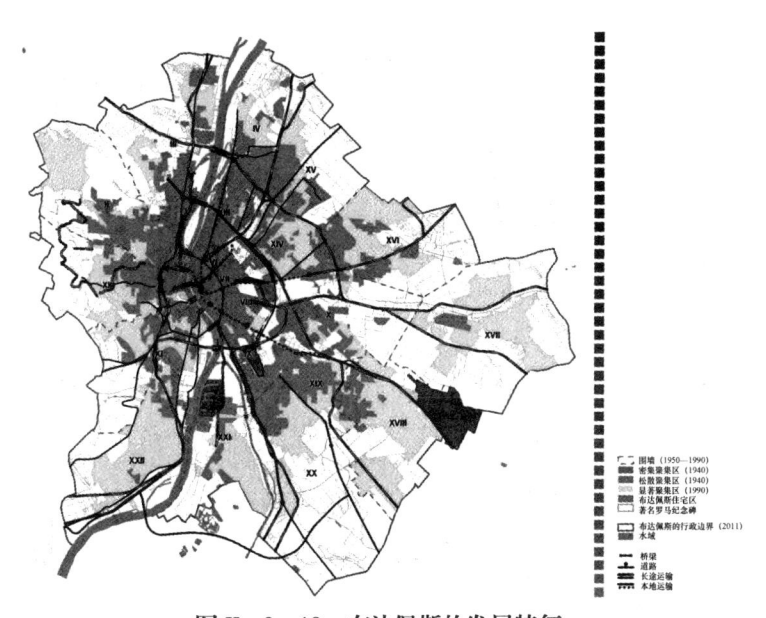

图 II-3-18　布达佩斯的发展特征

资料来源：《布达佩斯2030》，http：//infoszab. budapest. hu：8080/GetSPFile. aspx？Attachment＝egyebkozzetetel/Lists/Hirdetmeny/Attachments/74/Budapest_ 2030. pdf。

发展，历年来不断由中心向外蔓延发展；城市的交通连接状况不断完善、愈加便捷。

（二）布达佩斯经济发展

布达佩斯是匈牙利最重要的经济中心。2016年，布达佩斯大都会区的国内生产总值为1410亿美元（1294亿欧元），占匈牙利国内生产总值的49.6%；布达佩斯市的人均GDP为64283美元，据欧盟统计局报道，按购买力平价计算，该值为欧盟平均值的148%，是世界上GDP表现最好的100个城市之一（普华永道）。①

根据匈牙利19个州的地理位置，可将其划分为7个区域——匈牙利中部、匈牙利北部、北部大平原、南部大平原、多瑙河南部、多瑙河西部和多瑙河中部（见图Ⅱ-3-19）。布达佩斯位于7大区域中央的匈牙利中部，且处在匈牙利中部的中心位置。

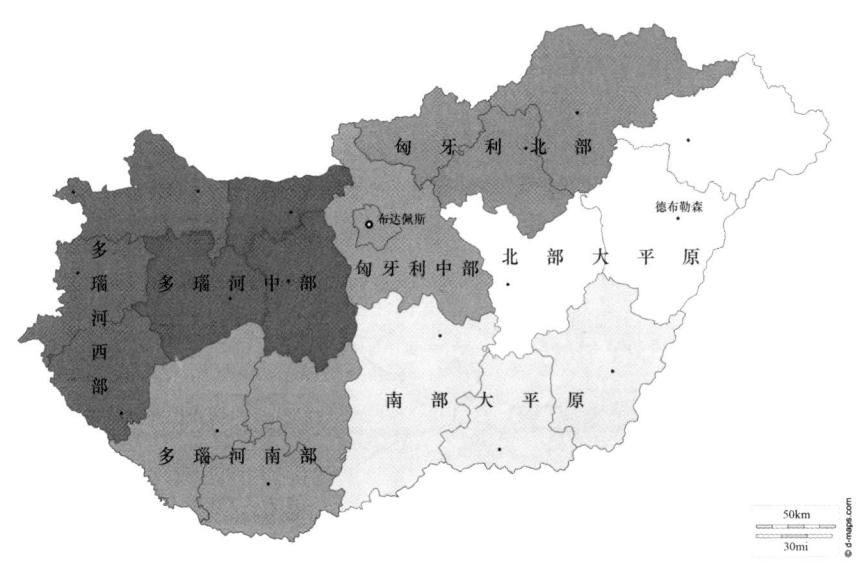

图Ⅱ-3-19　匈牙利分区地图

资料来源：基于https：//d-maps.com/pays.php？num_pay=197&lang=zh绘制。

根据匈牙利中央统计局最新发布数据，布达佩斯、佩斯州、匈牙利中部及全国GDP和人均GDP的变化情况。

---

① https：//en.wikipedia.org/wiki/Budapest.

1. 总量与增速变化

首先，考察全国范围17年来的GDP增量以及年均GDP增速的变化情况。2000年至2008年，匈牙利的GDP逐年稳定增长，每年增加值在1.4万亿福林以上，21世纪初的两年增加值更是高达2.0万亿福林，年均GDP增速分别高达15%和13%；随后的2003年和2004年，年均GDP增速均稳定在10%的高位上；再随后的四年，年均GDP增速介于6%—8%，经济形势也十分乐观（见图Ⅱ-3-20）。到2008年，受国际金融危机的影响，匈牙利的年均GDP负增长3%，损失了7690亿福林。2009年开始，匈牙利的经济形势有所好转，年均GDP开始恢复正向增长，但是增速明显放缓，2010年至2013年分别为3%、4%、2%和5%。2014年，匈牙利GDP较之前一年增加了2.3万亿福林，达到历史新高，年均GDP增速达到8%，是经济发展自2008年金融危机以来最好的一年。2015年和2016年年均GDP增速分别为5%和3%，较之2014年有所下降，但在发达国家行列，表现还算优秀。

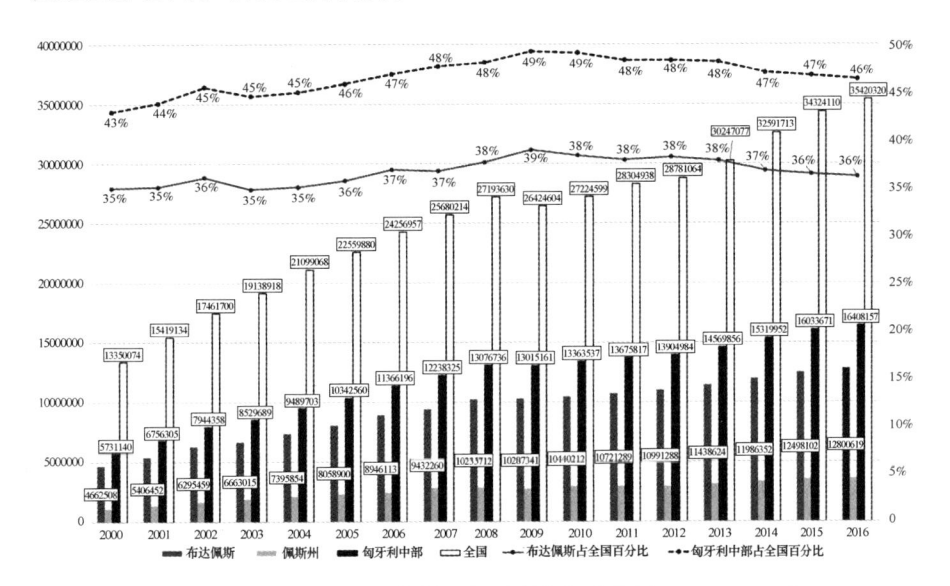

图Ⅱ-3-20　布达佩斯、佩斯州、匈牙利中部及全国2000—2016年GDP
（单位：百万福林）

资料来源：根据匈牙利中央统计局（2018）[①]绘制。

---

① 匈牙利中央统计局，https://www.ksh.hu/。

其次，考察布达佩斯 2000 年至 2016 年 17 年来的 GDP 增量以及年均 GDP 增速的变化情况。21 世纪初的两年，布达佩斯的经济发展态势非常好，GDP 年均增速均高达 16%，GDP 较之前一年分别增加高达 7439 亿福林和 8890 亿福林。随后，2003 年至 2008 年 6 年间，布达佩斯的 GDP 逐年增长，但波动性较大，年均 GDP 增速分别为 6%、11%、9%、11%、5% 和 9%，十分不稳定，但总体水平较高。2008 年，依旧由于国际金融危机的影响，布达佩斯 2009 年的年均 GDP 增速大幅下降，空前性跌至 1%，GDP 增量为 516 亿福林，不足 2001 年的 1/10；2010 年，年均 GDP 增速依旧停留在 1% 的水平上，但 GDP 增量较之前一年翻了三番，达到 1528 亿福林，但依旧不足 2002 年的 1/5。2011 年开始，布达佩斯的 GDP 逐年不断增加，年均 GDP 增速也有所回升，2011 年至 2015 年分别达到 3%、3%、4%、5% 和 4%。到 2016 年，布达佩斯的 GDP 较之 2015 年增加了 3025 亿福林，年均 GDP 增速为 2%，相比之前五年有所下降。

最后，考察布达佩斯及其所在州的 GDP 在全国的分量。总体而言，布达佩斯、佩斯州和匈牙利中部[①]的 GDP 变化趋势与全国的 GDP 变化趋势保持一致，布达佩斯和匈牙利中部的 GDP 占全国 GDP 的百分比自 2000 年以来均保持相对稳定，分别维持在 37% 和 46% 左右的水平上。具体而言，早在 2000 年，布达佩斯和匈牙利中部的 GDP 占全国 GDP 的百分比分别为 35% 和 43%，处于 17 年来最低水平；随后直至 2009 年，近十年间，二者数值分别稳中有进，增长至 39% 和 49%，分别增加了 4 个和 6 个百分点，达到迄今为止的最高水平。2009 年至 2013 年，布达佩斯和匈牙利中部的 GDP 占全国 GDP 的百分比基本保持稳定，2013 年占比分别为 38% 和 48%；2013 年至 2016 年，基本上每年下降一个百分点，到 2016 年，占比分别为 36% 和 46%。与此同时，布达佩斯和佩斯州的数据也反映出剔除布达佩斯市之后的佩斯州的 GDP 占全国 GDP 的百分比 17 年来基本稳定在十个百分点，十分稳定。

2. 人均 GDP 变化

根据匈牙利中央统计局最新发布数据（见表 II - 3 - 4），绘制出 2000 年至 2016 年布达佩斯、佩斯州、匈牙利中部及全国人均 GDP 的变化情况

---

① 事实上，匈牙利中部的 GDP 就等于布达佩斯的 GDP 加上佩斯州的 GDP。

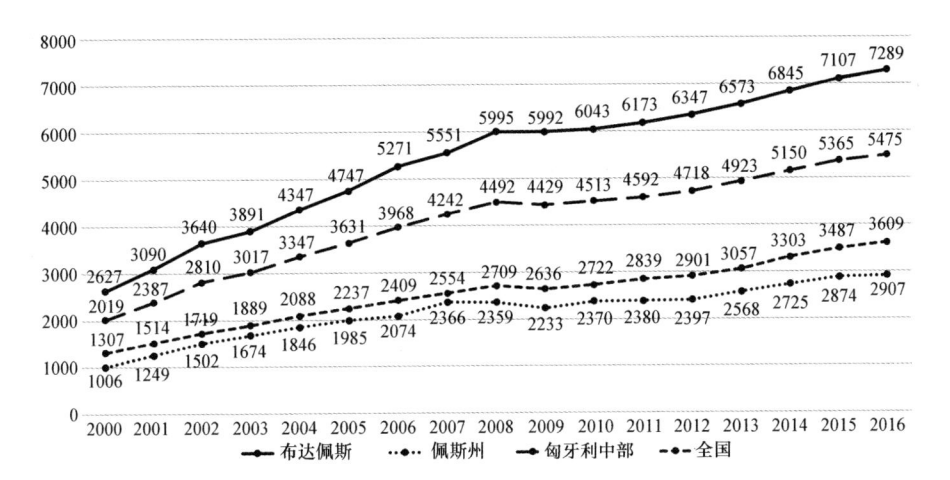

如图 II-3-21 所示。

图 II-3-21　布达佩斯、佩斯州、匈牙利中部及全国 2000—2016 年人均 GDP
（单位：千福林）

资料来源：作者绘制。

表 II-3-4　布达佩斯、佩斯州、匈牙利中部及全国 2000—2016 年人均 GDP

（单位：千福林）

年份	布达佩斯	佩斯州	匈牙利中部	全国
2000	2627	1006	2019	1307
2001	3090	1249	2387	1514
2002	3640	1502	2810	1719
2003	3891	1674	3017	1889
2004	4347	1846	3347	2088
2005	4747	1985	3631	2237
2006	5271	2074	3968	2409
2007	5551	2366	4242	2554
2008	5995	2359	4492	2709
2009	5992	2233	4429	2636
2010	6043	2370	4513	2722
2011	6173	2380	4592	2839
2012	6347	2397	4718	2901
2013	6573	2568	4923	3057

续表

年份	布达佩斯	佩斯州	匈牙利中部	全国
2014	6845	2725	5150	3303
2015	7107	2874	5365	3487
2016	7289	2907	5475	3609

资料来源：https://www.ksh.hu/stadat_annual_6_3。

总体而言，2000年至2016年，布达佩斯、佩斯州、匈牙利中部及全国人均GDP均在逐年不断上升。

首先，布达佩斯每年的人均GDP增速最快且处于全国最高水平。2008年国际金融危机爆发之前，布达佩斯每年的人均GDP增速十分可观，年均增长不低于25万福林（2003年），最高达到55万福林（2002年）；并且，布达佩斯每年的人均GDP增速与布达佩斯的年均GDP增速保持高度一致，增长趋势逐年稳定向好，但增长速度每年很不稳定；21世纪最初两年，布达佩斯每年的人均GDP增速均高达18%，2003年陡然降落至7%，2004年又增至12%，随后直至2008年，增速分别为9%、11%、5%和8%。受2008年次贷危机影响，2009年布达佩斯的人均GDP较之2008年减少了3000福林，为599.2万福林，人均GDP增速为0；随后六年，人均GDP逐年以不断增长的速度不断增加，截至2015年，人均GDP已高达710.7万福林，历年来每年的人均GDP增速分别为1%、2%、3%、4%、4%和4%。到2016年，人均GDP增速为3%，人均GDP达到728.9万福林。

其次，佩斯州每年的人均GDP增速较慢，一直低于全国平均水平，且差距在不断拉大。2000年至2006年，佩斯州的人均GDP增速较为平缓，但也保持稳定，由100.6万福林不断上升至207.4福林，实现人均GDP翻番的突破性增长。2007年，佩斯州的人均GDP增幅高达14%，为历史最高水平，人均GDP达到236.6万福林。随后的两年，受金融危机影响，佩斯州的人均GDP不断下降，到2009年，人均GDP较之2007年下降了5个百分点，为223.3万福林。此后，佩斯州的人均GDP逐年不断增长，但依旧增幅缓慢，并且与全国人均GDP差距越来越大。

再次，匈牙利中部的人均GDP被布达佩斯强势牵引，远远高于全国人均GDP水平；但同时受佩斯州牵制，明显低于布达佩斯人均GDP水平。匈牙利中部，也即布达佩斯与佩斯州二者的合称，其人均GDP明显受二者影响并位于二者曲线之间，但由于来自布达佩斯的影响更加强劲，故而其曲线发展趋势与布达佩斯保持高度一致。2001年和2002年，匈牙利中部的人均GDP增速均高达18%，人均GDP分别为201.9万福林和238.7万福林，虽然明显低于布达佩斯水平，但人均GDP增速十分醒目。2003年至2008年，匈牙利中部的人均GDP逐年不断稳定增加，增速分别为7%、11%、8%、9%、7%和6%。2009年，匈牙利中部的人均GDP下降了63万福林，为442.9万福林，人均GDP增速负增长1个百分点。2011—2015年，匈牙利中部的人均GDP逐年稳定增加，但增幅显著小于金融危机前的水平，截至2015年，人均GDP达到536.5万福林。到2016年，匈牙利中部的人均GDP增幅为2%，低于此前三年水平（4%、5%和4%），人均GDP为547.5万福林。

最后，全国人均GDP增速较为平缓，变化趋势与布达佩斯保持高度一致。2001年至2008年，全国人均GDP稳速增长，由130.7万福林增至270.9万福林；2009年，受国际金融危机影响，人均GDP下降了7.3万福林，年均GDP增速负增长3个百分点。2010年起，匈牙利全国范围内的人均GDP又开始恢复逐年正增长，但年均GDP增速有些许波动，2010年为2%，2011年为4%，2012年为1%，2013年和2014年都为5%，2015年高达6%，但到2016年又降至2%，人均GDP为360.9万福林。

(三) 布达佩斯产业发展

1. 产业结构

布达佩斯是匈牙利的银行和金融、房地产、零售、贸易、运输、旅游、新媒体以及传统媒体、广告、法律服务、会计、保险、时尚和艺术等行业的中心。作为全国大部分政府机构的所在地，布达佩斯还是诸多国际国内公司的所在地，2014年，有395804家公司在该市注册，多数将其总部设于布达佩斯中央商务区（五区和十三区）。匈牙利的零售市场也集中在布达佩斯，其中包括中东欧的两个最大的购物中心——西区酒店城市中心（West End City Center，18.6万平方米）和体育馆广场（Arena Plaza，18万平方米）。

作为科技中心和初创中心，布达佩斯还拥有显著的创新能力，著名的 Prezi，LogMeIn 和 NNG 均发源于此，布达佩斯位列中东欧"城市创新城市百强指数"之首。证明其创新和研究潜力的一个良好的指标是，欧洲创新和技术研究所，联合国区域总部，以及欧洲中国研究所均落户于布达佩斯。此外，布达佩斯还拥有自然科学研究机构，信息技术和医学研究机构，非营利机构和多所大学。

布达佩斯是世界上访问量最大的 25 个城市之一，每年迎接超过 440 万国际游客，旅游业对城市经济的贡献很大。布达佩斯拥有许多酒店、会议中心、餐馆、酒吧、咖啡厅和娱乐场所。根据 EIU 2010 年的生活质量指数，布达佩斯被评为中东欧最宜居城市。

附录 1 是位于布达佩斯的公司总部名单，该表单属于动态数据，但根据 2018 年 8 月维基百科搜索，呈现出的主要企业为表中的 153 家。对各公司进行产业结构分类可以发现（图 II-3-22），农业公司仅有两家，占 153 家公司比重仅为 1%，表明作为首都的布达佩斯，农业并非其主导产业；匈牙利制造业在国民经济中占有重要地位，作为首都的布达佩斯，第二产业占比也高达 35%；占比最高的是第三产业，达到 64%。

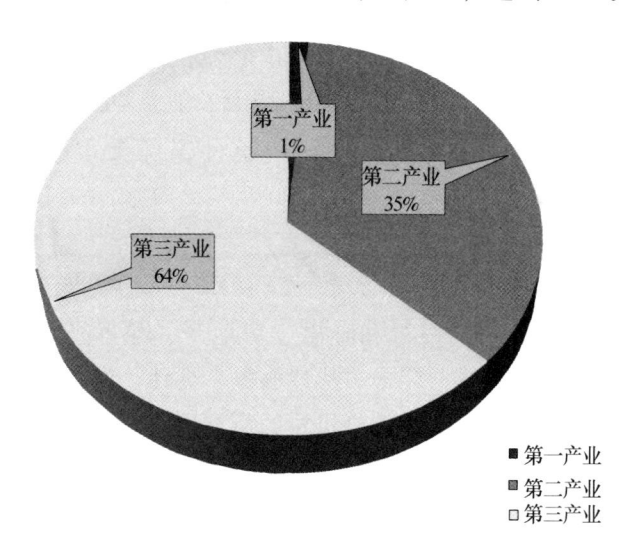

图 II-3-22 布达佩斯三次产业结构

资料来源：作者绘制。

同时，据 CIA 数据显示，2016 年，匈牙利投资、消费和净出口占 GDP 的比重分别是 21.0%、70.3% 和 8.7%；第一、二、三产业所占比重分别为 3.5%、31.8% 和 64.7%。首都布达佩斯的三次产业结构与全国水平趋同。

2. 优势产业

将位于布达佩斯的公司总部名单（附录1）结合《中华人民共和国国家标准——国民经济行业分类》，可将总部设立在匈牙利首都的 153 家公司划分为 20 个行业（金融业，制造业，文化、体育和娱乐业，信息传输、软件和信息技术服务业，批发和零售业，科学研究和技术服务业，电力、热力、燃气及水生产和供应业，房地产业，农、林、牧、渔业，采矿业，交通运输、仓储和邮政业，住宿和餐饮业，居民服务、修理和其他服务业，教育，公共管理、社会保障和社会组织，建筑业，租赁和商务服务业，水利、环境和公共设施管理业，卫生和社会工作，国际组织）（图Ⅱ-3-23）。

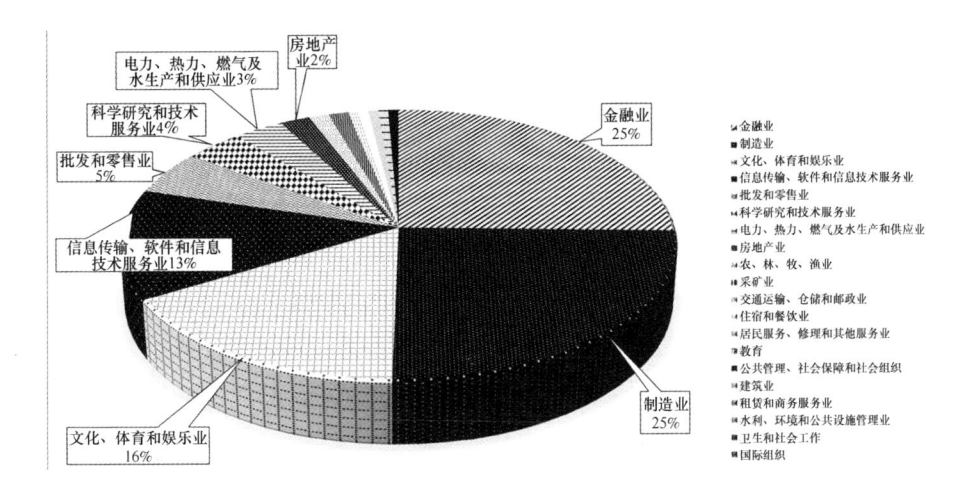

图Ⅱ-3-23　布达佩斯各公司所属行业分布情况

资料来源：https://en.wikipedia.org/wiki/List_of_companies_based_in_Budapest；《中华人民共和国国家标准——国民经济行业分类》，http://www.stats.gov.cn/tjsj/tjbz/hyflbz/201710/P020180720514280616704.pdf。

可以看出，第一，将总部设立在匈牙利首都的 153 家公司中，有 1/4

属于金融业，数量达到39家，布达佩斯作为全国的经济中心和金融中心的地位可见一斑。第二，制造业在匈牙利的国民经济中占有重要地位，2015年，制造业产值为930亿美元，在工业中占比高达91%；故而，分公司总部设立在布达佩斯的从属于制造行业的公司数量高达38家，占统计公司总数的25%。第三，文化、教育和娱乐业的公司数量为25家，占比达到16%，表明作为首都，布达佩斯的文化产业相对发达，教育资源相对充足，并且娱乐活动丰富多彩。第四，引领科技发展的信息传输、软件和信息技术服务业在首都布达佩斯的发展状况也相对良好，公司数量达到20家，占比为13%，进一步展示了布达佩斯占据全国科技中心和初创中心的地位，拥有显著的创新能力，位列中东欧"城市创新城市百强指数"之首。第五，批发和零售业，科学研究和技术服务业，电力、热力、燃气及水生产和供应业3个行业占比分别为5%、4%和3%，共同为匈牙利的首位城市有条不紊的发展提供充分的物质保障、技术支持和能源提供。

简而言之，金融业，制造业，文化、体育和娱乐业，信息传输、软件和信息技术服务业4个行业是布达佩斯的优势产业，为首都的可持续发展提供了源源不断的活力与生机。

3. 重点企业

将2018年8月通过维基百科搜索得到的153家位于布达佩斯的公司总部名单（附录1）与2017年中国商务部发表的《对外投资合作国别（地区）指南——匈牙利》中在匈牙利投资的主要世界500强（表Ⅱ-3-8）进行比较，可以筛选出位于布达佩斯主要世界500强公司（见表Ⅱ-3-5）。可以发现，重点企业数量共有12家——爱立信、伟创力、博世、三星、LG电子、通用电气、中国银行、花旗集团、德意志银行、摩根士丹利、华为、IBM。

表Ⅱ-3-5　　　　　位于布达佩斯的重点企业名称

序号	重点企业名称	投资产业	国别
1	爱立信（Ericcson）	通信设备	瑞典
2	伟创力（Flextronics）	电子产品	新加坡
3	博世（Bosch）	电子产品	德国
4	三星（Samsung）	电子产品	韩国

续表

序号	重点企业名称	投资产业	国别
5	LG电子（LG）	电子产品	韩国
6	通用电气（General Electric）	电子产品	美国
7	中国银行（Bank of China）	金融服务	中国
8	花旗集团（Citigroup）	金融服务	美国
9	德意志银行（Deutsche Bank）	金融服务	德国
10	摩根士丹利（Morgan Stanley）	金融服务	美国
11	华为（Huawei）	信息技术	中国
12	IBM（IBM）	信息技术	美国

资料来源：https://en.wikipedia.org/wiki/List_of_companies_based_in_Budapest。

布达佩斯的12家重点企业分属于"电子产品"（5）、"金融服务"（4）、"信息技术"（2）和"通信设备"（1）四个类别；美国（4）、中国（2）、德国（2）、韩国（2）、瑞典（1）和新加坡（1）五个国家。

可以发现，除开中国银行、花旗集团、德意志银行和摩根士丹利4家重点企业为"金融服务"类之外，其余8家重点企业均归属于极具创新和研究性质的高科技前沿行业，进一步侧面证实了布达佩斯作为全国活力与创新的中心之城地位。

（四）区域影响

1. 布达佩斯的城市定位

《布达佩斯2030》确定布达佩斯城市发展概念的目标有五：

（1）宜居之所（The city as home）。生活质量是布达佩斯发展的关键，在形成城市印象、留住人才和保持竞争力等方面发挥着重要作用。为吸引尽可能多的人才，布达佩斯必须提供健康的环境条件，均衡的人性化服务和灵活的住房结构。

（2）公共空间（The city as a public space）。一座城市不仅仅是建筑和居民的总和，还包含诸多公共空间，可以激发拥有不同生活方式的人会面，进行思想的交流并发展共同兴趣。布达佩斯在过去几个世纪一直拥有丰富的文化生活，渗透并镌刻在城市的每一条街道、每一个广场和每一栋建筑之中，传达并影响着匈牙利社会中最重要的价值观——包容的社会、保护自然、建筑和文化遗产，以及文化多样性。

（3）工作之地（The city as a place to work）。通过最大限度地缩短家庭和工作场所之间的距离，并提供充分的交通信息，城市可以为提高工作效率、增加休闲时间做出重大贡献。政府工作人员间的协调，可以减少城市发展进程中的摩擦。布达佩斯必须提供可持续的工作模式，通过其吸引力、经济多样性以及各种技能和知识的可用性，确保布达佩斯人民在国际分工中发挥关键作用。

（4）系统之城（The city as a system）。无论何时，个人的生活和习惯都与整个城市有关。因此，城市的变化关系到所有人。城市的透明度——从个人层面解释问题，以及个人参与决策——是城市未来治理的最重要问题。这需要政府充当协调、合作和激励的角色；基于现有的财产和资源实现可持续发展；统一首都的目标和发展方向，并与利益相关者开展协调合作；以及高效使用能源和保护环境。

（5）分区发展（The city and its region）。对于工业区，优先考虑发展混合功能；对于多瑙河沿岸，促进河流与城市的整合发展；对于区域之间，增强首都及周边城市的伙伴关系。同时，布达佩斯还应以国际城市的角色，为加强全国创新、经济、文化和决策的发展发挥关键作用。

2. 布达佩斯的城市排名及连通状况

2010年以来，布达佩斯在GaWC（Globalization and World Cities，全球化与世界城市研究网络）的排名不断上升，由2010年的Beta列队第1位上升至2012年的Beta+列队第17位，在最近2016年的数据中，布达佩斯排名上升6名，居于Beta+列队的第11位。然而，在全球城市指数（Global Cities Index）排名中，2014年以来，布达佩斯的排名逐年下降，从2014年的第46名，降至2018年的62名。最后，在城市生活质量排名（Quality of Living Rankings）中，布达佩斯近年来名次保持稳定，基本维持在全球第76名前后。

将布达佩斯的数据与同期中国北京和上海的排名相比较，可以发现，在GaWC和全球城市指数排名上，布达佩斯远远落后于中国北京和上海，但是在城市生活质量排名上，布达佩斯显著位列北京和上海之前。

表 II-3-6　　　　　　　　全球视野下的布达佩斯

指标	城市	2010	2011	2012	2013	2014	2015	2016	2017	2018
GaWC	布达佩斯	Beta(1)①	—	Beta+(17)②	—	—	—	Beta+(11)③	—	—
	北京	Alpha(2)	—	Alpha+(6)	—	—	—	Alpha+(4)	—	—
	上海	Alpha+(5)	—	Alpha+(4)	—	—	—	Alpha+(7)	—	—
全球城市指数④	布达佩斯	—	—	—	—	46	52	54	59	62
	北京	—	—	14	—	8	9	9	9	9
	上海	—	—	21	—	18	21	20	19	19
城市生活质量排名⑤	布达佩斯	—	—	—	—	—	75	77	78	76
	北京	—	—	—	—	—	118	118	119	119
	上海	—	—	—	—	—	101	101	102	103

资料来源：http：//www.lboro.ac.uk/gawc/index.html、https：//www.atkearney.com/documents/20152/1136372/2018+Global+Cities+Report.pdf/21839da3-223b-8cec-a8d2-408285d4bb7c、https：//mobilityexchange.mercer.com/Insights/quality-of-living-rankings。

布达佩斯作为匈牙利的首都，其连通性居于全国首位。公路、铁路、空运及水运，布达佩斯均占有压倒性地位，具体分析如下：

（1）布达佩斯的公路。截至2015年末，匈牙利公路总里程为3.17万千米，路网密度在欧洲仅次于比利时、荷兰，几乎每一个城镇之间都有柏油公路连通。公路运输在匈牙利交通运输中占据主导地位，约占货物总量的66.5%，城际旅客运输总量的77.6%。

近年来，匈牙利大力推进高速公路建设。2015年，匈牙利高速公路里程总长（1515km）及高速公路质量评分（4.22分）均位居中东欧国家榜首，是欧洲地区高速公路密度最高的国家之一。表 II-3-7 为匈牙利

---

① http：//www.lboro.ac.uk/gawc/world2010t.html.
② http：//www.lboro.ac.uk/gawc/world2012t.html.
③ http：//www.lboro.ac.uk/gawc/world2016t.html.
④ https：//www.atkearney.com/documents/20152/1136372/2018+Global+Cities+Report.pdf/21839da3-223b-8cec-a8d2-408285d4bb7c.
⑤ https：//mobilityexchange.mercer.com/Insights/quality-of-living-rankings.

主要高速公路,路名均以"M"为首字母,后接阿拉伯数字。八条主要高速公路中,M0公路为布达佩斯环城公路,M1至M7公路均以布达佩斯为起点,呈顺时针放射状排列与其接壤的7个国家依次通车,布达佩斯作为放射中心,当之无愧成为与欧洲各国相连接的交通要道。

表Ⅱ-3-7　　　　　　　　匈牙利主要高速公路

高速公路	起点	终点	途经主要城市	里程（千米）
M1（通往奥地利）	布达佩斯	海捷什哈罗姆	陶陶巴尼奥、久尔	167
M2（通往斯洛伐克）	布达佩斯	瓦茨		30
M3（通往乌克兰）	布达佩斯	尼赖吉哈佐	米什科尔兹、德布勒森	228
M4（在建，通往罗马尼亚）	布达佩斯	瑙吉盖莱奇	索尔诺克	—
M5（通往塞尔维亚）	布达佩斯	罗斯克	凯奇凯梅特、塞格德	165
M6（通往克罗地亚）	布达佩斯	佩奇附近	多瑙新城、塞克萨德	175
M7（通往克罗地亚和斯洛文尼亚）	布达佩斯	莱登涅	塞克什白堡、希欧福克	230
M8（规划中）	圣戈特哈德	索尔诺克	—	—
M9（规划中）	松博特海伊	塞克萨德	—	—
M15	莱维尔	劳伊考	—	14
M30	伊格里茨	米什科尔兹	—	29
M31	M0	M3	—	12
M43	山多尔法尔沃	毛古	—	24
M51	M5	M0	—	9
M60	波利	佩奇	—	30
M70	莱登涅	托尔尼圣米克洛什	—	20
M85	—	—	爱涅什绕城	7
M86	松博特海伊	塞莱什特	—	18.2

资料来源:中国商务部:《对外投资合作国别(地区)指南——匈牙利》,2017年版,http://fec.mofcom.gov.cn/article/gbdqzn/upload/xiongyali.pdf。

(2)布达佩斯的铁路。早在1846年,匈牙利就开通了第一条铁路。2015年,匈牙利铁路里程达到7718km,其中双规里程1180km(占比15.3%)、电气化铁路里程2777km(占比36%)。路网密度在欧盟成员国之中位列第 5。匈牙利铁路货运量约占货物总量的 18.55%，城际旅客运输量的 22.38%。

布达佩斯是全国的铁路枢纽，可乘坐火车到达国内各主要城市以及周边多个国家。布达佩斯有东站、西站、南站三座火车站。

（3）布达佩斯的空运。匈牙利现有机场 43 个，其中国际机场 5 个。最大的布达佩斯李斯特·费伦茨国际机场位于布达佩斯东南部，距离市中心约 16 千米。2015 年，该机场旅客吞吐量达 1030.5 万人，货物吞吐量 9.2 万吨。

法国航空、意大利航空、汉莎航空、芬兰航空等欧洲主要航空公司均有通往布达佩斯的航线。另外还有 EasyJet、Wizz、Ryan 等廉价航空公司，其中匈牙利 Wizz 航空公司是中东欧地区最大的廉航公司，共有 355 条航线，航点遍布欧洲 37 个国家共 106 座城市。

从中国去往布达佩斯尚无直达航线，需要通过其他国家中转，主要中转城市有法兰克福、巴黎、维也纳、阿姆斯特丹、莫斯科、赫尔辛基、伊斯坦布尔、多哈等，飞行时长为 10—15 小时。

（4）布达佩斯的水运。匈牙利水运航道里程约 1622 千米，航道主要在多瑙河及其支流蒂萨河上。水运在匈牙利交通运输中起辅助作用，仅占货运总量的 3.26%。

布达佩斯作为匈牙利的主要河港，拥有全国最大的进出口口岸切佩尔港，其通过多瑙河与海外连接，可到达阿姆斯特丹、鹿特丹、安特卫普，以及黑海重要港口康斯坦萨。

3. 布达佩斯的区域总部

20 世纪 90 年代，伴随着私有化进程，匈牙利开始实施积极引进外资的政策，一度成为中东欧地区吸收外资最多的国家，近几年势头有所减弱。根据匈牙利外交与对外经济部数据显示，2016 年匈牙利吸收外资总额 32 亿欧元。

从投资领域来看，零售、金融、通信、汽车、电子等行业是外商主要的投资领域，约占外商投资总额的 2/3。目前，匈牙利移动通信业、保险业、电力分销企业几乎全部由外资控制，汽车业 95% 以上、银行业 80% 以上的资产由外资控制，批发零售业近一半的市场份额掌握在外资手中。

从投资国别（地区）来看，欧洲国家是外资的主要来源地。其中，德国为匈牙利最大的外资来源国；其次为卢森堡、荷兰、奥地利和法国。欧洲以外，美国是匈牙利最大的投资国。亚洲地区对匈主要投资国有韩国、日本、中国、新加坡和印度。在匈投资的主要世界500强企业见表Ⅱ-3-8。

表Ⅱ-3-8　　　　　在匈牙利投资的主要世界500强企业

序号	企业名称	投资产业	国别	总部在匈位置
1	大众（Volkswagen）	汽车及发动机	德国	久尔
2	铃木（Suzuki）	汽车	日本	埃斯泰尔戈姆
3	戴姆勒（Daimler）	汽车	德国	凯奇凯梅特
4	通用汽车（GM）	汽车零部件	美国	布道尔斯
5	电装（Denso）	汽车电子	日本	Székesfehérvár
6	米其林（Michelin）	汽车轮胎	法国	尼赖吉哈佐
7	爱立信（Ericsson）	通信设备	瑞典	布达佩斯
8	通用电气（GE）	电子	美国	布达佩斯
9	三星（Samsung）	电子	韩国	Jászfényszaru
10	飞利浦（Philips）	电子	荷兰	布达佩斯
11	博世（Robert Bosch）	电子	德国	布达佩斯
12	国际商用机器（IBM）	电子	美国	布达佩斯
13	LG电子（LG Electronics）	电子	韩国	布达佩斯
14	西门子（Siemens）	电子	德国	布达佩斯
15	伟创力（Flextronics International）	电子	新加坡	布达佩斯
16	华为（Huawei Technologies）	通信设备	中国	布达佩斯
17	美国铝业公司（Alcoa）	铝业	美国	Székesfehérvár
18	可口可乐（Coca-Cola）	饮料	美国	Dunaharaszti
19	雀巢（Nestlé）	食品	瑞士	布达佩斯
20	联合利华（Unilever）	食品、日化	英国/荷兰	布达佩斯
21	赛诺菲—安万特（Sanofi Aventis）	制药	法国	布达佩斯
22	葛兰素史克（Glaxo Smith Kline）	制药	英国	布达佩斯
23	菲利浦—莫里斯（Philip Morris）	烟草	美国	布达佩斯
24	英美烟草（British American Tobacco）	烟草	英国	布达佩斯
25	壳牌（Shell）	石油	荷兰	布达佩斯
26	奥地利石油天然气集团（OMV）	石油	奥地利	布达佩斯
27	埃尼石油公司（Eni）	石油	意大利	布达佩斯

续表

序号	企业名称	投资产业	国别	总部在匈位置
28	意昂集团（E. ON）	能源	德国	布达佩斯
29	苏伊士集团（Gdf Suez）	能源	法国	Sopron
30	德国电信（Deutsche Telekom）	通信	德国	布达佩斯
31	沃达丰（Vodafone）	通信	英国	布达佩斯
32	特易购（Tesco）	零售	英国	布达佩斯
33	欧尚（Auchan）	零售	法国	布达佩斯
34	麦德龙（Metro）	零售	德国	布达佩斯
35	比利时联合银行（KBC Group）	银行、保险	比利时	布达佩斯
36	联合信贷集团（UniCredit Group）	银行	意大利	布达佩斯
37	联合圣保罗银行（Intesa Sanpaolo）	银行	意大利	布达佩斯
38	德意志银行（Deutsche Bank）	银行	德国	布达佩斯
39	德国商业银行（Commerzbank）	银行	德国	布达佩斯
40	花旗集团（Citigroup）	银行	美国	布达佩斯
41	中国银行（Bank of China）	银行	中国	布达佩斯
42	摩根士丹利（Morgan Stanley）	金融服务	美国	布达佩斯
43	安联保险（Allianz）	保险	德国	布达佩斯
44	忠利保险（Assicurazioni Generali）	保险	意大利	布达佩斯
45	安盟保险（Grouppama）	保险	法国	布达佩斯
46	荷兰全球保险集团（Aegon）	保险	荷兰	布达佩斯
47	荷兰国际集团（ING）	保险、银行	荷兰	布达佩斯
48	安盛（AXA）	保险、银行	法国	布达佩斯

资料来源：中国商务部：《对外投资合作国别（地区）指南——匈牙利》，2017年版，http://fec.mofcom.gov.cn/article/gbdqzn/upload/xiongyali.pdf；谷歌地图：https://www.google.com/maps/。

除汽车行业在匈牙利的总部位于布达佩斯以外的城市，其他在匈牙利投资的主要世界500强总部基本上均设址于首都布达佩斯。其中，零售类行业在匈牙利有多家分店，但基本上均位于布达佩斯各区；银行、保险类行业选址向来位于一国经济最为繁荣的地段，故而全部位于布达佩斯是毋庸置疑的。

第四节 德布勒森的经济特点优势

(一) 德布勒森概况

德布勒森是匈牙利继布达佩斯之后的第二大城市，目前总人口 20 万人，占地面积 461km²，是豪伊杜—比豪尔州首府和大平原北部地区的中心，位于布达佩斯以东约 220 千米的匈牙利大平原上。德布勒森是 18 世纪匈牙利最大的城市，是匈牙利人民最重要的文化中心之一，曾两度短暂成为匈牙利的首都——第一次是 1848—1849 年，在哈布斯堡王朝废除时；第二次是 1944—1945 年的第二次世界大战结束时。

根据表 II-3-9 和图 II-3-24，其清晰显示了 1980 年至 2017 年主要年份德布勒森、豪伊杜—比豪尔州、布达佩斯及全国的人口数量以及变化情况。37 年间，匈牙利的人口总数不断下降；首都布达佩斯的人口数量也下降了近 30 万人；德布勒森所在的豪伊杜—比豪尔州的人口数量也在不断下滑，但其人口数量占全国人口总量的比重历年来有少量增加，从 1980 年的 5.15% 上升到 2011 年的 5.50%，2017 年，该数值变为 5.43%，变化甚微。1980 年至 2011 年，德布勒森的人口数量不断小幅增

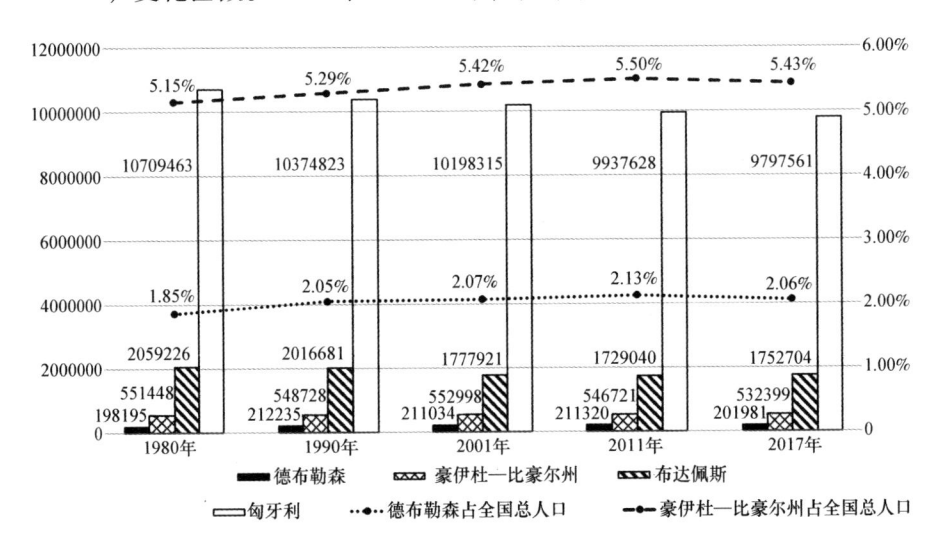

图 II-3-24 德布勒森、豪伊杜—比豪尔州、布达佩斯及全国主要年份的人口数量

资料来源：作者绘制。

加，其人口数占全国人口总量的比重也不断有轻微上升，由1.85%上升到2.13%，但2011年至2017年，德布勒森的人口数量也开始下滑，占全国总人口的比重也降至2.06%。总体而言，有史以来，布达佩斯一直是匈牙利最大的城市，无论是人口总量和经济总量，都占有压倒性的优势，德布勒森作为全国第二大城市，人口总量不足布达佩斯的1/10，突出显示了匈牙利是一个单中心国家。

表II-3-9 德布勒森、豪伊杜—比豪尔州、布达佩斯及全国主要年份的人口数量

城市/州/国家	1980年	1990年	2001年	2011年	2017年
德布勒森	198195	212235	211034	211320	201981
豪伊杜—比豪尔州	551448	548728	552998	546721	532399
布达佩斯	2059226	2016681	1777921	1729040	1752704
匈牙利	10709463	10374823	10198315	9937628	9797561

资料来源：http://www.citypopulation.de/php/hungary-admin.php，https://en.wikipedia.org/wiki/Debrecen#cite_note-5。

观察2011年德布勒森的人口普查数据（见图II-3-25），可以发现，城市中的女性比男性多4.4%，性别结构轻微失衡；劳动年龄人口（15—64岁）占比高达70.8%，青少年（0—14岁）和老年人（65岁以上）人口占比相当，共计全国人口总量的近三成，社会抚养负担较轻；人口金字塔呈现出缩减态势，预示着将来德布勒森的人口总数还将不断减少。

（二）经济发展

1. 经济总量

根据匈牙利中央统计局发布数据，可以制作图II-3-26。由于缺少德布勒森城市数据，故而此处使用德布勒森所在州——豪伊杜—比豪尔州的相关数据象征性代表德布勒森。

首先，豪伊杜—比豪尔州的GDP逐年增加，21世纪的最初五年，增长态势明显而稳定，2001—2004年的年均GDP增幅分别高达19%、12%、13%和9%；但是自2005年起，增速放缓且每年增幅有所波动；2014年GDP年均增幅达到10%，GDP增量达到1179亿福林；随后两年，

304　第二篇　专题研究

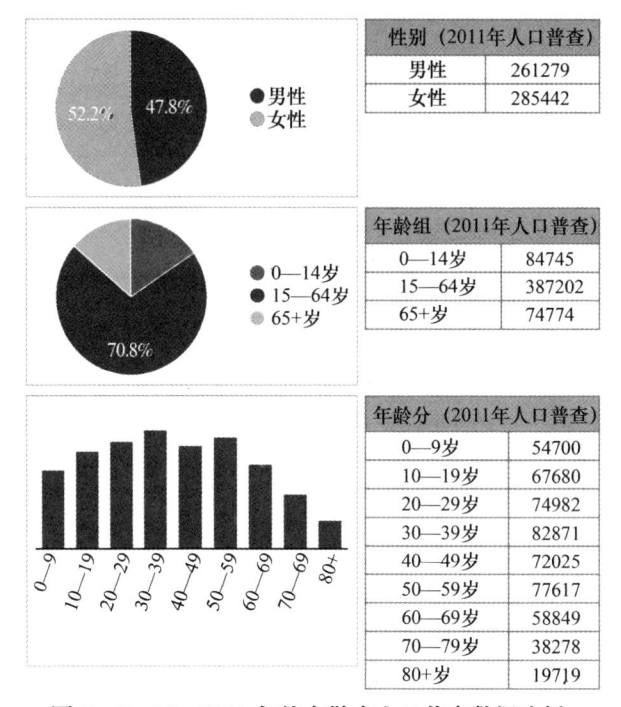

图 II-3-25　2011 年德布勒森人口普查数据分析

性别（2011年人口普查）

男性	261279
女性	285442

年龄组（2011年人口普查）

0—14岁	84745
15—64岁	387202
65+岁	74774

年龄分（2011年人口普查）

0—9岁	54700
10—19岁	67680
20—29岁	74982
30—39岁	82871
40—49岁	72025
50—59岁	77617
60—69岁	58849
70—79岁	38278
80+岁	19719

资料来源：http：//www.citypopulation.de/php/hungary-admin.php?admlid=09。

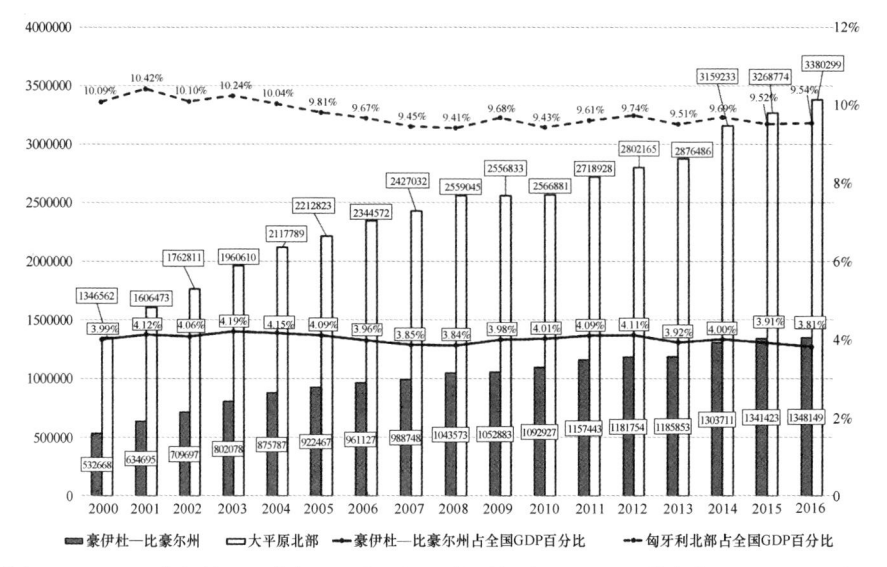

图 II-3-26　豪伊杜—比豪尔州及匈牙利北部近年来的 GDP 及其占全国 GDP 的百分比

资料来源：作者绘制。

GDP 增幅跌至 3% 和 1%，经济发展态势似乎再度面临瓶颈。与此同时，豪伊杜—比豪尔州占全国 GDP 的百分比每年有轻微的波动，但是基本在 4% 左右，最低值是 2016 年的 3.81%，最高值是 2003 年的 4.19%，二者相差不超过 0.4 个百分点。

其次，近十余年来，大平原北部 GDP 变化波动明显，先增后降再增加。2008 年的国际金融危机席卷匈牙利以前，大平原北部的 GDP 逐年稳定增加，2001 年至 2004 年年均 GDP 增速更是分别高达 19%、10%、11% 和 8%。2009 年，大平原北部的 GDP 负增长 22 亿福林，年均 GDP 变化为 0。2011 年，大平原北部开始从金融危机的影响下逐渐走出，三年间，年均 GDP 增速分别为 6%、3% 和 3%。2014 年开始，大平原北部的年均 GDP 增速突然显著上升，达到 10%；2015 年和 2016 年年均 GDP 增速均为 3%，显示出较为乐观的经济发展图景。在经济向好的 21 世纪初，大平原北部占全国 GDP 的百分比在 10% 以上，但 2004 年起，该数值便不断下滑，2008 年降至最低值 9.41%，随后该值不断波动，但基本不再有大幅上升，稳定在 9.5% 左右。

2. 人均 GDP

根据匈牙利中央统计局发布数据，可以制作图 Ⅱ-3-27。由于缺少德布勒森城市数据，故而此处使用德布勒森所在州——豪伊杜—比豪尔州的相关数据象征性代表德布勒森。

可以发现，豪伊杜—比豪尔州及匈牙利北部近年来的人均 GDP 变化情况与其 GDP 变化情况保持高度一致，根本原因在于前文分析过的历年来德布勒森和豪伊杜—比豪尔州人口变化不大。总体而言，2000 年至 2016 年，豪伊杜—比豪尔州及匈牙利北部的人均 GDP 均稳定增长，从未出现过倒退；但二者均未达到全国 GDP 的平均水平，且历年来不断波动，基本维持在占全国 GDP 平均水平的七成和六成。

(三) 产业发展

德布勒森的主要产业有农业、医疗保健和教育。德布勒森是匈牙利最发达的城市之一，是匈牙利东部主要的购物中心，还是众多国际公司的所在地，如 National Instruments，匈牙利 IT 服务，BT 和健康产品制造商 (Teva 制药工业和 Gedeon Richter Plc)。

德布勒森是匈牙利东部地区第一个开发完备的保健旅游城市，经营天

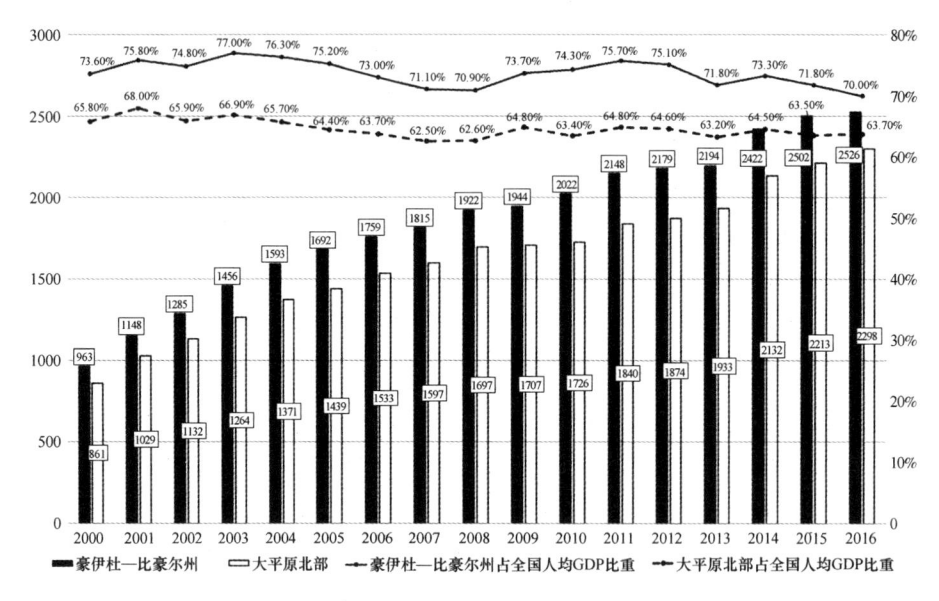

图 II-3-27　豪伊杜—比豪尔州及匈牙利北部近年来的人均 GDP 及其占全国 GDP 平均水平的百分比

资料来源：作者绘制。

然的养生治疗和多种保健服务，包括按摩、疗养、保健浴和温泉等。城市的发展目标之一就是健全完善德布勒森的保健设施。

归功于改革和著名的加尔文主义学院（成立于 1538 年），自 16 世纪以来，德布勒森一直是周边地区的知识和文化中心。同时，地处德布勒森的德布勒森大学，拥有 100 多个系，是匈牙利最大的大学，同时也是欧洲的主要研究机构。

德布勒森是一个重要的合唱比赛场地，还是欧洲合唱团大奖赛的成员城市。每年 8 月 20 日，德布勒森会举办一年一度的花卉狂欢节，届时将会吸引数以万计的游客。

（四）区域影响

根据前述数据可以发现，匈牙利基本上是一个单中心的国家，人口、经济、金融、交通等资源基本上倾斜式位于首都布达佩斯及其周围的大都市圈，德布勒森作为全国第二大城市，且曾两度成为匈牙利首都，其人口数量与首都布达佩斯相差一个数量级，经济总量与首都布达佩斯也相差高达一个数量级。放眼匈牙利，视线均主要集中在布达佩斯一处，但是，德布勒森拥有匈牙利最大的大学——德布勒森大学，在文化方面具有举足轻重的影响力；同时，德布勒森是匈牙利东部地区第一个开发完全的保健旅游城市；此外，作为匈牙利东部主要的购物中心，德布勒森也是许多国际公司的所在地，如 National Instruments，匈牙利 IT 服务，BT 和健康产品制造商（Teva 制药工业和 Gedeon Richter Plc）。

附录1　　　　　　　　位于布达佩斯的公司总部名单

序号	公司名	英文名	分类
1	荷兰全球保险集团	Aegon	保险
2	安联	Allianz	保险
3	CIG Pannonia	CIG Pannonia	保险
4	美国国际集团	American International Group	保险
5	大都会人寿	MetLife	保险
6	维也纳保险集团	Vienna Insurance Group	保险
7	Gundel	Gundel	餐厅
8	英国电信	British Telecom	电信
9	Magyar Telekom	Magyar Telekom	电信
10	诺基亚	Nokia	电信
11	爱立信	Ericson	电信
12	Hunnia 电影制片厂	Hunnia Film Studio	电影
13	潘诺尼亚电影制片厂	Pannonia Film Studio	电影
14	科文电影	Corvin Film	电影
15	伟创力	Flextronics	电子产品
16	松下公司	Panasonic Corp	电子产品
17	博世	Bosch	电子产品
18	三星	Samsung	电子产品
19	LG 电子	LG	电子产品
20	SzerencsejátékZrt	Szerencsejáték Zrt.	赌博业
21	Cushman&Wakefield	Cushman & Wakefield	房地产
22	Strabag	Strabag	房地产
23	TriGránit	TriGránit	房地产
24	英国航空	British Airways	航空公司
25	布达佩斯飞机服务	Budapest Aircraft Service	航空公司
26	CityLine 匈牙利	CityLine Hungary	航空公司
27	Farnair 匈牙利	Farnair Hungary	航空公司

续表

序号	公司名	英文名	分类
28	旅行社	Travel Service	航空公司
29	Wizz Air	Wizz Air	航空公司
30	Corvus Hungary LLC	Corvus Hungary LLC	航天
31	Norbert Dentressangle	Norbert Dentressangle	物流
32	Borsod Chem	Borsod Chem	化学制品
33	普华永道（专业服务）	PricewaterhouseCoopers (Professional services)	会计
34	Deloitte Touche Tohmatsu	Deloitte Touche Tohmatsu	会计
35	安永会计师事务所	Ernst & Young	会计
36	毕马威会计师事务所	KPMG LLP	会计
37	BDO 国际	BDO International	会计
38	Cloudera	Cloudera	基于针对云优化的最新开源技术构建的机器学习和高级分析平台
39	蒂森克虏伯	Thyssen Krupp	集团
40	通用电气	General Electric	集团
41	国际银行家培训中心	International Training Center for Bankers	教育
42	GE Capital	GE Capital	金融服务
43	俄罗斯联邦储蓄银行	Sberbank	金融服务
44	ING 集团	ING Group	金融服务
45	KBC 集团	KBC Group	金融服务
46	意大利联合信贷银行	UniCredit	金融服务
47	中国银行	Bank of China	金融服务
48	KDB 银行	KDB Bank	金融服务
49	韩华银行	Hanwha Bank	金融服务
50	OTP 银行集团	OTP Bank Group	金融服务
51	FHB 银行	FHB Bank	金融服务
52	黑石	BlackRock	金融服务
53	花旗集团	Citigroup	金融服务
54	SEI 投资公司	SEI Investments Company	金融服务
55	新航中欧	SIA Central Europe	金融服务
56	德意志银行	Deutsche Bank	金融服务
57	摩根士丹利	Morgan Stanley	金融服务
58	MSCI	MSCI	金融服务

续表

序号	公司名	英文名	分类
59	CIB 银行	CIB Bank	金融服务
60	K&H 银行	K&H Bank	金融服务
61	MKB 银行	MKB Bank	金融服务
62	Raiffeisen 国际	Raiffeisen International	金融服务
63	Erste 银行	Erste Bank	金融服务
64	布达佩斯证交所	Budapest Stock Exchange	金融交易所
65	美国铝业公司	Alcoa	金属采矿
66	MAL 匈牙利铝业	MAL Hungarian Aluminium	金属采矿
67	蒂芙尼公司	Tiffany & Co.	零售
68	蒙德莱兹国际	Mondelez International	零售食品
69	CBA	CBA	零售食品
70	Győri Keksz	Győri Keksz	零售食品
71	选择塞格德	Pick Szeged	零售食品
72	Traubi	Traubi	零售食品
73	Törley	Törley	零售香槟
74	Zsolnay	Zsolnay	零售制造商
75	丹乌比斯酒店集团	Danubius Hotels Group	旅游
76	哈德森法律	Hudson Legal	律师事务所
77	漫威娱乐	Marvel Entertainment	媒体
78	麦格劳—希尔	McGraw-Hill	媒体
79	MTV 网络	MTV Networks	媒体
80	Liberty Global	Liberty Global	媒体
81	SDI Media Hungary	SDI Media Hungary	媒体
82	时代华纳	Time Warner	媒体
83	读者文摘协会	Reader's Digest Association	媒体
84	索尼音乐娱乐	Sony Music Entertainment	媒体
85	汤森路透	Thomson Reuters	媒体
86	环球音乐集团	Universal Music Group	媒体
87	维亚康姆	Viacom	媒体
88	MVM 集团	MVM Group	能源工业
89	匈牙利电力交易所	Hungarian Power Exchange	能源交流
90	先正达	Syngenta	农业
91	嘉能可	Glencore	农业
92	通用汽车	General Motors	汽车
93	日产 CEE	Nissan CEE	汽车

续表

序号	公司名	英文名	分类
94	沃尔沃	Volvo	汽车
95	萨博	Saab	汽车
96	福特	Ford	汽车
97	拉巴	Rába	汽车
98	雪佛兰	Chevrolet	汽车
99	Csepel（汽车）	Csepel（automobile）	汽车
100	甘兹作品	Ganz Works	汽车
101	Ikarus 巴士	Ikarus Bus	汽车
102	奥钢联	Voestalpine	汽车
103	Getronics 公司	Getronics	软件开发
104	Misys 公司	Misys	软件开发
105	Nav N Go	Nav N Go	软件开发
106	Graphisoft 公司	Graphisoft	软件开发
107	LogMeIn	LogMeIn	软件开发
108	Prezi	Prezi	软件开发
109	彭博	Bloomberg	商业服务
110	穆迪	Moody's	商业服务
111	微真空	Micro Vacuum	生物传感器系统
112	Gedeon Richter Plc	Gedeon Richter Plc.	生物技术
113	Teva 公司	Teva	生物技术
114	诺华	Novartis	生物技术
115	赛诺菲	Sanofi	生物技术
116	辉瑞公司	Pfizer	生物技术
117	雅芳产品	Avon Products	时尚
118	雅诗兰黛公司	Estée Lauder Companies	时尚
119	Inditex 集团	Inditex	时尚
120	凯文·克莱恩	Calvin Klein	时尚
121	拉尔夫·劳伦	Ralph Lauren	时尚
122	Rockstar 游戏	Rockstar Games	视频游戏
123	数字现实	Digital Reality	视频游戏
124	Invictus Games	Invictus Games	视频游戏
125	Neocore Games	Neocore Games	视频游戏
126	Zen Studios	Zen Studios	视频游戏
127	华为	Huawei	信息技术
128	微软	Microsoft	信息技术

续表

序号	公司名	英文名	分类
129	IBM	IBM	信息技术
130	Virus Buster 公司	Virus Buster	信息技术安全服务
131	英美烟草	British American Tobacco	烟草
132	菲利普莫里斯国际	Philip Morris International	烟草
133	克诺尔	Knorr-Bremse	一般工业
134	伟世通	Visteon	一般工业
135	WIENERBERGER	Wienerberger	一般工业
136	安德里茨	Andritz	一般工业
137	CLS 音乐	CLS Music	音乐
138	格雷米记录	Gramy Records	音乐
139	Hungaroton	Hungaroton	音乐
140	帝亚吉欧	Diageo	饮料
141	Borsod Brewery	Borsod Brewery	饮料
142	Dreher Brewery	Dreher Brewery	饮料
143	Zwack	Zwack	饮料
144	马扎尔波斯塔	Magyar Posta	邮政服务
145	MOL 集团	MOL Group	油和气
146	OMV	OMV	油和气
147	EDF 能源	EDF Energy	油和气
148	英国汽油	British Petrol	油和气
149	埃克森美孚	Exxon Mobil	油和气
150	匈牙利电影城	Cinema City Hungary	娱乐
151	匈牙利国家银行	Hungarian National Bank	中央银行
152	塔塔咨询公司	Tata Consultancy	咨询
153	麦肯锡公司	McKinsey & Company	咨询

资料来源：https：//en. wikipedia. org/wiki/List_ of_ companies_ based_ in_ Budapest。

第四章　社会生态研究

本章旨在总结1990年匈牙利经济从共产主义向市场经济转型之后的当代社会状况。本研究还反思匈牙利社会不平等的现状，并追溯其发展历程。此外还期望解释其社会形势发展的动力，强调了在其形成过程中一直发挥作用的因素。

到20世纪70年代，匈牙利是当时国家社会主义经济体制内试验市场机制的先行者。所谓的匈牙利"新市场机制"受到共产主义集团内部其他国家以及西方国家的密切关注。尽管这一转型过程后来停止运行甚至有所逆转，但到了20世纪80年代，匈牙利再次顺利过渡到了市场经济。1985—1990年，匈牙利开创了私有化的先河，特别是将全部或部分原国有企业直接出售给外国直接投资者，特别是奥地利和德国。

第一节　由经济转型塑造的社会结构

1989年之后，紧随政治转型其后的是经济开放。匈牙利当时倡导一种以向国外直接投资者出售国有企业为基础的经济转型模式。虽然苏联集团几乎所有其他国家都在试验某种形式的私有化优惠，其有利于国内所有权，但匈牙利很早就选择向外开放。正如后来发现的那样，基于私有化的优惠从未真正成功，并在大公司层面上导致裙带资本主义，政客们试图围绕着大公司资本家建立经济权力基础。丑闻随之爆发，最终该地区几乎所有国家都转向匈牙利的外国直接投资私有化模式。大约在1998年之后，它成为中东欧地区私有化的主要模式。

私有化的选择非常重要，因为它塑造了匈牙利和该地区类似国家的社会结构。它所创造的资本主义形式在资本主义相关语汇的多样性中赢得了一个新的名称,①称为"外国直接投资依赖资本主义模式"。这种模式依赖于大型国有企业被西方（主要是德国、奥地利、意大利、英国、美国）投资者接管。一旦国有资产全部售罄,外国投资者也将在该地区专业化的一些行业中创造绿地投资,尤其是在汽车制造和电子产品行业。由此产生的社会结构是匈牙利被雇佣于大型跨国部门的劳动力中最有国际竞争力的部分,这是相较于国有企业而言。国内中小型企业尤其稀缺。在某种意义上,它与非常成功的中国转型模式正好相反,中国转型模式依赖于强大的国有企业的持续存在,以及基于草根企业家的众多充满活力的国内中小型企业。

因此,经济转型确定了匈牙利新的后社会主义社会结构。虽然在国家社会主义期间是保证了充分就业,但随着以市场为基础的经济的出现,匈牙利失去了大约一百五十万个工作岗位。这个时期没有准确的数字,但这个数字在匈牙利学者看来是比较准确的。许多新失业者是老年人,他们被准许或进入提前退休。转型期间失去工作岗位也沉重打击了匈牙利周边地区。虽然首都布达佩斯以及主要的城市中心经历了相对迅速地转型并很快蓬勃发展,但农村地区,特别是匈牙利南部和东部地区,直到今天仍然缺乏就业机会。匈牙利的就业率相对较低,正如我们看到的那样,这个问题在 2011 年之后才被解决,当时欧盟的西方成员国（特别是奥地利和德国）向匈牙利移民工人开放劳动力市场,其中有大约 35 万人在那里找到工作。在欧盟统计中,这些农民工改善了派遣国的国内劳动统计。加上 2010 年后的大规模公共工程项目以及欧盟资助的劳动密集型建筑项目,匈牙利最终在就业方面达到欧盟的平均水平。然而,匈牙利经济的自主就业潜力（即没有西方就业机会、欧盟资助的项目和公共工程）仍然很低。

这也是这种特殊经济转型形式的结果,工资水平不是由内部因素决定,而是由国际背景下匈牙利经济中贸易产品部门的表现所决定。这个贸易产品部门的工资是由到匈牙利的跨国企业生产阶段的生产率来决定的。这些工资在跨国部门的转变决定了匈牙利经济中非贸易部门的工资,在经济学中,这被称为巴拉萨—萨缪尔森效应。由于匈牙利吸引外国直接投资

---

① Nölke, A., and A. Vliegenthart, "Enlarging the Varieties of Capitalism: The Emergence of Dependent Market Economies in East Central Europe", *World Politics*, 2009, No. 4: 670 – 702.

的竞争因素之一本身就是低工资,这限制了两个经济部门的工资的趋同性。经济转型30年后,匈牙利的工资仍然只是西欧工资的1/4到1/3,与此同时,从最便宜的服务业到电子产品和服装,价格已经趋于70%—110%的水平,上述价格实际上在东欧比在西欧更贵。工资增长缓慢导致以下结果:(1)人口数量逐渐下降,出生率非常低,年轻人发现无法承担对于更大的家庭的责任;(2)越来越多的移民离开,因为越来越多的人选择生活水平相当高的像奥地利和德国一样的邻近国家,或选择更远的英国。

2011年之后,向外流动的移民以及不完善的教育和职业培训体系反过来又导致匈牙利经济中的劳动力短缺。这有点改变了工资的趋势,使工会能够更有效地维持更高的工资。在过去,工作岗位缺乏是问题,而现在缺乏(特别熟练的)劳动力是匈牙利经济的特征。这导致2015年后实际工资每年大幅增长4%左右。中央统计局开展的劳动力调查显示,到2018年的前三年内实际工资增长了21%。这是一个显著的增长,但是却无法平息劳务移民到西欧的动机。

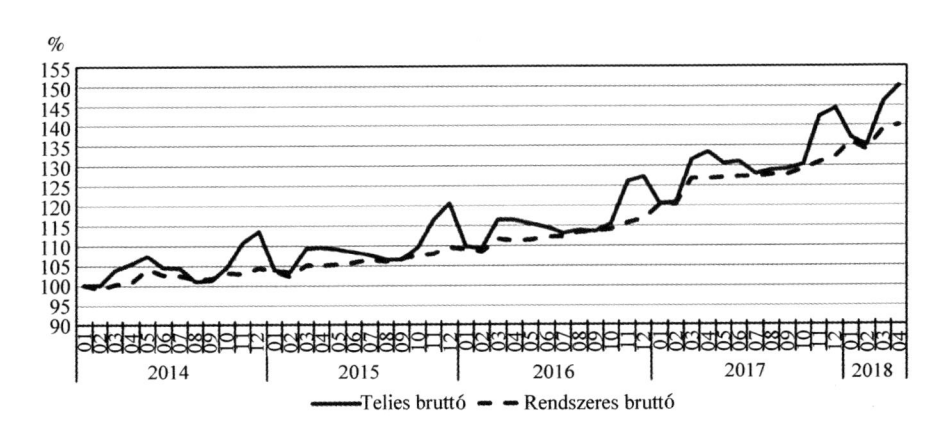

图 II-4-1　2014—2018年匈牙利总工资(连续)和正常工资总额的变化

资料来源:匈牙利中央统计局。

需要强调的是增值的工资份额(国民经济中的国内生产总值)显示出强劲的下降趋势。

这一工资份额明显低于西方经济体,后者在福利国家的经典时代拥有

第四章 社会生态研究 315

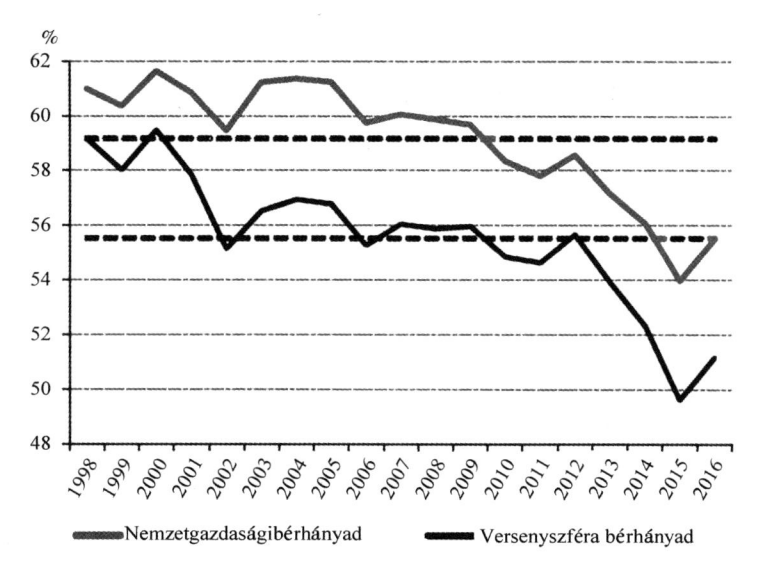

Megjegyzés:A szaggatott vonal az időszak átlagát jelenti. Forrás:KSH，MNB

图 II-4-2 工资占全国增加价值总额和私营经济增加价值总额的百分比

资料来源：匈牙利国家银行。

70%—75%的工资份额。随着新自由主义的推进，西方经济体的工资份额也有所下降，但仍然维持在60%—65%。匈牙利和西欧的工资份额之间的巨大差距再一次可以用1989年后该国采用的外国直接投资依赖资本主义模式来解释。这种模式的一个关键卖点是工会成员资格低（占所有员工的9%左右）以及工会的能力水平低。因此，匈牙利工会在谈判较高工资份额方面的杠杆作用非常低。这与1989年之前的时代形成了鲜明的对比，当时几乎所有员工都是工会会员，尽管当时工会只不过是共产党意志上的橡皮图章。相比之下，在一些西欧国家，工会会员人数在66%—75%，这并不罕见，即使在工会会员人数仅为30%左右的西欧国家，工会拥有非常强大的谈判权利，并且可以吸引数百万人走上街头努力向政府和雇主施压。

尽管增值的工资份额下降，正如我们已经说过的那样，近来员工的净工资一直在上涨。这主要是因为政府减少了与工资相关的税收和款项。尤其重要的是个人所得税（PIT）制度的变化，2011年实行了单一税。

虽然图Ⅱ-4-3显示了工资份额的净增长，但根据研究①，个人所得税（PIT）利率下降的大多数好处是有利于以前的高收入者的税率，以前的中等收入者的税率大致保持在原有水平，由于取消了某些以前的税收优惠，最低收入阶层甚至遭受了损失。

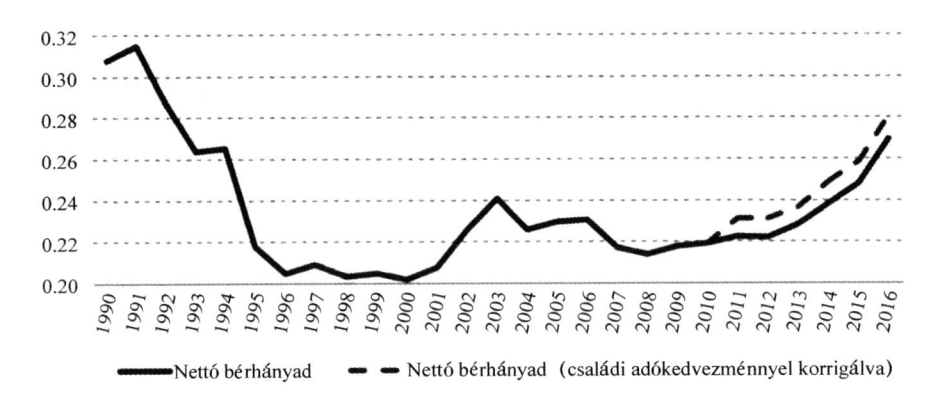

图Ⅱ-4-3 增值内工资净额（继续）以及家庭津贴调整后的工资净额（不连续）
资料来源：匈牙利中央统计局。

下文我们将注意力从这个总体概述转向不平等问题。

第二节 社会不平等分析

普通人认为社会不平等有两个主要方面，并且需要社会研究人员根据经验进行调查。其一是在收入和财富方面的不平等，即社会上层和下层之间的差异。另一个是机会的不平等，即代际和代内之间社会流动机会的不平等。

根据经合组织2014年公布的最新收入不平等数据，（税前和转移）匈牙利市场基尼收入不平等指数为0.455，而（税后和转移）可支配收入基尼系数为0.288。在国际比较中，这个水平相对较低。然而，基尼指数没

---

① Tóth, Csaba G., and Péter Virovácz., "Nyertesek és vesztesek. A magyar egykulcsos adó reform vizsgálata mikroszimulációs módszerrel", Pénzügyi Szemle, No. 4 (2013): 385–400.

有反映的是创造这种平等的收入水平。在国际比较中,东欧国家的基尼指数可能较低,但这只反映了最低工资标准的范围是非常有限的:考虑到硬性下限,几乎所有的工资收入者都能获得最低标准工资。由于经济由外资控制,利润和利息收入也很低。在收入水平明显较高的情况下,创造相对平等的收入分配要困难得多,例如斯堪的纳维亚半岛。同样,在低收入水平的情况下也是如此,例如在东欧。在前一种情况下,它需要社会团结、工资谈判和税收制度。而在后一种情况下,它自然而然地是低工资竞争模式的结果。从这个意义上说,中东欧的低基尼系数并不是其社会成就的积极迹象,而是低竞争力的负面信号。

正是在这种模式下,欧盟的东欧成员国在欧洲和全球经济中竞争:几乎每个人都很穷。大家都同样贫穷,但仍然贫穷。匈牙利的家庭平均收入为西欧家庭收入的1/3到1/4。

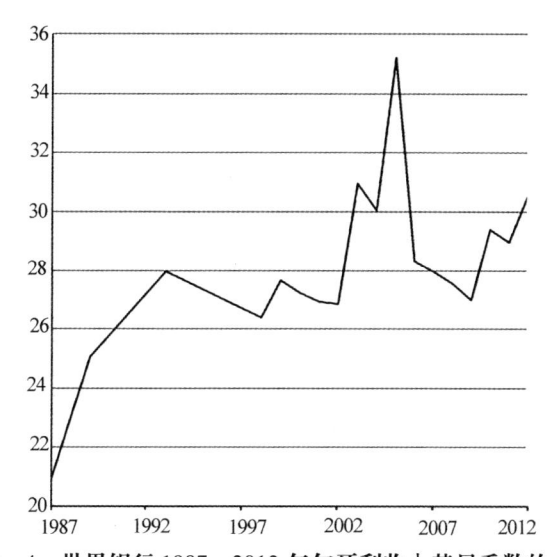

图Ⅱ-4-4 世界银行1987—2012年匈牙利收入基尼系数的发展情况

从图Ⅱ-4-4可以看出,经济转型后的收入基尼系数显著增加。

至于财富不平等,我们没有可靠的基尼系数指标,因此我们必须依赖估计。根据2014年经合组织的数据,60%的社会底层人口仅拥有15.45%的财富,这与其他欧洲经济体并无太大差别。前10%的顶层拥有48.48%的财富,顶层人口的前5%拥有35.64%的财富,顶层人口的前

1%拥有17.23%的财富。这些数字中没有一个超出欧洲经济体的范围，浮动在这之上或之下。

科罗什和法比昂表示，如果我们将财富理解为累积收入，那么我们必须得出不那么令人惊讶的结论，即财富不平等高于收入不平等。社会的50%人口可以被称为没有重大财富，即拥有不到700万匈牙利福林，包括他们可能拥有的和居住的任何财产。我们从匈牙利国家银行的计算中得知，前10%的财富所有者与底层的90%相比，拥有极高的财富比例。他们拥有匈牙利家庭财富总额的52.2%，前五名的财富所有者拥有66.9%。与此同时，底层的70%人口拥有的财富不超过总财富的23.5%。

经济转型后，财富不平等现象显著增加。1995年和2015年之间最富有的10%的人，在所有家庭财富中的份额已经从42%提高到50%，而前1/5的人的份额已经从59%提高到65%。

前10%的人拥有没有在证券交易所上市的企业总财富的93.2%，并控制着这些公司收入的88.4%。同样前10%的财富所有者持有65.9%的金融财富和87.8%的证券化投资。

我们还必须补充一点，匈牙利没有集中的财富税，只有随机的本地财富税，这意味着没有统一和可靠的财富登记，不像那些为了税收目的而维持这种登记的国家。因此，必须要以一定程度的怀疑的态度来考虑财富数据，因为它来自调查，而调查已经漏掉了社会的最低和最高阶层。另一个原因是，有充分证据表明，匈牙利存在很大程度的税基流向离岸司法管辖区[1]，导致高净值个人的财富估算不准确。

中东欧经济体拥有资本和利益集团的有限程度也有助于降低收入和财富不平等指标。可以为广大中产阶级做出贡献的一个过程是形成一个广泛的中小型企业，一个资本拥有阶层控制中小企业，如德国或奥地利的情况。然而，匈牙利是一个在很大程度上由跨国资本主导的经济体。截至2009年，国外净资产已达到GDP的125%，在国际比较中占据非常高的比例。[2] 到2015年，这一比例下降到67%，仍然是一个很高的比例。最

---

[1] TJN, "The Price of Offshore Revisited", Tax Justice Network, 2012.

[2] Novokmet, Filip. Entre communisme et capitalisme: essais sur l'évolution des inégalités de revenus et de patrimoines en Europe de l'Est 1890 – 2015. Paris: École des Hautes Études en Sciences Sociales, 2017.

近对国有的、非金融和非公司经济体整体价值的估计显示为18590亿匈牙利福林，甚至达不到单一最大银行（OTP）的价值，其价值为29270亿，或最大的石油公司（MOL）的价值，为26390亿美元。[1]

至于地区不平等，匈牙利也表现出相当程度的不平衡发展。收入水平的主要差异在于首都布达佩斯和该国其他地区。首都是主要金融公司、跨国公司以及政府机构所在地。它拥有最大程度集中高素质的人和具有高附加值的就业机会，并且持续接近充分就业水平。

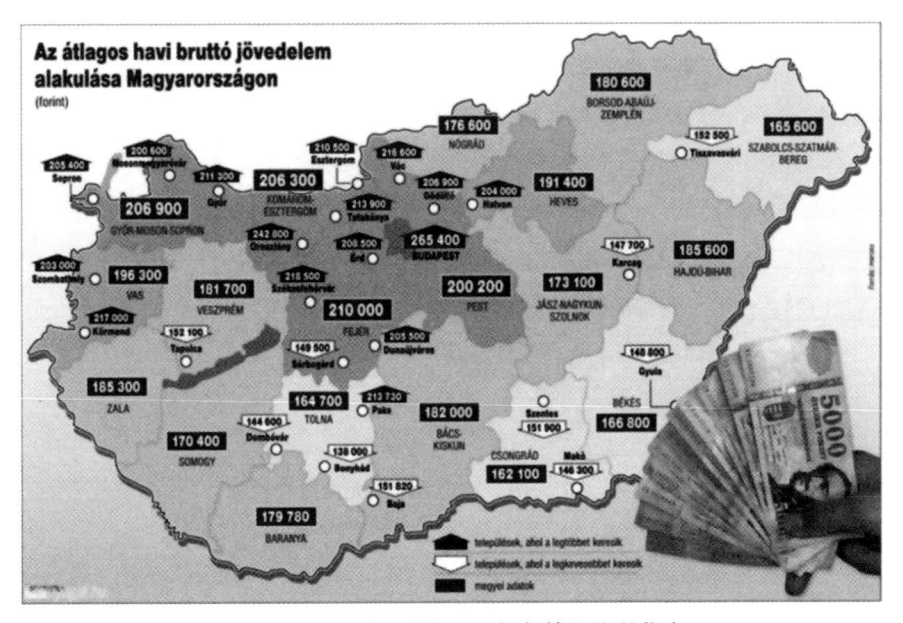

图Ⅱ-4-5 匈牙利2018年各县人均月收入

资料来源：匈牙利中央统计局。

在通往德国的高速公路上，靠近奥地利边境的匈牙利西北部县可以确定为第二个收入等级。该区域在传统上具有很大程度的制造业投资，特别是在汽车和电子工业中。与奥地利本身的接近也有助于提高工资，因为相当多的匈牙利公民每天从这些地方通勤到邻国工作，那里的工资比匈牙利的高出三到四倍。这导致匈牙利的相对劳动力短缺，尤其是合格的劳动

---

[1] Concorde MB Partners. Cégérték 2017 jelentés. Concorde MB Partners, Budapest: Concorde MB Partners, 2017.

力，这种人员流动已经起到了提高工资的作用。最后，在该国其他地区可以观察到第三个收入等级，特别是位于罗马尼亚和乌克兰边境的县的收入水平相当低。

不足为奇的是境内迁移遵循与收入的地理分布类似的模式。

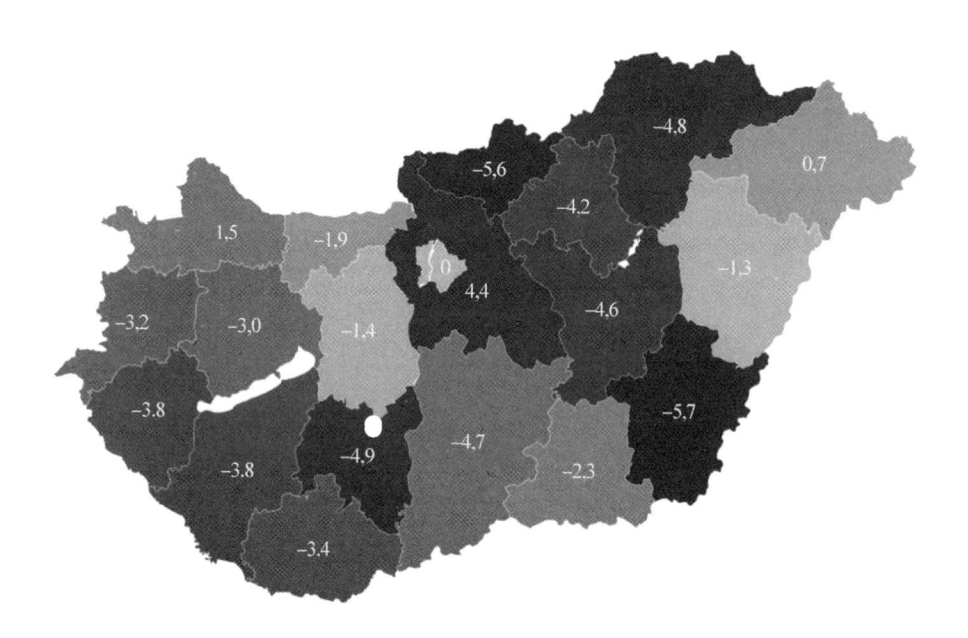

图Ⅱ-4-6　2011—2017年度人口净迁移率

资料来源：中央统计局。

最大规模的境内迁移涌入了首都布达佩斯周围的县。只有西北部的杰尔—莫松—肖普朗县（Győr-Moson-Sopron）实现了明显积极的净移民，其靠近维也纳和奥地利边境。从这个县，最容易每天通勤到奥地利的劳动力市场，同时在匈牙利居住和消费，这样就结合了显著的高工资和较低的住宅消费和日常消费。匈牙利其他地区因人口迁移而遭受人口流失，在少数几个没有主要城市中心的县遭受严重的人口流失。

第三节　不充分的社会流动

不平等的第二个方面是社会流动的不充分。一个社会可能具有很大的不平等性，但如果很容易爬上社会阶梯，那么公民仍然会认为它是更公平的。虽然有关社会流动的研究在 2004 年之前定期进行，但匈牙利学术界或国内官方统计机构近 20 年来一直没有开展流动研究。① 然而，根据欧洲改善生活与工作条件基金会（Eurofound）最近的一项研究②，匈牙利是整个欧盟最不公平的社会之一。所有 28 个欧盟成员国中，匈牙利发生代际流动的可能性排名倒数第二，排在英国之后，与保加利亚并列。尤其是对于男性来说，匈牙利排在最后。就女性而言，只有保加利亚和英国的情况比较糟糕。

（一）造成社会不平等和社会流动不充分的因素

造成这种社会流动机会不足的原因是什么？主要是社会再分配制度的运作不充分。社会机制造成了相当程度的不平等，一些处于有利地理位置和享有特权的社会经济团体成为 1989 年后经济转型的受益者。由于基于"外国直接投资依赖资本主义模式"，这些群体中也包括布达佩斯和少数几个城市的主要的专业人士阶层，特别是在该国西北部。

社会再分配的作用是：(1) 减轻这些差异，(2) 投资处于不利地理位置和处于不利地位的社会经济群体，从而为这些群体创造社会流动的机会。然而，由于经济转型，匈牙利不断侵蚀其福利制度。在过去二十年中，缺乏社会流动机会的发展势头迅猛，到目前为止，再分配系统已不再满足上述目的。相反，正如我们将要证明的那样，在许多情况下，它们的行为正好相反：它们进一步加强了已经存在的社会经济不平等和地域不平等。这就是造成匈牙利社会不平等和极度缺乏社会流动机会的原因。

（二）造成工资紧缩和低社会流动性的因素

在造成收入范围的紧缩（由于低竞争力）和缺乏社会流动机会背后有些可以确定的具体因素。这些因素与该国人力资本形成系统的融资和运作的不足有关。

根据经合组织 PISA 研究，匈牙利是拥有世界上最具选择性（国家资

---

① Huszár, Ákos, "Egyenlő esélyek", *Új Egyenlőség*, 05 2017.
② Eurofound. Quality of Life Survey 2016. Brussels：European Foundation for the Improvement of Living and Working Conditions，2017.

助）的教育体系的国家之一。不仅是匈牙利的平均受教育程度得分下降，而且要克服其低生产率—低工资经济模式这本身就是一个问题，这一平均受教育程度的分布状况也存在问题。因此，教育——这一对于未来成功和流动性来说是为最重要的预测性因素——加强而非减轻了市场的两极分化。根据经济合作与发展组织（OECD）最近的一项研究[①]表明，在15岁时，100名学生中只有14名且社会经济背景较差的学生能够获得阅读、数学和自然科学的成绩，这些成绩被认为足以让他们在生活中获得成功。这使得匈牙利在35个经合组织国家中排第32名，其丢弃了处于弱势背景的学生。此外，匈牙利学生的表现与2012年相比下降了4.6个百分点，与2009年相比下降了6.2个百分点，与2006年相比下降了6.9个百分点。这表明匈牙利教育体系在创造机会平等方面不断恶化。

以下图表取自经合组织的常规国际学生评估项目（PISA）评估研究，其说明了数学技能领域的问题。从条形图可以看出，某些国家（如丹麦或爱沙尼亚）的教育系统可以完全弥补因性别或社会经济地位而产生的不利因素，并且PISA在中学进行评估时，它们的教育系统可以在很大程度上补偿因地理位置而产生的不利因素。匈牙利的教育系统也成功地弥补了有关性别造成的社会不平等，但在弥补社会经济地位不平等方面却做得很差。然而，就因地理位置产生的不平等而言，匈牙利确实是目前为止所有经合组织成员国中，在弥补不利背景方面做得最不好的。事实上，它确实比巴西更糟糕，巴西是一个因其巨大的不平等而在国际上臭名昭著的国家。还有土耳其，大规模城市化导致其地中海大都市区与安纳托利亚农村腹地之间的生活水平存在巨大差异。

这并不奇怪，匈牙利长期以来一直在减少其对教育系统的资助。上一次匈牙利国家教育支出占国内生产总值的比例是6.4%，与2002年的欧盟相当。与斯堪的纳维亚联盟的投入相当，这是最舍得在教育上投资的欧洲地区。（尽管匈牙利的国内生产总值的基数显然远低于北欧国家。）匈牙利随后开始逐步降低这一重要部分的支出比例，并在十年后的2013年

[①] Agasisti, Tommaso, Francesco Avvisati, Francesca Borgonovi, and Sergio Longobardi, Academic Resilience: What Schools and Countries Do to Help Disadvantaged Students Succeed in PISA, OECD Education Working Papers, Paris: OECD Publishing, 2018.

达到了 4.6% 的低值。与此同时，斯堪的纳维亚人甚至略微地增加了他们的支出百分比。因此在讨论期间，匈牙利的教育制度显然是存在资金短缺问题。匈牙利教师的工资是经合组织国家中最低的，同样还有来自斯洛伐克和捷克共和国的教师。这使得教学专业作为职业选择非常缺乏吸引力，特别是在该国经济最贫困的地区。教育系统的其他方面同样存在资金不足问题，特别是在该国较不富裕的地区。

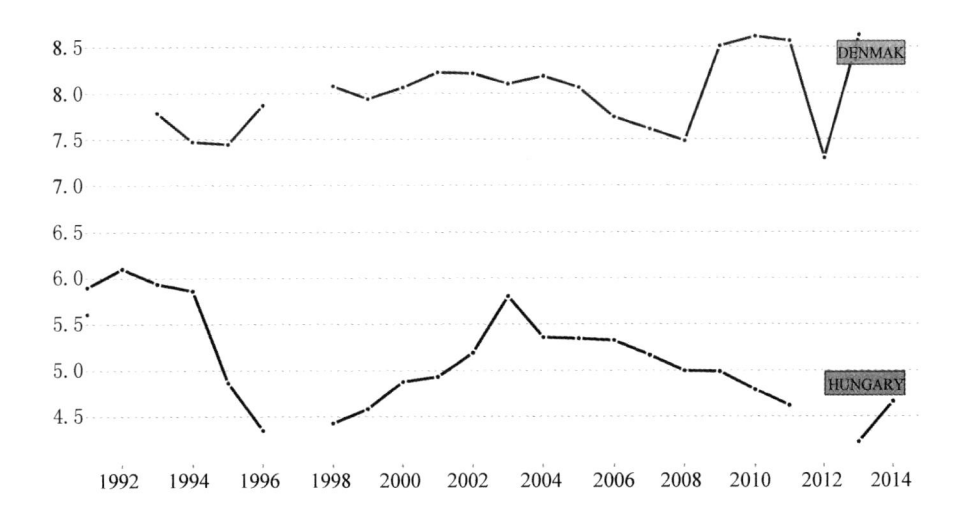

图 II - 4 - 7　1992—2014 年匈牙利和丹麦政府教育支出

资料来源：世界银行。

根据国内和国际比较政策研究，可能会得出关于医疗保健系统的类似结论。匈牙利人口的健康状况远远低于该国的发展水平，与罗马尼亚和保加利亚这两个欠发达国家相当，而不是斯洛伐克、捷克共和国和波兰等类似发达的维谢格拉德集团国家。贫困人口的平均数包括重大的社会和地域不平等现象，这在最近才出现在公众讨论中。

匈牙利不利的健康统计数据掩盖了巨大的内部不平等。具有中学学历的男性的预期寿命为 76 岁，而没有中学学历的男性的预期寿命为 66 岁。最贫困的小地区的人比最富裕的小地区的人少 13.5 岁的寿命。2012 年匈牙利最富裕和最贫困县的男性死亡人数差异达到惊人的 59% 的数值，而在 2000 年为 31%，这也是一个非常大的差距。

从现有数据来看，医疗保健系统的表现不佳。2013 年匈牙利可治愈疾病的死亡人数是欧盟最富裕的 14 个国家的 2.5 倍，而可避免的疾病导致的死亡人数同样高达 1.5 倍。这反映了医疗保健系统的表现不佳。匈牙利的医生和护士的工资明显低于经济合作与发展组织的其他国家，这导致医疗保健人员流向欧洲富裕的成员国，他们可以在欧盟劳工制度的自由流动机制下自由地从事工作。这导致该国最不发达的聚居区完全没有全科医生和其他工作人员，导致这些地区的医疗保健成果显著恶化。

人们经常提到，人口健康状况不佳是由于选择不健康的生活方式造成的。在匈牙利人中，酒精中毒、吸烟、缺乏经常性的运动、肥胖、食用油腻和辛辣的食物都很普遍，在较贫穷的人群中更是如此。然而，这并不意味着医疗保健系统在这些因素面前是没有责任的。较发达国家的医疗保健系统主要关注对生活方式的教育、检查和预防，而这些因素在匈牙利的体系中非常薄弱。

匈牙利的国家卫生系统融资率的最高点也是在 2003 年，占该地区国内生产总值的 5.8%。斯堪的纳维亚半岛福利国家的支出率仍然最大，今年的支出率为 6.4%—7.1%。我们还必须考虑到匈牙利人的健康状况明显较差这一事实，因此理论上其支出的百分比应该更高。匈牙利在该领域的支出也有所下降，2008 年和 2014 年均为低点，支出率都为 4.9%。相比之下，斯堪的纳维亚半岛的支出大幅增加，匈牙利的支出率为 4.9%，而 2014 年支出最多的丹麦为 8.4%。由于健康状况严重恶化，匈牙利的医疗消费需求仍然显著增加。与匈牙利发展水平相近的国家——斯洛伐克和捷克共和国，当年的支出均超过 7%。匈牙利的国家医疗保健系统在这一年的资金不足，估计总体医疗保健支出的 40% 来自私人资本，这在经合组织国家的比较中比例非常高。许多私人支付者被迫承担债务，但是仍然需要经历长期排队和获得较差的医疗服务质量。

几乎完全缺乏再培训也起着重要作用。以前为这一关键子系统提供资助的资金现在已经转向大规模的公共工程项目，在一个人口不到 1000 万人的国家中，其包含了大约 20 万公民。这些工程被证明是非常不适当的：对大多数参与者来说，他们已经从失业走向失业。[1]在创造就业机会方面

---

[1] Cseres-Gergely, Zsombor, and György Molnár, "A közfoglalkoztatás a munkaügyi rendszerben 2011-13-alapvető tények", In Munkaerőpiaci tükör, edited by Károly Fazekas and Júlia Varga, Budapest：MTA KRTK, 2014, pp. 85–99.

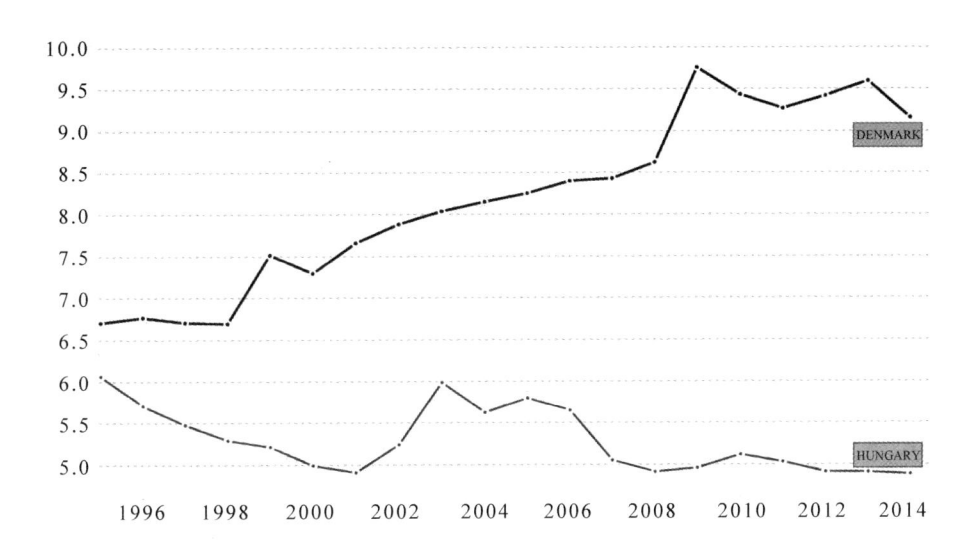

图 II-4-8　1996—2014 年匈牙利和丹麦医疗保健公共支出对比
资料来源：世界银行。

取得成功的欧盟的西欧成员国，将其国内生产总值的 1%—1.5% 用于再培训，而这一至关重要的制度几乎从匈牙利消失。

缺乏社会流动性的一个直接原因是住房问题。大约 40 万名市民的公寓内仍然没有厕所，这些人中有 10 万个儿童。有 250 万名公民住在潮湿或窗户密封不充分的公寓里，其中有 50 万人是儿童。100 万名公民在冬季无法负担住房供暖费用。①

国家在最近的十五年中引入了大规模的住房项目，但根据国内的政策研究，这些资源中的大部分已达到社会高收入的十分位数。这主要是出于谨慎的政策考虑。住房支持主要采取税收减免的形式，只适用于收入稳定的人。收入水平越高，税收减免越高。非常微薄的国家住房支持金额已被取消，取而代之的是更加不充分和随意的地方支持方案。匈牙利的住房贫困程度远高于邻近的维谢格拉德国家。每年的驱逐数量从 2001 年的约 500 起上升至 2015 年的约 1200 人起。

与住房相关的国家支持计划在国内生产总值中的规模增加了两倍，在

---

① Misetics and Bálint, "Lakhatási válság-az állam felelőssége." *Új Egyenlőség*, Vol. 4, 2017.

2002—2010年达到了超过1000亿福林。不幸的是，这种支持的2/3只惠及社会最富裕的20%的人。[1] 主要原因是住房支持主要是在政策最终确定时是作为减税措施而制定。近年来，这项政策的明确目标是支持"中产阶级"。相比之下，该国家仅花费了大约1/10的资金来支援最不发达的群体。

第四节 税收和社会政策加剧社会不平等

在西欧福利国家，税收和再分配对收入差异有缓解作用。在匈牙利，这种影响几乎不存在。2016年，最低和最高收入群体之间的税前差异约为1∶10。收入差异几乎没有因为税收而减而小。由于个人所得税持平，税后差异仍高达1∶9.5，仅略有下降。我们必须补充一点，在引入单一税之前，这两个相应的数字是1∶8.1和1∶7.3，这意味着税前和税后收入差异都有所减少，但税收减轻收入差异的效果已经减弱。

匈牙利收入分配具有倾斜的性质，即收入和平均收入可以属于第七收入分位数，这意味着低于该分位数的人比高于第七收入分位数的人多得多。

用于社会政策的再分配也没有起到减少收入不平等的预期作用。从条形图中可以看出，在收入最低分位数上，社会收入占总收入的最大份额。然而，社会收入的绝对数量朝着收入较高的分位数的方向增长。这意味着社会政策很大程度上支持那些已经拥有更高市场收入的人。这使得匈牙利主要的社会政策专家楚萨·费尔格（Zsuzsa Ferge）将匈牙利称为"反常再分配（perverse redistribution）"。

在像丹麦这样的北欧福利国家，社会政策是把资源从富人身上转移到穷人身上的，而在匈牙利，这一政策却在以一种反常的方式运行。由于养老金制度在社会政策中占据主导地位，以及对家庭和穷人缺乏支助，匈牙利的社会政策制度将资源从穷人转移到富人。养老金与就业的最后几年的工资挂钩，因此高工资收入者的养老金也明显增加，低工资收入者往往养

---

[1] Hegedűs and József, "Lakáspolitika és lakáspiac: a köpolitika korlátai", *Esély*, No. 5, 2006, pp. 65 – 100.

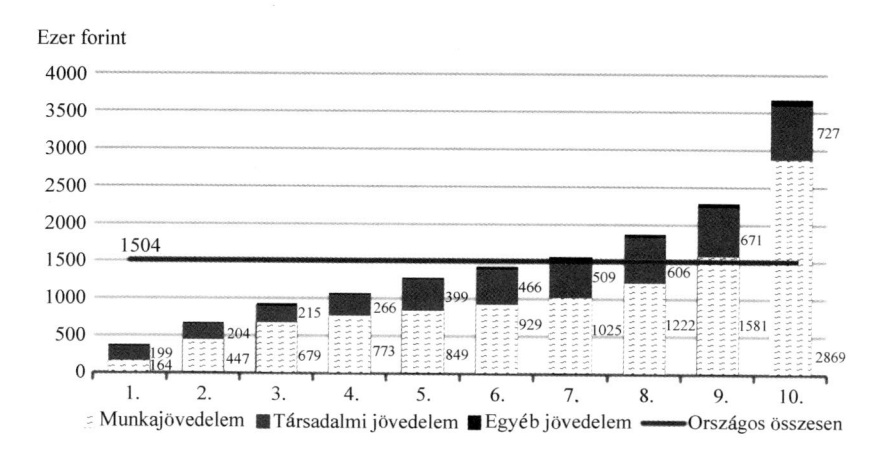

```
Ezer forint
4000
3500                                                              727
3000
2500                                                       671
2000                                              466   509   606
1500  1504                              399
1000         204   215   266         929      1025  1222  1581
 500   199       447   679   773   849
   0   164
       1.   2.   3.   4.   5.   6.   7.   8.   9.   10.                                                                 2869
   ■ Munkajövedelem  ■ Társadalmi jövedelem  ■ Egyéb jövedelem  ── Országos összesen
```

图 II-4-9　2016 年按收入类型划分的 10 个收入分位数中每年总收入的分布 阴影部分：工资；实体部分：社会收入及其他。这条线代表全国平均水平。

老金水平极低。社会政策体系的构成方式是，支持社会中最贫穷的阶层——扶贫和家庭支助——只是社会政策转移的一个微不足道的部分。这种社会安排的总体结果是穷人的资源向富人转移。

以下条形图很好地说明了匈牙利社会政策转移的内部构成。

从图表中可以清楚地看出，养老金占社会政策预算的最大份额。总体而言，它们占 GDP 的比例与西方国家相当。社会政策预算中缺少的是对于贫困者和家庭的相关援助。与其作为欧盟平均水平的国内生产总值相比，匈牙利的社会政策支出减少 5%—6%。大部分资金投入不足的不是养老金，养老金投入倾向于高收入阶层，而是那些对低收入阶层有偏见的援助形式。因此，社会政策不仅不会减轻基于市场的不平等现象，甚至可以加强这种不平等！

值得注意的是，在收入范围的低端，家庭单位的规模明显较大：收入最低的家庭有 3.3 位家庭成员，收入最高的家庭只有 1.6 位家庭成员。众所周知，其中一个原因是，收入较低的人往往会有更多的孩子，而收入较高的人孩子则较少。另一个原因是收入较高的人往往处于职业生涯的后期阶段，因此他们的孩子可能不再与他们一起生活。

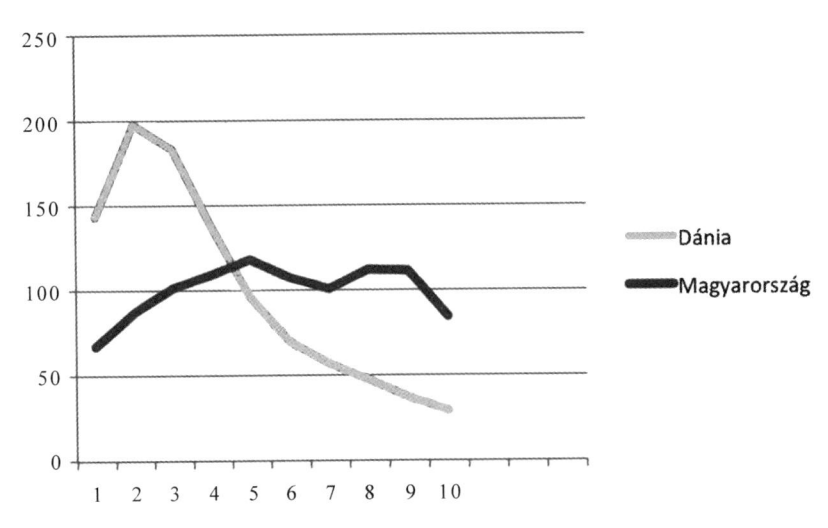

图 II-4-10　丹麦和匈牙利收入十分位数之间的社会政策转移占平均值的百分比

资料来源：经合组织。

因此，收入差距也因需要从收入中资助的儿童人数而有所不同。与孩子较少的家庭相比，有更多孩子的家庭在收入方面往往处于不利地位。在这种情况下，这种缺点会明显变得更高。

没有子女的家庭在人均收入方面明显高于全国平均水平。与有一个或多个孩子的家庭相比，这种差距变得巨大。在单身人士家庭中可以看到最大的收入优势，这是迄今为止所有家庭类型中人均收入最高的家庭。

就性别差异而言，它说明了 2015 年单身女性家庭的年平均净收入为 1437000 福林，而男性单身家庭的年平均净收入为 1598000 福林。与单亲家庭养育一个或多个孩子的家庭相比，他们具有显著的优势，在这种情况下，有孩子的家庭人均年收入有效地减少到 733000 福林。

社会不平等在匈牙利也表现出强烈的族群差异。唯一规模可观的少数民族是罗姆人，他们的社会经济地位明显低于社会其他民族。这些指标没有基于人口普查的统计数据，因为匈牙利没有收集基于族群的数据，然而，有些调查是可以得到的，尽管确定罗姆人的身份是有问题的，因为它可能是基于自己或外部的族群，或者是两者都有，或者是其他方式。根据

2003年的一项研究①，40%—65%的罗姆人属于收入规模中最低的1/10，70%—80%的罗姆人属于收入规模中最低的1/5。目前还无法获得更近期的估计。因此，我们可以有把握地认为，尽管大多数贫穷的匈牙利人不是罗姆人，但大多数罗姆人确实是穷人。这种不利的相对社会经济地位在一定程度上可归因于族群偏见。例如，根据政治资本智库和调查公司——益普索2014年的一项调查，所有政党的大多数选民无一例外地都认同种族主义言论"偷窃是存在在罗姆人的血液中"。偏见还包括罗姆人被认为无法就业，尽管有确凿的证据反驳这一说法。这里又涉及一个强大的社会地理维度。在首都布达佩斯，那里有效地实现了充分就业，罗姆人的就业统计数据与整个人口的就业统计数据没有显著差异。然而，在该国总体就业情况暗淡的那些地区，罗姆人的就业水平远远低于罗姆人的人口数量。这一方面反映了偏见，也反映了强大的网络效应。非罗姆人是第一个在有空缺职位时能找到工作的人，而罗姆人本身的社会网络较弱，他们的社会网络由其他失业的人员所支配，并且其提供的成功的社会流动策略的例子较少。

因此，我们必须强调种族不包容，其并不能解释整个情况。大多数罗姆人也居住在匈牙利的学校，医疗保健，再培训和公共交通最落后的地区。因此，罗姆人低社会经济地位通过不充分的解放公共服务及毫无疑问的强烈的种族偏见而得以再生。很有可能，匈牙利这些处境不利地区的公共服务不足，是由该国有影响力的中产阶级不同意国家援助弱势社会经济群体的必要性这一事实产生的间接结果。他们认为这是不值得的，"无法解放（impossibleto emancipate）"。

另一个受不平等影响很大的群体是儿童。根据贝塔斯曼基金会（Bertelsmann Foundation）的欧洲社会指数，2017年约有33.6%的儿童面临贫困或被社会排斥的风险。只有危机四伏的希腊和更为贫穷的罗马尼亚和保加利亚的情况更糟。2015年，这一数字达到惊人的43.9%。情况虽然有所改善，但形势仍然严峻。

至于严重的物质匮乏，2017年约有21.1%的儿童受到影响，而其他

---

① Kemény, István, Béla Janky, and Gabriella Lengyel. A Magyarországi Cigányság 1971–2003, Budapest: Gondolat, 2004.

FIGURE11 SEvere material deprivation,children(0-17)

Unit:Percent

Social Justice Index

Rank	Country	2008a	2011b	2014c	2015d	2016e	2017f
1	Sweden	3.2	1.3	1.9	1.1	0.8	0.7
2	Finland	3.4	2.3	1.8	2.0	2.0	1.8
3	Netherlands	1.9	2.0	2.3	3.7	2.6	2.4
4	Denmark	4.8	3.1	3.8	3.1	4.3	3.0
	Luxembourg	0.7	0.2	2.4	1.8	3.0	3.0
6	Austria	3.7	5.6	6.4	6.0	4.2	3.5
7	Germany	5.4	5.2	5.6	5.0	4.7	3.6
8	Estonia	4.1	10.7	7.0	5.7	3.9	4.0
9	Slovenia	4.4	5.1	6.0	4.9	4.7	4.5
10	France	5.4	7.0	5.6	5.7	5.4	5.3
11	Poland	22.5	14.9	11.8	10.2	7.9	5.8
12	Czech Republic	10.5	8.6	7.3	9.7	7.2	6.3
13	Malta	6.4	7.7	11.8	13.9	10.4	6.4
14	Belgium	7.0	7.7	5.5	6.8	7.9	6.9
15	Spain	4.4	7.4	8.3	9.5	9.1	7.1
16	United Kingdom	6.3	7.3	12.3	10.8	9.6	7.5
17	Ireland	7.6	8.2	13.4	10.1	8.9	8.9
18	Portugal	11.8	10.8	13.9	12.9	11.0	9.6
19	Slovakia	16.3	13.5	13.0	12.1	11.2	9.7
20	Lithuania	15.9	20.0	18.5	13.7	13.8	11.5
21	Croatia	14.8	14.8	13.7	13.1	13.4	11.7
22	Latvia	20.5	30.7	25.4	19.9	17.0	11.9
23	Italy	7.8	8.6	13.5	13.7	13.0	12.3
24	Cyprus	11.7	12.5	18.7	15.6	17.2	17.7
25	Hungary	24.4	28.8	35.6	31.9	24.9	21.1
26	Greece	9.7	12.2	23.3	23.8	25.7	26.7
27	Romania	42.3	35.8	36.4	31.0	28.9	30.2
28	Bulgaria	58.3	46.5	46.3	38.4	37.3	36.1

Source:Eurostat Online Database(data refer to a:2008 or 2010;b:2010;c:2013;d:2014; e:2014 or 2015;f:2016)

BertelsmannStiftung

图Ⅱ-4-11 2008—2017年面临贫困或社会排斥以及严重物质匮乏的儿童比例

资料来源：欧洲社会指数。

同样遭受物质匮乏影响的国家的情况都低于这一水平。再次，虽然发现了一些改进的情况，特别是与2014年相比，但情况仍然严峻。

从数据中可以明显看出，儿童的可怕处境不是该国整体经济状况的结果。具有相似发展水平的国家（爱沙尼亚、捷克共和国、波兰）表现出明显更好的结果。

作为这些政策的结果，匈牙利980万人口中大约有370万—410万公民在最低生活保障之下。匈牙利统计局使用了一个值得称赞的衡量贫困的标准。被广泛使用的相对贫困线（如大量使用的平均工资60%的基准线）没有硬性的物理意义，也就是说在这条线之上或之下没有多少变化。此外，匈牙利的衡量标准曾经涉及通过编制一个最小的食物篮来计算所谓的最低生活费。饮食专家每个月都会编制一个包含所有必需蛋白质、碳水化合物、维生素等的最便宜的健康食品篮子。然后，所得的金额将用于计算能够负担这种最小健康食品篮的那些个人/家庭的每月总支出（租金、取暖、衣服、旅行等）。然后将这个较大的数字标记为最低生活金额，并将其用作分界线来估算生活在该线以下的个人和家庭的数量。

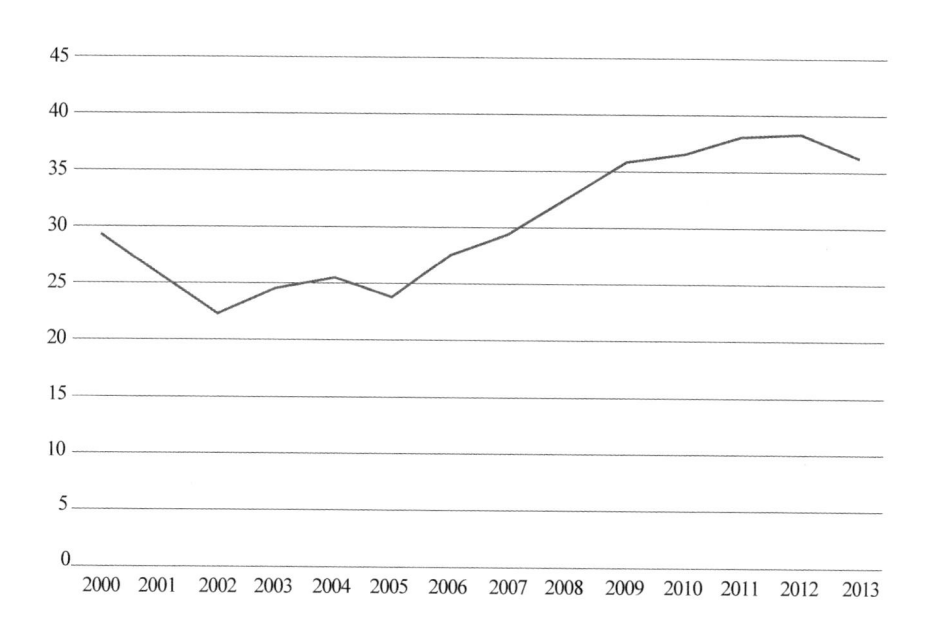

图 II - 4 - 12　生活在最低生活水平以下的家庭百分比

资料来源：匈牙利中央统计局。

据参与国际努力协调各国贫困指数的专家称，匈牙利的方法经常被建议作为一种可能的共同基础，因为它能很好地处理潜在的文化和气候差异。然而，当2014年该指数达到相对较高的水平时，匈牙利中央统计局突然停止了该指数的发布。智库"政策议程"当年用同样的方法独立计算了该指数，发现该指数已越过40%的门槛。

根据研究表明，在这些最低的 1/4 的收入之外，另外 1/4 的人没有存款来支付意外的主要费用。因此，在匈牙利，只有收入排名前 20% 的人，才能称得上是过着中产阶级的生活，也就是说，他们拥有一定程度的经济保障。

从更广泛的国际比较来看，不平等的总体程度可能并不大，但匈牙利人认为贫富之间的紧张关系是一个严重的问题。从另一项欧共体调查中可以看出，约 59% 的匈牙利人认为贫富之间的紧张关系是一个严重的问题，在欧洲是最高的。[1]

对于这个结果有各种可能的解释，与国家的实际收入或财富基尼系数（Ginis）相比，这个解释并不明显。一个这样的解释是，一个非常富有的人炫耀财富的行为引人注目，他们不是从工资中获得收入，而是从利润、腐败和通常是通过攫取国家的一部分来获得收入。由于这种狭隘的精英群体在媒体中非常显眼，他们激怒了普通公民，低收入者努力工作只是为了从一个月到下一个月勉强度日。这些显赫的阶层包括政客、媒体名人和暴发户寡头。

另一种解释是，匈牙利人实际上是非常平等的。自 1990 年政治和经济转型开始以来的价值调查表明，匈牙利人的总体价值取向更接近德国和斯堪的纳维亚的平等主义配置，而不是更接近个人主义的盎格鲁—撒克逊人。由于历史原因，这并不奇怪，匈牙利是一个苏联卫星国家，而且在历史上一直属于日耳曼世界的轨道。智库"政策解决方案"（Policy Solutions）最近的一项名为"匈牙利梦"（The Hungarian Dream）的调查，该调查以"美国梦"的理想命名，发现普通匈牙利人的愿望主要是物质，其次与家庭和健康有关。在这项调查中几乎没有发现任何精神上无法估量的愿望。大多数公民希望通过再分配制度得到国家的帮助，这种期望在政治过渡后的三十年里从未实现过。因此，无论他们的政治倾向如何，他们都会以失望的方式回顾每一届政府。他们中没有人实现了多数人的梦想：一个运作良好的福利国家。当被问及他们希望匈牙利与哪些国家相似时，他们会提到欧洲福利国家：奥地利、瑞士、德国和斯堪的纳维亚国家。他

---

[1] Eurofound. Social Mobility in the EU. Brussels: European Foundation for the Improvement of Living and Working Conditions, 2017.

们有形的现实与他们的愿望之间的对比说明了他们感到的不公正感。

(一) 公共工程项目

现任政府对处于不利地理区域的失业问题的主要解决方案是引入大规模的公共工程项目。这些方案在最大限度上雇用了大约22万名公民，在大约400万的劳动力中占相当大的比例。

全国最低工资立法不涵盖为这些公共工程工作的人。这是一个巨大的问题，因为他们的月收入保持不变，而其他工作贫困人口的月收入稳步提高，法定最低工资标准逐步提高。2018年公共工程的雇佣工人的最低工资为8小时80530福林，净福利为54217福林。这远远低于其他经济体的法定最低工资标准，到2018年已达到93000福林的净额，预计未来几年将进一步增长。这些人的收入不仅达不到适度的生活水平，而且这种工资的动态也几乎没有取得任何进展。值得一提的是，2011年被雇佣者的净最低工资水平已经达到47125福林。从以后的变化可以看出，此后几乎没有增加。

公共工程方案的执行当局并不监督工程成效。一个方面是要说明公共工程的雇佣者在与国家签订合同期间到底做了什么事情。没有这样的总结，在媒体上引发了关于他们执行无意义任务的恐怖故事，或者他们被当地市政领导人彻底剥削。匈牙利科学院的研究人员对这些项目进行了研究，发现这些项目无效。比1/5还少的公共工程雇佣者从公共工程项目进入了真正的劳动力市场，这表明这些项目无法实现他们理论上的设计目标，即将这些公民引导进入真正的劳动力市场。研究人员认为，其主要原因是缺乏培训和再培训计划，这些计划将为这些人提供技能和能力，使他们能够转向真正的工作。大规模公共工程计划肯定会改善劳工市场统计数据，但却无法为就业前景黯淡的地理区域问题提供可持续的解决方案。对纳税人来说，这也是代价高昂的。

(二) 家庭照护

另一个在生活水平方面处于相当劣势的可确定的群体是那些在家中照顾亲人的群体。国家对家庭照护的支持净额不超过52800福林，与法定最低工资相比，这是一笔非常微薄的金额。然而，这是一个最大数量，大多数进行家庭照护的人实际上低于20%。

总而言之，我们可以说经济转型后的匈牙利社会是由转型时选择的各种资本主义模式来定义的。这种被称为"外国直接投资依赖资本主义"的模式，主要依赖外国直接投资作为经济中投资和所有权的主要来源。这与经济快速融合的大多数资本主义模式形成鲜明对比，国有企业和众多基层中小企业界定了经济的活力。最近，中国是这种动态趋同经济最重要的例子。相比之下，匈牙利经济中最具活力的部门是跨国公司，主要来自德国、奥地利和意大利，这些公司在匈牙利创造了低附加值和低工资的制造业基地，其出口的目的是面向富裕的西欧消费者，其利用欧盟内部的免关税安排。这种依赖外国直接投资的模式还提供了低税收，宽松的监管，薄弱的工会能力以及对跨国投资者的慷慨的国家支持。投资吸引范式的这些要素同时定义了匈牙利社会的结构，其中生活水平的总体水平主要由跨国公司的区位来决定，即他们决定在匈牙利的生产增值水平。在实践中，这导致与西欧极其缓慢的融合，而西欧的状况是维谢格拉德地区公民的固定参考。

由于低税收政策一揽子计划，国家的收入不足以给西欧类型的综合福利国家提供资金。因此，国家的政策在减轻不平等方面是无效的，为社会最贫困阶层的匈牙利公民实现其抱负和在社会中崛起创造机会方面是无效的。因此，匈牙利的社会流动性在整个欧盟中是最低的。至少这是2010年的情况。最近的跨国比较尚无法获得，但近年来国家人力资本投资系统进一步削弱的程度已大到足以使得不利的社会流动状况持续下去。一些匈牙利国家子系统甚至进一步加剧了市场驱动的不平等，而不是缓解它们。其中包括社会政策，教育和卫生等子系统。

自经济转型以来，财富和收入方面的不平等现象显著增加。这些社会经济群体中的弱势群体是农村地区的公民、罗姆人、有许多子女的家庭、参加公共工程方案的人以及提供家庭照护的家庭成员。

（本文的译者是同济大学政治与国际关系学院2018级硕士研究生赛米娜·帕尔哈提）

第五章　银行业状况*

匈牙利作为中东欧非欧元区的欧盟成员国，由于本币汇率的大幅度波动，在欧债危机中首当其冲，这给匈牙利的经济和社会带来了较大的困扰。根据匈牙利中央统计局的数据，其GDP的增速从2008年第四季度开始变为负数，从当时的-3.8%一路降到最低谷，2009年第二季度为-7.8%，从2010年才开始逐渐回正。失业率也从7%升到11.8%。[1]根据OECD的统计，匈牙利GDP增速在2012年仍为负增长。[2]这些数字在中东欧非欧元区的欧盟成员国中属于较高的水平。可见，匈牙利在欧债危机期间以及后危机时期的经济增长仍比较乏力。在政治领域，2006年执政的左翼社会党录音丑闻事件被曝光。虽然社会党持续执政到2010年，但是匈牙利的经济不见起色，社会党的信誉也直线下跌。2010年的大选中，欧尔班的右翼政党联盟毫无疑问成了绝对赢家。此后，国家大量修改各类法律法规或颁布新的法律法规。特别是针对匈牙利的债务危机，国家先后通过削减中央与地方政府的预算、国有化私人养老金等手段增加了政府收入，同时通过对特定行业加大税收、限制外币贷款汇率范围以及下调能源价格等方式直接干预行业市场。值得注意的是，一方面，这些措施确实能够起到一定提振经济的作用。2013年，匈牙利成功退出了欧盟的过度赤字程序，GDP增长也转负为正。另一方面，国家直接通过法律法规和税收的形式对价格和市场进行干预，甚至直接注资增持企业股份，这些措施都在一定程度上扭曲了正常的市场竞争环境。匈牙利前经济事务部部长

---

* 原载《欧亚经济》2018年第1期。
[1] 匈牙利中央统计局（Központi Statisztikai Hivatal），http://www.ksh.hu/。
[2] http://stats.oecd.org/Index.aspx#。

阿提拉·奇坎（Attila Chikan）表示，只要政府还在持续从私人经济中分一杯羹，只要是欧尔班而不是市场力量在决策，那么匈牙利的经济就不会有持续性的改善。① 著名经济学家科尔内也公开表示，匈牙利政府已经远远超过了单纯制定规则的程度，开始实施多余的、过度的、全面的干预，政府希望在更多的领域实践它的权力。② 由此可见，在匈牙利的经济中，国家干预问题已经成了其政治和经济领域的焦点之一。本章也拟从匈牙利债务危机的背景出发，探求国家干预背后的真正根源性起因，并以国家在银行业的行为为例，深入研究在当今匈牙利经济中国家干预的实现方式及其带来的影响。

第一节　国家干预主义的兴起

匈牙利自转轨以来，虽然经历了一定的转轨衰退阶段，但是随着稳定化、自由化、市场化改革的不断深入，其经济逐渐恢复至正常水平。特别是加入欧盟之后，单一市场给匈牙利带来了大量的外来投资，让其进一步融入了欧洲乃至全球的产业链之中。这些成果可以说是匈牙利经济转型的最大成就之一。不过，当今匈牙利经济中出现的国家干预主义却与之前的发展经验背道而驰，这不得不让人深思其兴起的背景和原因。

第一，社会党政府不负责任的财政政策是国家干预主义兴起的直接原因，这为欧尔班的国家干预主义扫清了政治障碍。事实上，对于匈牙利来讲，其债务危机中的表现并非单纯是欧尔班所形容的外资银行业问题，也存在一定的内因。

首先，左翼政府推高了公共债务水平。在2002年大选中，社会党以微弱的优势上台，得票率为42%，而最大反对党的青民盟得票率为41%。新的政府希望在接下来的地区选举中能够拉开优势，便提出实施财政扩张政策，推行"百天计划"，从财政中支出了1600多亿福林，用于补贴养老金、教师等公共职业的工资、支持贫困地区建设等。但这一巨大的数字并没有被清偿，公共债务持续增长。据匈牙利中央统计局数据，匈牙利公

---

① https://www.bloomberg.com/news/articles/2016-12-16/populist-magic-fades-in-economy-of-europe-s-big-trump-supporter.

② http://kapitalizmus.hvg.hu/2016/10/14/kornai-janos-orban-nem-akarja-a-szocializmust-visszahozni/.

共债务占 GDP 的比例从 1995 年逐步下降。然而自 2002 年开始，比例从 55% 直线上升至 2010 年的 80.7%，其间从未出现缓和趋势。① 世界银行的数据显示，这一比例从 2002 年的 58.9% 升至 2010 年的 81.5%。② 对此，社会党政府并没有节流大规模的支出项目，例如削减退休金和社会福利，仅对一些微小的项目进行削减，例如教育支出等，这导致财政赤字继续居高不下。

其次，社会党政府采取的应对措施适得其反。之后，社会党政府采取了一种不需要付出很大政治成本且能够相对降低需求和赤字的办法，即继续让经济通胀，加大信贷的力度，刺激供给。这一方式能够将成本分散至整个经济。更重要的是，这些措施均只需央行操作即可，不需要议会的批准。于是在 2004 年末，政府通过修改法律，增加了央行的货币委员会成员数量，操纵决策人员，以便让央行保持较低的基准利率水平。③

最后，政府的财政政策与货币政策不统一，最终引起了私人部门外币债务上升。到了 2006 年中旬，央行开始主动上调基准利率以应对福林的相对贬值。④ 这带来了另一个问题，即信贷的成本上升。由于此时外汇自由兑换且欧元和瑞士法郎的基准利率持续走低，外汇贷款的成本相对较低。此时，匈牙利的各大信贷机构开始放宽对偿还能力的审查，积极放出外币贷款。根据匈央行的报告，在中东欧地区，匈牙利虽然在外币贷款绝对值方面落后于拉脱维亚和爱沙尼亚，但是在本币和外币贷款数额的差距方面，是这一地区最大的。⑤ 虽然在更换了央行行长后，央行再次调低基准利率，但这一现象并未好转。

---

① 匈牙利中央统计局，http：//www.ksh.hu/docs/hun/eurostat_tablak/tabl/tsdde410.html。

② http：//data.worldbank.org/indicator/GC.DOD.TOTL.GD.ZS?locations=HU。世界银行的数据与匈牙利本国的统计有所出入。最大的出入在于 2010 年之后，世界银行统计的这一比例仍继续走高，2016 年达到了 96.5%。而匈牙利中央统计局的数据显示，从 2011 年开始，公共债务占 GDP 的比例一路走低，至 2016 年的 74.1%，两方统计数据差距之大，值得深思。不过这一点不在本章的讨论范围内。

③ http：//www.origo.hu/gazdasag/hirek/20050131negy.html。此次委员会人员的扩大并没有得到当时央行行长的支持和认可。

④ https：//www.otpbank.hu/portal/hu/Kondiciok/JegybankiAlapkamat；https：//www.mnb.hu/arfolyam-tablazat?deviza=rbCurrencyActual&devizaSelected=EUR&datefrom=2002.06.14.&datetill=2009.07.14.&order=1。

⑤ https：//www.mnb.hu/letoltes/hatteranyag-1002.pdf。

第二，匈牙利储蓄与信贷水平不匹配，这是匈牙利在欧债危机中受损严重的根本原因，也为欧尔班的国家干预主义提供了更具说服力的"素材"。在外币贷款不断增长的情况下，原本作为信贷最根本来源的居民储蓄水平却没有相应的提高。虽然左翼政府一直实施鼓励福利的社会政策，但是人口为1000万人左右的匈牙利，到了2008年，总储蓄也仅有270亿欧元，仅比2002年增长了1.3倍。而有着500多万人口的斯洛伐克在同时期内增长了1.93倍，波兰为2.10倍，捷克为1.87倍。[1] 然而，在信贷方面，私人部门中家庭的债务均持续上升。从匈央行的报告来看，从2002年到2008年，家庭的信贷持续增长。家庭房屋信贷水平增长了4.4倍，家庭消费信贷水平增长了5.99倍。而企业的信贷水平相对平稳，仅增长了0.88倍。在总体经济方面，匈牙利周边的国家，如波兰和捷克，它们的GDP增长率在6%—7%，波罗的海国家甚至是两位数的增长，而匈牙利的经济一直在4%左右徘徊。[2] 此时，匈牙利已经逐渐进入自己的债务危机，总体经济水平没有得到大幅度提升，而且居民储蓄增长远不及贷款增长的速度。

表Ⅱ–5–1　　　　　　匈牙利私人部门贷款水平一览　　　　（单位：亿福林）

	2002年12月	2003年12月	2004年12月	2005年12月	2006年12月	2007年12月	2008年12月
家庭房屋贷款	6980	13930	17750	21400	25450	29800	37740
家庭消费贷款	4970	6070	8220	12310	17660	24730	34780
企业贷款	33190	40770	46600	52790	59020	66470	62450

资料来源：匈牙利央行2009年信贷评估报告，http：//www.mnb.hu/penzugyi-stabilitas/publikaciok-tanulmanyok/hitelezesi-felmeres/hitelezesi-felmeres-2009-marcius。

而在这一时期，美国的次贷危机引起了信贷的萎缩和银行业的恐慌，

---

[1] http：//data.worldbank.org/indicator/NY.GNS.ICTR.CD? end=2016&start=2001.

[2] http：//stats.oecd.org/index.aspx? r=483453#.

进而引发了欧洲国家的债务危机。匈牙利部分周边国家虽然也是预算和经常账户同时赤字的国家，例如波兰、罗马尼亚，两国的本币也遭到了抛售避险，但是在资本市场不确定、无法得到有效融资的情况下，波兰、捷克等国能够依靠自身积累的储备维持一定支出，而匈牙利却必须依靠IMF、世界银行和欧盟的200亿欧元。另外，外币贷款的较高比例也决定了匈牙利的债务清偿需要更大程度地依赖外部金融市场。所以，虽然匈牙利并没有购买和交易美国的有毒债券，避免了一定的流动性危机。不过由于自身经济的脆弱性，信贷危机还是极度严重地打击了匈牙利。

第三，欧尔班将经济问题与政治话语相结合，这为匈牙利经济的国家干预主义提供了政治上的保证，塑造了一套完整的话语体系。在政治领域，欧尔班通过塑造一种"我们—他们"的话语模式来加强自身执政的合法性，这为其国家干预经济提供了政治基础。媒体、非政府组织、非营利性组织都成了欧尔班攻击的目标。例如在媒体方面，他指责国外资本和政治势力，如索罗斯等，通过资助匈牙利本土媒体来操纵社会舆论。在非营利性组织方面，中欧大学事件甚至成了全球关注的焦点。欧尔班本人多次亲赴欧洲议会，为这些措施进行辩护。不过，在一定程度上，这些事件反而助长了欧尔班宣传的力度，成了其本人加强自身形象的工具。在经济领域，欧尔班也践行了这一模式。欧尔班不断宣传外银行业巨头给匈牙利带来的信贷危机，指责外资银行不负责任地放出欧元、瑞士法郎、日元等外币贷款，而没有充分将汇率风险告知贷款人。2016年8月，欧尔班访问波兰参加经济论坛时曾表示，在四大行业中，国内资本必须要高过国外资本，即媒体、银行、能源以及零售。[1] 欧尔班通过这一话语模式给社会矛盾提供了一个发泄口，将本国的社会、经济问题转化为"我们—他们"之间的矛盾。匈牙利社会中有一部分人也确实接受了这种话语模式，这为欧尔班的执政以及实践其国家干预主义的政策提供了一定的民意基础。[2]

可见，匈牙利国家干预主义兴起的背景是有着政治和经济双重因素影响的。欧债危机确实给匈牙利的经济带来一定影响。但更重要的是，匈牙

---

[1] https://mno.hu/kulfold/orban-nem-letezik-olyan-hogy-europai-nemzet-1360450.
[2] 虽然在匈牙利很多人并不认同欧尔班，但确实存在一定的民意基础支持欧尔班政府。

利本国的政治和经济变化才是其国家干预主义兴起的根源。左翼鼓励消费的财政政策让匈牙利开始陷入自身的信贷危机，同时内部积累不足导致其整体经济脆弱。欧尔班上台之后则借助了这一趋势，开始大力推行民族主义，对经济实行国家干预主义。而这一方式反过来也会进一步提高欧尔班的政治地位。

第二节　银行业中的国家干预主义

从美国次贷危机引发的并通过欧洲金融体系传播到匈牙利的债务危机实际上首先是对其银行业产生了影响。外部金融环境的不景气降低了银行的盈利能力和放贷意愿。这主要表现在贷款瘫痪、信用等级的下调以及贷款条件从严等。信贷的中断和贷款条件的收紧恶化了总体的营商环境，这进一步加深了经济的萎靡不振。对此，匈牙利自然将银行业作为主要改革的对象。

通常来讲，国家和央行以维持银行业稳定为目的所采取的措施可以从不同的角度来分类。如果按照对银行业本身的影响来划分，一般主要有三种类型：一是改变整个行业某个标准，例如提高存款担保上限、降低准备金率等。虽然这一改变会以不同的方式触及拥有不同客户群体和不同资产结构的各类银行，但是这一类措施基本上能够保证政策实施起来公平的、没有歧视性的，且能够保障最低限度地影响银行的资金结构以及银行间关系。二是对行业采取一套规制性的救助方案。虽然救助方案理论上是面向所有银行的，但仍存有一定的歧视性。此类方案最主要的工具之一就是央行增加流动性。原则上央行要对任何一家信贷机构敞开大门，不过具有不同情况的信贷机构对不同类别的具体措施的需求是不同的，这就造成了央行会制定出适用于不同机构的多套方案。三是针对不同的市场参与者采取特定的规则或措施。国家会公开对某一类机构采取特定的措施，这就带来了扭曲竞争的效果。例如国家直接增资、购买资产或提供担保等。这些措施对那些资产有风险或是即将破产的银行是利好，给他们提供了继续维持商业活动的机会。然而当国家拥有股权时，指导性甚至是指令性经营方式必然会随之而来。同时国家也可以通过影响市场来直接提高资本回报率。对此，欧委会在2008年发布了一份关于成员国救助银行的指南。指南指出，成员国的救助要采取非歧视性的方式，不能带有民族色彩；国家的救助应限制在一定范围内，不能滥用国家职权等。① 另一个能够区分这一歧视性措施的标准是资金来源。对匈牙利银行来说，充足的资金来源包括国家的预算或是债务，例如向 IMF 借款。而其他来源则主要是来自外资母银行注入的流动性。例如早期德国巴伐利亚银行对其子银行，匈牙利对外贸易银行（Magyar Külkereskedelmi Bank，MKB）的注资。

不过，居高不下的公共债务给匈牙利救助银行业的方式带来了巨大的限制，因此匈牙利同时采取了上述三种做法。首先，在调节流动性方面，匈央行引入了很多不同期限和优惠条件的福林与欧元以及福林与瑞士法郎的外汇兑换工具。匈央行与瑞士国家银行在 2009 年分别签署了为期一周的欧元兑瑞郎的外汇掉期协议和为期三个月的欧元兑福林的掉期协议。这一方面维持了本国银行业中外汇的流动性，另一方面加大了挤兑福林的成本。匈央行进而对各类商业银行开展救助项目。其中期限最长的是六个月，其条件是享受该项目的商业银行必须保证在 2009 年对匈牙利本国企业发放贷款的水平不得低于 2008 年的水平。其次，为了缓解银行间本币市场的紧张局势，匈央行在 2009 年放宽了利率走廊，降低准备金率，鼓励对银行间借贷和央行信贷的需求。同时将可接受的抵押物范围扩大至地方政府的债券以及央行指定合作方的抵押债券等。② 上述措施属于前两种类型，即改变行业整体的标准以及规制性的措施。

不过，匈牙利还针对不同的市场参与者采取了特定的规则或措施，这大大改变了匈牙利银行业市场的格局。可以说，政府的这些措施才真正给竞争带来了影响，改变了市场参与者的实力，其行为严重超越了市场经济体制下政府在市场的边界。在匈牙利中央银行（又称匈牙利国家银行，Magyar Nemzet Bank，MNB）主席和国家金融组织监管委员会（Pénzügyi Szervek Állami Felügyelete，PSZÁF）主席的联合建议下，2009 年 3 月 31 日匈牙利政府经过了 3 个月的协商之后开始正式实施对 FHB 抵押银行（FHB. Mortgage Bank）的救助计划。在匈牙利以长期融资项目和房地产贷款而著称的 FHB 抵押银行获得了 300 亿福林的国家增资。此前，该银行

---

① http://europa.eu/rapid/press-release_IP-08-1495_en.htm.
② https://www.mnb.hu/letoltes/eves-jelentes-2009-magyar-vegl.pdf.

还从国家得到了 4000 万欧元的贷款。增资后，国家在该银行集团的股份比例为 43.75%，不过没有投票权，只有在股息支付问题上有特别否决权。按照协定，FHB 抵押银行每年付给政府 30 亿福林的分红（这一水平相当于 2008 年该银行盈利的近一半）。双方约定 FHB 抵押银行五年后赎回这些股份。然而这一案例的背后问题是，该银行原本债务中外币贷款比例就较低，也没有大规模的企业坏账，因此欧债危机没有较大影响其经营状况。可以说，此次国家增资丝毫没有救助的色彩。从该银行随后发布的公告中也可看出这一点，注资更多的目的在于提振金融市场的信心，与救助 FHB 抵押银行本身并无关系。银行表示："FHB 银行集团的资本水平高于市场平均水平。通过这次的增资，FHB 集团能够更好地促进金融行业的整合以及金融服务市场的稳定以及 FHB 自身的稳定，以加强自身在资本市场中的作用，重塑对匈牙利投资的信心。"[1] 另外一个例子是匈牙利本土最大的银行，匈牙利国家储蓄银行（OTP）。其在 2009 年得到了政府大约 13 亿欧元的贷款。这一案例也同样缺乏证据表明该银行陷入了危机。2008 年，OTP 集团刚刚将自己的子企业之一，担保保险公司（Garancia Biztosító）出售给了法国集团 Groupama，获得了 1280 亿福林的收入。[2] 同年还在乌克兰增资开设了新的分支机构。[3] 在 2008 年底，OTP 的副董事长乌尔班拉斯洛（Urbán László）甚至还曾宣布 OTP 根本不需要国家救助或增资。[4]

更重要的是，国家不仅仅是在欧债危机正盛的时期采取了这种直接增资持股的手段，在 2010 年之后，国家反而加大了收购的速度而且收购对象开始转变为中小型银行。匈牙利国民经济部则认为，欧盟关于禁止国家注资的相关规定是合理的，但是国家如果完全按照市场逻辑来投资，那么欧盟相关法律便无法施加限制。2013 年 6 月，国家以 25.8 亿福林的价格购买了格拉尼特银行（Gránit Bank）49% 的股份。两个月之后，该银行便获得了匈央行增长信贷项目（Növekedési Hitelprogram，NHP）的 110 亿福

---

[1] http://www.portfolio.hu/finanszirozas/bankok/30_milliardot_kap_az_allamtol_az_fhb.112680.html/.
[2] https://www.otpbank.hu/static/portal/sw/file/080211Garancia3_hu_014.pdf.
[3] http://hvg.hu/gazdasag/20081111_otp_leany_ukrajna.
[4] http://nepszava.hu/cikk/36471-az-otp-nem-ker-a-segitsegbol.

林的贷款。格拉尼特银行总经理公开表示，此次国家以商业为目的的注资，能够使该银行拥有一个创新的商业模式，成为一个高效运行的国有银行①；2013年7月，政府以30亿福林的价格收购了赛切尼银行（Széchenyi Bank）49%的股份。然而，2014年匈央行启动对该银行的违规调查。同年12月，取缔了其营业执照。这一收购被认为是匈牙利银行国有化过程中典型的失败案例，引起社会对收购行为背后目的的普遍怀疑；2013年8月，匈牙利邮政集团（Magyar Posta）以6亿福林的价格收购了匈地方储蓄所中的领头羊储蓄银行（Takarék Bank）19.3%的股份，以进一步提高该银行在地方储蓄市场的地位。实际上，国家在2012年便通过国有的匈牙利发展银行（Magyar Fejlesztési Bank，MFB）购得了该银行35.5%的股份。此时，储蓄银行已完全成为国有控股的银行。一年之后，FHB抵押银行便从国家手中购买到上述全部国有股份。可见，通过在国家、国有企业之间不断的转手，再加上FHB抵押银行之前已所拥有该银行25%的股份，可以说FHB抵押银行通过国有股权的买卖直接获得了新的市场；2014年9月，国家以5500万福林的价格购买了匈牙利对外贸易银行99.99%的股份，并对其拖欠母公司德国巴伐利亚银行2.7亿福林的债务进行重组。国民经济部部长瓦尔高米哈伊（Varga Mihály）表示，收购该银行是匈牙利银行业重组的第一步，本土化的比例要进一步增高。② 不过在2015年，政府相继多次出售了这一银行的股份。可见，在这一案例中，国家作为投资者角色和危机处理者的角色混合在了一起。

　　从上述各类案例可以发现，国家在债务危机期间以及危机之后，以多种身份一直对银行业进行干预。虽然国家确实以危机救助者的身份对部分银行实施了救助并进行债务重组，例如收购对外贸易银行，但是国家更多还是以金融投资者的身份出现在银行业市场。国家期待的是通过收购获得快速的回报，即通过国家增资的形式股买了银行的股份，然后再快速私有化，将股份转手，进而达到重组银行业市场的目的。例如，在FHB抵押银行和储蓄银行的案例中，国家直接通过增资增强了特定银行的实力，以

---

① http：//m. portfolio. hu/finanszirozas/bankok/kiderult_ mennyi_ penzt_ oszt_ szet_ a_ granit_ bank. 188060. html.

② https：//www. vg. hu/penzugy/allamositottak-az-mkb-bankot-436327/.

期改变以往的市场竞争结构。不过，在部分案例中，国家投资的商业目的却比较模糊，例如在赛切尼银行案例中，至今仍不了解国家和央行在收购之前是否对收购对象进行充分的调查，投资目的值得怀疑。

第三节 国家干预主义给银行业带来的影响

从上述匈牙利采取的一系列措施可知，自欧债危机以来，国家一直尝试要国有化各类内资和外资银行。不过其所采取直接增资的手段模糊了国家原本应扮演的危机救助者的角色。而从这些措施带来的影响看，国家的直接增资和相关政策的实施也确实给匈牙利国内原本的市场带来了一定影响。

表 II-5-2　　　　匈牙利9大银行的市场份额变化　　　　（单位：%）

	2011 年	2014 年	2016 年	2017 年
匈牙利国家储蓄银行	19	21.3	20.5	21.3
奥地利第一储蓄银行	9	8.7	5.8	6.1
匈牙利贸易与信贷银行	9	7.9	7.8	7.5
匈牙利对外贸易银行	8	7.7	5.9	5.7
奥地利中央合作银行	7	6.9	6.0	5.9
匈牙利 CIB 银行	7	7.3	5.1	4.9
裕信银行	5	5.3	8.2	7.9
匈牙利发展银行	3	4.4	4.5	3.8
布达佩斯银行	3	2.9	3.0	2.7

资料来源：RZB Group CEE Banking Sector Report，http：//www.rbinternational.com/eBusiness/01_template1/829189266947841370-8291891813316930732_8296029479973338151_829603177241218127-829603177241218127-NA-2-EN.html。

从总体银行业市场份额来看，欧债危机以后只有部分银行实现了份额的增长或者保持了原有的水平。这些银行包括匈牙利国家储蓄银行、匈牙利发展银行、布达佩斯银行和裕信银行。其中唯一一个增长最明显的是裕信银行。其在2015年创造了历史最高的收益水平，达到了390亿福林，比前一年的收益翻了一番。[①] 根据其他统计数据，其资产规模在2015年位

---

① https：//www.unicreditbank.hu/content/dam/cee2020-pws-hu/Rolunk/UC_Eves_Jelentes_2015.pdf。

列匈牙利所有银行的第二位。① 这解释了为何其市场份额从 5% 增加至 8%。匈牙利国家储蓄银行作为匈牙利本土银行的巨头，在 1995 年私有化后便一直遥遥领先于其他银行。不过其国内市场份额的变化并不大，在 20% 左右徘徊。该银行在 2008 年出售了子公司，为其带来了巨大的收入，进而保障了自身资金的流动性。同时，国家在 2009 年还为其发放贷款。虽然这一银行在国内的业务没有明显的增长，但海外的业务却迅速扩大，相继在克罗地亚和罗马尼亚进行了收购。这些都说明了该银行几乎没有受到债务危机的较大冲击，反而借助此次危机增加了在中东欧地区的业务。另一个基本维持了原水平的银行是匈牙利发展银行。不过该银行是国有独资的政策性银行，主要服务于匈牙利经济的长期发展。布达佩斯银行是匈牙利第四大银行。在 2015 年被国有化之后，其市场份额也没有发生显著变化。

份额明显下降的银行基本都是外资银行，例如奥地利第一储蓄银行、匈牙利贸易与信贷银行、匈牙利对外贸易银行、奥地利中央合作银行和匈牙利 CIB 银行。奥地利的两家银行，奥地利第一储蓄银行和奥地利中央合作银行作为匈牙利银行市场上老牌的外资银行，2015 年的市场份额下降明显。奥地利中央合作银行在 2015 年的年报中，各类收入均出现了下降，其中最重要的利息收入出现了近 20% 的下降。② 该银行的管理层宣布为了节省成本，将匈牙利全国的分行和支行从 112 个减少到 67 个，同时也宣布了裁员计划。③ 第一储蓄银行 2015 年的收入下降了 23.8%，运行成本上升了 3.8%。收入中，利息收入下降了 24.2%。④ 在 2016 年，该银行向国有银行匈牙利发展银行的控股公司考文纽斯国际投资集团（Corvinus Nemzetközi Befektetési Zrt.）和欧洲复兴与开发银行（EBRD）共出售了其 30% 的股份。⑤ 由比利时联合银行（KBC Bank）全资控股的匈牙利贸易与信贷银行在盈利方面也受到了国家干预的影响。该银行明确指出，由于政

---

① http：//www.portfolio.hu/finanszirozas/bankok/magyar_ banki_ rangsor_ foldcsuszamlas_ az_ elen.237133.html.
② https：//www.raiffeisen.hu/documents/bank/jelentes/eves/raiffeisen_ eves_ jelentes_ 2015.pdf.
③ http：//www.origo.hu/gazdasag/20150429-felezi-magyar-fiokjait-a-raiffeisen.html.
④ https：//www.erstebank.hu/static/internet/download/EBH_ FS_ 2015_ ENG.pdf.
⑤ https：//www.erstebank.hu/hu/bankunkrol/erste-bank-hungary-zrt/tulajdonosi_ struktura.

府对于银行业的管制，2014 年银行亏损了 280 亿福林，其市场份额也于同年出现了明显的下降。① 匈牙利 CIB 银行的母公司是意大利联合圣保罗银行。根据其 2015 年的报告，该年净利息收入下降了 26%，税前总收入下降了 63%。② 匈牙利对外贸易银行在 2014 年被国家从巴伐利亚州银行的手中国有化之后，虽然其支行等机构的数量并没有较大变化，但是根据其 2015 年的年中报告，在大中型企业客户以及居民的零售业务等服务领域份额和总收入均出现了下降。③ 同时，其领导层和职员经历了 300 多人的撤换，市场份额出现了较大的下降。④

可见，国家深度干预银行业市场的行为带来了两种不同的影响。被国有化的银行并没有因此获得更大的市场份额，而是基本维持了原有的市场份额。而那些没有被国有化，仍保留在外资手中的银行，则基本都受到了严重的打击。考虑到欧洲整体在这一时段刚刚从债务危机的影响中复苏，银行业自身的资金流动性依旧有限，此时政府的注资或贷款对银行来讲，是影响十分重大的。当然，很难衡量国家具体的一笔贷款或者直接增资的行为究竟是如何作用、在何种程度上帮助了这些银行维持或是增加市场份额，进而挤兑了外资银行。不过，可以肯定的是，与那些没有获得国家救助或是增资的外资银行相比，这些被国有化的银行基本上确实维持了在匈牙利国内市场的份额，甚至进一步扩大了海外业务。总之，在匈牙利的银行业内，以商业为目的的国有银行以及国有股份的比例开始增长，外资银行开始逐渐受到挤兑。这一趋势也为那些小型的、没有较大资本实力的匈牙利本土银行提供了扩大市场份额的机会。

值得注意的是，匈牙利的这些国有银行至今并没有展现出令人信服的、处理经济危机的能力。虽然匈牙利两级银行体系的形成在转轨之前便早已出现，但是当时新成立的大型商业银行很多依旧是国有的。当时国家不仅仅是直接的，也是间接的所有人之一，因为大型国企也逐渐成了新银

---

① https：//www.kh.hu/csoport/sajto/-/sajtohir/a-k-h-bankcsoport-2015-ben-38-1-milliard-forin-tos-nyereseget-ert-el-a-k-h-2015-ben-236-milliard-forint-erteku-uj-hitelt-folyositott-a-k-h-biztosito-ne.

② http：//cib.hu/system/fileserver? file =/Sajtoszoba/CIB_ Bank_ Zrt_ 2015_ 1231_ IFRS_ HU. pdf&type = related.

③ https：//www.mkb.hu/sw/static/file/item_ 5763. pdf.

④ http：//index.hu/gazdasag/bankesbiztositas/2015/04/09/300_ embert_ bocsatanak_ el_ az_ mkb-nal/? token = 4a2cb0cd3c3174035ff0a6e8a2fc2de2.

行的股东之一。这些银行在转型后的一段时间内积累了大规模的坏债。到了20世纪90年代初，各大银行不得不通过股票市场（例如匈牙利国家储蓄银行）或是直接出售的方式进行重组合并。国有银行并没有逃脱被私有化的命运。然而，国家如今在完成欧尔班本人提出的50%的目标以后，逐步将匈牙利银行业市场转向了一个由国家拥有多数股权的、少量中型和大型私人银行的银行体系。究竟如何让此类银行和银行体系更好地转型，提高抗击风险的能力，避免重蹈历史覆辙。对于这一问题，政府至今没有明确的表态和政策。

第四节　政府对其他行业的干预

以国有化为主的国家干预政策已经蔓延至整个经济。在能源领域，2011年，国家通过匈牙利国家资产管理公司（Magyar Nemzeti Vagyonkezelő Zrt.，MNV）购买了老牌能源企业匈牙利油气工业集团（MOL）22%的股份。2013年，这家公司又全额收购了德国意昂集团（E. ON）匈牙利分公司旗下的意昂天然气公司和天然气储藏公司。在公共服务领域，国家几大收购项目几乎全部是全资购买。例如，2012年布达佩斯地方政府全额收购了布达佩斯自来水厂，2014年地方政府全资收购了AVE废物处理公司。匈牙利总理办公室主任罗岗·安道尔（Rogan Antal）甚至曾公开表示："要将全国的公共服务行业纳入到一个体系之中。"① 在媒体和交通行业也是如此，2011年国家通过媒体服务支持与财产管理基金（Médiaszolgáltatást Tamogató és Vagyonkezelő Alap）全资购买了多瑙电视台。其他地方政府在2011年和2014年则相继购买了佩奇交通公司（Pécsi Közlekedés Zrt.）、别尔贡德机场（Börgöndi repülőtér）等。在加工制造业，匈牙利国家资产管理公司在2011年收购了匈牙利老牌汽车企业拉鲍（Rába）73.4%的股份。匈牙利铝生产和贸易公司（Magyar Alumínium Termelő és Kereskedelmi Zrt.）在2013年被国家收购。② 各类地方的肉制品

---

① https：//m.portfolio.hu/vallalatok/rogan_ismet_elohozta_a_nonprofit_kozmuszolgaltatast.188845.html.
② 此收购案例并非传统的国家或国有企业出资收购。而是在国家相关部门对该企业因环境污染问题而开出巨额罚单后，该企业申请破产，进而被国家清算、重组。

加工厂也都被全资收购。可见，欧尔班本人并非仅仅将矛头对准了外资银行。国家直接注资参股或者国有化的政策已经在各个领域均有所体现，而且在部分收购案例中，企业的原所有人并非是外资。

本章重点分析了匈牙利银行业中国家干预主义的具体表现、实现手段及其所带来的影响。国家不仅采取了一系列欧债危机中比较普遍的手段来缓解债务危机，例如增加流动性、放宽利率走廊等，同时也采取了直接干预的政策，例如通过立法引入危机税、交易税等。其中，对银行直接增资或是国有化的这一做法，更是直接影响了债务危机中各个银行的经营能力，引起了内资与外资银行在市场份额中的变化。可以说，国家针对银行业采取的措施进一步区分并加强了银行市场上"内资（民族）—外资"的对立模式，将匈牙利银行业向一个新的方向进行扭转。此外，这种国家干预主义的政策在匈牙利经济的其他行业中有所体现。

笔者认为，匈牙利的国家干预主义主要是通过以下几种方式实现的：第一，国家改变了自身在市场经济中的角色，从市场调节者转变为金融投资者。① 这是实现国家干预的直接方式。之前在匈牙利的银行业中，国家扮演过两个角色，一是本土银行业的市场构建者，例如构建两级银行体系等；二是重大事件的处理者，例如1998年政府出资建立匈牙利邮政银行，2003年对该银行重组等。但是在2010年之后，国家以商业为目的的收购或参股的行为，实际上都是一种市场投资行为。此时，国家的身份变成了一个金融投资者，一个私人的企业，期待获得快速的回报和利润，而不是一个危机处理者，期待迅速解决银行业危机。

需要注意的是，虽然在现在与转型前匈牙利经济中都存在国家干预，但现在的国家角色与之前有很大不同。在各个经济领域推行的国家参股或者国有化并非计划经济时期的国有化，所以并不能说国家角色的转变就意味着匈牙利在经济体制方面出现了倒退。在转轨前的计划经济体制下，这三者相互交织，无法有效分离，这也造成了经营效率低下。当今国有化的匈牙利企业采用的是现代企业制度，即政府调节、企业经营权与财产所有权相分离。虽然国有化之后存在国家对企业经营的干预，但是大体上只有

---

① 国有化的主体除了政府本身以外，还有政策性银行、国有企业等。本章认为，这几种行为均属于国有化的类型。在这两种情况下，国家成为直接或间接的投资主体。

管制，而没有严格且紧张的计划。而且企业的生产、人力等资源也都是市场化运作，并不存在以前不正常的短缺和滞存。

第二，欧尔班刻意混淆了国有化私有化以及内资外资两个概念之间的区别，这是其推行国家干预的内在逻辑。内资与外资是从财产所有权主体的合作情况出发来区分企业的，而国有化和私有化则是从所有制、控制权的角度出发来区分的。这两者是两个不同层次上的概念。内资与外资这一概念被欧尔班描绘成为一幅匈牙利民族为了保护自身的利益而必须对抗外来国家的图景。他利用欧债危机谴责外资企业，坚称要扩大内资企业的比例以减少外资对本国经济的干扰。但是，在扩大内资企业的激励措施和实施手段上，他不断推行国有化。似乎只有通过政府的增资或国有化，才能实现内资企业的壮大，似乎只有国家参股或者国有化，才能被称为民族经济。而真正按照市场需求运行的私人部门的入股或并购，似乎并不在此范围之内。

这种内在逻辑实质上是对财产所有权，即国有和私有财产权的双重不尊重。国家利用自身庞大的资金实力将原本的私人财产权转化为国有财产权，或者通过增资持股的方式分散了企业内部的私人产权，以期完成国家或者说是欧尔班本人的目标，例如银行本土化50%以上。之后，名义上是维护市场经济的体制，承诺在渡过危机之后迅速转卖这些企业，进行再私有化。但事实上国家在再私有化过程中，让高层亲信进入企业管理层或直接获得所有权，形成所谓的"裙带资本主义"。[①] 在这一过程中，可以说欧尔班成功地将分散在市场上的财产所有权重新集中在了个别的小型团体手中，这不仅肆意侵犯了私人产权，也肆意将国有产权私有化。这是一种对于国有产权和私有产权不负责任的做法。

第三，欧尔班将其政治目标与国家干预主义政策相结合，这是其最根本的目的。事实上，银行业以及其他行业的国有化和私有化问题从来都不单纯是一个经济问题，通常此类决策会具备一个更加宽广的社会和政治背景。在欧债危机期间，欧尔班大力推行"我们—他们"的政治话语模式，并将这一模式应用到了经济领域，形成了"内资（民族）—外资"的对

---

① 孔田平：《欧尔班经济学与经济转轨的可逆性——匈牙利经济转轨的政治经济学分析》，《欧亚经济》2016年第6期。

立模式。更重要的是，这一模式成了匈牙利政治和经济生活中国家干预主义的幌子。欧尔班刻意忽略了匈牙利经济本身的结构性问题，而制造了一种属于政治话语的、能够协助其本人达到政治目标的话语体系。事实上，这一点在难民危机中也有所体现。欧尔班利用匈塞边境建立隔离带、坚决拒绝接受难民配额等行为加强了本人在国内的民意支持。可以说，无论是何种领域的问题，都会被欧尔班融合到"我们—他们"的话语模式之中，而这种模式服务于范围更大的政治集中决策。

第六章　转型历程

1989年，社会主义阵营内出人意料地发生了一场东欧剧变，绝大多数原先由共产党执政的东欧国家都相继放弃了苏联模式的一党专政体制，转而采行西方式的议会民主制度。仅仅两年之后，苏联也于1991年末迎来了自身的解体，冷战由此宣告终结。东欧剧变并非一夜之间就得以发生，而是经历了一个由慢及快、相互促进的有机过程。在各国的变革过程中，共产党当局与反对派组织所举行的圆桌谈判，往往起到了某种承上启下的关键作用，而匈牙利的剧变，则又可被视为在整个东欧剧变过程中起到承前启后作用的那张最为关键的多米诺骨牌。本章将对匈牙利圆桌谈判的来龙去脉予以介绍。

第一节　历史背景

匈牙利在第二次世界大战中隶属于轴心国集团。1945年轴心国战败，匈牙利被苏联红军占领，随即被纳入苏联的势力范围。虽然斯大林当时采用了通过选举建立所谓"联合政府"的过渡政策，但是匈牙利共产党在苏联占领当局的支持下，依然在战后的首届政府中取得了数个关键的部长职位。此后匈共便在其总书记拉科西的主导下通过手中掌控的警察系统以及秘密警察机构对其政治对手实施了一系列的政治打压，并在1947年8月举行的战后第二次议会选举中成为得票率最高的单一政党，由此率领左翼政党联盟登上了执政舞台。

1948年6月，拉科西强行实施了匈共与社会民主党的组织合并（合并后的新党改名为"匈牙利劳动人民党"），随后又取缔了其他所有反对派政党，并于1948年7月建立起直接对内阁领导人拉科西负责的国家保安局。至此，劳动人民党的一党统治得以完全确立，匈牙利也由此进入了"斯大林的最佳学生"——拉科西的统治时期。

当斯大林于 1953 年 3 月去世之后，拉科西的严酷统治遭到了新一届苏联领导人的批评，劳动人民党党内的温和派领导人纳吉·伊姆雷（Nagy Imre）得以出任政府总理，开始着手实行一系列的政治和经济改革。然而好景不长，此后拉科西又借着党内改革派在莫斯科的支持者马林科夫的失势，于 1955 年 4 月 14 日成功操控党的中央委员会全会通过决议将纳吉·伊姆雷开除出中央委员会与政治局，使自己重返权力的前台。

1956 年 2 月，苏共二十大的秘密报告对斯大林的罪行进行了一定程度的揭露。匈牙利国内对于整个体制的反思开始往纵深方向发展，社会上要求实行改革的呼声也越来越高。1956 年 10 月 23 日，首都布达佩斯街头终于爆发了一场要求当局实行实质性改革的大规模游行示威。在秘密警察向示威群众开枪之后，该运动更是演变为一场公开的全民起义——示威群众在其同情者的帮助下与秘密警察以及开入布达佩斯市区的苏军部队展开了激烈的战斗。在此期间，应民众要求复出担任总理职务的纳吉·伊姆雷曾于 10 月 30 日通过电台向全国宣布，在取得党中央一致同意的情况下，匈牙利将从此结束一党制，恢复实行多党制。11 月 4 日，苏联军队大规模开入匈牙利全境，对这场运动实行了全面镇压。以上便是匈牙利历史上著名的"1956 年事件"。

"1956 年事件"之后被苏联当局选中的新一任匈牙利领导人是卡达尔·亚诺什（Kádár János），他在掌权之后固然在一定程度上恢复了一党体制，但是其统治风格总体来说却要比拉科西温和务实许多。到了 20 世纪 60 年代，卡达尔还着力推行了一系列的经济改革措施，并且取得了良好的效果，使得匈牙利居民的生活水平在东欧阵营中名列前茅。然而卡达尔的经济改革并未从根本上动摇计划经济的体制根基，政治体制的改革更是未能得到同步的推进。有限的改革终究克服不了体制固有的缺陷，危机只是被延缓了，并未得到根除。

第二节 谈判前奏

时间进入 20 世纪 80 年代之后，东欧各国的经济发展势头均已显出明显的疲态。匈牙利当然也无法例外,其经济陷入了增长乏力、物价不断上涨以及外债持续增多的困难局面。到了1987年下半年,连匈牙利社会主义工人党(1956年11月1日,匈牙利劳动人民党改名为"匈牙利社会主义工人党",以下简称为"匈社工党")的最高层领导人都不得不公开承认整个体制陷入了全面的危机当中。社会上要求匈社工党放弃其垄断权力、实现某种形式的政治多元化的诉求也应运而生,而且这种诉求正随着经济局势的逐步恶化而变得愈发强烈。与此对应的是,匈牙利民间持有民主化理念的反对派组织也呈呼之欲出之势。

面对社会上风起云涌的改革思潮与运动,匈社工党领导层于1988年5月20日至22日召开了一次党的特别代表大会,免去了卡达尔亚诺什的总书记职务,由之前担任政府总理的格罗斯·卡罗伊(Grósz Károly)取而代之,更多年轻且更具改革意愿的新生代领导人也得以进入政治局。①

到了1989年初,匈牙利又接连发生了几件具有重大政治影响的事件。在匈社工党党内改革派的主导下,匈牙利议会于1月11日至12日召开的会议上通过了一部《公众集会与结社法》,该法案明确规定了匈牙利公民拥有自由结社及组建政党的权利,此举事实上为民间建立合法的反对派政党打开了绿灯。②

如果说上述法案的通过为实现实质性的变革提供了某种法律基础的话,那么接下来发生的一件大事则又提供了某种思想基础——1月28日,时任政府国务部部长的匈社工党高层领导人波日高伊·伊姆雷(Pozsgay Imre)在接受一档电台节目采访时,竟然公开表示:党的历史委员会认为1956年事件是一次"人民起义",而非卡达尔时代所宣称的"反革命事件"!③

---

① Note 9, Document No. 32, "A Nemzeti Kerekasztal-tárgyalások nyitó plenáris ülése-1989. június 13", in András Bozóki, Márta Elbert, Melinda Kalmár, Béla Révész, Erzsébet Ripp and Zoltán Ripp (eds.), *A Rendszerváltás Forgatókönyve*: *Kerekasztal-Tárgyalások 1989-Ben*, Vol. 2, Budapest: Magvető, 1999, p. 26.

② Note 6, Document No. 8/a, "Az Ellenzéki Kerekasztal ülése-1989. március 30", in *A Rendszerváltás Forgatókönyve*: *Kerekasztal-Tárgyalások 1989-Ben*, Vol. 1, p. 85.

③ Note 3, Document No. 4, "Független politikai szervezetek nyilatkozata az MAZMP KB állásfoglalásáról-1989. február 18", in *A Rendszerváltás Forgatókönyve*: *Kerekasztal-Tárgyalások 1989-Ben*, Vol. 1, pp. 51-52.

不难想象,波日高伊·伊姆雷的这一言论立即在民间和党内引发了十分剧烈的反应。匈牙利民间因为受到该言论的鼓舞,要求匈社工党执政当局为1956年事件正名以及开启实质性改革的呼声可谓与日俱增。而匈社工党高层也因为迫于党内和民间的巨大压力,最终决定对波日高伊·伊姆雷的这次"出格行为"免于追责。

匈社工党党内这起"意外事件"的风波还尚未平息,另一件令人震惊的事件又接踵而至。在1月31日召开的政治局会议上,匈社工党党内另一位改革派领导人、时任国务部部长及政治局委员的涅尔什·赖热(Nyers Rezső)突然宣布,他将不再反对在匈牙利实行多党制!① 随后不久匈社工党中央委员会还通过了一份政治宣言,并于2月13日正式对外发布。该宣言声称,匈社工党中央委员会已作出决议,将继续推进政治体制改革,以最终达成向多党制的代议制民主政体的平滑过渡。②

2月18日,匈牙利国内的11个反对派组织共同发表声明,对匈社工党中央委员会发布的这份宣言表示欢迎,并要求执政当局进一步为1956年事件及其参与者们正名。鉴于波兰统一工人党已经于2月6日正式开启了与反对党团结工会的圆桌谈判,如今这些反对派组织也继而提议,匈社工党应当尽快开启与反对派的圆桌谈判,以此确定未来议会选举的条件与规则。③

然而,此时的匈社工党却并未理会反对派的上述提议。说到底,匈牙利的政治转型究竟会以何种方式展开,其主导权此时依然牢牢掌握在匈社工党执政当局手里。而匈社工党接下来会如何行动,又是与其高层对于未来政治转型的预期和策略息息相关的。

---

① Document No. 6, "Meeting of the MSZMP Political Committee, January 31, 1989", in Csaba Békés, Malcolm Byrne (editors-in-chief), Melinda Kalmár, Zoltán Ripp, Miklós Vörös (eds.), Political Transition in Hungary, 1989 – 1990, ACompendium of Declassified Documents and Chronology of Events, Washington D. C.: National Security Archive, Budapest: Cold War History Research Center, 1956 Institute, 1999.

② Anna Kosztricz, János Lakos, Karola Némethné, László Soós and György Varga (eds.), A Magyar Szocialista Munkáspárt Központi Bizottságának 1989, évi jegyzőkönyvei, Vol. 1, Budapest: Magyar Országos Levéltár, 1993, pp. 195 – 198.

③ Document No. 4, "Független politikai szervezetek nyilatkozata az MAZMP KB állásfoglalásáról-1989, február 18", in A Rendszerváltás Forgatókönyve: Kerekasztal-Tárgyalások 1989-Ben, Vol. 1, pp. 50 – 51.

在 2 月 10 日至 11 日召开的匈社工党中央委员会会议上，其领导层决定应当开启与反对派组织的双边或多边会谈。然而此时匈社工党口中所谓的"多党制"，却是与反对派的期望颇为悬殊的。事实上，匈社工党的打算是向部分的反对派组织提供这样一种方案，即匈社工党可以在妥协的基础上与对方建立一个非正式的准政治联盟。匈社工党领导层希望，这样一个依然由共产党领导的执政联盟，将使那些新近得以重建的"老党"回想起历史上曾经实行过的那种十分特别的分权模式——即在某种程度上恢复当年（1945—1947 年）的"联合政府"政策。而如果这种形式的联合政府能够有助于执政当局合法性的恢复，进而通过紧缩政策的实施成功克服了眼前的这场危机，那么匈社工党或许就能在更长的时期内推迟政治改革，并保住其大部分特权。至于即将与反对派组织开展的会谈，在此时的匈社工党领导层眼中也只不过是向对方咨询意见的一个论坛罢了。

正是基于以上的判断和预期，匈社工党领导层制定出了对反对派阵营进行分化瓦解的关键策略——匈社工党打算通过与各个反对派组织单独举行谈判的方式来主导这场转型，即便是需要开展某种形式的"圆桌会议"，匈社工党在其中也必须占据明确的主导地位，而且其参加者也只能由匈社工党来决定。而如果匈社工党能够成功地拉拢某些"老党"、实现对反对派阵营的分化瓦解，那么匈社工党就能在未来的谈判中处于极为有利的地位。这样此后的新宪法就有可能根据当局提供的版本来拟定，而在大选后的新一届联合政府中，匈社工党的改革派人士将继续掌权，匈社工党也将保住其在政治生活中的主导地位。

直到 1989 年 3 月中旬，匈社工党的这一策略看起来都还是可行的。然而，此后出现的两个重大变化却打破了匈社工党的原先预期——首先，反对派组织竟然出乎意料地联合了起来，进而制定出了全新的谈判策略；其次，匈社工党领导层当中也出现了种种意见不合，这导致了匈社工党自身的分裂。以上两点变化，加之经济危机的持续压力，使得匈社工党原先的那些期望最终还是破灭了。

在 20 世纪 80 年代的最后几年里，匈牙利民间陆续成立起一批反对派组织。在《公众集会与结社法》通过之后，其中一些便纷纷宣布正式组党，公开亮明了自己的反对党身份。这些反对派组织大体可分为如下三类：第一类是新近成立的政党组织，主要包括"匈牙利民主论坛""自由民主党人联盟""青年民主党人联盟"(以下分别简称为"民主论坛""自民盟""青民盟")等;第二类是所谓的"老党",即那些在1947年至1949年被政府当局强行取缔、如今又得以重建的政党组织,主要包括"独立小农党""匈牙利社会民主党""匈牙利人民党""基督教民主人民党"(以下分别简称为"小农党""社民党""人民党""基民党")等;第三类则是一些非政党的民间公民团体,主要包括"独立工会民主联盟""鲍伊奇—日林斯基之友会"(以下分别简称为"独立工盟""鲍伊奇之友会")等。

需要指出的是,匈牙利当时所涌现出的各种反对派组织,还远远不止以上这些。由此便显露出反对派阵营的一个重要特点,那就是相比于波兰业已具备的那个组织完备且实力不俗的全国性反对派组织——团结工会,匈牙利的反对派组织大多还只是处于某种萌芽状态,其组织众多且极其分散,任何一个组织的规模和实力也都堪称有限。以反对派此时的状况,根本难以与匈社工党实现任何有效且持续的互动与博弈,遑论迫使匈社工党开启政治谈判,进而在谈判中取得任何实质性进展了。事实上,相较于对变革做出建设性的推动,反对派阵营倒更有可能面临被匈社工党予以分化瓦解,进而逐个击破的命运,而如前所述,这也恰恰是匈社工党此时的着力所在。可以想见,如果局势真朝着那个方向发展的话,那么推行整场政治转型的主导权就将完全掌握在匈社工党手中了。

然而反对派阵营却在不久之后迎来了一个历史契机。每年的 3 月 15 日是匈牙利 1848 年革命的纪念日,其也被赋予了争取公民权利和民族独立的政治内涵。以往每次在官方组织的庆祝活动之外,民间都会自发地组织一些规模或大或小的游行示威活动,而警察也都要忙着予以镇压和取缔。然而到了 1989 年的 3 月 15 日,政府当局已经无法阻止反对派阵营共同发起的这场联合示威活动了。当天共有 10 万人参加了反对派组织的纪念活动,其规模是在匈牙利国家博物馆前参加官方纪念活动的 2 万人的整整 5 倍![1] 这一情形不仅充分显示了反对派阵营所广泛享有的民意支持,同时也让反对派的领导人意识到,如果他们能够联合起来,就一定会显示出更大的力量。

---

[1] *Magyar Nemzet*, March 21, 1989, p. 9.

3月22日，八个反对派组织的代表们应独立律师论坛之邀在罗兰大学国家行政与法律系的一个会议室内举行了首次会谈，共同决定设立一个用以互通信息及协调立场的政治平台——"反对派圆桌会议"。会议还最终决定，反对派圆桌会议有权做出具有约束力的决议，但是其前提是必须取得所有成员组织的一致同意——也就是说，对于反对派圆桌会议的决议而言，任何一个成员组织都拥有一票否决权。[①]

尽管反对派阵营的联合此时还十分脆弱，但是其依然在此后不久的4月7日做出了拒绝参加匈社工党组织的某个政治会谈的决定，其理由是它们中的一个成员组织——青民盟并未出现在受邀之列。以此为分界点，反对派圆桌会议的任何一个成员组织此后都未再公开接受匈社工党进行单方面政治会谈的邀请。至此，匈社工党对反对派实行分化瓦解的策略遭遇了瓶颈。

事实上，匈社工党领导层不仅低估了反对派阵营的凝聚力，同时也低估了党内改革派的发展势头。4月15日，匈社工党党内的改革派群体也在匈牙利的中部城市凯奇凯梅特召开了他们的首次全国大会，会上多数意见都倾向于要求党的领导层接受反对派阵营提出的开启筹备性谈判的提议。[②] 这对于匈社工党执政当局无疑又是当头一棒，因为如今党自身也开始分裂了！面对以上局面，匈社工党领导层不得不接受开启筹备性谈判的提议。

第三节 筹备性谈判

1989年4月22日，由匈社工党领导人费伊蒂·哲尔吉（Fejti György）领衔的匈社工党代表团和由两位宪法学专家——绍约姆·拉斯洛（Sólyom László）和特尔杰希·彼得（Tölgyessy Péter）领衔的反对派代表团终于得以坐到一起，开始就未来朝野双方开展圆桌谈判的各项事宜展开了筹备性谈判。

---

① Document No. 7, "Az Ellenzéki Kerekasztal alakuló ülése-1989. március 22", in *A Rendszerváltás Forgatókönyve: Kerekasztal-Tárgyalások 1989-Ben*, Vol. 1, pp. 63–72.

② Attila Ágh, József Géczi, József Sipos (eds.), *Rendszerváltók a Baloldalon: Reformerek és Reformkörök, 1988–1989*, Budapest: Kossuth, 1999, pp. 125–132.

筹备性谈判涉及诸多议题，最先引发争议的便是未来的谈判应当由几方组成。反对派坚持要求进行双边会谈——匈社工党执政当局为一方，反对派圆桌会议为另一方。而匈社工党则要求采取与各个反对派组织进行多边会谈的形式，此后还进而提议要将其数个卫星组织也纳入未来的谈判当中。①

随着筹备性谈判的进行，朝野双方在各项议题上的分歧也得以进一步显现出来。首先，匈社工党一直要求，除了政党法和选举法等政治议题外，经济和社会议题也应被列入未来的谈判议程。其理由是当前的这场经济和社会危机将可能催生出一系列的不稳定因素，从而对政治转型进程构成威胁。因此朝野双方有责任就危机的解决之道共同予以探讨。然而反对派却坚持只愿就那些与政治转型相关的议题进行谈判，不愿涉及任何经济社会议题。其理由有两点——一是从法理上来说，此次参与谈判的反对派代表只是其自身组织的合法领导人而已，他们并未获得民众的正式授权来与当前的政府分担任何的经济改革责任，而只有通过正当的法律程序，即经由未来的议会自由选举上台的新一届政府，才应承担相应的权责；二是就现实的可操作性而言，多数的反对派领导人此前都未参与过经济部门的运营与管理，同时也缺乏进行决策所需的基本数据信息，因此如今的反对派组织事实上也并不具备参与经济改革的专业能力和信息资源。②

其次，在所有涉及政治转型的基本法律当中，匈社工党仅仅着重于强调政党法的修订这一议题，并希望以此来换取反对派政党的妥协与合作。但是反对派的诉求却要全面得多，譬如他们还提出要就《公众集会与结社法》所需的必要修正、各政党对于媒体资源的公平使用、保障转型不会受到国家暴力机器的侵扰等诸多议题与匈社工党进行谈判。

最后，匈社工党坚持要在宪法修正案中加上设立总统职位和宪法法院的相关条款，但在反对派看来，这两个重大的立法议题并不能纳入此次谈判的权限范围之内，而是同样应当留给经由自由选举产生的新一届

---

① Document No. 14, "Az Ellenzéki Kerekasztal és az MSZMP KB szakértőinek előkészítő tárgyalása-1989. április 22", in *A Rendszerváltás Forgatókönyve：Kerekasztal-Tárgyalások 1989-Ben*, Vol. 1, pp. 149 – 152.

② Document No. 39, "A Nemzeti Kerekasztal-tárgyalások plenáris ülése-1989. június 21", in *A Rendszerváltás Forgatókönyve：Kerekasztal-Tárgyalások 1989-Ben*, Vol. 2, pp. 154 – 155.

议会决定。①

在 4 月底至 5 月初的这段时间，由于匈社工党和反对派圆桌会议都在执意坚持各自的谈判立场，筹备性谈判陷入了某种僵局。然而局势对于匈社工党来说似乎要更为不利一些，因为反对派此间在不断地通过媒体来宣扬其主张，并且对本届议会立法职能的合法性也提出了公开的质疑。

在 5 月 2 日召开的政治局会议上，匈社工党高层就当前局势和可选策略进行了深入讨论。在对未来的议会选举进行了利弊权衡，并对与潜在合作伙伴进行联合的可能性进行了评估之后，此次会议做出了一个重大决定——与波兰当局不同，匈社工党高层决定接受举行竞争性选举的方案！

5 月 20 日，匈社工党党内的改革派群体在匈牙利的东南部城市塞格德再次召开了全国大会。大会作出决议，敦促党的领导层放弃当前的拖延战术，尽快开启与反对派的实质性谈判，同时还要求让改革派领导人成为谈判代表团的成员。②

同时令匈社工党惴惴不安的还有一件即将临近的大事——对于因 1956 年事件而被处决的纳吉·伊姆雷及其同僚的重新安葬仪式已被确定为 6 月 16 日，即纳吉被处决 31 周年的忌日。而且葬礼原先只是安排在偏远的市郊公墓举行，但是在筹备方历史正义委员会以及纳吉·伊姆雷家属的强烈要求下，改为在布达佩斯市中心的英雄广场上举行。谁都能预料到，届时一定会爆发一场大规模的民众示威，那样的场面将会进一步对匈社工党构成不利。

对于反对派来说，虽说此时的形势确实要更为有利一些，但这也并不意味着他们就乐意看到谈判僵局的无限期延续——因为对手显然也拥有一些令人顾忌的反制手段，譬如匈社工党可以以政治谈判未能及时启动为借口，在没有与反对派进行协商的情况下，单方面迫使议会通过涉及政治体制转型的那些重要法案。因此，尽快地开启实质性谈判此时已成为朝野双

---

① Document No. 39, "A Nemzeti Kerekasztal-tárgyalások plenáris ülése-1989. június 21", in *A Rendszerváltás Forgatókönyve: Kerekasztal-Tárgyalások 1989-Ben*, Vol. 2, pp. 147 – 149.

② Attila Ágh, József Géczi and József Sipos (eds.), *Rendszerváltók a Baloldalon: Reformerek és Reformkörök, 1988 – 1989*, pp. 201 – 211.

方都能接受的一个选择。

6月7日，反对派圆桌会议收到了匈社工党给出的关于开启圆桌谈判的书面提议，其专家团随后于6月9日与匈社工党代表团签署了关于开启正式谈判的协议。事实表明，到了筹备性谈判的最后阶段，朝野双方均就此前的立场做出了某种妥协——反对派圆桌会议最终接受了将匈社工党的卫星组织列为圆桌谈判的"第三方"的方案，同时也未能阻止匈社工党将经济议题纳入谈判议程。[1]

6月10日，匈社工党、反对派圆桌会议、第三方组织的代表们聚集于匈社工党中央委员会的总部大楼内，共同签署了开启三方会谈的协议。该协议明确宣示，政府的权力基础应当来源于民意，而民意只能通过举行公平的自由选举的方式来予以表达，改革的目标将是建立民主宪政制度。与此同时，民主转型应当杜绝一切暴力因素，通过和平的方式予以实现，任何社会组织都不应诉诸武装力量。协议还规定，此次政治谈判的目标在于为国家的体制转型设立相应的法律前提，因此只有在政治谈判达成相关协议之后，国家才能进行相应的宪政变革。这样便杜绝了匈社工党单方面推动其法案在议会获得通过的可能性。[2] 至此，筹备性谈判的大幕已徐徐落下，圆桌谈判的大戏将随即登台，这场政治转型也将迈入一个新的阶段。

第四节　圆桌谈判

1989年6月13日，根据之前达成的协议，来自三方谈判主体的代表们在匈牙利议会大厦内的猎手大厅举行了首次全体大会，对外宣告"匈牙利圆桌谈判"正式开幕。

6月21日，圆桌谈判的三方代表就此次谈判的组织架构和具体议题签署了协议。根据该项协议，谈判架构设为三个层级——最低一级是"工作委员会层级"，负责具体议题的谈判工作；在此之上是"中级会谈层

---

[1] Document No. 28, "Az Ellenzéki Kerekasztal ülése-1989. június 7", in *A Rendszerváltás Forgatókönyve: Kerekasztal-Tárgyalások 1989-Ben*, Vol. 1, pp. 552-560.

[2] Document No. 31, "Megállapodás a Nemzeti Kerekasztal-tárgyalások megkezdéséről-1989. június 10", in *A Rendszerváltás Forgatókönyve: Kerekasztal-Tárgyalások 1989-Ben*, Vol. 1, pp. 604-608.

级",负责就那些工作委员会无法达成一致的议题进行更高层级的磋商与谈判;最高一级是"全体大会层级",主要定位为各方发布重要宣言及正式签署谈判协议的公共政治平台。①

协议规定,各方应于当日傍晚举行的第二次全体大会上设立负责中级会谈的两个(政治与经济)谈判委员会,然后再由这两个中级会谈委员会负责设立其下一级的各六个工作委员会。协议还详细列举了政治和经济谈判所需讨论的各项议题。具体而言,六个政治谈判工作委员会分别负责政治原则与政治机构、政党法、选举法、刑法与刑事诉讼法、新闻媒体法,以及为实现和平的政治转型设立相关法律保障的谈判;而六个经济谈判工作委员会则分别负责经济危机的应对策略、社会危机的应对策略、产权改革、土地改革与农业合作社改革、中央政府财政改革、竞争与反垄断法的谈判。②

协议签署之后,三方代表在猎手大厅举行了第二次全体大会,会上三方均派出代表分别就民主政治转型和应对经济社会危机这两大主题进行了两轮主旨发言,就各自在各项具体议题上所持有的基本立场及相应理由予以了阐述。

在圆桌谈判开幕后不久,各个工作委员会便开始就各项议题的具体内容展开了实质性的谈判和磋商,并且逐步达成了一些协议。不过与此同时,朝野双方在数个关键议题上的实质性分歧也同样开始显露出来,而其中最具争议的,便是关于总统职位的相关议题。

就匈社工党方面而言,其领导层受到波兰转型模式的启发而要求设立一个掌握较大权力的总统职位,进而主张应当在接下来的议会大选之前便用公民直选的方式选举出总统。其公开给出的理由是,从此次谈判达成协议到接下来的议会大选之间将会有半年左右的空档期,此时政府的合法性将愈加堪忧,然而经济社会危机的应对却依然刻不容缓。因此,有必要设置一些有利于维持社会稳定的重要机制,而如果能有一个具有一定合法性且较为集权的国家总统来维持局面,将很可能有助于防止政府陷入进一步

---

① Document No. 38/a, "A Nemzeti Kerekasztal résztvevőinek megállapodása a tárgyalások témaköreiről és munkarendjéről-1989. június 21", in *A Rendszerváltás Forgatókönyve*, Vol. 2, pp. 138 – 139.
② Ibid..

的瘫痪、社会陷入更深的危机。①

平心而论，匈社工党的上述理由也并非完全站不住脚，只是在这一冠冕堂皇的表述背后，其实还存在着另一层自利的考虑。因为就当时的局势而言，反对派阵营根本无力推出一个能够与匈社工党候选人相抗衡的总统候选人，而当匈社工党于6月下旬明确将人气颇高的改革派领导人波日高伊·伊姆雷提名为其总统候选人之后，则可谓进一步强化了这一格局。因此在匈社工党看来，如果能够通过谈判迫使反对派接受在议会选举之前就设立一个民选总统职位的话，那么该职位就必然会落到匈社工党候选人的手中。由此，匈社工党就不仅可以掌握民选总统职位所享有的权力和威望，还可以进一步影响到各种政治规则的制定与实施，从而在未来的政治转型进程中占得先机，全方位地确保匈社工党自身的利益。因此，就此次谈判中所有那些值得争取的制度和法律保障来说，匈社工党领导层一直将设立民选总统职位视为重中之重。

就反对派阵营而言，其实与匈社工党党内存在着保守派与改革派的拉锯相似，其内部也同样面临着究竟应当在多大程度上对匈社工党做出妥协的艰难抉择，而这背后又涉及各个组织对于当前形势的不同评估、对于权力制衡模式的不同理解、在大选之后是否倾向于同匈社工党结成联盟的不同考虑等复杂因素。而恰恰是在总统职位这一议题上，反对派组织间的分歧开始逐渐浮出水面。

概括来说，反对派圆桌会议内部针对这一议题分为了"妥协派"和"原则派"两个阵营。所谓"妥协派"阵营包括了民主论坛、基民党、小农党、人民党、鲍伊奇之友会这五个组织，他们倾向于接受匈社工党关于总统职位的相关主张。在这些组织看来，如果因为反对派在这一议题上过于坚持原则而导致此次谈判迟迟不能达成协议，那么反对派与匈社工党业已达成的其他那些协议就可能付之东流。因此，通过做出实质性妥协来推进这场和平转型的做法是值得的，而且妥协协议的达成恰恰也可以为未来的民主制度建设打下一个初步的基础。此外，这些组织对于波日高伊·伊姆雷这个人也具有一定的了解和信任，因此如果波日高伊·伊姆雷通过直

---

① Document No. 39, "A Nemzeti Kerekasztal-tárgyalások plenáris ülése-1989. június 21", in *A Rendszerváltás Forgatókönyve*, Vol. 2, pp. 145 – 147.

选当上了总统，他们也看不出那会带来多少实质性的危害。①

所谓"原则派"阵营包括了自民盟、青民盟、社民党、独立工盟这四个组织，他们则坚决反对接受匈社工党的相关提议。一方面，这些组织试图坚定地维护民主政治的原则，因此在这一政治转型开始的最关键阶段，他们无论如何也不愿接受那些在他们看来将可能会使改革误入歧途的宪政安排。另一方面，这一立场的背后其实也包含了他们对其他反对派组织的不信任以及对自身利益的考量——因为他们有足够的理由推测，波日高伊·伊姆雷与民主论坛领导人之间的良好关系，将有可能会在今后很长一段时间内帮助双方结成某种政治联盟。该联盟将很可能会使得其他诸如自民盟和青民盟等自由派政党趋于边缘化，进而对政治制度的自由化改革构成某种阻碍。正是基于以上考虑，这些组织才提出了自己的主张——即便是答应设立总统职位，也应当在接下来的议会大选之后由新一届的民选议员们来投票选出总统，在此之前，则可由时任议会议长暂时代行总统职务。②

除了上述总统职位议题，谈判双方还在如下三个议题上未能达成共识：首先，反对派要求匈社工党撤销其在各个工作单位中所设立的匈社工党党组织，而匈社工党则表示，在工作单位设立党组织是其固有的权利，反对派组织同样也有权这么做；其次，反对派要求匈社工党对其党产进行清算和公示，并且在转型期间为其他新建政党和社会组织提供一定的财政支持，而匈社工党则表示，其只有义务对自身党员提供党产统计信息，同时也不打算为其他政党和组织提供任何财政支持；最后，反对派要求匈社工党立即解散其所拥有的武装组织工人卫队，而匈社工党则表示，其只打算对工人卫队的规模进行一定程度的缩减。

截至9月中旬，谈判各方已经逐步就宪法修正案中的某些规定、选举法草案、刑法及刑事诉讼法的修订等重要议题达成了一系列的协议。然而上述的几个核心争议却依然横亘在朝野双方之间，使得这场谈判迟迟无法达成最终的协议。

---

① Document No. 45, "Az Ellenzéki Kerekasztal ülése-1989 július 6", in *A Rendszerváltás Forgatókönyve*, Vol. 2, pp. 290 – 296.
② Ibid., Vol. 2, p. 301.

在整个谈判期间，反对派圆桌会议内部曾就总统职位这一议题展开过数次异常激烈的辩论。虽然各方都从未放弃探寻某种妥协方案的努力，但是如今的分歧似乎已显得无法弥合。可以毫不夸张地说，在反对派进行内部辩论的某些时刻，所谓"妥协派"和"原则派"之间所体现出的实质性分歧似乎已开始直接威胁到反对派阵营的内部团结乃至反对派圆桌会议自身的组织存续。在当前的形势下，反对派似乎只剩下承认其内部无法达成一致立场这唯一的选择了。最终，是自民盟代表特尔杰希的发言为这场看似永无休止的辩论画上了句号——他宣布，如果最终的谈判协议当中包含了某些他们无法同意的条款，那么自民盟将拒绝签署这一协议，但与此同时，自民盟却不会动用自己的一票否决权去阻止其他反对派组织签署协议。此外，自民盟还要求在即将召开的全体大会上就自身的这一决定发表一个单独的声明。随后，青民盟和社民党的代表们也表示将效法自民盟的这一做法。①

9月18日晚19时，三方代表在时隔近三个月之后再次聚首于议会大厦的猎手大厅，举行了谈判开启以来的第三次全体大会，亦即此次圆桌谈判的闭幕大会。三方代表都利用闭幕大会的发言机会对自身的政治立场进行了最后的辩护。

自民盟代表特尔杰希则更是利用发表单独声明的机会对其立场进行了详细的阐述。特尔杰希表示，举行此次谈判的目的是要尽力移除通往自由选举以及和平民主转型道路上的各种障碍。可是从目前所拟定的协议文本来看，只能说是完成了其中的一小部分工作。由于匈社工党领导层一直拒绝作出实质性的妥协，谈判各方才未能在另外一些关键议题上取得任何进展。这样的状况将很可能会使整个国家偏离民主转型的正轨，自民盟并不愿为此承担责任。因此，自民盟最终决定拒绝签署这一协议。但是，鉴于自民盟的立场在反对派圆桌会议内部处于少数派的地位，自民盟同时也决定放弃行使其一票否决权，从而让那些愿意签署协议的反对派组织可以得偿所愿。②

---

① Document No. 74, "Az Ellenzéki Kerekasztal ülése-1989. szeptember 15", in *A Rendszerváltás Forgatókönyve*, Vol. 4, pp. 380 – 390.

② Document No. 78, "A Nemzeti Kerekasztal-tárgyalások plenáris ülése-1989. szeptember 18.", in *A Rendszerváltás Forgatókönyve*, Vol. 4, pp. 500 – 501.

如果说以上发言还尚未超出与会代表的意料的话，那么特尔杰希接下来所做的一个提议，则好似一枚重磅炸弹迅速引爆了全场，同时也将彻底扭转整个政治局势——特尔杰希表示，既然此次谈判尚有数个议题未能最终达成协议，那么自民盟由此提议举行一场全民公投，从而对这些涉及政治转型的根本议题做出一个最终的决定！①

上述提议无疑让在场的匈社工党代表团显得有些猝不及防，其代表波日高伊·伊姆雷也随即对此做出了言辞激烈的回应。在这场政治辩论结束之后，三方代表随即举行了协议的签署仪式，虽然此时的气氛已算不上多么融洽。该仪式是通过电视进行直播的，因此无论是当时的匈牙利民众还是整个国际社会，都得以亲眼见证了匈社工党、五个反对派政党以及数个第三方组织共同签署谈判协议的这一历史时刻。当然，人们也同样目睹了另外三个反对派组织——自民盟、青民盟以及独立工盟最终并未签署协议，而社民党则是在协议上标明了其不同意在议会选举之前举行总统直选的立场之后才签署了协议。

第五节　全民公投与议会大选

圆桌谈判协议签署不久，自民盟便开始组织起发动全民公投的联署签名活动。公投设有如下四个议题：（1）是否应当禁止在工作单位设立政党组织？（2）匈社工党是否应当全面公示其资产统计信息？（3）是否应当解散工人卫队？（4）是否应当在议会大选之后再举行总统选举？自民盟还形象地将其命名为"四个赞成公投"，因为他们期望民众在这四个议题上都投出赞成的一票。② 这项联署签名活动还得到了青民盟和社民党的支持，其后小农党也加入了支持的行列。这些反对派政党此后顺利搜集到了发动公投所需的联署签名，议会也继而作出决议，将此次公投的日期确定为 11 月 26 日。

与此同时，匈社工党方面的情势也发生了进一步的变化。10 月 6 日

---

① Document No. 78，"A Nemzeti Kerekasztal-tárgyalások plenáris ülése-1989. szeptember 18"，in *A Rendszerváltás Forgatókönyve*，Vol. 4，p. 501.

② Note 28，Document No. 78，"A Nemzeti Kerekasztal-tárgyalások plenáris ülése-1989. szeptember 18"，in *A Rendszerváltás Forgatókönyve*：*Kerekasztal-Tárgyalások 1989-Ben*，Vol. 4，pp. 510–511.

至9日，匈社工党召开了第14届党员代表大会。大会作出决议解散了自身，同时宣布其作为专制政党的历史已至此终结，此后将改组为一个全新的政党——"匈牙利社会主义党"（以下简称为"社会党"）。

10月23日，即"1956年事件"33周年纪念日，时任议会议长、同时兼任代理总统的絮勒什·马加什（Szűrös Mátyás）在议会大厦前的科苏特广场上向民众宣布，匈牙利从此将放弃带有共产主义色彩的国名"匈牙利人民共和国"，改名为"匈牙利共和国"，此后将致力于转型为一个真正意义上的民主国家。

11月26日，全民公投如期举行。当天共有58%的选民参与了公投。在前三个议题上，赞成票都一边倒地超过了95%。然而在是否支持在议会大选之后举行总统选举这最后一个议题上，投票结果却相当接近，赞成的一方仅以6101票的微弱优势获得险胜。①

此后的整个选战情势对于社会党来说确实有些不容乐观，因为如今无论是在道义上还是制度上，社会党的政治资本都所剩无几，其在选民中的支持率也是不出意外地一泻千里。

1990年3月25日和4月8日，议会大选如期举行了两轮投票。民主论坛在此次大选中赢得了165席，接着依次是自民盟94席，小农党44席，社会党33席，青民盟22席，基民党21席。5月2日，新一届议会举行了正式就职大会。5月23日，议会通过了政府内阁任命，由民主论坛、小农党以及基民党组成的新一届联合政府正式就职，民主论坛的领导人安托尔·约瑟夫（Antall József）担任了自由选举后的首任政府总理。社会党则沦为议会中一个边缘的小反对党。② 至此，匈牙利得以初步确立起议会民主制，政治转型的主体任务也大体宣告完成。

匈牙利的政治转型进程先后经历了谈判前奏、筹备性谈判、圆桌谈判、全民公投、议会大选等数个历史阶段，整个过程可谓一波三折、充满了变数。然而匈牙利却最终得以通过开展政治谈判的方式成功实现了这场转型，并且自始至终将整个过程保持在和平理性的框架之下。这一和平转

---

① Erzsébet Ripp, "Chronology of the Hungarian Roundtable Talks, January 1989-April 1990", in András Bozóki (ed.), *The Roundtable Talks of 1989*, Budapest: CEU Press, 2002, p. 380.

② Ibid., pp. 381 – 383.

型的方式，也与"1956年事件"中的民众武装起义形成了某种极为鲜明的历史对比。

匈牙利之所以能够避免重蹈当年暴力革命的历史覆辙，转而以一种全新的方式来实现自身的体制变革，其核心原因在于如今的各方政治势力恰恰是在当年历史教训的基础之上来确定其转型战略的。也就是说，"1956年事件"的历史教训使得如今的朝野双方都意识到，如果试图诉诸暴力手段来推动政治转型的话，首先可能会导致大量人员伤亡的惨重后果，对政治谈判的进程也将造成不可挽回的冲击；其次，将很可能会促使政府权力进一步向那些愿意并且擅长使用暴力手段的保守派领导人手中集中；最后，暴力冲突局面的出现与升级，还很可能会招致苏联军队的干涉与镇压，从而将国家的命运再次置于苏联当局的掌控之下，而这是所有匈牙利人都不愿看到的结果。

正是如今这种对于历史的借鉴和反思，在很大程度上促成了匈牙利国内期望实现和平政治转型的社会共识，而这又为共产党内改革派和反对派中温和派的不断发展壮大，进而形成某种良性的合作互动提供了政治环境，同时也进一步导致了共产党内保守派和反对派中激进派在整场转型进程中的愈益衰弱与边缘化，从而最终帮助整个国家成功跳出了以往那种由某一方政治势力"赢家通吃"的零和博弈的历史陷阱。

政治转型时期所发生的相关事件，也会对国家未来的发展产生十分巨大的影响。譬如朝野双方在圆桌谈判中针对各项转型议题所达成的相关协议以及由此所确定的制度安排，就将在很大程度上影响甚至决定国家此后的转型方向与转型质量。而在转型时期涌现出的新的政治势力和政治人物，如青民盟及其领导人欧尔班·维克多，也将在转型之后扮演起重要乃至决定性的政治角色。

第七章　民粹主义和政党政治

匈牙利的民粹主义是匈牙利民主巩固阶段中的一种现象，也是匈牙利政党政治发展过程中一种突出的政治思潮。匈牙利政党体系在20世纪80年代末初现雏形，并在1990年春天匈牙利第一次自由选举后逐渐形成。到1998年前后，匈牙利政党中形成了左右翼两大阵营分庭抗礼的局面，并在接下来十年维持了这一局面。2010年大选后，情况发生了变化，右翼开始占据绝对优势，左翼则不断分裂，一蹶不振。匈牙利的民粹主义正是伴随着这一过程出现的。

第一节　转轨以来的政党政治发展特点

转轨以来，如其他中东欧国家一样，匈牙利政治体制经历了巨大变化，政党体制的变化是其中极其重要的一部分。转轨伊始至今逾30年的匈牙利政党体系经历了三个演化阶段：1990—1998年，各政党摸索各自身份定位和发展方向；1998—2010年，基本形成以青民盟为首的右翼政党和以匈牙利社会党为首的左翼政党两大阵营；2010年至今，青民盟成为占绝对优势的政党，其他政党均难以匹敌。

1990—2018年匈牙利政党政治发展的主要特征如下：

一　政党的代际更替显著

匈牙利的圆桌会议谈判及其后形成的政党体系，使得匈牙利政党体系的形成，一开始就显得较为成熟，7次大选都平稳顺利完成，获得优势席位的政党经过联合组成政府，弱势政党逐渐被淘汰，新的政党开始进入大众视野。1990年第一次自由选举的过程十分顺利。参与选举的政党主要有三类：一是新成立的反对派，包括匈牙利民主论坛、自由民主主义者联盟和青民盟，二是改革后的执政党，即匈牙利社会党；三是重新获得生命力的历史党，如独立小农党和基督教民主人民党。右翼的匈牙利民主论坛成为这次选举的最大赢家，自由派的自由民主主义者联盟成为最大的反对党，它和青民盟一起，形成了反对派阵营。左派的匈牙利社会党成为一个弱小的反对党。到2002年后，独立小农党、匈牙利民主论坛逐渐淡出匈牙利政坛，自由民主主义者联盟在2010年后也从政治舞台消失。曾经在转型后作为主要政党的匈牙利民主论坛和自由民主主义者联盟都从匈牙利政治光谱中消失了，青民盟和匈牙利社会党成为匈牙利政治游戏中的最大玩家，尤比克等新兴政党开始进入政治舞台。

二 议会选举平稳进行且政府更替有条不紊

1990年当选的总理安道尔因为身患重病，于1993年突然逝世，他所领导的匈牙利民主论坛、独立小农党和基督教民主人民党组成的执政联盟推选内务部部长波罗什接替总理一职，直至1994年大选。1994年的议会选举中，匈牙利社会党获胜，它与自由民主主义者联盟组成了占议会绝对多数的执政联盟，霍恩担任总理。1998年的选举中，青民盟赢得了胜利，与匈牙利民主论坛、独立小农党组成了执政联盟。2002—2006年由匈牙利社会党和自由民主主义者联盟组成执政联盟，2004年迈杰希辞去总理职务，社会党推选久尔恰尼继任。在2006年选举中，久尔恰尼再次当选。2008年，因不满社会党政府的医疗改革方案，自由民主主义者联盟退出执政联盟。不久，久尔恰尼辞去总理职务，由鲍伊瑙伊（Bajnai Gordon）接任总理至2010年大选。1990年以来，尽管出现过因为总理去世或是辞职而导致的短暂波动，但是总体来说，匈牙利议会选举都是按期举行，政府平稳轮替、政府官员基本顺利交接。

三 政党尝试寻找各自的身份定位

匈牙利各政党逐渐形成明显的左右翼分野，并在欧洲一体化的进程中适应了欧洲政党政治的需要。匈牙利社会党1989年10月就已经明确声明为社会民主政党，而青民盟在1998年联合了独立小农党、基民盟和匈牙利民主论坛，选择了政治光谱的右翼。政党内部仍有意见分歧，有时出现内部分裂，但匈牙利政党左右割据的局面基本形成。1998年后，以匈牙利社会党为首的左翼政党阵营和以青民盟为首的右翼政党阵营基本形成。政党权力集中在少数政治精英手中，左右翼政党分歧较大，很多问题上难以达成共识。匈牙利社会党在欧洲议会属于欧洲社会党，而青民盟属于欧洲人民党。匈牙利主要政党都在2004年后参加了欧洲议会选举。

四 选民基础逐渐稳定

匈牙利政治光谱中的政党规模均较小，党员人数不多。匈牙利政党是由精英组成的自上而下的组织，依靠国家的补贴，拥有高度集中的权力。政党通过丰厚的报酬和充分的特权来维持党员的忠诚，在各个领域培养代理人，培养社会伙伴。同党员人数相比，他们的雇员数量庞大。在政党和社会关系方面，由于党员人数少，政党的社会基础薄弱。因此，政党的选民支持在每次选举中都是不稳定的，选票通常不是由政党的活动和组织来动员的，而是靠竞选时的政治承诺来主导。鉴于匈牙利政党的社会基础薄弱，其政党原则往往基于文化认同，政治策略往往带有意识形态特点。选民的挥发率从1994年的28.4%下降到2006年的8.4%。2002年投票给匈牙利社会党的选民中，有89%的人在2006年再次投给了匈牙利社会党，2002年投票给青民盟的选民中，有85%的人在2006年再次投给了青民盟。21世纪初期，大多数国际和匈牙利学者得出结论：匈牙利政党制度得到巩固[1]。1990年选举中，两个最大的政党只得到了全部选票的46.12%，而在2006年选举中，两个最大政党总共拿到了85.24%的选票。

五 2010年是政党政治发展的重要分界线

2008年爆发的国际金融危机，对匈牙利经济造成了严重冲击，导致2009—2010年出现了抗议政府的浪潮，社会党民意支持的下降，引发了左右分立的政党体系的崩溃。青民盟成功在2010年实现了权力的接管，并在2014年选举中再次获胜，巩固了其在匈牙利政党体系中的地位，形

---

[1] Ágh Attila, "The Transformation of the Hungarian Party System: From the Democratic Chaos to the Elected Autocracy", *Südosteuropa*, No. 2, 2015.

成了新的政党体系。匈牙利社会党明显衰退，匈牙利民主论坛和自由民主主义者联盟则没能进入议会，尤比克和新成立的"政治可以是别样的"成为议会的新晋成员，政党体系在2010年前后发生了巨大变化。2010年是转轨后政治体制形成过程中的一个转折点，以2010年为界，匈牙利的政党政治呈现出两种不同的体系。这种变化伴随着2010年议会大选而产生，但并不是突然出现的，这两个体系有着一定的延续性，2010年的变化在此前二十年的政党政治中已经埋有伏笔。

第二节　民粹主义的出现和左翼政党的衰败

民粹主义出现的社会背景是匈牙利20世纪90年代以来遇到的三大难题，即转型、欧洲化和全球化。20世纪90年代转型初期，私有化进程中产生了大规模的失业者，转型期经济的衰退也导致了生活水平的下降。2004年匈牙利加入欧盟以后，在接受开放的欧盟市场带来外国投资的同时，也面临来自西欧的市场竞争。在匈牙利经济刚刚有起色的时候，2008年全球范围内金融危机的爆发，又让匈牙利遭到打击。1989年以来，经过近30年的政治和社会变革之后，匈牙利还未从冲击中恢复过来。可以说，匈牙利至今没有完成转型巩固，而是在经济和政治体制变革之后进入了一个漫长而曲折的巩固期。匈牙利人对民主转型的期望过高，并将民主与福利紧密联系在一起。转型前的20世纪80年代，匈牙利比中东欧地区的其他国家更为开放，与西方福利社会的接触更密切，因此，对转型的期待相对比其他国家更高，竞争中的政党因为这种高期待而相应做出了承诺，甚至是过度承诺。民粹主义倾向出现在两个大党的政治竞争中。青民盟和匈牙利社会党的竞选活动中，双方都做出过于乐观的竞选承诺，却没能解决根本问题。结果导致民众对政党政治的信任长期下降，对政党和政治精英的信任普遍降低。

左翼政党执政不利，引发民众不满。2002年议会大选中胜出的匈牙利社会党并没有一个核心领导人物。无党派的技术官员迈杰希虽然被推选为总理，但却在任职不久就丑闻缠身，被披露曾在共产党秘密部门工作。消息披露后，迈杰希仍得到执政党内的支持，继续履职，但执政联盟内部对他却产生不满。他随后推出了"百日计划"：将公务员工资提高50%，奖学金提高30%，增发第13个月退休金。这些慷慨的措施，虽然满足了对选民的承诺，但却增加了财政赤字，将匈牙利本就不理想的财政状况推向了悬崖边缘。2004年初，迈杰希为即将举行的欧洲议会选举提出了一个议会各党派共同参与的选举名单，遭到了左右两派反对。随后在2004年6月的欧洲议会选举中，匈牙利社会党被青民盟严重挫败。之后，迈杰希联合政府逐渐失去了社会党和自民盟的支持。8月19日，经济部部长奇劳格辞职引发自民盟强烈不满，宣布退出联合政府，迈杰希被迫于8月25日宣布辞职，由社会党推选出的久尔恰尼接替总理一职。

政治丑闻导致民众失去对左翼政党的信任。2002年和2006年，匈牙利社会党两次击败以青民盟为首的右翼政党，赢得议会大选。短短四年后的2010年，匈牙利社会党却在大选中惨败，并从此一蹶不振，逐渐分裂并进一步衰落，这一切的转折点就在2006年。2006年的议会大选中，匈牙利社会党获胜，久尔恰尼继续担任总理。久尔恰尼在短时间内给社会党带来希望，但随后却让社会党坠入深渊。上任不久，久尔恰尼政府就开始酝酿财政紧缩政策，并在6月推出了"新平衡计划"：天然气价格提高30%，电费提高10%—14%，增值税从15%提高到20%等。这些政策导致民意支持大幅下降，从2006年5月的37%降至8月的26%。9月，匈牙利媒体披露了2006年5月26日久尔恰尼的一段录音。这是他在一次内部谈话上的录音。在录音中，他承认向选民撒谎，一天到晚都在撒谎，而且措辞粗鲁。同年9月17日，这段录音被匈牙利各大媒体披露，引发民众激烈反响。加上与选举承诺相反的紧缩政策，导致民众多认为社会党一直在欺骗选民。这段录音成了匈牙利社会党的噩梦。青民盟借机召集大型游行示威。10月的地方选举中，青民盟赢得了23个城市中15个的市长职位，极大地打击了社会党的势力。

青民盟借机发起的公投也极大地打击了社会党的执政联盟。2006年10月23日，欧尔班宣布要向国家选举办公室提交草案，其中包括取消社会党的三项改革：收取挂号费、住院费和高等教育学费。2007年针对这三项改革的公投得到批准，并在2008年3月9日正式举行。投票结果显示，投票人数超过公民总数的50%，结果有效。其中，80%的有效票要求撤销这三项改革。这次投票所针对的改革，是匈牙利社会党提出的自由主义改革。这次公投是久尔恰尼政府自由主义政策的失败，极大打击了匈牙利社会党的左翼形象，并最终导致自由民主主义者联盟4月30日宣布退出与社会党组建的联合政府。

压垮社会党的最后一根稻草是久尔恰尼在金融危机爆发后的辞职。2006年录音丑闻之后，久尔恰尼在不信任投票中躲过一劫，继续留任，但还是在2009年提前结束了任期。2008年国际金融危机爆发，很快影响到匈牙利，久尔恰尼政府不得不向国际货币基金组织和欧盟求助。金融危机的应对方案包含紧缩政策，2008年10月中旬久尔恰尼还表示第13个月养老金不会取消，到2009年2月，久尔恰尼不得不宣布第13个月养老金全面取消，并且上调退休年龄。2009年3月，久尔恰尼辞去总理职务。4月，鲍伊瑙伊接任总理（2009—2010年）。随着金融危机后紧缩政策的出台，2009年3月匈牙利社会党的民意支持率进一步滑落到16%。[1] 在大多数选举中，日益增长的社会不满情绪导致选举结果在左右翼政党之间轮替。2006年匈牙利社会党政府连任。部分选民对社会党的不满没有得到释放，紧缩政策、录音丑闻和全民公投的影响，导致更多的选民对社会党不满，在随后的金融危机带来的压力下，这种不满被释放出来，给匈牙利社会党带来重创。

在2010年匈牙利议会选举中，青民盟与基民党组成的竞选联盟获得议会2/3以上的多数席位，欧尔班担任总理。在这次选举中，匈牙利社会党仅仅获得59个席位，大选失利之后，社会党进一步走向衰落。2010年之前，匈牙利左翼政党中匈牙利社会党占主导地位，在2009年欧洲议会大选和2010年匈牙利议会大选连续两次滑铁卢之后，匈牙利社会党遭到严重削弱，左翼逐渐分裂成多个小的政党。而作为自由派政党的自由民主主义者联盟，2002—2010年曾是匈牙利社会党的执政伙伴，在2010年大选中却没能进入议会。

匈牙利社会党的衰落在2010年前就已经开始，此后，这一趋势进一步恶化。2014年大选前夕，匈牙利社会党、民主联盟、"一起2014"、匈牙利自由党和"为了匈牙利对话"5个政党匆忙组成了左翼政党联盟。除

---

[1] Beck László, Bíró Nagy András, Róna Dániel, "Szabadesésben. Az MSZP 2006-2010 közötti népszerűségvesztésének politikai napirendi magyarázatai", *Új képlet. Választások Magyarországon*, 2010. Budapest: Demokrácia Kutatások Magyar Központja Alapítvány, 2011, pp. 193–216.

匈牙利社会党是传统左翼政党外，联盟中的其他政党均是近几年新组建的：民主联盟是由久尔恰尼及其追随者于2011年离开社会党自立门户而成；"一起2014"由2009—2010年任总理的鲍伊瑙伊于2012年秋组建；匈牙利自由党由佛多尔①于2013年春组建；"为了匈牙利对话"则是在2013年"政治可以是别样的"决定放弃与"一起2014"组成联盟后，由主张联盟的原"政治可以是别样的"成员组成的左翼绿党。左翼政党中没有可以起到核心作用的领导者，这个竞选联盟是为了合作对抗青民盟而组成，其共同目标是在选举中击败青民盟，由于在一些重大问题上分歧很大，它们没有提出足以吸引选民的统一的竞选纲领，而且推举共同竞选名单的时间较长，以致很多中间选民倒向其他政党。最终，左翼没能逆转局势，青民盟的优势仍在，右翼势力不断壮大并占优势。2018年大选中，左翼政党依旧没有形成足以与右翼抗衡的联盟，得票数甚至低于极右翼政党尤比克。

第三节　民粹主义的高潮和右翼政党的壮大

基于匈牙利政党政治发展的特点，在匈牙利，民粹主义并不是边缘政党用来进入主流政治的工具，而是被议会中的大党用来攻击对手的策略。2010年以前政党政治的演变过程中，匈牙利出现过几次民粹主义高潮。第一次民粹主义高潮出现在1998年，由青民盟主导。转型初期，1995年匈牙利社会党政府执政期间，采纳国际社会的建议，推出波克罗什经济计划，带来经济紧缩，民众生活水平下降，引发民众对经济转型的不满，这种不满为反对党匈牙利民主论坛和青民盟的民粹主义策略提供了机会。在1998年的议会选举中，青民盟在媒体进行宣传，强调社会党政府经济政策的弊端，承诺要结束经济转型带来的痛苦，并通过与传统民粹主义政党独立小农党组成选举联盟和政府联盟来赢得选举。

第二次民粹主义高潮出现在2002年。在当年的议会选举中，青民

---

① 佛多尔是青民盟的创始人之一，1993年离开青民盟，1994年加入自由民主主义者联盟，2008年6月至2009年7月任自由民主主义者联盟主席，自由民主主义者联盟在2009年欧洲国会大选中失利，他随即辞去主席职务。

盟以微弱的差距失利。失败后，青民盟通过组织大型街头示威游行来大规模动员支持者，向政府施加压力。他们声称，只有青民盟才代表"民族"，并强调民族不能成为失败者，欧尔班是"匈牙利民族的总理"，所以他应该是国内外1500万匈牙利人的领袖。尽管青民盟在2002年议会选举中失败了，但这民粹主义的策略帮助它赢得了2004年欧洲议会选举。

第三次民粹主义高潮出现在2006年。2006年春季匈牙利议会大选中，青民盟试图通过贬低对手来达到选举获胜的目的，其竞选口号是"我们的生活比以前更糟"，结果以较大差距落败。选举结束后，它转向了更为强劲的街头动员，通过议会内外并举的手段开始攻击政府，称政府是反民族利益的，代表外国利益，从而引发了匈牙利民粹主义的新高潮。这一年的民粹主义高潮中多了一个新的参与者——成立于2003年的尤比克。这是一个小型的由青年激进分子组成的极端主义团体，其主席沃纳曾经是青民盟"公民圈"的一员，尤比克可以被看作青民盟衍生出来的一个激进团体①。在2006年举行的反对社会党的游行活动中，尤比克的支持者举着自己的标志和口号，参与了所有的青民盟活动。2006年6月，匈牙利社会党和自由民主主义者联盟组成的执政联盟赢得大选后，计划采取严厉的紧缩政策，对税收、医疗卫生和高等教育进行结构性改革，以降低欧盟一体化带来的高预算赤字。这些激进的改革非常不受欢迎，引起民众不满，导致民意支持率下降。9月，总理久尔恰尼的内部录音曝光，录音中以粗俗的语句承认对选民撒谎，做出的福利承诺无法兑现，必须实行财政紧缩政策。录音在媒体中曝光后，引起了群众强烈不满。在青民盟和尤比克等反对党的利用下，爆发了大规模民众游行，更进一步降低了匈牙利社会党和自由民主主义者联盟的民意支持。

从这三次民粹主义高潮可以看出，青民盟与民粹主义在匈牙利的发展中有着密切关系。民粹主义贯穿匈牙利转型发展的过程，有着深层次的社

---

① 尤比克在沃纳的带领下日益壮大，在2003年独立成为一个政党。尤比克倡导反欧洲、反犹太、反罗姆人，公开提出反对民主制度，要求在匈牙利沙文主义的基础上进行新的系统性改革，主要口号是"为了匈牙利人的匈牙利"，动员"真正的"匈牙利人反对"叛徒"，并将所有问题的责任归于少数群体（罗姆人和犹太人）。尤比克的追随者来自两类社会背景，一类是中产阶级的，年轻的相对失败者，另一类是对治安安全深为关切的人。

会经济根源。在开启欧洲化进程的中东欧，民众将一国之内民族与民主诉求的实现与整个欧洲一体化进程相联系①。民众对转型和欧洲化的预期与社会经济现实之间存在巨大差距，所有政府和政党都在选举或执政时承诺会在不久的将来解决这一问题，导致幻象破灭时民众情绪强烈反弹。当民族遭遇不同的发展问题、危机和挑战，民族主义被激发之时，民粹主义便会潜藏其中。

转型初期，匈牙利政府和议会的政党和政治精英都在为民主化和加入欧盟的进程中忙于进行机构和法律层面的转型，但匈牙利社会还没有跟上这种变化的脚步，执政的社会党精英在很大程度上忽视了这种错位，没有对转型需要的社会巩固给予足够的重视，忽视了社会的真正需求，一味追求选举中的胜利，用竞选承诺来迎合选民的期待，赢取选票。却不能从根本上解决社会和经济层面存在的问题。长期积累下来的问题在2006—2010年伴随着政治丑闻和金融危机而爆发，最终带来了左右翼分化的政党体系的瓦解，左翼政党一蹶不振，右翼政党日益壮大。

2009年欧洲议会大选中已经可以看出，匈牙利社会党的支持率明显下降，青民盟的支持率上升。2009年欧洲议会选举中，受到转型二十年和入盟五年的影响，加之金融危机的刺激，国内因素对匈牙利议会选举的结果产生了很大影响。2004年议会选举的投票率为38.42%，2009年议会选举的投票率为36.28%。2004年选举中的左右翼平衡在2009年发生了变化。青民盟在2004年得到了12个席位，在2009年增加到14个，匈牙利社会党的席位从2004年的9个降到4个，尤比克则首次得到3个席位，匈牙利民主论坛得到1个席位，自由民主主义者联盟则失去了2004年得到的2个席位，在2009年未得一席。这次选举对匈牙利政党政治的走向有重要的参考意义。匈牙利的投票率在2004年入盟的新成员国中最高，匈牙利左派在这次选举中遭遇巨大挫败，是欧盟左翼政党和执政党中失去票数最多的，而匈牙利的右翼在选举中大获全胜，甚至连极右翼的尤比克也得到了3个席位。2009年欧洲议会大选右翼的胜出，已经预示了2010年匈牙利议会大选中右翼的胜利。

2010年后匈牙利政党体系的特点是，青民盟一党独大，左翼政党的

---

① 鞠豪、方雷：《"欧洲化"进程与中东欧国家的政党政治变迁》，《欧洲研究》2011年第4期。

碎片化和新政党的层出不穷。左右翼两大政治阵营对峙的局面被打破，右翼在匈牙利政治光谱中占绝对优势，左翼在挫败后的几年内分裂成几个小的政党，总体的影响力远远不及右翼。2010年议会选举是一次颇有争议的选举。青民盟通过自由公平选举获得了2/3以上多数席位，并在随后的执政期间充分利用这一优势，巩固了在匈牙利政党体系中的优势。这一选举结果伴随着新意识形态特点的出现，伴随着社会结构的巨大变化，新的政党形象和政党策略带来利益群体与政党关系的变化，并最终带来政党选民基础的变化。[1] 匈牙利社会党的衰落和右翼政党的兴起，体现出匈牙利政党体系的不稳定和脆弱。

2010年青民盟成为执政党后，民粹主义不再是被用来自下而上挑战执政党的策略，而是成为欧尔班政府巩固执政的工具。欧尔班政府2010年上台后，匈牙利面临巨大的财政负担，使得欧尔班不得不采取一些紧缩政策，但又必须谨慎处理这些政策，以免引起选民的不满，重蹈前任社会党政府的覆辙。欧尔班将经济和社会问题都归罪于此前执政八年的匈牙利社会党政府，政治斗争长期处于高调，以转移对经济问题的注意力。在进行福利和税收改革时，一方面通过养老金改革和对外资征税，另一方面给选民保证价格低廉的生活费用，提供家庭福利，以稳定票仓。2010—2014年，青民盟还处在从反对党到执政党的身份转换和策略探索阶段，一方面通过立法手段为长期执政打下基础，另一方面将反对党塑造成旧体制的代表进行打压。同时，将欧盟对匈牙利民主问题的批评视为干涉内政，将民族主义和民粹主义相结合，进行自上而下的民粹主义宣传。2015年以来，欧尔班政府将难民问题作为新的焦点，将民族主义、欧洲怀疑主义和民粹主义结合在一起，反对欧盟强制摊牌难民配额，借机进行"制止布鲁塞尔"的宣传，并在2016年10月举行关于反对欧盟难民配额的全民公投，虽然公投结果最终因投票率没有达到半数而无效，但公投活动本身足以构成大范围的影响。2017年欧尔班政府举行主题为"制止布鲁塞尔"和"反对索罗斯计划"的民族协商。2018年议会大选前夕，青民盟的竞选团队在布达佩斯大街小巷竖起竞选广告牌，将索罗斯和左翼政党的竞选领袖

---

[1] Ágh Attila, "Radical party system changes in five East-Central European states: Eurosceptic and populist parties on the move in the 2010s", *Baltic Journal of Political Science*, Vol. 4, No. 4, 2015.

视为招揽难民进入匈牙利的负面形象。

民粹主义的措施，帮助巩固并提高了右翼政党在匈牙利的政治地位。在 2010 年议会选举后，青民盟已经成为拥有 2/3 绝对多数议会议席的优势政党，2014 年这一优势得到了巩固。2014 年议会大选后，青民盟和基民党组成的联盟共获得 199 个议席中的 133 个，这意味着青民盟再次获得了 2/3 以上议会多数议席。2010 年，匈牙利社会党只得到了 59 个议席，2014 年，五个左翼政党组成的竞选联盟只获得 38 个议席。尤比克在 2010 年首次进入议会，获得 16.36% 的选票和 47 个议席，在 2014 年得到 20.30% 的选票和 23 个议席。2014 年，匈牙利进行了三次重要选举：匈牙利议会选举（4 月），欧洲议会选举（5 月）和地方选举（10 月）。在这三次选举中，青民盟都是最大赢家。经过 4 年，青民盟的优势地位不仅没有动摇，右翼势力反而更加壮大，极右翼进入议会，左翼的颓势没能逆转。总体看来，右翼势力在匈牙利政党体系中仍占上风。2018 年匈牙利议会选举中，青民盟获得 199 个席位中的 134 席，反对派继续四分五裂，未能对青民盟构成实质性威胁。尤比克赢得了 25 个席位，成为第一大反对党。匈牙利社会党只赢得了 20 个席位，被尤比克取代了第二大党的地位，民主联盟得到 9 个席位，"一起 2014"党赢得了 1 个席位，"政治可以是别样的"则赢得 8 个席位。

由于右翼政党多次分裂和重组，青民盟吸收了几乎所有的中右翼政党，并与极右翼政党开展了某种间接合作，最终成了一个具有压倒性优势的政党。青民盟名称的变化展示出政党发展的一些特点。虽然始终保留了作为青年民主主义者联盟（Fiatal Demokraták Szövetsége）的名称，但是在 1995 年从自由主义政党转变为中右翼政党时，名称改为了 Fidesz-Magyar Polgári Párt，意为青年民主主义者联盟—匈牙利公民党，2003 年后，吸收了多个中右翼政党，改为 Fidesz-Magyar Polgári Szövetség，意为青年民主主义者联盟—匈牙利公民联盟。名称的变化伴随着青民盟的发展，在发展中不断吸收其他党派，因此不断壮大。

在右翼政党阵营中，青民盟占绝对优势，但极右翼政党尤比克的民意支持率在 2014 年以后逐渐上升，甚至超过匈牙利社会党，成为民意支持率仅次于青民盟的第二大党。青民盟制定的民族主义议程中，政治和文化方面的纲领在很多方面与尤比克的主张有相似之处，只不过更为温和。尤比克作为极右翼政党，经常通过街头示威和群众集会开展社会动员，有时还伴随着极端右派暴民的暴力街头行动。以尤比克为代表的激进政党，代表了匈牙利社会对国际危机的一种反应，代表了对一连串危机所带来的影响的不满，以及对政治组织的不信任。2010 年之前，尤比克始终没能进入议会，但 2010 年之后不仅进入了议会，支持率还在不断攀升，这是匈牙利社会情绪激进、社会关系紧张的一种体现。

青民盟和尤比克的支持者经常在两个政党间变换立场，因为这两个政党的政治主张在很多方面相似，但尤比克更为激进。尤比克甚至于 2012 年 1 月 14 日公开焚烧欧盟旗帜，2014 年 2 月 13 日从匈牙利议会的窗户扔出了欧盟旗帜，以示其反欧盟的立场。在 2010 年选举中进入议会，并成为议会第三大党之后，尤比克开始转向反对青民盟，并日益对青民盟的地位构成威胁。尤比克经常提出极端的要求和口号，青民盟一方面打压尤比克，另一方面以一种温和的方式实践尤比克的理念，以争取尤比克的选民。2015 年，尤比克开始收敛其激进的作风，逐渐转向更为温和的方向，以期争取更大范围的支持，欲与青民盟一争高下。青民盟和尤比克之间的这种竞争，导致匈牙利国内的政治气候越来越右倾。

第四节　中东欧地区背景下的民粹主义

经济民主理论的一条重要原则是，经济上的困难时期同样意味着民主的困难时期，尤其是对那些新生的脆弱民主来说更是如此。[①] 2008 年以来的经济增长疲软，导致社会危机的出现，社会不平等的现象越来越明显。以匈牙利为代表的中东欧欧盟成员国没有实现加入欧盟后达到西欧发达国家发展水平的预期，反倒在全球化和欧洲一体化的过程中，承受经济增长预期的落空和欧盟经济发展缓慢带来的传导效应，导致对欧洲一体化的信心下降，为民粹主义的兴起提供可能。入盟后中东欧地区的适应性危机和金融危机引发的经济危机，带来了社会的不稳定，民粹主义在这一地区泛滥起来。

---

① ［美］拉里·戴蒙德：《民主因何而退潮?》，倪春纳、钟茜韵译，《国外社会科学》2012 年第 1 期。

20世纪90年代,民粹主义政党开始在中东欧国家出现,但并没有成为主流政治力量。进入21世纪后,民粹主义在中东欧乃至欧洲的影响力日渐上升,许多民粹主义政党先后上台执政。其中一些政党甚至已经多次执政。比如,波兰法律与公正党2005—2007年执政,2015年再度上台;斯洛伐克方向—社会民主党2006—2010年执政,2012年再度上台,2016年连续执政;青民盟在匈牙利三度执政,2010年上台后,民粹主义倾向明显;罗马尼亚民主自由党也曾于2008—2012年执政;保加利亚欧洲发展公民党于2009—2013年执政,2014年再度上台;塞尔维亚进步党2012年上台,2014年和2016年连续两次赢得提前议会选举。2014年欧洲议会选举中,有十多个民粹主义政党成功跨过选票门槛,获得议席并组建了跨国党团。2016年英国脱欧公投后,民粹主义力量在欧洲国家发展壮大,达到一个阶段性高点。民粹主义政党之所以在欧洲得势,在于他们巧妙地将欧洲一体化和全球化浪潮所引发的就业压力、安全担忧以及种族的、民族的、文化的危机,特别是身份认同的焦虑,与民众对代议制民主的不满联系在一起,进而发动了一场又一场具有鲜明个性特征且较为成功的民主斗争。[1]

中东欧地区的民粹主义具有一些共同特征。中东欧的民粹主义是一些政党的政治动员战术,代表了公众中存在的反自由主义、怀疑欧洲一体化的情绪。入盟后迟迟达不到欧盟老成员国的发展水平,金融危机后欧盟经济增长又陷入了长期低迷。这些国家的民众不仅没有过上期待已久的富裕生活,还在危机的影响下遭受了失业、债务堆积等打击。这些都导致了反自由主义和疑欧情绪的萌发和上升。对欧洲一体化进程的质疑与忧虑成为新民粹主义兴起的一个催化剂。[2] 青民盟等中东欧民粹主义政党在2010年以后,正是利用了这样的民众情绪,实现了掌权。

中东欧的民粹主义是转型以来中东欧政党政治发展的产物。中东欧国家政党在转型过程中的政策趋同,传统的左右翼政策界限模糊,在加入欧盟以后,中东欧国家的政党失去了入盟这个共同目标,各党派之间

---

[1] Daniele Albertazzi, Duncan McDonnell eds., *Twenty-First Century Populism: The Spectre of Western European Democracy*, Palgrave Macmillan, 2008, p. 124.

[2] 徐刚:《中东欧社会转型中的新民粹主义探析》,《欧洲研究》2011年第3期。

的意见分歧开始加大，一些国家的党派竞争中各方互不妥协，却对经济状况的改善缺乏有效的措施，往往相互用民粹主义的策略来攻击。中东欧国家执政党中存在的一些腐败和渎职行为导致民众对执政党失去信心，寄希望于一个新的政党带来实质性的改变。这也让民粹主义有机可乘。

中东欧的民粹主义也是欧洲政党政治发展的产物。中东欧地区的民粹主义引发了东西欧分裂的讨论，甚至有声音认为，欧盟的扩大是个错误，或者至少是早产的。这些讨论或许错误理解了现在的事态。自由主义的危机和民粹主义的兴起是一个泛欧洲的现象。在中东欧地区，民主、市场和欧洲一体化面临危机，但这种危机是全欧洲范围的。传统主流政党衰落，旧的左右翼政党的划分已经减弱，留出的真空被认同政治和民粹主义政党填补。①

中东欧的民粹主义受克里斯玛型领袖的影响较大。有学者认为，民粹主义缺乏实质和核心的价值观意味着它特别倾向于个人政治。②匈牙利青民盟的欧尔班，波兰法律与公正党的卡钦斯基兄弟，保加利亚欧洲发展公民党的鲍利索夫，斯洛伐克社会民主—方向党的菲佐，这些政党领袖都在民众中成功塑造了具有魅力的形象，为他们争取到了更多选民的支持。

中东欧民粹主义没有从根本上反对欧盟和欧洲一体化。民粹主义自诩为民意的代表。民粹主义在中东欧的蔓延，在一定程度上反映了底层民众的诉求和对社会的不满，反映了中东欧国家在一体化进程中出现的问题，促进对欧洲一体化进程中问题的反思。但他们并没有从根本上反对欧洲一体化。但是，中东欧的民粹主义本身并不具有建设性。它通常只是提出问题，却没有从根本上解决问题。而简单地，甚至极端地提出问题，而不提供有效的解决方案，会带来更多的问题。青民盟的民粹主义主张中包括了对外资和外企的质疑，但在匈牙利经济对西欧资本依赖度较高的现状下，暂时并没有找到更有效的替代方案。

---

① Jacques Rupnik, "Surging Illiberalism in the East", *Journal of Democracy*, Vol. 27, No. 4, October 2016.

② [英] 保罗·塔格特：《民粹主义》，袁明旭译，吉林人民出版社2005年版，第136页。

中东欧的民粹主义已经对民主机制构成了一定程度的威胁。入盟后的中东欧国家,已经完成了外部的欧洲化,即在形式上,按照欧盟标准建立起了相应的政府机构,出台了符合欧盟要求的规定。他们完全遵守欧盟法律的规定来执行,但是与此同时,这些国家的生活水准还在追赶西欧老欧盟成员国,国内的社会和文化氛围并没有跟上欧洲化的节奏。中东欧国家虽然完成了形式上的欧洲化,但却没有实现内容上的欧洲化,这为民粹主义的壮大提供了机会。金融危机为民粹主义提供了丰富的素材,那些成功占据执政地位的民粹主义政党,在挑战转型以来建立的民主机制。不仅是在匈牙利出现了欧尔班现象,在波兰,执政的法律与公正党也在跟随欧尔班的步伐,修改宪法,限制宪法法院的权力。这些做法都对这些国家已经建立的民主制度提出了挑战。

中东欧地区不同国家的民粹主义具有的相似特征,反映了这些国家在转型、欧洲一体化的进程中遇到的相似困境,在该地区其他国家有类似现象发生。民粹主义是理解匈牙利政党政治发展的一个重要线索。

转型文献通常将匈牙利描述为中东欧的政治和经济转型一个相对成功的案例。[1] 因为匈牙利在转型伊始就建立了一个可行的民主制度,巩固了其党派制度,并且具有明显稳定的政府,这被认为有利于经济转型的进行,有利于在推动西方外国直接投资引导的经济转型的同时,维持大量社会福利,避免社会动荡[2]。匈牙利是中东欧地区最早提出且最积极加入北约和欧盟的国家之一。然而,这些相对的成功掩盖了政治发展的严峻考验。

1990 年以来,匈牙利的政党政治发展令人眼花缭乱,从摸索到逐渐形成成熟的左右翼,再到右翼兴起左翼衰落,可谓跌宕起伏。民粹主义也在这一过程中萌发并日益成熟,成为匈牙利政党政治的重要特征。左翼在 2002 年和 2006 年连续两次执政后,遭遇录音丑闻和金融危机,陷于困境。右翼则在打击左翼的同时,日益壮大,极右翼的支持率也越来越高。这种右强左弱的政党政治发展趋势,带来了 2010 年后匈牙利政党体制的

---

[1] Braun Aurel, Zoltan Barany, *Dilemmas of Transition: The Hungarian Experience*. Lanham Rowman & Littlefield, 1999, p. 8.

[2] Bohle Dorothee, Béla Greskovits, *Capitalist Diversity on Europe's Periphery*, Cornell University Press, 2012, p. 20.

变化，并将进一步影响匈牙利政治生态的演变。

民粹主义在匈牙利的出现，伴随着匈牙利政党政治的发展，左翼政党的衰落、右翼政党的壮大与民粹主义的发展平行进行，这一趋势在一段时间内不会发生根本性变化，将成为匈牙利政党政治的主要特征。

第八章　教育政策

匈牙利的教育体系自从 20 世纪 90 年代以来就一直在经历着改革和转型，其大致方向为现代化、与欧洲接轨、适应市场经济需求、选择自由、提高教育水平等。其改革的宗旨是：优化高等教育资源配置，扩大教育规模；提高科研能力；建立多学科综合性大学，以此形成地区发展的智力中心，这是匈牙利加入欧盟的必要条件。新的大学格局将为匈牙利奠定现代高等教育的基础。为支持此项改革，世界银行向匈牙利逐步提供贷款，最终达 1.5 万亿美元。世界银行贷款要求用于合并现有高校，建立多学科综合性大学。

第一节　教育的发展

1367 年，纳吉·劳约什国王在佩奇建立了匈牙利第一所大学，这标志着匈牙利高等教育的开端。[①]

19 世纪前期，匈牙利的教学语言基本转变为匈牙利语，这一时期还出现了最早的职业学校。在 1848—1849 年自由战争期间，匈牙利政府颁布并采用了一项新的教育法令，规定国家有权控制和组织整个教育体系，并将义务教育的推行确定为国家的行政责任。

到了 1850 年，匈牙利已经引进了城市四年、农村三年的义务教育体制。尽管小学的数量增多了 30% 左右，但学龄儿童却只有一半真正入学接受小学教育，并且国家财政也只有不到 2% 的钱投入到教育当中。在中

---

① Petrovics István, "A középkori pécsi egyetem és alapítója", AETAS, 20. évf. 2005. 4. szám, p. 29.

学里引进的是奥地利模式,其中包含统一的八年国语教育,而真正的中学教育则主要是数学和科学等科目。

1867年奥匈帝国的成立给匈牙利的经济和教育发展带来了前所未有的推动力。匈牙利著名作家和自由政治家厄特沃什·尤若夫（Ötvös József）于1867年被任命为匈牙利文化教育部部长,在他的带领下,匈牙利建立起了欧洲标准的现代化教育体系。1868年的教育法令先于英国和法国引进了六年制义务教育,并增加了国家的财政支持。在1870—1910年,匈牙利的文盲率从68.7%降低为31.3%。①

19世纪后期也是匈牙利四所国家级大学成立的时期。其中,1875年创立的布达佩斯大学共有四个院系（神学、法律、医学和人文科学）。1871年还创立了科技大学。

19—20世纪之交,匈牙利的经济和文化呈现了空前繁荣的发展趋势,而匈牙利的学者、艺术家和科学家也在不同领域做出了许多重要贡献。其中有许多人都获得了世界性的闻名和声望。然而,第一次世界大战的爆发中断了这种积极的发展。②

第一次世界大战的失败给匈牙利带来了深重的政治、经济和道德危机,而奥匈帝国的解体和匈牙利领土的缩减分割也导致了地域修正主义和新民族主义的产生。匈牙利人认为可以保护其民族的已经不是刀剑而变成了文化,所以制定了颇具野心的教育和文化政策。国家财政的10%都被投入文化和教育领域,学术和科研活动得到了极大的鼓励和支持,有天赋的年轻学者也得到了许多慷慨的国外奖学金项目的支持。③

匈牙利在第二次世界大战中与希特勒德国保持了统一阵线,1944年德军入驻后,给匈牙利带来了种族和民族歧视性的教育措施,严重影响了犹太裔的学术、儿童和教师的正常活动。他们当中的一部分在集中营中遇难了,另一部分则在战争爆发前去了美国,并在后来成了世界闻名的科学家（如约翰·冯·诺伊曼、西奥多·冯·卡门、爱德华·泰勒等）。这一

---

① Dr. Mikes Gábor, "A népesség műveltségi színvonalának megállapítása Magyarországon", 1869 – 1963, *Demográfia*, 2. szám, 1964.
② Nagy László, "A magyar közoktatás reformja 1918", *Köznevelés*, 16 – 17. szám, 2008.
③ Szabó A., "Trianoni Magyarország felsőoktatási intézményhálózata", *Földrajzi Közlemények*, évf. 3., 2008, 277 – 289.

时期全国上下所有层次的教育都成了基于种族主义和民族仇恨的意识形态的宣传工具。①

20世纪50年代早期社会主义时期,形成了一套基于中央课程标准和统一教学方法的单一型学校体系,并严格要求学校和教师按照官方制定的意识形态和标准开展教学活动,这种行为在实质上阻断了学校管理和教师教学的自主和创新之路。

同时,50年代还发起了轰轰烈烈的全国性扫盲运动,将中学和大学的大门向女性和出身贫寒的年轻人打开。但同时,非工农阶级出身的学生的教育受到了限制。这一举措某种程度上限制了中产阶级儿童的教育参与,还在整体上拉低了匈牙利的教育水平。

1989—1990年的政治巨变大大推动了教育领域的民主化、现代化的发展。对于新的政治、经济和社会形势,教育领域也做出了一系列的适时回应,呈现出了复苏发展的迹象。②

第二节 当前教育体制的基本结构和总体特征

(一)匈牙利教育体制基本结构(见表 II-8-1)③

表 II-8-1　　　　　　　　匈牙利的教育体制

年限	教育模式	年龄
3—4	幼儿园	3岁起
4/6/8	小学	6岁起
8/6/4 或 4/5/6	中学或技术中学	10/12/14 岁起
3/4	高等教育本科阶段	18 岁起
2/1	高等教育硕士阶段	21 岁起
4	博士教育	23 岁起

---

① Mészáros István-Németh András-Pukánszky Béla, *Neveléstörténet-A szocialista iskolaügy és pedagógia 1948 - 1990 – ig*, Budapest: Osiris Kiadó, 2005, pp. 355 - 376.
② Ibid. .
③ Magyarország: Az oktatási rendszer szerkezete és az oktatás irányítása, https://eacea.ec.europa.eu/national-policies/eurydice/content/organisation-and-governance-35 _ hu; Magyarország oktatási rendszere, https://hu.wikipedia.org/wiki/Magyarorsz% C3% A1g_ oktat% C3% A1si_ rendszere.

(二) 公共基础教育

匈牙利儿童3岁进入幼儿园,6—7周岁起开始义务教育,直到满18周岁成年之时结束(年满18周岁的那一学年仍享受义务教育)。匈牙利传统的小学和中学教育采用8+4模式,即小学8年,中学4年,但近年来6+6和4+8两种组合模式也越来越广泛。但无论是哪种模式,小学加中学教育总年份都是12年,另外学生在中学毕业时还须参加毕业考试。除了普通中学以外,匈牙利的学生还可以选择上技术中学。技术中学采用4+1(2)模式,学生在接受4年基础教育之后还可以学习1—2年职业技能。

(三) 高等教育

匈牙利于1999年加入了"博洛尼亚进程",2006年9月1日,"博洛尼亚进程"新的学位体制被采用。在加入"博洛尼亚进程"以后,自2005年以来,匈牙利的高等教育已经渐渐由传统的大专3—4年、大学4—6年的一体化模式转变为三级体系了。在这一新体系中,一部分学生在完成3—4年基本高等教育之后,可以通过选拔继续进入为期1—2年(师范专业2.5年)的硕士教育。最高级别的高等教育是4年制的博士教育。[1]

传统的一体化高等教育模式不分基本阶段和硕士阶段,而是作为一个整体一起完成,并根据学校类型颁发大专或大学文凭。现在,医学、牙医、医药、兽医、法律和建筑6个专业仍旧采用传统的一体化教育模式。

(四) 发展的总体特征

目前的匈牙利教育体系和教育内容在组织和结构上均受到了两方面的重大影响:一是深深植根于国家思想和文化遗产当中的数个世纪积累下来的欧洲传统结构和价值观念,二是匈牙利自从1990年以来在全球范围内——尤其是在欧洲语境下——所经历的社会、经济和政治转型。这两方面的特征在国家性和地方性教育体系中都有明显体现,具体表现为传统主义教条和创新改革派系的对抗和争斗。然而,由于20世纪90年代初期发

---

[1] Szolár Éva, "A felsőoktatási reform és a Bologna-folyamat Magyarországon", *Magyar Pedagógia* 2010, 110/3, pp. 239 – 263; Átalakul a doktori képzés, http://arsboni.reblog.hu/atalakul-a-doktori-kepzes.

生的巨大社会和经济变革，加上全球化的影响和日新月异的科技进步，匈牙利教育领域也面临着越来越重大的转型需求，亟须适应新的社会、经济、科技和人口现实。[1]

第三节　1990 年以后教育立法的主要内容与实施

（一）五项基本法令[2]

匈牙利教育和培训系统的基本运作、组织、管理和资金原则是由国会通过的五项法令加以规定和规范的：

- 关于公共教育的 1993 年第 LXXIX 号法令
- 关于职业教育和培训的 1993 年第 LXXVI 号法令
- 关于高等教育的 2005 年第 CXXXIX 号法令
- 关于成人教育的 2001 年第 CI 号法令
- 关于高等教育的 2011 年第 CCIV 号法令

在经历了 1989—1990 年的和平演变之后，随着经济政治环境不断发展变化，上述五项法令都曾经历过数次修订，而这些修订也总是能反映不同时期所奉行的政治和意识形态特征。此外，匈牙利 2004 年加入欧盟以后，也更加需要在教育领域在现存的本国法律和欧盟共同法之间达成一种和谐。

上述法令完全符合由匈牙利宪法和其他相关国际法规和条约所规定的基本民主原则和人本主义价值体系，最大限度地保护了学生的个人自由，禁止任何基于种族、国籍、民族、信仰、宗教或社会起源的教育歧视和不平等待遇。这些法令也得到了一系列其他法律工具（包括法律、条例、决议、法令等）的进一步扩充和支持。

尽管这些法令都是针对教育和培训系统中的某一特定层面的，但教育和培训系统却是一个有机整体。这一整体内的纵向和横向过渡性和对死角的清除都是法律机关需要考虑的基本事项，其中小学、中学和高等教育以

---

[1] Veres Pál, "Az 1988-2014 közötti korszak áttekintése a felsőoktatási stratégiai dokumentumok alapján", A magyar felsőoktatás 1988 és 2014 között, Budapest：Oktatás és Fejlesztő Intézet, 2016.

[2] Magyarország：Jogszabályok, https：//eacea. ec. europa. eu/national-policies/eurydice/content/legislation-29_ hu.

及成人教育和培训都是互相补充、相辅相成的。

《公共教育法》为匈牙利境内的所有儿童保证提供八年免费基础教育和免费的高级中学基础或职业教育。这一法令规定免费义务教育从 5 岁开始，到 18 岁结束。在高级中学教育结束时，学生必须通过中学毕业考试，才能被高等院校录取。这一法令还规定了学生、教师和学校行政管理人员的各项权利和义务。文化教育部提供一张可供选择的教科书清单，教师可以从中自由选择自己教学所用的教材。

《职业培训法》规定的是与高级中学和高级职业教育培训相关的事项，并对《公共教育法》和《高等教育法》作了适当补充。其中涉及职业资格的认证，构建了与职业相关的考核与资格认证体系。此外，该法令还包含了与雇主代表的职业团体（即工业或贸易商会）在课程发展和职业考试中的参与方式相关的规定。

《高等教育法》在对学术自由和高等院校自治保持完全尊重的同时，也致力于为匈牙利高等教育与欧洲高等教育领域的接轨创造有利的法律和政策条件。与博洛尼亚进程的原则和目标相一致，本法令也引进了完整的三级制高等教育结构和学分制。这一法令的条款鼓励教育的国际流动性，并加大了对教育机构财政自主权以及教育与经济合作发展的支持。

在正规教育以外的教育和培训活动大部分都是由《成人教育法》规定的。这一法规为所有成人培训提供方（教育机构、法人、自然人等）做出一系列基本规定，规范了成人培训项目的组织和融资方式，它还规定所有成人教育和培训项目及其提供者都应得到国家成人教育认证委员会的认证。

（二）高等教育立法[①]

《高等教育法》（于 1993 年由国会通过）将几乎所有高等教育机构（国防与警察大学除外）都归在了教育部的管辖之下，而除此之外，高等教育机构则曾由五个部委共同管辖。

该法律还成立了两大中间机构，即匈牙利认证委员会和高等教育及科学委员会来为高等教育的发展和监控提供专业建议。匈牙利认证委员会为高等教育机构及专业学科领域的建立和认证提供建议，并且每八年需对所

[①] Pedagógusminősítési eljárásra vonatkozó Útmutatók，valamint az önértékelésre és tanfelügyeletre vonatkozó Kézikönyvek，https://www.oktatas.hu/kiadvanyok.

有高校的教育和研究标准做一次评估；高等教育及科学委员会为高等教育发展和研究项目中的优先度提供参考意见，并可以增删学科和院系，为非国有高等教育机构提供认证，为高等教育的财政支持以及学生录取的规模和分配提供推荐方案。

1993年在高等教育法的推动下，规范化的财政预算得以建立，共规定了四种预算：学生援助、培训课程、项目发展、科学研究。随后，在1996年7月颁布的《高等教育法修订案》中还为高等教育规定了一个四级结构，其中包括2年高等职业培训，3—4年学院项目（即本科教育），4—6年大学项目（即研究生教育）以及3年博士项目和其他特殊研究生项目（2年）。该修订案还发起了大学的融合，允许高等教育院校在2年内实现完全的联盟化。国会于1999年又对《高等教育法》做了一次修订，并于1999年6月1日在对关于高等教育的1993年第LXXX号法令的修订基础上通过了关于高等教育机构网络转型的LII号法令。而在2000年的修订案中又进一步做了与质量保证、录取体系改革、远程学习、学分系统等方面相关的修订。

2011年12月国会通过推出新的高等教育法，该法对之前的高等教育法进行了大幅修改。

2017年4月4日，匈牙利国会通过政府提交的《高等教育法》修正草案，规定凡在匈牙利办学的外国高等教育机构，皆需具备为其运营提供原则支持的国家间条约。在国外注册的大学不能在匈牙利继续运行，除非它同时在其注册国开设学校，不能满足这一条件的大学自2018年1月1日起不能录取新生。位于匈首都布达佩斯的中欧大学认为，这一法律的部分条款针对自己。中欧大学由匈牙利裔美国商人、社会活动家乔治·索罗斯（George Soros）创办于1991年，注册地在美国纽约州，但校园却坐落在匈牙利布达佩斯，学历同时获美国和匈牙利承认。匈牙利政府在欧洲难民问题上一直公开抨击索罗斯，认为他对涌入欧洲的难民潮起到了煽动作用。2018年3月12日，维也纳市政府相关负责人与中欧大学讨论并签订了一份备忘录，同意中欧大学在维也纳建立一个新校园。[1] 2018年6月5

---

[1] https：//www.ceu.edu/article/2018-03-12/kozep-europai-egyetem-ceu-egy-becsi-kampusz-letesiteserol-targyal.

日，匈牙利宪法法院宣布在欧盟委员会侵权调查程序得出结论之前，中止对《高等教育法》修正案（"中欧大学事件"）和关于境外支持的非政府组织透明度问题的（民事）法案违宪审查。中欧大学宣布，从 2019 年 9 月 1 日起，入读美国认可的硕士和博士课程的新生将在维也纳新校区学习。① 中欧大学校长迈克尔·伊格纳季耶夫（Michael Ignatieff）在声明中称，"中欧大学被赶出匈牙利了。这是前所未有的：一所美国大学被一个北约盟国赶走了，一所欧洲大学被一个欧盟国家赶走了"。

第四节 入盟前后的高等教育改革

（一）高等教育改革背景②

匈牙利高等教育体系的转型开始于 20 世纪 90 年代初。匈牙利以及多数中东欧国家的高等教育都深深植根于西欧传统之中。在第二次世界大战以前，匈牙利的大学曾经在国际上享有很高的声望，并培养了一批诺贝尔奖获得者。但是苏联的统治使得匈牙利大学与西欧之间的联系被迫中断了。结果，匈牙利的高等教育体系未能在第二次世界大战之后与西欧国家一同经历"大众化"改革，而是依然保持着西欧国家 20 世纪 20—30 年代的样子。在西欧国家，到 1990 年，已经有 30% 的中学毕业生能升入大学了，而这一比例在匈牙利和其他东欧国家则仍低于 15%。

事实上，20 世纪 80 年代是匈牙利高等教育改革的好时机，但大学当中的保守势力却不愿意把技术类院校提升到大学的高度或是让技术院校学生进入大学继续学习。这些保守势力与政府联合起来巩固了旧的高等教育结构。当时同时需要改革的还有被苏联化的理工学科学位授予方式。

另外，大学还面临着重大的财务问题。在社会主义时期，教育经费是被人为削减的，因而匈牙利大学的图书馆和科研设施都相当不完善，而且教职工的工资也很低。1989 年以后，随着经济和管理领域机会的增多，大学用同样的工资很难留住优秀的教师了，另外还有许多教授都离开学校

---

① https://index.hu/belfold/2018/10/25/ceu_bejelentes/.
② Magyarország: Folyamatban lévő reformok és szakpolitikai fejlemények, https://eacea.ec.europa.eu/national-policies/eurydice/content/ongoing-reforms-and-policy-developments-29_hu.

去了政治和管理领域。由于缺乏资金,匈牙利的大学很难实现现代化。

(二) 欧盟支持

作为欧盟成员国之一,匈牙利与欧盟有着共同的基本价值观念,也亟须和欧盟一同致力于寻求解决社会、经济和全球化问题的有效途径。因此,在匈牙利的教育改革过程中,欧盟也给予了一系列政策和资金支持,此外,匈牙利还参与了欧盟 2010 年教育及培训工作项目,并致力于其目标的实现。匈牙利教育改革的整体策略目标和基准都与里斯本战略一致,都是以增长和就业作为焦点的,但是其具体的执行却是与 2010 年教育及培训工作项目的内容相一致。

欧盟的大力支持给匈牙利提供了一个大刀阔斧改革的机会,新匈牙利发展计划为教育和培训体系的升级拨款 7 亿欧元,占其总预算的 10%。这一巨额投资使得教育和培训领域可以完成其在新的经济、科技和社会现实中所面临的新任务。

此外,匈牙利还在 2010—2011 年与西班牙和比利时一起担任了欧盟的主席国。其间"欧洲文化之都"——佩奇成了匈牙利的代表符号,并成了与博洛尼亚进程相统一的欧洲发展和融合进程的一部分。在担任欧盟主席国期间,匈牙利将高等教育现代化的项目摆上了议题首位。与此同时,2010 年博洛尼亚进程的初始目标在布达佩斯和维也纳的重申也对匈牙利的教育改革和发展产生了里程碑式的意义。[1]

(三) 加入"博洛尼亚进程"后高等教育的变革 (1999 年以后)

匈牙利在博洛尼亚进程创立伊始 (1999 年)[2] 就加入其中,以期使其高等教育变得更加连续、透明和可持续发展,从而提高国家的整体竞争力。博洛尼亚进程植根于欧洲高等教育的基本价值当中:自治、奖学金、教育和研究的统一和自由、人本主义传统以及科学工具与社会转型。

1993 年第一部匈牙利《高等教育法》的颁布为高等教育的发展提供了法律依据,然而在接下来的两年里,这一法令的作用却逐渐被削弱了,而 1995 年颁布的《国会法》则最终使原来的计划成了泡影。尽管当时世

---

[1] Veres Pál, "Kihívások és változások a magyar felsőoktatás rendszerében, különös tekintettel a 2010 utáni időszakra", *Polgári Szemle*, 12. Évfolyam, 1–3. Szám, 2016.

[2] 138. Persistent Problems of Transition: Higher Education Reform In Hungary, https://www.wilsoncenter.org/publication/138-persistent-problems-transition-higher-education-reform-hungary.

界银行提供的一份贷款可以给匈牙利的高等教育发展提供一次新的机遇，但匈牙利政府最终却决定拒绝了这份贷款。

匈牙利的高等教育改革早在博洛尼亚进程启动前就已经开始了，这些前期努力在第一部关于高等教育的国会法令（1993年）中得到了体现。进入21世纪以来，匈牙利高校结构正在朝现代化的方向变革。组织、结构和运作方面的改变都影响了整个高等教育体系，比如2001年的第C号法令中规定了对国外证书和学位的认证，2003年实施的学分制改革，2006年实施的多轮培训制改革等，这些改革所带来的成效在匈牙利国内和国际论坛上都已经得到了承认。

《博洛尼亚宣言》的关键性目标是实现欧洲高等教育和研究领域的统一。为了方便学生的流动，使高校能够颁发联合学位，就有必要对不同的高等教育和研究机构进行标准化改造。而在改革过程中，应该以高等教育和科研密切相连的盎格鲁—萨克逊国家的模式为范例。尽管通过与其他欧洲大学的合作经验，匈牙利高校已经逐渐确信了改革和引进博洛尼亚模式的必要性，但直到这一项目的真正实行却又花了好几年时间。虽然第一个试行本科课程在2004年就开始了，但是与博洛尼亚相配的本科项目直到2006年才在匈牙利大学正式引进，而新体系的第一批毕业文凭则直到2009年才被颁发。并且由于经验的缺乏，匈牙利还亟须在短时间内对这一项目的种种缺陷做出完善，其中有些问题是由本科课程与研究生课程之间的脱节造成的。

由于匈牙利高等教育体系的双重性，大专学生在毕业以后很难再继续学业，取得大学学位。博洛尼亚进程中的本硕博三级体系的引进则使得所有学生都能继续学业了。而为了使学生能在其他国家继续学业，匈牙利还设定了一个与欧洲高等教育资格认证框架相匹配的国家资格认证框架，这一框架以学习成果的形式规定了学生在每一级别的高等教育中应该达到的知识和技能水平。博洛尼亚进程已经基本改变了匈牙利的高等教育体系：新的本科课程和项目被创立，并且一个更加实际的培训目标也已经实现了。总之，尽管匈牙利在加入博洛尼亚进程中遇到了种种问题和困难，但也已经取得了相当程度的成效。

与其他45个成员国一样，匈牙利也为博洛尼亚目标的实现而努力。博洛尼亚进程通过规范基础原则和工作框架，希望建立起一个能在全球化的世界形势下高效运作和展开合作的高等教育体系，而这也是匈牙利高等教育界多年来努力奋斗的目标：打造一个能取得国际性成功的高等教育体系。[1]

第五节 中长期教育发展战略的目标和举措

（一）长期目标

匈牙利的总体国家长期战略目标是使匈牙利成为一个更加民主、更加团结、经济更具竞争力、生活水平更高、自然环境保护更加完好、人的潜能更具发展空间、生活质量和人际关系更加优化的国家。为此，匈牙利教育部制定了一系列教育领域的长期发展目标，主要包括使教育体系

• 成为辅助儿童和年轻人发展，丰富他们的人格，将他们培养成具有终身学习意识的积极公民的有效工具；

• 成为推动民主合作、环境保护、医疗健康、文化需求等基本社会目标发展并加强国家的国际融合和责任义务的有效工具；

• 更能灵活适应不断变化的劳动力市场需求，更能保障维持经济竞争力所需的人力资源，并具有自我更新的能力；

• 能够保障国内的团结平等并增强社会凝聚力，并为在匈牙利生活的少数民族和移民群体的融入提供便利；

• 能够积极有效推进匈牙利融入欧洲的进程，并使得匈牙利能更加有力地应对全球科技转型和国际关系多元化的挑战；

为了实现这些目标，教育体系应当

• 持续更新教育目标，使之与社会需求相适应；

• 使持续性学习成为可能，并为学校和学校职工提供高质量发展服务；

• 为教学机构的稳定、优质运作创造有利条件，并为教职员工创造安全的工作环境和有利的晋升机会；

• 加强对专业责任的要求；

---

[1] Balázs Éva, Kocsis Mihály, Vágó Irén, *Jelentés a magyar közoktatásról* 2010, Budapest: Oktatáskutató és Fejlesztő Intézet, 2011, pp. 17–32.

- 有效利用资金拨款，实现教育透明和民主决策；
- 通过管理合格高效的机构来提供教育服务；
- 与其他公共服务体系保持密切的合作关系。

（二）中期目标

- 通过发展核心竞争力支持终身学习；
- 消除教育中的不平等现象；
- 提高教育质量；
- 推动师范专业的发展；
- 提升信息和通信技术的运用；
- 改善教育的物质条件；
- 改善公共教育的成本效率和管理支配。

这些目标与欧盟和匈牙利国家发展计划中所规划的优先顺序直接相关，因而把这些目标与公共教育发展战略联系在一起是至关重要的。尽管教育领域主要是各国政府的职责范围，欧盟在这一方面所能发挥的权威性比较有限，但是目前欧盟各成员国在教育领域的合作以及一系列社会和劳动力市场目标加诸教育之上也使得欧盟在教育政策方面采取了一些主动措施。欧盟成员国在教育领域的合作是通过开放式协作程序完成的。这一程序通过确定基准和指标的方式帮助成员国建立起了相似的政策和服务体系。同时，这些合作和协作背后的战略化教育发展目标在匈牙利也都是行之有效的，主要包括提升质量和竞争力；增强社会凝聚力；确保教育体系的经济和社会开放性等。

由于从2004年开始，匈牙利已经可以利用欧盟结构基金来发展教育，并且匈牙利国家预算中的教育支出也已经按计划开始利用，所以当时迫切需要将中期公共教育发展战略与教育部所起草的国家发展规划加以和谐统一。国家发展规划中所涉及的几个发展项目，均涉及人力资源发展项目与教育领域，比如"改善终身学习条件"项目。

（三）举措

匈牙利公共教育的一个基本特色就是其管理仅允许在有限范围内进行直接干预。基于这一现状，教育部将其工作焦点放在了对政府项目及其发展项目实施提供便利上面，在这一过程中主要采取的是间接性、激励性和劝说性措施。为了执行这些措施，匈牙利教育部发起了一系列规划方案，并配合一系列具体的措施，主要包括管理规划、资金支持、具体方案和一揽子措施等，另外还包括：

- 对不断发展的知识基础的提升；
- 对制度创新接受度的加强；
- 对战略计划的公开宣传以及加强教育者和社会合作者的参与；
- 国际合作的加强。

这一战略的发展目标是分两个阶段执行的，并且这两个阶段基本上是各自独立的，而两个阶段所采取的措施则是相互协调的。在第一阶段，调整监管系统，使其与整体发展目标相一致，其中包括对《公共教育法令》的修订、对国家核心课程标准的评判以及对中学毕业考试部分要求的修改。通过法律工具为变化的内容调控创造法律基础，并达到增强学生的机会平等性、肯定学生和家长的权利和禁止歧视的目标等。在第二阶段，预订的规划方案会被正式启动，并随时与变化中的教育目标和新的调控环境保持一致。

政府在完成各项发展目标的规划中则主要采取了以下针对性举措：

- 通过发展核心竞争力支持终身学习

■ 发展认证教育项目

■ 推进外语学习

■ 发展多元文化

- 消除教育中的不平等现象并提高教育质量

■ 将学前教育推广至弱势儿童

■ 升级职业教育网络

■ 促进弱势儿童在教育体系中的融入

■ 反对教育歧视

■ 照顾到有特殊教育需要的孩子

■ 进一步完善测试和评估系统

■ 进一步发展当地性/机构性质量提升系统

■ 建立项目认证与支持系统

- 恢复教师职业地位并推动教师的职业发展

■ 发展师范专业及教师职业

■ 创立师范教育一元体系

- 提升信息和通信技术的运用
■ 拓宽教育内容发展和服务的范围
■ 拓宽信息和通信技术的运用
- 改善教育的物质条件
■ 促进公共教育机构的建设和重建
■ 检验现有的工具和器材,为学校提供更好的设备
■ 为学校提供更多硬件和软件设施
- 改善公共教育的成本效率和管理支配
■ 发展教育融资体系
■ 发展当地性/区域性计划体系
■ 鼓励社区和教学机构之间的合作和联盟
■ 发展公共教育的信息和统计系统
■ 改善机构层面管理

匈牙利高等教育改革既有成效,也有教训和挑战。比如经过2012—2013年的改革之后,匈牙利的高等教育领域花费减少了,尽管有评论家认为缩减经费才是这次改革的背后原因。另外,还有一些计划中的改革措施并没有如期进行,比如从2016年起大学不必再将外语考试作为硬性入学标准了。[1]

高校合并是匈牙利教育部启动的"高等教育改革工程"的重要举措之一。匈牙利国会1999年6月1日通过了"高等院校格局改革法案"。到2001年1月,教育部所属的55所国立高等院校已合并为25所,其中大学13所,学院12所。13所大学中除个别属艺术、医学、军事类外,其他均为综合性大学。

扩大高等教育规模是匈牙利高等教育发展目标之一。此外,匈牙利高等教育面临适应并促进经济发展、培养新型人才、建立终身教育等多方面的挑战。在其高教改革中,高校合并将起到整合教育资源、发掘现有潜力、扩大教育规模、提高办学层次和科研水平、增强办学适应性等作用。

---

[1] Berács József, Derényi András, Kádár-Csoboth Péter, Kováts Gergely, Polónyi István, Temesi József, *Magyar Felső oktatás* 2016. *Stratégiai helyzetértékelés*, Budapest: Budapesti Corvinus Egyetem Nemzetközi Felsőoktatási Kutatások Központja, 2017, pp. 5 – 9.

匈牙利教育部官员、大学校长、教授及教育界和社会相关人士都认为，高校合并是一项极其复杂的工作，涉及方方面面的利益，困难重重，并非短期内即可达到预期效果。目前，大学虽然已经在建制上合并，但内部关系、管理、运作等尚未完全理顺，要做的工作还很多。[1]

另外，匈牙利高等教育面临的一个严峻问题是教育政策如何与经济政策相结合，匈牙利的学术和融资自由度均低于欧盟发达国家，而且大学管理划分为学术管理（最高领导者是校长）和财务管理（由校监负责）二级管理体制，某种程度上也降低了匈牙利高等教育系统对于不断变化的环境的适应速度。2018 年 9 月 10 日，匈牙利总理府部长古拉什·盖尔盖伊（Gulyás Gergely）在新闻发布会上宣布，将设立国有公共基金会作为布达佩斯考文纽斯大学的所有者和"维护者"，该基金会将从 2019 年 7 月 1 日开始负责该大学的运营。这意味着一种新的模式开始在匈牙利大学中实行。通过金融框架的引入可以吸引更多的资金进入高校，提高大学的竞争力，也使大学与劳动力市场的结合更为紧密。但目前来看，这种转型仅仅适合规模较大的院校。[2]

---

[1] Kováts Gergely, Temesi József, *A magyar felsőoktatás egy évtizede* 2008-2017, Budapest Corvinus Egyetem Nemzetközi Felsőoktatási Kutatások Központja, 2018, pp. 39－42.

[2] https：//www.portfolio.hu/vallalatok/karrier/allami-alapitasu-alapitvany-mukodteti-tovabb-a-corvinust.297740.html.

第九章　在匈的华人华侨

匈牙利是推进"一带一路"建设的重要沿线国家，也是华人华侨数量较多的中东欧国家之一。华人华侨是连接中国和匈牙利的重要纽带，在推进"一带一路"建设中具有重要作用。深入了解在匈华人华侨的状况，对于如何推动华人华侨更好地参与推进"一带一路"建设、更好地与匈牙利共建"一带一路"具有重要意义。

第一节　匈奴与匈牙利的历史关系

中国和匈牙利相隔万里，但两国并非没有往来。中国与匈牙利历史渊源较深。从主权国家角度看，古代欧洲与现代欧洲并非一个概念，古代欧洲呈现碎片化的状态，大小邦国林立，与现代欧洲国家并非完全契合。古代时期人类的信息技术、交通通信等处于原始落后状态，人类活动范围有限，认知度有限，不同地区的人类相互交往更加有限。古代匈奴人与现在匈牙利人之间的亲缘关系，是研究匈牙利历史的学者和人类学家关注的问题。目前为止，关于这个问题中外学界并未有统一观点。有一类观点认为，古代匈奴人与现代匈牙利人同根同源，具有血亲关系。另一种观点则认为，匈奴人和匈牙利人之间没有任何联系。

根据历史记载，匈奴是我国北方的一个古老民族，起源于内蒙古阴山一带，史书上称其为"鬼方"。司马迁说他们是夏朝遗民，也是炎黄子孙。战国时代，中原群雄割据，匈奴人统一了内蒙古北方草原，建立了中国历史上第一个游牧民族政权。西汉前期强盛一时，50年左右，南匈奴归顺汉朝，被汉化。北匈奴无法承受汉朝军队的打击，于1世纪左右开始迁至欧洲。

在欧洲的匈奴人最早生活在伏尔加河附近,匈奴人是游牧民族,为寻找最适宜的草场,这些人后来迁徙至黑海、南俄草原一带。在这些地区生活了400多年后,遭受俄罗斯草原民族的驱赶,继续西迁。巧合的是,匈奴人在欧洲活动的这段历史,与匈奴人在中国消失的时间吻合,这就为迁往欧洲的匈奴人和在伏尔加河活动的匈奴人是同一拨人提供了时间上的可能性。他们迁徙的路径也相同,更进一步证明了这批匈奴人和现代匈牙利人之间的紧密关系。

19世纪前期,很多匈牙利人认为自己是匈奴人的后裔。著名的匈学者科洛什·乔马·山多尔还特地前往中国寻根。支持匈奴人和匈牙利人有血亲关系的认为,东汉时匈奴人不断入侵中原,东汉派军抵御匈奴入侵,在阿尔泰山附近大败匈奴人,迫使这些匈奴人西迁欧洲。18世纪后期,法国东方学者德奎尼在其三卷本《匈奴通史》中明确提出,出现在罗马帝国边界烧杀劫掠的匈人就是中国历史上的匈奴人。这个观点被后来爱德华·吉本的《罗马帝国衰亡史》接受,并随着这本名著传至欧洲。到1900年,德国汉学家夏特以中西方史料互相印证,绘制出了匈奴西迁到欧洲的路线图。可见,这批来到欧洲的匈奴人源自中国历史上的匈奴人的观点相当盛行。匈牙利历史学家温盖尔·马加什、萨博尔奇·奥托所著的《匈牙利史》也认为,匈牙利人是匈奴人的后代。[①]

道光、咸丰年间,中国学界兴起了研究西北史地的热潮,其中洪钧是较有代表性的一位,编成《元史译文证补》30卷。洪钧在这部书中最早介绍了匈奴同源学说,他将匈奴西迁的时间定在晋朝,认为匈人最后的落脚点就在今天的匈牙利。洪钧认为,拉丁语的匈奴Huni音如"昏尼",就是"匈奴"二字的变音。也有现代中国学者认为,从匈牙利人吹唢呐、剪纸和说话的尾音等方面考证,推测出匈牙利人源自中国陕西。匈牙利诗人裴多菲在一首诗中曾这样写道:"我们那遥远的祖先,你们是怎么从亚洲走过漫长的道路,来到多瑙河边建立起国家的?"很多匈牙利学者都认为这个国家与匈奴后裔有着密切的关系。也有中国学者认为,匈牙利人的主体其实并不全然等同于匈奴人,但又不是毫无关联。若谓"有关",严

---

① [匈]温盖尔·马加什、萨博尔奇·奥托:《匈牙利史》,阚思静等译,黑龙江人民出版社1982年版。

格地说，至多也仅涉很小一部分，指阿提拉之后残留在当地的少量匈奴人，或有融入潘诺尼亚当地居民中的，从这一意义上可以说，他们或许也参与了后来匈牙利民族的形成，只不过人数极少，仅此而已。①

认为匈奴人和匈牙利人没有关系的观点也不在少数。1867 年，奥匈帝国成立，出现了"芬兰—乌戈尔"历史学派。该历史学派从语言学角度研究认为，匈牙利语属于芬兰—乌戈尔语系。该学派由此确定，匈牙利人的祖先同芬兰—乌格尔民族亲近，与匈奴人没有关系。当时的奥匈帝国的统治者哈布斯堡家族认可了此观点，匈奴人与匈牙利人没有血缘关系得到官方认可。现在，匈牙利科学院也认为，匈牙利人的祖先最早来自欧亚大陆交界地带乌拉尔山麓附近的一支游牧民族，他们不是匈奴人，也不是匈奴人的亲戚。血统上不是匈奴人的亲戚，语言上也没有关系。1937 年，中国学者何震亚先生曾写过一篇《匈奴和匈牙利》的文章，他认为匈奴与匈牙利其实没有关系。

2018 年 6 月，匈总理欧尔班出席第六届突厥语国家合作理事会。他指出匈牙利语属于突厥语系，匈牙利人民则起源于突厥。欧尔班总理说，匈牙利始终关注着突厥语系国家之间的合作。在当代世界，他们仍旧保留着自己的语言、文化和传统，尊重和维护自己的突厥的根。欧尔班总理还说，匈牙利人把自己视为阿提拉的后代。基于匈奴—突厥的起源，匈牙利语言与突厥语系的各语族相近，有亲缘关系。②

第二节　在匈华人华侨的发展现状

研究旅欧华人华侨，匈牙利具有代表性，它是冷战结束后第一个向中国公民实施免签的欧洲国家。20 世纪 90 年代初大量中国人涌入匈牙利，现在很多定居在匈牙利的华人华侨都是那时来到匈牙利。匈牙利华社在中东欧地区建立时间最早、人数最多、规模最大。目前，在匈华人华侨并未有准确数字，这主要是因为有不少"散户"往来于中国和匈牙利之间，

---

① 沈坚：《匈牙利人起源及早期变迁》，《经济社会史评论》2016 年第 2 期。
② 《匈总理欧尔班出席第六届突厥语国家合作理事会开启匈牙利—突厥合作新篇章》，2018 年 9 月，新导报网，http://www.xindb.com/news/xiongyalixinwen/2018/0912/22481.html。

流动性较强。综合各方数字，在匈华人华侨应在 2 万人以上，主要居住在布达佩斯。其中以原籍浙江和福建者居多，尤其是来自浙江青田和福建福清两地人数最多，来自浙江省的大约有 9000 人，原籍北京、上海、河南等省市的侨胞亦有分布。在匈华人华侨以经商为主，多数从事小商品生意，涉及经贸、商服、文化、教育、医疗、餐饮服务等诸多行业，这对方便匈民众的生活具有重要作用。

从历史说起。20 世纪 60 年代，穿梭贸易盛行，华人首先到达欧洲经俄罗斯到匈牙利，售卖低廉的衣服和鞋子，迅速填补了中东欧国家零售空白。随着中苏关系破裂，边界封锁，导致赴中东欧国家的华人华侨人数锐减。戈尔巴乔夫时期，中苏关系实现正常化，中国人赴中东欧地区的人数上升。1990 年，中匈签署互免签证协议，成为当时唯一对中国免签的欧洲国家。匈牙利成为 20 世纪 90 年代中国人移民的首选国家。大量中国人涌入匈牙利，出现"匈牙利热"。据匈牙利内政部介绍，20 世纪 80 年代中期中国人赴匈牙利人数为 0，1990 年达到 11621 人，1991 年达到 27330 人。人数激增的原因一是当时中国的政治气候有变，有人担心未来中国政治不确定，以市场经济为主要标志的经济改革停滞；二是 1989 年至 1991 年中国经济低迷给私营经济带来冲击。[1] 匈牙利政府在免签政策实行的第二年中止对中国民众免签政策，并驱逐在匈牙利境内非法居住的中国人。根据数据统计，因非法在匈牙利居住而被驱逐出境的中国人，1998 年为 500 人左右，1999 年大约是 400 人。[2]

20 世纪 80 年代末，匈牙利开启政经转型，其间遭遇困难，生活物资严重短缺，对进口商品的依赖性强，进口商品利润颇丰。中匈关系受东欧剧变影响，双边关系曾一度发展迟缓。在 20 世纪，中国出口到匈牙利的服装、鞋类等商品不少转销到乌克兰、罗马尼亚等周边国家。

早期中国移民，多通过摆地摊形式在当地立足，随后逐渐聚集在布达佩斯约瑟夫区的集市，经营小型商铺，集市发展速度很快，这就是当地华人俗称的"四虎市场"。"四虎市场"曾是匈牙利华商最集中、规模最大

---

[1] Nyiri Pal, "Chinese Migration to Eastern Europe", *International Migration*, Vol. 41, No. 3, Sep. 2003, p. 242.

[2] Ibid. .

的中国商品批发市场,后发展成为中东欧最大的华侨华人社区。部分资本雄厚的华商通过集装箱贸易进口中国轻工业品、纺织鞋帽,通过"四虎市场"数千个铁皮商铺和摊位,将小商品批发到匈牙利全国各地。根据匈牙利海关公开的资料显示,1994年后的数年间,匈牙利海关税收每年都提前数月完成全年关税征收任务。"四虎市场"也在中东欧地区引领起一股"中国风"。中国产品从这些市场出发,直接走进了中东欧乃至全欧洲的千家万户。

此后,匈牙利华商建设了"唐人街""欧洲广场""上海市场"等新市场,积极向外扩散,形成进口—批发—零售的一条龙产业链。现在匈牙利几乎每个中等以上的城镇都有中国人开设的商店,保证了众多匈牙利百姓的必备生活需要。而匈牙利也为中国进口货物出台了更便捷的通关服务,致力于减少交易成本和灰色清关现象,为华商带来了更大的贸易量。由于匈牙利华商市场规模大、货品全,吸引了罗马尼亚、克罗地亚、波兰、捷克、塞尔维亚等国商人来匈采购中国商品。华商群体通过辛勤劳动,聪明的经商头脑,积累起可观的财富。

匈牙利加入欧盟后,针对与中国、亚洲的经贸往来,专门建设了各类新型批发中心,其中投资2亿美元的亚洲中心,是亚洲和中国产品在中欧地区的重要物流中心。除亚洲中心外,布达佩斯还成立了同样为中国投资和批发配送服务的中国商城(又名"匈牙利中国品牌产品贸易中心")。匈牙利作为中国商品在中东欧地区最主要集散地的地位基本确立。据匈牙利政府统计,1989年至1992年初入境的中国公民达4.5万人之多,大批中国人借机携带各种小商品乘火车穿越西伯利亚,来匈牙利寻找商机。还有部分人借道匈牙利转至其他欧洲国家。免签协议签订初期,中国人因给匈牙利人带来了服装鞋帽等大量物美价廉的舶来品而受到欢迎。[1] 目前,匈华商经济仍以布达佩斯八区的几个批发市场为主,但越来越多的华商开始寻求多元化发展,在制造、医疗和服务业领域取得突破。

目前看,随着中国综合国力增强,国际地位不断提高,匈牙利对中国愈发重视,在匈华人华侨地位也不断提高。随着形势发展,匈牙利华商开始寻求落地生根,转变原先不规范的经营方式,主动与当地市场对接,建

---

[1] 王秋萍:《软实力视角下的中国和匈牙利》,《对外传播》2018年第2期。

立华人联合会、华文报社、双语学校和慈善机构等，积极融入匈牙利主流社会，成为中匈友好交流的桥梁。目前，"一带一路"倡议为匈牙利华商的贸易再添新的动力与契机，也进一步激发出华人商会的活力。

华文教育方面，2004年中匈两国教育部共建了"中匈双语学校"，这是欧洲唯一使用住在国国语和中文双语教学的公立学校。胡锦涛、习近平等国家领导人曾先后访问该校。中匈双语学校共有在校生300多人，其中3成是华裔。随着华裔新生代开始接受当地教育，匈牙利华侨华人开始尝试走出传统商贸行业圈，并已经在其他领域取得不小成就。

媒体舆论方面，匈牙利华文传媒成为华人华侨获取当地信息的主要渠道，在匈华人华侨声音逐渐增大。20世纪90年代前，匈牙利没有华文报纸。进入90年代后，中匈经贸发展迅猛，旅匈华侨华人数量猛增，中国在匈的影响力逐渐增大，一些华文报纸也开始出现。匈牙利第一张华文报纸是旅匈华人事务所在1991年8月创办的《旅欧导报》月刊，但该报仅出刊3期就停刊。《旅游导报》寿命不长，却开了华文报纸在匈的先河，随后有十余家华文报纸在匈问世。1994年创刊华文报纸三家，分别是5月创刊的《欧洲导报》，8月创刊的《欧洲之声》，10月创刊的《中欧商报》。之后1996年、1997年、1998年和1999年各创刊1家，分别是《市场报》《中华时报》《企业家》《联合商报》。

目前，匈华文报纸有8家，人均拥有比例在全欧堪称最高。以周报为主，也有少部分日报和网络版。每份也只要100福林左右，大约3元人民币。发行量和影响力较大的包括《新导报》《联合报》《欧洲论坛》《万事达报》《布达佩斯时报》。《新导报》和《联合报》（原名《欧亚新闻报》）与国内媒体合作广泛，不仅是匈牙利最大的两家华文报纸，也在其他中东欧国家颇有影响力。《欧洲论坛》（周报）是匈华总会创立的报纸，是各侨团互联互通的主要媒介，创刊于1999年3月13日，逢周六出版，由匈牙利华侨华人社团联合总会主办，总部设在布达佩斯，在欧洲各国设有代理处和特约通讯员。近年来，匈牙利华文传媒加快了互联网技术和移动技术的革新，并向欧洲华侨华人介绍中国的发展成就和"一带一路"倡议。

匈牙利华社在中东欧地区建立时间最早、人数最多、规模最大。匈牙利有十几家华人社团组织，如中匈友好协会、中匈和平统一促进会、华人联合会及福建同乡会等。欧华联会以欧洲各国华侨华人社团为成员单位，目前已拥有 300 多个社团会员，分布在欧洲近 30 个国家。其宗旨为加强欧洲华人社团之间的团结，引导欧洲华侨华人融入主流社会、维护华侨华人的合法权益、保持和弘扬优秀的中华文化传统。

近年来，匈华人华侨出现优秀人士，得到匈主流社会的认可。2007 年 12 月下旬，在匈牙利全国司法及警察年终表彰大会上，匈禅武联盟协会会长释行鸿获得匈牙利司法部颁发的"特殊突出贡献奖"。释行鸿担任匈禅武联盟协会会长、匈牙利警察训练中心教官以来，为加强两国司法界和警界之间的联系做了大量的工作，促进了双方高层人士之间的互访及中国警察、武警在匈的培训，加强了相互的了解，取得了突出的成果。创办的匈牙利"少林寺"和少林武术队，为推广中国武术、传统文化在海外的发展、传播而付出了辛勤的努力，扩大了影响，今天在匈牙利热爱、学习中国武术的人越来越多。该奖项是匈牙利官方颁发的奖项，旨在表彰对匈牙利司法及警察事业做出突出贡献的个人，以表扬他们为加强中匈司法及警察之间联系和交流所做出的努力。此奖项是第一次颁发给旅匈中国人，代表着旅匈华人华侨为融入匈主流社会，又迈出了坚实的一步，说明华人华侨的辛勤工作得到了政府的高度认可。

华人华侨在匈的政治影响力有限，目前为止并未出现国家级的华人政治领导人。在省市层面，参政执政的华人华侨也是凤毛麟角，有个别的华人华侨二代为政府领导做秘书或对华顾问，并未进入权力中心。从参政角度看，华人华侨数量占匈总人口比例有限，有资格参与大选的华人华侨数量更加有限，华人华侨在匈是"小众"，是少数族群，这限制了华人华侨在匈牙利的政治影响力。每逢大选时，匈政党也走访华人社区，以争取华人支持。但总体来说，力度不大。[①]

第三节　华人华侨在匈面临的问题

目前在匈定居的华人华侨多数是 20 世纪 90 年代初来到匈牙利，经过 20 余年打拼，华人华侨在匈形成了自己的形象。影响匈牙利人认知华人

---

① 关于匈华人华侨参政从政观点，源自笔者同我国曾驻匈牙利使馆有关工作人员交流。

华侨的因素主要有三个,一是华人华侨在匈的行为,这是匈对华人华侨的直观印象;二是中国作为华人华侨的母国,综合国力的壮大也影响匈牙利对华人华侨的观感。三是对中国传统文化的喜爱,这是中国在匈牙利软实力的体现。

总体来看,华人华侨在匈牙利形象较为正面,为匈牙利带来不小的经济贡献,受到肯定。匈牙利人认为,华人华侨勤奋、有天赋,热爱和平,没有极端宗教观点,辛勤工作。能够客观地看到,中国文化与"四虎市场"不能等同。很多优秀的华人华侨得到匈牙利的认可。特别是经过40余年的改革开放,中国经济发展迅猛,国际地位日益提升。匈牙利也看到世界的未来在东方,中国经济发展可以为匈牙利带来机遇,提出"向东看"政策,重点发展与中国的关系,华人华侨地位也随之提高。经过20余年打拼,在匈华人逐渐找到了位置。但华人华侨在匈牙利人眼中也存在问题。随着中国移民数量的急剧增加,匈牙利人对中国及中国人的态度发生了转变,对华人华侨存在一定的负面认知。

一是中国货泛滥,致使"廉价"成了中国商品的代名词,中国需要摆脱廉价商品的形象,廉价让人觉得不好,让人觉得不安全,但实际上中国商品非常好。另一方面,勤劳致富的中国人对匈牙利本地人的就业形势带来了较大冲击。"中国制造"作为最早走出国门的软实力资源载体,未能发挥积极作用。1992年开始,匈牙利终止了对华免签政策,并开始驱逐非法居留的中国人。[①] 华商为此遭受损失。华人集中的市场频繁被查,最严重的发生在2014年,匈警察在华人商铺集中的"欧洲广场""欧洲商贸中心"和"唐人街商贸中心"各个出入大门和货物运输路口每天早上按时"上岗",大批佩带枪支的海关税警和边防人员分成小组进入商铺和仓库,华商经营受到严重影响。

二是华人华侨自我封闭,不愿融入匈主流社会。研究中国历史的学者沙拉特·盖尔盖伊认为,一些匈牙利人简单认为,由于大批中国货进入匈牙利市场,导致了匈牙利工业的崩溃。中国人相对封闭,喜好去中餐馆用餐,保持自己的习俗,不愿与当地人接触。在匈的华人华侨确实存在抱团扎堆现象,平时生活就在华人圈,与匈牙利人接触不多,甚至有的在匈工

[①] 王秋萍:《软实力视角下的中国和匈牙利》,《对外传播》2018年第2期。

作生活了20余年但不会说流利的匈牙利语，仅为了生意，说几句简单口语，不愿深入学习匈牙利语，这与匈牙利语比较难学有关系，也一定程度上映射出其在心理上不愿融入匈主流社会。

此外，当地社会没有做好接受他们的心理准备。部分华人华侨不愿融入主流社会，与匈排外情绪有关。据《欧华报》报道，匈牙利科学院曾经开展一项调查。结果显示，最近十年来匈牙利国内排外情绪有所减弱，但大多数匈牙利人依然表示拒绝接受外来移民。调查还显示，最遭匈牙利人排斥的依次是吉普赛人、阿拉伯人、中国人和罗马尼亚人。匈牙利人排外的原因主要有两个：一是认为外国人对匈牙利的社会和经济造成了问题；二是认为在匈外国人群体在经济和文化上呈孤立和封闭状态，这意味着他们对开放社会理念的拒绝。

在匈政坛华人华侨从政人数稀少，难以在匈泛起大的涟漪？究其原因在于：一是华人华侨经商的意愿更强、从政意愿相对较弱。在匈华人华侨祖籍均来自福建、浙江等南方省份，这些省份民众自古以来重商业，来到匈牙利后延续了传统。二是华人华侨在匈时间较短，根基尚浅，难以进入政治主流。从1990年匈对中国免签至现在，华人华侨在匈打拼20余年，创造了大量的财富，但是对于融入并参与匈政治时间尚短，需要进一步融入当地社会，通过时间的酝酿，才有可能进入匈主流政治。三是匈牙利政治社会比较封闭，这为少数族群进入政坛增加了难度。

为加速旅匈华侨华人融入主流社会，在匈华人成立匈牙利华族少数民族地位申办委员会，并获匈当局批准，虽然匈牙利法律对于外来民族地位确定有关条例规定，"在本地居住100年以上外来民族，方可承认其为少数民族"。但匈牙利对于移居本国的外国人"在已取得国籍和当地长期稳定居住权（黄卡）及永久居住权（蓝卡）的族群，又有一定的族群人数，通过征集一定人数签名，也可作为匈牙利国会动议案，专题讨论华族申办匈牙利少数民族地位之事宜"。在匈牙利少数民族法律顾问团的帮助下，申办委员会向匈牙利有关部门申请"匈牙利华族少数民族地位向匈华社区征集签名"。希望在匈牙利获得合法族群身份，这是华人华侨主动融入匈主流社会的重大举措。

目前，旅匈华人华侨还面临来自内部和其他中东欧国家的华商的竞争。20世纪90年代，华商群体在匈牙利处于弱势地位。特别是从1992

年初起，匈政府通过收紧对华免签政策、提高进口关税、市场检查等手段发起"大清除"运动，使当地华商生存和经营环境急剧恶化，大量店铺和贸易公司倒闭，很多人被迫回国或转移至欧洲其他国家。20 世纪 90 年代中后期，匈牙利华侨华人规模一度降至 1 万人左右。现在在匈华人华侨也面临新的问题。一是来的中国商人越来越多，竞相杀价，利润越来越少。二是匈牙利周边国家来买货商人减少，这些国家的中国人建立了市场。1999 年开始，首先是罗马尼亚建起了"红龙市场"，紧接着波兰建起了"GD 市场"、乌克兰建起了"敖德萨中国市场"。随后，前南地区、捷克、斯洛伐克等国大大小小的中国市场如雨后春笋般地冒出来。这些中东欧国家的中国人建立市场，冲击着曾经一枝独秀的"四虎市场"。自 20 世纪 90 年代初以来，很多在匈的华人华侨亲身参与了"四虎市场"的起伏跌宕，曾经的辉煌终于结束。租金的昂贵、经营方与租方的矛盾，再加上经商条件差、夏热冬寒，是华商走出"四虎市场"的重要原因。

第四节　华人华侨是我国在匈牙利推进"一带一路"的重要力量

2013 年，习近平主席提出"一带一路"倡议。倡议一经提出，得到国际社会的普遍支持和欢迎。匈牙利地处中欧，自古以来就是东方各民族进入欧洲的必经之路。匈牙利重视同中国发展双边关系，对深化中匈经贸投资的务实合作有着强烈意愿，这是双边关系发展的坚实基础之一。匈对"一带一路"倡议持积极态度。作为第一个与中国签署"一带一路"倡议相关备忘录的欧洲国家，匈在基建、产能、经贸等合作领域都有意愿深度参与"一带一路"倡议。

2010 年，匈牙利政府决定，除了传统的欧洲市场之外，有必要重点发展与东方国家的经贸关系。匈牙利制定"向东开放"政策，其中最重要的就是中国——匈牙利在亚洲最重要的贸易伙伴。随着匈牙利向东开放，中国宣布了自己的"一带一路"倡议，以恢复历史上丝绸之路与西方的经贸关系。这两个政策相辅相成，因此匈牙利很早就表示愿意为"一带一路"倡议做出贡献，并成为欧洲第一个参与"一带一路"倡议的国家。

华人华侨是匈牙利参与"一带一路"建设的积极力量,将"一带一路"建设视为推动经济发展的重大机遇,提升在匈地位,还是新时期华人华侨融入匈牙利主流社会的重要抓手。历史上匈奴人、蒙古人等均通过匈牙利进入西欧。华人华侨对"一带一路"建设持积极欢迎态度,这是热爱祖国的自觉行为,希望通过乘着"一带一路"建设的东风,进一步扩大生意规模,获得更好的收益。华侨华人作为匈"一带一路"建设的先行者和参与者,采取实际行动参与其中。由匈牙利22家华侨华人商会联合组成的"匈牙利华侨华人企业商会"(简称"匈牙利华资商会")成立,旨在统筹在匈华人华侨资源,更好地参与"一带一路"建设。首任会长叶建新指出,"习近平主席倡导的'一带一路'契合了匈牙利政府的向东开放政策,也为我们在匈华侨华人提供了更加广阔的发展空间,匈牙利华资商会应运而生"。

在匈华侨华人参与"一带一路"建设,主动对接产业资本和载体平台,共享建设成果。一方面,华侨华人可以借助基础设施建设,加快资源整合;另一方面,华侨华人与中国企业联合,可以分享中国企业经验,承揽相关的基础设施项目,增加对互联互通项目的投资,能够为企业发展带来长期海外华侨华人参与"一带一路"建设研究的稳定收益。

新的历史条件下,如何积极开拓进取,主动融入当地社会,创造利益共赢共享局面,是在匈华人华侨普遍面临的现实问题。"一带一路"是我国向国际社会为实现共同发展而提供的公共产品,对于改善沿线国家基础设施建设、提高民众生活具有重要作用。匈牙利外交政策"向东看"倾向明显,中国是匈牙利在亚洲重点深化关系的国家。在匈参与"一带一路"建设的主体主要是政府、大型企业等,带动一批匈精英参与其中。"一带一路"建设为在匈华人华侨搭建了与匈精英深度接触合作的高端平台,双方互动过程也是匈华人华侨渐进融入主流社会的过程。

在政策建议方面,"一带一路"在匈牙利的顺利推进,离不开在匈华人华侨的支持和参与。因此要真正引导华人华侨参与"一带一路"建设,同时也让华人华侨获益,有获得感,以更加积极地参与"一带一路"建设。

(一)引导在匈华商加快经济转型升级,紧跟推进"一带一路"建设节奏。目前多数在匈华商仍旧延续20世纪90年代的生意模式,陷入传统商贸经济模式的瓶颈,与现代商业模式难以适应。要引导在匈华商抓住中匈签订"一带一路"合作协议后在高新技术、品牌制造、基础设施、金融和投资等领域的机会,尽快完成多元化产业转型,并加快与匈牙利未来经济产业发展接轨。鼓励在匈华商发挥网络平台优势,在中匈融资、人民币清算、高铁建设等领域与中国企业进行对接,并在政策、技术、资金等方面争取扶持并积极申请入驻"中国产品品牌贸易中心"。[①]

(二)中国"走出去"企业要借助匈华商商贸平台"走出去""引进来",以加快进入匈市场的步伐。"一带一路"框架下,中国与沿线国家之间的企业合作是"双行道",既有我国企业的"走出去",亦有沿线国家企业的"走进来"。中匈企业合作同样如此,中国企业赴欧洲和匈牙利投资兴业,也要将欧洲和匈牙利先进技术、管理理念和优质产品等引入中国。为此,鼓励匈华商转变思维,借助在匈华商网络渠道引进匈方优势产品和技术,推动中匈优势资源的汇集,提高推进"一带一路"建设质量。"一带一路"建设要创新招商引资模式,积极发展绿色总部经济,加大吸引海外重点侨商和侨资龙头企业,加快打造商贸物流、原材料生产及加工基地,进一步拓展经济发展空间。创新投资模式,积极构建企业多元合作机制,形成利益共同体,有利于中国企业融入匈社会,助力在匈华侨华人企业参与"一带一路"建设,促进多赢发展。开展强强联手,利用在匈华人华侨经济实力、技术优势和网络资源,鼓励我国企业与在匈侨商或工商团体合作,实现优势互补、强强联合、共同发展。

(三)加强与匈牙利华文媒体合作,宣传"一带一路"建设合作共赢理念。借助匈牙利华文媒体在中东欧地区华社中的影响力,加强双方信息采集和资源互享等方面的合作,向华侨华人和当地民众解读"一带一路"精神、宣传中匈"一带一路"合作协议取得的积极成果。[②] 在媒体内容设计上加强对匈民众的精准供给,针对匈民众的喜爱,提供喜闻乐见的内容。推动民间外交,在匈华人华侨勤劳朴实,为匈经济社会发展做出了重要贡献,其社会地位和影响力不断提升,正日益成为中匈民间外交的积极参与者和推动者。可以通过广大在匈华侨华人华商,向匈政府和主流社会传递友好合作理念,增进中匈沟通与了解,为"一带一路"建设创造良

---

① 张行、董婧涓:《匈牙利华侨华人与"一带一路"建设》,《海外纵横》2016年第5期。
② 同上。

好的舆论环境。

（四）鼓励引导在匈华人华侨全面深度融入匈主流社会，真正发挥出连接中国与匈牙利的桥梁作用。很多华人华侨在匈居住多年，一定程度上代表着中国形象。在匈华人华侨举动一定程度上影响着匈对中国的观感。目前，华人华侨经济发展较好，但在社会和政治等方面融入主流社会的程度有待提高。要鼓励支持华人华侨多参与匈社会活动，增强参政议政意识，增强华人华侨在匈声音。以文化搭台提升融合水平。"一带一路"沿线国家和地区由于制度不同、经济发展水平不一，历史文化和宗教信仰差异，要积极发挥在匈华侨华人的中华文化传播者作用，促进不同文明对话，着力构建心灵沟通与文明对话平台，增进政治互信、经济融合和文化包容，加快构建人类命运共同体。以民心相通增进合作效益。要积极发挥华侨华人社团、华校、华文媒体作用，加快架接起交流合作的桥梁纽带，积极传播"一带一路"开放合作的新理念，更好地满足沿线国家和地区的需求。坚持以侨为"桥"，挖掘侨力资源优势。"一带一路"建设要充分利用在匈华侨华人的纽带作用，加强与海外侨社接触，进一步挖掘侨资侨智，围绕匈新华侨华人和华裔新生代、重点侨团和重点人物资源，以侨为"桥"，积极促进双向投资，扩大跨境合作效益。

（五）为在匈华侨华人参与"一带一路"建设搭建平台，以更好参与"一带一路"建设。以举办世界华侨华人工商大会、旅匈华商会等商业平台，促进内外商业信息的对接。鼓励匈实施"一带一路"人脉涵养计划和"一带一路"双语人才定向培养计划，推动建设涉及在匈华商协作网，举办面向华商、侨领的"一带一路"研习班，推动成立跨境华商、电商联盟、跨境华商贸易区等。[1] 尽快搭建起促进"一带一路"沿线国家和地区的华人华侨与中国企业之间的信息沟通平台，促进信息对接。信息沟通，建立对接机制发挥在匈华人华侨在中国企业参与"一带一路"中的地位和作用，将面临双重的信息不对称。就中国企业而言，不知道哪些华人华侨可以提供帮助，也不知道从哪些渠道了解和联系华人华侨；就华人华侨而言，掌握一定的资源，或者掌握合作商机，愿意为中国企业提供帮

---

[1] 周乾宪：《侨胞如何深度参与"一带一路"？中国两会释利好信息》，2018年3月，中国新闻网，http://www.chinanews.com/gn/2018/03-13/8466890.shtml。

助,或者寻找中国企业合作,但不知道哪些中国企业计划到华人华侨所在国投资,不知道哪些渠道可以寻找中国企业的合作伙伴。一是建立信息收集和发布制度。在国外建立以"一带一路"沿线国家和地区的华人华侨社团为主体的信息采集和发布机制;在国内建立以经济园区(开发区)、行业协会、商会为主体的信息采集和发布机制,形成信息对接共享机制。二是建立统一的信息分类标准。根据产业分类、企业分类等方式对信息进行统一分类,便于发布和对接。三是建设信息化公共平台,或者依托外事、商务或侨务等部门的电子政务平台,或者建设独立的公共信息平台,形成双向或多向传播渠道的供求信息对接平台,包括信息采集和上传、信息传输、信息储存和处理、信息发布和利用等功能。四是提供综合信息服务。突出"一带一路"沿线国家和地区华人华侨的信息服务,提供有关国家政策、行业发展、市场行情、技术前沿、经济态势,以及目标市场国的法律、法规等信息。

(六)在匈华侨华人通晓匈政治、经济、社会、法律情况,在推动中匈交流与沟通方面大有可为。我国在匈推进"一带一路"建设,要充分发挥华侨华人力量,谋划构建从政府到民间、从行业到企业的多层次交流机制,增进两国利益融合,促进政治互信,及时反映、帮助解决中匈合作中出现的问题,助力"一带一路"务实合作的实施。[①] 华侨华人是智力资源宝库,要加快吸引海外高层次人才,在匈华人华侨有高学历人才,拥有良好的教育背景和知识结构,活跃在经贸、文化、科技、金融等各个领域。一方面,在匈华侨华人可以发挥智力资源优势,搭建"一带一路"高端交流合作平台,为推进国际合作,开展项目投融资、工程项目管理等建言献策;另一方面,发挥融通中外的优势,开展多角度、全方位的调查研究,推动中匈发展战略对接,促进中匈文化文明之间的交流互鉴。

(七)要充分利用在匈华人华侨的商业网络、营销物流渠道、商誉声誉和政商人脉,以及通晓中匈贸易规则、拥有贸易渠道和商业网络优势。[②] 向国内企业提供信息咨询、法律帮助、教育培训等,建立面向中东

[①] 窦勇、卜倩:《"一带一路"建设中如何充分发挥华侨华商的作用》,《中国经济导刊》2015年第33期。

[②] 同上。

欧乃至欧洲发展的平台，促进国内企业与匈工商企业交流与合作。在匈华人华侨熟悉匈国情和市场运作规则，对市场发展有相对准确的预测和判断，可以帮助中国企业把握投资方向，避免盲目投资。在匈华侨华人了解匈民风民俗，与匈政界、商界有密切往来，可以帮助中国企业融入当地主流社会，消除文化差异，减少投资摩擦。同时，在匈华人华侨还有强大的以"伙伴制"为核心的金融网络和财团网络，借此开展企业间的合作，走强强联合的道路，能帮助中国企业有效地避开政策限制或地区性金融危机的冲击，分散风险，融通资金，并联结成具有广泛覆盖面的贸易金融网络。

（八）考虑成立在匈华侨华人参与"一带一路"建设协调小组，坚持以侨为"桥"。提高海外华侨华人的参与度、融入度与获得感；尽快完善政策，积极营造良好的制度环境，为在匈华侨华人的生存发展创造条件；鼓励在匈华人华侨将自身事业发展和"一带一路"建设有机结合起来，积极推动侨务公共外交和人文交流活动。二是加强在匈侨团、商会的合作交流，筛选匈重点侨团，鼓励他们到中国考察访问，通过举办"侨团骨干培训班""侨领培训班"等形式，构建与匈侨社和行业协会的常态化沟通协调机制。三是鼓励国内商会、协会组织走出国门，通过联系沟通在匈华侨华人商会、协会组织，共商共建共享"一带一路"建设成果；在工程招标、国际贸易等方面，要注重吸纳住在国企业参与，鼓励华商资本参与国有企业的混合所有制改革。

（九）"一带一路"建设要维护和保护好在匈侨胞的合法权益，不断提升侨务资源可持续发展能力。完善在匈为侨服务机制。考虑在侨胞聚集的社区、园区，搭建为侨提供公共服务的公共平台。丰富为侨服务内容，加快建设侨务综合信息与服务平台，积极开展侨法宣传，通过法律咨询、技能培训、移民辅导等方式，真正为在匈侨胞排忧解难。提升在匈华人华侨发展能力，以"海外惠侨工程"为抓手，鼓励在匈华人华侨发展华文教育，积极传承中华优秀传统文化，不断扩大惠侨服务面。

第三篇
与中国的双边关系研究

第一章 历史与前瞻*

中国与匈牙利的交往历史，可以追溯到 14 世纪。早期中国和匈牙利之间的交流与互动，虽不像与英、法、德那样频繁，但也打下了较深的历史基础。实际上，现阶段匈牙利与中国双边关系的高水平发展立基于历史上的友好关系，发轫于世界政治经济格局的变迁，成就于"一带一路"倡议和"向东开放"政策的相互对接。目前，双方在政治、经济和人文等领域取得了丰富的合作成果，为双边关系的持续发展奠定了基础。但不可忽视的是，双方的身份差异、思维差异和预期差异，匈牙利内部的社会政治风险、欧盟因素以及中美竞争带来的不确定性在一定程度上会影响中匈关系的持续推进。因此，中匈双方需要采取相应的措施加强沟通、协调行动、克服困难，共同推进双边关系的行稳致远。

第一节 中匈关系的历史

有据可查的第一位抵达中国的匈牙利人是一名叫盖尔盖伊（Magyarországi Gergely）的教士，他随教皇向东亚派出的教会使团前往中国，于 1341 年底抵京，受到了元惠宗的接见，五年后离开中国回到意大利教廷。出生于奥地利林茨的白乃心（Gruber János）是埃尔代伊大公阿巴菲·米哈伊二世宫廷中的教士。当时，从欧洲到远东，除了海上航行的路线外，中世纪以来连通欧亚大陆间的三条传统路线都被封锁。海上航行需要绕过非洲的好望角，再折返北行，相当费时费力，而且还有海盗杀人越货、海上风暴、食物匮乏、生病死亡等危险。再加上走非洲好望角这条

---

* 本章第一节由舒苏乐老师撰写，其余章节由张玉芳老师撰写。

路线，需要经过葡萄牙属地果阿，当时的葡萄牙因独揽海上霸权，仗势欺人，要求前往中国的传教士必须乘坐葡萄牙船只，因而经常与教廷发生冲突，传教士们前往远东的路途变得异常艰辛。[1] 有鉴于此，当时的耶稣会长指派白乃心前往中国，开拓一条连通欧亚大陆的安全陆地交通线。1656年，白乃心孤身上路，他先走海陆，1658年抵达澳门，后来到北京与汤若望一起在司天监工作。1661年，他同教士吴尔铎从北京一路西行，途经西宁府、青海、西藏，穿越喜马拉雅山口到达印度平原，后又经过中亚，于1664年返回罗马。从罗马回到匈牙利后，白乃心在现在的罗兰大学（Eötvös Loránd Tudományegyetem）前身——纳吉松包特大学（Nagyszombati Egyetem）发表了一系列有关亚洲情况的演讲。白乃心走陆路返回欧洲的尝试，开拓了通往远东的交通路线，在当时那种海上交通情况复杂、艰苦的情况下，这无疑为欧亚大陆两端的文明世界之间的交流，打开了另一条通衢。

除了以上两位比较重要的来华传教士之外，还有一些冒险家、科学家，也通过各种方式抵达过中国的领土。1756年，一名叫叶尔基·安德拉什（Jelky András）的裁缝在去往巴黎的途中，被普鲁士士兵逮捕，开始了长达22年的冒险生活。他历经磨难，后又随着一条荷兰船东渡，在澳门登陆。根据1872年匈牙利出版商海维希·拉约什出版的根据叶尔基冒险经历撰写的历险记可知，这名匈牙利裁缝应该是18世纪第一位到过澳门和广州的匈牙利人，历险记中有三章详细描写了叶尔基在当时的葡萄牙殖民地澳门和广州时的情况，通过叶尔基对当地民风民情的观察、与荷兰船只上的船员对话等角度，描写了这名匈牙利裁缝对中国的最初体验。还有一名在18世纪来到中国的海员叫白纽夫斯基·莫里茨（Benyovszky Móricz），他从小当兵，参加过普鲁士战争，也加入过波兰人的自由斗争。他曾数度被沙皇抓捕，最后被流放到堪察加半岛。1769年，白纽夫斯基在堪察加半岛上纠结了一帮志同道合的犯人，共同实现了乘船逃跑的计划，于1771年8月27日抵达台湾，参与了台湾本土的一次土著部落间的血腥屠杀。白纽夫斯基在日记中详细记录了他在台湾的一系列行动，包括他参与的这次冲突。1790年，伦敦出版了白纽夫斯基航海日记，1888年，

---

[1] 详见桑贾伊·苏布拉马尼亚姆《葡萄牙帝国在亚洲（1500—1700：政治和经济史）》，何吉贤译，纪念葡萄牙发现事业澳门地区委员会1997年版。

由匈牙利文豪约卡伊·莫尔（Jókai Mór）翻译成匈牙利语。

19世纪初的匈牙利社会中，人们开始谈论匈牙利人的来源。普遍的一种说法是，匈牙利人的祖先来自东亚，但他们的祖先究竟是哪个民族，西迁前定居在何处，史料中是找不到确切的答案的。因此，从19世纪初开始，匈牙利国内兴起了一股来亚洲寻根的热潮。其中，最著名的就是科洛什·乔玛·山多尔（Körösi Csoma Sándor），他19世纪20年代抵达西藏，在西藏的寺院中学习藏语和经文，1834年，在印度加尔各答出版了藏英辞典和藏语语法，并继续在印度一带从事语言学研究。1842年，乔玛在北上去新疆搜寻古西藏文献资料和会见维吾尔人的途中，不慎染上疟疾，逝于大吉岭。乔玛是第一个整理出版了藏英辞典和藏语语法的语言学家，是国际公认的西藏学奠基人。大吉岭墓地上的乔玛纪念柱上，刻着匈牙利贵族塞切尼·伊斯特万（Széchény István）为他撰写的一篇颂词，称他"全凭坚决而持久的爱国心的鼓舞，去寻找匈牙利人的摇篮"。此外，还有几名寻根探险家，分别是瓦姆贝利·阿尔明（Vámbéry Ármin）、乌依法尔维·卡洛伊（Ujfalvy Károly）。其中，瓦姆贝利在1882年发表的著作《匈牙利人的起源》（A magyarok eredete）因提出匈牙利人起源于突厥民族这一观点，与当时学术圈达成共识的匈牙利人是芬—乌戈尔人后代的观点相左，引起了匈牙利国内和国际上的强烈反响和激烈的争论，这就是所谓的"突厥语乌戈尔之战"。瓦姆贝利的这一论断，从理论上将匈牙利人与中国人之间的关系拉近了一步，也从另一个角度发掘了一条探究匈牙利人起源的途径。另外，到过天山的两名探险家奥尔玛希·久尔吉（Almásy György）和普林兹·久拉（Prinz Gyula）分别考察了中国北部的地理、气象、民俗和西藏学、新疆学及其他少数民族学研究领域，目前这些领域还活跃着几名优秀的匈牙利学者。

1867年匈牙利与奥地利成立奥匈帝国后，与中国的交往进入了第二个时期，也就是官方交往期。其时，奥地利在普奥战争中失败而遭受了一连串的消极连锁反应的打击，为了稳定帝国内部秩序，外交大臣弗·费·冯·博伊斯特（Fredrich Ferdinand Von Beust）迅速抓住了奥地利内政的症结所在，他认为，与哈布斯堡王朝治下除奥地利外最强大的民族匈牙利达成和解，才是帝国唯一的出路。博伊斯特与匈牙利贵族安德拉希伯爵（Gróf Andrássy Gyula）在达成一致意见后，迅速拟定了文件"奥匈协议"。

该协议规定：弗兰茨·约瑟夫承认包括特兰西瓦尼亚、斯洛伐克高地、边屯区及克罗地亚、斯洛文尼亚在内的"圣伊斯特万王室领土"的统一与完整，而匈牙利国会则承认弗兰茨·约瑟夫皇帝兼国王负责外交与国防，他有权任命掌管这些事务及双方共同财政的联合大臣。总结来看，协议中出现了三个相互独立的组织：一是"共同君主国"，指对外交往中由哈布斯堡王朝所代表的政治存在；二是奥地利，指哈布斯王朝领土中非匈牙利的"另一半"，一般以"奥地利"称之，与匈牙利之间为暂时性的经济联盟；三是奥地利和匈牙利作为国家形式的两部分。[①] 所谓"共同君主国"，实际上仅限于皇帝、朝廷、国防和外交大臣共用，奥、匈两部分并未共用首相和内阁，匈牙利也拥有自己的国会。从奥匈帝国除奥地利和匈牙利以外的其他地区，自始至终都没有正式、统一的命名可以看出，匈牙利在帝国内的众多民族中脱颖而出，获得了超然于其他民族的特殊地位。

奥地利与匈牙利合并成为"共同君主国"后，哈布斯堡王朝原本摇摇欲坠的政权重新得到巩固，重新回到中欧大国的地位；而19世纪前期奥地利与捷克累积的资本，也为奥匈帝国向外扩张打下了经济基础。由于资产阶级的迅速发展，19世纪中期开始，奥地利统治者感受到了欧洲经济的局限性，这就不可避免地驱使帝国将眼光投向在东方和世界其他市场取得巨大成功的英国和法国，步其后尘。尽管毗邻亚德里亚海，奥匈帝国从本质上来说仍然是一个内陆国家，在东亚的大门向西方世界开放时，其内政、外交的实施、薄弱的经济基础、国内资产的匮乏等各方面的现实问题，都让它无法展开，或者可以说无暇考虑实施深入、全面的东方政策，但奥匈帝国仍然选择了通过远征东亚这一在当时具有特殊含义的方式确认其在东亚享有的特权，并同时做出扩张领土的尝试。

1857—1858年，为了在欧洲之外的土地上开发市场并确立大国地位，奥地利策划了"诺瓦拉"号（"Novara"）军舰的环球之旅，这对奥地利来说是一项空前之举，其首要外交任务是在目的地国勾画出自己的势力范围。在随后的几年中，尽管动作幅度不大，但奥地利的这一行动为它在北非和南美地区获取了丰硕的成果，并在世界版图上确立了奥地利在欧洲大国中的地位。初次扩张的胜利，使得奥地利野心膨胀。1868年，奥匈帝

---

① 何蓉：《奥匈帝国》，中国国际广播出版社2015年版，第131页。

国又计划以远征的方式,将自己的工业产品通过贸易渠道打入东亚,这一次,中国、日本和暹罗首当其冲成了目标国。

奥匈帝国的东亚远征主要有三个目的:首先是与东亚的目的地国建立外交关系,并设立使领馆,作为双方在目的地国开展活动的大本营。第二,在目的地国寻找商机,开拓对外贸易的市场;第三,在目的地国开展科学考察活动。上述第二点和第三点,是奥地利和匈牙利分别从自身实际出发提出的不同诉求。但远征的花费并不是由共同的外交预算支出,而是双方分别提出按比例承担的费用预算,在各自的国会进行投票。远征的花费主要包括:两艘战舰的建造、雇佣船员、聘用使领馆外交人员、贸易专家薪资、呈送给亚洲各国的礼物等,总计533000福林。匈牙利政府承担了其中的30%,也就是159900福林。[1] 1867年奥匈帝国成立后,一心期待国内的经济、贸易能够飞速发展的匈牙利,事实上,与奥地利面临着类似的境况。不过与奥地利不同的是,匈牙利对远征东亚的行动缺乏热情,这可以理解为其在经济发展上相对落后于奥地利,而匈牙利的资本规模还未达到能够在如此遥远的东方市场获取令人满意的回报的程度,因而,东亚市场在匈牙利人面前,并不是一块诱人的蛋糕。在1868年4月20日举办的远征东亚讨论会上,匈牙利王国工农商部队的态度反映出了他们的心态:"瓦什·绍穆伯爵与中国保持着多年的贸易关系,比较了解当地情况。从前景上来看,匈牙利在那里几乎没什么可期待的,但若同去,至少应该设立几处我们自己的长期机构。瓦什·绍穆希望此次远征的目的地是南美。"[2] 同时,汉格尔穆勒对奥地利也有类似的担忧,他认为奥匈帝国的贸易公司不适合在全球范围内开展大规模的国际贸易活动:"我们这里不行,莱塔河以西(指奥地利)的那些省份也找不到拥有足够资产承担大规模出口贸易的公司……现在的大环境下,涉及大量货品运输的大宗订单,只能由资产量达到一定水平的公司承接,并通过各方共同合作,也就是由股份制公司来实际操作。"[3]

---

[1] See B. Kaas Ivor, Cserei Manǒ, *A Keletázsiai Expeditio*: B. Kaas Ivor, Cserei Manǒ, *magyar kereskedelmi tudosíttók jelentése*, elsǒ kötet, Pest: Ministerium, 1869, p. II.

[2] Magyar Ország Levéltár, FIK. Eln. 1869/340, p. 2.

[3] Hengelmüller László, "A keletázsiai expeditio Magyarország szempontjából", *Magyar Anyagi Érdekei (Nemzetnemzetgazdasági folyóirat)*, IV (1868), p. 27.

不过，自19世纪中期开始一直被宣扬的，象征着经济独立和民族崛起的"向东进发""向海洋进发"的寻根民族意识却在匈牙利的主流意识中占据了主导地位。虽然这一思想意识到19世纪末，已蜕变成了匈牙利统治阶层主导的"小匈牙利帝国主义"的代名词，但在奥匈帝国成立初期，这种"东方"概念从喀尔巴阡盆地到巴尔干半岛之间地区，不断延伸到了小亚细亚地区。后来，随着苏伊士运河的开通，整个东亚、南亚地区也被纳入匈牙利的"东方"版图。这就可以解释尽管在经济上匈牙利并没有太大的动力，但它仍然承担了30%的经费支出，参与这一行动。

参加远征队使匈牙利在公法的层面上获得了存在感。自从奥匈帝国成立以来，这是匈牙利第一次出现在世界舞台上。在这样一次外交的任务中，匈牙利政府希望向东方世界传达他们在二元帝国框架中独立的国家属性。匈牙利政府并不希望永远站在奥地利身后，匈牙利科学院发现，这次远征，匈牙利虽然在经济上得不到太多好处，但却可以将目光投向当时方兴未艾的科学考察领域："就目前情况来看，这次的亚洲之行对我们国家的贸易发展起不到太明显的作用，希望落在我们身上的经费负担能与奥地利的支出成比例，我们的短板若是能用科学考察的成果来弥补则最为理想。"[①] 这是科学院向政府提交的报告中记录的，报告由科学院秘书，第一位翻译中国诗歌的诗人阿拉尼·雅诺什（Arany János）签署。尽管如此，科学院的科学考察计划最终只实现了一小部分，奥地利只同意动物学家克桑图什·雅诺什（Xantus János）代表匈牙利科学界出行。

需要强调的是，这次远征亚洲事实上是为了满足奥地利的需求，在此之前无论是奥地利还是匈牙利，均未与任何东亚国家进行过官方交流，因此，奥匈帝国的利益由当时在华的其他西方国家，如英、德等国全权代理。远征队代表抵达天津港后，英国人H.弗雷泽和R.康诺利远迎至通州。英国驻中国领事阿礼国（Sir Rutherford Alcock）帮助清朝廷接见匈牙利远征队牵线搭桥。阿礼国本人和英国大使馆翻译托马斯·阿德金斯（Thomas Adkins）都在清政府与奥匈帝国的谈判、签署条约的过程中起到了重要作用。条约谈判进行了数次，英国政府在奥匈远征队面前充分展示了其对清政府总理衙门的影响力，在多次谈判出现争议不得不中止时出面

---

① Magyar Ország Levéltár, FIK, Eln. 1868/343.

调解，最终在相对和平的气氛下签订了中奥条约。① 汉格尔穆勒认为，在其他大国的庇护下，奥匈帝国与中国签订的是一份不平等条约："从这份即将签署的、奠定了我们与中国的贸易、政治关系的条约上可以看出，不会有比今年更好的时机签署它了。为了打开中国的大门，整个文明世界的船只将会在这里相会。很显然，如果我们与其他国家一起行动，也能获得对我们更有利的许可。"②

晚清政府实行的外交政策主要还是以闭关锁国为主，作为中国的一个少数民族，晚清统治者在汉民族面前处于一种文化不自信的地位。清朝开朝以来，中国南部地区持续了数十年的反清复明的地下活动，因而，当清剿南方反对朝廷的实力后，朝廷便将南中国的海岸线牢牢封锁起来，以防止外来的物质和思想对民众产生影响。当葡萄牙人、荷兰人、西班牙人等西方人纷至沓来之时，18、19世纪的英国人和法国人也跟上了打开南中国大门的脚步，随着这些西人越来越频繁地出现在广东附近，朝廷颁发了特别禁令以禁止民众与外国商人交往。朝廷害怕的是这些外国人鼓动汉族平民反对清朝的统治。这一时期清政府的外交政策主要特征便是思想封闭和孤立主义，从而导致了整个中国与世界脱节的惨痛局面。

英国为了打开世界市场，将大量鸦片倾销到中国后，1839年林则徐的虎门销烟成为冒犯英国贸易的一把利刃，撕开了英帝国的伪装面具，中英第一次鸦片战争爆发。1842年，中英《南京条约》签订，标志着中国进入半殖民地半封建社会。1856年，英法借口修订条约，又发动了第二次鸦片战争。1858年，俄美英法先后强迫清政府分别签订了《天津条约》。1860年，又签订了中英、中法《北京条约》。《天津条约》规定外国公使常驻北京，清朝廷同西方各国正式建立外交关系势在必行。1861年1月，清政府设立总理各国事务衙门，总管外交、通商、关税、铁路、开矿、制造武器等事务和全部洋务。"使馆"和"外交代表"对于千百年来奉行朝贡体制的中国政府来说是完全陌生的概念。同时，西方列强为扩张自己的利益范围，也要求清政府派遣外交人员前往各自的国家，以打开

---

① Dr. Karl Von Scherzer, Fachmännische Berichte über die österreichisch-ungarische Expedition nach Siam, China und Japan (1869—1871), Stuttgart, 1872, Chapter X, p. 1.

② Hengelmüller László, "A keletázsiai expeditio Magyarország szempontjából", p. 28.

中国一直闭关自守的局面，这也从客观上促进了中国融入国际资本市场的速度。清政府在拖延数年后，于1868年向美国和欧洲派遣了使臣，但这一批代表中国的外交人员中，却无一中国人。奥匈帝国就是在这样的背景下于1869年与中国签订了《北京条约》。

奥匈帝国东亚远征之旅的战果只有与暹罗、中国和日本签订的三份贸易合约和通航协约，上述的三份贸易合约都是不平等条约，因为没有任何一个国家有与奥匈帝国达成贸易往来协定的意愿。《北京条约》首先为奥匈帝国在外交和经济上取得了特权，在中国上海建立了领事馆，中国香港的领事馆作为奥地利在英国的代表处，早在东亚代表团抵达前就已成立，加上在日本的横滨和暹罗的曼谷，奥匈帝国在亚洲拥有了四处外交驻地。但此时，奥匈帝国未能在中国设立大使馆，除了清政府的原因外，还在于奥匈的国库资金无法支持更高级别的外交代表。而横滨和曼谷的领事级别在上海总领事级别之下，说明此时，奥匈帝国在外交上更看重中国。

上海的首任领事罗伯特·嘉里治（Robert Calice）曾是1869年奥匈帝国东亚远征代表团的一名高级成员，从匈牙利国家档案馆中发现的有关嘉里治的材料中可以看到，为了强调中国的重要性，他在给奥地利政府和匈牙利政府的报告中花费了不少笔墨。当然，奥匈帝国上海领事馆，这个在中国的唯一的奥匈帝国机构相对于其他国家，实在太微不足道了，奥国的外交官只能不停地争取英、法、德等国或重要商会的支持。清政府只为奥匈帝国驻上海领事馆提供了一小块建设用地，其余"驻中国及日本领事事务均委托英国公使全权代办"。[①] 事实上，奥匈帝国的中国公使直到1877年，一直常驻日本，1877—1879年以及1882—1883年，奥匈帝国驻华公使由德国驻华公使全权代表。普奥战争以后，德奥两国关系好转，结成"德奥同盟"，因而在"中国、日本和暹罗逗留的奥匈国公民以及奥匈国领地之上没有我方代表行使权力，由德意志帝国公使代表我方行使该权力"。[②] 由于清政府忌惮外国势力在京城设立大使馆，奥匈帝国与其他国家一样，在北京设立的公使馆要远远晚于上海的领事馆。1897年1月6日，奥皇任命莫里茨·茨冈·冯·瓦尔波恩特（Moriz Czikann von Wahl-

---

① Magyarország Országos Levéltár, ME, Eln, 1871/IX, p. 1628.
② Magyarország Országos Levéltár, ME, Eln, 1884/3309.

bonrt）为驻华公使，4月到任。

1869年在与亚洲三国签署通商条约后，奥匈帝国最看重的就是中国市场，但是运输问题一直是奥匈帝国在中国发展贸易中遇到的阻碍。最初，无论是奥地利还是匈牙利的航运公司都未开发到亚洲的直航线路。甚至，匈牙利的航运公司都没有适合开展航线的船只。因此，奥匈帝国的货品运输几乎完全倚赖其他国家的运力。1871年，"法莎娜"号帆船开启了奥匈帝国的亚洲航线，把货物运送到中国香港。船上也装载了匈牙利商行出口的货品：梅尔瓦伊公司的卡尔巴特茶叶（总价值50福林）、费伊瓦尔·利波特佩斯公司的可折叠式花园铁艺家具（总价值80福林）、赫莱佩斯香槟（总价值260福林）、布劳恩兄弟佩斯公司白酒和香槟（总价值100福林）、巴卡伊·南多尔赛格绳厂的产品（共100担）。① 不过，在远征东亚的过程中，奥匈帝国在桑蚕养殖业领域有了不小的收获，他们从中国运回了新品种的蚕，"将这些蚕蛹投入桑蚕养殖实验中"，奥地利的南蒂罗尔桑蚕养殖场运用中国的养殖经验，并进行了进一步的改造。②

19世纪90年代初开始，巴尔干半岛的紧张态势得到缓解，奥匈政府得以将更多的精力转向东亚市场。1890—1891年，为保障在东亚的特权和利益的切实落实，帆船"日里尼"号（"Zrinyi"）启程再次远征东亚，这次远征暴露了奥匈帝国在华的主要问题——人员匮乏。船上的匈牙利籍医生葛什帕尔·费伦茨（Gáspár Ferenc）在日记中描述道："我们是［奥匈帝国］最先在中国内河扬子江上扬起帝国海军军旗的人。我们在这条河上向中国内陆航行了六百英里，到了镇江、九江、芜湖、汉阳和武昌，希望在这些港口城市开展贸易活动，而这也是清帝国给我们的可在多个港口经商的合法权利……此次远征我们希望尽力完成任务，虽然外国人可以在上述几个城市自由停靠并从事商业活动，但最重要的是，自己的人要过去啊！"③ 船医也看出了问题的本质——没有人。这也是奥匈帝国在中国的势力无法发展壮大最根本的问题，条约签订了，来的人却寥寥无几，也就无法开展最基本的商业活动。

---

① See Magyarország Országos Levéltár, FIK, 1871, p. 118.
② *Anyagi Érdekeink*, 1871, 9. szám, p. 147.
③ Dr. Gáspár Ferenc, *Negyvenezer mérföld vitorlával és gözzel*, Budapest: Singer és Wolfner, 1892, p. 355.

"日里尼"号出发后不久,奥匈帝国的另一艘军舰"凯瑟琳·伊丽莎白"号("Kaiserin Elisabeth")载着奥皇费迪南开启了他的东太平洋之行,分别抵达了中国、日本和韩国。奥皇的这次东行,极大提高了奥匈帝国在国际外交和世界贸易方面的威望。19 世纪 90 年代,奥匈帝国在贸易和其他方面的发展都有了一定程度的提高,除了奥皇访问东亚的一部分原因外,其他更重要的因素在于物流水平的改善。奥地利的罗伊德航船公司在 19 世纪 90 年代时开通了定期发往孟买、加尔各答、暹罗、中国香港、上海和横滨的航行班次。但问题是,罗伊德公司对驶往中国航线的态度相当随意。公使茨冈曾多次抱怨这些航线的问题:"货轮从特里耶斯特出发到中国需要 45 天,还要加上 8—14 天的延误。此外,1898 年时,每两个月才有一趟经停横滨或神户的货轮抵达上海,从运输业务的质量上来看,罗伊德公司根本配不上它在东亚地区受到的重视,我们应该抵制它。"罗伊德公司在奥匈帝国的东亚航运业务中没什么利益可图,也就不难理解为什么这条航线直到 19 世纪末依然停留在三流水平,因此,茨冈认为该公司"不适合为改善东亚贸易状况提供服务"。① 罗伊德公司的航线运营情况是奥匈帝国在东亚贸易状况的一个方面,而茨冈的另一份报告又显示出奥匈帝国在中国建立贸易网络时的力不从心:"1898 年,中国的开放港口中有 107 家德国公司,约 1000 名德国人,他们的数字还在不断地快速增加。同时,这里的奥匈公司只有 5 家,有 75 名奥地利人生活在这些港口城市。"② 这从侧面说明了当时奥匈帝国面临的处境。当然,5 家公司原本也可以为奥匈在中国的贸易做出不菲的贡献,然而"发展缓慢的五家奥匈公司却毫无成就,他们的贸易量简直不足挂齿"。③ 茨冈从他的观察出发,屡次传递出对奥匈公司在中国毫无建树的失望情绪,使得政府不得不在对华贸易政策上做出进一步调整。

1896 年,奥匈共同外交部与中国签订的条约显示奥匈帝国将在北京建立大使馆。奥匈共同外交部知会匈牙利贸易部部长:"在中日甲午战争

---

① Qtd. in Kína és az Osztrák Magyar Monarchia, Budapest: Akadémiai Kiadó, 1966, p. 59. 该报告原文出自公使茨冈 1899 年 4 月 27 日的汇报材料。See Czikann, "Cikann követ 1899. ápr. 27-i jelentése", Peking Berichte, Haus-, Hof-, und Staatsarchiv Politisches Archiv.

② Ibid. .

③ MOL. ME. Eln. 1898/11856.

之后，帝国要在中国继续扩大势力范围，便需要在北京建立大使馆……为了调整我们的中国贸易策略，也许应该重新签订一个协议以代替1869年签订的那份。所以我要求您选择合适的时间向中国政府提出具体的条约草案。"① 但是，匈牙利政府对该建议的回复不算积极，毕竟匈牙利对当时完全看不到美好前景的贸易状况是有心理准备的："匈牙利根本没人想了解中国市场……匈牙利的商人只想在国内做买卖。"② 《布达佩斯新闻报》摘取了上海公使皮斯科的报告："奥匈帝国，特别是匈牙利，在中国的贸易根本没有实质性的利益，我们一直待在英国和德国的背后。"③

如果单从数据上看，奥匈帝国对中国出口的货物总量并不少，但却一直无法产出令人满意的利润，北京大使茨冈看到了问题的所在："奥匈帝国的工业产品出口基本上倚赖汉堡和伦敦两个港口……本该属于我们的利润都变成了运输成本落入了英国人和德国人的口袋，成了德国铁路和德国、英国航运的囊中之物……以至于把我们自己商人的利益压到了最低限度。"为了解决这些问题，茨冈建议国家对东亚贸易线路的运输方式进行补贴，同时输送一批通晓语言的专家前往东亚。他认为："奥地利和匈牙利的所有出口业务自然不应该放在汉堡和伦敦，而应该转移到特里耶斯特和里耶卡，或是在奥匈帝国的港口设置贸易公司代表处；因此，政府调整针对南方铁路的税收政策势在必行，也应该对罗伊德公司的亚洲出口业务进行重新规划。"④ 罗伊德公司的印度航线就享受政府补贴，这也是奥匈帝国对印度的蔗糖出口贸易比较成功的一个重要原因。

如此看来，奥匈政府，或者说是北京使馆对单纯依靠经济手段发展东亚贸易持观望态度。1895年甲午战争结束后，中国各地遭受列强的瓜分，奥匈帝国看到各国乘坐自己的战舰挺进圈定的港口和适合建造港口的海湾，强迫中国政府签署了一系列新的条约，于是，茨冈也打起了自己的如意算盘："若是能指望得到一块更大的土地，那么这将是建立几处奥匈帝国在中国的定居点最合适的时机。是的，也许在划地的过程中，还能建立

---

① MOL, ME. Eln., 1896/14787.
② *Budapesti Hírlap*, 1900 június 19.
③ *Budapesti Hírlap*, 1900 június 12.
④ See Czikann, "Czikann követ 1899. ápr. 27-i jelentése".

一个贸易和泊船的大本营。"① 为此，茨冈未雨绸缪地做了周详的计划，建议奥皇在与中国就新条约问题无法达成一致意见时，武力入侵。他认为，即使能够以外交谈判的手段成功获得一处港口，但考虑到不确定因素和中国的复杂局势，还是应该就近部署军舰。② 茨冈一方面敦促奥皇部署"凯瑟琳·伊丽莎白"（"Kaiserin"）号和"赛依达"（"Saida"）号军舰，另一方面也将希望寄托在英国和德国的支持上。几乎与奥匈同时想要在中国沿海获得租界的意大利就被清政府毫不犹豫地拒绝了。意大利三艘战舰入驻东海，仗着有英、德撑腰，便向清政府发出最后通牒，要求清政府与意大利即刻商谈索要浙江的三沙湾事宜。清政府则调遣了战舰和军队在三门湾集结，同时还从上海附近派遣了驻军。清政府没有屈服于意大利停在中国东海的军舰，而希望占领浙江省与福建省交界处的南关湾的奥匈帝国也面临着同样的问题：与意大利一样，在清政府眼中奥匈帝国只是个无足轻重的国家，清政府也并不惧怕他们以武力相威胁。奥殖民南关湾失败主要有两方面原因，从外部环境上看，其他在中国的列强并不愿意与奥匈帝国这样的"弱势大国"共享中国利益；而在奥匈帝国内部，匈牙利出于维护自身利益的目的，同样也对这项殖民地政策进行了重重阻挠。匈牙利国会在奥地利提出需要更多经费以支持获取殖民地行动时，提出了明确的反对意见。③ 这也从根本上推翻了奥地利在中国获取殖民地这一战略部署计划。

甲午战争失败后，中国遭受的民族屈辱更甚从前，以帝国主义侵略为先导的西方势力的冲突，代替了此前长期留存的华夷之辨、满汉之争的历史矛盾，长期存在于民间的义和团便开始支持清廷抵抗西方列强。1900年5月，起义的拳民攻击了在北京周边铁路线上的外国人。5月28日，17艘外国战舰要求停泊在大沽附近，同一天，奥匈帝国驻北京使馆领事罗斯同向外交部报告称："又发生了新的暴力事件，各国都在要求派特别

---

① See Czikann, "Czikann követ 1899. ápr. 27-i jelentése".
② See Czikann, "1899. jan. 12-i, 588. sz. távirat", *Peking Berichte*, Haus-, Hof-, und Staatsarchiv Politisches Archiv.
③ See *Népszava*, 1899. ápr. 25.

行动队登陆。我请求'曾塔'号的直接指挥权。"① 维也纳的回复并没有如期到来，但是，停泊在日本海附近的战舰"曾塔"号（"Zenta"）也在5月28日当天接到罗斯同的协助请求："我已向维也纳外交部请求派遣一支特别行动队登陆大沽。"② 甲午战争之后，西方列强早就将自己的舰队部署在了中国近海，以期在瓜分中国时派上用场，奥匈帝国也派出了"曾塔"号。1900年4月至5月上旬，"曾塔"号还曾沿长江巡游至汉口，因此，船长在接到北京使馆的协助请求后并不意外，接到电报后立即启程，6月2日抵达大沽，6月3日凌晨5点，奥匈帝国的陆战队员抵达北京。随后，奥匈帝国全程参与了随后的镇压义和团的军事行动。

自义和团运动爆发以来，匈牙利媒体几乎每日更新事件的进展。八国联军镇压起义的行动事发突然，当时游弋在日本海附近的"曾塔"号与地处欧洲的母国联系被切断，战舰上的海军官兵在北京大使馆的指挥下加入了八国联军，而在八国之中，奥匈帝国又与自己的盟国德国和意大利站在一起。奥匈政府将参与武装镇压义和团起义的事件定性为一次保卫在华奥匈公民的财产和生命安全的行动。事件发生后，匈牙利政坛对奥匈帝国参与八国联军武力镇压的行动展开了激烈的讨论。议会下院的反对派代表科苏特·费伦茨（Kossuth Ferenc）向总理赛尔·卡尔曼（Széll Kálmán）提出了四个问题：（1）总理是否知道奥匈帝国参与了联合军事行动？（2）是否与其他国家在出兵比例方面达成了一致的意见？（3）俄国是否有侵略嫌疑？匈牙利是否有既得利益？（4）是否会导致匈牙利毫无利益可得，最终成为牺牲品？

对于科苏特的提问，总理赛尔于6月19日进行了答复。他站在帝国中央政府的立场上进行辩解，坚持认为参与军事行动是为了保护本国公民的生命和财产安全。他还认为，应该让中国人明白，八个国家的关系如铁板一块，固若金汤，牢不可破。因此，奥匈帝国不能从八国联军中退出，必须派兵出战以保他国使臣和公民的人身安全。赛尔同时反问道："难道

---

① Rosthorn, "1900. máj. 28-i, 3737 sz. távirat", *Peking Berichte*, Haus-, Hof-, und Staatsarchiv Politisches Archiv.

② Qtd. in Kínaés az Osztrák-magyar Monarchia, p. 93. see also Theodor Ritter Von Winterhalder, *Kämpfe in China, Eine Darstellung der Wirren und der Beteiligung von Österreich-Ungarns Seemacht an ihrer Niederwerfung in den Jahren 1900 – 1901*, Wien und Budapest: Hartleben, 1902, p. 27.

要让中国政府看见整个西方文明世界无法达成一致意见吗？"他承认，"曾塔"号上的确有一支25人小队加入了其他国家的军队，但其目的绝不是镇压起义拳民，而是出于他再三强调的保护驻华外国人的目的，同时各国间也不存在出兵比例方面的约定。赛尔避重就轻地回应了几个问题，却绕开了最关键的问题：在这场武装镇压行动中，匈牙利是否能够获得实际利益，最终是否会沦为帝国政治的牺牲品。

这样的回答，在反对派看来显然是无法令人信服的。反对派认为，25人小队显然无法代表帝国执行保卫任务，但这却会令帝国在中国战场上陷入更加复杂的困境，也会让他们面临被中国处决的危险。科苏特分析认为，在25人小队和帝国公民之间，站着三万名中国士兵，这是一道救援小队无法跨越的鸿沟，他们毫无完成任务的希望。在科苏特的强势反诘下，赛尔转变口风，承认以帝国的地位和威望并不适合派兵行动，但出战实属无奈，在众大国纷纷派遣部队镇压起义之时，若"曾塔"号不参战，便有格格不入之嫌。[1]

反对派与政府的拉锯战正进行得如火如荼之时，主流媒体也纷纷开始站队。反对派强烈谴责、批判帝国出兵，认为这是一场非正义的战争。奥匈帝国虽与德、意为盟友，却没有义务为维护盟友的利益在战场上洒自己的热血。《布达佩斯新闻报》发表社评："我们为什么替别人摘果子？为什么要为德国、英国抛洒热血，而他们却在事后顾自瓜分中国？他们不能要求我们在中国为汉堡的商人付出血的代价。我们在那儿的利益微乎其微，只对被困在北京的国民有救助义务，格鲁霍夫斯基，不要再把匈牙利卷入泥潭之中！"[2]《布达佩斯新闻报》作为布尔乔亚党派的发声通道之所以坚定地谴责奥匈帝国在中国的军事行动，正是因为此时，极度悲惨的事件正发生在中国。事实证明，此次行动伴随着大量的流血牺牲，这也就是之前反对派所担心的问题。然而，报纸还是收到了政府将趁国会两院休会期间，罔顾反对派意见，仍将继续派遣军舰和官兵前去支援战事的消息。《布达佩斯新闻报》再次发文指责政府："我们不为德国的荣誉负责，德国有足够的力量护卫自己国民的生命、财产安全，三国联盟不应向我们提

---

[1] See 1896 – 1901 *Országgyűlés Alsóházának Naplója*，XXIX. Kötet，p. 328.
[2] *Budapesti Hírlap*，1900. jún. 19.

出这样的要求，我们在中国没有利益需求！……联姻、友情都不应将我们驱向战场……打仗和入侵不是匈牙利人荣耀的义务，我们既没有兴趣，也不图利益。他国从中国的战场中抢夺硕果，而我们却只能被焚烧殆尽。奥地利利用共同政府的财政支出支持争夺殖民地的行动，就像波斯尼亚那场昂贵的'娱乐'行动之于匈牙利一样可笑。"①

双方的争论随着战事的升级一直在继续，但最终，匈牙利反对派的意见依然被忽略，在中国战场上与德意军队并肩作战的奥匈帝国军队同样也在镇压过后，分得了一杯羹。从奥匈帝国1869年的东亚远征到1900年的义和团镇压行动，尽管前后相差近1/3个世纪，国际大环境已时过境迁，奥匈人来到中国的方式也完全不同，但依稀可见的仍然是奥匈帝国试图向亚洲大陆扩张的不懈尝试，以及行动过后日渐消散的殷殷期待。而在此过程中，无论是1869年的匈牙利贵族坚持走科学探索的道路，还是1900年的匈牙利民族主义者与执政党的辩论，都反映了匈牙利人对本国现实的清醒认知。

义和团运动失败后，列强在北京的使馆附近设置了永久军事大营，作为使馆的防卫设施，美其名曰保卫使馆。同时，在200千米外的首都"海上大门"天津城内，列强们也纷纷划割了自己的租界区。20世纪初的天津已成为华北地区海上贸易最活跃的城市，英、法、德、日、俄、比、奥都在那里分得了利益。

1900年秋天，奥匈大使茨冈度假结束回到中国时，正值清政府与八国联军谈判之际，此前奥匈帝国在南方未得成功的殖民地方案又在天津重新开启。奥匈帝国跟随在天津开设租界的同盟国意大利，也圈出了一块自己的租界："这块地在海河左岸，离岸边500米，毗邻意大利租界，对面便是天津市中心和日本租界。"1901年2月11日，舰队将军格森美尔率队正式买下了天津租界，1902年才正式签署购买租界的合同。英国《泰晤士报》认为若不是奥匈帝国在殖民政策上迈出的第一步，帝国购买租界这一举动实在"不足为道"。至于这块租界的选址是否合适，是否能为奥匈帝国在对华贸易中带来实际好处，仍未可知。奥匈帝国之所以在此圈地，只因为不甘落于他国之后，因此，任何参与镇压行动的国家都不反对

---

① *Budapesti Hírlap*, 1900. jún. 3.

帝国购买租界的计划。(原则上来说,殖民者在商业上都处在敌对的状态。)帝国的租界计划一旦成功,便能够使匈牙利人认清在远东地区保留殖民地的重要性。①《泰晤士报》的观点基本上代表了当时绝大多数列强的态度。

购得天津租界的消息旋即传回了欧洲,1901年2月16日的匈牙利议会下院讨论时,科苏特·费伦茨再次发表意见:"格森美尔将军办妥了租界事宜。我想请问,匈牙利究竟在中国有何利益可图?据我观察,别的国家都有在中国为自己工业产品寻找消费市场的需求,如果是这样,那么匈牙利的工业不应该进军中国,而应该在我们自己的消费市场谋求更大发展……就匈牙利而言,占领租界毫无意义,甚至有可能带来危机,因为这又增加了[奥匈]双方处理的共同性事务的机会,同时,租界的护卫问题也将耗费巨资。除此以外,就像之前所见,匈牙利的利益微乎其微。"科苏特认为,租界是奥匈帝国殖民政策的第一步,也是外交部部长格鲁乔夫斯基在几年前雄心勃勃立下的目标,但如此一来,国家又将陷入巨额开销的泥潭之中。②

同时,科苏特也要求对政府进行质询:"奥匈帝国在天津成立租界一事,总理知情吗?同意吗?"三个月后赛尔·卡尔曼总理才回应了议会的质询,并称此事与匈牙利的利益无关。同时他还推脱了自己的渎职之嫌,以帝国成立之初签订的合约条例为由,将租界的责任问题全盘推到外交大臣格鲁乔夫斯基头上。最终,科苏特的质询,不仅停留在租界的购买问题上,更提出了租界的归属问题:"既然是用奥匈共同资金购买,理应属于奥匈双方。"③

1902年,北京使馆对天津租界进行了规划设计,租界中建起了仓库,治理了租界边的河道,甚至还提出了设立匈牙利殖民地股份公司的建议,但此计划最终并未实现。美国电气铁路照明公司(Company for Electric-tramways and Lightening)承接了奥租界内的建设项目,建造了一条电气化铁路、铁路照明系统,另外还有一条专门的电气铁路线直接通往天津站。

---

① "Austro-Hungarian Interests", *The Times*, 1901 February 15.
② See 1896 – 1901 *Országgyűlés alsóházának naplója XXXIII. Kötet*, pp. 273 – 274.
③ Ibid., pp. 117 – 119.

这些工程，直到1906年才完成，也就是买下租界后的第五年，与周围其他拥有雄厚资金的帝国租界比起来，在这样的速度可称得上龟速，而且，租界建设雇佣的建筑公司均为美国或英国公司，因此利益又一次全部落入他国口袋中。总体来看，奥匈帝国在天津租界的贸易活动与英、法、德、美、日等国相比，总量较小，对奥匈帝国的意义主要在政治层面上，而非贸易层面，这与最初的目标背道而驰了。

奥匈帝国自19世纪60年代末派遣东亚远征队至第一次世界大战爆发前，一直未在中国获得想象中的巨大经济利益。与其他欧洲列强相比，奥匈帝国在中国的通商、殖民方案并未完全施展开来。第一次世界大战爆发后，据不完全统计，共有277万奥匈帝国官兵沦为沙俄的俘虏。沙俄政府将战俘分别送往境内的各个战俘营，西伯利亚地区的战俘营条件恶劣，战俘劳动强度相当之大。十月革命后，苏俄政府为了跳出第一次世界大战泥潭，宣布境内战俘重获自由。但奥匈战俘却因为苏俄内战和协约国的干涉，大批滞留在俄境内。随着西伯利亚和远东地区的战俘数量越积越多，许多战俘从战俘营的松散管理制度中寻找漏洞，借机逃往与苏俄接壤的黑龙江、吉林等省。此时的北京政府仍保持中立，而中国境内的非政府慈善组织也在不断接济从苏俄逃亡过来的"远东战俘"。随着逃亡战俘的不断增多，吉林方面不得不在吉林城外设立一座俘房收容所来安置他们。黑龙江的龙江战俘收容所成立于1918年9月15日，是第一次世界大战期间在中国收容奥匈帝国战俘数量最多的收容所。① 1917年，国民北京政府对同盟国宣战，奥匈帝国驻北京使馆卫队及天津租界的驻军就地解除武装，成为战俘，先后被押解至北京郊区收容。②

"远东战俘"中，一位名叫邬达克的俘虏于1918年4月被允许乘火车回国。但俄国内战，境内铁路系统陷入瘫痪，邬达克所乘火车被迫停在贝加尔湖附近。邬达克不愿加入叛军队伍，也不愿坐以待毙，最终选择逃亡中国东北，几经周折抵达哈尔滨。后来，邬达克又去了上海，很快在那里找到了一份洋行助理建筑师的工作。1947年，邬达克携家人离开上海，定居美国，告别了他倾注了半生心血的建筑事业。在中国的30年，他设

---

① 马加什、江沛：《"一战"期间在中国的奥匈战俘》，《历史教学》2017年第10期。
② 李学通、古为明：《中国德奥战俘营》，福建人民出版社2010年版，第53页。

计出了许多上海的著名建筑，比如大光明戏院、国际饭店、达华公寓等。①

奥匈帝国是一个"共同君主国"，两国共用外交和国防力量。在这样的政治体制下，与清政府打交道的政府官员大多为奥地利人，尽管如此，匈牙利的来华人数也相当之多，若以国别而论"匈牙利人位于第七位"，本文篇幅所限，只能选取几位有代表性的人物进行介绍。1873年维也纳世界博览会期间，中国政府向奥匈帝国外交部提出为中国任命一位海关职员的要求，匈牙利人法莱格·厄顿（Faragó Ödön）当选，于同年9月赴华工作。他工作能力出色，办事干练，1881年应招入北京，被任命为帝国海军海关关长，领导海关总税务司赫德的秘书处工作，后因在中法战争期间立过功，官至二品。1882年、1890年两次回国休假期间，法莱格都在匈牙利频繁地举办讲座，介绍中国的社会、政治、经济等情况；工作关系，他也尤其了解奥匈帝国与中国的贸易往来，认为振兴奥匈帝国对华贸易是"及时而必要的"，而当务之急是"要扩展商界人士狭窄的事业，研究陌生对中国人的需求，为匈牙利工农业产品而占领中国这片尚不熟悉的市场"。②

另一位在中国为官的匈牙利人是孔波尔蒂·尤布（Kompolthy Jób）。1902年抵达上海后，孔波尔蒂便在中国邮政部门找到了工作，一年后到晋江，1905年到重庆，组建了扬子江上游的邮船服务，1908年被任命为总部在汉口的汉口邮政总局邮政司。1911年升任总部在南昌府的邮政总局邮政司。在华11年期间，孔波尔蒂经常在长江沿岸活动，记录下自己的观察和研究，并撰写了多部长江游记。

为了更好地了解中国，塞切尼·贝拉伯爵（Gróf Széchenyi Béla）于1877年带领一支科学考察团队，对中国的东南及西南地区进行了考察，这不仅对匈牙利来说意义重大，甚至对整个世界来说都是一次颇有影响力的科考行动。考察队的成员有语言学家巴林特·嘉博（Bálint Gábor）、地理学家克莱伊纳·古斯塔夫（Krejnár Gusztáv）、地质古生物学家罗茨·拉

---

① 华霞虹：《上海邬达克建筑地图》，同济大学出版社2014年版，第20—43页。
② 符志良：《早期来华匈牙利人资料辑要（1341—1944）》，世界华文出版社2003年版，第30页。

约什（Lóczy Lajós）等。1878 年 12 月—1880 年 5 月，科考队一行对长江中下游及陕甘青川滇等省进行了详细的地质、地理、气象、制图的考察，搜集了大量动植物、化石、矿物等标本。考察结束回国后，塞切尼伯爵自费动员学者鉴定标本，编写了三卷本的《塞切尼伯爵东亚考察的科学成果，1877—1880》（*Gróf Széchenyi Béla keletázsiai utjának tudományos eredeménye, 1877 - 1880*，以下简称《科学成果》）。科考队成员罗茨·拉约什主要负责撰写其中两部《地质观察的描述及其成果》和《哺乳类和软体动物残骸化石的描述及古生物学和地层学的成果》，这两部著作都可称为中亚地理学、地质学和大地构造学的代表性著作。塞切尼伯爵的项目，是 19 世纪后半期外国人在中国西北、西南地区的一次重要考察，塞切尼伯爵以其广博的阅历和流利的外语，广泛结识了当时在华的外国人和中国政要，他将在中国的见闻撰写在《科学成果》的总结和与友人的书信中，对当时的匈牙利社会各界认识和了解中国有极大裨益。

受到塞切尼伯爵中国科考的鼓舞，在罗茨·拉约什的影响下，铁路工程师古巴尼·卡洛伊（Gubányi Károly）于 1897 年来到中国，并参与到中东铁路的修建中。古巴尼承担了一段铁路的选线工作和四道河子附近的路基修建工作，领导着一个近 300 人包括俄罗斯、中国和朝鲜劳工的队伍。古巴尼所著的《满洲五年》（*Öt év Manzsuországban*）记录了他在中国的遭遇和见闻。

在文化艺术方面，先后供职于上海奥匈帝国领事馆和北京大使馆的路德维格·埃尔诺（Ludvig Ernő）从《笑林广记》中摘取了 82 则故事翻译成匈文。1903 年，以"中国故事"（*A kínai mesék*）为题在匈牙利出版。热衷于周游世界，搜集各国文物和工艺品的霍普·费伦茨对亚洲国家的艺术情有独钟，他一生来过三次中国，收藏了上千件从中国收购的奇珍异宝。1919 年霍普把自己的私宅连同全部藏品捐献给了国家，以建立东亚艺术博物馆。我们今天仍然能够在布达佩斯的安德拉希大街上看到霍普的博物馆。

第一次世界大战以后，中国与匈牙利的官方交往几乎停滞，但民间往来却并未从历史舞台退场，其中 20 世纪 20—40 年代在河北省大名县的匈牙利耶稣会传教团的经历就比较典型。大名县坐落于河北、河南、山东三省交汇处，南望黄河，面积约 8640 平方千米，20 世纪 30 年代时的人口为200多万。20 世纪 20 年代，匈牙利传教士隆其化（Lischerong Gáspár）在日记中记录了大名的城貌和城内传教士的居住环境：城内道路狭窄泥泞，传教士聚居于东城墙内二三百米处的区域内，西城门无人通行，因为这里是行刑之处。[①] 教会设施分别建在东街路的两侧，在城外还拥有一座带有厨房和公务房的院落。修道院、办公场所和诊所都坐落在东街北侧，还有教会学校及其附属宿舍。教堂则耸立在路南侧，它的周围是自1926年开始在当地协助工作的匈牙利卡洛乔修女的修道院和居住区。修女们在大名开设女子学校，照顾病人，开办孤儿院和老人院，城外的教会院落中也设有修道院。

1919 年，匈牙利耶稣会教区许诺，若是他们能够成功挺过国内的大清洗，就在全世界范围内开展传播福音的宣教活动。为实现诺言，1922 年 9 月 22 日，第一位匈牙利耶稣会士查宗夏（Szarvas Miklós）抵达中国后，先在一名法国传教士身边工作了一年后，于1924 年来到大名。1924—1947 年间，相继有 40 名匈牙利传教士加入大名传教团。传教士在大名的工作主要有两项：传教团内部工作和寻访农村地区。他们还在县城里开办了小学和中学，学生毕业后可以获得国家承认的学历证书。同时，传教团还开办了传教员培训专门学校，结业后，所有外国传教士都可配备一名中国传教员，其余传教员则回到家乡学校，继续教书、传教工作。由此，以大名县城为中心，发展出了许多小型耶稣会团体。传教士每年寻访这些团体两三次，为信众祝祷、主持弥撒、聆听告解、探视治疗病人、主持结婚仪式等。

20 世纪 20 年代中国农村地区的公共卫生意识薄弱，再加上医疗质量本就不高，传统中医无法解决的一些病症在传教士使用西医药物和治疗手段后，有了明显的好转或是彻底痊愈，如此一来，西医成功改善了当地人的医疗条件，这令许多中国民众从对耶稣会半信半疑的态度走向了坚定不移的信任。总的来说，中国人或出于好奇，想接触传教士；或出于对医疗的渴望，逐渐放下偏见，对传教士日益信任。

1936 年，大名从天主教献县教区中分离成为大名监牧区。日本侵华战争爆发后，大名也受到日军侵扰。1937 年 11 月 11 日，日军炮轰大名

[①] Vámos Péter, "Magyar Jezsuiták Kínában", *Korunk*, III. Folyam. IX/8. 1998, p. 110.

城，东街上的教堂被两枚炮弹击中。日军攻入后，城内百姓纷纷逃入匈牙利教会寻求庇护，教士们为男人戴上十字架或其他圣物，日本兵便也不为难他们，其原因有二：1936 年 11 月 25 日，日本在德国和意大利签订了轴心国协约的一个月后，与德国签订了《反共产国际协定》（Anti-Comintern Pact），而匈牙利又与德意交好，因此日本人并未将匈牙利传教士看作敌对方；再者，大名的日军首领曾在柏林使馆担任武官，其间到访匈牙利，对匈牙利颇有些好感。① 因此，在匈牙利传教士的庇护下，中国信徒安然无恙。侵华战争期间，大名地区的天主教信徒达到四万人，这主要是因为附近的美国清教传教士撤离后，许多清教徒为了寻求匈牙利教会的庇护，纷纷转向信仰天主教。1945 年日军投降后，教会学校宿舍舍监涅梅特·尤若夫（Német József）和学校主管利特瓦尼·久尔吉（Litványi György）跟随日本人离开了中国。

随后，共产党接管了大名城的管理工作，向传教士们保证不会干涉他们的工作，会以坚持信仰自由的原则支持传教工作的继续进行，不过共产党征用了教会的学校的宿舍以安置来往官兵。1946 年 11 月，国民党空袭大名，炸毁了女子学校，教会的其他设施也严重损毁，主教查宗夏离开大名。1947 年 4 月 10 日，大名县升为独立的天主教区，主教为隆其化。后因中国大陆的局势变化，匈牙利传教团被迫放弃大名教区，纷纷离开中国。

在文化交流方面，两国间的交往是双向的，1898 年 8 月 2 日（光绪二十四年六月十五日），光绪皇帝在《军机处传知总理各国事务衙门面奉之谕旨片》中称："现在讲求心血风气大开，惟百闻不如一见，自以派人出洋游学为要"②，开启了清政府派遣学生留学海外的篇章。1905 年 8 月 10 日（光绪三十一年七月初十），周馥在《奏请选派学生赴奥学习武备片》中奏请："臣准出使奥国大臣杨晟函开，本年二月间，在维也纳供谒见奥主，谓中、奥两国，夙敦睦谊。比闻中国整军经武，深愿协助。从前曾有学员来奥，练习陆军，倘此后有人续来，定比切饬教习武员尽心指受

---

① Vámos Péter, "Magyar Jezsuiták Kínában", *Korunk*, III. Folyam. IX/8. 1998, p. 114.
② 陈学恂、田正平：《中国近代教育史资料汇编：留学教育》，上海教育出版社 2007 年版，第 3 页。

等语……奥国武备既精，若援案考选学生，前往留学，必能获益。"① 从周馥的奏章中或可得知，前往奥匈帝国留学的学生，主要修习陆军技能，且人数至少达到 11 人。交流是双向的，1902 年，清政府在维也纳设立了代表处。1910 年，有清朝贵族前往匈牙利的兵工厂参观，1912—1916 年，两国政府签订了七项合作协议。

康有为曾在 1904 年、1905 年两度造访匈牙利，写下了《匈牙利游记》，并撰诗描绘布达佩斯胜景和匈牙利人的特点。1908 年，他又写下《补奥游记》，从奥匈帝国的政体、政党形式分析了帝国在 19 世纪末期开始走下坡路的原因，从而思考中国如何避免走奥匈帝国的老路，建立具有政治整合力的政党，以达到国家统一的目标。1919 年，梁启超在巴黎和会之后游历了欧洲，以一万八千字的篇幅对匈牙利爱国者噶苏士（科苏特）其人、匈牙利政局形势、奥匈帝国解体原因以及匈牙利的前途等问题做了详细的介绍和分析。

随着西方列强的入侵，近代中国掀起了一股民主主义思潮。梁启超等人的民主思想及近代文学观广为流传，为"被损害的民族文学"在中国的译介打开了一扇理论之窗。梁启超在《论小说与群治之关系》中，肯定了小说的审美与社会功能，为小说在中国觉醒的过程中扮演重要角色埋下了理论伏笔："欲新一国之民，不可不先新一国之小说；故欲新道德，必新小说；欲新宗教，必新小说；欲新政治，必新小说；欲新风俗，必新小说；欲新学艺，必新小说；乃至欲新人心，欲新人格，必新小说。何以故？小说有不可思议之力支配人道故。"② 鸦片战争和中日战争的惨败，令中国人看到了西方科技的先进性，并产生了阅读西方的诉求，翻译文学也就在此过程中兴起。鲁迅在《摩罗诗力说》中称："一切诗人中，凡立意在反抗，指归在动作，而为世所不甚愉悦者悉入之，为传其言行思维，流别影响，始宗主裴伦，终以摩迦（匈牙利）文士。"他在文中介绍了诗人裴彖飞（裴多菲）的生平和作品，认为"诗人一生，亦至殊异，浪游变易，殆无宁时。虽少逸豫者一时，而其静亦非真静，殆犹大海潋滟中心

---

① 陈学恂、田正平：《中国近代教育史资料汇编：留学教育》，上海教育出版社 2007 年版，第 290—291 页。

② 梁启超：《论小说与群治之关系》，收入张品兴主编《梁启超全集》（第四卷），北京出版社 1999 年版，第 884 页。

之静点而已"①。20世纪30年代，周作人翻译了19世纪匈牙利作家育珂摩耳（现称约卡伊·莫尔，Jókai Mór）的小说《匈奴奇士录》，原题《神是一位》（Egy az Isten）。在民族主义高涨的年代，革命家约卡伊·莫尔的作品中"穿插着恋爱与政治，写得非常有趣"。②周氏兄弟曾打算在编译的《域外小说集》第三册中也刊登米克萨特·卡尔曼和约卡伊·莫尔的短篇小说。由于《域外小说集》前两册销售情况不佳，没有继续刊印第三册，但匈牙利文学确实是最先被介绍到中国的中东欧民族文学之一。

第二节 当前中匈关系发展的背景与动力

冷战结束后，特别是2008年国际金融危机以来，地处中欧腹地且规模中等的匈牙利与中国的关系快速全面发展，创造了很多"第一"的纪录：第一个同中国签署关于共同推进"一带一路"建设的政府间合作文件的欧洲国家，第一个同中国建立和启动"一带一路"工作组机制的国家，第一个中国在中东欧地区设立人民币清算行的国家，第一个发行人民币债券的中东欧国家，第一个设立中国国家旅游局办事处的中东欧国家，第一个在国内设立母语和汉语双语教学的欧洲国家。③ 2017年5月13日发表的《中华人民共和国和匈牙利关于建立全面战略伙伴关系的联合声明》，标志着双方关系进入了新时期，达到了新高度。

匈牙利与中国双边关系高水平发展立基于历史上的友好关系，发轫于世界政治经济格局的变迁，成就于"一带一路"倡议和"向东开放"政策的相互对接。目前，双方在政治、经济和人文等领域取得了丰富的合作成果，为双边关系的持续发展奠定了基础。但不可忽视的是，双方的身份差异、思维差异和利益诉求差异，匈牙利内部的社会政治风险、欧盟因素以及中美竞争带来的不确定性在一定程度上会影响中匈关系的持续推进。因此，中匈双方需要采取相应的措施加强沟通、协调行动、克服困难，共同促使双边关系行稳致远。

---

① 鲁迅：《摩罗诗力说》，载《鲁迅全集》（第一卷），人民文学出版社1981年版，第86页。
② 周作人：《翻译小说》，载周作人《书房一角》，河北教育出版社2002年版，第247页。
③ 王毅：《中匈关系创造很多"第一"，充分证明两国高度互信友好》，http://news.xinhuanet.com/world/2016-11/30/c_1120025741.htm。

中匈关系之所以取得如此成就主要是受到历史与现实因素的推动，是两国在长期的友好交往中，在各自应对后金融危机时代复杂的国际环境的挑战中，在各自需要解决国内发展困境的新战略中，为促进各自国家利益而相互发现、相向而行的互利共赢结果。

（一）历史背景与动力——中匈友好关系的历史体验

1949—1989年是中匈友好关系的建立与发展时期。1949年10月4日，匈牙利正式承认中华人民共和国，10月6日两国建交，由此拉开了两国友好关系的序幕。基于共同的阵营利益，双方高层交流频繁，政治、经济和文化等领域合作不断加强，在国际事务中相互支持，密切配合。特别是在中国抗美援朝、恢复联合国合法席位及涉藏等问题上，匈牙利积极支持中国立场。两国虽因意识形态分歧和中国"文化大革命"干扰而出现过关系冷淡的局面，但双方在冷战后期的改革转型中依然积极交流互鉴，维持着友好合作的主流关系。

1989—1999年是中匈关系因各自转型差异而较为冷淡时期。在冷战结束后中东欧国家全面"回归欧洲"的背景下，"向西看"、发展同欧盟及西欧国家的关系成为匈牙利外交政策的优先方向。中国则在邓小平的南方谈话后，确立了社会主义市场经济的改革目标和主要面向西方发达国家开放的基本国策。双方外交政策的调整导致两国交流减少，双边关系停滞不前。根据中国外交部的信息，整个20世纪90年代，在双方的高层互访中，包括1994年9月、1995年7月，匈牙利总统根茨和中国国家主席江泽民的互访在内，中方访匈为7次，匈方访中为8次，且没有发表联合声明或签署重要的双边协议。[①]

2000年（尤其是2010年）以来是中匈之间相互再发现，双边关系逐步回暖且不断提升的时期。这一时期不仅确立了中匈关系的独特性，取得了多领域的合作成果，而且在"16+1"合作、"一带一路"倡议等多边合作平台中开展合作。

从中匈交往的历史可以发现，双边关系友好的主流性、关系冷淡的非核心冲突性（即彼此之间没有国家核心利益冲突经历）使得中匈之间没

---

① 中华人民共和国外交部，http：//www.fmprc.gov.cn/web/gjhdq_676201/gj_676203/oz_678770/1206_679858/sbgx_679862/。

有历史包袱,不存在互信缺失的羁绊。这种友好互动的历史体验在新的环境条件下,就成为推动双边关系迅速发展的前提背景和基础动力。此外,匈牙利对其祖先东方特性的认同(皈依了基督教的东方人),以及3万多在经济、教育等领域取得不菲成绩的匈牙利华侨华人也有助于中匈关系的发展。

(二) 外部背景与动力——世界政治经济格局的新变化

21世纪以来,世界政治经济的新变化是中匈关系逐步回暖并不断深化的外部背景与动力。

(1) 经济全球化、政治多极化和国际关系民主化趋势为中匈关系改善提供了历史机遇和初始动力。

经过不断推进的改革开放,中国不仅提升了总体经济实力,而且实现了融入世界经济的目标,奠定了自身在全球经济中的贸易大国地位。而欧盟的诞生、欧元区的建立以及欧盟东扩不仅提升了欧盟的全球地位与作用,而且为包括匈牙利在内的欧盟新成员国的发展提供了新的空间和机遇。作为后冷战时代重要的两极,中欧双方在全球治理、政治、经贸、人文等领域具有巨大的合作需求和合作空间,这为中匈之间相互再发现、突破双边关系现状提供了历史机遇和初始动力。

对匈牙利来说,中国在全球经济中的重要地位、实施"走出去"战略、中欧关系的加强以及中匈友好关系的历史将有利于其发展对华贸易、吸引中国投资,从而有助于其更快地融入欧盟和提高在欧盟的地位。对中国而言,匈牙利的欧盟成员国身份、连接东西方的地理位置以及与中国的友好关系,不仅"为中国投资者提供了更有吸引力的商业机会,进入欧盟共同市场的战略通道……进入独联体、地中海和欧洲自由贸易区市场的通道"[1],而且成为其扩大出口的新对象,有助于中国企业大幅度"降低商业成本,融入欧盟各类行业的网络之中"。[2]

因此,正是在适应世界政治经济新形势的过程中,双方重新了发现彼此的相互需要和互补性利益。在匈牙利积极主动下,双边关系迅速获得突

---

[1] 布朗·加博尔:《中匈经济关系——以投资为重点》,载陈新主编《匈牙利看"一带一路"和中国—中东欧合作》,中国社会科学出版社2017年版,第93页

[2] 苏诺马尔·阿格内斯:《演变中的中国与匈牙利经贸关系:成就与挑战》,载陈新主编《匈牙利看"一带一路"和中国—中东欧合作》,中国社会科学出版社2017年版,第70页。

破,由此也奠定了匈牙利在中欧关系、中国—中东欧关系中的独特地位。根据中国外交部网站信息,2000年至2009年,中匈高层互访逐渐频密。匈方访问中国达31人次,中方访问匈牙利也达到22人次。签署了《中华人民共和国政府和匈牙利共和国政府联合声明》(2003年)和《中华人民共和国和匈牙利共和国联合声明》(2004年)两份重要政府文件。受良好政治关系的推动,双方在贸易投资等领域的合作逐渐紧密。

(2)金融危机的深远影响是推动中匈关系深化发展的重要契机和主要动力。

对匈牙利而言,其欧盟成员国的身份和转型经济的特性使其受到金融危机冲击特别明显。作为欧盟的新成员国,匈牙利需要在主要经济指标方面达到欧盟的标准,就必须实行旨在促进经济增长与提高就业的经济政策。作为因人口、市场和自然禀赋所形成的出口导向型开放经济体,吸引更多的外国投资、推动国内中小企业的国际化和扩大出口贸易是匈牙利经济实现可持续发展的长期驱动力,也是其经济政策的优先任务之一。自转型以来,匈牙利就严重依赖欧盟老成员国的直接投资和市场。但当金融危机袭来时,欧盟一些西欧成员国的撤资行为导致匈牙利经济陷入困境。"2010年匈牙利的经济几乎没有增长,国家债务飙升至85%,通货膨胀没有办法限制在6%以下,预算赤字升至7%,失业率徘徊在11.5%到12%之间"。[①] 与此同时,欧债危机、难民危机、英国脱欧等意味着欧盟在内部治理、危机处理和一体化进程上出现了严重问题。因此,遭受危机重创的匈牙利已经认识到世界局势的变化,认识到需要在主要合作伙伴之外寻找其他合作伙伴,为自身发展提供新的战略选择。

(三)内部背景与动力——"向东开放"政策与"一带一路"倡议的对接

匈牙利的"向东开放"政策与中国"一带一路"倡议的逐步对接成为2010年以来中匈关系跨越性发展的强劲动力。"向东开放"政策是匈牙利为适应世界经济政治新变化而做出的符合自身特点和利益的理性选择。

[①] 欧尔班·维克多:《匈牙利总理欧尔班·维克多在拉姆法鲁西论坛上的讲话》,载陈新主编《匈牙利看"一带一路"和中国—中东欧合作》,中国社会科学出版社2017年版,第19页。

首先，匈牙利认可正在形成的全球范围内的多中心政治和经济格局并将其视为机遇。不仅"世界经济的重心正从西方转向东方，从大西洋地区向太平洋地区转移"，而且"世界经济发展的关键是不同模式和不同方法的经济政策能够实现共存"。因此，"最好欢迎新的经济支柱和政治中心的兴起，而不是把其视为威胁。一个多中心的世界将充满机遇"。①

其次，匈牙利认为面临着增长危机、竞争力危机、人口危机、安全或恐怖主义危机以及外交政策危机的欧盟不仅无法实现自我增长，而且愈加虚弱，地位岌岌可危，"它已经从一个全球行为体降低为区域行为体，不久之后便会被迫甚至去为争取区域行为体的身份而努力"。② 因此，仅仅依靠欧盟无法实现匈牙利经济发展的要求，必须寻找新的合作伙伴。

最后，匈牙利主张基于国家利益的双边和多边合作。它认为"所有国家都有将本国利益摆在首要位置的权力"③，同时还能基于共同利益而与其他国家开展合作。面对经济发展的"西方的帆东方的风"，匈牙利需要加强与东方经济中心的联系。

正是基于以上的判断和认知，2010年匈牙利政府提出了"向东开放"政策，即"除了传统的欧洲市场之外，有必要重点发展与东方国家的经贸关系……努力与该地区的领先国家建立和谐而全面的政治、经济和文化伙伴关系"。④ 为了摆脱对德国和欧盟经济的过分依赖，匈牙利需要开拓包括中国、俄罗斯及其他独联体国家、印度和"欧洲以东"国家的市场。其中，充满活力的中国自然成为匈牙利优先发展的重点对象。

第三节　中匈关系高水平发展的现状

当前中匈关系具有合作的平台多、合作领域广和经贸为重的特点。

---

① 齐丽（匈牙利驻华大使）：《前言》，载陈新主编《匈牙利看"一带一路"和中国—中东欧合作》，中国社会科学出版社2017年版，第1页。
② 欧尔班·维克多：《匈牙利总理欧尔班·维克多在拉姆法鲁西论坛上的讲话》，载陈新主编《匈牙利看"一带一路"和中国—中东欧合作》，中国社会科学出版社2017年版，第12页。
③ 同上书，第9页。
④ 苏诺马尔·阿格内斯：《演变中的中国与匈牙利经贸关系：成就与挑战》，载陈新主编《匈牙利看"一带一路"和中国—中东欧合作》，中国社会科学出版社2017年版，第68—69页。

（一）"16+1"合作与"一带一路"倡议是中匈合作的主要平台

"16+1"合作是中国在面对金融危机后不确定和不安全的世界秩序时，创造性提出的旨在促进中国与中东欧国家之间以经济利益为中心的务实而稳定的交流合作机制。该机制源于2011年中国—中东欧国家经贸论坛，在2012年第一届中国—中东欧领导人峰会上正式建立，并基本确定了合作框架和内容。2013年的领导人峰会推进了合作的机制化（如设立合作秘书处、建立国家协调员机制、协调中心等）并确立"相互尊重，平等相待；互利共赢，共同发展；中欧合作，相向而行"的三大合作原则。2014年至今的峰会，其主要任务是深化合作、促进区域一体化、对接"一带一路"倡议。5年来，"16+1"合作不仅"保持了良好的活力并取得了长足的发展……符合参与国家的需求、利益和参与动机"。而且"已经成为一种符合参与国家和其所处国际环境特殊需求的、有着充分和独特的自身特点的、新型有活力的跨区域合作典范。……也是更大的'一带一路'倡议的先行者"[1]。

对"16+1"合作和"一带一路"倡议两大平台，匈牙利不仅在外交上全面认同支持，而且凭借自身的区位优势在行动上积极参与合作。匈牙利是"16+1"合作最坚定的支持者之一。对"一带一路"倡议，匈牙利积极响应并在基建、产能、经贸等合作领域深度参与。2014年，中国、匈牙利、塞尔维亚正式签署关于合作建设匈塞铁路的谅解备忘录，开通了北京—布达佩斯直航。2015年6月，中匈签署关于共同推进"一带一路"建设的谅解备忘录，成为首个与中国签署此类文件的欧洲国家。2016年中匈成立"一带一路"联合工作组，成为第一个在"一带一路"倡议下建立机制化合作的欧洲国家。正是借助"16+1"合作与"一带一路"倡议两个平台，中匈合作成果务实丰富，双边关系不断提升，成为引领中欧关系、中国与中东欧关系发展的一面旗帜。伴随着"16+1"合作与"一带一路"倡议的不断发展，中匈关系也将具有广阔的发展前景。

---

[1] 库绍伊·山道尔：《从新视角看'16+1合作'的经验和前景》，载陈新主编《匈牙利看"一带一路"和中国—中东欧合作》，中国社会科学出版社2017年版，第50—51页。

（二）中匈合作的主要领域

1. 在政治领域，双方高层互动频繁，政治互信度高

匈牙利作为一个中等规模的中欧内陆国家，中国连续两届国家领导人（胡锦涛、温家宝、习近平、李克强）均到访过，足见对匈牙利的重视，这不仅在中东欧地区是唯一的，在全球也不多见。而匈牙利的主要领导人（总理及其他机构负责人等）也多次到访中国。2010年以来，中方领导人到访匈牙利超过16次，匈牙利方面则达到17人次。[①] 此外，双方于2017年建立了全面战略伙伴关系。

如今，中方视匈牙利为在欧盟内和中东欧国家中值得信赖的好朋友、好伙伴，匈方为中欧关系发展、为中国与中东欧国家合作与"一带一路"建设发挥了积极、重要的示范引领作用。而匈方则表示将继续致力于成为中国在欧洲最友好和最信赖的朋友和伙伴，继续在中东欧与中国合作中发挥引领作用、继续致力于做中方企业进入欧洲的桥梁和先导、继续在中方重大关切和核心利益问题上坚定支持中方。[②]

2. 在经贸领域，双方合作不断强化，重点亮点突出

经贸合作是中匈关系的基点，也是重点和核心。2010年欧尔班总理对中国的访问以及2011年温家宝总理访问匈牙利，为中匈经贸关系带来了突破。2011年双方签署了12项政府及企业间合作文件，涵盖投资、基础设施、金融、物流等领域，协议金额约18亿美元。在1984年至今中匈签署的22项经贸协议中，2000年以来为11个，2016年以来为6个。[③]

在贸易方面，1998年至2008年的10年间，中匈贸易额从4.09亿美元增长至74.77亿美元，增长了17倍多。2011年双边贸易额达到了创纪录的92.6亿美元，2012年至2016年出现波动，分别为80.6亿美元、84.1亿美元、90.2亿美元、80.7亿美元、88.84亿美元。[④] 2017年，中

[①] 依据中华人民共和国外交部相关信息统计整理，http：//wcm.fmprc.gov.cn/pub/chn/gxh/cgb/zcgmzysx/oz/1206_43/1206x1/t7169.htm。

[②] 《王毅同匈牙利外交与对外经济部部长西雅尔多会谈》，http：//www.fmprc.gov.cn/web/wjbzhd/t1420129.shtml。

[③] 驻匈牙利经商参处：《中国与匈牙利经贸协议一览》，http：//hu.mofcom.gov.cn/article/zxhz/201708/20170802621206.shtml。

[④] 驻匈牙利经商参处：《中国与匈牙利贸易额统计表（中国海外统计）》，http：//www.mofcom.gov.cn/article/tongjiziliao/fuwzn/feihuiyuan/201602/20160201258981.shtml。

匈双边贸易额达 101.4 亿美元，同比增长 14.1%，双边贸易额创历史新高，并首次突破 100 亿美元大关，匈牙利继续保持中国在中东欧地区第三大贸易合作伙伴地位，中国也是匈牙利在欧盟外第一大贸易合作伙伴。其中，中国自匈牙利进口 40.9 亿美元，同比增长 18.0%，匈牙利仍是中东欧地区向中国出口最多的国家；中国对匈牙利出口 60.5 亿美元，同比增长 11.5%。①

在投资方面，匈牙利已成为中东欧地区中资企业最为集中的国家之一，也是中东欧地区吸引中国投资最多的国家。截至 2018 年 4 月底，中国对匈累计投资达 32.7 亿美元，投资领域涵盖化工、金融、通信设备、新能源、物流等行业，主要企业有万华（2011 年烟台万华成功收购匈博思德化工厂，总投资达 13.6 亿欧元，是中国企业在匈最大投资）、华为、中兴、中国银行、安徽丰原、日照金禾等，共创造就业岗位 5000 余个。截至 2017 年 9 月，匈对华累计投资 3.7 亿美元，投资领域涵盖污水处理、水禽养殖、环保建材生产等。②

在金融合作领域，2013 年 9 月 9 日，中国人民银行与匈牙利中央银行签署了中匈双边本币互换协议，互换规模为 100 亿元人民币/3750 亿匈牙利福林。2014 年 12 月，中国银行匈牙利分行开行。2015 年 6 月，中国人民银行与匈牙利中央银行签署《中国人民银行代理匈牙利央行投资中国银行间债券市场的代理投资协议》，并同意将人民币合格境外机构投资者（RQFII）试点地区扩大到匈牙利，投资额度为 500 亿元人民币，同时决定授权在匈牙利的中国银行分行担任匈牙利人民币业务清算行。2016 年 4 月，匈牙利发行 10 亿元人民币债券，是中东欧国家发行的首支人民币债券。③ 2017 年 7 月，匈牙利在中国银行间债券市场发行 10 亿元人民币三年期熊猫债，成为最新在中国内地发行债券的东欧国家。此次发行使匈牙利成为第一个在离岸和在岸市场都发行了以人民币计价债券

---

① 驻匈牙利经商参处，http：//hu.mofcom.gov.cn/article/jmxw/201802/20180202709358.shtml.
② 中华人民共和国外交部，http：//www.fmprc.gov.cn/web/gjhdq_676201/gj_676203/oz_678770/1206_679858/sbgx_679862/t7169.shtml。
③ 中华人民共和国外交部，http：//wcm.fmprc.gov.cn/pub/chn/gxh/cgb/zcgmzysx/oz/1206_43/1206x1/t7169.htm。

的国家。①

产能合作是中匈合作的重点和亮点,在通信、汽车、化工等领域粗具规模。在通信领域,华为、中兴在匈投资累计超过9亿美元,华为在匈设立了向包括欧洲在内的50多个国家供货的欧洲供应中心,年进出口通信设备达30亿美元。在汽车领域,波鸿集团、上海延峰汽配公司已在匈投资超过5000万欧元,两公司生产的汽车零部件及汽车内饰产品已成为匈汽车生产的主要供应渠道。比亚迪电动大巴生产线已建成,即将为欧盟市场提供电动大巴。在化工领域,山东万华为匈提供3000多个就业岗位,2016年净利润超过1亿欧元。以玉米为原料生产柠檬酸的安徽丰原,总投资超过1亿美元。②

在"16+1"合作和"一带一路"倡议框架下,中匈不断加强促进互联互通的合作。在2013年的"16+1"合作贝尔格莱德峰会上,中国、匈牙利、塞尔维亚三国政府联合提出了匈塞铁路项目。2014年,中国、匈牙利、塞尔维亚和马其顿四国签署了《海关通关便利化合作框架协议》。

3. 人文及其他领域合作的逐步深入

中匈两国在文化教育领域合作密切。签署了如关于相互承认学历、学位证书的协议(1997年)、2000—2003年教育合作执行计划等协议。此外,2004年布达佩斯中匈双语小学正式开学,2006年孔子学院在罗兰大学设立(至今已有四所),2013年签署中匈互设文化中心协定。

中匈科技合作富有成果。合作领域涉及电子、化工、通信、电力机械、交通工具生产、制铝、真空技术等,合作方式从交换技术资料、种子、苗木,发展到互派专家考察组、共同研究、互换科技成果等。2002年两国签署了中匈科技合作协定,2003年签署了中匈两国政府间《动物、植物检疫协定》。2013年中匈科技合作委员会第六届例会讨论并通过了新的双边政府间科技合作计划。

两国在旅游、军事等领域的交流与合作持续发展。2002年12月,匈

---

① 英媒:《匈牙利发行10亿元人民币"熊猫债"》,http://www.cankaoxiaoxi.com/finance/20170728/2214002.shtml。

② 《中国与匈牙利产能合作初具规模》,http://news.sina.com.cn/c/2017-05-08/doc-ifyeycte9052879.shtml。

牙利成为中国公民出境旅游目的国。① 2014年5月，匈牵头成立中国—中东欧国家旅游联合会协调中心。2014年8月，首次中匈防务战略磋商在布达佩斯举行。2015年9月，第二次中匈防务战略磋商在北京举行。②

两国地方政府间友好交往不断扩大，双方缔结友好省州、城市已发展到36对。2008年2月，首届中匈友好省市大会在匈召开。2013年4月，第二届中匈友好城市大会在匈召开，中方有37个省市，匈方有近90个州市派代表与会。③

第四节　继续推动中匈关系高水平发展的优势与障碍

当前的中匈关系既有提升的优势，也面临一定的障碍。
（一）推动中匈关系高水平发展的主要优势
1. 政治优势

相互尊重、高度互信是推动双边关系继续发展的主要政治优势。"双方始终相互尊重对方所选择的发展道路和社会制度，始终相互支持对方的核心利益和重大关切。在此基础上，中匈建立了牢固的相互信任，为两国合作提供了强劲和可持续的动力。……中匈贸易逆势增长。……如果没有两国之间高度的互信，双边经贸关系不可能达到这种水平。"④ 此外，匈牙利主流党派及政府都重视和支持中匈关系的发展。过去15年，"无论匈牙利政府的政治倾向如何，双边关系都能够得到匈牙利政府长期的政治支

---

① 公民旅游目的地国（ADS），是两国政府间签订的关于互相开放旅游签证的协议。只有一个国家成为正式的中国公民旅游目的地后，国内的旅行者才可以申请目的地国的旅游签证。申请旅游签证不仅省时省力，且通过率大大提高。中国政府对中国出境旅游市场采取"有组织、有计划、有控制地适度发展"的指导方针，其中在政治上对中国友好、是中国的客源国、旅游资源有吸引力、具备适合中国旅游者的接待服务设施、使中国旅游者有安全保障、具有良好的可进入性等原则和程序是成为中国出境旅游目的国的主要条件。
② 中华人民共和国国防部，http://news.mod.gov.cn/headlines/2014-08/11/content_4528311.htm，http://www.mod.gov.cn/diplomacy/2015-11/17/content_4643851.htm。
③ 中华人民共和国外交部，http://www.fmprc.gov.cn/web/gjhdq_676201/gj_676203/oz_678770/1206_679858/sbgx_679862/。
④ 王毅：《中匈关系创造很多"第一"，充分证明两国高度互信友好》，http://news.xinhuanet.com/world/2016-11/30/c_1120025741.htm。

持"。① 这种高度互信的政治优势有助于破除中匈关系发展中的疑虑和各种羁绊，为双边关系的持续发展奠定政治基础。

2. 认知优势

中匈双方不仅认同并尊重彼此所选择的发展道路和社会制度、核心利益和重大关切，而且对世界政治、经济格局的理解和认知存有共识，认同彼此在各自战略中的定位。匈牙利认为"中国不是一闪而过的彗星，而是一颗恒星，这颗恒星至少将在未来几十年内在全球经济中起着决定性作用"②。"一带一路"构想是全球化的未来，中国是匈牙利实现第二个1000亿欧元国内生产总值的源泉。③ 中方则视匈牙利为欧盟内和中东欧国家中值得信赖的好朋友、好伙伴，匈方为中欧关系发展、为中国与中东欧国家"16+1"合作与"一带一路"合作发挥了积极、重要的示范引领作用。④

3. 互补优势

中匈的地缘经济互补优势非常明显。对中国而言，匈牙利的区位优势、便利的交通和齐全的配套设施是中国企业进入西欧的最佳门户。如今，匈牙利通过专门建设各类新型批发中心和"匈牙利中国品牌产品贸易中心"确立了其作为"中国商品在中东欧地区最主要集散地的地位"。⑤ 对匈牙利而言，在欧洲增长动力不足时，"从中国的经济崛起中获得自身发展的额外动力，挖掘中国作为全球经济增长引擎这一角色的潜力"自然是理性选择。

中匈的经贸互补优势非常突出。匈牙利属于外向型中等发达经济体，外资企业增加值占匈牙利 GDP 的 1/3 左右，占总出口额的 70% 以上。其中，汽车工业是匈牙利支柱产业，占匈牙利出口总额的 20%。计算机、

---

① 苏诺马尔·阿格内斯：《演变中的中国与匈牙利经贸关系：成就与挑战》，载陈新主编《匈牙利看"一带一路"和中国—中东欧合作》，中国社会科学出版社 2017 年版，第 68 页。
② 欧尔班·维克多：《匈牙利总理欧尔班·维克多在拉姆法鲁西论坛上的讲话》，载陈新主编《匈牙利看"一带一路"和中国—中东欧合作》，中国社会科学出版社 2017 年版，第 10 页。
③ 毛尔托奇·捷而吉：《匈牙利："丝绸之路"上的关键国家》，载陈新《匈牙利看"一带一路"和中国—中东欧合作》，中国社会科学出版社 2017 年版，第 26 页。
④ 《王毅同匈牙利外交与对外经济部长西雅尔多会谈》，http://www.fmprc.gov.cn/web/wjbzhd/t1420129.shtml。
⑤ 马骏驰：《匈牙利：在"一带一路"中将大有作为》，http://theory.gmw.cn/2017-05/24/content_24585851.htm。

通信器材、仪器、化工和医药等知识密集型产品较为发达。同时，匈牙利也是中东欧地区有机农产品生产和出口大国。此外，匈牙利投资环境较好，劳动力素质较高，受过中等教育及以上人口约为2/3，但单位GDP的劳动力成本在中东欧地区是最低的，平均工资水平比西欧低1/3左右。①作为世界第二大经济体，"中国发展是世界的机遇，预计未来五年中国进口总额将达到8万亿美元，利用外资总额将达到6000亿美元，对外投资总额将达到7500亿美元，出境旅游将达到7亿人次"。② 因此，正处于对外投资黄金期和商品进口爆发期的中国与需要更多外部投资和更多产品出口的匈牙利可以实现经贸互补。这将有利于双方在实现战略对接后，深度挖掘双方的贸易潜能，推进更多的项目合作。

（二）制约中匈关系高水平发展的主要障碍

1. 身份差异

作为欧盟成员国，匈牙利的欧洲身份认同非常明显，其外交追求主要受欧洲认同的限制，外交目标主要集中于具体的经济发展。虽然当前的欧尔班政府与欧盟关系紧张，但匈牙利对欧盟的深度经济依赖（欧盟基金援助、其他发达成员国的直接投资和出口市场）决定了匈牙利不可能脱离欧盟。而中国作为东亚地区最大的国家，具有与其地位和实力相称的战略追求和全球视野，其外交的独立性、全局性非常明显。因此，身份差异、地理相隔的中匈注定彼此在对方的外交位阶不同和重要程度不同，随着增量合作空间的逐步缩减，身份差异可能或多或少地阻碍双边政治关系的深化。

2. 预期差异

在政治层面，中国期望匈牙利尊重并坚定支持中方核心利益，但这种期望受制于中欧之间在基本制度、发展道路和意识形态方面的差异，也受制于中国能否为匈牙利带来更多的经济机遇。在经贸层面，匈牙利期望在高附加值的企业投资项目、基础设施发展和公共债务融资等具体领域获得中方更多的资源支持，但这种期望受制于中国对中欧关系、中国与中东欧

---

① 《对外投资国别产业指引（2016版）》，第25—26页，http://fec.mofcom.gov.cn/article/gbdqzn/upload/xiongyali.pdf.

② 习近平：《深化伙伴关系 增强发展动力——在亚太经合组织工商领导人峰会上的主旨演讲》，http://news.xinhuanet.com/world/2016-11/20/c_129370744.htm.

整体关系、对国际局势和国家利益的综合判断、相关目标的优化和均衡，同时还受到欧盟对中国投资审查的限制。

3. 文化差异

研究发现，是否与中国有语言文化相似性是可能影响中国与"一带一路"沿线国家贸易效率的 5 个显著影响变量之一。① 由于文化传统、宗教、种族的不同，发展阶段、发展模式、发展水平的不同，中匈之间存在着较大的文化差异。② 双方的商业文化、交流和处事方式都不同，在具体实践中可能产生误解和猜疑，导致商业协商进程的速度放缓，弱化双方进一步合作的动力，缩减合作空间。"虽然'关系'在欧洲的商业文化中也存在，但在开展一个新的商业联系时'关系'并不像中国那么重要。"③

4. 欧盟及美国因素

中国的大国身份、匈牙利的欧盟和北约成员身份使得中匈关系必然受制于中欧关系、中美关系的发展。其中，欧盟是在制度和规则上影响中匈关系发展的最重要因素。当中匈关系友好而匈欧关系恶化时，中欧关系就会因欧方对中方意图的误解而受影响，而中欧关系的受阻反过来又会经由欧盟对匈牙利的反制而影响中匈发展双边关系的积极性。即中匈关系的持续发展必须要考量到欧盟的立场和利益。特别是在当前中欧在贸易投资、"16＋1"合作和"一带一路"倡议等问题上存在一定分歧④，以及匈牙利对欧盟成员身份的重视、对欧盟市场和发展基金的依赖都可能影响中匈全面战略伙伴关系的维系。

---

① 张剑光、张鹏：《中国与"一带一路"国家的贸易效率与影响因素研究》，《国际经贸探索》2017 年第 8 期。

② 方慧、赵甜：《文化差异与商品贸易：基于"一带一路"沿线国家的考察》，《上海财经大学学报》2017 年第 3 期。

③ 安道尔知识中心：《中国与维谢格拉德四国》，载陈新主编《匈牙利看"一带一路"和中国—中东欧合作》，中国社会科学出版社 2017 年版，第 143 页。

④ 欧盟的一些政治精英认为"一带一路"倡议破坏了欧盟的统一机制，"16＋1"合作分化了欧盟"一个声音"的外交立场。一些知识精英则认为中国在欧洲迅速增长的政治影响力及其对威权主义理想的自信推动，正挑战着自由民主体制及欧洲的价值观与利益，其政治影响力远超俄罗斯。此外，在贸易问题上，欧盟与美国、日本的诉求一致，与中方立场形同质异。在南海问题上，欧盟更是认同并追随美国在南海问题上的"自由航行"立场。参见毛新雅《欧盟顶尖智库眼中的"一带一路"》，http：//opinion. hexun. com/2016-10-08/186316013. html；《"16＋1 合作"：分裂欧洲还是团结欧洲？》，http：//www. gov. cn/xinwen/2017-11/28/content_ 5242919. htm；《应对中国在欧洲不断增加的影响力》，https：//www. merics. org/en/publications/authoritarian-advance。

而作为国际体系中的大国，美中竞争的不确定性也影响中匈关系的发展走向。美国对中国首要战略竞争对手的定位导致 2018 年以来美中贸易争端加剧，加大了双方关系失控的风险。这种情形也增加了匈牙利选边站的政治和安全压力，进而冲击中匈关系的发展水平。

总之，在新时代，要保持和继续推进中匈关系的高水平发展，需要双方采取措施在政治层面加强政策沟通以消除误解猜疑，在经济层面落实共商共建共享以实现互利共赢，在根基层面推进民心相通，促进和谐包容，在外部层面协调大国外交，主动塑造发展环境。在积极保持和扩大现有优势的同时，共同克服相关障碍，保障中匈关系的行稳致远。

第二章　匈牙利的中国观[*]

中匈外交关系最早始于1949年,但二者关系随着冷战的开始而日渐疏远。到21世纪初,两国仍各自专注于解决国内矛盾及自身发展问题。直到近十年,双方出于共同的政治和经济利益,开始发展双边关系。2000年之后,世界经济发展中心逐渐向东方转移,这也使得中东欧地区与中国的关系得到进一步加强,其中以中匈关系发展最为突出。随后发生的金融危机促使中东欧地区国家更加重视与中国发展经济关系,并将与中国往来的不断深化视为经济复苏的契机。

第一节　中匈关系的发展史

由中国发起的中国—中东欧合作项目进一步激发了研究者们对双方关系的研究热情:从学者到博士学生,再到记者,社会各界从经济和政治及双方关系未来发展等方面进行了轮番研究。尽管有些问题尚待进一步研究,但中国—中东欧及中匈关系的研究成果的数量一直在不断增加。匈牙利及中东欧国家公众对中国的印象必然受到中匈关系发展的影响,但现有研究中却很少涉及这一点。政治关系的改善不仅能够提高双方的理解和接受度,还可能对中匈两国经济合作深度及匈牙利社会对中国的态度产生积极作用。

本章通过现有理论和文献分析匈牙利社会对中国的态度,并通过归纳两国关系发展的一般模式对中匈关系发展史进行概述。文章主体部分通过介绍和对比相关调查结果得出在过去几年匈牙利公众对中国的看法。随后,笔者通过对比匈牙利对中国及其他种族的看法为读者提供全面的信

---

[*] 本章第三节由王秋萍老师撰写,其余章节由 Szunomar Agnes 研究员撰写。

息。文章结论部分包含了研究的主要发现及建议。

(一) 文献综述

尽管在过去几年中,对中国—中东欧关系的研究不断增多,但国际出版物中相关研究的总数量及研究深度仍十分有限。大部分文章主要关注中国与中东欧国家的政治、经济关系①,部分文章对双方关系的未来发展做出了预测,很少有文章试图收集中东欧地区关于中国崛起及其国际影响力看法的第一手资料。

Matura T. and Szunomár Á. 撰写了最早对公众印象进行研究的文章②,研究针对主要中东欧国家,即维谢格拉德集团 (V4)③ 国家大学生进行了调查,旨在通过调查中东欧国家未来社会精英对中国的看法来评估双方关系。调查通过网上问卷形式在捷克、匈牙利、波兰和斯洛伐克四国展开,

---

① Jacoby W., "Different Cases, Different Faces: Chinese Investment in Central and Eastern Europe", *Asia Europe Journal*, Vol. 12, 2014, pp. 199 – 214. Woon L. J., "Asian FDI in Central and Eastern Europe and Its Impact on the Host Countries", *Asia Europe Journal* 1, 2003, pp. 349 – 369. Salát G, "Budapesttől Pekingig, A Magyar-kínai Kapcsolatok Múltja (From Budapest to Beijing, the Past of Hungarian-Chinese Relations)", Konfuciusz Krónika, February 2009. Salát G., *Kínai álom-kínai valóság (Chinese dream-Chinese reality)*, PANTA, Budapest: Typotex, 2015. Song L., "China's Public Diplomacy Toward Visegrad Countries: Beyond Economic Influence?", *Chinese Investments and Financial Engagement in Visegrad Countries: Myth or Reality?* (ed.: Szunomár Á.), Budapest: Institute of World Economics, Centre for Economic and Regional Studies, Hungarian Academy of Sciences, 2014, pp. 108 – 126. Turcsányi R. Q., Matura T., Fürst R., "The Visegrad Countries' Political Relations with China", *Chinese Investments and Financial Engagement in Visegrad Countries: Myth or Reality?* (ed.: Szunomár Á.) Budapest: Institute of World Economics, Centre for Economic and Regional Studies, Hungarian Academy of Sciences, 2014, pp. 127 – 141. Szunomár Á., Völgyi K., Matura T., "Chinese Investments and Financial Engagement in Hungary", Institute of World Economics-MTA KRTK, Working Paper No. 208, 2014. Matura T., "The Pattern of Chinese Investments in Central Europe", *International Journal of Business Insights and Transformation*, ITM Business School, Vol. 5, Special Issue 3, July 2012. Matura T., "China's Economic Expansion into Central Europe", *Asian Studies* (ed.: Tamas Matura), Hungarian Institute of International Affairs, 2013, pp. 138 – 151. 刘作奎等著:《中国—匈牙利的全面战略伙伴关系》,中国社会科学出版社2018年版。Szunomár Á., "Yanbian Zhong de Zhongguo yu Xiongyali Jingmao Guanxi: Chengjiu yu Tiaozhan", *Xiongyali Kan "Yidai Yilu" he Zhongguo-zhongdongou Hezuo* (ed. Chen Xin), Beijing: China Social Sciences Press, 2017, pp. 66 – 85. Szunomár Á., "One Belt, One Road: Connecting China with Central and Eastern Europe?", *The Belt & Road Initiative in the Global Arena: Chinese and European Perspectives* (eds., Cheng.Y, Song L., Huang L.), Singapore: Palgrave Macmillan, 2018, pp. 71 – 85.

② Matura T., Szunomár Á., "Perceptions of China among Central and Eastern European University Students", *China-Central and Eastern Europe Cross-cultural Dialogue: Society, Business, Education in Transition* (Joanna Wardega ed.), Kraków: Jagiellonian University Press, 2016, p. 103 – 120.

③ 维谢格拉德集团 (V4) 是由四个中欧国家,即捷克、匈牙利、波兰和斯洛伐克在1991年成立的文化和政治联盟。

问卷共包含 29 个问题，其中 6 个问题涵盖了受访者的个人背景（性别、年龄、政治态度等），其余 23 个问题均与中国政治及经济相关。研究将中欧大学（CEU）学生作为对照组。中欧大学学生来自世界各地，具有异质性，他们的意见可作为重要的比较基础。来自四个国家共 257 名学生参与了该调查，由于受访者数量较少，调查结果难以代表上述国家社会整体对此问题的意见，但其结果也为了解中东欧国家年轻一代想法提供了重要参考。

Bradean-Ebinge and Kulcsár 在关于文化外交的文章中对中匈关系进行了研究。① 研究通过邮件形式发放问卷，调查匈牙利人民对中国人民的看法。该研究没有对外公布受访者数量，但其数量应该少于 Matura and Szunomár 研究中的受访者数量。该研究对象以匈牙利公众为主，缺乏对照组，但是却提供了除年轻一代以外其他各群体的意见：超过一半的受访者年龄超过 30 岁，其中 12% 年纪在 45 岁以上。另一方面，问卷内容除了对中国的评价，还包括匈牙利人的自我评价，以及生活在匈牙利的中国人对自己及匈牙利人的评价。

（二）双边关系发展史

匈牙利最早关于中国的记录出现在 19 世纪。1848—1849 年匈牙利革命及独立战争结束之后，很多匈牙利名人（大多数为贵族）到访中国，其中包括"最伟大的匈牙利人"伊斯特万·塞切尼（István Széchényi）之子，贝拉·塞切尼（Béla Széchenyi）。作为 1877—1880 年地理远征队的一员，贝拉·塞切尼游历了印度、缅甸、日本、中国西藏及中国，并在 1893 年以德语出版旅途游记。19 世纪匈牙利著名的自然学家、人类学家和动物学家，雅诺什·克桑图什（János Xantus）也在 1868—1871 年游历亚洲，并将丰富的知识带回匈牙利，包括 6223 种植物种子和 6.5 万个植物标本。中国方面，19 世纪末，晚清学者、书法家和政治家康有为在其海外流亡期间途经欧洲，成为中国游历匈牙利第一人。康有为在欧洲的经历及期间对欧洲历史的研究对他之后的思想行为产生了深远影响，他将匈

---

① Bradean-Ebinge N., Kulcsár S., "A Kulturális Diplomácia Világa-Magyar és Kínai Szemüveggel Vizsgálva (The world of cultural diplomacy-Through Hungarian and Chinese lenses)", *GROTIUS*, Paper 04. 07. p. 43, 2017.

牙利人看作远亲，并为与"亲属"的见面赋诗。

中国与匈牙利的第一次官方联系是在1867年，奥匈帝国建立之后。大约1868—1869年，匈牙利代表团出使中国。出使期间，两国签署了第一个政府间商业合作条约，此后第一个领事馆在上海建立。

作为八国联军成员之一，奥匈帝国在参与镇压义和团运动之后，获得天津租界作为报酬。第一次世界大战期间，作为中国的敌对国，匈牙利在同盟国战败之后，将天津租界归还中国。此后两国双边外交关系暂停往来，由上海荷兰使馆代为处理运输由俄罗斯释放的匈牙利被俘士兵等相关事宜。士兵之一的拉斯洛·邬达克（László Hudec）此后前往上海，作为匈牙利著名建筑学家，拉斯洛·邬达克在1941年主持修建了至少37座建筑，其中包括位于上海南京路22层楼的国际饭店。

第二次世界大战之后，匈牙利人民共和国和中华人民共和国分别于1949年8月20日和10月1日成立，这为两国邦交提供了共同基础。随后，匈牙利于1949年10月4日承认中华人民共和国，之后的10年中随着经济、政治和文化联系不断紧密，两国高层往来也大幅度增加。当时中匈关系发展以苏维埃政权为主要背景，但在对外政策上，匈牙利并未完全遵从于莫斯科：匈牙利当局在国际事务上与北京紧密联系，从始至终支持一个中国政策、中国在西藏问题上的态度及中国在联合国安理会成员国身份。

20世纪50年代末期，两国意识形态分歧开始出现并不断加深，两国关系在60年代中国"文化大革命"期间不断僵化。直到1978年中国共产党重新制定经济改革和对外发展政策之后，两国关系才得以重新建立。时任中国领导人对匈牙利在1968年进行的经济改革十分重视，相继派出了一系列代表团出访匈牙利。80年代，中匈两国及党际往来进入常态化，高层互访开始增多。1989年民主转型之后，匈牙利对外政策更多地面向欧洲地区，中匈两国往来再次减少。随后10年中，中匈双边往来降到历史最低点，但两国关系仍然维持在友好框架内，双方并无明显冲突。

1988年，中匈签署领事条约，其中包括互免签证的规定。1990年，1.1万中国移民抵达匈牙利境内，1992年人数达到2.7万。80年代仅有上百中国人居住在匈牙利境内，到90年代，匈牙利境内中国人约为4万人。除签证因素外，其他经济、政治及感情原因也使进入匈牙利的中国人数量不断增多：

——中国在1989年经历了经济衰退，当时居住在国外的中国居民可以免交赋税；

——相比中国，当时匈牙利社会更加稳定；

——与其他国家相比，到达布达佩斯的火车票价格最低；

——当时匈牙利对廉价消费品的需求为中国移民提供了商机；

——天安门事件和匈牙利民主转型之后，匈牙利免签证政策吸引力增加；

——由于70年代末期中国领导人对匈牙利社会主义改革的重视，当时中国普遍对匈牙利具有良好的印象，且早期抵达匈牙利的中国移民也将匈牙利描述为一个充满希望的国家。他们将匈牙利比作宝地，认为它是"东欧的消费天堂"，所以越来越多的人选择匈牙利作为最终目的地。

——相当部分中国人仍然认为匈牙利人与中国人具有同源关系。他们认为匈牙利人不同于其他中东欧人种，却与亚洲人具有相似的外表特征（黑色头发，褐色眼睛，中等身高）；相互还具有相同的名字格式（姓在前，名在后）；匈牙利人的祖先为欧亚游牧民族。

1992年之后，匈牙利政府重新设置了签证要求，进入匈牙利的中国移民数量开始下降。在之后的5—10年中，最初到达的4万中国人中有一部分选择回国或去往其他国家，最终有近30%的人留在了匈牙利，这一部分人的亲属之后也有少量移民匈牙利。

随着匈牙利总理彼得·迈杰希（Peter Medgyessy）2003年访华，2000年后中匈两国关系发展硕果颇丰。在匈牙利政府意识到中国已成为全球经济和国际政治的重要参与者之后，两国双边关系在匈牙利政府发起下，开始了新一轮发展。另外，匈牙利作为欧盟成员国之一，也对中国产生了巨大的吸引力。匈牙利为双方建立互信关系做出了重要表态，并出台相关政策，其中包括在总理办公室设置专门的特使职位，专门负责中匈关系发展、中国相关政府间机构合作工作和行政事务。双方合作取得的首批成果包括2003年中国银行匈牙利分行成立、2004年在布达佩斯成立中匈双语小学及2004年开通的北京—布达佩斯直达航线。双方文化交往也进一步加深：首家孔子学院于2006年12月在布达佩斯成立，2007—2008年在北京开展了一系列名为"布达佩斯季"的活动。

1998—2002 年,中国并未引起首届欧尔班政府的重视,但在其之后的两届连任期间(2010—2014 年和 2014 年至今),中国引起了欧尔班政府的特殊关注。欧尔班·维克多在竞选之前就多次强调了东方的作用,并认为匈牙利"是在西方的海洋里航行,但行驶之风却是从东方而来"。[①] 欧尔班总理于 2010 年访问中国,随后温家宝总理于 2011 年回访匈牙利。温家宝此次欧洲之行仅到访包括匈牙利在内的三个国家,其余两国分别为英国和德国。访问行程从布达佩斯开始,主要目的是通过购买欧洲债券和在欧投资来"帮助"缓解欧洲危机。随后几年中,中匈两国高层互访不断继续。

随着相互访问的增多和双方关系的进一步加深,匈牙利方面对此关系的期许不断增加。当地媒体对匈牙利作为通往中国之路的不断吹捧和国际媒体对中匈两国关系发展的报道,催生了匈牙利周边国家和欧盟机构对此现象的复杂情绪。在此背景之下,匈牙利于 2012 年春天出台了"向东开放"政策,以达到其对外政策多样化的目的。虽然欧尔班政府一再强调将继续保持与传统西方伙伴的经济联系,该政策的出台仍然暴露了匈牙利意图通过与东方国家——尤其是中国——发展经济关系,从而降低本国对西方社会依赖的目的。

一方面,匈牙利在发展对中关系上收获颇丰:中方领导人赞赏匈牙利方面做出的努力,匈牙利对中国出口量每年递增,且不仅在维谢格拉德国家内部,甚至在整个中东欧,匈牙利都是中国投资最大接收国。尽管匈牙利十分愿意与中国开展务实合作,但就目前来看,双方合作仍然停留在官方言论和政治方面,经济合作则相对滞后。Liu 认为,匈牙利与中国建立全面战略关系的战略目的在于缓解其与欧盟关系尴尬产生的负面影响。[②] 虽然匈牙利政府一再强调其在与中国合作中的先锋作用,并愿意成为中国与中东欧合作的桥梁,但中东欧地区其他国家皆已开始同中国发展对外关系,并已取得初步成效。

---

① Szunomár Á,"Blowing from the East",*International Issues & Slovak Foreign Policy Affairs*, Vol. XXIV, No. 3, 2015, pp. 60 – 78.

② Liu, Z.,"The pragmatic cooperation between China and CEE-characteristics, problems and policy suggestions",*Working Paper Series on European Studies*, Institute of European Studies, Chinese Academy of Social Sciences, Vol. 7, No. 6, 2013.

第二节　匈牙利眼中的中国

如上所述，不论是否出于政治目的，匈牙利一直致力于与中方发展友好关系。匈牙利主要政党均把中匈关系建立作为重要任务，虽然其国内政治观点莫衷一是，但无一否认中国的重要地位。这一现象可能与一直以来匈牙利公众对中国的良好印象有关。

中国人民也对匈牙利持有正面印象：匈牙利被中国政府和人民赋予了超过其实际地理作用的重要地位。匈方抓住每一个能够提高双方经济合作的机会，对任何形式经济合作全面开放，同时还在包括解除武器禁运和承认中国市场经济地位等敏感问题上与中方立场保持一致。为了履行承诺，匈牙利政府从未与中国"台湾"或西藏代表团举行过会晤，并且在中国高层代表团访问布达佩斯之前，清除街头反对中国的抗议者。

虽然政府行为及相互关系在两国交往间有着重要作用，但是政府的积极态度只是两国邦交的一个方面，其余社会团体的意见也十分重要。以中国为例，我们能够比较容易地从双方外交访问次数、政府协议数量、联合声明和决定的数量推断出匈牙利政府对中国的态度，但要评价一国社会或人民对另一国家的态度需要通过定量研究、民意调查和分析来完成。要获得准确无偏的结果，需要明确受访者对整体人民或不同群体的代表性。由于需要耗费大量的人力和财力，少有如此的定量研究，尤其是仅关注匈牙利这样国土面积较小国家的研究，更是少之又少。

随着中国国际经济和政治影响力的不断提升，全球范围内进行了多次针对中国的民意调查。例如美国皮尤研究中心定期发布的针对中国的全面调查，其中一个调查对比了欧洲年轻人及50岁以上人群对中国的看法。结果显示，年轻一代对中国的态度较为友善：61%的年轻人认为中国优于法国，仅有41%的老年人对此持相同意见。在波兰，2000年之后出生的波兰人中，37%的人喜欢中国，29%的老年人对此持相同意见。但另一方面，欧洲的年轻人认为中国政府在人权方面的表现不尽如人意，仅有17%的人认为中国政府尊重人民的个人自由。同时他们也认为中国已经或即将取代美国在经济及战略方面的地位。西班牙千禧一代中，有79%的人将中国视为未来全球领导者，在法国和英国的年轻人中持此观点的比例为 2/3。相比老年人，各样本国中的年轻人更认可中国的地位。①

尽管在欧盟层面上针对中国进行了民意调查，反映了欧盟社会对中国的看法，但是少有大公司在匈牙利这样的小国进行诸如民意调查的社会数据收集和研究工作。因此，关于匈牙利社会对中国崛起和中国人民看法的第一手数据十分缺乏。

上文中提到，Matura and Szunomár 在包括匈牙利在内的维谢格拉德国家，以在校大学生为样本，对年轻一代对中国的看法进行了民意调查。②

调查结果显示，绝大多数学生（66%—90%）都对中国的人民共和国体制有所了解，并且所有人都在各自的国家听说过孔子学院，但是大部分没有参加过任何孔子学院的相关活动。当被询问到中国的政治作用和双边关系时，大部分学生对此表达了实事求是的见解。在信任度方面，匈牙利学生对中国信任度最高而波兰学生最低，但二者相差并不大。有77%的匈牙利学生认为中国是匈牙利的合作伙伴，捷克学生中这一数据为50%。尽管受访者都对中国对世界经济的贡献做出了积极评价，但大家对于北京的全球影响力仍然保持中立。大部分学生认为，中国在经济上是很好的合作伙伴，但政治上却不然。在所有维谢格拉德国家的调查中，同中国发展经济合作关系的评价都高于对双边政治关系的评价。

受访者也对政治合作中，中国是否真正在意中东欧国家利益表示怀疑。四个受访国家学生都认为中国并非真正在意其他国家的利益，更何况中东欧国家利益。所有参与调查的学生都对中国的政治体制持负面意见，但仅有少数人（19%—24%）认为中国需要政治改革。此外，在对发达国家和发展中国家的人权状况差距有着清晰认识的情况下，受访者仍旧对中国人权状况持负面意见，认为其状况低于其他发展中国家。

尽管对同中国发展经济关系给予肯定，受访者对中国在维谢格拉德国家投资所知甚少。

当被询问到对居住在四国的中国人印象时，几乎所有学生都给出了积极评价，都认为中国人是勤劳、可靠的代表，为各自国家做出了积极

---

① Pew, "European Millennials more Likely than Older Generations to View China Favourably", Pew Research Center, 18 February 2015.

② 本处概括了 Matura and Szunomár 发表于 2016 年的研究结果。

贡献。

尽管所有受访者仍然认为华盛顿政府影响力大于北京，但他们也认为中国在未来将会成为世界领导力量。具体数据上，捷克和斯洛伐克学生对中国的未来更加确信，而匈牙利和波兰学生则更倾向于认为美国将会在未来一段时间内继续保持领先地位。

调查结果还显示，各国学生都认为中国是重要的合作伙伴，在是否信任中国和开展合作方面仍旧保持中立意见。在大学生看来，中国的经济力量及与中国发展双边经济关系比政治关系更加重要。在对居住在各自国家的中国人印象及中国崛起的未来影响方面，大家均保持中立。另外，尽管大部分受访者都认为目前美国力量依然强于中国，但在未来终会被中国取代，这一点与其他欧洲国家调查结果类似。①

总而言之，尽管差距不大，受访者对与中国发展政治和经济关系两方面意见有所差别。维谢格拉德四国大学生对中国的评价也存在差别：相比匈牙利和波兰大学生，捷克和斯洛伐克大学生态度更加挑剔。四国大学生对中国的中立态度可能是由中东欧与中国较大的地理和文化距离，及"16＋1"合作建立时间较短导致。

Bradean-Ebinge and Kulcsár 在较小范围内对文化外交进行了研究。该研究忽略了经济和政治方面因素的影响，通过收集第一手资料对匈牙利人对中国的看法进行研究。此外，作者还在研究中对比了中国人和匈牙利人的自我评价。②

研究问题包括受访者的旅游习惯，多久旅行一次及是否曾经到过中国，如果有，对于当地人民和中国文化的印象是怎样的。调查结果显示，匈牙利人很少有到中国旅游的机会，即使有也多是出于商务原因出行中国，少有以旅行为目的的出行。大部分从未去过中国的受访者均表达了未来前往中国旅游的意愿，但也有21%的受访者对中国文化不感兴趣。

长城是大多数受访者对中国的第一印象，很多人也提到了儒家思想和道家学说。中国四大发明：造纸术、火药、印刷术和指南针也为多数人所

---

① Pew, "European Millennials more Likely than Older Generations to View China Favourably", Pew Research Center, February 18, 2015.

② 本处内容为 Bradean-Ebinge and Kulcsár 发表于2017年的研究成果。

知。令人惊讶的是，受访者对中国建筑（如宝塔型建筑）、茶文化和饮食文化也表现出相当的了解。

匈牙利人认为中国人勤奋乐观、热情友善，是很好的员工。这表明受访者对中国人毫无保留的接受态度，同时能说明这一点还包括对中国人在匈牙利定居的态度：受访者对此表示接受，且认为自己与他们有共同话题。这一结果与匈牙利人通常对其他种族人群，尤其是对周边国家人民持有负面态度形成鲜明对比。

最后，文章作者认为，文化外交有助于中匈两国人民相互了解。

Šimalčík M. and KaráskováI 在 2018 年对匈牙利在内的各国媒体和社交网络分析。该匈牙利项目团队选择了 15 家在全国范围内传播最广的匈牙利媒体，分析了他们在 2010—2017 年发表有关中国政治、经济问题的刊物，共计 3921 种。研究样本期间除 2013 年由于人民代表大会的召开及新一届政府的就职引发的一系列报道以外，其余年份关于中国的文章分布相对平均。

在研究分析的近 4000 篇文章中，大部门内容是关于中国的经济地位及其全球政治作用，以及中匈经济关系发展，其他诸如人权、西藏问题和知识产权保护等方面则很少涉及。

所有文章中，网络新闻所占比超过半数，但 52% 的文章由匈牙利官方新闻机构发表。这一点为匈牙利媒体对中国的中立态度起到了重要作用，因为 87% 的新闻报道是以官方报道作为基础来源，进而也呈现出中立态度。在 2010—2017 年的所有原始报道中，4.8% 为正面报道，9.4% 为负面报道，其余 85.8% 均为中立报道。研究结果在排除所有官方报道之后，发生了些许改变：独立来源媒体报道中，3.7% 为正面报道，12% 为负面报道，但持中立态度的报道仍占绝大多数。

匈牙利国内的政治分歧也对此有所影响。与政府关系相对密切的媒体（如：匈牙利国家电视台及广播电台）更倾向于对中国进行正面报道，而在其他媒体（如 index.hu 和 RTL Klub 等私人媒体）报道中，负面新闻更多。但总体而言，中立报道在二者新闻中仍然占绝大多数。

在研究所选择的样本期间，负面新闻的比例在持续增加：2010 年，负面新闻和正面新闻所占比例分别为 6% 和 5%。到 2017 年负面报道比例上升为 15%，而正面报道比例仍然保持 5%。剩下部分均为中立报道。

研究结果显示，匈牙利媒体对于中国的报道并不全面，绝大部分新闻都集中在经济发展及数据方面，而忽略了政治价值、人权、少数民族及民主等内容。另一方面，媒体报道政治化现象明显：关于中匈关系的评价受官方媒体政治态度影响。因此，研究人员认为，匈牙利并未对中国及两国双边关系进行全面有效地报道，公众意见被一小部分议程设置者所左右（具体分析见下文议程设置者网络分析），这部分人多为政客而非相关问题专家。

该项目的第二个研究目的是试图识别和解释在最近的亲中国现象中，议程制定者对网络舆论所起的作用。为此，学者们研究了相关报道的议程制定者，即作者、通讯作者、信息来源、被引用者及相关企业和机构，将报道分为议程制定者直接参与或间接参与，即在报道中被提及而非直接参与两类，并将其直接参与类报道分为负面、中立及正面报道三种类型。

与捷克和斯洛伐克相比，匈牙利的议程制定者名单很短，仅有不到70人在样本期间被主要媒体重复引用最少3次，而在一年内被采访最少两次的人数只有14人。在近4000篇文章中，仅有764个引用文献，占议程制定者受访文章比例低于20%。这一数据切实说明公众意见被一小部分议程制定者左右，这部分人主要由政客和记者构成，而并非中国问题专家。其中政客人数仅为11人，部分人曾被多次引用，占所有引用比例达到38%。[1]

研究还发现，记者的意见也被广泛采纳。2/3的议程制定者为记者，引用比例占总引用的51%，其中4名记者在总名单中位列前十。记者是对中国持批判态度最多的群体，所有出版物中，19%为负面报道，正面新闻仅占3%。出人意料的是，名单上中国问题专家数量并不多，虽然他们对于中国的看法更加客观，但在近70名议程制定者中，仅有4位，被引量仅占总引用的9%。

研究人员对各议程制定者进行了网上问卷调查。虽然结果不具代表性，但仍具有一定的参考价值。结果显示，大部分受访者都承认中国作为

---

[1] 匈牙利外交部部长彼得·西雅尔多（Péter Szijjártó）和总理欧尔班·维克多（Viktor Orbán）是被引用次数最多的人，另有两名匈牙利政府官员分别排在被引次数的第七位和第十位。

匈牙利重要伙伴的地位，并且认为两国关系正往好的方向发展，他们也指出，中匈两国的利益和价值取向并不一致。尽管大部分受访者对吸引中国到匈投资和参与"一带一路"相关活动给予肯定，但同时他们也认为发展双边政治关系对两国经济合作没有任何作用。

正如上述调查结果显示，匈牙利社会的态度十分复杂且难以评估。匈牙利人民本身对于外来族群的态度并不开放，但相比于针对其他种族的排外情绪，匈牙利人对中国人的容忍度显得十分乐观。之前的调查结果显示，匈牙利对中国人的接受程度超过其对阿拉伯人、非洲或罗马人的态度。[1] 罗马人于15世纪进入匈牙利，与匈牙利人共同生活了500余年，仍旧没能够完全融入匈牙利，当地社会也从未真正接受他们，双方冲突时有发生。自从欧洲难民危机发生以后，阿拉伯人就成了最不受匈牙利人欢迎的族群。根据Závecz研究中心2016年11月进行的调查，仅有1/5的匈牙利人愿意与阿拉伯人做邻居，目前阿拉伯人已经取代罗马人成了接收负面评价最多的人群。[2]

根据匈牙利中央统计局统计，2017年共有151132名非本国人民居住在匈牙利，2011年该数据为20.6万人。欧洲移民占大多数，数量达到近十万人，其中以罗马尼亚人最多，虽然匈牙利境内罗马尼亚人数从6.8万人下降到了2.4万人，但其数量仍然领先于其他人种。从2007年开始，乌克兰人数量也在不断下降，从最初的1.5万人下降到不足6000人。匈牙利中央统计局对此做出的解释是，于2011年实行的法律使很多历代居住在匈牙利的外国人能够取得匈牙利公民资格，其中就包括罗马尼亚和乌克兰公民。并非所有外国居民人数都在下降，以亚洲为例：2007年有2万亚洲人居住在匈牙利境内，目前人数增加为4万人。其中最引人注目的是中国人，其官方数量由9000人升至1.9万人（非官方数据可能更大）。居留债券项目[3]很可能对此起到了促进作用：根据匈牙利移民局和难民署

---

[1] Simonovits B., Szalai B., "Idegenellenesség és Diszkrimináció Magyarországon (Xenophoby and Discrimination in Contemporary Hungary)", *Magyar Tudomány*, March 2013.

[2] 这一结果具有一定的误导性。研究中所述"阿拉伯人"泛指棕色人种或穆斯林。但事实上，对此了解较少的公众难以区分阿拉伯人、波斯人和伊朗人，甚至无法分辨巴基斯坦人和孟加拉国人。

[3] 第三方国家居民可以通过投资居留债券这一特殊匈牙利政府债券获得匈牙利永久居住权，债券期限最少为5年。最初，债券最低投资额为25万欧元，之后升至30万欧元。

发布的数据，该项目在 2013 年为 2 万名移民提供了匈牙利永久居留权，其中超过 80% 为中国人。

尽管匈牙利境内中国人数量不断增多，相比于其他欧洲以外的外来族群，匈牙利人确实对中国人的容忍度更高。原因很简单，这种较高的容忍度来自与中国人良好的相处体验：在 20 世纪 90 年代民主转型之后的生活质量严重下滑期间，中国市场及餐馆较低的价格在一定程度上帮助缓解了民主转型带来的冲击。华人华侨一直保持低调的态度，鲜有涉及冲突或犯罪行为的报道，给匈牙利人留下了"勤奋且谦逊"的印象。然而，尽管媒体宣传和三所孔子学院付出了很多努力，匈牙利人对中国人的误解依然存在。其中最常见的是贫穷、低质量商品、环境恶化和廉价餐馆。直到最近，匈牙利人才开始了解到中国现代化和快速发展的一面。

尽管匈牙利人对中国人居住或到此旅游表示接受，但是社会文化差距仍然在两国之间存在。除了在过去 25 年中一些同化的过程，两国社会少有交集。一位在匈牙利长大的中国年轻人在接受采访时说："即便你母亲或恋人是匈牙利人，并且在匈牙利长大，只要你是中国面孔，就仍然会被当地人当作中国人对待。这件事的好坏见仁见智，但是它也是确实存在的事实。另一件关于中国人的现象是，我们不会将自己的想法强加于任何人。和我们做生意时，我们就事论事，也不在乎你们的制度，各司其职就好。"而这恰巧也是备受匈牙利人推崇的一点。

今后中匈两国的合作机会必然会越来越多，但是双方加强合作的任务也同样艰巨。尽管中国与匈牙利两国都对发展双边关系表现出来很大的兴趣，目前双方仍主要关注在经济和政治关系方面。最近，作为"一带一路"倡议下合作的一个方面，两国才刚刚宣布要加强两国人民交流。

中国为提高其在中东欧国家乃至全球形象，以及加强各国对中国的理解做了巨大努力，其中就包括在全球范围内不断扩张的孔子学院。布达佩斯第一所孔子学院于 2006 年建立，此后，又有三家孔子学院在匈牙利建成：第二所于 2012 年在塞格德成立，第三所于 2013 年在密什科尔茨成立，第四所于 2015 年在佩奇成立。但是，正如 Matura and Szunomár 的研究结果显示，孔子学院等文化机构更多吸引的是本身就对中国文化感兴趣的人，而对于其他对中国没有兴趣的人并无多大益处。因此，上述研究建议孔子学院正视这一现象，并针对匈牙利其他社会群体设置更多有针对性的课程。

根据上述研究结果,匈牙利不同年龄段的人都对与中国合作及信任度方面持有中等偏上的意见。与匈牙利人对其他国家的负面态度和不信任相比,这一结果显得尤为乐观。北京作为布达佩斯的重要合作伙伴,双方经济关系是目前最重要的议题,其次是政治关系,而两国人民联系仍相对滞后。匈牙利人对居住在其境内的中国人及中国崛起带来的影响也保持中立。尽管大多数人认为现阶段美国实力仍然强于中国,但是其中大部分人也认为中国将会最终取代美国。匈牙利人支持其国家与中国发展亲密友好关系,且少有同其他国家发展关系时的批判态度的部分原因是匈牙利政府对中国实施的积极政策。

正如本书多次提到的那样,匈牙利人认为中国人勤劳谦逊,且在公众视野中一直保持低调。但由于近期两国关系发展只关注在经济合作和政治方面,两国人民仍然缺乏相互了解。要想更好地了解对方,匈牙利人需要理解中国式思维方式,而这一方式不仅不同于匈牙利人的思维方式,与西方思维方式也不尽相同。要做到这一点需要双方长时间的不断努力,但总归是值得尝试的。

(本章第一节和第二节的译者是四川大学经济学院博士研究生 李雨珊)

第三节 匈牙利人眼中的中国"软实力"

纵观中国与匈牙利两国官方和民间的交往史,我们发现,受政治环境、社会氛围等因素的影响,匈牙利对中国的评价并不是一成不变的。

匈牙利认识中国,最早是通过一批有勇敢精神而又负责任的探险家、旅行家的活动实现的。在 19 世纪和 20 世纪上半叶,在世界各国探险家热衷于来亚洲,特别是来中国探险的时期,来华的外国人若以国别论,匈牙利人位居第七(见《亚洲探险之旅》丛书李恺的总序)。[①] 这些匈牙利探险家将中国故事带回祖国,让本国人有机会了解神秘的东方文化。虽然在

---

① 符志良:《早期来华匈牙利人资料辑要(1341—1944)》,世界华文出版社 2003 年版,第 10 页。

那个年代，人们还不知何谓"文化外交""软实力"，但如果我们用今天"软实力"的视角来审视这些外交实践，可以肯定，这些匈牙利探险家、旅行家把中国文化传播到匈牙利，对提升中国文化软实力是大有裨益的。

如果说早期的中匈交流带有自发性的特点，那么中华人民共和国成立之后的中匈关系则体现出国家意志和人民情谊。匈牙利是第一批与中华人民共和国建交的国家，这为两国关系的友好发展奠定了坚实基础。1949年10月6日，匈牙利外交部部长卡莱·古拉（Kállai Gyula）在发给中国外交部部长周恩来的照会中情真意切地表明了匈牙利政府对中华人民共和国成立的热忱祝贺以及与中国政府建交的意愿。[①] 建交后，匈牙利全面发展对华关系，双方高层往来频繁，在国际事务中相互支持，各领域合作密切。1950年，中国和匈牙利互派留学生，文化交流不断扩大。第一批互派的留学生后来在中匈两国各领域、各层面友好交往上发挥了重要作用。可以说，中匈两国在中华人民共和国成立之初的友好交往影响了一代人。对于很多中国人来说，匈牙利电影《废品的报复》《圣彼得的伞》等电影都耳熟能详。中国一代相声艺术大师马季先生的艺名，便取自传到中国的匈牙利电影《牧鹅少年马季》。尽管20世纪60—70年代受中苏关系破裂及中国"文化大革命"等因素的影响，中匈两国政府出现龃龉，但两国人民的友好情谊却保留下来。由于匈牙利一些政治家和外交家与中国政治家有着良好的个人关系，以及匈牙利领导人在1960年以前对中国的正面看法，即便是在中苏政策路线日渐分道扬镳、中匈关系日趋冷淡的几年里，中匈关系的恶化速度较之中苏关系依旧显得缓慢，不那么引人注目。[②] 尽管匈牙利外交官愿意淡化和忽视苏联集团国家与中国之间的问题

[①] 照会正文如下："匈牙利人民以莫大的同情注意着在毛泽东领导下所进行的中国人民争取自由的英勇斗争，这是中国千百万劳动人民反对内外压迫者的光辉成就。这些成就保证了人民民主开展的自由和可能，并给予绝大多数中国人民建立中华人民共和国和中央人民政府准备了可能。匈牙利人民及其政府认为中华人民共和国的建立是对国际和平有历史意义的成就，并向中国人民新的中央政府寄以热忱的庆贺；同时认为中央人民政府代表着绝大多数中国人民的意志，并愿巩固和加强我们人民的友谊与合作。匈牙利人民共和国政府在研究了十月一日中华人民共和国中央政府的公告以后，认为中华人民共和国政府为中国唯一合法的政府，并愿借此机会建立我们两国间的外交关系。"转引自《欧洲联盟与中国（1949—2008）基本文件与评注》，第15—16页。

[②] ［匈］王俊逸（Vámos Péter）：《1956—1966年匈中关系的变化——来自匈牙利档案馆的有关材料》，姚昱、郭又新译，《冷战国际史研究》2009年第1期。

和分歧①,但由于匈牙利对苏联路线的追随,中匈关系受中苏关系的影响,最终走向了对立。直到中国"改革开放"政策提出后,下降到冰点的中匈关系才开始逐渐恢复。

1989年东欧国家政局发生剧变后,中国和中东欧各国之间不再具有共同的意识形态,双边关系也曾一度发展迟缓。1990年中匈互免签证协议的签署为中匈民间交往迎来曙光,大批中国人乘着绿皮火车远赴匈牙利创业。免签协议签订初期,中国人因给匈牙利人带来了服装鞋帽等大量物美价廉的舶来品而受到欢迎。随着中国新移民数量的急剧增加(最高峰时曾达到过5万人),匈牙利人对中国及中国人的态度发生了转变。一方面,廉价的中国货泛滥,致使"廉价"成了中国的代名词;另一方面,勤劳致富的中国人对匈牙利本地人的就业形势带来了较大冲击。因此,从社会层面看,"中国制造"作为最早走出国门的软实力资源载体,未能发挥积极作用。1992年开始,匈牙利终止了对华免签政策,并开始驱逐非法居留的中国人。从官方层面来看,东欧制度变革导致中东欧国家将外交着力点从前社会主义阵营转向西欧和美国,重返欧洲、加入欧盟和北约成为各国转型之后的外交战略目标。而当时的中国早在改革开放初期,就将目光从社会主义国家转向了世界范围。因此,90年代初,中匈两国在政府层面的交往表现出"动力不足",双方都没有在对方国家展示自身软实力的强烈意愿。经过90年代初期的过渡,在两国政府的共同努力下,中匈两国关系呈现出良性互动。1995年,中国和匈牙利实现了两国建交以来中国国家主席首次访匈,重新在匈牙利掀起了"中国热"。2004年5月,以匈牙利等中东欧国家加入欧盟为契机,中国和中东欧国家的交往达到了一个新高度,双边关系逐步走向了多边舞台。

2013年,中国国家主席习近平提出"一带一路"倡议,得到了以匈牙利为代表的中东欧国家的积极响应。"一带一路"倡议将中国与中东欧地区紧密连接,双方正在建立利益共同体、命运共同体和责任共同体。"一带一路"倡议与匈牙利政府"向东开放"政策不谋而合,将中匈关系推向新高度。从双边关系上看,两国创造了很多"第一"的纪录,在中东欧地区具有重要引领和示范意义:第一个同中国签署共同推进"一带一

---

① 同上书,第386页。

路"建设的政府间合作文件的欧洲国家;第一个同中国建立和启动"一带一路"工作组机制的国家;第一个设立人民币清算行的中东欧国家;第一个设立中国国家旅游局办事处的中东欧国家;第一个发行人民币债券的中东欧国家;第一个开办母语和汉语双语国立学校的欧洲国家;第一个立法承认中医地位并设立中医特色孔子学院的欧洲国家。此外,中国—中东欧国家旅游促进机构和旅游企业联合会协调中心,以及中东欧地区16国本土汉语教师的培训中心均设立在匈牙利首都布达佩斯。随着中国经济的高速发展以及海外华人华侨的长期坚守,匈牙利人眼中的"中国"不再是"廉价商品"的代名词,而是代表了高端科技的发展趋势;中国企业不再"挤占当地就业",而是带来了大量商机。作为中东欧地区中资机构、华商、华侨华人最集中的国家,匈牙利充分展示了对中国人民的友好接纳,这也为双方构建"民心相通"提供了良好环境。正如匈牙利总理欧尔班在第六次中国—中东欧国家领导人会晤中所表达的那样:"匈中政治关系很好,两国合作富有成果,堪称匈对外关系的成功故事。"[①]

对于匈牙利而言,中国的吸引力主要体现在以下几个方面:

一 中国传统与当代文化瑰宝

中华文明作为东方文明的代表,在世界各国人民眼中有着极大的吸引力,甚至曾深深影响着周边国家的语言文字、生活方式、思维方式等。在很多外国人眼中,中国传统文化既古老陌生,又因为神秘而充满魅力。得益于20世纪50—60年代中匈两国人民结下的传统友谊,匈牙利民众对中国文化在当地的宣传有着较高的接受度。中匈两国文化交流合作中,除了双方保持各级各类文化艺术团组互访以外,四所孔子学院的成立,为中国文化在当地的推广设立常驻阵地。与美国、北欧等地的孔子学院遭受冷遇不同,匈牙利等中东欧国家对于与汉办合作创建孔子学院有着浓厚的兴趣。2006年以来,匈牙利陆续建立了四所孔子学院——罗兰大学孔子学院、塞格德大学孔子学院、米什科尔茨大学孔子学院、佩奇大学中医孔子

---

① 中国—中东欧国家合作官方网站,http://www.china-ceec.org/chn/ldrhw/2016lj_1/tpxw/t1514952.htm。

学院，此外，还有2个孔子课堂和53个教学点。截至2016年，匈牙利孔子学院（课堂）累计学员2.3万余人，文化活动参加人数26.6万人，汉语考试考生2661人次。仅2016年一年，匈牙利孔子学院就开设各类课程606个班次，学员3864人，举办各类文化活动244场，受众10.3万余人，参加收费汉语水平考试821人次。汉办总部累计投入经费支持约369万欧元，派出370名教师和志愿者，赠送各类教材7.5万余册。同时，匈牙利共有50名本土教师参加外国本土汉语教师来华教材培训项目。在孔子学院的推动下，汉语成为匈牙利高中毕业考试科目之一，进入匈牙利中学外语教育体系。2013年，中匈双方利用孔子学院的平台，合作建设中东欧汉语教师培训中心。2016年，孔子学院下设孔子课堂所在的匈中双语学校成立了高中部，已开始招生，匈牙利本土学生报名积极。此外，总部设在匈牙利佩奇大学的中医孔子学院，独具中国文化特色，吸引了大批匈牙利民众报名学习。[①] 仅以"孔子学院"一例便可看出，匈牙利民众对中国文化有着较高的认可度，愿意通过中国政府搭建的平台了解和学习中国语言文化。

值得一提的是，中国文化瑰宝之所以能够成为中匈之间"民心相通"的重要纽带，除了中匈两国人民建立起的友好情谊之外，还源于匈牙利民族特有的东方情怀。不同于大多数发源于欧洲的民族，匈牙利民族对东方文化有一种天然的亲近感，这源于匈牙利民族的亚洲起源。匈牙利人的祖先曾是亚洲一支强悍的游牧民族。9世纪，这支游牧民族不远千里，从亚洲迁徙到欧洲，并于896年定居在喀尔巴阡山盆地。尽管匈牙利从1000年建国起，就已经是不折不扣的欧洲文化一分子，但历经战争磨难和洗礼，匈牙利人成功保持并发扬其民族文化特征，在语言、音乐、舞蹈、风俗等领域，匈牙利都带有浓厚的东方印记，是一个东西文化的"混血儿"。匈牙利是唯一在民歌中使用"五声音阶"这一中国音阶的欧洲国家，姓在前、名在后，日期、地址等语言使用和书写习惯都跟中文有近似之处。历史的关联，文化上的近似，使得匈牙利对中国文化有一种天然的

[①] 以上信息来自孔子学院总部网站以及匈牙利四所孔子学院官方网站。孔子学院总部网站，http://www.hanban.edu.cn/，匈牙利罗兰大学示范孔子学院网站，http://www.konfuciuszintezet.hu/，塞格德大学孔子学院网站，http://www.konfuciuszintezet.u-szeged.hu/，米什科尔茨大学孔子学院网站，http://konfuciusz.uni-miskolc.hu/，佩奇大学中医孔子学院网站，http://konfuciusz.etk.pte.hu/。

情愫。由于缺少对民族起源的文字记录，匈牙利东方学家乔玛（Kőrösi Csoma Sándor）曾于 200 多年前从匈牙利启程，计划到东方一个叫 Ycogar 的民族中去搜寻匈民族起源的资料。历经艰辛 23 年徒步跋涉，虽然最终他未能抵达目的地，在印度北部喜马拉雅山麓病逝，但因他沿途研究的成果，被后世奉为西方藏学研究的奠基人。1834—1835 年出版的《藏语语法》和《藏英词典》便出自乔玛之手。100 多年后，学者们学习研究他的藏学研究成果时发现，他一心要去的 Ycogar 很可能就是中国甘肃酒泉一带的裕固族。无论这一推断正确与否，匈牙利学者的寻根之行，是匈牙利民族对其"东方"归属感、亲近感的真实体现。匈牙利民族的东方情怀，使得匈牙利民众也有更为强烈的意愿，去深入了解中国文化，接纳中国的软实力资源。可以预见，未来匈牙利在发展对华文化关系方面将继续走在中东欧国家前列。

二 伴随中国经济建设伟大成就的大国责任

在约瑟夫·奈提出的三维棋局里，中层棋盘就是经济力量的角逐。强劲的经济实力除了用来实施制裁和对外支付，还能成为吸引力的来源。[①] 可以说，经济实力是一把双刃剑，如果能够利用好，经济成果就可以成为继文化、政治价值观、外交政策三大国家软实力来源之后的第四种力量。

纵观中国几千年来的发展历程，在发展经验上，中国历史上有着维持大一统政治体制的丰富经验，且从未有过对外发动侵略的先例；中华人民共和国成立后，尤其是改革开放四十多年来，中国作为一个后发国家在现代化建设上取得了举世瞩目的发展成就，对世界经济的贡献举足轻重。[②] 可以说，中国经济的出色表现惠及全球，中国和平外交理念也赢得世界广泛认同。在世界经济复苏动力不足的大背景下，欧盟因难民潮和英国脱欧等问题而陷入多重危机；美国总统特朗普的政策路线及反全球化的言论令人担忧。中国政府在国际事务面前所表现出的大国责任感和不搞霸权主义的承诺，以及"一带一路"建设秉持的共商、共建、共享的开放理念，

---

① ［美］约瑟夫·奈：《软实力》，马娟娟译，中信出版社 2013 年版，第 7—11 页。
② 潘忠岐：《概念分歧与中欧关系》，上海人民出版社 2013 年版，第 71 页。

为沿线各国搭乘中国发展的"快车"提供了新的机遇。近年来,中国和匈牙利等中东欧国家贸易往来频繁,中国在"一带一路"建设的框架下,加大了对中东欧国家的基建投资。瑞士《每日新闻报》网站发文称:"希腊的比雷埃夫斯港在中国领导下成为世界上增长最快的集装箱港口之一,中国计划在匈牙利建设高铁,而捷克人则得到了投资数十亿欧元的承诺。捷克总统米洛什·泽曼(Miloš Zeman)在接受中国媒体采访时用下面这个值得一提的句子表示了感谢:在对华政策上,捷克不再'听命于'欧洲的压力。"① 可以说,中国"和平外交理念"的政治价值观以及"一带一路"倡议与中国人民所取得的巨大经济成就相得益彰,成了吸引力的重要来源。在这样的吸引力下,越来越多的匈牙利人开始学习中文。根据对匈牙利中文学习者学习目的的调查发现,对中国传统文化的喜爱和中国经济发展带来的机遇是匈牙利人学习汉语的主要动因。

不可否认,中国硬实力的发展促进软实力的提升,进而极大地扭转甚至是彻底改变了匈牙利等中东欧国家制度变革以来对中国一度抱有的偏见。正如匈牙利国会主席克韦尔在与李克强总理会见时所说:"发展匈中关系是匈牙利国会各党派的广泛共识。匈方钦佩中国发展成就与悠久灿烂的文化。现在匈牙利的'汉语热'反映出越来越多的匈民众特别是青年人认识到匈中关系的重要性,他们承载着匈中友好合作的未来。希望双方进一步扩大文化、教育、旅游、青年、党际、地方等人文交流,推动匈中关系迈向更高水平。"②

"16+1"合作和"一带一路"倡议的发出,引发了中东欧学者对于中国政治、经济、社会、文化的研究热情,"中国软实力"随之升温,成为学者们研究的重要对象。由于中国文化在匈牙利的接受度较高,很多匈牙利学者尝试用"中国视角"来理解中国。比如,用中国的"阴阳"来解释中国软实力和硬实力之间的互补关系;从中国灿烂的5000年文明出发,将中国软实力推广看作是"文化大国"的应有之义;匈牙利学者称赞郑和七下西洋,为周边国家人民带来财富,认为此举体现出中国人的

---

① 凯·施特里马特:《中国的魅力攻势》,瑞士《每日新闻报》2月26日。转引自《参考消息》2018年2月28日刊。
② 中国—中东欧国家合作官方网站,http://www.china-ceec.org/chn/ldrhw/2016lj_1/hdxw/t1515779.htm。

"和平观"。① 同时匈牙利人也认为，中国推广软实力是应对"中国威胁论"、建立积极的国家形象所采取的重要手段；认为中国宣传儒家思想、出口茶叶、推广成龙的功夫片，是通过挖掘自身软实力潜力，来淡化世界对中国政治体制的批评。②

尽管匈牙利人对中国推广软实力的方式偶有批评和质疑之声，但总体而言，中国软实力的推广在匈牙利还是得到认可的。得益于中匈两国的传统友谊，无论何时，几乎没有任何匈牙利人质疑过中国语言文化推广活动的意图，也没有人对中国文化软实力在匈牙利的推广进行无端指责或者刻意藐视。③ 很多匈牙利学者认为，中国软实力在匈牙利的推广活动与匈牙利欧尔班政府"向东开放"的政策需求相契合，取得了不错的效果，增强了中国政治的可信度，提升了中国国家形象；中国软实力的提升有助于加强中国与世界各国的合作。④

对于研究中国软实力的匈牙利学者来说，2008年北京奥运会的成功举办是不能不提的重大事件。从提升软实力的角度看，北京奥运会最成功的地方在于将中国的文化、艺术、科技、建筑风格等元素有机结合，让匈牙利民众看到了一个传统与现代完美融合的国家，很多原本对中国不甚了解的普通民众因此改变了对中国的印象。奥运会之后，中国政府继续加大对中国文化海外推广活动的投入，北京奥运会掀起的"中国热"余热不断。

尽管很多匈牙利人愿意参与中国文化活动，但是从活动之后的各项反馈来看，有些活动效果并不尽如人意。对于这些活动，来自匈牙利的批评声音主要集中在以下几个方面：

---

① Rigó Márta, Kína puha hatalmáról（soft power）, annak felhasználási lehetőségeiről és korlátairól.（中国软实力：机会与限制），2012年, Grotius（http：//www.grotius.hu/publ/displ.asp?id=GJRFWY）。

② 同上。

③ 中国软实力的提升在一些西方国家经常引发讨论。一些学者喜欢夸大"中国软实力"，认为中国软实力对他国的国家安全造成"威胁"；还有一些学者则藐视"中国软实力"，认为中国尚且不知什么是真正的软实力以及如何培养真正的软实力。参见［美］巴尔《中国软实力：谁在害怕中国》，石竹芳译，中信出版社2013年版，序二，第XXVII页。

④ Rigó Márta, Kína puha hatalmáról（soft power）, annak felhasználási lehetőségeiről és korlátairól.（中国软实力：机会与限制），2012年, Grotius（http：//www.grotius.hu/publ/displ.asp?id=GJRFWY）。

(一) 对文化活动的宣传不够

中国幅员辽阔，人口众多，因此中国文化活动通常规模较大，形式多样。然而，和活动内容的丰富性以及规模性相比，活动的宣传力度经常被中国文化爱好者所诟病。循规蹈矩的宣传渠道使得活动参与者通常是与中国有密切联系的各国外交官、中国问题专家、企业家、中文学习者等。受活动宣传力度和方式所限，匈牙利很多普通民众无法及时获取中国文化活动的相关信息，只能遗憾错过。比如，在匈牙利首都布达佩斯举办的齐白石画展、改革开放后的中国艺术展、秦始皇兵马俑展等，获得了匈牙利参观者的高度评价。然而，另外一些喜爱艺术的匈牙利民众却对展览信息却一无所知，不得不说是一种遗憾。

(二) 应平衡传统文化与现代文化的关系

毫无疑问，儒家思想、中国功夫、太极、京剧、书法、剪纸、茶艺、古筝、舞狮、北京烤鸭、长城、天坛、熊猫等中国传统文化元素在欧洲人眼中是非常有魅力的，经常成为外国人了解中国文化的起点。然而，过于重复和集中地宣传中国传统文化，使得观赏者逐渐产生审美疲劳。相对于中国传统文化，匈牙利民众对当代中国的了解甚少，需求较为强烈。对于中国传统与现代艺术宣传失衡的现象，中国问题专家邵来特曾在匈牙利新闻周刊《每周回应》(*Heti Válasz*) 上撰文称：由于中国海外文化推广活动是由政府主导的，而擅长外交工作的公务员未必是文化艺术的行家。由于官员们无法从专业角度品鉴现当代艺术，保守起见，官员们会选择用传统的中国风景摄影展、传统音乐会、长城雪景、熊猫嬉戏图等替代更具艺术价值的文化作品。[①]

概言之，匈牙利作为中国—中东欧关系的领头羊，在对华关系上取得了令人瞩目的成果。有哲学家曾经说过："政治是短暂的，经济是长久的，文化是永恒的。"加强中国与中东欧国家的人文交流，其意义是深远的。得益于20世纪50—60年代中国和匈牙利人民建立起的深厚情谊以及匈牙利民族特殊的亚洲情怀，中匈文化交流合作有着非常好的民意基础。然而，由于国情和文化的不同，即便是在对华非常友好的匈牙利，我们在

---

① Salát Gergely, "Mit ér a kultúra, ha kínai?"（如何理解中国文化），*Heti Válasz*（《每周回应》）2017年第50期。

软实力推广策略和方式上依旧面临挑战。对此，我们应该用尊重的态度，认真倾听对方的声音，将自身优势与对方的需求和审美特点结合起来，及时调整软实力的推广策略和方式。通过深入挖掘两国在文化上的优势，提出有利于双方的合作路径及模式，为造福两国人民贡献力量。

第三章 "一带一路"与投资贸易关系

自从"一带一路"倡议提出以来，中匈的双边贸易及投资都取得了较为迅速的发展。在贸易上，现在的双边贸易规模相对来说仍较小，但双边在贸易结构上互补，具有很大的发展潜力；在投资上，中国面临着巨大的投资机遇和挑战。如何恰当地处理这些矛盾，对中匈双边关系的进一步发展至关重要。在贸易上，双方要充分利用政府层面合作机制，挖掘双边贸易合作潜力；加强"软机制"建设，提升双边经贸合作水平；积极搭建双边经贸合作服务平台；提升双边贸易投资便利化水平。在投资上，要明确投资目的；尝试多种投资方式；与政府建立和谐的关系；懂得同媒体打交道。

第一节 中匈贸易概况

（一）中匈双边贸易现阶段的发展趋势

2016年，匈牙利对外贸易进出口总额为1766亿欧元，达历史最高水平。其中，出口额为933亿欧元；进口额为833亿欧元，贸易顺差为100亿欧元。[①] 匈牙利出口78%面向欧盟国家，约12%面向除欧盟以外的其他欧洲国家。中国是匈牙利除欧盟以外的第一大贸易伙伴国，而匈牙利则是中国在中东欧地区的第三大贸易伙伴国。2016年中匈双边贸易额达88.9亿美元（约83.4亿欧元），同比增长10.1%。中匈两国双边贸易规模虽然不大，但贸易框架较好，而且双边贸易摩擦较少。据我国驻匈牙利经商参赞处的统计显示，中匈双边贸易商品主要集中在机电产品、电子电器、

---

① 资料来源：驻匈牙利大使馆经商参赞处。

光学医疗设备等精密仪器之间,以及液晶显示面板、汽车发动机、汽车等资本密集型产业。可以预见,在未来几年,中匈贸易将更为集中在技术和资本密集型产品的产业内贸易,这种贸易模式将为两国开展技术合作,进一步促进深化两国经贸关系,特别是在制造业上的合作提供良好的开端。

(二) 中匈两国历年贸易发展进程

自中国同匈牙利在1990年正式签署经贸协定以来,双边贸易逐步发展。经过两国政府和人民的共同努力,双边贸易取得了丰硕成果,两国历年贸易情况如图Ⅲ-3-1所示:

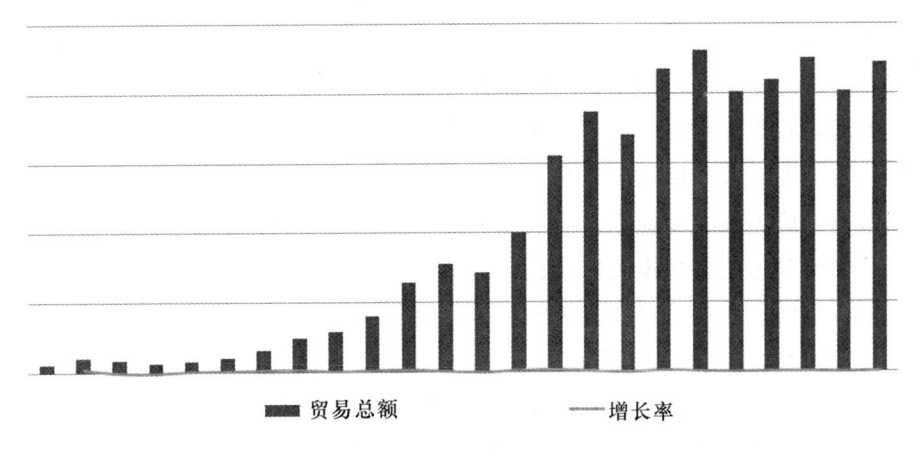

图Ⅲ-3-1 中国与匈牙利历年贸易额及增长率(1993—2016年)

资料来源:根据联合国 COMTRADE 数据库,作者计算所得。

纵观几十年来的中匈贸易,双方贸易的发展经历了如下几个阶段:

1. 1998年以前的初创期

在这一段时期内,中匈双边贸易主要集中在服装鞋帽等纺织品领域。彼时苏联东欧社会主义阵营刚刚解体,东欧各国经济衰退,生产萧条,苏联体制下的供销体系也因此而消失,这使得匈牙利当时原本就不丰裕的轻纺市场,更加犹如真空。在20世纪90年代初,我国的制造业以劳动密集型的纺织服装加工生产为主,因此我国在这一时期主要同匈牙利在纺织品领域开展贸易,规模也比较小。随着匈牙利经济的复苏和发展,伴随大批国外公司的入驻,匈牙利的轻工业与纺织品市场逐渐饱和,特别是华商公司经营的大量物美价廉的低端纺织品已过度饱和,两国贸易上升的空间不大。

2. 1999—2003 年发展期

此时匈牙利轻纺市场已过度饱和，甚至出现货物积压、竞相压价、残酷竞争的局面，我国也逐渐开始进行经济结构的优化，零部件的机械加工制造产业逐步兴起，中匈双方在机械加工制造领域的经贸合作逐步开展，我方对匈方的贸易规模稳步上升。从 1999 年的 6.2 亿美元逐步增加到 2003 年的 25.9 亿美元，不到五年时间贸易额翻了 2 番。

3. 2004—2008 年的繁荣期

2004 年 5 月，匈牙利加入欧盟，匈牙利市场正式成为欧盟市场的一部分，其国内法律法规也完全与欧盟接轨，市场更趋于正规化，匈牙利人民收入水平逐步提高，购买力进一步增强。对于中方而言，这意味着贸易市场的进一步扩大，即由目前的匈牙利和部分中东欧国家组成的市场，扩大到面向欧盟二十五国，有五亿人口的欧盟巨大市场，我国对匈经贸合作具有了更加重大和深远的意义，双方经贸合作发展前景更加广阔。随着我国市场经济体制逐步确立，产业结构进一步优化升级，制造业水平显著提高，中匈双边贸易规模飞速增长，结构不断优化，从低廉的纺织品领域逐渐拓展至资本和技术更加密集的机电产品领域。

4. 2008 年至今的新时期

这一时期由于受美国次货危机的影响，中方同匈方贸易额有显著性下滑，后几年又实现恢复性增长。2009 年欧债危机爆发，匈牙利金融市场受到严重冲击。2011 年 11 月 21 日，匈牙利政府向国际货币基金组织和欧盟提出金融援助的申请，匈牙利实体经济同时受到了巨大打击，因此中匈双方贸易额陡降。近几年，受全球经济恢复疲软，新兴市场经济遇冷等因素的影响，双方经贸合作遇到了不小的阻力，贸易额连年呈现递减趋势，恢复增长乏力。但随着亚洲基础设施投资银行的建立，以及我国"一带一路"倡议的逐步推进，可以预见，双方贸易将会逐步实现恢复性增长。

（三）中匈经贸协议签署概况

中匈两国自 1949 年建交以来，除东欧剧变短暂遇冷外，一直保持着良好的外交关系。两国领导人频繁互访，各领域合作不断加强，两国人民交流密切，双方在国际事务中相互支持、密切配合，这为双方经贸合作提供了良好的政治基础。

1984年，中匈经济、贸易、科技合作委员会成立。双方签署了《中华人民共和国政府和匈牙利人民共和国政府经济技术合作协定》《中华人民共和国政府和匈牙利人民共和国政府关于成立中匈经济、贸易、科技合作委员会议定书》两项基础性的协议，这在当时为促进处于市场经济发展初期的两国经济技术发展和双方后续经贸往来开辟了道路。

随后三年，两国又逐一签署了《中华人民共和国政府和匈牙利人民共和国政府关于植物检疫和植物保护合作协定》《中华人民共和国政府和匈牙利人民共和国政府旅游合作协定》《中华人民共和国和匈牙利人民共和国关于经济和科学技术长期合作基本方向的协定》等协议，协议内容涵盖农作物检疫，旅游合作，经济和科学技术等方面，为正式开展经贸往来做好了前提准备。1990年，中匈签署了《中华人民共和国政府和匈牙利共和国政府贸易协定》，协定规定匈牙利给予中国最惠国待遇，这标志着中匈双边贸易的正式开始。随着中匈双方贸易往来的不断升温，双方在实践中又分别签订了不少致力于促进双方经贸合作的协定。例如，《中华人民共和国和匈牙利共和国关于鼓励和相互保护投资协定》《中华人民共和国政府和匈牙利共和国政府关于对所得避免双重征税和防止偷漏税的协定》《中华人民共和国政府和匈牙利共和国政府关于海关互助与合作的协定》等。这一系列双边协定的签署，使得中匈双边贸易合作更加规范化，制度化。近两年，随着"一带一路"倡议的推进，中匈在经贸合作领域的步伐加快，陆续签署了多项合作协议和备忘录（详见表Ⅲ-3-1）。

表Ⅲ-3-1 "一带一路"倡议提出后中匈双方经贸协议签署一览

序号		签署时间
1	关于中国从匈牙利输入牛肉检验检疫和兽医卫生条件议定书	2014年
2	中国与匈牙利进出口食品安全备忘录	2016年
3	匈牙利乳制品输华协定书	2016年
4	匈牙利马匹输华协定书	2016年
5	匈塞铁路融资备忘录	2017年
6	中匈发展规划合作协议	2017年
7	中匈中小企业合作协议	2017年

资料来源：中华人民共和国驻匈牙利大使馆经商参赞处（http://hu.mofcom.gov.cn/），截至2017年8月统计。

双边经贸关系的快速、顺利发展，取决于双边经贸结构的良好互补性，也得益于以互利共赢为指导思想的双边经贸关系的管理制度，这需要在一系列经贸协议的约束框架下成形。中匈双边贸易协定的签订体现了两国间良好的政治关系和经济关系，也是两国政府和人民为发展中匈友好关系不懈努力的成果，为顺利解决双边贸易争端提供了制度保障。[①]

第二节　中匈商品贸易结构分析

（一）中匈双边贸易的结构特征

现有文献通常用一国对贸易伙伴国的各类货物总出口（进口）额占该国对其贸易伙伴国总出口（进口）额的比重来衡量双边贸易商品结构，以分析该双边贸易的出口商品结构或进口商品结构。[②] 我们利用联合国COMTRADE数据，按照SITC1位数分类，计算中匈贸易中SITC1位各部门商品的出口和进口总额及其在中国对匈牙利总出口和总进口额中的占比。计算结果经过四舍五入处理，如表Ⅲ-3-2、表Ⅲ-3-3所示：

表Ⅲ-3-2　　按SITC分类中国对匈牙利出口额及其比重　（单位：亿美元,%）

年份	总额	SITC0	SITC1	SITC2	SITC3	SITC4	SITC5	SITC6	SITC7	SITC8	SITC9
2008	6.1	0	0	0	0	0	1	3	74	22	0
2009	5.3	0	0	0	0	0	1	3	74	22	0
2010	6.6	0	0	0	0	0	1	2	75	22	0
2011	6.8	0	0	0	0	0	2	3	76	20	0
2012	5.7	0	0	0	0	0	2	3	72	22	0
2013	5.7	0	0	0	0	0	2	3	75	19	0
2014	5.8	0	0	0	0	0	2	4	72	21	0
2015	5.2	0	0	0	0	0	3	4	68	24	0
2016	5.4	0	0	0	0	0	3	5	73	19	0

资料来源：https://comtrade.un.org/。

---

① 高静：《以互利共赢的制度保障双边经贸的顺利发展——中智自由贸易协定的意义》，《拉丁美洲研究》2006年第5期。

② 康成文：《中俄贸易市场及其潜力分析》，《北方经贸》2016年第10期。

表III-3-3　　按SITC分类中国对匈牙利进口额及其比重　（单位：亿美元,%）

年份	总额	SITC0	SITC1	SITC2	SITC3	SITC4	SITC5	SITC6	SITC7	SITC8	SITC9
2008	1.1	0	0	1	0	0	3	2	91	0	0
2009	1.2	0	0	1	0	0	3	2	89	4	0
2010	1.5	0	0	1	0	0	3	4	85	6	0
2011	1.7	0	0	3	0	0	2	4	84	6	0
2012	1.8	0	0	2	0	0	2	5	82	8	0
2013	2.0	0	0	2	0	0	4	7	76	10	0
2014	2.2	1	0	2	0	0	4	7	75	11	0
2015	1.5	2	0	1	0	0	6	6	72	11	0
2016	2.3	3	0	1	0	0	6	6	74	10	0

资料来源：https://comtrade.un.org/。

从表III-3-2、表III-3-3可以看出，2008—2016年，中国对匈牙利的出口额呈逐年下降趋势，出口产品基本集中在第7类和第8类，即"机械及运输设备"和"杂项制品"等产品。这两个部门在以往每年所占比重都较稳定，两项相加，占到中国对匈牙利出口产品的90%以上。与此同时，中国从匈牙利的进口主要集中于SITC7"机械及运输设备"，各年所占比重都在70%以上，2008年甚至达到了91%。从历年趋势上来看，SITC7部门所占比重呈现下降趋势，SITC5、6、8部门所占比重呈现上升趋势，特别是SITC8部门所占比重在近年达到了11%。

从以上分析可知，中匈贸易主要集中于机电产业，属于产业内贸易，结构较为单一。匈牙利自中国进口的机电设备中，电机和电气设备占主要比重，中国自匈牙利的进口则以机械设备为主。究其原因是匈牙利国内的重要工业主要是机械设备产业，其产值已超过其工业生产总值的1/3。机械设备产品近几年随着匈牙利对外贸易的增长已成为最主要的进出口商品，甚至已占整个对外贸易比重的50%以上，对匈牙利对外贸易额的增长具有重要的推动作用。但相较于欧盟其他发达国家，匈牙利机械设备产业的规模和产量就显得势单力薄，对市场需求的满足程度较低。因此匈牙利机电、电器类产品比如家电、视听设备、汽车等交通工具需要从国外进口来满足国内需求，随着需求的增大，机械设备的国内总产量逐年提高。

(二) 中匈双边贸易的竞争性与互补性

我们为了进一步发掘中匈双边贸易的互补性和双边贸易的发展潜力，本节采用联合国统计署 2007—2016 年中匈两国双边贸易数据，对中匈两国双边贸易的竞争和互补性进行分析，采用的主要指标为显示性比较优势（RCA）指数。指数以 1 为标准，大于 1 表示该国在该商品上具有比较优势，取值越大优势越明显。如果大于 1.25，表明该类商品具有较强的比较优势[①]。而如果 RCA 指数大于 2.5，则表明该类产品具有极强的比较优势。其中，商品分类标准基于 SITC Rev.4 分类[②]。利用 RCA 指数分析、度量中匈两国不同贸易品之间的互补性，可以为中匈两国贸易之间的互补性提供数据支撑，并可对两国各类产品在国际市场上的竞争优势进行比较分析。

由表 III-3-4 可以看出，2007—2016 年，除了匈牙利在 SITC 第 4 类产品（动植物油、脂和蜡）上的比较优势近年来明显增强以外，中匈两国在各类产品上的显示性比较优势变化不大。中匈两国在 SITC1-3 类的初级产品上贸易互补性较小，均不具备明显的比较优势。虽然匈牙利在 SITC0 粮食及活动物类产品以及第 4 类产品上具有一定比较优势，但其市场规模较小，难以满足外国市场的需求，因此与我国开展贸易的可能性不大；在第 5 类产品（药品、肥料、染料等化学制品）上匈牙利相对于中国具有比较优势，但两国均在国际上不具有比较优势。在第 6 类按材料分类的制成品如皮革、橡胶、纺织品、钢铁制成品等劳动密集型行业，中国具有比较优势。特别是在第 8 类杂项制品上，中国具有极强的竞争优势，而匈牙利则处在比较劣势的地位，因而双方在工业制成品上的贸易互补性极强。在第 7 类商品机械和运输设备上，两国均具有较强的比较竞争优势，这一情况符合两国在机电产业内贸易占比较大的现状。在 9 类未分类产品上，中国极具比较劣势，匈牙利相对于中国具有比较优势，但两国在

---

① 于津平：《中国与东亚主要国家和地区间的比较优势与贸易互补性》，《世界经济》2003 年第 5 期。

② 根据国际标准 SITC 三位数分类，对外贸易产品可分为 0—9 类，其中 0—4 类为初级商品，包括食品和供主要食用的活动物，饮料及烟类，非食用原料，矿物燃料、润滑油及有关原料和动植物油脂及蜡；5—9 类为工业制成品，包括化学品及有关产品，轻纺、橡胶和矿冶产品及相关制成品，机械及运输设备，杂项制品和其他未分类产品。

国际上都处于比较劣势。

表Ⅲ-3-4　中国—匈牙利2007—2016年显示性比较优势指数

商品	0类(SITC)		1类(SITC)		2类(SITC)		3类(SITC)		4类(SITC)	
年份	中国	匈牙利	中国	匈牙利	中国	匈牙利	中国	匈牙利	中国	匈牙利
2007	0.50	1.10	0.15	0.36	0.21	0.45	0.13	0.21	0.06	0.43
2008	0.44	1.13	0.14	0.43	0.23	0.52	0.13	0.19	0.07	0.52
2009	0.43	1.05	0.15	0.29	0.20	0.50	0.15	0.21	0.07	0.76
2010	0.46	1.11	0.15	0.41	0.18	0.49	0.13	0.20	0.05	0.63
2011	0.46	1.14	0.16	0.48	0.18	0.54	0.11	0.22	0.05	0.78
2012	0.44	1.24	0.16	0.44	0.17	0.63	0.10	0.25	0.05	0.91
2013	0.42	1.20	0.15	0.64	0.17	0.55	0.10	0.23	0.05	1.46
2014	0.41	1.12	0.15	0.5	0.18	0.53	0.10	0.23	0.06	1.18
2015	0.40	1.05	0.17	0.43	0.18	0.48	0.12	0.23	0.06	1.07
2016	0.44	0.96	0.19	0.46	0.18	0.47	0.15	0.21	0.05	0.90
商品	5类(SITC)		6类(SITC)		7类(SITC)		8类(SITC)		9类(SITC)	
年份	中国	匈牙利	中国	匈牙利	中国	匈牙利	中国	匈牙利	中国	匈牙利
2007	0.47	0.68	1.25	0.64	1.28	1.57	2.22	0.70	0.04	1.76
2008	0.53	0.73	1.34	0.68	1.37	1.65	2.26	0.70	0.03	1.63
2009	0.43	0.72	1.2	0.71	1.39	1.63	2.07	0.65	0.03	1.08
2010	0.49	0.77	1.21	0.72	1.41	1.63	2.12	0.69	0.02	1.06
2011	0.55	0.86	1.28	0.76	1.44	1.67	2.23	0.75	0.03	0.93
2012	0.52	0.95	1.3	0.83	1.42	1.55	2.35	0.76	0.01	0.86
2013	0.51	1.01	1.33	0.87	1.43	1.6	2.35	0.8	0.01	0.49
2014	0.53	0.99	1.37	0.84	1.35	1.59	2.25	0.79	0.02	0.47
2015	0.51	0.99	1.36	0.82	1.27	1.54	2.04	0.68	0.02	0.38
2016	0.52	0.93	1.35	0.83	1.26	1.52	1.99	0.74	0.04	0.43

资料来源：https://comtrade.un.org/。

通过以上分析说明中匈双方在0类、4类、6类、8类这几类产品上具有较强的潜在贸易互补性，7类产品双方都具有较强的比较竞争优势，双方在该类产品的产业内贸易繁荣。以上充分说明两国贸易产品具有很强的互补性。

为进一步分析双方贸易的互补性，本文根据Peter Drysdale 1967年提出的两国间贸易互补指数测量方法计算了2007—2016年中国与中东欧国家之间的贸易互补度。具体计算公式为：

$$c_{ij} = \sum (RCA_{xik} \times RCAmjk) \times W_k/WC_{ij}^k = RCA_{xik} \times RCA_{mjk}$$

其中 $RCA_{xik} = (X_i^k \div X_i)/(X_w^k \div X_w)$　　$RCA_{mjk} = (M_j^k \div M_j)/(X_w^k \div X_w)$

公式中的 i，j 分别为国家 i 和国家 j，X_i^k 为 i 国 k 商品出口额，X_i 为 i 国总出口额，X_w^k 为世界 k 商品总出口额，X_w 为世界总出口额，M_j^k 为 j 国 k 商品进口额，M_j 为 j 国总进口额，W_k 为 k 商品的世界进口额，W 为世界进口总额。RCA_{xik} 为 i 国 k 商品的比较优势，RCA_{mjk} 为 j 国 k 商品的比较劣势。C_{ij} 为 i，j 两国总体贸易互补性，C_{ij}^k 为两国 k 商品的贸易互补性。C_{ij} 越大表明一国的出口商品与另一国的进口商品相契合的度越高，两国贸易互补性越强。一般认为，当贸易互补性指数大于 1 时，表明出口国同进口国的互补性高于其他市场的平均水平，两国的贸易关系则比较紧密。反之，则两国贸易互补性较小，贸易发展潜力受到限制。

通过分析表Ⅲ-3-5可知，中国出口在SITC6、SITC7和SITC8上与匈牙利进口的互补性很强，高于世界其他市场的平均水平，这三个行业都是中国具有比较优势的行业，说明中国目前在该行业上集中出口的产品与匈牙利集中进口的产品相吻合，贸易关系的发展将使双方现有的生产模式得以维持。在SITC0和SITC5上中国出口和匈牙利进口有一定贸易互补性，结合双方的显示性比较优势指数看，在这两个行业上，匈牙利相对于中国具有比较优势，因此中国对匈牙利出口不多。在其他行业上双方的贸易互补性较低，贸易发展潜力受到限制。

表Ⅲ-3-5　　　　　　　中国出口与匈牙利国进口双边互补性

年份	SITC0	SITC1	SITC2	SITC3	SITC4	SITC5	SITC6	SITC7	SITC8	SITC9
2007	0.34	0.09	0.08	0.09	0.02	0.38	1.22	1.69	1.34	0.07
2008	0.30	0.09	0.08	0.07	0.03	0.47	1.29	1.82	1.37	0.07
2009	0.32	0.11	0.07	0.07	0.02	0.39	1.18	1.89	1.24	0.05
2010	0.33	0.09	0.08	0.08	0.03	0.45	1.19	1.96	1.22	0.03
2011	0.34	0.10	0.09	0.07	0.02	0.57	1.33	1.99	1.32	0.03
2012	0.33	0.10	0.09	0.07	0.02	0.55	1.40	1.90	1.30	0.02
2013	0.30	0.09	0.08	0.07	0.03	0.53	1.52	1.92	1.37	0.01

续表

年份	SITC0	SITC1	SITC2	SITC3	SITC4	SITC5	SITC6	SITC7	SITC8	SITC9
2014	0.28	0.09	0.09	0.08	0.02	0.56	1.50	1.76	1.36	0.02
2015	0.28	0.11	0.09	0.10	0.02	0.55	1.48	1.63	1.22	0.02
2016	0.29	0.12	0.09	0.11	0.02	0.54	1.50	1.58	1.30	0.04

资料来源：根据联合国 comtrade 数据库计算所得。

通过以上分析可知，要平衡双边的贸易关系，使双边贸易持续稳定地健康发展，双方还需要调整产业结构，扩大互补性行业的贸易，扩展匈牙利优势产品出口中国的渠道，促进双方优势互补。

(三) 中匈贸易增长的潜力分析

为进一步分析中匈贸易增长的来源及其未来发展的潜力，我们从产品竞争力的提升和市场需求的扩大两个方面分析中匈贸易增长的动因。基于比较优势理论，一国产品的竞争力提升会导致双边贸易进一步深化和扩大，而市场需求扩大，又会直接刺激进出口贸易规模的扩大，从而促进两国贸易水平不断提高。一国产品竞争力的提升是内生的、可控制的因素，而市场需求扩大则是出口国所不能控制的、外生性因素决定的[①]。下面，我们运用市场份额模型，来分析中匈双边贸易增长的动因，其计算公式为：

$$x = m + \delta(1+m)$$

式中，$x = \dfrac{xijt - xij0}{xij0}$，$m = \dfrac{Mjt - Mij0}{Mj0}$，$\delta = \dfrac{Sjt - Sj0}{Sj0} = \dfrac{xijt/Mjt - xij0/Mj0}{xij0/Mj0}$，

$\delta = \dfrac{xij}{Mj}$

公式中 x 表示出口增长率；m 表示市场扩大效应；$\delta(1+m)$ 表示竞争力提升效应，可进一步分解为 δ 和 δm。其中，δ 表示市场份额的增长，而 δm 则表示市场份额增长和市场扩大的相互作用效应。市场扩大效应反映了一个国家在保持其出口份额不变的情况下，世界出口增长所产生的影响。竞争力提升效应则反映了相对竞争力变化所造成的额外出口增长。式

---

① 龙海雯、施本植：《中国与中东欧国家贸易竞争性、互补性及贸易潜力研究》，《广西社会科学》2016 年第 2 期。

中的 x、m、s 均表示其所代表因素的增长率,在其表达式中,x_{ijt} 和 x_{ij0} 分别表示在 t 期和 0 期,i 国对 j 国的出口额;而 M_{jt} 和 M_{j0} 分别表示在 t 期和 0 期,j 国从世界的总进口额;S_{jt} 和 S_{j0} 分别表示在 t 期和 0 期,i 国对 j 国的总出口额占 j 国总进口额的比重。

根据上述公式,利用联合国 COMTRADE 数据库数据,我们计算 2008—2016 年中匈双边贸易增长的动因及其变化如表Ⅲ-3-6 和表Ⅲ-3-7 所示。

表Ⅲ-3-6　　　　匈牙利对中国的出口增长来源　　　　（%）

年份	出口增长率 x	市场扩大效应 m	竞争力提升效应 s(1+m)	市场份额增长 s	相互作用效应
2008—2009	9.38	-11.21	20.59	23.19	-2.60
2009—2010	25.97	38.77	-12.80	-9.23	-3.58
2010—2011	10.29	24.86	-14.57	-11.67	-2.90
2011—2012	7.36	4.30	3.05	2.93	0.13
2012—2013	10.16	7.26	2.90	2.70	0.20
2013—2014	7.90	0.46	7.44	7.40	0.03
2014—2015	-16.56	-14.24	-2.31	-2.70	0.38
2015—2016	25.03	-5.48	30.50	32.27	-1.77
2008—2016 累计	79.52	44.72	34.80	44.90	-10.10

资料来源:联合国 COMTRADE 数据库,https://comtrade.un.org/。

表Ⅲ-3-7　　　　中国对匈牙利的出口增长来源　　　　（%）

年份	出口增长率 x	市场扩大效应 m	竞争力提升效应 s(1+m)	市场份额增长 s	相互作用效应
2008—2009	-12.35	-28.98	16.63	23.42	-6.79
2009—2010	21.97	13.15	8.82	7.79	1.02
2010—2011	4.42	15.98	-11.56	-9.97	-1.59
2011—2012	-15.69	-7.03	-8.66	-9.32	0.66
2012—2013	-0.80	4.66	-5.46	-5.22	-0.24
2013—2014	1.26	4.50	-3.24	-3.10	-0.14

续表

年份	出口增长率 x	市场扩大效应 m	竞争力提升效应 s（1+m）	市场份额增长 s	相互作用效应
2014—2015	-9.84	-11.97	2.13	2.42	-0.29
2015—2016	4.35	1.41	2.94	2.90	0.04
2008—2016累计	-6.68	-8.29	1.61	8.93	-7.33

资料来源：https://comtrade.un.org/。

从表Ⅲ-3-6、表Ⅲ-3-7的数据可知，

第一，2008—2016年，匈牙利对中国出口的累计增长率为79.52%，其中市场扩大效应所占份额为44.72%，竞争力提升效应为34.8%，市场份额增长44.9%，相互作用效应为-10.1%。可见匈牙利对中国的出口的增长主要优势来源于市场扩大效应，特别是在2009—2010年以及2010—2011年间。

第二，中国对匈牙利累计出口增长-6.68%，其中市场扩大效应为-8.29%，竞争力提升效应为1.61%；竞争力提升效应中市场份额增长为8.93%，相互作用效应为-7.33%。可以看出，中国近年来对匈牙利出口面临的形势十分严峻，匈牙利市场受到金融危机、欧债危机的影响较大，且危机滞后性影响尚未散去，因而市场波动性较大导致市场扩大效应为负值。表明我国在随着世界出口增长的情形下对匈牙利的出口呈现负面发展的趋势。竞争力提升效应也只达到了1.61%，表明我国对匈牙利出口商品竞争力有待提高。

第三，从以上分析可知，2008—2016年匈牙利对中国出口的累计增长效应显著，匈牙利出口的市场扩大效应和竞争力提升效应都明显高于中国。可见，近年来，中匈双边贸易的增长主要来源于匈牙利出口品对中国的市场扩大效应和竞争力提升效应，其中匈牙利本国的竞争力提升对两国的贸易增长起到了至关重要的作用。

影响市场扩大效应的主要因素为目标市场（即进口国）的收入水平及其变化，而出口国的国内需求程度、生产技术水平以及贸易政策等，则是影响竞争力提升效应的弹性因素。改善这些因素的一个重要方式就是保持贸易当事国经济的持续增长。

自改革开放以来，中国经济实现了持续高速增长，虽然经历了 2008 年的美国次贷危机，中国经济仍然保持强劲增长势头，2015 年中国经济增长率为 6.9%，虽然较之前一段时间增速明显放缓，但在世界上仍然处于领先水平。匈牙利经济在经历次贷危机以后不久就实现了经济的复苏，这在东欧各国中都十分抢眼，2014 年匈牙利经济增长率一度达到了 7%，虽然在 2015 年有所降低，但仍然保持了 4.7% 的较高经济增长水平。中匈两国经济的健康稳定发展有效地扩大了两国的国内消费市场，为中匈双边贸易市场的扩大和贸易增长提供了坚实的物质基础。总之，中匈两国经济自美国次贷危机以来保持了良好的增长纪录，未来经济增长潜力巨大。伴随两国经济的持续增长，两国未来贸易也将会持续增长，并且两国贸易发展潜力巨大。

第三节　中匈投资概况

(一) 匈牙利吸引外资的现状

匈牙利曾是中东欧国家引进外资最多的国家之一，大量外资流入在促进生产现代化、国有资产私有化、增加就业机会、培育出口产业和改善国际收支平衡等方面发挥了重大作用。但随着该国国内私有化资源的枯竭、紧缩政策的实行和工资的增长，以及其他国家私有化计划的实施，匈牙利在吸引外资方面面临越来越多的地区竞争压力。匈牙利经济在历经转轨风波之后，在 1993 年进入了正常的发展阶段。1998—2000 年经济增长明显，2000 年达到 6.5%。2000—2003 年，经济增长有所放缓，但是经济增长率也达到了 2.5%—3.5% 的水平，是欧盟平均增长率的 2 倍。2003 年，匈牙利吸引外资达 21 亿美元，其中来自德国的资金位居第一，占全国外资金额的 34%，其次还有荷兰、美国等国家。外资近一半进入匈牙利制造业领域及通信、物流、服务业和金融领域。在工业体系中外资主要集中在电子元件制造和汽车制造两大方面。劳动力方面，匈牙利整体教育产业发展完整，人力资本丰腴，成本相对低廉，因此成为中东欧地区外商重要的投资目的地。匈牙利加入欧盟以后吸引外资流量明显增长。

从图 III-3-2 可以看出，虽然 2008 年金融危机爆发后匈牙利吸引外资流量有大幅度下降，但从 2010 年开始国内外资流量又开始呈现上升趋势。近几年由于受到欧债危机，英国脱欧以及全球经济复苏疲软等不利影响，匈牙利国内外资流量处于较低水平。可见，我国对匈牙利的投资又一次出现了窗口期。

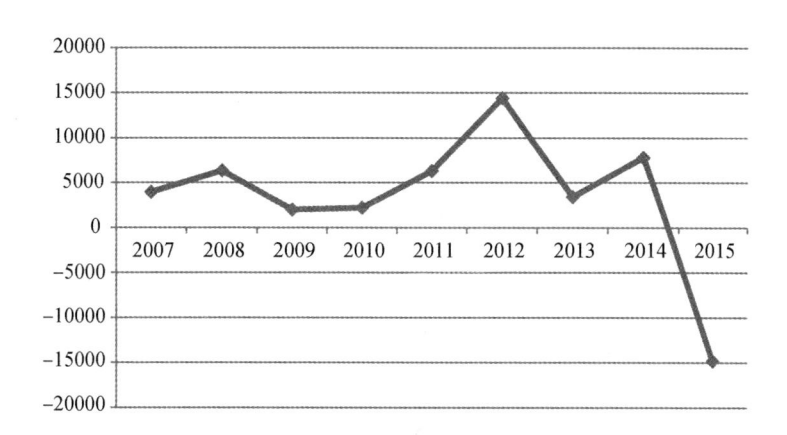

图Ⅲ-3-2 2007—2015年匈牙利吸收外资流量（单位：百万美元）

资料来源：联合国贸易和发展会议网站，http://unctadstat.unctad.org。

（二）中国对外直接投资现状

然而，尽管我国企业对外投资整体增长迅速，对中东欧十六国的投资一直是块短板。近年来，随着"一带一路"倡议的实施和"16+1"机制的逐步落实，我国对中东欧16国的投资迅速增长。2016年底我国对中东欧十六国的投资存量约为16.67亿美元[1]，占当年我国对外投资总存量的0.12%。按存量计算，2016年我国对中东欧十六国投资主要集中在罗马尼亚、波兰、匈牙利、保加利亚、捷克、塞尔维亚和斯洛伐克，其中匈牙利占比第三，仅次于罗马尼亚和波兰，为18.82%。按流量计算，匈牙利是2016年吸引我国外商直接投资最多的中东欧国家，为5746万美元，占当年中东欧16国吸引中国外商直接投资流量的62.44%。

从图Ⅲ-3-4可以看出，金融危机之后，我国对匈牙利的直接投资经历了爆发式增长过程，表现在2009—2010年我国对匈牙利投资的一个跳跃式增长，随后在一个较高位置上平稳增长。匈牙利一度是我国对中东

---

[1] 资料来源：《2016年度中国对外直接投资统计公报》。

欧16国投资存量最多的国家，2016年投资存量有所下降，但投资流量继续大幅增长。虽然相对于整个欧洲和欧盟发达国家而言，我国对中东欧16国的投资占整个欧洲投资的比例远远小于该地区国家的经济总量与人口总量占欧洲的比例，难以与该地区在"一带一路"倡议中的重要地位相匹配。但是近年来我国对该地区投资流量的增长率远远高于我国对全球的投资增长率，甚至也高于对欧洲整体的投资增长率，可见目前我国已逐渐加强在中东欧国家的投资力度。而匈牙利是我国在中东欧地区最重要的投资目的国之一。

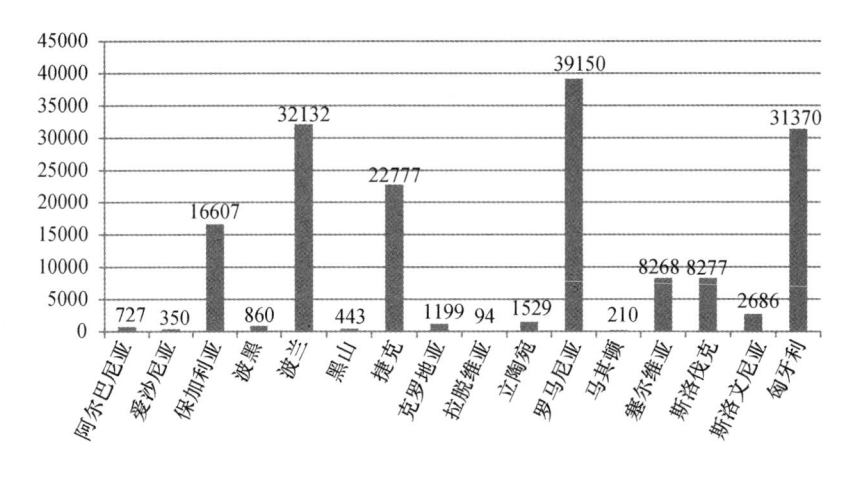

图Ⅲ-3-3　2016年我国对中东欧十六国直接投资存量情况（单位：万美元）

资料来源：根据《2016年度中国对外直接投资统计公报》整理所得。

伴随中匈两国双边贸易的不断深入发展，两国投资规模也稳步增长。目前在匈牙利较大的中资企业有40多家，经营范围主要涉及金融、航空、餐饮、家电、重工、通信、物流等多个领域。匈牙利中国投资企业及商业联合会（简称"匈牙利中资企业商会"）经中华人民共和国商务部批准于2005年9月成立，它按照商务部相关规定及商会章程，致力于进一步扩大中资企业在匈牙利的影响力。经过多年的发展，匈牙利已经成为中东欧地区中资企业最为集中的国家之一。在中匈双方政府的大力推动下，已经有大批中国企业进入匈牙利，开设分支机构或是投资办厂。其中具有代表性的企业有：中国银行于2003年在布达佩斯开设的分行。这是中方在匈

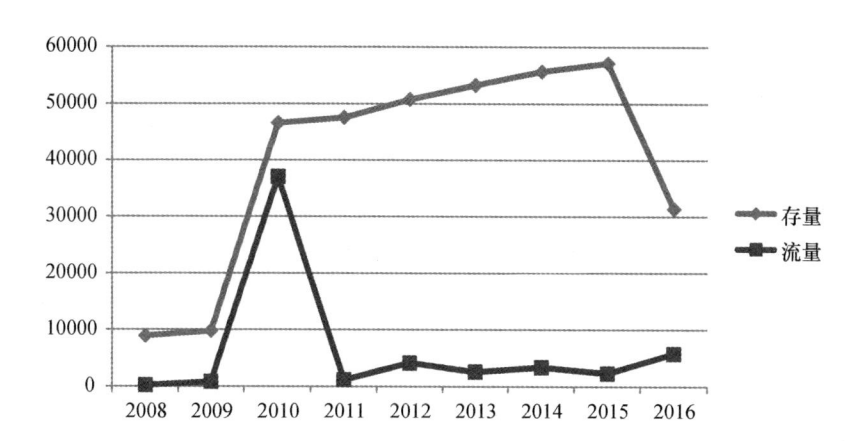

第三章 "一带一路"与投资贸易关系　491

图Ⅲ-3-4　2008—2016年我国对匈牙利直接投资流量和存量情况（单位：万美元）
资料来源：根据《2016年度中国对外直接投资统计公报》整理所得。

牙利开设的第一家中资银行。另外有很多其他中国企业包括"中兴"和"华为"等大型企业。随后的家电企业包括海信、TCL王牌、联想等也纷纷进驻匈牙利，在这里进行相关产品的组装和生产。这显然是看中了匈牙利在欧洲的优越的地理位置和发达的分销网络。

（三）中国企业在匈牙利投资的主要特点

总体而言，中国企业在匈牙利的投资呈现出以下特点：

1. 注重投资布局的整体性，重视产品生产、加工和销售链的整体转移。

例如，华为欧洲供应中心2009年在匈牙利落成，作为华为全球供应链布局的主要组成部分，华为欧洲供应中心业务覆盖欧洲、中亚、俄罗斯、北非5个区域的47个国家和地区，承担了华为公司面向整个泛欧区域的货物制造、集散、中转、派送功能，向客户供应无线、微波、光网、接入网、数通等华为主流产品，提供欧洲2周、非欧2—4周的供应服务，使供应网络更贴近客户。而近两年发展的逆向和维修业务，使华为供应链在低碳、环保、绿色等社会责任中发挥了更大、更积极的作用。目前，华为欧洲供应中心在匈牙利设有多个合作工厂和物流中心，生产及仓储面积数万平方米，2015年进出口货物金额达到数十亿美金。

2. 通过绿地投资、并购、合资等方式将具体的生产模式落地中东欧

（如基础设施建设、机械制造、信息和服务业以及农产品开发等），中国绝大多数企业都选择这种做法来对匈牙利进行投资。例如，2004年海信在匈牙利投资2.5亿元人民币，建成了一条电视机生产线，开始生产中高档的传统显像管电视以及液晶和等离子电视机，相关散件由"海信公司"从国内提供。通过匈牙利的海信工厂，海信电视实现对法国、意大利等欧洲十几个国家和地区的全面辐射。海信这种以重点地区突破来辐射周边市场的运作模式，很好地避开了贸易壁垒，有利于中国品牌在国际市场上快速成长。

3. 注重对中东欧投资的软环境建设。中国政府大力推动中国和中东欧的文化交流，开办各种投资交流论坛，派遣"投资促进团"到中东欧国家来推进投资，加强信息交流与经验共享，尤其是邀请中东欧国家主管官员来华培训。中方还设立中国和中东欧文化交流机制以及研究基金等推进对中东欧地区的了解。

第四节　中国企业在匈投资面临的机遇与挑战

（一）中国企业在匈投资面临的机遇

重大的投资机遇往往发生在某国家或地区经历重大转型、变革或者具有资源禀赋的国家因国家动荡而重新洗牌（如西方对战后利比亚能源格局的重新分配）等。中东欧国家曾在苏联东欧剧变后向中国展现出一次巨大的投资机遇，但由于当时中国投资能力有限，错过了这次机遇。而2010年欧债危机的爆发、2015年英国脱欧这一黑天鹅事件的爆出，欧洲经济复苏的不确定性进一步深化。同时，欧元区危机也严重影响到匈牙利的经济增长和社会稳定，因而其开始转向东方国家寻求更为密切的合作机会来推动经济增长。而我国近年来经济迅猛发展，外汇储备充足，我国又在基础设施、信息技术通信产业等方面取得了长足的进步，因而对匈牙利具有十分巨大的投资优势。

1. 欧债危机带来的投资机遇

欧债危机导致汇率波动，欧元持续下跌，匈牙利福林也继续贬值。人民币对欧元大幅度升值，这对于中国企业意味着投资者的投资财富增加，增强了中国企业在匈牙利市场上的购买力，有利于中国企业在匈牙利的并购行为，收购匈牙利的优质资产。例如，2011年，万华实业集团收购了

Borsodchem 公司，该公司是匈牙利最大的化工公司，是迄今为止中国在中东欧地区最大的投资并购项目。

2. 匈牙利政府对外提供的投资优惠机遇

中东欧各国受欧债危机影响，经济增长放缓。经济的低迷导致许多企业面临财务困境，甚至倒闭，失业率上升。于是各国逐步放开了准入条件，鼓励外国投资者进行兼并或收购。在此背景下匈牙利政府积极制定投资优惠政策，努力改进营商环境。目前，已经做到了以下几点：

（1）将公司税税率降到中东欧地区最低（10%/19%）；

（2）制定了新的、更加灵活的、充分保障雇主利益的劳动法；

（3）根据劳动市场需求重新调整了高等教育；

（4）迎合经营者需求制定了新的职业培训方案；

（5）设立自由工业区，提供特别的税务优惠和特别贡献津贴；

（6）制定了就业保护行动计划来保护特定就业群体的利益，降低雇主成本；

（7）与大量公司签署了战略协定。

匈牙利政府同时确定了对外商投资的优惠政策：

（1）优惠政策框架

外商投资在匈牙利享受国民待遇。匈牙利的优惠政策主要有5种：欧盟基金支持、匈牙利政府补贴、税收减免、培训补贴和就业补贴（见表III-3-8）。

表III-3-8　　　　匈牙利投资优惠政策框架

优惠政策	补贴方式	补贴金额	申请方式	主管部门	申请条件
匈牙利政府补贴	现金、事后补贴	由匈牙利政府单独决定	向匈牙利投资贸易局提交相关材料	匈牙利政府	投资额超过2500万欧元或超过1000万欧元但无法申请欧盟基金；至少创造50个新工作岗位，或为优先发展地区创造25个新工作岗位
欧盟基金补贴	现金、事后补贴，不能同时申请匈牙利政府补贴	最多投资额的35%，约32万至320万欧元	向匈牙利经济发展中心提交投标申请文件	国家发展局	主要针对综合技术和劳动密集型企业；最低投资额92万欧元；创造新工作岗位；在匈牙利中部以外地区

续表

优惠政策	补贴方式	补贴金额	申请方式	主管部门	申请条件
税收减免	投产后的税收减免	投产后10年内，每年企业所得税减免80%	向匈牙利投资贸易局提交申请	国家经济部	投产后10年内，每年企业所得税减免80%
培训补贴	现金、事后补贴	培训费用的25%—90%	向匈牙利投资贸易局提交意向函	国家经济部	新创造50个工作岗位；该决定由匈牙利政府单独做出
就业补贴	现金、事后补贴	每个项目110万欧元	向匈牙利投资贸易局提交申请函	国家经济部	在优先发展地区最少创造500个新工作岗位；由匈牙利政府单独做出决定

资料来源：中华人民共和国驻匈牙利经商参赞处，http://hu.mofcom.gov.cn/article/ddfg/tzzhch/201504/20150400958983.shtml。

(2) 行业鼓励政策

匈牙利希望外国投资的重点领域是汽车、生物制药、电子、食品加工、可再生能源及服务业，并在优惠政策总体框架内给予支持。

(3) 地区鼓励政策

匈牙利根据欧盟规定，确定了不同规模企业在匈牙利不同地区投资，政府支持资金占投资总额的比例上限（表III-3-9）。

表III-3-9　　　　　匈牙利地区投资鼓励政策一览

地区＼企业	大布达佩斯地区	佩斯州、久尔—莫松—索普隆州、沃什州、佐洛州	科马罗姆—埃斯泰尔戈姆州、费耶尔州、维斯普雷姆州	巴奇—基什孔州、巴兰尼亚州、贝凯什州、包尔绍德—奥包乌伊—曾普伦州、琼格拉德州、豪伊杜—比豪尔州、赫维什州、加兹—纳杰孔—索尔诺克州、绍莫吉州、索博尔奇—索特马尔—贝拉格州、托尔瑙州
雇员少于50人；投资额不超过1000万欧元（或营业额不超过1000万欧元）	12%	36%	48%	60%

续表

地区 \ 企业	大布达佩斯地区	佩斯州、久尔—莫松—索普隆州、沃什州、佐洛州	科马罗姆—埃斯泰尔戈姆州、费耶尔州、维斯普雷姆州	巴奇—基什孔州、巴兰尼亚州、贝凯什州、包尔绍德—奥包乌伊—曾普伦州、琼格拉德州、豪伊杜—比豪尔州、赫维什州、加兹—纳杰孔—索尔诺克州、绍莫吉州、索博尔奇—索特马尔—贝拉格州、托尔瑙州
雇员少于250人；投资额不超过4300万欧元	11%	33%	44%	55%
投资额不超过5000万欧元	10%	30%	40%	50%
投资额在5000万欧元与1亿欧元之间	5%	15%	20%	25%
投资额超过1亿欧元	3.4%	10.2%	13.6%	17%

资料来源：匈牙利投资促进局 https：//hipa.hu/main。

3. 发展高新技术，提升价值链地位的机遇

当前我国正处于经济结构发展转型的重要时期，高新技术对于我国实现经济又一次跨越式增长的作用不言而喻。但是，从目前的情况来看，大部分的高新技术都由发达国家发明并被其垄断，中国企业在这方面的控制权较小。相对来说，匈牙利由于其整体的教育水平较高，国内的劳动力素质也较好，因而在通信技术、能源与环境改进技术、汽车制造等方面都比我国领先。由于欧债危机的影响，部分技术公司处于资金短缺的境地，有的甚至到了无法经营的地步，这就为中国提供了良好的投资机会。中国企业通过跨国兼并，并购等措施，在获得目标公司实物资产的同时，也掌握了目标公司的技术，专利，管理方法等无形资产，这为提高我国企业的竞争能力提供了良好的机会。

4. 特定产业的投资机遇

匈牙利有着优美的自然风光、悠久的民族传统文化和众多的历史名胜古迹，旅游资源十分丰富。但由于基础设施不足，目前匈牙利旅游接待能力受到一定限制。为更好地发挥旅游资源优势，近年来匈牙利政府积极鼓

励外国投资其旅游业。最近，匈牙利专门发布了期待外国投资的各项旅游开发招标项目，这不失为我国扩大在匈牙利投资的一项重大机遇。

另外在物流行业，匈牙利地处欧洲腹地，是连接东西欧的重要桥梁，发展物流业具有得天独厚的优势。目前，全球 50 家最大的跨国公司中已有 45 家在匈设有分公司或合资企业，日益强大的加工制造能力和贸易辐射效应，使匈牙利有极大潜力成为欧洲的金融、贸易中心和物流配送枢纽。投资匈牙利物流业不仅有利于我国企业进一步同中东欧国家开展贸易往来，而且有利于我国更好地与整个欧洲发展贸易和经济交流。随着东西欧贸易进一步扩大，特别是中国产品通过匈牙利向中东欧转口贸易增加，匈牙利作为本地区物流配送枢纽的地位将会得到进一步巩固，对物流业的投资需求将进一步增加，未来物流业将会有巨大的增长潜力。目前正是我国企业投资匈牙利物流业、抢占其物流业未来市场的大好时机。

最后，匈牙利在生物燃料、沼气、地热和太阳能能源方面发展前景巨大。匈政府已经制订了长期规划增加可替代能源的应用，并确定改进能源消费结构和中央财政对再生能源业的支持。匈牙利政府承诺到 2020 年将可再生能源消费提高到其能源总消耗的 13%，将可再生电力从 2006 年的 1630GW 提高到 2020 年的 9470GW（增长 480%）。同时，目前匈牙利电力设施亟待升级换代，而我国火电、水电包括抽水蓄能电站设备制造和安装具有世界领先水平，核电、风电、光电技术也很成熟，设备加工能力全球一流，性价比高，未来对匈牙利可再生能源领域的投资前景十分广阔。

（二）中国企业在匈投资面临的挑战

1. 欧盟市场对中国企业进入的壁垒

中方企业借投资将产品生产在匈牙利实行本土化战略，将整个产业链迁移到匈牙利，并实现产业的转型升级，以匈牙利为中心将整个欧洲市场作为目标市场，这种投资方式具备一定的投资风险。因为其他欧盟国家一开始就在密切关注中方的投资动向。一些欧洲官员表示，如果中方的投资会切实增加中东欧国家的就业岗位，并提供职业培训等收益，将会受到欢迎。如果仅仅将匈牙利当作商品集散地和分销中心，中东欧国家得不到任何好处的话，欧盟国家将会强烈反对。其次，中方和匈方的产业发展趋势日益相同，双方都以制造业作为主要产业，同时又服务于同一个欧盟市场。因此，中方企业的进入会在一定程度上和匈牙利企业形成竞争关系。

再者，中东欧国家包括匈牙利在内的优质资产大部分都被西欧国家原先在20世纪90年代进入的企业所垄断。中方企业想要获取优质资产的难度进一步加大。并且，随着匈牙利加入欧盟，匈牙利对于外资企业的准入条件也与西欧国家的标准接轨，进一步增加了中资企业的进入难度。

2. 中国企业对当地市场缺乏了解

由于匈牙利独特的地理位置和良好的投资环境，对中方有着良好的吸引力，但是目前的投资必须要了解当地的市场情况来进行深度的市场调查。中方进入匈牙利市场必须要探索哪一领域适合自己的发展或有哪些领域需要中国企业的参与。但实际上，中方企业常常因为匈方优厚的优惠政策而盲目进入匈牙利市场。由于没有做好足够的市场调查工作，不够了解当地的市场情况，后来才发现当地的需求不足造成重复投资，恶性竞争，影响投资的整体性收益。

3. 当地媒体的压力

虽然匈牙利政府非常欢迎并且支持中国企业投资匈牙利，但这并不意味着匈牙利民间对中国企业的投资行为也十分欢迎。特别对于当地的媒体来说，可能会给中国品牌带来不少负面影响，对中国企业的投资行为造成压力。在中国企业进入中东欧国家之初，当地部分媒体大肆渲染中国利用公平交易规则和价格倾销，来实行不公平竞争。一些当地的智库建议，中东欧各国应当团结起来与中国讨价还价，这样才能抵御中国的经济"入侵"。媒体的宣传，加上中东欧国家人民对中国的不了解，而且在其转型以后对中国制度在一定程度上的不认同，都会推动当地舆论环境朝着对中国投资不利的方向发展。

4. 汇率风险

匈牙利的一些特定产业进行投资活动时，匈方通常会要求投资方使用匈牙利本国货币作为交易和结算的工具，然而在世界经济和金融市场的不稳定情况下，匈牙利福林的稳定性和保值性都比较弱，中国企业在对匈牙利的一些特定产业进行投资时，面临着巨大的汇率风险。近期，欧盟经济发展停滞，难民问题严重，欧洲市场的不确定性进一步加大，在此背景下，匈牙利资本市场风险也逐步加大。匈牙利经济发展严重依赖外资，国际收支逆差巨大。国际收支逆差大意味着匈牙利以外币计价的进口商品大大多于出口商品，外汇供不应求，导致外汇储备减少。外汇储备减少使得匈牙利干预外汇市场和维持汇价稳定的能力减弱。因此，福林对不利的国际影响是敏感的，非常容易受到冲击。另外匈牙利外债规模逐年上涨，外汇储备相对较少。一个国家的短期外债居多，将会直接冲击外汇储备，间接对该国的汇率水平造成冲击。

第四章 基础设施合作

从国家战略而言，匈牙利政府采取的"向东开放"战略和中国的"一带一路"倡议合作不谋而合；从历史背景来看，匈牙利同中国常年保持着友好关系，双方政府官员合作愿望强烈。从地理地位而言，匈牙利是欧洲交通网络枢纽之一，也是中国商品在欧洲重要的物流集散中心，频繁的贸易往来对相应的物流配套设施建设提出了巨大的需求。从现实可行性而言，匈牙利也对发展国内落后的基础设施，完全采纳欧盟交通标准十分重视，对铁路和高速公路、电力设施等领域的升级改造存在刚需。[①] 而中国基础设施发展较为成熟，技术和成本都具有比较优势，同时相比于审批程序复杂的欧盟资金，中国也有能力为基础设施项目提供融资。

第一节 合作概况

基础设施是国民经济发展的重要支柱和基础。基础设施建设对提升民众生活质量，促进当地经济发展具有重要意义。近年来，随着"16+1"合作平台和"一带一路"倡议的推进，中匈两国在交通、能源、物流和通信等诸多基础设施领域展开了密切的合作和交流。其中，主要的标志性合作成果是"匈塞铁路"和"中欧陆海快线"。总体而言，在基础设施建设方面，中匈两国合作成果丰硕，双方合作力度日趋增大，合作领域不断扩展。

---

① 据匈通社2018年6月15日报道，为了加强匈牙利在物流方面的地位，完成跨欧盟联通项目，到2022年，匈牙利政府将花费4万亿福林（约合130亿欧元）发展公路和铁路并改善电力设施。在未来的几年里，匈牙利计划提供2.5万亿福林（约合77亿欧元）修建大约900千米高速公路，1.5万亿福林（约44亿欧元）实现900千米铁轨现代化。

(一) 合作成果粗具规模

中国企业自 2012 年起就积极参与到匈牙利的基础设施建设项目中，并在匈牙利的公路、铁路、航空、港口、电力和通信等领域展开了密切合作。2015 年，中匈塞三国政府签署的《匈塞铁路项目合作谅解备忘录》为两国在基建领域的合作拉开了新帷幕。

目前，中匈双方在基础设施合作领域粗具规模，主要成果集中于交通运输、产能合作、通信领域和物流基础设施这四个方面。具体而言，在交通运输方面有"匈塞铁路""中欧陆海快线"以及由中民航承运的"北京—布达佩斯直航"，初步形成了"海陆空"三位一体的互联互通格局；在产能合作方面，有以清洁能源为代表的"格林斯乐光伏电站"和"中匈清洁能源技术中心"，水利合作的"中匈水务研究中心"和匈牙利污水处理企业奥尼卡公司（中国）；在通信领域，有华为、中兴、联想等通信设备制造商，致力于互联网接入的"星空年代"宽带服务商等。另外，一大批工业园区、物流园区等基建项目正在加紧推进或者已经投入运营，如匈牙利中欧商贸物流园、中车产业投资有限公司欧洲办公室以及在计划中的国际货运机场建设。可以看出，中匈两国在基础设施领域的合作已在各个领域初步形成规模。

(二) 合作意愿和前景乐观

从发展前景来看，中匈的基础设施合作还具有很强的生命力，这主要来源于两国之间密切的经贸合作和友好的政治互动。

首先，稳定而强劲的经贸合作势头对中匈两国的基础设施合作产生了刚需。据我国海关统计，中匈贸易总额已经保持七年稳定在 80 亿美元以上，同时匈牙利是中东欧 16 国中向中国出口最多的国家。而匈牙利为符合欧盟一体化的要求，也高度重视基础设施建设，并在不断加大对基础设施的投入和大规模重建。其次，近年来，中匈两国基于良好的双边关系，也在基础建设领域探讨了进一步的合作，如 2013 年中匈签署的《匈牙利总理府和中华人民共和国商务部关于加强基础设施建设领域合作谅解备忘录》。[①] 另一方面，基础设施建设作为我国"一带一路"倡议的重要组成部分，也是"16 + 1"合作的优先领域，而这一倡议同匈牙利等国"向东

---

① http://www.mofcom.gov.cn/article/i/jyjl/m/201308/20130800266950.shtml.

开放"的战略高度契合。作为第一个与中国签署"一带一路"合作备忘录和最早加入亚洲基础设施投资银行之一的欧洲国家,匈牙利方面表示了极高的合作热情。

第二节 主要成果

目前,中国和匈牙利在基础建设方面的主要合作成果有两项:一是中匈塞共同筹建的国际高铁战略线路"匈塞铁路",二是实现海上丝路和陆上丝路的完美对接的"中欧陆海快线"。两项成果均致力于交通运输方面的互联互通,其中"匈塞铁路"作为中国—中东欧"16+1"合作框架的标志性成果,具有重要意义。

(一) 匈塞铁路

1. 简介

"匈塞铁路"全称匈塞铁路现代化改造项目,是"一带一路"倡议基础设施建设合作的旗舰项目,也是中国"高铁外交"的另一重大成果。

2015年11月24日,中国总理李克强、匈牙利总理欧尔班、塞尔维亚总理武契奇签署了《中华人民共和国政府与匈牙利政府关于匈塞铁路匈牙利段开发、建设和融资合作的协议》,就合作建设一条北起匈牙利首都布达佩斯,南至塞尔维亚首都贝尔格莱德的客货混运双线电气化铁路项目达成共识。其中,"匈塞铁路"塞尔维亚段由中方企业联合体与塞尔维亚政府及企业代表签署并实施。"匈塞铁路"全长约350千米,其中在匈牙利境内长达166千米。按照计划,铁路建成通车后,从布达佩斯到贝尔格莱德的时间会从8小时缩短为3小时。同时,这条铁路还将与希腊雅典近郊的港口比雷埃夫斯港[1]实现海陆联动,成为"中欧陆海快线"的重要组成部分,为扩大三国乃至推动中国与中东欧地区经济技术合作发挥重要积极作用。[2]

---

[1] 中远集团2016年7月在希腊收购的雅典近郊港口比雷埃夫斯港。《希腊决定将比雷埃夫斯港售予中国远洋集团》,2016年4月,《BBC中文》,https://www.bbc.com/zhongwen/simp/china/2016/04/160408_ greece_ china_ port。

[2] 中华人民共和国国家发展和改革委员会国际合作司,http://wss.ndrc.gov.cn/gzdt/201511/t20151125_ 759593.html。

图 III-4-1　匈塞铁路连接中欧陆海快线的路线

2. 发展历程

前期：达成共识和签署协议

从匈牙利首都布达佩斯至塞尔维亚首都贝尔格莱德的"匈塞铁路"始建于19世纪末[①]，最近一次翻新在20世纪60年代。由于原铁路设施老旧，轨道安全性差，运行速度缓慢，匈牙利国家铁路公司和塞尔维亚铁路公司拟将匈塞铁路扩建为双轨、高速电气化的新路线，并于2013年5月达成协议共同筹建。然而铁路扩建面临资金短缺的问题。主张"向东开放"政策的匈牙利总理欧尔班与倡议"一带一路"建设的中国政府不谋而合。2013年11月25日，罗马尼亚布加勒斯特召开第二次中东欧—中国国家领导人会晤，匈牙利总理欧尔班与中国总理李克强和塞尔维亚总理达契奇三方宣布合作改造升级匈塞铁路。2014年2月，欧尔班访华，中

[①] 克江、王迪、任彦：《铁路大通道为中欧经贸插上翅膀》，2015年9月，《人民日报》，http://www.xinhuanet.com/world/2015-10/22/c_128345147_3.htm。

匈两国正式商讨如何开展和资助联合铁路建设问题。随后，12月17日，中国、匈牙利和塞尔维亚三国总理在贝尔格莱德共同宣布，将合作建设匈塞铁路，依托匈塞铁路、希腊比利埃夫斯港等打造亚欧海陆联运新走廊，中匈塞三国正式签署了《匈塞铁路项目合作谅解备忘录》。

中期：承建和审查

2015年6月，"匈塞铁路"建设被纳入"一带一路"合作共建框架中，在项目建设过程中，中国铁路成套技术和装备首次进入欧洲市场，这对推动中匈铁路合作具有重要的示范意义。同年11月24日，中匈两国政府在苏州举行的中国—中东欧国家领导人第四次会晤期间，签署了《关于匈塞铁路项目匈牙利段开发、建设和融资合作的协议》，由中国中铁旗下全资子公司中铁国际与中铁国际与中国铁路总公司旗下的全资子公司铁总国际、匈牙利铁路总公司（MAV）在匈牙利组建联营体，作为匈塞铁路项目匈牙利段总承包商，为匈塞铁路的匈牙利段修建提供资金支持。12月23日，匈塞铁路项目塞尔维亚段在塞尔维亚第二大城市诺维萨德举行启动仪式。塞尔维亚段由中国进出口银行提供融资，铁总下属全资子公司铁总国际和中国交建组成联合体承担项目总承包工作。

2016年2月5日，中国政府与匈牙利政府完成匈塞铁路匈牙利段政府间协议附件《采购规则》的签署；同年6月，政府间协议及其附件《采购规则》通过匈牙利国会审批并正式生效。11月5日，在拉脱维亚首都里加举行的中国—中东欧"16+1"领导人峰会上，中国国务院总理李克强与匈牙利总理欧尔班等中东欧16国领导人共同见证了匈塞铁路匈牙利段项目建设合同和塞尔维亚段项目第一段商务合同的签署。匈塞铁路基于中匈塞三国政府间协议，原计划于2017年开工。

2016年5月，因为欧委会怀疑该项目可能违反了公平竞争的招标规则和法律，并需要评估该铁路项目的财务可行性，启动对匈段铁路调查程序的预备阶段，并于2017年2月对匈段铁路的招标程序正式展开调查，因此该项目的开工被暂时搁置一段时间。2017年11月27日，匈牙利国家铁路公司在其网站上发布了匈塞铁路现代化改造工程匈牙利段工程总承包合同，要求项目中使用的机械、设备和材料必须符合欧盟有关规定，且经过认证。2017年12月，欧盟委员会接受了匈牙利方面的解释，并通过了该项目合同的审查。这标志着匈塞铁路项目匈牙利段进入公共采购程序阶段。

后期：顺利推进

匈牙利外交和贸易部部长彼得·西雅尔多表示施工将大约在2020年底开始，并在2018年6月进一步声明"匈塞高铁线最迟必须在2023年底前完成"。[①]

目前，匈塞铁路匈牙利段由铁总下属子公司铁总国际、中国中铁下属子公司中铁国际和匈牙利铁路总公司组建的合资公司，以匈牙利铁路总公司的名义，根据中匈两国政府间协议及其附件《采购规则》，实施项目组织工作。塞尔维亚段由铁总下属子公司铁总国际与中国交建组成联合体，作为总承包商，以分段议标的模式分两阶段实施。可以说，"匈塞铁路"的建设终于步入正轨。

3. 重要意义

匈牙利地处中欧，自古以来就是东方各民族进入欧洲的必经之路，也是中国商品在欧洲的重要集散地之一。"匈塞铁路"作为中国—中东欧"16+1"合作框架的重要组成部分，将为匈牙利连通中国、东南欧、中欧与西欧四大区域提供有力支撑，为"中欧陆海快线"提供重要的延伸线，为两国深化合作释放巨大的陆海经济能量。同时，作为中国"高铁外交"的标杆成果之一，"匈塞铁路"也为中国铁路成套技术和装备首次进入欧洲市场，推动中欧铁路合作发挥了重要的示范作用。具体而言，该项目主要有五个方面的意义。

首先，对于中匈各方而言，"匈塞铁路"的重要影响主要表现在：

深化中匈以及中东欧国家的经贸合作。

作为"泛欧10号走廊"的组成部分，"匈塞铁路"将实现中国—中欧—东南欧及欧洲其他国家的快速连通，其沿线各地的铁路运输能力和速度将得到大幅提高。便捷高效的铁路将有效改善人民出行意愿，促进人员和货物的流动，并带动当地上下游相关产业的发展，改善区域经济与合作。同时，"匈塞铁路"连同"中欧陆海快线"一道也将进一步便利化中

---

① 《匈塞高铁最迟必须在2023年底前完工》，2018年6月，中华人民共和国驻匈牙利大使馆经商参赞处。转引自驻匈牙利经商参赞处，http://hu.mofcom.gov.cn/article/jmxw/201806/20180602756369.shtml。

国—中东欧国家的贸易互动：中国货物从希腊的比雷埃夫斯港上岸后，经过马其顿并通过匈塞铁路就能直接抵达匈牙利、波兰等中欧市场，进而转入西欧。而匈牙利优质牛肉、鹅肝等农副产品也可以借助这条高速安全的铁路直接出口到中国。不仅如此，便捷高效的铁路交通还为两国新产业合作，如"汽车及其配件制造业""先进的电子技术和通信技术""高速铁路""安全核电"等高新技术产品，提供了有力支撑。

另一方面，从建设过程而言，匈牙利公司作为"匈塞铁路"的总承包商之一，也将从复建铁路等基础设施和铁路实施运营中获得收益，增加当地就业。而匈牙利交通和物流状况的改善将间接为其经济注入新动力。

冲破欧盟铁路基础设施建设的市场壁垒。

自20世纪90年代经济转轨以来，大部分中东欧国家的基础设施建设市场被西欧国家的跨国公司垄断，如 Eurovia（法国）、OHL（西班牙）、Hochtief（德国）、Mitex（法国）等，而东南欧国家则是由对其有传统影响力的俄罗斯企业主导。在基础设施建设的融资上，匈牙利等欧盟成员国主要依靠来自欧盟的基金。另一方面，中国铁路标准与欧洲铁路标准在工艺过程和产品参数上都存在差异，对中国铁路企业充分发挥中国铁路装备与铁路基建的比较优势够成巨大挑战。因此，中国铁路企业和产品进入欧盟市场具有很高的壁垒。

"匈塞铁路"是中国企业在欧洲承建的第一个大型铁路项目，且主要由中方金融机构提供融资。根据中匈塞政府签署的合作文件，匈塞铁路将全面采用中国技术和装备，同时兼容欧洲铁路互联互通标准。"匈塞铁路"的成功意味着中国高铁已经具备同传统西方国家铁路公司在欧盟市场竞争的能力，并获得了欧盟对中国铁路产品从技术、装备到项目管理各方面的认可。因此，作为中国"高铁走出去"的样板工程和中国—中东欧国家的标志性合作项目，"匈塞铁路"成功为中国铁路企业和铁路产品进入欧洲市场开辟了先河。

其次，对中匈双方而言，"匈塞铁路"也为中国—中东欧各国在基础设施领域的合作提供了一种新模式，即政府间合作（GG）。

由于相对于小型援建项目，中东欧各国更青睐来自中国的汽车制造、钢厂以及投资额在10亿欧元以上的大型基础建设项目，尤其是高速铁路、铁路电气化改造、城市地铁、高速公路、特大桥梁、机场建设、码头等重大项目投资，而基建项目投资又是中国政府推进"一带一路"倡议的重要内容，是中国企业进行中国标准输出及国际经济合作的强项。双方的共同利益点促成政府间合作模式的新探索。"匈塞铁路"项目的积极顺利推进，使中东欧国家对与中国政府开展政府间项目合作产生浓厚兴趣，比如保加利亚、捷克。[①]"匈塞铁路"的政府间合作模式或将引起一波中东欧国家利用政府间合作模式推进基础设施项目建设的高潮。

（二）中欧贸易陆海快线

1. 简介

目前，铁路和海路是亚欧物流通道中最主要的两种运输方式，大量货物依靠互不连通的铁路或海运单独完成运输。然而这种运输方式距离长、途经国家多、交易手续复杂、运输风险比较大。为提升中欧之间的商品流通效率，2014年12月17日，中国、塞尔维亚、匈牙利和马其顿四国政府联合宣布启动建设"中欧陆海快线"项目。

"中欧陆海快线"采用陆海联运的方式，将中国运往中欧内陆商品的整个海上运输时间缩短7—11天，陆路缩短至3—5天。作为"匈塞铁路"的延长线和升级版，中欧陆海快线南起希腊最大的港口比雷埃夫斯港（下称"比港"），经马其顿斯科普里和塞尔维亚的贝尔格莱德，向北到达匈牙利布达佩斯，直接辐射人口约3200多万，形成了海上丝路和陆上丝路的完美对接。这条线路为中国对欧洲出口和欧洲商品输华开辟一条新的便捷航线，中欧陆海快线的服务优势正逐步受到客户的青睐。

2. 发展历程

收购比港

2008年，中远海运集团以43亿欧元竞标价获得比港二号和三号船埠35年经营权，并建立物流分运中心。[②] 2014年12月20日，希腊议会批准《PCT与港口管理局第二次友好协商协议》，中远海运集团继续投资2.3亿欧元用于扩建比港三号码头的西侧。三号码头扩建完成后，PCT的操作能

[①] 保加利亚明确提出，希望借鉴匈塞铁路政府间合作模式，将保加利亚国家铁路网与匈塞铁路连接，捷克也希望匈塞铁路的终点从布达佩斯延伸到布拉格。

[②] 《实探希腊比港：中远是投资者，不是入侵者》，2015年2月，中国远洋控股股份有限公司。转引自第一财经日报，http://cn.chinacosco.com/art/2015/2/26/art_ 925_ 69376.html。

第四章 基础设施合作

■●■ 中欧陆海快线
中国—南海—马六甲海峡—孟加拉湾—印度洋—阿拉伯海—曼德海峡—红海—苏伊士运河—地中海—比雷埃夫斯港（希腊）—斯科普里—贝尔格莱德—布达佩斯

■■■ 传统航线
中国—南海—马六甲海峡—孟加拉湾—印度洋—好望角—南大西洋—西非海岸—北大西洋—欧洲腹地

图Ⅲ-4-2　中欧陆海快线和传统航线对比①

力将从每年370万标准箱增加到620万标准箱，成为地中海地区最具竞争力的集装箱码头。到2015年，整个比港集装箱吞吐量增长到了336万标准箱，吞吐量排名第39位。中远海运逐步将比港发展为希腊大型的、技术先进的现代集装箱码头，也成为多家国际集装箱班轮公司在地中海东部地区的重要枢纽港。

政府协议

2014年12月16日至17日，国务院总理李克强在贝尔格莱德与塞尔维亚、匈牙利和马其顿三国总理一致同意共同打造"中欧贸易陆海快

---

① 图片源自《图解："中欧陆海快线"启动打造》，2014年12月，人民网，http://world.people.com.cn/n/2014/1218/c1002-26231591.html。

线"。17 日，四国海关代表签署了海关通关便利化合作的框架协议，将致力于实现各沿线国家海关手续的简化与协调，提高通关速度和效率，为各国方便货物和贸易往来奠定基础。

正式开通

2016 年 4 月 8 日，中远海运香港集团和希腊共和国资产发展基金（简称发展基金）签署了股权转让协议和股东协议，中国远洋海运集团（简称中远海运）以 3.685 亿欧元收购比雷埃夫斯港口管理局（简称港口管理局）67% 的股权。2017 年 1 月和 2 月由中远海运集团启动的第一列和第二列装载中国货物集装箱的火车从希腊比雷埃夫斯港先后抵达匈牙利首都布达佩斯，标志着连通中国与中东欧地区货物联运的"中欧陆海快式联运"正式开通。这两列火车运输的货物以家具为主，从中国宁波港出发，用时 26 天抵达布达佩斯。①

从 2017 年起，中远海运集团在中欧集装箱航线开通直挂希腊比港的中欧快捷航线（"中远荷兰"号所在的航线是其中之一），投入 30 多艘 7000—13000TEU（标准箱）的集装箱船舶，定期穿行于远东与地中海之间，提供从天津、大连、青岛、上海、宁波等中国城市至希腊比港的运输服务，以市场最快船期连接"中欧陆海快线"。②

3. 重要意义

提升"中—匈—中欧"物流效率。

"中欧陆海快线"充分发挥了匈牙利的地缘优势。匈牙利被誉为"欧洲的心脏"，位于欧洲大陆中心地带，是欧亚商贸运输通道的重要节点。"中欧陆海快线"首先是直接提升了中国货物到匈牙利的运输效率，然后间接缩短了中国到捷克和波兰等中东欧国家甚至整个欧洲的全程运输时间，为中欧两地的货物往来、贸易交往节省了客观的运输时间和费用成本。同时，快线大力发展的多式联运系统，已在匈牙利建成了 13 个基础设施齐全的物流园区与联运中心③，匈牙利将继续发挥着中国货物在欧洲的重要集散地作用。

---

① http://world.huanqiu.com/hot/2017-02/10083511.html.
② http://www.xinhuanet.com/mrdx/2017-05/09/c_136267884.htm.
③ 高潮：《"匈牙利：进入欧盟的重要门户"》，《中国对外贸易》2014 年第 4 期。

刺激匈牙利及沿线国家的经济发展。

和"匈塞铁路"等其他基础建设一样，"中欧陆海快线"也有助于对匈牙利及沿线国家的经济发展，创造就业机会。由于建设物流通道包括许多大型项目的建设，在这个过程中对工程机械和更新设备创造了需求，沿线国家可以从生产或提供相关原材料中赚取收益，推动当地经济发展。同时，这条便捷的水陆联运物流新通道也将缩短到欧洲尤其是中东欧各国的交通距离，促进其贸易流通，促进欧洲内部平衡发展。

增进中国—匈牙利经贸合作。

"中欧陆海快线"的建设有机整合了现有运输方式的优势，形成新的综合运输走廊，增进中国和匈牙利两国利益共同体的建设，有效化解国际经济中的各种风险和不利因素。同时，快线利用了中国主导的亚洲基础设施投资银行的基金，推动了人民币和欧元的双向良性流动，加强中欧之间不断发展的经济金融关系。

第三节 挑战和风险

中国高铁是中国基础建设合作中一张亮丽的名片，"匈塞铁路"及"中欧陆海快线"的成功虽然迈出了历史性的一步，然而实事求是而言，中国和匈牙利之间的大型基础设施合作仍面临较大挑战。

首先，政治风险。匈牙利自欧尔班政府上台以后，对中国关系较为亲和。但是政府更迭频繁也是事实，政策和方针不稳定，很容易造成事先签署的合作协议被否认或搁置的现象。不稳定的制度政策对中国企业在投资周期长、耗资巨大的基础建设项目上开展合作构成了巨大的政治风险。此外，基础设施建设作为战略性行业，匈牙利对中资企业的介入也持较为谨慎的态度。考虑到匈牙利的多重身份——欧盟成员国和V4集团成员，中国方面除了要与匈牙利政府协调一致，还面临着来自欧盟委员会的审查。中匈两国在基础设施领域合作的复杂性和政治风险不容小觑。

其次，欧盟垄断性的技术壁垒。虽然匈塞铁路对中国铁路标准欧洲化迈出了历史性的一步，欧洲大国铁路标准霸权的压制的问题仍然存在。欧盟为了确保跨欧洲高速铁路的互通运行，建立了内容详尽的铁路标准体系，其中欧洲标准委员会（CEN）与欧洲电工标准化委员会（CENELEC）

负责制定铁路用机车部件与线路产品标准,国际铁路联盟(UIC)制定国际多式联运、铁路运营管理、铁路基建原材料及铁路通信标准,以保证国际联运的安全性与兼容性。例如"跨欧洲高速铁路系统互通性指令"(96/48/EC)及其修订版(2004/50/EC)要求欧洲境内的高铁工程建设要符合安全性、有效性、环境保护、技术兼容性等核心要求。[1]尽管中国在吸收、创新日本、法国、德国高铁原创技术的基础上形成了自己的标准,但中国高铁标准体系的国际认可度尚不高。

再次,竞争激烈。欧盟对外资和进口货物的限制门槛较多,对中国经济介入欧洲采取有条件开放的策略,即欢迎那些能带动欧洲欠发达国家就业率的投资,反对中国对物流集散地的投资,例如中国企业投资希腊等国港口时,就引起德国等国的高度关注。来自俄罗斯的排挤与竞争也时常存在。[2]

最后,融资风险。由于目前中国大部分对外承包项目的建筑材料、施工机械、设备产自国内,及时送达且减少运输过程中的损耗,对项目的工期和成本具有重要影响。而且,匈牙利对基础设施施工的管理法规、标准、认证的要求较高,采取了严格的进出口配额、许可证等措施,对用料的供给都增加了不确定性。另外,匈塞铁路项目预计投资额为28.9亿美元,是资金密集型项目,而中国是融资的主要承担方。一旦项目开展不利,中方将承担极大的债务风险。

第四节　其他重要成果

(一) 交通基础设施连通

互联互通是贯穿"一带一路"的血脉,而基础设施联通则是"一带一路"建设的优先领域。在交通基础设施联通方面,中匈两国的合作主要体现在铁路(以"中欧班列"为代表)、城市轨道交通和航空等领域。

---

[1] 关金发、吴积钦:《欧洲铁路技术规范对我国弓网标准的借鉴意义》,《中国铁路》2014年第2期。
[2] 田睿:《俄罗斯地铁车辆机械制造厂为塞尔维亚铁路制造首列内燃动车组》,《国外内燃机车》2012年第4期。

1. 铁路

中欧班列（CR express），是由中国铁路总公司组织，按照固定车次、线路、班期和全程运行时刻，采用集装箱运输，往返于中国与欧洲及其他"一带一路"沿线国家的铁路国际联运列车。

自2011年开行以来，中欧班列发展迅猛，服务范围也在逐步拓展。目前，中欧班列依托西伯利亚大陆桥和新亚欧大陆桥，已经初步形成了西、中、东3条中欧铁路运输通道，铺画了中欧班列运行线共46条。其中，中欧班列西通道主要吸引来自西北、西南、华中、华南等地区的货源，中通道则以华北、华中、华南等地区为主，东通道的货物大多数来自东北、华东、华中等地区。目前，中欧班列到达欧洲的国家有13个，城市多达41个。其中开通并稳定运营的中欧班列大多数是经过波兰和捷克抵达西欧，商品以IT电子数码产品为主，但是回程常常不能满载。截至2017年4月15日，中欧班列已累计开行3682列，为深化中国与沿线国家经贸合作的重要载体和推进"一带一路"建设做出了积极贡献。其中，直达匈牙利的中欧班列主要有两班：

①西安至布达佩斯中欧班列

西安至布达佩斯的中欧班列是布达佩斯的首趟中欧班列，也是西安开行至华沙、汉堡、莫斯科中欧班列以来，开行的第四条中欧班列线路。中欧班列（西安—布达佩斯）全程约9312千米，避开了阿拉山口和马拉两大拥堵点，经由中国新疆霍尔果斯口岸出境，途经哈萨克斯坦、俄罗斯、白俄罗斯、波兰、捷克、斯洛伐克、匈牙利7个国家，约14天即可到达匈牙利。

2017年4月1日，首趟中欧班列（西安—布达佩斯）开行，整列共41车，货物以义乌小商品为主，共有上百种品类，包括服装、面料、小电器、玩具、生活用品等。班列从浙江集货后，在北仑港站装车，前往西安新筑站，然后搭载中欧班列抵达布达佩斯，这样的运输比原来陕西出口欧洲的货物通过铁海联运到达欧洲整整压缩了30多天。货物到达匈牙利后还能借助匈牙利发达的铁路运输，向西可到达葡萄牙、西班牙，向南可辐射到意大利罗马，北至德国北部地区，东部涵盖罗马尼亚等国，基本实现对欧洲地区的全覆盖。

不仅如此，借助中欧班列（西安—布达佩斯）开通的便利，西安国际港务区陆港集团积极与浙江义乌中远国际物流有限公司达成对接，并开创了"义乌—西安—布达佩斯"的国际贸易合作模式。中欧班列（西安—布达佩斯）的成功开行，实现了义乌—西安—布达佩斯的国内、国际货运班列的成功联动，为义乌小商品乃至"中国制造"走出去开拓了一条全新的物流通道。同时，西安国际港务区陆港集团也在积极与匈牙利方面进行对接交流，计划在匈牙利设立中欧班列（西安）的第二个货物分拨基地，主要辐射斯洛伐克、罗马尼亚等中东欧区域，与汉堡海外货物分拨基地（陆港集团第一个海外货物分拨基地）辐射区域（法国、比利时等）相结合，实现辐射范围覆盖全欧洲。

自2018年3月起，中欧班列（西安—布达佩斯）新路线实现了常态化双向对开，西行方向每周至少发运两班。

②长沙至布达佩斯的往返中欧班列

长沙—布达佩斯中欧班列是湖南首列直达匈牙利的列车，也是"湘欧快线"继汉堡（杜伊斯堡）、华沙、莫斯科、塔什干、明斯克后，开行的第6条中欧班列新线路。中欧"长沙—布达佩斯"国际货运班列从长沙霞凝铁路货场首发，驶向匈牙利首都布达佩斯，全程10118千米，运行时间约12天，途经蒙古、俄罗斯、乌克兰、斯洛伐克。由于这趟班列为避开常规中欧班列拥堵地段，选择了途经乌克兰，而且经过的国家少，其运行时间也更短，大大提高了中国制造货物直达欧洲腹地的运输效率。

2017年5月27日下午，首发中欧班列（长沙—布达佩斯）正式运行，装载41个集装箱，主要货物为电子产品、鞋服、光缆、五金、机械零配件等。班列由广铁集团、中铁集装箱公司、广铁长沙货运中心和"湘欧快线"平台公司联合组织开行。

同时，往返长沙—布达佩斯中欧班列亦是中欧班列中的"明星线路"。班列的开行初期实行每周单向运输，频次为每周一班。由于随着班列线路不断拓展，运量不断攀升，长沙—布达佩斯班列几乎每周出现2列爆仓。① 2017年11月27日，布达佩斯至长沙的回程班列也正式开通了。

---

① 《湖南长沙至匈牙利布达佩斯"中欧班列"首发》，2017年5月，新浪财经。转引自中国新闻网，http://finance.sina.com.cn/roll/2017-05-27/doc-ifyfqvmh9311233.shtml。

这趟列车从布达佩斯 BILK 铁路站出发，途经斯洛伐克、波兰、白俄罗斯、俄罗斯、蒙古，最终到达长沙。不同寻常的是，班列回程货物满载，其中商品主要包括红酒、啤酒、麦片、奶粉、机械配件等。

总体而言，西安—布达佩斯中欧班列和长沙—布达佩斯往返中欧班列的顺利开通和稳定运行对提升中欧口岸通关便利化水平，促进中欧两地经贸往来，中匈两国的经贸合作做出了积极贡献。

2. 城市轨道交通

2016 年，中国中车产业投资有限公司[①]在匈牙利首都布达佩斯举行中车产业投资有限公司欧洲办公室揭牌暨中车城市交通欧洲市场发布会宣布将在布达佩斯设立欧洲区域总部，以匈牙利为基点，面向整个欧洲市场，推出城市公共交通整体解决方案。欧洲办公室主要负责猎寻、投资并购和培育欧洲市场高端技术、前沿产业项目，如新能源、交通、环保、信息通信、物联网和生物医药等，并结合"一带一路"建设，与匈牙利和其他欧洲国家高新技术企业交流合作，推进产能合作。

中国中车股份有限公司（简称"中国中车"或 CRRC）是全球规模领先、品种齐全、技术一流的轨道交通装备供应商。[②] 中国中车城市交通有限公司与中国银行匈牙利分行签署了金融合作备忘录，旨在共同为欧洲特别是中东欧国家提供公共交通整体解决方案。中车公司在匈牙利设立办公室，将中匈基础设施领域的合作进一步深入到城市交通轨道方面，也标志着中匈交通基础设施领域的合作进一步深化。

3. 航空

在航空运输和机场建设方面，中匈两国不仅开通了北京—布达佩斯的直航，也在货运航班及相应航空货运基底上取得了一定进展。

2015 年 4 月，为更好地服务"一带一路"倡议构想，深化中国—中东欧国家合作，中国国际航空公司重返中东欧，开通了布达佩斯—北京直航。目前，这趟航班每周将有 4 趟航班在布达佩斯和北京往返，是中国内地直达白俄罗斯和匈牙利的唯一空中通道。该航班将为赴匈牙利及欧洲的

[①] 《又一中资企业从匈牙利开始布局欧洲市场》，2016 年 5 月，搜狐财经，http://www.sohu.com/a/76159236_207969。

[②] 中国中车官网，http://211.147.25.242/g4894.aspx。

游客和文化交流提供极大的便利，进一步促进中国与中东欧地区经贸、文化等各领域的深入交流。

2017年11月，申通满载电商货物的第一架波音747货运飞机抵达匈牙利。随后，申通欧洲公司与匈牙利布达佩斯机场集团以及欧洲物流企业EKOL LOGISTICS共同签署战略合作谅解备忘录，拟共同打造从中国到匈牙利乃至全欧的转运网络。申通计划以李斯特·费伦茨国际机场为其航空公司货运基地，布达佩斯也将成为中国航空的货运枢纽，主要提供电商货物的运输。备忘录签署之后，申通快递将定期开通飞往布达佩斯的货运航班。根据协议，布达佩斯机场的新航空货运基地货运城将于2019年夏季开始运营。与此同时，中通国际联合宁波英才科技与匈牙利国家邮政股份成立中欧供应链管理股份有限公司，公司注册资本9亿匈牙利福林，并计划在通过一系列线路清关等测试后于2018年第一季度正式运行。

（二）物流基础设施建设

物流基础设施建设是基础设施建设的重要组成部分，也是供应链发展的基础。物流基础设施包括五大交通运输方式，也包括区域性物流中心（园区）、公共配送中心、公共物流信息平台等。物流园区等设施是现代物流发展所必需的关键设施，对组织物流服务和提高物流效率有着重要的积极意义。

匈牙利位于欧洲大陆的中心地带，是欧亚商贸运输通道的重要节点，已建成13个基础设施齐全的物流园区与联运中心。中外运敦豪国际航空快递公司、华为公司等中资企业利用匈牙利的地理优势构建欧洲物流平台，以助力企业在欧洲的整体运营。位于匈牙利布达佩斯市郊的切佩尔物流园，拥有面积1.8万平方米的货物场站，主营业务是承接海陆空运货物并进行分拨发送。[1] 2012年山东帝豪国际投资有限公司在匈牙利首都布达佩斯15区投资建设了匈牙利中欧商贸物流园，成为中国在欧洲的首个国家级境外经贸合作区和首个国家级商贸物流型境外经贸合作区，中欧商贸物流合作园区为中国企业走进欧洲提供了展示平台，搭建起了沟通的桥梁。

---

[1] 《中欧陆海快线：从愿景到美景》，《国际在线》，2017年5月，http：//news.qtv.com.cn/system/2017/05/12/014309477_01.shtml。

1. 物流枢纽——匈牙利中欧商贸物流园

匈牙利中欧商贸物流园又称中欧商贸物流合作园区,是根据国家商务部统一部署,按照"一区多园"的模式建成的欧洲物流中心。园区规划总面积0.75平方千米,总投资2.64亿美元。按照规划,匈牙利中欧商贸物流园以商品展示、运输、仓储、配送、信息处理流通加工为主导,旨在围绕当地商贸服务业,建立一个商贸物流连锁机制的服务平台,以商贸带动物流,以物流促进贸易。

目前,合作区基本完成"一区三园"的建设内容,即在匈牙利布达佩斯的"中国商品交易展示中心"和"切佩尔港物流园"、德国的"不来梅港物流园",初步形成覆盖欧洲和中国主要城市的快捷、便利、畅通的网络配送体系,逐步建立以现代物流配送中心和高效信息管理系统为支撑的中欧商贸物流合作园区。具体发展历程参见表Ⅲ-4-1。

中欧商贸物流合作园区自建立以来,举办了多场中国商品展销会、贸易洽谈订货会、中国产品招商代理推介会、中国商品常年展示厅等营销活动,并为入区企业提供货物进出口、报关商检、物流配送、仓储、金融等"一站式"服务。来自中国和欧洲国家包括商贸、物流行业在内的134家企业入驻其中并生产运营,区内从业人数约650人。园区物流强度能力已达到129.44万吨/平方千米·年,每年带动货物进出口贸易额2.45亿美元。2018年,在浙江国贸云商企业服务有限公司将"2018中国品牌商品(中东欧)展放在物流园展出,应用O2O模式将传统展会与互联网结合,进一步拓展两国贸易发展空间。

表Ⅲ-4-1　　　　　　　　　　　发展历程

2011年6月	中国总理温家宝与匈牙利总理欧尔班签署中欧商贸物流合作园区框架协议书,园区建设工作自此全面展开
2012年	山东帝豪国际投资有限公司在匈牙利布达佩斯收购中国商城,建设中欧商贸物流合作园区
2012年11月2日	山东帝豪成立中欧商贸物流合作园区有限公司全资子公司,全面负责中欧商贸物流园区项目建设
2013年	中国国际工程咨询公司完成园区总体规划,规划总投资2亿欧元,占地面积0.75平方千米,建筑面积47.95万平方米

续表

2015 年 4 月	园区经国家商务部、财政部确认为国家级境外第一家商贸物流型合作区
2017 年	中欧商贸物流合作园区全面建成

(三) 能源基础设施合作

目前,中国和匈牙利在能源基础设施合作方面主要集中于电力,尤其以太阳能发电为代表,合作形式以中国企业对匈牙利直接投资为主,主要成果有格林斯乐光伏电站和中匈清洁能源技术中心。

1. 格林斯乐光伏电站[①]

格林斯乐(Green Solar)设备制造有限公司是中国企业在匈牙利投资的第一座光伏电站。2017 年 8 月 5 日,北京七星华电科技集团(简称"七星集团")在匈牙利投资建成格林斯乐设备制造有限公司,耗资 200 万欧元。这座 1.8 兆瓦晶硅太阳能小型光伏电站占地 3.6 公顷,设计寿命长达 25 年。电站核心组件均由中资企业制造。中国是太阳能电板的生产大国,在世界各地的太阳能发电领域处于领先地位。[②] 格林斯乐光伏电站为中资新能源企业进入匈牙利太阳能市场迈出了第一步,也是中匈新能源合作的一项重要成果。

2009 年,七星集团开始进入匈牙利市场。2010 年,集团在匈牙利以 237.5 万欧元收购濒临破产的 Energo solar 公司并注册成立独资子公司格林斯乐。2013 年,格林斯乐公司开始向建设、安装和运营大规模地面光伏电站转型,并计划在欧洲建立一个集设备研发、生产和运营功能为一体的综合业务平台。目前,格林斯乐太阳能发电站总发电量仍然较小,规模不能与煤电站和核电站相比,但是得益于欧洲智能电网系统对小型电站发展的有力支持,公司在当地仍具有一定竞争力。同时,格林斯乐公司也在进一步洽谈新的更大规模的新能源电站项目。[③]

[①] 《中资企业格林斯乐投资的第一座光伏电站在匈投产》,2017 年 8 月,中华人民共和国商务部。转引自驻匈牙利经商参赞处,http://www.mofcom.gov.cn/article/i/jyjl/m/201708/20170802627900.shtml。

[②] 《中国企业和投资者对海外低碳项目的投资报告》,能源经济与金融分析研究所(IEEFA),2017 年。

[③] 格林斯乐设备公司正在匈牙利筹建另一座 10 兆瓦的太阳能电站。

由于匈牙利电力主要来自核电和天然气发电[1]，传统电力设备老化，难以达到欧盟"新能源发电占比须达13%"的要求。为弥补匈牙利新能源发电电力的不足，匈牙利政府制定了可再生能源支持计划（KAT系统），并从2017年起对新能源执行长达25年的政策扶持。[2] 在中匈高层积极推动双方新能源合作的背景下，该项目标志着新能源电站有望成为中匈乃至中欧下一步合作的新亮点。[3]

2. 中匈清洁能源技术中心[4]

"中匈清洁能源技术中心"是由皇明太阳能上海有限公司等，同匈牙利第二大城市德布勒森联合建设的中国清洁能源技术推广及应用中心。2012年，上海技术交易所与德布勒森市政府及德布勒森大学签署合作协议，共同开展了对中匈清洁能源技术中心的建设。技术中心凭借皇明太阳能上海有限公司等在太阳能光热技术、技术转移资源和在匈牙利的商务渠道优势，通过将中国清洁能源技术推广应用到匈牙利相关方面，并实施对匈牙利传统能源供应的改造工作。中匈清洁能源技术中心旨在用清洁能源替代天然气等传统能源，实现巴拉顿湖和德布勒森市的节能减排与环境保护。该技术中心是中匈新能源合作的早期尝试和成果。

（四）通信基础设施连通

在通信基础设施方面，中匈合作主要来自中国企业在匈牙利的直接和间接投资，例如通信企业华为、中兴和电脑制造商联想，以及致力于宽带服务的星空年代信息技术有限公司及Invitel的股权收购，这些合作将共同推动中国同匈牙利及其他"一带一路"沿线国家和地区在通信设备、基于宽带卫星系统提供的互联网接入以及科技服务业发展。

---

[1] 匈牙利国家电网为管理新能源专门设立的MAVIR公司统计数据显示，匈牙利2015年电力产量中，有52%来源于核电，19%为煤电，17%为天然气，可再生能源的比例只有10.49%。

[2] 按照欧盟要求，匈新能源发电占比须达到13%。按照欧盟2020年可再生能源占比达到20%的要求，匈牙利目前可再生能源发电比例只有10%多一点，距离2020年可再生能源达到14.65%的承诺还有不小差距。所以匈牙利政府对太阳能电站建设给予了积极支持。

[3] 《中资企业格林斯乐投资的第一座光伏电站在匈投产》，2017年8月，驻匈牙利经商参赞处，http://hu.mofcom.gov.cn/article/jmxw/201708/20170802627900.shtml。

[4] 《中国与匈牙利合作共建清洁能源技术中心》，2012年4月，慧聪太阳能网，http://info.solar.hc360.com/2012/04/061015110128.shtml。

1. 中国通信企业

目前，匈移动通信市场主要被 T-Mobile、Vodafone 和 Telenor 三大运营商垄断。其中，Telenor 的主干网及设备主要由中兴通讯提供并建造，Vodafone 的主干网及设备主要由华为提供并建造。同时，华为、中兴、联想的通信设备在匈牙利及中东欧也有一定市场，在匈牙利也有相应的设备制造商。

华为

华为是全球领先的 ICT（信息与通信）基础设施和智能终端提供商，早在 2005 年 9 月就入驻匈牙利市场。华为匈牙利代表处主要从事通信设备生产销售，与匈牙利电信、沃达丰、Telenor、GTS、Pantel、Invitel 等匈牙利及欧洲电信运营商、分销商建立了合作伙伴关系。

同时，华为经过多年发展，已经在匈牙利市场树立了品牌。为更好地服务欧洲客户，华为分别于 2009 年和 2013 年在匈牙利设立了欧洲供应中心和欧洲物流中心，采用先进的 ST 技术进行加工和制造，并建造备件中心和逆向物流中心。该中心生产及仓储面积 6.2 万平方米，为匈牙利创造 2000 多个就业岗位，累计投资额 5.8 亿美金，对当地 GDP 间接贡献达 11 亿美金。

华为匈牙利子公司的业务大大增强了"华为公司"在匈移动通信设备和宽带服务设备的市场份额。如今，欧洲已成为华为本土外的第二大市场，而匈牙利也是华为在全球的第二大物流中心。

中兴通讯

中兴通讯是全球领先的综合通信解决方案提供商，也是中国最大的通信设备上市公司。中兴于 2004 年进入匈牙利市场，2010 年 8 月成立匈牙利子公司，主要从事长途通信设备销售和无线解决方案。它与"Invitel"公司签署协议，提供 ADSL 解调器。同时，中兴通讯还为匈牙利第二大移动运营商 Telenor 和斯洛伐克移动运营商 Swan 提供全网的 2G、3G 和 4G 网络服务。2015 年中兴公司宣称将同匈牙利智能交通企业 EPS 共同投资 1.53 亿元，用于在中国的南方某城推广智能停车系统，将 EPS 技术管理经验和中国市场进行整合，从而打造出适合中国市场的方案。2017 年，中兴通讯在匈牙利展示 5G 技术研发成果，期待进一步驻扎匈牙利通信市场。

除了无线项目，中兴公司自主品牌的手机和系统也在匈牙利享有一定市场。为了积极拓展手机产品及服务，为在欧洲的迅速扩张提供物流和技术支持，"中兴公司"还在布达佩斯成立了人力资源中心、物流中心和欧洲网络维护中心等，并为匈牙利创造了不少就业机会。目前，中兴在匈牙利、意大利、比利时、奥地利、马其顿、斯洛伐克等欧洲高端市场都有自己的战略合作伙伴。

联想

联想是全球最大的个人电脑供应商，也是服务器和网络设备的领导者，在 2014 年收购了 IBM 的 x86 服务器业务。为优化联想电脑在欧洲的供应链，2016 年，联想集团与生产台式机和工作站的原创设计制造商（ODM）Flex 建立合作，在匈牙利 Sárvár 投资建立了新的生产基地，专门用于生产 x86 服务器。随后，联想集团宣布将在匈牙利集中生产服务器、存储阵列和交换机等产品，并为欧洲客户提供更为优质的服务和体验。

2. 互联网接入

星空年代

2017 年 11 月，北京星空年代通信技术有限公司与匈牙利政府签署共建"一带一路"高通量宽带卫星系统及"一带一路"空间信息走廊建设与应用的合作协议，致力于为跨境中资机构提供安全可靠、自主可控的大数据传输通道；同时也够为飞机、船舶、高铁等快速移动目标提供互联网接入服务；为岛屿、偏远地区、家庭、企业等用户提供普遍互联网接入服务等，能够有效提升匈牙利及其他"一带一路"沿线国家和地区科技服务业的发展。据悉，星空年代将在匈牙利政府的协助下申请卫星运营牌照及轨位。星空年代是国内首家走出国门的新型国际化宽带卫星网络运营商，并在 2016 年就同亚太知名卫星运营企业泰国泰科大众公司（Thaicom）签订了共建"一带一路"高通量（ka）宽带卫星系统。

星空年代与匈牙利政府的合作，标志着星空年代正式将高通量卫星应用业务进驻欧洲市场，也开创了中国和匈牙利在高通量卫星应用领域的交流与合作，将为两国宽带通信基础设施联通做出积极贡献。

收购 Invitel 公司

2017 年 1 月，中国进出口银行旗下投资基金联合中东欧国家的机构投资者以 2.02 亿欧元收购匈牙利第二大固网电信和宽带互联网服务商 Invitel 集团。Invitel 集团是匈牙利四大电信运营商之一，网络接入和用户群体非常成熟，服务家庭超过百万，包括住宅及企业级客户。此次收购由中国—中东欧投资合作基金的投资顾问机构中国中东欧股权伙伴公司（CEE Equity Partners）同私募股权集团 MEP（Mid Europa Partners）正式签署股权购买协议。收购完成后与华为进行密切合作，建设高速光纤网。[①]

（五）水利基础设施合作

由于匈牙利在地下水污染治理、垃圾渗滤液处理方面具有技术先发优势，同时身为欧洲电子中心，其对电镀废水处理方面技术也比较成熟。因此在水利合作方面，匈牙利公司更加积极地在中国寻求合作。

自 2007 年以来，匈牙利污水处理企业奥尼卡公司就已先后在广东深圳、山东青岛、海南三亚等地成功建成了多个生态污水处理示范工程。奥尼卡公司专门从事生态污水处理技术研发与应用，是匈牙利环保领域知名企业之一。目前，奥尼卡公司已经与广东、海南、山东、河北、上海、北京等地的环保和水务主管部门建立了紧密的合作关系，既提供废水处理厂升级改造方案，又竞标新厂施工建设，是匈牙利在中国规模最大的水利企业。2015 年，匈牙利水盈环保公司与广东中山大学签订了水务研究合作协议，共同推动中国华南地区地下水管理、保护和开发利用。

目前待拓展的合作项目有布达佩斯轻轨项目（约 3.2 亿欧元），布达佩斯、布拉迪斯拉发、布尔诺和华沙之间建设高速铁路项目，以及布达佩斯和克卢日—纳波卡之间高速铁路。此外，匈牙利正在筹备申办 2024 年奥运会，如申办成功，将产生大批体育场馆以及配套设施等建设需求。[②] 除此之外，匈牙利科学院世界经济研究所前所长表示，匈牙利政府除了积极投入修建匈塞铁路外，还会从各个方面支持中国的新丝绸之路建设，比如联合开发中国—多瑙河地区长期合作，升级改造多瑙河航运的基础设施，将匈牙利真正建成中国进入欧洲的交通枢纽。[③]

总体而言，中国具备投资匈牙利交通基础设施的经济实力，而匈牙利

[①] 中国商务部，http://www.mofcom.gov.cn/article/i/jyjl/m/201701/20170102504062.shtml。

[②] 《匈牙利将花费大量资金发展公路和铁路》，2018 年 6 月，中国商务部。转引自驻匈牙利经商参赞处，http://www.mofcom.gov.cn/article/i/jyjl/m/201806/20180602757269.shtml。

[③] 《中欧陆海快线：开拓新时期的"琥珀之路"》，2014 年 12 月，光明日报，http://world.people.com.cn/n/2014/1222/c157278-26248655.html。

与中国在铁路领域开展资本合作的意愿强烈,匈牙利也欢迎中国资本的参与。因此,中国和匈牙利在基础设施方面的合作前景还十分广阔。

挑战

匈牙利和中国在基础设施方面的合作不仅面临来自欧盟强大竞争对手的压力,自身国际化运营经验和人才的不足,及基础建设投资周期长易受政治风险波折等的问题,还受到是否得到国际基础设施标准认同的技术考量。

首先,欧盟基础建设市场竞争非常激烈。欧盟成员国中,法国和德国也具备优良的铁路技术,享有较高的国际声誉,中国并非匈牙利合作的唯一选择。匈牙利基础设施投资建设市场长期被当地和欧盟成员国企业占据,如 ACS、Hochtief、VINCI、Skanska、Bouygues 等国际知名承包商,竞争激烈,基建项目大量使用欧盟资金,招标环节受到利益集团影响,且部分出现了通过技术壁垒阻碍中国企业中标的情况。

其次,匈牙利作为欧盟成员国,在招投标、技术、建筑、环保、劳工等各方面均按照欧盟标准和流程进行,而中国企业往往对投标和项目执行中的细节要求不熟悉。同时,中国所有产品装备、建筑机械、材料、人员进入匈牙利需要首先通过欧盟 CE 认证和当地认证,认证程序复杂、耗时费力,还要缴纳不菲的认证费用,而且费时费力,这不仅削弱了中国企业的竞争优势,还使得许多厂商丧失进入当地市场的动力。

再次,语言问题也是一大障碍。匈牙利本国通用的是匈牙利语,当地文件使用的也主要为匈牙利语,法律英译文文件较少。中国企业缺乏高水平的小语种翻译人员,特别是熟悉法律、建筑等专业的复合型人才,这对中国企业市场开拓、经营、评估风险造成障碍。

最后,匈牙利政府更迭仍具有不确定性,这使得国内相关政策不具有延续性,法律变化快,投资有一定时间周期的长期基础建设项目有巨大风险。[1] 同时,匈政府尚在基础设施投资项目中管理经验较为匮乏,匈牙利尚无关于 PPP 的法律,也缺乏以此模式开展建设的经验,这容易导致合同纠纷案频发,使大批建筑企业蒙上因承揽项目而破产的风险。

---

[1] 中国对外承包工程商会:《捷克、波兰和匈牙利基础设施领域投资机遇及风险》,《建筑》2017 年第 9 期。

建议

第一，应确保铁路合作项目的推动。目前，中匈两国在基础建设领域的合作应该首先把重点放在匈塞铁路上。稳步推进匈塞铁路建设，并借助"中欧陆海快线"和"中欧班列"等合力打造两国在基建领域合作的良好先例。如果"匈塞铁路"取得成功，将为进一步深化基础设施领域的合作起到良好的示范作用。同时，匈塞铁路应该立足于匈牙利本国经济及客货运输对铁路发展的实际诉求，因为匈塞铁路不仅是中国在匈牙利及中东欧地区进一步规划铁路网的建设的起点，也将为两国未来在其他领域的经贸合作产生深远影响。

第二，扩大装备类产品出口。目前，匈牙利本国企业装备生产能力无法满足基础设施建设项目的需求，90%以上的机械设备依靠国外进口，对中国工程机械产品也有广泛需求。未来数年，随着交通基础设施规划的逐步实施，传统机械装备类产品的需求将更为旺盛。基于这样的现实，本书建议中资企业参与匈牙利基础设施建设的同时，涉足基建相关的装备制造业，加快进军匈牙利工业市场步伐，扩大市场份额，增强市场控制力。

第三，加强铁路通信技术领域合作。匈牙利通信基础设施完善，通信市场完全自由化，外资企业在该国通信市场中占据支配地位。随着铁路通信技术的发展，列控技术也将逐渐向宽带演进。中国铁路通信技术达到世界先进水平，例如，华为可为车地通信、列控承载、铁路增值业务提供专业、安全、可靠的高带宽LTE覆盖网络。匈牙利通信行业政策宽松，相关中资通信企业可重点关注这一领域。

第四，深入国情调研，同时防范欧盟法律风险。除了在国家层面上加强战略合作，开发配套政策以外，企业应对匈牙利地理环境、社会制度、经济、文化、语言、宗教信仰、历史传统等社会的方方面面深入了解。同时应关注匈牙利的欧盟成员国身份，了解欧盟委员会的法律法规及对匈牙利政府协议的约束，加强政治风险和法律风险防范意识。

第五章　金融合作

金融合作被认为是中匈双边合作最成功的领域之一，同时在中东欧地区具有不可复制的重要地位。[①] 匈牙利是第一个签署"一带一路"合作备忘录的欧洲国家，近年来对华贸易、投资越来越密切，尤其是双边在金融领域的合作在中东欧地区遥遥领先。

第一节　中匈金融合作历史回顾

（一）国际金融危机前中匈金融合作的"自发性"发展

中国与匈牙利早期金融合作可以追溯到20世纪50年代（同为社会主义"兄弟"时代），当时匈牙利以较低利率（低于2%）向中国出售工业品，帮助中国进行第二次世界大战和内战之后的重建经济[②]。在此期间，匈牙利对华援助与苏联支持其他社会主义国家的方向一致。在20世纪60年代，中国与苏联之间日益紧张的关系使得中匈早期合作陷入僵局。

20世纪70年代后期特别是改革开放后双边关系逐渐走向"正常化"，匈牙利在1968年所引入的谨慎市场经济改革方案，成为值得中国借鉴的典范。就金融国际合作而言，最受关注的是匈牙利融入世界银行和国际货币基金组织等国际金融机构。由于当时匈牙利必要的财政能力缺

---

① Chen X. Yang C. , "A Quantitative Analysis on China-CEEC Economic and Trade Cooperation", *Institute of European Studies Chinese Academy of Social Sciences*, *Working Paper Series on European Studies*, Vol. 10, No. 5, 2016.

② Vámos P. , "Az SZKP XX. kongresszusának hatása a magyar-kínai kapcsolatokra", *Múltunk*, Vol. 2, 2006.

乏①，当匈牙利加入国际货币基金组织的决定获得通过时，中国人民银行向其提供了 8800 万美元援助，使其获得 3.75 亿美元的特别提款权（Special Drawing Right，SDR）配额②，为中匈金融合作奠定了良好的基础。直至 20 世纪 80 年代，与其他中东欧国家相比，中国与匈牙利双边关系可视为独一无二的，其归因于匈牙利采取了较为独立的经济改革政策，而与此同时大多数中东欧国家仍然在模仿苏联经济发展模式。

1989 年匈牙利政治经济体制开始发生转变，以市场化改革和实施民主政治制度为主要特点，匈牙利与其他中东欧国家一道开始遵循西欧发展模式。匈牙利于 2004 年加入欧洲联盟，作为转型过程的一部分，匈牙利金融业也开始完全融入欧洲金融机构。作为欧盟成员国，欧洲复兴开发银行（EBRD）、欧洲中央银行（ECB）、欧洲投资银行（EIB）等欧盟金融机构在匈牙利金融领域中的地位举足轻重，这些机构是匈牙利经济发展的关键参与者。此外，在匈牙利境内经营的大多数商业银行已成为欧洲银行业联盟成员（如 KCB、ERSTE、Bayerische Landesbank、Raiffeisen Bank、Unicredit Bank 等银行）③。在此期间，由于匈牙利政治剧变，中匈双边关系严重破裂，加之匈牙利倾向于"向西"合作，中匈金融合作基本处于停滞。

21 世纪初以来，随着中国在全球经济中的重要性日益增长，匈牙利与其他中东欧国家开始越来越多地重视与中国的合作④。2003 年 8 月匈牙利总理彼得·梅杰西对中国的正式访问成为新时期中匈合作的开端⑤。胡锦涛主席于 2004 年 6 月访问匈牙利，两国宣布建立"友好合作伙伴关

---

① Müller J., Kovács L., "Hungary's Link to Financial Cooperation with Asia", Financial and Economic Review, Vol. 16, 2017.

② IMF（1982）: Annual Report of the Executive Board for the Financial Year Ended April 30 1982. International Monetary Fund, Vol. 77. http://www.imf.org/external/pubs/ft/ar/archive/pdf/ar1982.pdf Last accessed: September 21, 2018.

③ Botos K., "The Hungarian financial sector and the EU", South-East Europe International Relations Quarterly, Vol. 1, No. 4, 2010.

④ Kong T., "16 + 1 Cooperation Framework: Genesis, Characteristics and Prospect", December 3, 2015, China-CEEC Think Tanks Network (http://16plus1-thinktank.com/1/20151203/868.html). Last accessed: September 21, 2017.

⑤ FMPRC, "Prime Minister Medgyessy Peter of Hungary will Pay a Working Visit to China", Ministry of Foreign Affairs of the People's Republic of China, 20 August, 2003. (http://www.fmprc.gov.cn/ce/cedk/eng/xnyfgk/t105642.htm). Last accessed: September 21, 2018.

系"①。不断改善的政治关系对经济关系的发展形成正向推动作用：双边贸易份额开始不断增长，中国在匈牙利启动了多个大规模投资项目，其中2005年华为进入匈牙利市场②对匈牙利电信网络的现代化建设发挥了重要贡献。截至目前，中国对匈牙利投资领域涵盖化工、金融、通信设备、新能源、物流等领域，主要企业有万华、华为、中兴、中国银行、安徽丰原、日照金禾等。中国企业在匈不断增长的贸易和投资活动促使中国商业银行在匈牙利开展业务。

由于中国企业在匈投资存量累计以及双边政治关系稳固，中国银行于2003年在匈牙利开设了一个区域化分支机构，成为当时唯一一家在中东欧经营的中国商业银行。中国银行进入匈牙利市场也为匈牙利政治精英发出了重要信息——中国可以在匈牙利区域金融中发挥重要作用。中国对中东欧国家的吸引力越来越强，中匈在金融合作方面的进程空间巨大，匈牙利无疑成为中国在中东欧地区的主要金融合作伙伴。然而在国际金融危机以前，中匈金融合作存在没有明确的计划或发展战略思想的特点，即双边金融关系的发展存在一定的自发性和偶然性。

（二）后国际金融危机时代中匈进入新的金融合作阶段

2008年国际金融危机严重打击了中东欧地区：其一是由于中东欧国家纷纷加入欧盟，经济关系的不对称依赖性，贸易急剧下降，国内生产总值急剧下降；其二是由于较高财政赤字和公共债务占比使其内部经济失衡，经济危机对匈牙利经济的影响较大；其三是匈牙利经济严重的债务依赖和高度自由化的金融体系使得无法对冲危机所产生的冲击，导致2008年匈牙利向欧盟和国际货币基金组织求助，并得到了250亿美元的国际救助。③ 2010年奥尔班政府当选的政治目标是减少匈牙利对西方金融机构的

---

① FMPRC, "President Hu Jintao Holds Talks with Hungarian President Madl Ferenc", Ministry of Foreign Affairs of the People's Republic of China, June 11, 2004. (http://www.fmprc.gov.cn/mfa_eng/wjb_ 663304/zzjg_ 663340/xos_ 664404/gjlb_ 664408/3175_ 664570/3177_ 664574/t134058.shtml) . Last accessed: September 21, 2017.

② 2009年建立了区域性研发中心。

③ IMF, "IMF Survey: IMF Agrees \$15.7 Billion Loan to Bolster Hungary's Finances", International Monetary Fund Survey online, November 6, 2008. https://www.imf.org/en/News/Articles/2015/09/28/04/53/socarl10608a Last accessed: September 21, 2017.

经济和金融依赖，促使匈牙利在 2013 年提前偿还国际货币基金组织的贷款。[①] 匈牙利政府能够在没有中国金融机构参与的情况下顺利地渡过国际金融危机，也体现出匈牙利政府及金融机构较强的风险管控能力。在这一契机下，中国成为匈牙利实现国家金融多元化解决方案的提供方之一。2011 年 6 月，温家宝总理正式宣布中国准备购买匈牙利国债。[②]

2011 年匈牙利政府启动了新的外交政策战略，即"向东开放"战略，旨在通过有效的外交支持增加匈牙利与亚洲市场对接，特别是加强与中国和俄罗斯的经贸合作，从而减少其对欧盟的强烈依赖，该战略还包括加强金融服务领域的合作。战略实施后效果明显——2013 年 9 月，为了支持中匈双边贸易和投资合作，中国人民银行和匈牙利中央银行（Magyar Nemzeti Bank，MNB）签署了一项双边货币互换协议，金额为 100 亿元人民币。

与当时国际金融活动中的一些重要参与者相比[③]，中国与各国的双边货币互换规模不高，例如中国与韩国是 3600 亿元人民币，与新加坡是 1500 亿元人民币。[④] 中匈双边货币互换协议是里程碑式的，匈牙利中央银行成为中东欧地区第一个与中国签署双边货币互换协议的金融机构，也是为数不多与中国达成货币互换协议的欧洲银行。该协议加强了匈牙利中央银行进一步合作的动力，开启了中匈双边金融关系的新阶段。

第二节 匈对华金融对接的行动与愿景

（一）匈牙利中央银行人民币计划（MNB Renminbi Programme）

2015 年 2 月，匈牙利中央银行（MNB）宣布推出"匈牙利中央银行

---

① Byrne A.，"Orbanomics' confounds critics as Hungary's economy recovers"，*Financial Times*，June 9，2015. (https://www.ft.com/content/027eaf9a-05e9-11e5-b676-00144feabdc0). Last accessed: September 21，2018.

② Li X.，Fu J. "China willing to buy Hungarian bonds"，*China Daily*，June 26，2011. (http://europe.chinadaily.com.cn/china/2011-06/26/content_12778313.htm). Last accessed: September 21，2017.

③ 主要是国际清算银行（Bank for International Settlements，BIS）占据主导地位，其总部设在巴塞尔，致力于减轻国际流动性干扰并刺激国际贸易。

④ Erhart Sz.，"Liberalisation of the Renminbi Exchange Rate Regime and Foreign Currency Regulations"，*Budapest Renminbi Intitiative Papers*，Vol. 2. 2015.

人民币计划"（以下简称"人民币计划"），旨在支持中匈金融合作，其被匈牙利政府视为匈牙利与中国双边关系的关键要素①，该计划的推行出于以下几个层面的考虑：

1. 人民币国际化是中国经济政策的一个高度优先目标，基于中国在全球经济中日益发挥越来越重要的作用，这是世界经济的长期趋势；

2. 人民币在国际结算中的地位稳步增长，特别是国际货币基金组织将人民币加入特别提款权一揽子货币，人民币的重要地位得到证实②；

3. 欧盟内部多家中央银行支持人民币国际化，并认为其在全球汇率机制中的重要性日益凸显③；

4. 中国资本账户和汇率制度自由化改革、中国储蓄结构优化④可为匈牙利带来融资机会；

5. 中国对外直接投资呈稳步增长趋势，可能成为匈牙利与"一带一路"倡议联系的重要因素。

除了以上提到的匈牙利政府层面考虑外，匈牙利中央银行同时出于以下几点安排：

1. 扩大匈牙利的融资来源；

2. 使匈牙利成为中东欧地区中国金融的主要合作伙伴；

3. 使匈牙利成为欧盟内部的关键角色，即作为连接世界两个重要经济体的中心桥梁；

4. 通过投资的支持，为匈牙利创造跨境市场活动和收入。

为了实现这些目标，"人民币计划"包括以下五个支柱⑤：

1. 在匈牙利中央银行外汇储备组合中纳入人民币；

2. 在匈牙利中央银行设立人民币流动性工具以应对市场动荡；

---

① MNB, "The Hungarian Central Bank's Renminbi Programme (JRP)", *Magyar Nemzeti Bank*, February 19, 2015.

② Erhart Sz., "Renminbi-A New Settlement Currency Was Born. Magyar Nemzeti Bank", *Budapest Renminbi Intitiative Papers*, Vol. 1, 2014.

③ Erhart Sz., "Liberalisation of the Renminbi Exchange Rate Regime and Foreign Currency Regulations", *Budapest Renminbi Intitiative Papers*, Vol. 2, 2015.

④ 例如，以美元计价的资产的减少，占中国外汇储备的60%左右。

⑤ MNB, "The Hungarian Central Bank's Renminbi Programme (JRP)", *Magyar Nemzeti Bank*, February 19, 2015.

3. 支持人民币结算基础设施的发展，即人民币清算中心；

4. 便利与使用人民币和中资银行跨境活动有关的财务稳定性和监管问题；

5. 支持中匈金融领域的研究和学术合作。

以上支柱是匈央行根据欧洲中央银行其他成员以往采取的行动确定的，因此匈央行并未引入任何新机制，而是选择其他国家先前引入的措施并根据其主要特点加以组合[1]。同时设置了金融市场、实体经济、支付结算等若干工作组，以便积极实施计划、分配任务和设定工作目标。

在人民币计划方面所取得的成果：

2015年4月，基于经济政策和外币资产多元化目标，匈央行宣布建立债券组合和以人民币计价的货币储备组合，并于2005年5月决定将部分外汇储备投资于中国政府发行的国债[2]。出于风险控制因素考量，匈央行初期对于投资持有中国国债持谨慎态度，在2015年匈央行官方声明公告中也可以看出：第一，投资只是外汇储备的一小部分；第二，投资不能有损外汇储备的充足性。

2015年6月，中国人民银行与匈牙利中央银行签署了代理协议，以管理匈央行对中国银行间债券市场的投资。此举也象征着匈央行成为首批被允许在中国资本市场进行证券投资的机构之一。一方面，中国人民银行同意将人民币合格境外机构投资者（RQFII）试点计划延伸至匈牙利，总投资规模为500亿元人民币，并为匈央行在中国境内投资离岸人民币资金提供许可证。另一方面，两家中央银行签署了人民币清算安排谅解备忘录，中国人民银行将在匈牙利指定人民币清算银行，该协议包括在监督、信息交流、评估和改进系统协调方面进行更好的协调与合作。

2015年10月，中国人民银行和匈牙利中央银行正式宣布，中国银行的匈牙利子公司[3]被授权在匈牙利布达佩斯设立人民币清算中心，布达佩

---

[1] MNB, "Magyar Nemzeti Bank and Bank of China sign master agreement in respect of interbank market agency business and memorandum of understanding on renminbi clearing account service", *Magyar Nemzeti Bank*, January 24, 2017.

[2] MNB, "Announcement on Renminbi Reserve Portfolio Investment", *Magyar Nemzeti Bank*, June 27, 2015.

[3] 即中国银行匈牙利分行。

斯的人民币清算中心业务可覆盖整个中东欧地区①。

2015年11月,匈央行成为首批在中国外汇交易系统(CFETS)注册并获得中国银行间外汇交易的机构之一。

2016年9月,中匈本币互换协议续签了相同额度金额(100亿元人民币)②。

2016年12月,人民币与福林③之间的直接交易在中国境内外汇市场启动,用以支持双边贸易和投资,促进人民币和福林在跨境贸易和投资结算中的便利化,从而降低货币转换成本④。

2017年1月,匈央行进一步深化了与中国银行的合作。双方的谅解备忘录,中国银行为匈央行提供人民币结算账户服务。双方同意评估多边基金如何以更有效的方式实施人民币结算并进行合作,以巩固匈牙利作为中东欧人民币清算中心的作用。

值得注意的是,自"人民币计划"启动以来,中匈金融机构交流日益增加,双方通过定期举行磋商讨论,邀请专家参加彼此的会议,特别是中国人民银行和匈央行主办的中国金融论坛于2016年首次在上海成功举办,双边金融合作得到了更好地支持与协调。随着中匈金融合作的日益密切,匈央行已成为双边政治关系的重要角色,同时匈牙利也成为"一带一路"倡议的积极支持者。

(二)布达佩斯人民币倡议(Budapest Renminbi Initiative)

"布达佩斯人民币倡议"(下简称"人民币倡议")是"人民币计划"的有力补充,这是一个包括金融界其他重要参与机构的新平台,旨在"创建货币、外汇和资本市场的基础设施,发展结算系统并开始了进入中国资本市场金融许可的谈判,与人民币结算的主要企业和政府部门利益相关者合作"。人民币倡议包括一个高级别机制,每年组织一场国际研讨会议(布达佩斯人民币倡议会议),与会者包括中匈政策决策者、专家学者,

---

① Müller J. Kovács L. , "Hungary's Link to Financial Cooperation with Asia", *Financial and Economic Review*, Vol. 16, Special Issue, 2017.

② MNB, "The bilateral currency swap line agreement between the People's Bank of China and the Central Bank of Hungary has been renewed", *Magyar Nemzeti Bank*, September 12, 2016.

③ 匈牙利官方货币单位。

④ MNB, "MNB welcomes the launch of direct trading between RMB and HUF on the onshore Chinese foreign exchange market", *Magyar Nemzeti Bank*, December 12, 2016.

主要讨论中国匈牙利在全球和区域市场中的金融角色地位以及中匈金融合作关系情况[①]，会议旨在建立中匈在金融领域高效的直接对话机制。

通过"人民币倡议"的稳步推进，匈牙利其他金融机构（除匈央行外机构）近年来在双边金融合作中越来越活跃，中匈其他金融机构之间的合作得到了有力促进，同时匈牙利金融机构在中国市场也变得更加活跃。

2016年，匈牙利政府债务管理机构发行了人民币计划为期三年的点心债券，规模为10亿元人民币，收益率为6.25%；2017年继续在匈境内发行10亿元人民币的三年期债券，收益率为4.85%[②]。

2017年4月，布达佩斯证券交易所宣布将开发人民币市场作为倡议的一部分。

2017年6月，匈牙利加入了亚洲基础设施投资银行（AIIB），股份总额达1亿美元，成为仅次于波兰第二个加入亚投行的中东欧国家。加入亚投行，一方面彰显匈牙利对"一带一路"倡议的大力支持；另一方面，匈牙利试图通过加入亚投行加强其在区域内的财政作用。

此外，匈牙利是中国—中东欧投资合作基金的主要出资方，合作基金负责提供中东欧地区的共同投资项目。在2013年的第一阶段，匈牙利进出口银行投入了3000万美元的资金，而在2017年的第二阶段，这笔资金被提高到7650万美元。

第三节 "16+1"合作框架下的中匈金融合作

在"一带一路"倡议的框架下，"16+1"合作已成为倡议进入欧洲的"桥头堡"和"跳板"。中东欧国家主要是转型经济体，中国具有资金优势，因此与中东欧国家进行金融合作对于项目融资显得至关重要。"项目示范、资本先行"，而匈牙利在中东欧国家中金融实力、与华合作基础优势明显，可见中国与匈牙利开展金融领域的务实合作对于中东欧地区的发展显得至关重要。

[①] Sütő Zs., "Report on the Budapest Renminbi Initiative Conference 2017", *Financial and Economic Review*, Vol. 16, No. 2, 2017.

[②] Allen K., "Hungary sells renminbi debt in China", *Financial Times*, July 26, 2017. https://www.ft.com/content/0201afb8-7202-11e7-93ff-99f383b09ff9 Last accessed: September 24, 2018.

在商业银行方面,中国在中东欧地区的第一家商业银行——中国银行,于2003年在匈牙利成立,这是匈牙利与中国加强双边关系的早期成果。2014年,为了扩大中国银行在中东欧地区的金融服务能力和市场影响力,中国银行匈牙利分行正式成立;借此,匈中行成了匈牙利第一家拥有分行双牌照的外资银行。2017年1月,中行与匈牙利政府签署《战略合作伙伴协议》,同时与匈牙利央行签署《银行间代理协议》及《人民币清算账户合作协议》,与布达佩斯证券交易所、匈政府债务管理机构、匈牙利进出口银行以及银联国际签署《战略合作备忘录》。随着人民币国际化进程的不断推动,中国银行匈牙利分行在匈牙利的作用也日益凸显。2015年布达佩斯也成为中东欧地区第一个也是唯一一个清算中心,该行被中国人民银行指定为人民币清算行,成为继伦敦、巴黎、法兰克福和卢森堡之外的欧洲第五个人民币清算中心,同时也是中东欧地区唯一的人民币清算行。目前,中行匈牙利分行已经为匈牙利央行开立了人民币清算账户和代理投资中国债权市场的账户。2016年4月,中国银行匈牙利分行协助匈牙利政府在中国香港成功发行了10亿元人民币的点心债。2017年1月,中国银行在匈牙利布达佩斯发行了中国人民币暨匈牙利福林双币种银联借记卡,这是中东欧地区首次发行的人民币银行卡,也是中国银行在欧洲地区的首张人民币银行卡。中国银行在匈发行双币种银联借记卡,是人民币在中东欧发展的又一项具有长远战略眼光的举措,将进一步促进中匈资金融通,扩大人民币作为国际货币在匈牙利的影响力。

双边货币互换方面,2013年9月9日,中国人民银行与匈牙利中央银行签署了中匈双边本币互换协议,旨在加强双边金融合作,促进两国贸易和投资,共同维护地区金融稳定。互换规模为100亿元人民币,有效期为三年。2016年中国人民银行与匈牙利中央银行续签了双边本币互换协议,互换规模保持100亿元人民币(4160亿匈牙利福林),有效期三年,经双方同意可以展期。此举旨在加强双边金融合作,便利两国贸易和投资,共同维护地区金融稳定。

债券发行方面,中国和匈牙利彼此成为在海外发行主权债券的突破。2015年,中国银行匈牙利分行成功发行5亿欧元"一带一路"债券;2016年,中国银行为匈牙利政府在中国香港发行10亿元人民币债券,这是中东欧地区第一只主权点心债,中国银行间外汇市场开放了人民币对匈牙利福林的直接交易。此外，匈牙利金融机构在中方共建的中国—中东欧银行联合体和中国—中东欧投资合作基金中发挥着积极作用，其对"16＋1"合作金融支持起到重要的支撑作用。

伴随"一带一路"建设稳步推进，特别是"16＋1"合作的深入发展，匈牙利推出"人民币计划"和"布达佩斯人民币倡议"，中匈金融合作相向而行、先行先试，已成为中国与中东欧国家合作乃至与欧洲金融合作的"标杆"。中匈金融合作不仅对匈牙利成为中东欧地区金融中心地位起到促进作用，而且以匈牙利为支点形成中欧金融合作的"桥梁"与"纽带"。此外，中匈金融合作对人民币国际市场信心、进一步国际化发展起到重要意义并发挥务实作用。

未来中国在进一步对外开放的背景下，以人民币业务为切入点，在扩大银行业、资产管理、资本市场、保险业、养老金等业务的同时，制订科学合作机制引入绿色金融、普惠金融、科技金融、互联网金融等新领域合作，加强人民币在匈牙利金融市场的认可度，并进一步辐射至中东欧地区，逐步强化人民币在中东欧地区贸易、投资领域结算清算，是夯实中欧金融合作，进而巩固人民币国际化发展的必由之路。

第六章 人文交流合作

人文交流是中匈关系的重要组成部分。在"一带一路"倡议提出后，中匈人文交流更加紧密，合作成果丰硕。这得益于两国关系的良好发展，为双方人文交流蓬勃发展提供了保障。但中匈人文交流并非一帆风顺，囿于双方地理距离、文化差异较大等客观原因，两国人文交流也存在一定困难。本章以2013年习近平主席提出"一带一路"倡议为时间节点，系统总结两国人文交流的成果和特点，并对下一步增进两国人文交流提出建议看法。

第一节 中匈人文交流具备良好基础

自2013年习近平主席提出"一带一路"倡议以来，中匈关系全面发展，人文交流更是风生水起。可以说，中匈人文交流取得的丰硕成果，是建立在坚实的历史和现实的基础上的。

（一）中匈关系体质升级，形成战略关系。中华人民共和国成立以来，中匈双边关系经历了曲折变化，既有同为社会主义阵营的蜜月关系，也有受中苏关系恶化冲击而关系下滑，还有冷战结束后两国关系的重建。经过70年的发展，两国政治合作不断增多，互信度上升，在国际事务上互相支持、积极配合。作为中国在中东欧地区的重要合作伙伴，匈牙利已成为欧洲地区坚定的中国支持者，中匈关系的健康快速发展业已成为中东欧地区对华关系的典范。

近年来，中匈关系日益紧密，各方面合作顺畅，匈牙利成为中国在中东欧地区的重要合作伙伴。2010年欧尔班政府上台以来，匈坚定支持多极化世界的塑造，拥护具备较强竞争力和话语权的新兴国家重塑全球秩序，中国成为匈牙利对外政策的重点，视为在亚洲的重要合作伙伴，是匈"向东看"的重点方向。2017年5月，中匈两国正式结成全面战略合作伙伴关系①，双边关系战略性质已显。双方战略伙伴关系的确立，为推动两国人文交流提供根本保障。

（二）匈牙利是中国核心利益的支持者，这是中匈两国全面发展关系的重要前提。在涉及中国重要或核心利益上，匈牙利站在支持中国的立场上。中匈发展成战略伙伴关系，与双方彼此尊重各自国家利益尤其是核心利益密不可分。在《中华人民共和国和匈牙利关于建立全面战略伙伴关系的联合声明》中，双方重申尊重对方主权和领土完整、核心利益和重大关切。匈方重申奉行一个中国原则，反对任何损害中国主权和领土完整的言论和行为。匈在涉我核心利益尤其是南海问题上有着充分体现。

2016年7月12日，海牙国际仲裁法庭对南海仲裁案做出"最终裁决"，判菲律宾"胜诉"。中国政府在当日即发表声明，严正指出该裁决是无效的，没有约束力的。2016年7月15日，欧盟对南海仲裁做出回应：欧盟及其成员国，作为联合国海洋法公约的缔约方，承认仲裁法庭的判决并承诺基于国际法和联合国海洋法公约承诺致力于维护海洋法律秩序，以和平方式解决争端。欧盟对事关主权问题不持立场，并表示相关各方通过和平方式解决争端。在涉南海问题上，与包括匈牙利在内的欧盟成员国支持中国立场有很大关系。由于匈牙利、克罗地亚和希腊三国反对，欧盟并没有在南海仲裁案上形成一致决议，匈牙利对中国的支持源于坚实的双边关系基础。

经过30多年发展，中国已成为世界第二大经济体，市场化改革成绩有目共睹，已是一个成熟完善的市场经济国家。多年来，欧盟拒绝承认中国市场经济地位，这成为制约中欧关系发展的障碍。中国政府援引世贸谈判条款，欧盟理应在2016年12月11日前承认中国市场经济地位。尽管欧盟内部对是否承认中国市场经济地位存在巨大争议，但匈牙利顶住压力，在2016年5月30日即对外公开表示将全力支持承认中国的市场经济

---

① 匈牙利总理欧尔班·维克多于2017年5月12日至16日应邀来华出席"一带一路"国际合作高峰论坛，并对华进行正式访问。5月13日，习近平主席会见欧尔班·维克多总理。双方认为，进一步深化中匈关系符合两国利益，一致同意建立全面战略伙伴关系。

地位。西雅尔多外长在6月9日表示，匈牙利会在欧盟外交理事会上坚持上述立场。

2015年12月，匈牙利外长西雅尔多就公开表示中匈关系处于历史的最佳时期，匈牙利的政治家们认为中匈关系"没有任何棘手的问题"，他们坚信中匈关系的未来重点是在经贸关系上，他们对中国参与匈牙利经济发展非常看重和期待。

（三）中匈战略关系拥有厚实基础。在过去十几年，匈牙利政府无论政治倾向如何，一直致力于发展和中国关系，主动与中国开展各种类型的合作，把握推动经济关系的任何机会，并在如承认中国市场经济地位等许多敏感议题上支持中国。中匈关系的发展在中东欧地区处于全面领先地位。在经济领域，匈牙利是中国在中东欧地区投资的第一大接收国。两国在基础设施建设、交通物流、电信、能源、化工、汽车制造、民航、农业、食品加工、电子商务、科技、水利、环保、展览、金融、文化、教育、卫生、体育、旅游、签证等领域展开全面合作。中匈建立全面战略伙伴关系后，匈牙利各界普遍对中匈关系未来发展持乐观积极态度，欢迎中国资金、人才、企业支持匈牙利建设，希望通过"一带一路"倡议和"16+1"合作平台为匈牙利人民谋取更多福利，并通过与中国的务实合作将匈牙利升级为中国进入欧洲的门户，从而提升匈牙利在本地区的影响力。

（四）经贸关系日益紧密。匈牙利一直希望能够成为中国通往整个欧洲的门户或枢纽，他们十分重视与中国的关系，双方的投资和贸易关系也变得越来越重要。匈牙利的向东开放政策并不仅仅集中在发展贸易关系和寻求机遇上，还在于吸引来自新兴亚洲国家的投资，而中国被认为是越来越重要的投资者。中国在匈牙利的投资自其2004年加入欧盟开始显著增长。中国资本在中东欧的作用，与其他已在该地区投资的资本相比体量仍然很小，但近几年，中国资金流入明显加速。据中国统计数据，投资增长从2005年的0.65亿美元迅速增长至2010年3.071亿美元。截至2015年，根据中国商务部的数据，中国在匈牙利投资总额达到5.71亿美元，为中东欧地区最高。成为中国商品运往欧洲市场的主要中转路线之一，已成为匈牙利政府的最新目标。中国是匈牙利在进口方面最重要的贸易伙伴之一。2005年以来，中国在匈牙利对外贸易中排在第四位或第五位。至

2012年，中国占匈牙利进口总额的份额增长了两倍以上，相较于2003年上涨了5倍多。中国已成为匈牙利在亚洲最重要的合作伙伴，匈牙利对华出口占匈牙利出口总额的3%左右。

第二节 中匈人文交流成果

中国与匈牙利两国具有久远的人文交流历史，但总体上来看在2010年之前两国人文交流与合作的紧密度较低，领域也较少。随着2012年中国—中东欧国家"16+1"合作框架的建立，匈牙利作为中东欧地区重要的国家之一，中匈两国的人文交流日益紧密和深入，成效显著，这也为地理位置相距较远、意识形态存在差异的两个国家的交往树立了某种程度的榜样。尤其是从2013年中国提出"一带一路"倡议以来，人文交流频繁，两国在旅游、教育、文艺、科技等方面交流频繁，成果丰硕。

（一）旅游合作成果丰硕

旅游是推动人文交流、增进中外民众相互了解的重要方式。中匈两国重视推动两国旅游业的发展，在"16+1"合作的框架中，匈牙利在旅游领域占有重要地位。近年来，中匈两国旅游交往频繁。2014年5月，中国—中东欧国家旅游促进机构和旅游企业联合会协调中心在布达佩斯设立。据中国驻匈牙利大使馆文化处统计，2017年中匈两国游客互访人数达到25万人次，同比增长32%。[1] 中国在布达佩斯设立旅游办事处，这是中国与匈牙利开展"一带一路"倡议旅游合作的具体成果。

（二）中匈教育合作日益深化

中匈经贸关系的不断深化，为两国教育合作注入了强大动力。随着中国—中东欧国家合作的不断深入和"一带一路"倡议的深入建设，中国与匈牙利各领域合作关系不断深入，匈语人才需求量上升。匈牙利也深刻意识到，中国在全球政治经济中的重要性不断提升，中欧在经贸领域相互成为重要的伙伴。作为欧盟成员国，匈牙利从中国的发展中看到了更多机

---

[1] 《驻匈牙利大使段洁龙视察驻布达佩斯旅游办事处》，2018年9月，中国文化网（http://cn.chinaculture.org/portal/pubinfo/200001003002001/20180904/2944a40468704aca9cc3c82b6de1b45a.html#）。

遇，对于匈民众特别是青年人来说，学习汉语可以有更好的职业机遇。因此，两国民众学习对方语言具有现实的"功利因素"，同时在双方政府的支持和引导下，语言学习的机构保障也更为充分。

曾经，北京外国语大学是中国唯——所开设匈牙利语专业的高校，目前中国培养匈语专业院校稀少的情况有了明显改变。中国传媒大学、北京第二外国语学院、上海外国语大学、四川外国语大学、天津外国语大学等外语大学都开设了匈牙利语专业。有的学校还办出了特色，北京第二外国语学院于2015年7月从北京初中毕业生中，招取了20人学习匈牙利语，成为第一批学习匈牙利语专业的学生，学制7年，涵盖了高中和大学本科阶段，这种"贯通培养"，有利于培养语言基础扎实的匈语人才。

在匈牙利，匈牙利国内汉语学习机构建立较早，学习热度也较高。早在1923年罗兰大学就设立了中文系。2004年，布达佩斯建立了中匈双语学校，该校学生接受中匈双语教育。建校以来，在教学和育人方面取得了成功经验，得到了匈牙利各界的广泛支持和认同。2006年该校建立了匈牙利第一所孔子学院。2012年塞格德大学设立孔子学院，这是匈牙利第二所孔子学院。目前，匈牙利共有4所孔子学院，在匈运行良好，为推广匈汉语教学、传播中国传统文化等发挥了积极作用。在中匈两国政府的支持下，欧洲首个同时使用母语和汉语双语教学的中匈双语学校顺利升建高中，目前在校学习的学生约有500名。

（三）文化艺术交流逐渐深入

中匈两国都具有深厚的历史，文化艺术独具特色。在两国政府的鼓励和带动下，加之中国民众整体文化素质的提高和文化需求的增多，具有中东欧特色的匈牙利文化艺术逐渐引起中国民众的兴趣。同时，我国文化"走出去"正在不断迈步前进，文化软实力不断提升，中国有实力、有能力将传统、现代的各类优秀文化艺术成果向匈牙利民众进行广泛宣传，中匈文化艺术交流活动丰富多彩，两国音乐家、歌唱家、舞蹈家互访演出举不胜举。

2005年9月，匈牙利文化周在北京举行，匈牙利时任总理久尔恰尼出席开幕式。2007年9月，"匈牙利节"开幕式在北京和上海举行，久尔恰尼总理出席。2008年4月，中国作为主宾国参加第15届布达佩斯国际图书节。同年6月，"匈牙利节"闭幕式在深圳举行，匈国会主席西里出席。2009年10月，中匈两国签署了两国文化合作计划。同月，中国在匈举办"中国文化节"。2013年6月，中匈互设文化中心协定在匈签署。同年11月，北京的匈牙利文化中心建立并开放。2017年4月"匈牙利2017中国电影展"在布达佩斯拉开帷幕。2018年，由五洲传播中心译制的匈牙利语纪录片《第三极》《1937南京记忆》，电影《静静的嘛呢石》在匈牙利ATV电视台《丝路时间》栏目热播，这为匈牙利了解中国文化开启了一扇"窗户"。

（四）地方合作风生水起

当前中匈两国地方政府合作方兴未艾，双方结好省州、城市已发展到36对，中国很多地方政府都在积极推动与匈牙利等中东欧国家的合作。中匈地方合作务实高效，推动各类合作项目实施落地。近年来，中国地方政府依托与中东欧国家开展产品展销、投资促进活动，在介绍和引入匈牙利等国中东欧国家特色旅游资源和文化产品方面取得了明显进步，使中匈两国人文交流具有了更加扎实的经济基础。2016年1月，匈牙利国家贸易署宁波代表处落户浙江省宁波市。此前匈牙利国家贸易署已在北京设立了代表处，代表处除了推动中匈贸易发展外，还会结合匈特色产品、产业开展一系列文化交流活动，让更多的人了解与认识匈牙利。2016年3月，中国文化部与苏州市政府签署协议，共建和运营布达佩斯中国中心，该中心是文化部首个与省辖市合作共建的海外中国文化中心项目，为部市合作共建海外中国文化中心发挥示范和引领作用。2017年9月，匈牙利高新技术和教育产业中国发展中心在福州揭牌。该中心是匈牙利政府与福建摩根斯达集团在福建设立的国家级窗口，中心未来教育公司将匈牙利等中东欧文化、教育、体育、科技等领域的优势有机融入中国的教育之中，将配套的科技产品引入中国。

（五）中医药在匈发展潜力巨大

早在1987年，中医就进入匈牙利，当时匈牙利中匈友协传统医学会与黑龙江中医研究院开始学术交流与医疗合作，开启了中匈医药合作的序幕。1988年12月，匈首家中医诊所在布达佩斯营业，受到当地民众欢迎。两年后，中医诊所因故停办，一些医生坚持留了下来，成为中医医生在匈的星星之火。之后，中医在匈再遇挫折，匈牙利提高了中医的行医门槛。1996年，匈牙利出台自然疗法法律，规定只有获得匈牙利大学医学文凭或经过专业考试的外国医生才能从事针灸治疗,这无疑关闭了中医在匈行医的"大门",因为在匈牙利的中国中医都未曾受过匈牙利教育。1997年,匈当局停止向中国医生发放行医许可,给中医在匈生存以致命打击。

进入21世纪,中医在匈命运出现转机。2003年,匈时任总理迈杰希访华前,收到匈牙利中医药学会的一封信,列举了中医师在匈牙利行医遇到的困难和缺乏法律保障问题,迈杰希批复卫生部,临时批准了13位中国医生在匈监护医监护下的行医资格。此后由于各种原因,官方未向更多中医医生颁发行医执照。2015年9月18日,匈牙利人力资源部正式颁布中医立法实施细则,并于10月18日生效,预示着中医正式在匈牙利合法化。2017年5月,中匈建立全面战略伙伴关系,两国政府提出要深化卫生领域,尤其是中医药领域的合作,为两国中医药合作开辟了广阔空间。

(六)学术交流如火如荼

随着中国和匈牙利交流日益密切,两国的学术交流愈加频繁,呈现出"深化升级"的趋势,交流层次提高,机构建设不断取得进展。在中国,2015年11月北京第二外国语学院成立了中国首家匈牙利研究中心,与匈牙利大学共同开设研究项目,开展深度合作,为中国培养出更年轻的专家学者。2017年5月,北京外国语大学也成立了匈牙利研究中心,中心将开展匈牙利国别研究和中匈关系研究,特别是加强匈牙利的基础研究,诸如匈牙利的历史、文化、社会、政治、经济和双边关系的研究。建立研究中心相比较于传统的两国学者、学生的交流和互访,是一种更加高级的学术人文交流活动,对于学术人文交流的机制化有保障作用。中国成立的多家研究中心,将会进一步提升中国对匈牙利的研究水平,推动两国学生、学者之间的交流互动。2016年11月,匈牙利佩奇大学国际交流中心在中国山东省烟台市设立,该中心对于对接匈牙利优质大学资源有着积极的作用。

中匈智库间交流合作日益深入。中国社会科学院牵头组建了"中国—中东欧国家智库交流与合作网络",匈牙利科学院、匈牙利国际贸易与经济研究所、匈牙利安塔尔知识中心、匈牙利央行地缘政治经济研究所等匈方智库机构成为智库网络中的成员。中匈两国智库机构交流与合作日趋紧密的背景下,"中国—中东欧研究"于2017年4月在匈牙利布达佩斯揭牌成立。该研究院由中国社会科学院欧洲研究所在匈牙利独立注册，是中国在欧洲设立的第一家智库分支机构。"中国—中东欧研究院"广泛联络中国和中东欧及欧洲其他地区的专家学者和学术、智库机构，支持开展课题研究、举办学术会议、组织智库对话、实施人才培训及联合出版项目等，全面推动和加强"16+1"智库合作及中欧人文交流，围绕"16+1"合作、"一带一路"建设中的重大议题，支持开展合作研究。

第三节　中匈人文交流特点

总体来看，近年来中匈人文交流逐渐紧密，人文交流的频繁度和层级都在不断上升，两国的人文交流呈现出以下特点。

（一）政府支持为中匈人文交流注入强大动力

中国与匈牙利两国发展良好的关系，是两国人文交流能够得到发展的基本前提和重要基础。政治方面，中匈两国在国际事务上相互支持、密切配合，在涉及两国核心政治利益问题上都支持对方的立场。匈牙利是第一个与中国签署《关于共同推进"一带一路"建设谅解备忘录》的欧洲国家。经济方面，匈牙利是中国在中东欧地区最重要的贸易和投资伙伴之一。据不完全统计，到 2016 年中国在匈投资机构 4000 多家，总投资额超过 25 亿美元；中匈两国 2016 年的贸易额突破 88 亿美元，两国的投资和贸易额在中东欧国家中一直稳居前列。此外，在金融、基础设施建设等方面，匈牙利与中国的合作也走在中东欧国家前列。正是由于中匈两国政治、经济等领域具有良好的合作，这奠定了中匈两国人文交流快速开展的坚实基础。

（二）内容丰富，立体多元

中匈两国的人文交流涉及语言、艺术、教育、学术、智库、旅游及文化产业等诸多方面，而且每个方面都在深入发展。从上文中可以看到，中匈两国的人文交流在人员访问的基础上正在向着合作共建人文交流机构的方向发展。与此同时，中匈两国都出台了实际措施，保障人文交流在良好、扎实的基础上运行。如中国已经制定对匈牙利等中东欧国家 72 小时免签过境的口岸名单，努力简化双方人员来往的通过手续。匈牙利在中国上海、重庆等城市设立了总领馆，简化了签证办理手续，中国公民获得匈牙利签证通过率高达 97%。

此外，通过中国—中东欧国家人文交流年、媒体记者年等年度主题活动，中方邀请了匈牙利著名艺术馆、艺术家、媒体记者来华访问，在展示匈牙利文化艺术的同时，让匈媒体记者更加深入地了解中国发展的现状。近年来在中国组织了多种类型的关于中东欧青年企业家、政治家的人文交流活动，涉及政策对话、学术论坛、文化交流等各方面内容。这其中不乏来自匈牙利的青年企业家、政治家，他们代表了未来匈牙利的政治和经济精英阶层，通过这种交流活动，他们对中国的现状有了进一步的认识，对中匈关系的未来也更加看好。这体现了中匈人文交流活动不仅对当前两国关系产生了推动作用，也给未来双边关系的发展打下更加稳固扎实的基础。

（三）人文交流与中匈关系各领域良好互动

中匈两国发展良好的人文交流又能够对促进中匈的政治、经济以及地方交流等各领域的合作产生积极的影响，从而促进两国关系发展的良性互动。2017 年 4 月，《习近平谈治国理政》的匈牙利文版正式发布，这是中匈两国人文交流的一大重要成果。《习近平谈治国理政》匈牙利文版的出版，是首个中东欧语言的版本，将为匈牙利人民观察和感知中国打开一扇新的窗口，增进对中国发展理念、发展道路、内外政策的认识和理解，体现了两国学术、智库界关于政治思想的交流成果。2015 年中匈两国之间的直飞航线恢复，这一方面说明了双边政府对于加强交通联系的重视，同时是现实人员交流的实际需求。随着两国人文交流的日益密切，特别是旅游业的发展，中匈的直飞航班运营良好，有些地方城市为了旅游的需要还开通了直飞匈牙利的旅游包机。

第四节　中匈人文交流面临的问题

中匈两国人文交流取得了不俗的成绩，其发展前景也越来越被看好，同时也面临一些问题。在今后中匈人文交流中，解决好这些问题无疑会使两国的人文交流更上一层楼。

（一）具有国际视野和综合能力的语言人才较为缺乏

虽然中匈两国政府及有关机构重视语言培训，但是总体来说两国对对方语言学习的氛围、师资等条件还处于发展阶段，例如中国国内几所大学都是近几年才开始设立匈语专业，再加上语言学习不是一朝一夕可以成功的，毕业生数量有限，所以掌握中匈语言的人才还是较少。对于中匈关系长远发展来讲，语言是两国各领域交流的重要工具，然而既能掌握中匈双语，又具备一定专业领域知识背景的人才更是稀缺。因此未来两国有关部门和机构应更多地从实际需求出发，在培养语言人才的同时要结合专业背景，将语言学习与专业知识的学习和应用结合起来，培养出更多具有国际视野和综合能力的中匈语言人才。

（二）中匈两国文化交流的方式和内容有待改进提高

中国对匈牙利以介绍语言和传统文化、艺术为主，特别是中国的传统文化和艺术经过中方的努力宣传，全球的知名度正在不断提高，而中国现当代的思想文化却鲜有介绍。从方式上讲，中国对外文化交流仍以演出、展览为主，这种形式的长期持续性不高。上述这种内容上缺乏对中国现当代思想文化介绍，形式上长期影响力不足的文化交流情况，应引起有关方面的重视。从匈方来说，由于中东欧国家数量较多（16个），当前中国—中东欧国家合作下，中国民众容易被各种各样的中东欧国家文化信息所"淹没"。因此，如何在对中方的宣传交流中体现出匈牙利国家和民族的特色也是需要进一步考虑的问题。

（三）中匈文化交流机构成立时间较短，发展还需时日

中匈两国都建立了相关文化研究、交流机构，但是这些机构都是近两年随着中国—中东欧"16+1"合作兴起而建立起来的。无论是中国还是匈牙利，这些机构能否长期有效地运行，推动双边人文交流合作，都需要有关各方付出努力和耐心。此外，中匈文化交流、研究机构应当拓展视野，将推动学术研究、智库交流、学者和学生互访与当前中匈合作的其他领域结合起来，充分发挥服务两国政治、经贸、投资、科技等领域合作的作用，将人文交流活动有效地配合两国关系发展的现实需求，这样中匈文化机构更能获得广泛的支持，从而长期发展下去。

（四）欧盟防范中匈深化合作，可能会给中匈人文交流带来负面影响

一直以来，欧盟都对中国提出的"16+1"合作框架存有较大的质疑，欧盟内部的西欧大国认为中国在挖欧洲的墙脚，猜测中国试图通过拉拢中东欧国家对欧盟进行分化，从而达到自身的政治目的。2017年8月

30日,德国副总理兼外长加布里尔在巴黎表示,"中国的影响力已经扩展到欧洲的日常政治生活中,如果欧洲不能制定出共同的对华战略,中国将成功地分化欧洲"。

欧盟对中国与中东欧国家的务实合作,尤其是基础设施建设方面的合作,表现出的焦虑主要源于担心中国在中东欧地区的介入会弱化欧盟在本地区的政治威信。虽然欧盟的政策工具和法律框架在中东欧国家的社会发展中起到了非常重要的作用,但由于目前深陷多重危机的欧盟无法满足中东欧国家渴望的基础设施升级要求,欧盟不希望中国与中东欧国家如火如荼的合作降低中东欧国家对布鲁塞尔的依赖程度,并且在政治上倾向中国。匈牙利、拉脱维亚等国对于中国在国际事务以及地区事务上的支持,被欧盟看作"因经济联系而导致的政治化",从而对中国政府推行的政策进行政治顺从。

欧盟对中国与匈牙利关系发展的典型案例是关于匈塞铁路。2016年5月26日,欧盟委员会启动了对匈塞铁路项目的预备调查,要求各方澄清问题,并且同时对涉嫌在匈塞铁路建设筹款过程中的腐败问题提起诉讼。2017年2月20日,欧盟委员会对匈塞铁路的财务可行性以及招标过程继续进行调查。鉴于欧盟的办事效率,调查过程会耗费较长时间,对匈塞铁路项目会造成一定的不利影响。

匈牙利在难民问题上一直不与欧盟合作,在制裁俄罗斯问题上也与欧盟主流观点相悖。欧盟希望通过缩减财政支持对其进行惩罚,逼其就范。然而中国资金、技术和就业机会的入驻,在一定程度上会波及欧盟在该地区的制度性存在以及经济影响力,因此欧盟会利用法律和制度上的话语权对欧盟成员国进行监管,欧盟与匈牙利的双方博弈将在未来一段时期持续,这将会对中国与匈牙利的政治关系造成一定影响。

(五)匈国内政治稳定存在一定的隐患,警惕中匈关系倒退的潜在隐患

欧尔班政府自2010年上台以来,一直执政至今,在青年民主主义者联盟(青民盟)一党独大的情况下,看似稳定的匈牙利政坛也面临一系列问题。首先,匈牙利于2011年修改选举法,对国会选举的流程进行大幅修改,包括从两轮制改为一轮制,并缩减议员席位,这无疑使进入国会政党的门槛大幅提高,限制更加苛刻,引发一些反对党的不满。其次,欧

尔班政府对银行、电信、能源等部门增加税收，甚至提征"互联网税"的计划，遭遇了不少社会阶层的反对，伤害了不少部门的利益。欧尔班政府对国内新闻媒体进行一定程度的控制，国内青年人经常举行抗议示威游行，来抗议政府对于新闻媒体的控制。欧尔班政府表现出的民族主义倾向，经常挑战欧盟主流价值观，这使得匈牙利经常遭受西方大国的批评，德国总理默克尔甚至对外宣称不排除将匈牙利开除出欧盟。欧盟担心经济发展良好、失业率稳步下降的"欧尔班模式"会被其他中东欧国家仿效。在发展中欧关系框架下发展中匈合作符合各方利益，中国要注意做好发展中匈关系时也要考虑欧盟的关切。

虽然目前欧尔班政府对华友好，对中国采取开放、合作的政策，但不应忘记的是在欧尔班政府的第一任期内（1998—2002）匈牙利与中国的政治关系非常紧张，欧尔班于2000年10月11日高调会见了窜访匈牙利的达赖喇嘛，并对社会主义制度进行了攻击。因此，中国在发展同匈牙利政治关系时应该注意民族主义、右翼等思想的潜在危险。因此，在发展中匈政治关系时，应对匈牙利国内政局保持密切关注，同时应了解反对党和重要社会团体的政治诉求，保持适当接触，保障中匈政治关系的健康发展。

（六）匈国内对发展对华关系存有杂音，影响两国民心相通建设

匈牙利国内有舆论认为中国发展与中东欧国家关系毕竟是刚刚起步的新政策，在未来还存在比较大的变数，因此如何在与中国发展双边关系时能够全力确保自身利益的最大化成为匈牙利必须考虑的问题。目前由于欧盟的原因，匈塞铁路匈牙利部分的筹备工作搁浅，这令匈牙利国内舆论担心中国会选择更为可靠安全的合作伙伴进行旗舰项目的操作。有匈牙利学者认为政府必须通过政策途径巩固与中国的合作基础、提升双方的合作规模、细化合作内容和目标，这样才能保持匈牙利在本地区的吸引力，确保匈牙利的国家利益。

虽然匈牙利早在2011年就推行了"向东开放"政策，但该政策是面向全亚洲的一个宏观政策，并没有针对具体国家进行有针对性的部署。匈牙利国内学者认为随着中国的"一带一路"倡议在中东欧地区生根发芽，区域内的国家都会使尽浑身解数来吸引中国的投资，如果匈牙利不能够进一步巩固之前与中国建立的合作关系，那么很有可能会被后来者追上。匈

牙利有学者呼吁，匈牙利应该在"向东开放"政策的框架下，与时俱进地推出便利中国投资的新战略，毕竟从投资体量和重要性来看，中国都值得匈牙利为之制定一个全新的战略。

（七）匈牙利对我文化及价值观缺乏足够理解

曾经共同的意识形态虽有助于中东欧国家民众了解中国这个最大的社会主义国家的国内政治，然而，原社会主义国家在发生制度转轨后表现出比西方国家更强的反社会主义制度偏好，往往容易在新生代中形成先入为主的负面印象。[1] 自1989年发生东欧剧变后，匈牙利实行资本主义制度，外交上实行亲欧美政策，先后加入北约和欧盟，将欧盟作为外交优先方向，全方位倒向美国，与社会主义制度进行彻底切割。[2] 与美欧相较，中国在匈牙利的外交和经济地位中处于非中心位置，其背后深层原因在于价值观的内在驱动。在多数匈牙利民众和精英心目中，自第二次世界大战结束至东欧剧变这段历史，多数时间是不堪回首的回忆，成为匈牙利的负面历史遗产。剧变后，匈牙利对社会主义国家较为反感，有抵触情绪，对苏联的不满转移至其他社会主义国家。东欧剧变后，中国坚持社会主义制度，并取得巨大成就。匈牙利奉行新自由主义，在政治制度和意识形态领域，匈牙利对中国认同度低，认为中国不民主，具有浓厚的意识形态色彩偏见和误读。冷战结束后的20年，匈牙利没有将中国看作重要伙伴的重要原因之一是其对中国政治体制的看法问题。中东欧国家民众，特别是青年人因为受到1989年以后双方关系冷淡的影响，对华认知存在断层。他们对中国的认知主要通过西欧诸国的权威媒体、出版物等间接方式获得。[3] 近年来，匈牙利内部也在反思，认识到1989年以来，匈政府以及整个社会忽视了中国发生的变化，特别是匈媒体长期对中国进行负面政治形象宣传，加深了匈民众的对华负面印象。并且，中匈两国相互了解不深，与两国文明差异有关。匈属于西方文明体系，中国是东方文明体系，受传

---

[1] 宋黎磊、[罗] 王宇翔：《新形势下中国对中东欧国家公共外交探析》，《现代国际关系》2013年第8期。

[2] 郭洁：《近二十年匈外交转型刍议》，《俄罗斯研究》2012年第1期。

[3] "China's Leadership Unknown to Many-Europe Only Region Where Residents More Likely to Disapprove than Approve", April 18, 2008, webside Gallup Poll, http://www.gallup.com/poll/106621/chinas-leadership-unknown-many.aspx.

统儒家思想影响较深，未有宗教信仰传统。在民心相通推动文明互学互鉴的过程中，不能忽视文明碰撞给民心相通带来的挑战。

总体而言，中匈人文交流具有如下特点。2012 年，匈牙利提出"向东开放"政策，成为本地区第一个提出发展与亚洲尤其是与中国战略关系的国家。"一带一路"倡议提出以来，匈牙利又一马当先，于 2015 年 6 月 6 日与中国签署"一带一路"倡议合作文件，成为第一个确认加入"一带一路"倡议的欧洲国家。

（一）中匈双方地方合作如火如荼

在"16+1"合作框架下，地方合作一直发挥着积极的作用。地方合作有助于形成对点合作，进而夯实双边地方合作的基础。未来，中匈关系欲挖掘更多的合作潜力，地方合作是抓手。中匈已开通北京到布达佩斯的直航，结对了更多友好城市（如中国城市同匈牙利城市结成友城关系），达成更多城市合作协议，两国间城市公共外交稳步推进。未来，两国将会结出更多合作成果，形成更紧密、多层次、全方位的合作格局。

（二）双边和多边旅游合作平台的支撑作用明显

过去五年，中国和中东欧国家旅游合作成果丰硕。中匈政府充分利用了"16+1"旅游合作平台，发掘旅游资源，不断拓展旅游合作内容，推出牙医旅游、温泉旅游等新项目。中国公民赴匈和中东欧国家旅游的人数出现增长，成为中国公民赴欧旅游的新热点之一。并且，中国公民赴海外旅游的需求强劲，中匈间旅游合作潜力仍旧很大。

（三）华人华侨发挥了纽带作用

在中东欧地区，居住的旅欧华人华侨最多，这是中国发展与匈牙利关系的显著优势。根据 2017 年数据显示，在匈牙利居住的中国公民有 19111 人，占该国外国居民总数的 12.6%。很多人自 20 世纪 90 年代初便开始扎根匈牙利，并建立起华人联合会、华文报社、双语学校和慈善机构，成了匈牙利社会的一部分。他们熟知中匈两国文化，可以为向匈投资的中国企业或向华投资的匈牙利企业提供信息咨询。利用好在匈华人华侨，使其作为经贸、投资和人文交流的纽带，有助于双边合作提质增效，带动更多的中国企业走进匈牙利。目前在匈牙利的华侨主要居住在布达佩斯。在匈华人华侨对于中匈合作具有不可忽视的积极影响，我国涉侨部门和媒体也可以借助匈牙利华文媒体在中东欧地区华社中的影响力，加强双方信息采集和资源互享等方面的合作,向华侨华人和当地民众解释"一带一路"的宗旨、宣传中匈"一带一路"合作协议取得的积极成果,破除"一带一路"只是中国扩展经济势力范围、倾销过剩低质产能的不实言论。在团体外交中,要发挥海外华人华侨的作用,华人社团不仅在本团体所在国家为维护华人利益,加强中国同所在国的友好联系积极努力,并且参加到欧华会在全欧层面上支持华人华侨事业和促进中欧关系友好发展。

(四) 对匈公共外交更趋综合立体

一是中国领导人访匈时,多设计"接地气"配套活动,做好在匈"走基层""深入群众"工作,树立中国自信开放的形象。如与当地民众的交流、到对方高等院校发表演讲、接受对方媒体现场采访、与相关企业员工开展联谊活动等。领导人非正式场合的形象传播和塑造对展现中国领导人的良好形象,提升中国国家形象具有重要意义,为中国对中东欧公共外交注入了强劲活力。二是媒体外交。运用新闻、出版、无线电广播、电视、电影以及网络等手段,展示"一带一路"成就,提升中国国家形象,增进匈民众对我国的真实认知。利用中国国际广播电台的语言优势,介绍我国人文领域的相关信息,作为向匈宣传展示中国的窗口。不定期举行中波记者招待会、接受外媒采访等活动,在外宣"走出去"的同时,也重视"引进来"的重要作用。三是以政府为主导、以社会精英为中坚的团体外交。加强双方青年、妇女组织、智库交往以及各个层次的人员往来频率,丰富交流、交往的方式。目前中国共产党已与中东欧数十个议会党团、地区性政党保持着不同形式的双边交流与合作。这些政党日益成为中国与该地区国家关系发展的重要推动力量,同时也成为促进中国与欧洲关系发展的重要一环。四是智库与学术交流。中国与匈牙利的学术交流正在不断拓宽和深化,一些国内智库在匈建立分支,有利于中匈智库深度合作。同时,邀请更多匈智库专家赴华讲学,提供更多资金支持。

中国对匈的公共外交是建立在双方民众交流与互动的基础上,并实现从"匈应当了解什么"到"匈想要了解什么"的跨越。匈民众当前最关心、最想了解的并非中国传统文化,而是中国的政治体制改革、外交政策调整、民生、社会等问题。目前看来,中国对匈公共外交正在纠正泛化的问题,通过各种渠道向匈民众传播我国的经济建设成就和传统文化。

（五）中国在匈开展了一定的民生项目

随着一些项目在匈逐渐落地，中国在匈企业越来越多。在做好项目本身的同时，还要鼓励引导企业履行好社会责任。一是鼓励企业建立履行社会责任机制，强化企业履行社会责任的意识，将履行社会责任纳入量化企业业绩的标准。二是精心设计民生项目的服务领域和受益群体。根据民生项目受益群体的有限群体和涉及领域范围的有限性特征，在项目设计时，要圈定受益群体，尤其是对"一带一路"项目影响较大的民众群体，项目内容要针对性强，有的放矢，准确切中民众实际需求，如教育、医疗等民众诉求较大的领域。三是打通政府、企业和社会组织间的信息共享渠道，政府要担当起连接企业和社会组织的纽带，建立信息共享平台，围绕服务大项目，引导鼓励中国有能力、有意愿的社会组织规划开展针对性强的民生项目，推动社会组织向大项目提供有效民生项目供给。

（六）抓住匈"搭便车"的心理，精准抓住推进民心相通工作的支撑

一是筑牢开展民心相通的经济支撑平台。抓住匈"搭便车"的心理，适时推进"一带一路"建设。匈对"一带一路"整体期待较高，认为"一带一路"可以为国家发展带来机遇。在这种情况下，中国应脚踏实地，做好前期调研，突出重点，抓住匈期望与中国合作的心理，推动项目在匈落地，将经贸合作作为主攻方向，携手推动中欧贸易和投资机制建设，提高贸易和投资自由化便利化水平，整合欧洲先进技术优势、中国产能优势、匈区位和人才优势，打造新的贸易中心和经济增长极。推动项目在中东欧地区落地，争取早日建成几个示范性工程，以经济合作推动人员交流，进而推动相互的了解。

二是建立多层次的民间交流渠道。中匈两国地方政府应该继续加强交流，为当地企业和其他民间机构开展合作多搭桥、搭好桥，拓展各领域务实合作，夯实中匈友好的民意基础。优化机制，合作重心下沉，广泛发动匈企业界和地方政府，利用它们对"一带一路"的积极性，引导它们在"一带一路"合作中先行先试，积累成功经验，使地方政府、企业和其他民间机构形成合力。优化政党交流机制，编制涵盖执政党和在野党的人脉网络。做好精英的工作，精英影响力比较大，通过政党、民间组织等渠道，培养亲华友华的力量。

三是用好已有机制。"16 + 1"合作机制是中国与中东欧国家建立日

趋成熟的机制，要注意将中匈双边民心相通和"16+1"多边人文交流机制相结合，以双边丰富多边内容，以多边促进双边，双多边路径并行推进。扩大中匈民心相通的大格局意识工作，中国—中东欧国家合作已成为中国与中东欧国家深化友好互利合作的重要平台，有利于促进务实合作与人文交流。引导中匈人文交流嵌入"16+1"合作人文交流合作平台，丰富"16+1"合作人文交流内容，以将中匈间的民心相通推向更加组织化和系统化，减少临时性活动。推动中匈民心相通作为"16+1"合作人文交流的重要支撑，推动"16+1"人文交流务实落地。用好用足中匈地方合作论坛、中国—中东欧国家地方领导人会议等双、多边平台，密切结合各自发展战略与需求，推动两国互利务实合作提质增速，再上新台阶。

四是智力先行，强化智库的支撑引领作用。加强对"一带一路"建设方案和路径的研究，在规划对接、政策协调、机制设计上做好政府的参谋和助手，在理念传播、政策解读、民意通达上做好桥梁和纽带。

（七）做好与匈的民心相通工作，向匈讲好"一带一路"故事要处理好以下关系

一是要把握以我为主和回应关切的辩证关系。中匈两国民众彼此间仍保留一些刻板印象，相互认知度存在较大偏差。我们有必要在深入调研匈文化艺术市场的基础上，推出符合匈牙利民众口味的文化产品，推出能够彰显本国深厚文化底蕴的精品，做到"知己知彼，百战不殆"，避免"鸡同鸭讲"。对外宣讲中要将我们希望释放的信息杂糅在"中国故事"中，保证对外传播的方向不跑偏，为避免陷入自说自话的困境，大水漫灌式的说教，还要结合对方的民族性格、文化习俗、重要关切等，有的放矢，精准信息供给，将匈牙利民众带入到故事中，真正触动匈内心深处，产生共鸣共振。

二是把握好宏观叙事和分享个案的关系。宏观叙事，粗线条写意，是我们对外传播的优势，也是讲好"一带一路"这一跨世纪工程的必然要求。但也不能忽视对个人故事的宣传，匈牙利深受文艺复兴时期人本主义影响，注重关注个体，重视对个体命运的关注。在向匈讲述"一带一路"时，要将其成就、理念凝聚至个体中，具象为生动感人的个人故事，这样更有利于提高故事吸引力和感召力。

三是把握正向传播和逆向传播的关系。这其中包括利己和利他的关

系。"一带一路"源于中国,却属于世界,将为中国和世界人民带来福祉。在向匈传播"一带一路"故事时,要平衡好"一带一路"利己与利他的关系。现在中国在宣介"一带一路"为沿线国家带来机遇上做得比较多,也比较到位,这有利于增强沿线国家对"一带一路"的接受度和支持度。在积极正面宣介"一带一路"过程中,不回避问题,不掩耳盗铃,向匈讲清推进"一带一路"中面临的问题和风险,作为"一带一路"的共建方,增强匈牙利共担风险的意识。

第七章 "一带一路"倡议下的中匈旅游合作

随着"一带一路"倡议的实施,旅游合作在国际交往中的独特作用不断凸显,已经成为国际经贸合作和人文交流最活跃、最具影响力的领域之一,中国旅游局主动作为、主动发声,使旅游成为塑造和传播国家形象、增进国际认同的重要途径,成为践行合作共赢的外交理念、实施互利共赢的开放战略、构建全球伙伴关系网络的重要方面。国家主席习近平在联合国世界旅游组织第22届全体大会上指出,旅游是不同国家、不同文化交流互鉴的重要渠道,发展经济、增加就业的有效手段,也是提高人民生活水平的重要产业。中国高度重视发展旅游业,旅游业对中国经济和就业的综合贡献率已超过10%。未来5年,中国将有7亿人次出境旅游。[1] 2015年初,国家旅游局局长李金早在全国旅游工作会议上明确提出了"旅游外交"这个重要概念,并将"开拓旅游外交"作为中国旅游业"515战略"的重要内容。"'一带一路',旅游先行;互联互通,旅游先通。"[2] 中匈传统友谊深厚,匈牙利是欧盟首个与中国签署实施"一带一路"国际合作的国家,布达佩斯更是"16+1"合作的发起地。[3] 2015年11月19日,匈牙利外长西亚尔托在接受新华社记者专访时表示匈牙利愿在"一带一路"倡议中发挥重要作用,希望这一倡议能与匈牙利的"向东开放"政策对接,给其带来更多发展机遇。中国政府认识到与匈牙利国

---

[1] 资料来源:中国共产党新闻,http://cpc.people.com.cn/n1/2017/0913/c64094-29533058.html。
[2] 资料来源:《响应"一带一路"倡议 讲好旅游外交故事》,《中国旅游报》2017年6月9日。
[3] 资料来源:中央政府门户网站,http://www.gov.cn/zhengce/2015-11-28/content_5017831.htm。

家旅游合作的重要性，支持通过分享旅游业经验、鼓励游客赴对象国旅游交流，和开发以地区特色为导向的旅游产品等方式加强跨国合作，多措并举促进两国人员往来便利化。

匈牙利作为欧洲大陆的中心，千年历史文明在此交融，得天独厚的自然风光和悠久的历史文化底蕴，吸引各国游客慕名前来。匈牙利是世界排名前十的旅游国家，是中东欧最受欢迎的旅游地之一。根据携程度假产品的预订数据显示，比较热门的城市或景区是布达佩斯、巴拉顿湖区、山丹丹（圣安德烈）、维谢格拉德，此外，蓝色多瑙河、欧洲最大的淡水湖巴拉顿湖、八项世界文化遗产地……都是这个国家独一无二的旅游名片。

2003 年，匈牙利成为中东欧地区第一个获得中国政府批准的中国公民自费旅游目的地国家。服务业发展迅速。各种小商店、小饮食店、小旅馆和其他服务网点的私有化已经完成。2017 年匈牙利零售商店 41416 个，零售总额为 87602 亿福林。2016 年服务业就业人数 281.2 万，约占全国就业人数的 63.6%。旅游业比较发达。2016 年旅游外汇收入 17245.4 亿福林。全年接待外国游客 5289 万人次。2017 年全国共有三星级以上饭店 402 家，总床位 8 万张，其中五星级饭店 10 家，四星级饭店 214 家。主要旅游点：布达佩斯、巴拉顿湖、多瑙河湾、马特劳山。[①]

第一节　中匈旅游合作的主要举措

2013 年 11 月 26 日，中国与中东欧国家共同签署了《中国—中东欧国家合作布加勒斯特纲要》，双方表示支持成立中国—中东欧国家旅游促进机构和旅游企业联合会。在双方相关主要领导人的推动下，2014 年 5 月，中国—中东欧国家旅游促进机构及企业联合会在布达佩斯正式成立，这标志着旅游合作在顶层设计方面迈出了关键性的一步。2015 年 3 月在布达佩斯启动"旅游合作促进年"。到场参加仪式的国内各大主要旅行社如国旅总社、中青旅、中旅总社、上海春秋、广州广之旅和其他知名旅游

[①] 资料来源：中华人民共和国驻匈牙利大使馆。

企业代表一致表示，中国国家旅游局组织的活动务实有效，对推广中东欧国家、开辟中东欧线路尤其对与匈牙利开展深度旅游合作具有重要意义。作为欧盟第一个参与"一带一路"的国家，匈牙利在2015年与中国签署了关于共同推进丝绸之路经济带和21世纪海上丝绸之路建设的谅解备忘录。这也标志着中国与匈牙利国家旅游合作进入新时代。

2017年，匈牙利总理欧尔班访华出席"一带一路"国际合作高峰论坛，两国将双方关系提升为全面战略合作伙伴关系。作为中匈两国"16＋1"合作框架下的重要内容，旅游合作已经成为中匈两国开展国际交往的重要载体，近年来，双方在扩大旅游往来规模、健全旅游合作机制、推动人员往来手续便利化、构建信息宣传推广平台、共建丝绸之路旅游带、支持地区及企业合作、加强旅游人才培养等领域建立了一系列合作机制，成效十分显著。中国和匈牙利旅游资源和特色旅游产品十分丰富，双方民众旅游合作诉求持续提升，旅游合作不仅是中国与匈牙利实现良好人文交流合作的重要手段，促进中国与匈牙利经贸合作的重要途径，也是优化中国与匈牙利外交关系的重要渠道。随着旅游在国际交往中的独特作用不断凸显，尤其在习近平新时代中国特色社会主义建设取得重大成就的当下，中匈旅游合作意义重大，前景十分广阔。

事实上，从2010年起，匈牙利政府积极推行"向东开放"政策，在思想和人员交流，以及旅游合作等方面深化与中国等亚洲国家的友好关系，为中国—中东欧国家人文外交架起了一座桥梁，成为"一带一路"建设的桥头堡。2012年7月10日，匈牙利旅游局在北京、上海、广东启动"好匈"旅游研讨会，力推匈牙利高端差旅和会奖旅游资源。在中匈两国旅游合作持续白热化的态势下，2016年3月，中国国家旅游局驻布达佩斯办事处成立，开发多样化旅游产品，开启多双边旅游合作之旅，同年，中匈双方成立"一带一路"联合工作组，匈牙利成为第一个在"一带一路"倡议下建立机制化合作的欧洲国家，并在5月和11月皆参加在北京和上海举办的首届世界旅游发展大会和中国国际旅游交易会，中国丰富的旅游资源和开放的旅游环境促使匈牙利等中东欧国家中刮起了强劲的"中国旅游风"，据商务部统计，从2003年匈牙利正式向中国游客开放后，游客人数每年都以15%的增长率持续上升。北京到布达佩斯的直航，大大减少了旅行费用和时间成本，目前匈牙利已成为中国游客赴东欧地区旅游的最主要目的地之一。

匈牙利旅游部门多措并举，每年用于旅游促销宣传的经费高达1500万欧元以上。早在2008年之前，匈牙利国家旅游局就开始拓展中国市场。之后，在北京设立了代表处。2011年，匈牙利航空公司与中国海南航空公司合作开通了北京至布达佩斯的航线，每周3个航班。从2004年开始，匈牙利每年邀请200名中国记者和摄影者前往观光。除北京外，中国游客还可以在上海办理旅游签证。关于饮食方面，在布达佩斯有数百家中餐馆，用餐价格也远比欧盟其他国家低。关于旅游产品供应商，匈牙利当地成立亚洲俱乐部，国内旅行社只要通过亚洲俱乐部接触供应商，就可获得大幅度的优惠。比如，有国内旅行团入住匈牙利的五星级酒店，其房价原为190欧元/晚，但是通过亚洲俱乐部，旅行社最终可获得100欧元/晚的优惠价格。匈牙利旅游局希望提供类似政策举措提升中国旅行社与当地供应商合作的兴趣。[①]

（一）举办中国—中东欧国家旅游协调中心旅游主题协调会和研讨会，推广匈牙利特色旅游资源，扩大宣传提升旅游新形象。

为了深化中国与中东欧国家之间旅游业对外交流，中国代表在布加勒斯特召开的中国—中东欧国家经济论坛会上号召匈牙利建立旅游合作平台，2014年5月中国—中东欧国家旅游协调中心（TCC）正式成立。2015年4月9日在匈牙利驻华大使馆举办了首次中国—中东欧旅游协调中心管辖的16个中东欧国家驻北京代表旅游主题协调会，参会人员就旅游协调中心成立以来工作的进展和取得的成果进行了交流和讨论。比如，组织年度高层会议；在线公布旅游协调中心的实际年度目标、成果与相关活动；编写公布2013年中国与中东欧地区的旅游统计数据在线刊物；建立旅游院校高等教育合作关系、开设短期专业课程、开展学生交换项目；建立双语网站（www.ceec-china.travel），以英文和中文发布信息；制作"袖珍型参考手册"，以供公众便携使用，该"手册"将以中文展示各国的旅游景点；组织媒体考察团前往参观学习；参加举办各种官方活动，例如"中国国际旅游交易会"等。作为中国和中东欧地区的旅游协调机构和沟通平台，以匈牙利国家为例，旅游协调中心通过组织并收集匈牙利地

[①] 参见《匈牙利成为中国游客赴欧旅游新兴目的地》，《中国贸易报》2012年7月18日。

区有关中国的信息,实现分享最佳经验,探索市场定位,并大力呼吁两国市场竞争者与其他相关利益方积极参与,从而使两国政府、旅游机构、服务供应商与游客之间实现互惠互利和旅游合作最大化。中国是境外旅游增长最快的大市场,中东欧地区作为一个整体的旅游胜地,匈牙利作为中东欧代表性旅游国家,TCC 的高效协同机制能提高中东欧地区,尤其是匈牙利在蓬勃发展的中国旅游市场的知名度和吸引力,从而增加到中东欧地区游玩的中国旅客数量。[1]

匈牙利是会议和展览的十佳选择目的地,作为欧洲的缩影与童话式美景的精华,尤其是中国的华为公司选址落户匈牙利作为其欧洲的研发中心,公务休闲两相宜是匈牙利成为中国 MICE 主要市场的优势。匈牙利旅游参赞韦罗表示,"推出'好匈'是通过塑造品牌优势,扩大匈牙利在中国 MICE 及企业部门的吸引力,增加对匈牙利的关注度,并对匈牙利势必会在中国掀起永久狂热保持高度信心"。[2]

(二)多措并举开展旅游宣传推广活动,细化路线服务提升旅游文化体验。

2015 年 9 月 24 日,国家旅游局牵头黄河沿线山西、内蒙古、山东、河南、甘肃、青海以及辽宁、吉林八省区,在匈牙利布达佩斯举办了面对旅游业界和媒体的"美丽中国——天下黄河"旅游宣传推广活动,并与当地旅行商进行专业洽谈和资源对接。宣传推介采取主题片播放、幻灯片演示、专业人员推介和各地宣传片展播等方式,为匈牙利当地民众全面深入地介绍了黄河旅游带及沿线各省区的旅游资源和产品,并按照"以老带新""以强带弱"的思路,在"天下黄河"品牌之下,整合推出了北京—宁夏—青海—甘肃—上海(5 省市 12 日)、北京—内蒙古—吉林—上海(4 省市 11 日)、上海—山东—河南—山西—北京(5 省市 12 日)和上海—青海—宁夏—北京(4 省市 11 日)等多条精品线路。

会上匈牙利经济部副国务秘书鲁辛科表示,匈牙利将和中东欧国家齐心协力,积极响应中方"一带一路"倡议,欢迎更多的中国游客来匈牙利旅游和交流,同时鼓励匈牙利公民到中国观光游览。"天下黄河"主题

---

[1] 资料来源:http：//china-ceec.travel/about-ceec。
[2] 参见《匈牙利在京沪羊城举办"好匈"旅游推介会》,《中国食品》2012 年第 15 期。

推广是中国—中东欧旅游合作促进年的一项重要内容，旨在促进中国与中东欧国家更多游客实现互访，把旅游合作打造成中国与中东欧合作的新亮点。国家旅游局积极整合各地资源和力量，引导各旅游推广联盟发挥作用，统一品牌形象，开发品牌产品，创新营销方式，拓展营销渠道，相继推出了古老长城、丝绸之路、京杭大运河、天下黄河等旅游宣传推广活动。这一系列推广活动的举办为中匈旅游业界提供了相互学习和相互借鉴的机会，进一步提升"美丽中国"的影响力和感召力，吸引更多游客来华观光旅游，推动中国入境旅游持续稳定增长。①

（三）与国内地区合作举办旅游推介会，建立友好城市关系，深化对外交流推动旅游多双边合作。

表Ⅲ-7-1　　　　　　　　中匈旅游推介活动

双方合作地区	合作背景	活动事件	意义性成果
布达佩斯—重庆	重庆与匈牙利的佩斯州于2010年10月22日分别在重庆和佩斯州签订友好协议	2016年4月21日重庆举行了首届"布达佩斯文化之春"系列主题活动，带来了一场"匈牙利文化之旅"	重庆民众不仅享受到具有浓郁匈牙利民族特色的菜肴和葡萄酒及果酒文化，还在匈牙利发明、摄影、音乐、电影等多个主题活动中一览匈牙利文化
布达佩斯—成都	作为"一带一路"和长江经济带的重要节点，成都为更好地利用中欧班列战略通道，让更多企业和民众共享通道红利，意在加强蓉欧之间的广泛合作	2018年8月27日成都市旅游局局长多央娜姆率旅游推介团在匈牙利布达佩斯举办旅游推介会	成都和布达佩斯旅游企业共同签署了《2018—2019旅游营销推广合作备忘录》，期待实现境内、境外两种旅游推广资源的最大限度配置和利用
布达佩斯—贵州	进一步拓展国家旅游局关于匈牙利与贵州的"关于扩大双方旅游文化交流"指示精神	2015年3月25日至4月1日贵州省组织大型民族歌舞《多彩贵州风》及部分旅游企业负责人赴匈牙利进行旅游文化推介交流活动	2016年6月，来自匈牙利等中东欧16国的知名画家赴中国贵州写生创作，贵州丰富的旅游资源和鲜明的民族特色吸引了越来越多国家的游客

---

① 资料来源：第一旅游网，http://news.cthy.com/Allnews/28148.html。

第七章 "一带一路"倡议下的中匈旅游合作　　557

续表

双方合作地区	合作背景	活动事件	意义性成果
巴拉顿菲兹弗市—青岛	巴拉顿菲兹弗市被称为"欧洲性价比最高的绝美度假胜地",与青岛旅游城市定位相似,两地区旅游资源丰富,水上运动发达,具有全方位开展深度合作的条件和基础	2016年3月29日至30日,青岛代表团对匈牙利进行了友好访问。双方代表考察了菲兹弗帆船俱乐部,就帆船制造、维修,两市旅游特色帆船运动开展进行了深入交流探讨	双方签署了经济合作伙伴关系城市备忘录,以及加强帆船、旅游合作的备忘录,相关知名企业还共同签署了欧亚经贸合作园区战略合作协议,来自巴拉顿菲兹弗市政府、社区中心、教育等机构的负责人表示希望进一步加强双方在旅游和人文领域的交流合作
布达佩斯—甘肃	2015年匈牙利应邀担任了敦煌行·丝绸之路国际旅游节的主宾国,并多次组织相关人员参加由甘肃省与国家旅游局共同举办的敦煌行·丝绸之路国际旅游节	2016年11月28日甘肃官方代表团在布达佩斯举行"精品丝路·绚丽甘肃"推介会。甘肃省在旅游产业政策方面有着不可比拟的优势,先后多次组团赴匈牙利开展旅游宣传推介与交流活动	匈牙利国家旅游局国际司司长奥利尔·福多致辞时表示,中国疆域辽阔,很多优美的景点并不为匈牙利人所知,每一次中国的推介意义重大。甘肃和匈牙利之间可以在更深度文化认同的基础上,实现多方位的旅游合作与交流
布达佩斯—杭州	2017年适值中欧建交40年,2018年正值"中欧旅游年",杭州市延续G20峰会效应,紧抓"后峰会前亚运"的契机	2017年11月20日"新丝路·新杭州"中国杭州旅游(布达佩斯)推介会在布达佩斯成功举行。展示了杭州旅游VR新科技体验、"最忆是杭州"全球限量版产品以及G20体验之旅的旅游核心产品,包括"最忆是杭州"演出、奥体博览中心、手工活态展示、元首杭帮菜系、城市智慧旅游环境等	杭州的独特韵味以及多元化国际特色引起了在场匈牙利民众的极大兴趣,双方相关企业在活动现场进行了广泛而深入的对接洽谈。杭州市随团旅游企业共接触直接客户100余人,意向合作单位30余家,合作成果丰硕

资料来源:中国驻匈牙利大使馆文化处,成都市旅游推介会在匈牙利布达佩斯举办;《旅游发展"多彩贵州"炫动欧洲》,《贵州日报》2015年4月13日;青岛新闻,http://lanmu.qtv.com.cn/system/2016/03/30/013297320.shtml;参见《甘肃赴匈牙利推介旅游:"四个一"值得期待》,中新网;参见《把新杭州推介给布达佩斯》,http://www.sohu.com/a/205997963_220095。

(四)积极参与国际旅游交易会,优化区域旅游合作推进机制,实现旅游产业深度对接。

作为亚洲地区最大的旅游专业性展会和世界旅游业界人士云集的地

方,中国国际旅游交易会(CITM)一年一届,从2001年起,每年分别在上海和昆明交替举办。2017年匈牙利旅游代表团首次参加昆明交易会,通过众多国内外新闻媒体对交易会进行全方位、多层次,广泛深入的报道,中匈旅游业界同行通过本届交易会赢得了新的商机,合作层面从旅游产业扩展到农业、教育、装备制造业、文化创意、互联网、健康等领域,促进了乡村旅游、研学旅游、文化旅游、体育旅游产业等深度对接,实现了多边区域全方位、深层次、多领域交流合作,为追逐更大的事业发展目标奠定了良好的基础。[①]

2018年3月2日,据匈牙利《欧洲论坛》报道,第41届匈牙利国际旅游交易会在布达佩斯展览中心开幕。作为规模最大、历史最悠久的旅游展会,中国国家旅游局自2016年开始组团参加该展,孔子学院、中国各大航空公司,银联国际等国内企业代表积极参展,中国展台充分体现传统与现代、开放与发展、绿色与共享的理念,布局展现中国特色文化格调,塑造的"美丽中国"整体形象令所有参展会员耳目一新,荣获全场"最具吸引人气奖"。中国驻匈牙利大使段洁龙巡视了中国展台,并对太极武术、舞蹈变脸、剪纸绘画、书法围棋、美食音乐等中国传统文艺表演给予较高评价。在展会期间,中国展团举办了多场中国旅游推介活动,充分利用巨幅广告宣传、专业旅游推介、中国旅游风光多媒体展映、网络社交平台互动,以及中国文艺演出等推广和展示渠道,充分提升国际旅游业界和匈牙利公众对中国旅游的关注度,以及到中国感受特色旅游风情的吸引力。

(五)与中国旅游企业深度合作,共同培育旅游线路和产品,促进旅游资源优势互补。

中国游客赴匈牙利旅游人数快速增长,双方旅游合作呈现出前所未有的白热化状态,匈牙利政府也积极推动让中国游客在匈牙利享受到卓越的旅游产品和服务。2017年12月,携程旅行网与匈牙利国家旅游局在匈牙利首都布达佩斯正式签署战略合作协议。根据携程的统计,截至2017年11月,以匈牙利为目的地的旅客人次同比增长40%,人均消费超过9000元人民币,是中国出境游人均消费的1.5倍。2017年"十一黄金周",人

[①] 资料来源:http://news.ifeng.com/a/20171117/53347576_0.shtml。

均消费比 2016 年同比增长 95%。以匈牙利为目的地的机票搜索量，环比涨幅超过 70%。

携程与匈牙利旅游局从产品、技术、目的地营销和旅游娱乐化营销等层面展开了深度合作。在产品方面，在匈牙利当地旅游局的支持下，成立了旅游俱乐部合作，提供多样化的匈牙利旅游产品和旅游路线，并提供完善的旅游配套服务和安全保障方案；在技术方面，充分利用多媒体大数据手段，通过旅游大数据和精准的用户画像分析，更精准地把握游客的消费习惯，有针对性地开展大数据营销。匈牙利政府也将给携程提供更多如旅游牌照、独家特惠产品等资源支持；在旅游娱乐化营销方面，携程和匈牙利旅游局也共同打造了成功案例。2017 年 8 月携程赞助，在匈牙利旅游局支持下，于布达佩斯取景，拍摄了青春偶像电视剧《人间至味是清欢》，剧中呈现出布达佩斯美丽的人文自然景观和独特的风土人情，极大提升了播放平台——湖南卫视的收视率，携程平台上匈牙利的搜索和预订数据也呈现出惊喜的变化。[①]

（六）与中国金融机构深度合作，为旅游合作提供配套服务，推动旅游便利化。

2014 年 3 月 26 日，在匈牙利首都布达佩斯开幕的"中国—中东欧国家旅游合作促进年"（以下简称"旅游促进年"）上，银联国际成为唯一受邀的金融业代表，展示了银联卡业务在促进中国与中东欧国家交流合作中所发挥的重要作用。银联卡凭借其便利性和实惠性，已经成为中国人出境首选的支付工具。近年来，银联国际正加快推进与旅游业跨界合作，不断完善银联卡产品权益体系，丰富特色增值服务。持卡人不仅可在全球 220 多个国家和地区、逾 40 万家服务网点申请紧急现金支援，还能在境外 30 多个国家和地区，通过银联卡轻松退税等，从而获得安全的用卡保障。此次抓住旅游年的契机，银联持续完善包括匈牙利在内的中东欧市场银联卡受理环境，丰富服务体系和用卡权益，提升旅游支付服务水平，为中匈两国游客的旅游互动提供完善的支付服务。

---

① 参见《携程与匈牙利国家旅游局签署战略合作协议》，《国际商报》2017 年 12 月 11 日。

第二节　中匈旅游合作的机遇和挑战

两国在旅游方面具有较强的互补性，主要体现在如下几点：（1）景点资源的互补性，匈牙利虽然旅游资源众多，但目前缺少世界级的旅游产品，在旅游产品宣传与打造方面力不从心。而至 2017 年 7 月 8 日，中国已有 52 处自然文化遗址和自然景观列入《世界遗产名录》，在世界范围内具有一定知名度。（2）旅游客源市场的互补性，匈牙利特色养生旅游产品与浓郁的异域风情对国内游客具有强大吸引力，国内壮美的高山大川和悠久绵长的历史文化吸引众多海外游客前来。同时，中匈两国文化也具有相似性，具体体现如下：

1. 饮食方面

匈牙利的和中国北方的饮食风格有异曲同工之妙，这个国家最著名的国菜——土豆烧牛肉，其传统做法就是，将煮菜的大锅安置在户外吊起的架子上，通过点燃的篝火，将倒入锅内的所有调味品放在一起烹饪。这和传统西餐是食物完成后再撒上调味品有明显区别，因此很多到匈牙利旅游的中国人不会出现吃不惯西餐的困扰。

2. 文字音乐与东方类似

匈语在词汇、语法和语言韵律方面与东方有着很大的渊源性。据统计，大约有 800 个匈牙利语词汇与突厥语相同，此外，东方文字系统里由图画演化而来的象形字也在匈语中找到了相似组。此外，匈牙利的民间音乐和中国西北以及内蒙古民歌都是以五声音阶为调式结构，这就解释了为什么中匈的民族音乐曲调上与中国有较大的相似性。

3. 姓氏地址排序与东方一致

与大多欧洲国家不同的是，匈牙利的姓名排序是先姓后名，与中国等东亚国家名字规则一致，这种与亚洲国家有相同的思维习惯。同样体现在地理位置的书写上，遵循了中国的先大范围（城市），再小局部（地区）的排序习惯和规则。

4. 认同祖先来自东方

不少匈牙利人认同自己是东方祖先的后裔，布达佩斯安德拉士大街最东端的英雄广场中央，耸立着 36 米高的柱形千年纪念碑。碑座上有 7 位驰骋在马背上的勇士，代表的正是匈牙利祖先最早的7个部落，其装束明显具有东方游牧民族"胡服骑射"的特点。这种地理坐标的设计与匈牙利是游牧民族的论断不谋而合。

5. 民俗民风有中国特色

匈牙利的一些民族习俗与中国类似，比如婚俗形式和程序，都是要依次完成传统意义上的求婚，定亲和迎娶三个阶段，婚礼上要邀请亲朋好友广开宴席，新郎新娘发表感言喝交杯酒，甚至有些地方传统节假日期间通过吹唢呐，贴剪纸等形式来呼应喜庆气氛。这也不难看出，匈牙利人性格里的奔放热情、好客真诚以及能歌善舞的特点与中国北方游牧民族有极大的相似性。

从旅游资源禀赋、旅游发展层次、旅游地理环境、旅游经济基础、旅游资源品质和种类、特色旅游产品以及人文环境等方面看，中国和匈牙利旅游合作潜力巨大。充分利用中匈两国旅游的差异性和相似性，实施国际旅游合作发展战略，为共建两国丝绸之路经济带奠定广阔深厚的人文基础，这对提升两国旅游产业深度对接，发挥桥梁和纽带作用，拉近双方民众之间的地理距离和文化距离融通两国民间人文感情交流，促进中匈旅游合作乃至中国与"一带一路"倡议下的各国旅游合作长足发展具有重要的现实意义。当然，应该看到的是在推进中匈旅游合作与发展进程中，还面临着一些亟待解决的突出矛盾和问题。两国出入境旅游实际和隐性的障碍还很多，地区壁垒尚未完全打破，游客便利化水平不高，旅游签证和通关手续比较繁杂，交通条件及服务设施有待于提升，政府间高层互访会晤机制尚未形成，以及两国文化背景和对外开放程度不同，这既是中国与匈牙利国家旅游合作推进过程中亟待破解的难题，也是实现走向无障碍的区域旅游的努力方向。

对此，笔者建议，建立健全中匈双语旅游咨询和指南服务体系，进一步叠加强化双边二级旅游合作机制，比如在世界旅游组织"丝绸之路"项目内植入"一带一路"中匈旅游合作议题等；因地制宜，进一步开发适应本土游客需求的精品旅游线路和旅游产品，比如匈牙利的温泉养生和牙医旅游等特色旅游项目；更新旅游合作发展模式，充分利用"互联网＋"和"旅游＋"开发咨询、预订、服务、管理、救援等新型交互式的旅游信息网络平台；加强双方旅游人才队伍的培训和再教育，鼓励支持高校和科研机构旅游人才进行互访交流，为中匈国际旅游合作区提供储备专业人才支撑；充分利用"一带一路"国家和地区旅游合作共同体，联合打造丝绸之路旅游品牌，开发一程多站旅游产品，丰富丝路旅游产品供给；简化两地旅游签证政策，精化结算、安全、投诉旅游公共服务，同时整合航空、铁路、公路、水路交通，实现两地旅游交通互联互通与无缝对接，提升旅游服务层次和便利化水平。在布局对外旅游投资和交流项目中，需要充分重视当地居民的获得感，在倡议落实、项目落地过程中，把当地社区民众的真正旅游需求点和积极参与当成首要诉求，以"人民的名义"来布局方案可以让旅游合作更具可持续性。与传统的人文外交方式相比，对外旅游合作形式更为多样、灵活性更强，有助于以柔性的方式向匈牙利民众传播中国声音、讲好中国故事，对双方在政治、经济、社会等领域开展全面合作具有重要的积极作用。中国走出去的游客作为跨文化传播者应该不遗余力地展示好中华民族深厚的文化底蕴和悠久的历史传统，中国政府应该倾全民之力向匈牙利讲好中国故事，传播好当代中国核心价值理念，促进文化多样性和文明多元化发展，增进彼此理解和互信，这符合中匈两国未来的人文外交发展趋势和世界共同友好发展的规律。

第八章　智库合作

本章的主要目的是提供匈牙利智库对中国研究的概况介绍。我们区别了匈牙利对于中国认识发展的三个阶段，即三个历史时期：

从中华人民共和国的成立到20世纪70年代末；社会主义市场经济的概念和匈牙利对此的影响；关于中国的现行模式和观点。因第三部分需要表明在2007—2008年经济危机之后，一种新的经济思维方式正在萌芽，所以有必要将其与前一部分区分开来。

在第一个时期，主要问题是关于亚细亚生产方式以及农民与工人的关系。随后可以看出，这种理论方法有助于协调或平衡中苏观点。然而，这一理论成果在国际范围受到了极大的关注。这种平衡从70年代末开始转变，当西方世界开始将中国经济融入世界市场，但尚不包括政治或意识形态的融合。即社会主义市场经济，由匈牙利经济学家和其他国家的社会科学家所共同建立。它可以作为过渡时期的理论解决方案，因为理论与实践，意识形态和经济学之间的统一是不可分割的。作为匈牙利和中国改革的西方理论，不能脱离东方实际和欠发达国家的发展实际。如今经济思维方式的主要方向是寻求东西方导向之间的和谐，或者更确切地说是全球价值观，即安全、自由、民主和福利。我们希望通过展示匈牙利智库的研究为此贡献一分力量。

第一节　智库合作概况

中国与匈牙利之间有着特殊且久远的联系。首先是在地理上。欧亚大陆被分成两部分：欧洲与亚洲，这两部分代表着至少两种不同的文化和意识形态。而我们或许能在匈牙利体会这两种文明的碰撞：匈牙利的历史及其表现的思想，正体现着对于平衡两种意识形态的探索过程。两种意识形态的竞争在冷战之后逐渐退为次要，我们推测这正是新世界秩序的含义。现如今经济、技术和制度都趋向于集合各方面文明于一个共同框架中，而各类社会科学包括经济学正致力于实现这个目标。这一背景的基础正是欧洲与亚洲文化的共同目标：将现状维持并发展到更广泛的范围，在制度上捍卫基本价值观。对于国家来说，其主要任务就是维护文明规范，这一点对于世界上任何一个国家都没有差异。究其本质，在旧世界秩序里仅通过剥削和异化其他国家就能实现这一目的。这在旧世界秩序上演的现象，但我们确信仍存在于20世纪乃至于21世纪。

这一现象在第二次世界大战后的匈牙利格外显著。正因匈牙利与东欧国家集团毗邻，匈牙利的政治与经济学者非常直接地认识到20世纪中的若干矛盾。在匈牙利所体现的是西方与东方的矛盾，既是实践与西方国家理论的矛盾，比如是否普及资本主义，也是实践与东欧集团理论的矛盾，比如是否实现社会主义。正因为这一矛盾的存在，在匈牙利社会主义体系建立时，摆在匈牙利政治与经济学者面前的首要问题是：俄罗斯还是中国，跟随谁的社会主义？两者从未相同过，而匈牙利在1949年使用的国名正是体现了这个争议（即匈牙利人民共和国）。

摆在匈牙利人面前的任务是，如果有可能的话，它如何能兼容两种方式。当然这并不仅是匈牙利的问题。在中东欧区域内每一个国家都在做若干尝试去找出解决方案。而对于匈牙利，其践行的方针是结合经济与其他社会学科来解决这一问题。除此之外，研究领域还包括分析与中国相关的形成理论：亚细亚生产方式、资本主义和社会主义的概念，以及现今对于全球化与全球治理的长期结构。在本章中，我们希望能尽己所能总结关于匈牙利智库对中国的主要观点，以期望对这些智库有一个全面快速的了解。

我们将1949—2018年匈牙利与中国的智库合作分为三个部分。第一时期从1949年开始，到雅诺什·科尔奈（János Kornai）撰写的《短缺经济学》出版结束。第二时期从《短缺经济学》出版持续至2013年。在讨论了中国的改革和匈牙利的转型后，我们转向中国的外交政策及其日益增强的全球角色。其中一个单独部分侧重于中国文化和历史的作用及其对广为了解的政治进程的影响。这一时期以侧重经济的文章结束讨论。由于

2013年在匈牙利出版了大量关于中国的文章，我们设定这一年为第三个时期的开始。这一年新一届匈牙利中央银行主席当选。他和匈牙利中央银行也在目前匈牙利对中国的分析中发挥着主要作用。对这段时期，我们对匈牙利研究中国的文章、专著和所有其他类型的出版物进行了全面分析。近期这些智库研究方法分为七部分：中国对外关系；国防战略与产业；解读中国传统；形态理论与科尔奈学派；宏观经济绩效和管理水平分析；行业层面分析；中国金融业。随后我们对智库水平合作进行简短总结。[①]

第二节　从1949年到《短缺经济学》出版

起初，匈牙利政治和经济政策受中国和中苏之间的辩论所影响。其影响存在于若干层面。在1949年中华人民共和国和匈牙利共和国成立之后，两国经济的共同研究重点集中于两个主题：

1. 首先，最具理论性的话题是所谓的亚细亚生产方式与社会主义的关系；

2. 而更具实践性的话题是土地政策。

雅诺什·科尔奈提出的短缺经济学促成了这类主题研究的转折。

（一）亚细亚生产方式——匈牙利学者对理论形成的贡献

然而，关于亚细亚生产方式的问题研究不是脱离实践联系的单纯理论。相反，它非常生动且深刻地把政治问题与理论概念和术语结合起来。亚细亚生产方式的主要问题是关于社会主义依靠农民阶级而非工人阶级的可能性，即土地政策的原则。在这个问题上苏联的方式是摧毁不可靠且无纪律性的农民阶级。斯大林主义认为，建设社会主义社会的主力是工人阶级，而这正是政府和共产党选择支持工业政策，尤其是重工业的原因。第二次世界大战之前，特别是20世纪30年代，苏联着重发展工人阶级。但是，第二次世界大战的经历使斯大林意识到为了维持苏联的内部稳定，苏

[①] 除结论外，我们还要肯定逐渐增多的互利合作和研究有助于相互理解。我们同样确信本书在此过程中发挥着重要作用，且很荣幸能够参与其中。为此我们要向本书的主编宋黎磊教授表示敬意，还要感谢本章的译者贺璐（Liz HELu），匈牙利考文纽斯大学国际经济与商务硕士。

联需要给农民阶级提供一条出路。而中国革命的成功正是苏联内部转型的外界因素，也是苏联经济政策转向略微宽松的原因。但这一转变难以与苏联或者东欧阵营兼容，而这正是政治和经济政策的实验与曲折。

哲学思辨梳理了农民阶级与工人阶级的关系。非常早期的形式是在50年代格奥尔格·卢卡奇的辩论。匈牙利哲学家格奥尔格·卢卡奇（György Lukács），声称人民民主是社会存在的特殊形式，这不能被称为真正的社会主义，因为资本主义社会的某些方面被人民民主保留并且短时间内难以消除。执政党的领袖否定了这一立场，并强迫格奥尔格·卢卡奇进行自我批判。但在随后中国式思想体系的官方立场中不难发现卢卡奇的理论。

20世纪60年代中期，关于亚细亚生产方式的辩论有了更清晰的理论框架。托凯伊在1965年出版了一本新书名为《亚细亚生产方式》。托凯伊是卢卡奇的追随者，也是撰写马克思意识形态理论的汉学家。在其著作的开篇，他重申历史上若干生产模式：共产主义、资本主义和前资本主义。在前资本主义生产模式中，他进而区分了古典、德国和亚洲三种模式。古典与亚洲模式的主要区别是城镇与乡村的作用。古典生产模式的主要特点是依赖于城镇，城镇是生产的基本形式。与其相反，组织完善的乡村是亚洲社会包括中国的主要基础。

马克思和恩格斯以印度为例证明或阐明了亚细亚生产方式，而托凯伊则根据中国的历史和文化遗产来验证这种特殊的亚细亚生产方式。托凯伊认为，中国的历史表明，大型帝国的建立能够以乡村为基础，更确切地说是数量庞大的乡村。这里存在一些前提：首先是广阔的平原，这可以在亚洲国家比如说中国看到；第二个条件是遍布整个国家的井灌系统，并且由国家提供的渠道和专业机械；亚细亚生产方式的第三个条件是与西方传统相比，城镇和乡村的分离。城镇或首都没有参与劳动力的分工，具体来说这是由监管机构或行政中心执行的。尽管西方世界城市集中了贸易和制造业，但在亚洲国家，城市并没有发挥这样的作用。托凯伊写道，这是这些国家包括中国，能够在众多统治下得以延续的重要原因。我们看到统治者能与国家和谐发展并不是背道而驰，这在历史上是非常独特的现象。

亚细亚生产方式在一些方面不同于古典生产模式。第一点是与类农奴劳作的关系。托凯伊的主要宗旨之一是，亚细亚生产方式以个人自由为代价，与古典生产模式相比能动性更低，却更稳定。机械的使用没有空间和动机的支持，体系中也没有内部动力去普及机械。在古典生产模式中，城市为机械化提供了最重要的动力，并为创造性工作奠定了技术基础。生活物质保障和个人自由存在联系，但在亚细亚生产方式特别是在中国却不能成立。因为在农村，类农奴劳作提供了生活物质的保障。乡村里每个人从事生产，如果每个人都努力劳作，那么结果就是广获丰收。在社会学方面，村庄是一个集体，其集体的根本就是努力劳作。这对于城镇并不能成立，因为个人自由是或更容易成为其整体的一部分。第二点是个人的角色。在乡村环境中是没有机会成为真正个体的。辛苦的类农奴劳作并不能支持技能和个人自由的发展。托凯伊写道，这就是亚洲社会坚若磐石的原因。

遗憾的是，无法赘叙对于托凯伊观点的反驳，进而从其他角度来剖析这些问题。尽管如此，我们必须坦白，在过去十几年中亚细亚生产方式的引入对匈牙利的发展是非常不利的。

（二）农业政策和中国经验

关于中国经验对于五六十年代匈牙利影响的另一方面，必须提到农业发展。经济学家之间激烈的辩论关注于发展中个人利益的作用，生产过程与乡村中小家庭生产单位之间的合作关系。自1953年以来，经济政策方面做出了有力且大胆的尝试，以加强家庭在农业中的作用，来维护村庄和整个农民阶级的稳定。当时的专家强调为了发展社会主义农业，不可避免地要借用一些资本主义要素。这一观点与中国的思维方式和农业发展有着密切的联系。许多匈牙利经济学家认为，中国经验的主要因素是乡村的稳定。

还有另一种方式可以稳固农村并维持原本的社会主义运动，即"产业结伴（beside-industry）"。经济政策推动农业合作社在村里建立制造厂和工厂。就像50年代后半期在中国，其运作非常有效且成本低廉，但创建的主要原因并不是效率，而是结合制造业与农业。所谓廉价钢炉以经济学家设想的方式在匈牙利经济中出现。匈牙利改革在60年代初起始于农业，这直接依赖于中国经验。

第三节 从《短缺经济学》的影响到匈对华经济战略的新关注

匈牙利在20世纪80年代和90年代对中国社会科学的贡献价值主要在于对和平改革和转型模式的探索。首先，匈牙利选择的方案难以持续，苏联行将解体，而中国提供了一条备选道路。它可以被称为社会主义市场经济，即社会主义和资本主义之间的特殊共存。这个名词可以通过引用邓小平的定义来明确，而这个措施的实质是公平原则在社会主义国家的运用。其次，匈牙利作为与欧洲联系的重要纽带，成为中国潜在的战略伙伴。在21世纪，匈牙利智库对中国的研究主要有四个方向，据此我们对这个时期的文献划分为以下四种类别：

1. 转型与改革
2. 国际关系，全球问题
3. 文化措施：中国传统和精神参照
4. 经济和产业分析

我们设定2013年作为这一时期的结点，相关诠释请见下一章开篇。

（一）中国改革与匈牙利转型

第一批中国经济学家于1982年抵达匈牙利，随后两国之间的学术交流一直持续到1989年。

在此期间，关注点是围绕实施改革的进度，主要是价格改革。匈牙利的主要立场是采用休克疗法，直到市场开始积极响应开放政策，进而采取相关步骤。彼得·肯德（Péter Kende）是匈牙利当时活跃的学者之一。匈牙利经验也被借鉴到中国，包括宏观经济改革和对严格计划经济的调整。

在1981年雅典举行的相对价格经济学会之后，科尔奈意识到他突然磁化了"反射器"。他关于当时社会主义经济的评论已经影响了很多受众，其中包括吴敬琏。

自20世纪80年代以来，对中国来说科尔奈虽不是唯一的，但却是最有影响力的"合作伙伴"之一①。同米尔顿·弗里德曼（Milton Friedman），詹姆斯·托宾（James Tobin），亚历山大·凯恩克罗斯爵士（Sir Alexander Cairncros）以及奥塔·希克（Ota Šik）和沃兹齐米尔斯·布鲁斯（Włodzimierz Brus）一起，科尔奈对计划经济潜在改革的认识在中国被奉为指导方针。这一团队的核心成员和科尔奈一同参加了于1985年在一艘邮轮上为顶级中国经济学家所组织的"巴山轮"会议。

在这里，他给中国总结了四条潜在发展道路：直接行政协调；间接行政协调；自由放任的市场协调；市场协调与宏观经济控制相结合。科尔奈建议选择最后一条，因为这是可以解决问题诸如软预算约束，投资饥渴和父爱主义的唯一方案。会议结束后的一年，科尔奈的《短缺经济学》在中国出版。尽管他拥有学者公信力和在中国取得了成功，但科尔奈后来承认他感受到的矛盾性：一方面匈牙利正在为激进的市场改革而行动，而另一方面中国则在行政协调与市场协调之间进行权衡。

在匈牙利开始转型之后，研究的主要对象转为北约和欧盟的成员国。然而科尔奈则继续解决经济体制问题，并对中国给予特殊关注。②

由于匈牙利与苏联、中国这类典型社会主义国家联系的减少，阻碍了对于中国的集中研究。1989年以后，专家对于中国的研究主要以个人方式而非以现代智库方式来进行。作为理论中心的四个主要角色对于总体有不同程度的影响：科尔奈；叶桐（Ottó Juhász）和安德拉什·伊诺泰（András Inotai）；久洛·乔丹（Gyula Jordán）；塔拉斯（Tálas）和乔治·沙拉特（Gergely Salát）。这一时期的主要研究机构是匈牙利科学院、布达佩斯考文纽斯大学、彼得帕兹曼尼天主教大学和罗兰大学。其中最相关的文章之一是由拉斯洛·乔巴（László Csaba）撰写的对于中国改革与中东欧转型的比较。除了强调差异之外，他还提出了中东欧与

---

① Gewirtz, J. (2017), *Unlikely partners: Chinese reforms, Western economists, and the making of global China*, Cambridge, MA, Harvard University Press, ISBN：9780674971134.

② Kornai, J. (1993), "A szocialista rendszer HVG Kiadó", Budapest; Kornai, J. (1999), "A rendszerparadigma", In: Kornai J. (ed.), *Szocializmus, kapitalizmus, demokrácia és rendszerváltás*. Akadémiai Kiadó, Budapest; Kornai, J. (2007), *Szocializmus, kapitalizmus, demokrácia és rendszerváltás*, Akadémiai Kiadó, Budapest; Kornai, J. (2010), "Újabb javaslatok a kínai reformhoz", Caijing. Elérhető, http://www.kornai-janos.hu/Kornai%20Caijing-interju%202010.pdf Letöltve：2016. január 5.

中国从政策中相互学习的五个基本经验教训。①

（二）中国的国际关系及其在全球事务中的角色

在 2000 年以后，中国的新全球角色才成为匈牙利学界研究的主要方向。继匈牙利经历了 20 世纪 90 年代的转型，相比较与美国的未来竞争对手或后美国霸权下全球治理，福山关于历史之终结的观点②对学术讨论更有影响力。两位领先的中国国情专家塔拉斯和久洛·乔丹的文章为这一主题的深入研究奠定了基础。塔拉斯在 2006 年就已表示，中国可能会在 2020 年左右成为全球超级大国。③ 久洛·乔丹是第一位在匈牙利通过北京共识来质疑华盛顿共识的学者。④ 在沈大伟的影响下他还指出，中国的发展道路给其他发展中国家提供了很多经验教训，但其本身尚不能成为一种模式。其后在 21 世纪初的头十年，更多探讨未来的文章反映了西方的影响力。⑤ 这些作者主要着眼于中国在经济和军事方面的全球力量，而不是其在政治稳定、文化和综合战略规划的作用。

在本段中，我们可以涉及一些针对具体关系的相关文章。主要是南美洲以及后来受到关注的非洲关系。⑥ 当然还有欧盟。从历史角度分析，中国与欧盟的关系被定义为一种基本的跨文化状态——一定程度上反映了关于文明冲突的亨廷顿理论，这是 20 世纪 90 年代除了福山观点之外的重要

---

① Csaba, L. (1996), "The political economy of the reform strategy: China and Eastern Europe compared", *Communist Economies and Economic Transformation*, London, (8) /1. 53 – 66.

② Fukuyama, F. (1989), "The End of History?," *The National Interest*, (16), 3 – 18.

③ Tálas, B. (2012), "A kínai civilizáció újabb reneszánsza a XXI. század első évtizedeiben", *Külügyi szemle* 2012 (2): 24 – 53; Tálas, B. (2006), "Kína-a 21. század leendő hiperhatalma", *Külügyi Szemle* 2006 (1 – 2): 16 – 70.

④ Jordán, Gy. (2012), "Kína-modell és a kínai kivételesség kérdése", *Külügyi szemle* 2012 (2): 105 – 124.

⑤ Rácz, L. (2011), "A kínai biztonságpolitika régi és új elemei", In: Inotai A. Juhász O. (ed.), *Kína belső viszonyai*, MTA VKI-MeH Stratégiai Kutatások, Budapest; Horváth, Cs. B. (2012), "A kontinentális erőegyensúly mint az amerikai-kínai versengés valószínű modellje", *Külügyi szemle* 2012 (2): 54 – 74. Szunomár, Á. (2012), "Kínai külpolitika, kínai hatalmi politika: folyamatosság és változás", *Külügyi szemle* 2012 (2): 125 – 142; RáczL., 2011, P. SzabóS, 2012, Horváth, 2012, SzunomárÁ, 2012.

⑥ Lehoczki, B. (2009), *Latin-Amerika és Kína: a kapcsolatok új rendszere? = Latin America and China: New System of Relations?* Doktori (PhD) értekezés. Budapesti Corvinus Egyetem, Nemzetközi Kapcsolatok Doktori Iskola.

两难问题。① 托马斯·马都拉（Tamás Matura）则简要介绍了2010—2012年中匈关系。②

另一个与历史和匈牙利相关的研究内容，是在1956年及之后中国在匈牙利国内事件中所扮演的角色。匈牙利于1956年10月23日爆发全国性反苏联运动。在11月4日苏联大规模武装入侵布达佩斯之后，这一运动一直持续到11月10日。中国在相关事件中影响颇大，同时也吸取了其教训。③ 通过分析若干国际外交事件（主要是匈牙利1956年革命）和中国经济相互作用的结果，萨拉瓦里和科尔德曼对于1956年匈牙利事件中中国的角色提供了更精确的分析。

（三）中国历史、文化及其政治方面

90年代匈牙利民众对于中国的印象主要是廉价纺织品和劣质中餐。这种单向联系导致了对于中国长期的顾虑和脆弱的信任感。为了跨越这种偏颇和浅薄的印象，需要将中国文化与经济表现和政治结构越来越多地联系起来。匈牙利进行此类讨论的另一个动机是为了能够将中国和匈牙利的文化传统和精神特质相互融通。

在叶桐的文章中，从第一次鸦片战争到2012年以来，中国文化协调了中国达到其现代形态的过程。甚至在章节标题中，他多次强调，传统文化服务于政治目标和战略目标是中国软实力④的一部分。叶桐总结说，中国的持续性可能要归功于儒家思想在融合不同意识形态方面起到的主要作用。这一特殊的中国文化传统是中国避免文明之间不

---

① Bóka, É. (2009), *The Europe-China Dialogue in a Historical Perspective*, Grotius E-Library. Elérhető: http://www.grotius.hu/doc/pub/FDWKZS/2009_02_boka.pdf Letöltve: 2017.03.07. Bóka, É. (2011): *Modernization and Intercultural Dialogue on Values and Principles*. http://www.uni-corvinus.hu/fileadmin/user_upload/hu/tanszekek/kozgazdasagtudomanyi/tsz-vilgazd/dialogue_mra/Intercultural_dialogue_Europe-Asia_.pdf Letöltve: 2017.03.07.

② Matura, T. (2012), "A magyar-kínai kapcsolatok elmúlt két éve", *Külügyi szemle* 2012 (2): 9–23. Matura, T. (2012), "The Pattern of Chinese Investments in Central Europe", *International Journal of Business Insight and Transformation* 5: (3) pp. 104–109.

③ Vámos, Péter, "Sino-Hungarian Relations and the 1956 Revolution", Cold War International History Project, Woodrow Wilson International Center for Scholars, Washington D.C., November, 2006. Working Paper No. 54. Vámos, P. (2007), "A magyar forradalom szerepe a Kínai Kommunista Párt politikájában", In: Rainer, M. J. Somlai, K. (ed.), *Az 1956-os forradalom visszhangja a szovjet tömb országaiban*. 1956-os Intézet, Budapest; Szobolevszki, Sándor-Vida, István (ed.), *Magyar-kínai kapcsolatok*, 1956-1959, Budapest, MTA Jelenkorkutató Bizottsága, 2001.

④ Nye, J. (1990), Soft Power, *Foreign Policy*, (80), 153–171.

平衡交流的保证，然而传统仍依附于政治环境。[1] 从这个中心观点出发我们看到一些文章涉及人权、社会民生、民主转型的潜在可能性。[2] 还有年轻一代学者对于中国共产党成员变动的研究。[3] 另一组研究文章来自历史性或综合性文章以及专著。地理距离和文化差异构成了中国的巨石形象。这些文献旨在解析这一形象。[4]

大量文献侧重于文化研究，主要描述关于历史及其相关领域。[5] Vámos 则谈论了医学传统气功。[6] 而叶桐以其清晰和谐的风格，通过对经历和地理的个人视角展示了中国的世界观。

分析精神层面的文献有两个主要分支。第一类关注于中国传统。邵莱特（Salát Gergely）概述了中国古代、中世纪时期、毛泽东时期，特别是"文化大革命"期间的宗教发展。[7] 第二类集中在对于基督教的理解上。这个话题在匈牙利的研究权威是耶稣会神父劳达义（Laszlo Ladanyi S. J.），他是极

---

[1] Juhász, O. (2012), "A modernizáció és tradíció kérdései Kínában, 1840-2012", *Külügyi Szemle* 11 (2): 75 - 104.

[2] Jordán, Gy. (1995), "Kína: a civil társadalom (újjá) születése", *Társadalmi Szemle*. 50 (6): 59 - 67. Jordán, Gy. (2000), "Kína: demokratikus átmenet?" *Valóság*, 43 (4): 70 - 94.

[3] Mészáros, K. (2002), "A fiatalítás jegyében-az irányvonal nem változik", *Vélemények, kommentárok, információk* 43. szám, http://www.vki.hu/sn/sn_43.pdf, Letöltve: 2017. augusztus 29.

[4] Polonyi, P. (1988), *Kína története*. Kozmosz Könyvek, Budapest; Magyar, L. (1991): *Kína gazdaságának vázlata*. Magyar Lajos Alapítvány, Budapest; Jordán, Gy. (1999): *Kína története*. Aula Kiadó. Budapest; Salát, G. (2000b): *A kínai külpolitika néhány vonása a kulturális forradalom alatt*. http://www.terebess.hu/keletkultinfo/salat2.html, Letöltve: 2015. április 15; Salát, G. (2010): *A régi Kína története*, ELTE Konfuciusz Intézet, Budapest.

[5] Hamar, I. Salát, G. (2009), "Kínai történelem és kultúra. Tanulmányok Ecsedy Ildikó emlékére. Sinológiai Műhely 7", Balassi Kiadó, Budapest; Salát, G. (2003a), "Büntetőjog az ókori Kínában. Qin állam törvényei a shuihudi leletek alapján", Sinológiai műhely. Balassi Kiadó, Budapest; Salát, G. (2003b), "A kínai Qin állam törvényei", In: Jany J. (ed.): *Szemelvények az ókori kelet jogforrásaiból. Válogatás az ókori Irán, India és Kína jogemlékeiből*. Studia Orientalia 2. Pázmány Péter Katolikus Egyetem Bölcsészettudományi Kar, Piliscsaba.; Salát, G. (2006a), "Az ókori kínai Qin állam büntető jogának rendszere", In: Hamar, I. és Salát, G. (ed.): *Sinológiai Műhely 7*, Balassi Kiadó, Budapest; Salát, G. (2006b), "Társadalom és gondolkodás az ókori Kínában", In: Hamar, I. és Salát, G. (ed.), *Sinológiai Műhely* 8. Balassi Kiadó, Budapest.

[6] Vámos, P. (1995), "Az egészségmegőrzés kínai tudománya: a csikung I. rész", *Keletkutatás* 1995/ősz: 9 - 22.

[7] Salát, G. (2000c), "Mítoszok és vallások Kínában", In: Hamar, I., Salát, G., P. Szabó, S.: *Sinológiai műhely* 1. Balassi Kiadó, Budapest; Hamar, I. Salát, G. (2005), "Kínai filozófia és vallás a középkor hajnalán", Sinológiai Műhely 5. Balassi Kiadó, Budapest; Salát, G. (2000e), "Vallások Mao Kínájában", In: Hamar I. (ed.): *Mítoszok és vallások Kínában*. Sinológiai Műhely Balassi, Budapest; Salát, G. (2000d), "Vallási kérdések a kulturális forradalom alatt", *Új Keleti Szemle*. 2000 (1): 26 - 37.

有影响力的《中国新闻分析》(China News Analysis) 的作者和编辑。[1] 其后，关于这一领域最重要的一部著作是由匈牙利耶稣会中心出版的关于利玛窦、天主教和中国的合集。[2] 2011 年邵莱特讨论了天主教在中国的传播。[3]

（四）经济分析

关于 1986 年至 2013 年的纯经济分析，匈牙利学者的主要关注点是了解中国改革、私有化的作用和程度以及中国在土地改革方面的经验。[4] 对于后者还包含一个反思：匈牙利学者们讨论中国的农业改革，部分是来自匈牙利的历史经验的启发。"中国是市场经济吗？"是这一时期至关重要的问题，尤其对于刚刚经历转型的国家来说。关于中国基本结构的辩论主要来自乔丹、塔拉斯和梅萨罗什。[5]

盖尔利·盖拉关于中国经济发展和现代化建设的系列文章。[6] 除此之

---

[1] Ladanyi, L. S. J. (1983), *The Church in China*. Hong Kong: Ricci Hall; Ladanyi, L. S. J. (1992): Law and Legality in China. The Testament of a China-watcher, Hong Kong.

[2] Patsch, F. S. J. (2011), *Misszió, globalizáció, etika*. Budapest: JTMR Faludi Ferenc Akadémia-Ll Harmattan Kiadó.

[3] Salát, G. (2011), "A katolikus térítés Kínában. A Ricci-módszer", In Déri Balázs (ed.): Conversio. Az Eötvös Loránd Tudományegyetem Bölcsészettudományi Karán 2011. szeptember 22-23-án tartott vallástudományi konferencia elő adásai. Budapest, ELTE BTK Vallástudományi Központ, 2013, pp. 345 – 351.

[4] Jordán, Gy. (1996), "A privatizáció Kínában-tények és feltevések", *Közgazdasági Szemle*. 43 (1): 45 – 57.; Jordán, Gy. (1998), "A város és a vidék közötti szakadék és a belső migráció Kínában", *Statisztikai Szemle*. 76 (4 – 5): 407 – 417.

[5] Jordán, Gy. (1993), "Kína az 1990-es években: Szocializmus kínai jellemzőkkel", szocialista piacgazdaság, vagy... Társadalmi szemle, 0039 – 971X. 48. 1993 (7): 39 – 49; Jordán, Gy. Tálas, B. (2005), *Kína a modernizáció útján a XIX-XX. században*. Napvilág kiadó, Budapest; Mészáros, K. (2005), *Kínai jelen és jövő*, http://www.vki.hu/mt/mh-68.pdf, Letöltve: 2017, augusztus 29.

[6] Botos, K., "A kínai gazdasági 'csoda' és hatásai", *Valóság* 2007 (9): 66 – 74; Mészáros, K. (1999), *Tudományos-technikai modernizáció és gazdasági fejlő dés Kínában-A multidiszciplináris világrend egy új nagyhatalmának születése*. Doktori (PhD) értekezés. Budapesti Közgazdaságtudományi Egyetem. Posztgraduális Kar, Budapest; Gáspár, T. Gervai, P. Trautmann, L. (1999), "Az ázsiai válság természetéről", In: Trautmann L. (ed.) *Az átmenet vége*. Saldo Rt, Budapest; Jordán, Gy. — Tálas B. (2002), "A terv és háttere. Kína 10. ötéves tervéről", *Külügyi szemle*. 2002 (2). pp. 80 – 103; Gaál, G. (1993a), "A felelő sségi rendszer kialakulása, formái és a továbbfejlesztés lehetőségei Kína agrárrendszerében", *Közgazdasági Szemle*. 40 (10): 900 – 910. Gaál, G. (1993b), "A reform és a nyitás hatása Kína külkereskedelmére", *Kereskedelmi Szemle*. 34 (7): 35 – 39; Gaál, G. (1993c), "Kína a modernizálás útján", *Kereskedelmi Szemle*. 34 (4): 34 – 39.; Gaál, G. (1993d), "Kína gazdasági és ipari arculata az új gazdaságpolitika tükrében", *Kereskedelmi Szemle*. 34 (5): 31 – 37; Gaál, G. (1995a), "Kína külkereskedelme és perspektívái", *Kereskedelmi Szemle*. 36 (9-10): 50-54; Gaál, G. (1995b), "Gazdasági-társadalmi változások és a migráció Kínában", *Demográfia*. 38 (2-3): 203 – 212; Gaál, G. Xu, Y. Y. (1994), "A kínai modell", a piacgazdaság útján. *Kereskedelmi Szemle*. 35 (3): 42 – 49; Gaál, G. Xu, Y. Y. (1998), "Ember-munka-szervezet a 'kínai modell'-ben", *Statisztikai Szemle*, 76 (2): 138 – 145.

574 第三篇 与中国的双边关系研究

外,还有安德拉什·伊诺泰和叶桐在匈牙利科学院组织的一个重要项目。已发表的四篇相关文章集中讨论了社会发展,中国国际政治的立场,中匈关系潜在的未来发展,以及中国在国际经济领域的作用。① 此重量级项目始于另一著作关于中国发展的实际作用和可能结果。② 这个智库在经济危机之后继续分析中国的立场。③ 随后二位合编的著作中又有两本出版,分别是关注内部关系、改革与危机,以及中国的国际地位和其在国际经济和中匈关系中的角色。④ 他们相关著作的数量在匈牙利尚未被超越。还有一系列独立的文章以劳动力市场为重点。除了单纯统计分析之外,作者还研究了社会关系、城乡移民、公私合营公司的作用。⑤

关于中国的出口政策问题,伊诺泰认为中国并没有反对出口导向型战

---

① Inotai, A. Juhász, O. (2009a), *A változó Kína-I. kötet: Kína politikai, társadalmi fejlődésének jelene és jövője*. MTA VKI-MEH, Budapest; Inotai, A. Juhász, O. (2009b), *A változó Kína-II. kötet: Kína a nemzetközi politikai erőtérben*. MTA VKI-MEH, Budapest; Inotai, A. Juhász, O. (2009c), *A változó Kína-III. kötet: A magyar-kínai kapcsolatok fejlesztésének néhány területe*. MTA VKI-MEH, Budapest; Inotai, A. Juhász, O. (2009d), *A változó Kína-IV. kötet: Kína a nemzetközi gazdasági erőtérben*. MTA VKI-MEH, Budapest.

② Inotai, A. Juhász, O. (2008), *Kína: realitás és esély*. Tanulmányok Magyarország Kína stratégiájának megalapozásához MTA VKI-MEH, Budapest.

③ Inotai, A. Juhász, O. (2010a), *Kína és a válság*. Akadémiai Kiadó, Budapest; Inotai, A. Juhász, O. (2010b), *Kína és a válság I. : Kína a globális válság első szakaszában*. MTA VKI-MEH, Budapest; Inotai, A. Juhász, O. (2010c), *Kína és a válság II. : A magyar-kínai gazdasági kapcsolatok kelet-közép-európai regionális összehasonlításban*. MTA VKI-MEH, Budapest.

④ Inotai, A. Juhász, O. (2011a), *Stratégiai kutatások 2009 - 2010. I. kötet. Kína belső viszonyai: Belső reformok, valamint a válság kezelése és következményei, A kínai modell fejlődése és következményei*. MTA VKI-MEH, Budapest; Inotai, A. Juhász, O. (2011b), *Stratégiai kutatások 2009 - 2010. II. kötet. Kína és a világ: Kína nemzetközi kapcsolatai és világgazdasági szerepének erősödése, A kínai-magyar kapcsolatok*. MTA VKI-MEH, Budapest.

⑤ Jordán, Gy. (1997), "A foglalkoztatás Kínában", *Statisztikai Szemle*, 75 (7): 598 - 606; Jordán, Gy. (1998), "A város és a vidék közötti szakadék és a belső migráció Kínában", *Statisztikai Szemle*. 76 (4 - 5): 407 - 417; Artner, A. (2010b), "Állami vagy piaci?: Az állam és a kis-és középvállalatok szerepe Kínában", *Fejlesztés és finanszírozás*. (3): 72 - 79; Artner, A. (2010c), "Quo vadis Kína?: a dolgozók helyzete Kínában", *Eszmélet* 22 (87): 53 - 75; Artner, A. (2010d), "A kínai működőtőke a világ piacán: geopolitikai stratégia vagy modernizációs elem?" *Geopolitika a 21. században*. 1 (2): 25 - 46; Artner, A. (2011a), "A kínai munkaerőpiac: (foglalkoztatás és szociális helyzet)", In: Inotai A. Juhász O. (ed.): Kína belső viszonyai: belső reformok, valamint a válság kezelése és következményei: a kínai modell fejlődése és következményei. MTA Világgazdasági Kutatóintézet; Miniszterelnöki Hivatal. Budapest.

略，只是在通过进口平衡。① 他表示，这实际上是一种新的外贸策略，只不过冲突与将其理解为进口驱动经济时期的文章。关于资本输出和引入，Artner 给出了一种新马克思研究途径。② Gábor 和 Törös 研究了中国的汇率，中国的贸易顺差和货币政策。③ 中国在金融危机后的角色成为另一个分析方向。④

第四节　近期匈智库对华经济和社会的态度

如果我们要总结自 2013 年以来匈牙利智库对于中国的研究，第一，我们必须从政治和外交政策问题入手，包括分析军工业层面国防政策相关的文章。第二，我们转向对中国文化的诠释。第三，是形态理论和科尔奈

---

① Inotai, A. (2010), "Kína világgazdasági szerepének erősödése-Az exportorientált 'modell' jövője", *Vélemények-Kommentárok-Információk*. 206. ; Inotai, A. (2011), "Kína világgazdasági szerepének erősödése, az exportorientált 'modell' jövője", *Köz-Gazdaság* 2011 (1) . 215 – 218.

② Artner, A. (2008), "A kínai működőtőke offenzívája", *Statisztikai Szemle* 86 (9): 850 – 874; Artner, A. (2009), "Kína mint globális tőkeexportőr", In: Inotai A. Juhász O (ed.): A változó Kína: 4.: Kína a nemzetközi gazdasági erőtérben. MTA Világgazdasági Kutatóintézet; Miniszterelnöki Hivatal. Budapest; Artner, A. (2010a), "A kínai direkt tőkeexport legújabb fejleményei", *Statisztikai Szemle*. 88 (9): 931 – 950; Artner, A. (2010d), "A kínai működőtőke a világ piacán: geopolitikai stratégia vagy modernizációs elem?" *Geopolitika a 21. században*. 1 (2): 25 – 46. ; Artner, A. (2011b), "A kínai direkt tőkeexport és a kis-és középvállalati szféra", In: Inotai A. Juhász O. (ed.): Kína és a világ: Kína nemzetközi kapcsolatai és világgazdasági szerepének erősödése: a Kína-Magyar kapcsolatok. MTA Világgazdasági Kutatóintézet; Miniszterelnöki Hivatal. Budapest; Artner, A. (2011c), "A kínai működőtőke-export és az Európai Unió új keleti tagállamai (részletek)", *Köz-Gazdaság* 6 (1): 219 – 222.

③ Gábor, T. (2012), *Kína monetáris politikája a globális pénzügyi egyensúlytalanságok fényében. Doktori (PhD) értekezés*. Szegedi Tudományegyetem Gazdaságtudományi Kar. Közgazdaságtani Doktori Iskola. DOI: https://doi.org/10.14232/phd.1639 ; Gábor, T. (2009), "Kína árfolyampolitikájáról alkotott eszmék vagy tévesmék: valóban káros az alulértékelt jüan a globális gazdaság egésze szempontjából?" *Pénzügyi Szemle* (2 – 3); Gábor, T. (2010), "Kína szokatlan kettős külgazdasági többlete", *Magyar Tudomány* 171 (4): 448 – 458; Gábor, T. (2012), *Kína monetáris politikája a globális pénzügyi egyensúlytalanságok fényében. Doktori (PhD) értekezés*. Szegedi Tudományegyetem Gazdaságtudományi Kar. Közgazdaságtani Doktori Iskola. DOI: https://doi.org/10.14232/phd.1639.

④ Farkas, P. (2010), "Kína szerepe a nemzetközi pénzügyi rendszer stabilizálásában és átalakításban", *Magyar Tudomány*. 2010 (április): 437 – 467; Farkas, P. Szabó, Zs. (2011), "A nemzetközi pénzügyi és gazdasági válság. Kína szerepének értékelése ebben a folyamatban", In: Inotai, A. Juhász, O. (ed.), *Kína a globális válság első szakaszában*, *Kína és a válság I*. MTA-MEH Stratégiai kutatások, pp. 78 – 123.

学派的影响。我们进一步定义第四部分是关于宏观经济表现和商业的文章，第五部分是一系列发布特定行业文章的研究中心。第六我们将讨论隶属于匈牙利中央银行一个新成立的研究中心，该研究中心极大地推动了许多其他中心和智库。其成立并没有具体的日期，因而我研究选择匈央行现任行长杰尔吉·马托奇（György Matolcsy）的当选年份来分隔此时与前一时期。

（一）中国对外关系

匈牙利智库强调了中国贸易政策中文化和地缘政治方面。许多研究学者都重点强调了中国贸易政策的儒家背景。[①] 这些文章指出，中国的主要目标是参与全球治理及其制度框架，进而可以从这个角度理解贸易政策。匈牙利学者胡庆建在他的文章中指出，朝贡互换过程是贸易政策的主要特征，并且在中国观念里贸易获益要大于交换物质本身的价值。[②] 朝贡循环理论可以追溯到卡尔·波兰尼的理论，Eszterhai 进而根据这个理论来解释贸易机制。[③] 盖尔利推测整个亚洲贸易体系，中国、日本和韩国的贸易政策只不过是若干身份之间的冲突。[④] 昆德拉强调韩国通过贸易来影响中国

[①] Eszterhai, Viktor, "A Kína-központú hűbérajándék rendszer irracionális gazdasági működésének problémája", In: Hallgatói Műhelytanulmányok, 2013, 2. pp. 105 – 112; Eszterhai, Viktor, "A guanxi az ázsiai államközi kapcsolatokban-A Kína-központú hűbérajándék-rendszer újragondolása", In: Eszmélet, 2013. 25. évf., 100. sz., pp. 148 – 166; Gergely, Attila, "Identitás-stratégiák és államközi kapcsolatok Kelet-Ázsiában. A Kína-Japán-Korea komplexumról", In: Világtörténet, 2013. 35. évf., 2 – 3. sz., pp. 289 – 331; Zsinka, László, "A kínai civilizáció történeti földrajzi portréjához", In: Grotius, 2013. pp. 1, 9; Kozjek-Gulyás, Anett, "A kínai középosztály Kínában", In: Társadalomkutatás: a Magyar Tudományos Akadémia Gazdaság-és Jogtudományok Osztályának folyóirata, 2013. 31. köt., 3. sz., pp. 284 – 303; Kozjek-Gulyás, Anett, "A kínai közösségek európai identitásának dilemmája", In: Távol-Keleti Tanulmányok, 2013. 1 – 2. sz., pp. 175 – 195; Koudela, P. Yoo Jinil, "The Role of Korea in Cultural Transmission Between China and Japan during the Three Kingdoms Period". In: Prague Papers on the History of International Relations, 2014. 2. pp. 7 – 21.

[②] Eszterhai, Viktor, "A Kína-központú hűbérajándék rendszer irracionális gazdasági működésének problémája", In: Hallgatói Műhelytanulmányok, 2013. 2. pp. 105 – 112.; Eszterhai, Viktor, "A guanxi az ázsiai államközi kapcsolatokban-A Kína-központú hűbérajándék-rendszer újragondolása", In: Eszmélet, 2013. 25. évf., 100. sz., pp. 148 – 166.

[③] Polanyi, K. Arensberg, C. M. Pearson, H. W. (1957), *Trade and Market in the Early Empires: Economies in History and Theory*. The Free Press; Polanyi, K. (1971), *Primitive, Archaic, and Modern Economies: Essays of Karl Polanyi*. Beacon Press.

[④] Gergely, Attila, "Identitás-stratégiák és államközi kapcsolatok Kelet-Ázsiában. A Kína-Japán-Korea komplexumról", In: Világtörténet, 2013. 35. évf., 2 – 3. sz., pp. 289 – 331.

第八章　智库合作　　577

社会，用商品和服务出口来传播佛教。① 辛卡关注中国文明的延续性，并指出在贸易政策中体现这种延续性。② 库齐杰克和古利亚斯提出了问题的另一个方面，即华人社区在海外的形象。③ 他指出，这些社区与过去几十年前的形象完全不同。他称之为后现代儒家主义，意味着具有中国特色的全球形象。这种形象的转变来自欧洲，包括匈牙利文化。贸易关系分析还有另一个分支，即对"一带一路"的分析。萨拉瓦里的大部分文章和其研究中心都表明整个"一带一路"政策不仅仅是地缘政治的转变，也不只是一个大国的自然举动。④ 它拥有文化背景，并且"一带一路"是参与全球合作的中国政策的精髓所在。"一带一路"是中国对承担更多欧亚稳定责任的新形式。研究学者们并不认为"一带一路"的近期框架是不变且封闭的。当然，欧亚大国间的合作将完善这一倡议，但"一带一路"的确是一个非常好的基础设施政策，去支持整个欧亚大陆的发展进程。塔尔斌通过"一带一路"将中国的和平发展与其外交政策联系起来。⑤ 叶桐对"一带一路"进行了深入的文化分析，提出了古代和现代丝绸之路间的联系。⑥

---

①　Koudela, P. Yoo Jinil, "The Role of Korea in Cultural Transmission Between China and Japan during the Three Kingdoms Period", In: Prague Papers on the History of International Relations, 2014. 2. pp. 7 – 21.

②　Zsinka, László, "A kínai civilizáció történeti földrajzi portréjához", In: Grotius, 2013. pp. 1, 9.

③　Kozjek-Gulyás, Anett, "A kínai középosztály Kínában", In: Társadalomkutatás: a Magyar Tudományos Akadémia Gazdaság-és Jogtudományok Osztályának folyóirata, 2013. 31. köt., 3. sz., pp. 284 – 303; Kozjek-Gulyás, Anett, "A kínai közösségek európai identitásának dilemmája", In: Távol-Keleti Tanulmányok, 2013. 1 – 2. sz., pp. 175 – 195.

④　Sárvári, B. Szeidovitz, A. (2016a), "The Political Economics of the New Silk Road", Baltic Journal of European Studies. Volume 6, Issue 1, Pages 3 – 27, ISSN (Online) 2228 – 0596, DOI: 10.1515/bjes-2016-0001, February; Sárvári, B. (2016b), "China's Role in The New World Order", In: China-Central and Eastern Europe Cross Cultural Dialogue pp. 35 – 47. (ed.) Joanna Wardęga Jagellonian, University Press, Kraków.; Sárvári, B. (2017a), "China's Peaceful Rise and the New Silk Road". In: XVII АПРЕЛЬСКАЯ МЕЖДУНАРОДНАЯ НАУЧНАЯ КОНФЕРЕНЦИЯ по проблемам развития экономики и общества. Oroszország, Moszkva. 2. kötet. pp. 62 – 70; Sárvári, B. (2017b), "China Expands Tianxiaism Along the Modern Silk Road", in: Kultura—Historia—Globalizacja. 2017 (22) pp. 215 – 228. Uniwersytet Wroclawski. ISSN 18-98-72-65; Sárvári, B. Szeidovitz, A. (2017c), "Political Economics of the New Silk Road", In: Cheng, Y. Song, L. Huang, L. (ed.): The Belt & Road Initiative in the Global Arena. Chinese and European Perspectives. Palgrave Macmillan, London DOI: 10.1007/978-981-10-5921-6.

⑤　Tarrósy, István, "China's Peaceful Rise' and Pragmatic Foreign Policy Along the New Silk Road", In: Globs: Foreign Affairs and Trade, 2017. 9. sz. pp. 28 – 30.

⑥　Juhász, O. (2015), "A kizökkent idő", pp. 8 – 17. In: Salát G. (ed.): Kínai álom-kínai valóság. Typotex Kiadó Budapest.

分析研究的另一分支强调了在贸易政策中中国的地缘政治作用。① 这些论文的主要特征是现实主义主张。他们将中国贸易政策的若干方面称为中国地缘政治力量的运动。费赫尔和普尔研究了中国在非洲的贸易政策,他们指出,中国在非洲的贸易政策应该从初级产业向更多元化的结构转变。② 莱霍茨基专注于中国与南美特别是与巴西之间的关系。③ 与非洲政策相反,他指出两大洲之间的技术转移,并认为是这种关系一个好的方面。蒂施勒认为,只有现实主义主张才能理解南海岛屿争端,并且可以从这个角度来寻求解决方案。④ 霍瓦特用这种主张来分析俄中关系。⑤ 与理想主义或人文思维方式完全相反,他们只在实用基础上讨论。"我们生活在一个多极化的世界",这是他们文章的主要观点之一,并且主要体现在能源领域。俄罗斯不再是一个超级大国,或是世界上第二大国,中国对待

---

① Fehér, Helga-Poór, Judit, "Foreign trade competitiveness of Sub-Saharan African countries-The effects of China's trade expansion", In: Studia Universitatis Babes-Bolyai Oeconomica, 2013, 58, pp. 3 – 21; Tischler, Zoltán, "Kínai szigetviták-a Szenkaku/Tiaojü-szigetek kérdése", In: Nemzet és biztonság: biztonságpolitikai szemle, 2013. 6. évf., 1/2. sz., pp. 31 – 41; Tarrósy, István, "'Chimerican' Interests, Africa Policies and Changing US-China Relations", In: Biztpol Affairs, 2013. 1. évf. 1. sz. pp. 11 – 28; Horváth, Csaba, "A kínai-orosz viszony alakulása Kína felemelkedése és a kínai-amerikai versengés tükrében", In: Társadalomkutatás: a Magyar Tudományos Akadémia Gazdaság-és Jogtudományok Osztályának folyóirata, 2014. 32. évf, 3. sz., pp. 247 – 263; Lehoczki, B., "Relations between China and Latin America: Inter-regionalism beyond the Triad". In: Society and Economy, 2015. 37. pp. 379 – 402; Lehoczki, B., "Brazil-kínai kapcsolatok az ezredfordulón túl". In: Grotius, 2015. p. 15; Deák, András-Szunomár, Ágnes, "Az orosz-kínai reláció a 21. század elején-haszonelvű kapcsolat vagy világpolitikai tandem?" In: Nemzet és biztonság: biztonságpolitikai szemle, 2015. 8. évf., 1. sz., pp. 3 – 22; Moldicz, Csaba, "Integration and Disintegration: European Theories and Experiences in the Light of China Taiwan Relations". In: Contemporary Chinese Political Economy and Strategic Relations, 2016. 2. évf., 1. sz., pp. 209 – 237.
② Fehér, Helga-Poór, Judit, "Foreign trade competitiveness of Sub-Saharan African countries-The effects of China's trade expansion". In: Studia Universitatis Babes-Bolyai Oeconomica, 2013, 58, pp. 3 – 21.
③ Lehoczki, B., "Relations between China and Latin America: Inter-regionalism beyond the Triad", In: Society and Economy, 2015, 37, pp. 379 – 402; Lehoczki, B.: Brazil-kínai kapcsolatok az ezredfordulón túl. In: Grotius, 2015, p. 15.
④ Tischler, Zoltán, "Kínai szigetviták-a Szenkaku/Tiaojü-szigetek kérdése", In: Nemzet és biztonság: biztonságpolitikai szemle, 2013. 6. évf., 1/2. sz., pp. 31 – 41.
⑤ Horváth, Csaba, "A kínai-orosz viszony alakulása Kína felemelkedése és a kínai-amerikai versengés tükrében", In: Társadalomkutatás: a Magyar Tudományos Akadémia Gazdaság-és Jogtudományok Osztályának folyóirata, 2014. 32. évf, 3. sz., pp. 247 – 263.

俄罗斯应该立足于此。

相关文献的第三分支是中国贸易的产业结构。只有两篇文章属于这一部分。① 第一篇更为重要，指出了过去几十年可以在中国贸易中看到的技术发展轨迹。他把这种转变与中国"知识分子"的新角色和中国高等教育改革联系起来。两者都加强了更加创新和高端商品和服务的生产。改革再也不能用政府与市场二分法来描述。相反，改革的基础是两个部门的合作，更确切地说是两个部门的协调。然而，这种协调近期还没有超越经济的影响。

（二）国防战略与产业

近期的研究可分为两部分。第一部分包括有关中国军队和国防政策的文章。② 有学者专注于海事战略，重点提出中美合作的空间，以及美国为"各种未来形势"所做的准备。③ 中国在海上硬实力的现状与该国的全球政治经济力量并不相当。其防御战略应该被解读为主要是因为中国希望避免通过与美国的冲突来平衡海上实力（然而最近的文章显示这种冲突的可

---

① Tamás, Pál, "Felzárkózás és nemzeti technológiai kitörési pontok: A kínai modellek", In: Magyar tudomány, 2014. 175. évf., 12. sz., pp. 1433 – 1447; Stirber, Tomás-Karácsony, Péter-Nagyová, Nikoletta, "Kína és az Európai Unió közötti kereskedelem elemzése", In: Acta Carolus Robertus: Károly Róbert Főiskola Gazdaság-és Társadalomtudományi Kar Tudományos Közleményei, 2017, évf. 1. sz. pp. 265 – 277.

② Háda, Béla, "Ázsia, a felemelkedő katonai hatalmak hazája-India, 'Kína és Japán'", In: Nemzet és biztonság: biztonságpolitikai szemle, 2014. 7. évf., 1. sz., pp. 81 – 96; Háda, Béla, "Útban egy nemzeti álom felé?: Kína 2015. évi katonai stratégiája", In: Nemzet és Biztonság: Biztonságpolitikai Szemle, 2015. 8. évf., 3. sz. pp. 125 – 133; Klemensits, Péter-Hajdú, Ferenc-Sárhidai, Gyula, "Hadseregreform és katonai modernizáció Kínában: a Népi Felszabadító Hadsereg a 21. században I. rész", In: Haditechnika, 2015. 49. évf., 5. sz., pp. 5 – 9; Klemensits, Péter-Hajdú, Ferenc-Sárhidai Gyula, "Hadseregreform és katonai modernizáció Kínában: a Népi Felszabadító Hadsereg a 21. században II. rész", In: Haditechnika, 2015. 49. évf., 6. sz., pp. 6 – 11; Klemensits, Péter-Hajdú, Ferenc-Sárhidai, Gyula, "Hadseregreform és katonai modernizáció Kínában: a Népi Felszabadító Hadsereg a 21. században III. rész", In: Haditechnika, 2016. 50. évf., 1. sz., pp. 14 – 18; Klemensits Péter-Hajdú Ferenc-Sárhidai Gyula, "Hadseregreform és katonai modernizáció Kínában: a Népi Felszabadító Hadsereg a 21. században IV. rész", In: Haditechnika, 2016. 50. évf., 2. sz., pp. 7 – 12; Rácz, Lajos, "A változó Kína hatása a nemzetközi biztonságra", In: Hadtudomány, 2013. (23. évf.), 1. elektr. sz., pp. 228 – 249.

③ Rónaháti, C. (2015), "Kína tengeri ambíciói", pp. 264 – 273. In: Salát G. (ed.): *Kínai álom-kínai valóság*. Typotex Kiadó Budapest.

能性越来越大），取而代之是争取陆上硬实力优势。一些学者认为"一带一路"也为国家利益服务。南海人工岛屿通常被解读为其建设目的是在某种程度上填补美国的空缺，同时也为中国的能源需求和贸易地位服务。① 关于整个东南亚的形势有学者指出，最有可能的是该区域将被分割成亲中国家集团被亲美国家集团包围。② 同样从这个角度来看，相对应地要提到这一研究案例，同样是在军事层面讲述中国与马来西亚的关系。③ 同样另一个研究案例指出中日关系的起伏影响了该地区的稳定。④

第二部分是具体防御技术水平的研究，涉及 AG—600 两栖飞机，防空巡洋舰，运—20，中国第一艘本土开发的重型军用运输机，运载火箭，WU—14 和东风—21D"航母杀手"远程弹道导弹以及航天器。⑤

（三）解读中国传统

正如我们在世界范围内可能看到的那样，在匈牙利发表的大多数文章也认定只有通过审视其本身的文化遗产，才能解读中国的全球化立场。由

---

① Peragovics, Tamás, "Új status quo a Dél-kínai-tengeren? Kína mesterségessziget-építésének hatásai a régió biztonságára", In: Nemzet és biztonság: biztonságpolitikai szemle, 2016. 9. évf., 3. sz., pp. 58 – 74; Vörös, Zoltán, "Kína legfőbb tengeri kereskedelmi útvonalának biztonsági kockázatai: Afrika", In: Afrika tanulmányok, 2013. 7. évf., 4. sz., pp. 43 – 59.

② Horváth, Csaba Barnabás, "China's Rise and the Geopolitics of Southeast Asia", In: Defence Review: the Central Journal of the Hungarian Defence Forces 2017. 1. sz., pp. 226 – 240.

③ Krajcsír, Lukács-Rónaháti, Cecília, "A kínai-maláj kapcsolatok: A kínai-maláj kapcsolatok története", In: Bhkk Műhely-Biztonságpolitikai Folyóirat, 2015.

④ Szilágyi, Gábor, "The Objectives of China and Japan in Regional Processes in Southeast Asia", In: Hadtudományi Szemle, 2017. 10. évf. 4. sz., pp. 235 – 245.

⑤ Sárhidai, Gyula, "Kínában elkészült az AG-600-as, a világ második legnagyobb amfíbiája", In: Haditechnika, 2017. 51. évf., 5. sz., pp. 16 – 18; Sárhidai Gyula, "Vízre bocsátották Kína első légvédelmi cirkálóját", In: Haditechnika, 2018. 52. évf., 2. sz., pp. 4 – 7; Keszthelyi, Gyula, "Az Y-20-as, új kínai nehéz teherszállító repülőgép bemutatkozása", In: Haditechnika, 2015. 49. évf., 3. sz., pp. 14 – 18; Schuminszky, Nándor-Arany, László, "Kína újabb hordozórakéta típusai I. rész", In: Haditechnika, 2017. 51. évf., 3. sz., pp. 32 – 35; Schuminszky, Nándor-Arany, László, "Kína újabb hordozórakéta típusai II. rész", In: Haditechnika, 2017. 51. évf., 4. sz., pp. 31 – 32; Schuminszky, Nándor-Arany, László, "Kína újabb hordozórakéta típusai III. rész", In: Haditechnika, 2017. 51. évf., 5. sz., pp. 36 – 39; Hajdú, Ferenc-Klemensits, Péter-Sárhidai, Gyula, "A kínai WU-14 Dong Feng-21D nagy hatótávolságú hajó elleni ballisztikus rakéta és a csendes-óceáni erőegyensúly átalakulása", In: Haditechnika, 2017. 51. évf., 1. sz., pp. 20 – 27; Aranyi, László, "Kínai rejtélyesű rrepülőgép-programja", In: Haditechnika, 2013. 47. évf., 3. sz., pp. 39 – 42; Keszthelyi, Gyula, "Az Y-20-as, új kínai nehéz teherszállító repülőgép bemutatkozása", In: Haditechnika, 2015. 49. évf., 3. sz., pp. 14 – 18.

于匈牙利历史上处于西方和东方政治经济结构方式的交界（正是我们先前提到过的），对于匈牙利学者来说一个重要的目的是找到西方和中国理论与实践之间的共同要素。匈牙利像西欧国家一样无法适应中国方式，反之亦然。基本上匈牙利也可被视为中国的实验室，其研究讨论的成果反映了结合甚至融合不同方式的可能程度。

可以在以下两篇文章中找到对中国传统的更深入的分析。① 学者们（参考福山的《政治秩序的起源》）强调中国构建了历史上的第一个现代国家，因此当我们对未来的政治稳定进行哲学思考时，我们不能忽视其传统。他们还强调，中国的传统从根本上不是扩张主义，而是争取各个层面的和谐，包括荣誉。他们文章中最重要的认识之一是如何协调全球制度与"天命"，并说明了历史上欧洲和中国之间在政治经济哲学上的相似之处。

联系之前提到的文章，萨拉瓦里对三个主要传统进行了逐项评价：儒家、道家、法家。② 除了分析这些传统文化的政治经济影响（即创新、稳定、利润、信任）之外，作者还认为中国未来的角色取决于这些概念的相对重要性和影响力。儒家思想可以很好地促进可持续和合作的全球治理，道家哲学体现在通过地区协议联系当地参与者与国际主流来稳定格局。法家理念不仅意味着对于现有全球制度的威胁，更是一种定会被西欧国家拒绝的不均衡领导力局面。根据以上观点，文章中总结了天下和天命在21世纪的潜在作用。

除了从哲学层面的方式将中国文化转化为欧洲术语，我们也可以看到

---

① Gervai, P. Trautmann, L. (1999), "Ázsiai kultúra és információs társadalom", *Fordulat* 1999/ősz-tél: 53 – 75.; Gervai, P. Trautmann, L. (2014), "Értékrend és liberális demokrácia", In: Bertók R. Bécsi Zs. (ed.) (2014), *Kirekesztés, Idegenség, Másság.* ETHOSZ-Virágmandula Kft., Pécs.

② Sárvári, B. Szeidovitz, A. (2016a), "The Political Economics of the New Silk Road", *Baltic Journal of European Studies.* Volume 6, Issue 1, Pages 3-27, ISSN (Online) 2228-0596, DOI: 10.1515/bjes-2016-0001, February; Sárvári, B. (2016b), "China's Role in The New World Order", In: *China-Central and Eastern Europe Cross Cultural Dialogue* pp. 35 – 47. (ed.) Joanna Wardęga Jagellonian, University Press, Kraków; Sárvári, B. (2016c), "A kínai eszmetörténeti hagyomány", *Köz-Gazdaság* 2016/4. pp. 191 – 207; Sárvári, B. (2018), *The Economic and Foreign Policy Foundations of the Chinese Catch Up Process 1949 – 2007.* PhD. Dissertation. Corvinus University of Budapest. DOI 10.14267/phd.2018006.

论述中国历史和文化历史、中匈关系、世界观和习惯。① 有一个发现共同价值的特别观点是比较茶与红酒在中国的角色——酒特别是红酒是匈牙利文化中固有的一部分，而类似于茶道的活动则不然。在另一篇文章中，叶桐对比了时间维度：欧洲人主要采用线性方法，而对于中国人来

---

① Várnai, András, "Kína arculata a felvilágosodás gondolkodóinak tükrében", In: Műhely, 2016. (39. évf.), 5 - 6. sz., pp. 106 - 114; Jordán, Gy. (2016), *Kína XX. századi története: Válogatott tanulmányok*. L'Harmattan Kiadó, Budapest; Bakay, Kornél, "Türkök és kínaiak-6. rész", In: Kapu, 2017. 29. év., 9. sz., pp. 47 - 49; Bakay, Kornél, "Türkök és kínaiak-3. rész", In: Kapu, 2017. 29. évf., 2. sz., pp. 47 - 52; Bakay, Kornél, "Türkök és kínaiak-4. rész", In: Kapu, 2017. 29. évf., 3. sz., pp. 50 - 53; Bakay, Kornél, "Türkök és kínaiak-4. rész". In: Kapu, 2017. 29. évf., 5. sz., pp. 42 - 46; Bakay, Kornél, "Türkök és kínaiak-5. rész", -In: Kapu, 2017. 29. évf., 8. sz., pp. 46 - 50; Bakay, Kornél, "Türkök és kínaiak-7. rész", In: Kapu, 2017. 29. évf., 10. sz., pp. 50 - 52; Bakay, Kornél, "Türkök és kínaiak-7. rész", In: Kapu, 2017. 29. évf., 11 - 12. sz., pp. 63 - 65; Bakay, Kornél, "Türkök és kínaiak-1. rész", In: Kapu, 2016. 29. évf., 10. sz., pp. 42 - 54; Bakay, Kornél, "Türkök és kínaiak-8. rész", In: Kapu, 2018. 30. évf., 2. sz., pp. 44 - 46; Bakay, Kornél, "Türkök és kínaiak", In: Kapu, 2013. 25. évf., 11 - 12. sz., pp. 42 - 45; Bakay, Kornél, "Türkök és kínaiak", In: Kapu, 2016. 29. évf., 11 - 12. sz., pp. 70 - 81; Juhász, István, "Kínai munkavállalók motiválásának alternatívái-Hofstede kulturális dimenzióinak tükrében", In: Vezetéstudomány, 2014. 45. évf., 10. sz., pp. 58 - 67; Juhász, István, "Kínai munkavállalók motiválásának vezetői kihívásai-kulturális sajátosságok, mint korlátok, és mint lehetőségek", In: Marketing & Management, 2014. 48. évf., 2. sz., pp. 71 - 82; Fazekas, Gy. (2015), "A magyar (Ázsia-és) Kína-politika új értelmezése (i) a rendszerváltást követően", pp. 80 - 101. In: Salát, G. (ed.): *Kínai álom-kínai valóság*. Typotex Kiadó Budapest; Szunomár, Á. (2015), "Eredmények és új lehetőségek a magyar-kínai gazdasági kapcsolatokban", pp. 102 - 113. In: Salát, G. (ed.): *Kínai álom-kínai valóság*. Typotex Kiadó Budapest; Matura, T. (2017), "Hungary and China Relations", In: Song, Weiqing: China's Relations with Central and Eastern Europe. Routledge; Matura, T. (2017), "Chinese Investment in Europe: Few Results but Great Expectations", pp. 75 - 79. in: Chinese Investment in Europe. A Country-level Approach. A Report by the European Think-tank Network on China (ETNC) December, edited by John Seaman; Mikko Huotari; Miguel Otero-Iglesias; Matura, T. (2017), "Chinese Investment in the EU and Central and Eastern Europe", In: Moldicz Csaba (ed.): China's Attraction: The Case of Central Europe, p. 125, Budapest: Budapesti Gazdasági Egyetem, 2017. pp. 49 - 71. ISBN: 978-615-5607-25-7; Matura, T. (2017), "Chinese Investment in the Four Visegrad Countries", Visegrad Insight. 10: (1) pp. 63 - 65. (2017); Matura, T. (2017), "A Kínai Kommunista Párt 19. kongresszusa és egy új korszak hajnala", In: Stratégiai Védelmi Kutató Központ (Elemzések) /Center for Strategic and Defense Studies Analyses 29. sz. pp. 1 - 8; Kalmár, Éva: Kína: hagyomány, történelem, fantasztikum. In: Műhely, 2016. 39. évf., 5 - 6. sz., pp. 50 - 54; Salát, G. (2016a) (ed.): *Kínai álom-kínai valóság*. Typotex-PPKE, Budapest; Salát, G. (2016c): *Kulturális hagyomány a Modern kelet-ázsiai államban* (ed.) Salát, G. Szilágyi, Zs.: L'Harmattan, Budapest; Sárközi, Ildikó Gyöngyvér: Az emberi tényező: Terepmunka és barátság Kínában. In: Távol-Keleti Tanulmányok, 2017. 1. sz. pp. 29 - 47; Zsubrinszky, Zsuzsanna: Jelképek és szimbólumok a kínai kultúrában. In: Nyelvvilág, 2016. 18. sz., pp. 35 - 39.

说时间主要是可逆的，还可能是分散的。然而他补充说，在中国我们也可以找到线性概念。这个主题的重要性总结如下：线性角度伴随着扩张和增长，因此当有人想要了解甚至计划中国的追赶进程时，这是一个要考虑的因素。

像中国人一样，传统的匈牙利家庭也以长者为尊。因此，统治者的权力，其合法性是一个主要问题和可能的参考。传统价值观与个人价值观之间是否存在共生或共存？这个问题在两个社会有着共同的背景。[①]除了探讨家庭的角色之外，独生子女政策也很受匈牙利学者的关注，因为匈牙利已经持续四十余年与人口减少做斗争，也可以转化为对人口关系的研究。[②]

人权在中国的情况近期极少被匈牙利学者研究，这在欧盟是不寻常的。[③] 在法律基础和传统中，匈牙利学者格外关注中国的少数民族和中国华侨。[④] 因为匈牙利人在其他国家作为少数民族如何被对待是高度敏感的话题，而且在政治领域频繁提及这一话题。所以关于这个话题，中国学者应注意匈牙利学者的观点因其背景并非是独立的。除政策导向外，主要战

[①] Kozjek-Gulyás, Anett, "A hagyományos és individualista értékek Kínában", In: Műhely, 2016. 39. évf., 5 – 6. sz., pp. 45 – 49.

[②] Kéri, Katalin, "A kínai neveléstörténet hazai bemutatása a reformkortól a 20. század elejéig", In: Iskolakultúra, 2015. 25. évf., 5 – 6. sz., pp. 93 – 113; Hartyándi, Mátyás, "Engedelmes utódok és magányos taktikusok: a kínai gyermekkép változásának főbb pillanatai". In: Pannonhalmi szemle, 2017. 25. évf., 2. sz., pp. 38 – 51; Kádár, Zoltán Dániel, "The role of ideology in evaluations of (in) appropriate behaviour in student-teacher relationships in China", In: Pragmatics, 2017. 27. évf. 1. sz. pp. 33 – 56.

[③] Kormány, A. (2014a), *A kínai jogi kultúra vázlata*. ELTE, Budapest; Kormány, A. (2014b), "Alkotmány, emberi jogok és jogvédelem Kínában", In: Közjogi szemle, 7. évf., 3. sz., pp. 40 – 47; Szabó, Máté, "Emberi jogok, demokrácia-Kína árnyékában?" In: Acta Humana: Hungarian Centre for Human Rights Publications, 2016. 4. évf. 1. sz., pp. 7 – 32.

[④] Salát, G. (2015) (ed.), *A kínai alkotmány*. Typotex-PPKE, Budapest; Koi, Gy. (2015), "A kínai jog kutatásának helyzete Magyarországon különös tekintettel az 1949 és 2014 közötti időszakra", pp. 114 – 125. In: Salát G. (ed.): *Kínai álom-kínai valóság*. Typotex Kiadó Budapest; Salát, G. (2016b), *Büntetőjog a Han-kori Kínában*. Typotex-PPKE, Budapest; Bartha-Rigó, Márta, "A nemzetközi intézmények szerepe a kínai külpolitikában. A kínai külpolitika egy lehetséges magyarázata", In: Külügyi szemle, 2017. 16. évf., 2. sz. pp. 29 – 50; Szálkai, Kinga, "The Wild West of China: The Uighur Minority and China's Considerations of Security", In: Biztonságpolitikai Szemle, 2015. 2. pp. 33 – 44; Koudela, P., "A kínai diaszpóra", In: Polgári szemle, 2017. 13. évf., 1 – 3. sz., pp. 370 – 384.

略问题是：中国如何保持所有少数民族地区的稳定？中国是否会放弃一些地区来保持其余地区的稳定，还是它可以控制整个国家并减少现有的差异？居住在国外的中国人如何分担中国人的责任以及他们如何（经济上或文化上）为祖国服务？一些担忧也会被强调。例如，有文章强调"中国全球化"与现有的全球制度体系明显不同，并且附加一切个人层面的国际互动是扩展这一特殊中国愿景的重要手段。①

中国的稳定表明权力或许也是责任的来源，并以这种方式为西方传统观点提供了另一种最佳实践，西方观点认为权力应该只赋予负责任和被选定的参与者。中国的稳定是现今讨论中的重点。一方面有规范正确的立场，表明匈牙利必须执行或相反地避免中国的领导方式。另一方面，我们发现在实践层面上讨论践行中国方式的文章：如果两国的文化和实际情况差别很大，那这是否可行？②

在文明层面强调，中国不仅拒绝复制西方进程，而且在全球舞台上将自己的文明作为典范展示给其他国家。③ 以其来源为重点，对儒家、法家和道教在中国政治经济发展过程中的作用进行了扩展分析。④

中国在未来情景中可能被描绘为，第一个代表自身文明的国家正成为主导的国际参与者。其中一个突出的主题是天下或天下主义。⑤ 它可以表达部分共享的世界观，甚至成为一个思想共享的潜在领域。天下是一个与基督教教义和西方社会文化相协调的概念。匈牙利作为一个基督教国

---

① Nyíri, Pál, "Migráció és a kínai globalizáció", In: 2000: irodalmi és társadalmi havi lap, 2015. 27. évf., 4. sz., pp. 19 – 24.

② Kornai, J. (2014), "Példaképünk: Kína?", In Társadalmi riport 2014, ed. Kolosi Tamás-Tóth István György, Budapest: TÁRKI, 603 – 616. oldal.

③ Salát, G. (2016a) (ed.), Kínai álom-kínai valóság. Typotex-PPKE, Budapest; Salát, G. (2016b), Büntetőjog a Han-kori Kínában. Typotex-PPKE, Budapest; Salát, G. (2016c), Kulturális hagyomány a Modern kelet-ázsiai államban (ed.) Salát, G. Szilágyi, Zs.: L'Harmattan, Budapest.

④ Kasznár, A. (2016b), Vallás és kormányzat Kínában. A bölcseleti filozófiai-vallási rendszer hatása a XXI. századi kínai politikai rendszerre. Bíbor Kiadó, Miskolc.; Kasznár, A., "A bölcseleti vallási rendszer kiépülésének vallástörténeti keretei Kínában", In: Egyháztörténeti szemle, 2016. 17. évf., 2. sz., pp. 4 – 18; Kasznár, A., "A taoizmus szerepe a kínai politikai kultúrában", In: Egyháztörténeti szemle, 2017. 18. évf., 3. sz., pp. 22 – 29; Sárvári, B. (2016c), "A kínai eszmetörténeti hagyomány", Köz-Gazdaság 2016/4. pp. 191 – 207; Sárvári, B. (2018), The Economic and Foreign Policy Foundations of the Chinese Catch Up Process 1949 – 2007. PhD. Dissertation. Corvinus University of Budapest. DOI 10.14267/phd.2018006.

⑤ Sárvári, B. (2017b), "China Expands Tianxiaism Along the Modern Silk Road", in: Kultura—Historia—Globalizacja. 2017 (22) pp. 215 – 228. Uniwersytet Wrocławski. ISSN 18-98-72-65.

家，可以从超验的概念出发而不是严格的道德规范，来更多地了解中国的稳定。

在关注文化的文章中，学者们越来越关注基督教在中国，以及在中国的传教士（主要是耶稣会士）的传播，乔治·沙拉特和巴拉驰·萨拉瓦里在匈牙利的一个著名的文化中心与孔子学院合作积极组织开展一系列中国方面的活动，罗世范在2018年曾参观过。

(四) 宏观经济绩效和管理水平分析

关于中国经济的另一个方面仅强调了中国的宏观经济绩效，以及中国企业管理风格的转变。[1] 近期中国的宏观经济表现，或者更确切地说是新常态或新经济政策路线实际上是中等收入陷阱问题，这是多位作者的共同观点。经济增长创造了新的中产阶级，但这意味着整个社会的发展需要新的动力，新的物质和非物质追求。问题是，中国的经济政策能否带来相关的结构支持，或者这根本不会发生进而发生长期停滞。上述学者普遍认同，国际上的经验尚不足够支持达成以上目标，不过经济政策的合理性是无可争议的。不可避免的是摆脱持续十几年的出口导向型结构，更好地关注国内市场。[2] 然而，这不是一件容易的事，因为消费者的行为不适应这种模式，他们不愿意去更多消费新研发的商品。这是发展的巨大障碍。但不能说经济政策和观念上没有转变。最重要的新趋势之一是管理方式的变化。也有学者论述了这一点。[3] 意识形态对管理层产生了强烈的影响，在管理实践中可以看到意识形态的三次变动。除此之外，还有佛学的影响，作为一种新模式，它更适合第四次工业革命并正在全中国普及。也有文章

---

[1] Rippel, Géza, "Kína-Az egyensúly helyreállítása és a fenntartható felzárkózás". In: Hitelintézeti szemle, 2017. 16. évf., Klnsz., pp. 50 – 72; Balogh, Lilla Sarolta, "Lehet-e Kína a következő ipari forradalom nyertese?" In: Hitelintézeti szemle, 2017. 16. évf., Klnsz., pp. 73 – 100; Losoncz, Miklós, "A növekedési pályaváltás és a gazdasági kormányzás dilemmái Kínában", In: Hitelintézeti szemle, 2017. 16. évf., Klnsz., pp. 21 – 49; Vaszkun, Balázs-Koczkás, Sára, "The influence of ideologies on Chinese management characteristics and its relevance in cross-cultural management between China and the European Union. A conceptual paper", In: Vezetéstudomány, 2018. 49. évf. 5. sz., pp. 28 – 37.

[2] Inotai, A., "The Strengthening of China's Role in World Economy and The Future of The Export-Oriented 'Model'" *Köz-gazdaság* Vol. 6, No. 1, 2011, pp. 215 – 218.

[3] Vaszkun, Balázs-Koczkás, Sára, "The influence of ideologies on Chinese management characteristics and its relevance in cross-cultural management between China and the European Union", A conceptual paper. In: *Vezetéstudomány*, 2018. 49. évf. 5. sz., pp. 28 – 37.

展示了中国管理风格的另一个新方面,即中国企业的社会责任运动。在该文章中有学者对农业企业的社会责任进行案例研究,而在另一篇文章中则进行了生产要素分析。生产要素分析的目的是显示农业公司的企业社会责任对企业价值和工作的影响。本章清楚地表明,企业社会责任的要素明确地涵盖了中国企业。

(五) 行业层面分析

还有一些其他文章和研究中心关注特定的行业,其中一部分对中国的行业进行了分析。例如对汽车行业的关注,对农业的研究旨在说明最重要的是食品安全的协调,对环境问题的探究。[1]

一些研究涉及由于经济格局变化导致中国的劳动力的转变。有学者指出,城市中产阶级青年要求更多的民主进程,且他们比上一代求知欲更强。他们更加信奉以知识为基础的社会,而其原因可以归结为经济结构变化和全球化参与。也有学者认为在旅游业发展中有同样的现象。[2]

经济结构变化的另一个社会问题来自中国工人阶层。一些学者对这些问题表示担忧。[3] 他们认为针对工人阶层的法律强制程度很低,缺少的不仅仅是成文法,还有维权的制度框架和中国工人的维权意识。研究的另一个分支是劳动力在制造业和农业之间的流动,以及从劳动力角度看乡村与城市之间的关系。这些研究的主要特点是与亚细亚生产方式的紧密联系。每位学者都强调,亚细亚生产方式是中国经济的阻碍。显然,户籍制度的改革是不可避免的。一位学者对工人阶级的价值观与其他发展中国家的比

---

[1] Stukovszky, Tamás, "Az autóipar útja a válságtól a fellendülésig (2008 – 2013) □A kínai sikertörténet?!" In: *A jövő járműve*, 2013, 3 – 4. sz., pp. 90 – 94; Csutora, M. Vetőné Mózner, Z., "Proposing a beneficiary-based shared responsibility approach for calculating national carbon accounts during the post-Kyoto era", In: *Climate Policy*, 2014. 14. évf., 5. sz., pp. 599 – 616.

[2] Gondos, Borbála, "A globalizáció, turizmus és életminőség kapcsolata, különös tekintettel Kína és Oroszország vonatkozásában", In: *Geopolitika a 21. században*, 2013. 3. évf. 4. sz.

[3] Hrecska, Renáta, "Keleten a helyzet változatlan? A kínai és magyar munkajogiszabályozás összehasonlítása a versenyképesség és munkavállalói jogok tekintetében", In: *De iurisprudentia et iure publico*, 2013. 7. évf., 2. sz; Kajdi, László, "Belföldi vándorlási folyamatok Kínában", In: *Demográfia*, 2013. 56. évf., 1. sz., pp. 65 – 82; Juhász, O. (2014), "Három 'első ízben'", In: Hidasi J. Kalmár É. Salát G. Vértes K. Zombory K.; Vörös, Zoltán, "Belső migráció és szellemvárosok Kínában", In: *Modern Geográfia*, 2014. IV. pp. 39 – 50; Hajnal, Béla-R. Fedor, Anita, "A kínai demográfiai folyamatok néhány sajátossága", In: *Magyar tudomány*, 2015. 176. évf., 9. sz., pp. 1103 – 1112.

较进行了实证分析。① 该文的主要结论是，与其他国家相比，中国工人的考虑更长远。这具有文化背景，但新的经济政策无法将其规划其中。整个研究分支都根据亚细亚生产方式，这种研究方式在匈牙利学者中非常受推崇。

中国高等教育系统是引起广泛关注的一个行业。② 其原因可能是匈牙利高等教育体系的现代化进程，更准确地说是对于现代化的需求和中国体制的发展可以被看作一种匈牙利模式。这些文章强调中国高等教育的三大趋势：录取学生数量增加，因而质量下降与数量上升的矛盾，以及管理体制的权力下放。

政治方面成为文献中不能被忽略的部分。这里有两类文章：政治制度分析和中国政治的文化背景。③ 前一类文章的主题是中国共产党的改革和政治制度的发展过程，而我们对后一类略觉惊喜。绍莱特研究在意识形态背景下华国锋的卸任。他探讨关于改革和开放，并认为这种意识形态框架决定了政治格局的转变。贝伦迪认为宗教的格局正在发生变化。

---

① Juhász, István, "Kínai munkavállalók motiválásának alternatívái-Hofstede kulturális dimenzióinak tükrében", In: Vezetéstudomány, 2014. 45. évf., 10. sz., pp. 58 – 67; Juhász, István, "Kínai munkavállalók motiválásának vezetői kihívásai-kulturális sajátosságok, mint korlátok, és mint lehetőségek", In: Marketing & Management, 2014. 48. évf., 2. sz., pp. 71 – 82; Juhász, O. (2014), "Három, első ízben", In: Hidasi J. Kalmár É. Salát G. Vértes K. Zombory K.

② Kerekes, Gábor, "A kínai felsőoktatási expanzió folyamata és tapasztalatai", In: Educatio, 2014. 23. évf., 2. sz., pp. 346 – 350; Setényi, János, "A lokális és globális összeolvadása: a kínai felsőoktatási expanzió", In: Educatio, 2014. 23. évf., 2. sz., pp. 344 – 346; Keczer, Gabriella, Felső oktatás Kínában 1.: Irányváltások és reformok Konfuciusztól a tömegoktatásig. In: Közép-Európai Közlemények, 2015. 8. évf., 3. (30.) sz., pp. 157 – 164; Keczer, Gabriella, "Felső oktatás Kínában 2: decentralizáció, piacosítás, privatizáció és nemzetközi nyitás", In: Közép-Európai Közlemények, 2016. 9. évf., 1. (32.) sz., pp. 147 – 157; Keczer, Gabriella, "Felsőoktatás Kínában 3.: A mennyiség és a minőség ellentmondásai", In: Közép-Európai Közlemények, 2016. 2. (33.) sz., pp. 61 – 80.

③ Baracs, Dénes, "A főtitkár 60 pontja: Nehézkes reformok a kínai egypártrendszer keretein belül", In: Hetek: országos közéleti hetilap, 2013. 17. évf., 47. sz., pp. 26 – 27; Rimaszombati, Andrea, "Világgazdaság 2050: 2050-re Kína átveszi a vezető pozíciót az Egyesült Államoktól", In: Hetek: országos közéleti hetilap, 2013. 17. évf., 4. sz., p. 9; Matura, Tamás, "A Kínai Kommunista Párt 19. kongresszusa és egy új korszak hajnala", In: Stratégiai Védelmi Kutató Központ (Elemzések) / Center for Strategic and Defense Studies Analyses 2017. 29. sz. pp. 1 – 8; Salát, Gergely, "Az 'Igazság' a 'Két bármi' ellen. A kínai reformok kezdetének politikai körülményei", In: Világtörténet, 2013. 35. évf., 2 – 3. sz., pp. 259 – 278; Bethlendi, András, "A kínai 'csoda' -egy kicsit másképp", In: Pénzügyi Szemle Online, 2013. pp. 10 – 12.

最后一点，我们必须把握机会发展通信信息技术（ICT）行业。有学者指出，目前中国经济的问题是国家监控与通信信息行业之间的不协调。① 这是发展的一大障碍，而国际合作，尤其是与 G20 集团，通过贸易协议可以推动中国通信信息行业发展。还有学者建议中国实施欧洲经验，特别是应用北欧模式，这意味着通过强有力的社会政策和区域政策来减轻或消除地区间巨大的不平衡。②

（六）中国金融业

当我们谈到匈牙利学者对中国金融市场的了解时，更广泛地说，是关于整个中国经济，我们必须从匈牙利中央银行新成立的研究中心说起。匈牙利央行的官员和学者都致力于了解和仿效中国经济和金融业。③ 这些文章研究了中国金融业的若干方面。有学者声称中国主权基金正在以极快的

---

① Simay, Attila Endre, "Kína és az internetes gazdaság", In: Külügyi szemle, 2017. 16. évf., 3. sz., pp. 105 – 130; Simay, Attila Endre, "Kínai ritkaföldfém-és egyéb nyersanyag-korlátozások（Kína kontra EU, USA, Japán）", In: Glossa Iuridica Jogi Szakmai Folyóirat 2017, 4. évf., 1 – 2. sz., pp. 173 – 184.

② Marján, Attila-Xi, Chen, "China's regional policy-how it could benefit from the EU experience", In: Pro Publico Bono: Magyar Közigazgatás; A Nemzeti Közszolgálati Egyetem Közigazgatás-Tudományi Szakmai Folyóirata, 2015. 3. pp. 88 – 108; Marján, Attila, "Social policies: are 'European models' viable models for China", In: Pro Publico Bono: Magyar Közigazgatás; A Nemzeti Közszolgálati Egyetem Közigazgatás-Tudományi Szakmai Folyóirata, 2016. 2. pp. 80 – 103; Marján, Attila: Social policies, "are 'European models' viable models for China", In: Huadong-Shifan-Daxue-Xuebao /Journal of East China Normal University, 2016. 5. pp. 90 – 101.

③ Csoma, Róbert, "A szuverén alapok szerepének felértékelődése a világgazdaságban", In: Pénzügyi Szemle, 2015. 60. évf. 2. sz. pp. 275 – 292; Rékási, Róbert, "Kína tényleg világhatalom?" In: Hitelintézeti szemle, 2015. 14. évf., 2. sz., pp. 186 – 188; Komlóssy, Laura-Körmendi, Gyöngyi-Ladányi, Sándor, "Út a piacorientált monetáris politika felé és a 'New Normal': új monetáris politikai rendszere Kínában", In: Hitelintézeti szemle, 2017. 16. évf., Klnsz., pp. 101 – 125; Komlóssy, Laura-Kovalszky, Zsolt-Körmendi, Gyöngyi-Lang, Péter-Stancsics, Martin, "Kína: a tervgazdaságtól a modern bankrendszerig", In: Hitelintézeti szemle, 2015. 14. évf., Klnsz., pp. 133 – 144; Sütő, Zsanett-Tóth, Tamás, "A kínai kötvénypiac főbb jellemzői", In: Hitelintézeti szemle, 2016. 15. évf., 2. sz., pp. 88-113; Horváth, Dániel-Teremi, Márton, "Így neveld a sárkányodat: Az offshore piacok szerepe a renminbi térnyerésében", In: Gazdaság és pénzügy, 2016. 2. évf. 4. sz. pp. 327 – 340; Varga, Bence, "A kínai pénzügyi felügyelést érintő aktuális kihívások és kezelésük", In: Hitelintézeti szemle, 2017. 16. évf., Klnsz., pp. 126 – 139; Kajdi, László, "Nyugati menü kínai fűszerekkel-a kínai pénzforgalom sajátosságai", In: Hitelintézeti szemle, 2017. 16. évf., Klnsz., pp. 140 – 169; Pencz, Helga-Szalai, Gergely, "Kína bankrendszerének fejlődése és reformjai, jelenlegi helyzete", In: Közép-Európai Közlemények, 2017. 10. évf., 2.（37.）sz., pp. 101 – 110.

速度发展，由于增长且成熟的经济体带给了中国巨额储蓄。① 这些资金转向欧洲而不是中国，这是一个非常显著的政策转变。这不能仅仅通过欧洲市场的增长幅度来解释，这种转变的原因在于政治或地缘政治。也有学者提出了同样的问题，当她谈及中国利用金融工具成为世界强国时，然而，金融问题也引出了身份问题，中国必须回应这一挑战。② 科姆洛希展示了转变的制度背景，即金融体系从计划经济向现代银行体系的制度转变。③ 这一转变有两方面：国内与海外。对于匈牙利学者来说，更有意思的问题来自海外方面：中国债券市场和人民币国际化，匈牙利央行正参与这一过程，在推广人民币时离岸市场的作用。④ 总而言之，正如有学者推断的那样，中国的金融体系在国际化的轨道上面临着一些不可避免的挑战。⑤ 根据他的说法，这些挑战可以通过借鉴德国或美国模式来克服。而美国和德国的主要特征是多极系统，但中国并不是那么接近这个模式。

另一方面是国内市场的发展，包括金融技术的发展：信用卡系统，有学者说此系统并不完善。⑥ 许多消费者停留在信用卡或借记卡市场，这对金融市场的不均衡产生了强烈影响。尽管如此，中国的金融业确实在实施对于制度方面和监管技术的监管。⑦ 其主要问题是忽视了影子银行。瓦尔佳认为，电子金融和统一监管机构可以帮助减少最终消除影子银行。凯科斯也认为影子银行的问题在中国正在被解决，中小企业正处于良好的发展

---

① Csoma, Róbert, "A szuverén alapok szerepének felértékelődése a világgazdaságban", In: Pénzügyi Szemle, 2015. 60. évf. 2. sz. pp. 275 – 292.

② Rékási, Róbert, "Kína tényleg világhatalom?" In: Hitelintézeti szemle, 2015. 14. évf., 2. sz., pp. 186 – 188.

③ Komlóssy, Laura-Körmendi, Gyöngyi-Ladányi, Sándor, "Út a piacorientált monetáris politika felé és a 'New Normal': új monetáris politikai rendszere Kínában", In: Hitelintézeti szemle, 2017. 16. évf., Klnsz., pp. 101 – 125.

④ Sütő, Zsanett-Tóth, Tamás, "A kínai kötvénypiac főbb jellemzői", In: Hitelintézeti szemle, 2016. 15. évf., 2. sz., pp. 88 – 113; Horváth, Dániel-Teremi, Márton, "Így neveld a sárkányodat: Az offshore piacok szerepe a renminbi térnyerésében", In: Gazdaság és pénzügy, 2016. 2. évf. 4. sz. pp. 327 – 340.

⑤ Gerőcs, Tamás (2017), "A nemzetközivé válás kihívásai a kínai fizetőeszköz szempontjából", Hitelintézeti Szemle, 16. évf., Különszám, 2017. január, 170-185.

⑥ Kajdi, László, "Nyugati menü kínai fűszerekkel-a kínai pénzforgalom sajátosságai", In: Hitelintézeti szemle, 2017. 16. évf., Klnsz., pp. 140 – 169.

⑦ Varga, Bence, "A kínai pénzügyi felügyelést érintő aktuális kihívások és kezelésük", In: Hitelintézeti szemle, 2017. 16. évf., Klnsz., pp. 126 – 139.

轨道上，因此，影子银行不会像其他文献中提到的那样威胁到整个系统。① 有学者表示，新常态作为中国的新经济政策不过是市场导向的货币体系和政策。中国央行在过去几年中发展的宏观审慎监管工具证明了这个转变。②

还有其他几篇关于中国金融体系的文章，这些论文都依据科尔奈的观点，如提出了政治系统与金融，经济子系统之间联系的问题。③ 比哈里关注中央银行在中国的独立性，他的主要观点是，最近这种独立性并未显现，这是发展中一个相当严重的阻碍。

---

① Kecskés, András-Bujtár, Zsolt, "A kínai pénzügyi rendszer árnyéka", In: Polgári szemle, 2017. 13. évf., 4 – 6. sz., pp. 329 – 340.

② Komlóssy, Laura-Körmendi, Gyöngyi-Ladányi, Sándor, "Út a piacorientált monetáris politika felé és a 'New Normal': új monetáris politikai rendszere Kínában", In: Hitelintézeti szemle, 2017. 16. évf., Klnsz., pp. 101 – 125.

③ Bihari, Péter, "A kínai jegybank a függetlenedés és a nyíltabb kommunikáció útján", In: Közgazdaság: tudományos füzetek, 2016. 11. évf., 2. sz., pp. 25 – 37; Csanádi, Mária, "Állami beavatkozás, lokális eladósodás, túlfűtöttség és ezek rendszerbeli okai a globális válság alatt Kínában", In: Tér és társadalom, 2014. 28. évf., 1. sz., pp. 113 – 129.

参考文献

一 中文文献

陈乐民:《东欧剧变与欧洲重建》,世界知识出版社1991年版。

陈新主编:《匈牙利看"一带一路"和中国—中东欧合作》,李丹琳、马骏驰译,中国社会科学出版社2017年版。

陈学恂、田正平:《中国近代教育史资料汇编:留学教育》,上海教育出版社2007年版。

方连庆等主编:《战后国际关系史(1945—1995)》(上、下),北京大学出版社1999年版。

符志良:《早期来华匈牙利人资料辑要(1341—1944)》,世界华文出版社2003年版。

高歌:《东欧国家的政治转轨》,世界知识出版社2003年版。

高歌主编:《从"16+1"到"一带一路":合作·发展·共赢》,中国社会科学出版社2018年版。

高晓川:《奥匈帝国民族治理研究》,时事出版社2017年版。

龚方震:《拜占庭的智慧》,新潮社出版2012年版。

韩方明:《公共外交概论》,北京大学出版社2012年版。

何蓉:《奥匈帝国》,中国国际广播出版社2015年版。

贾瑞霞:《中东欧国家区域经济合作转型》,中国发展出版社2013年版。

孔寒冰:《东欧史》,上海人民出版社2010年版。

孔田平:《东欧经济改革之路——经济转轨与制度变迁》,广东人民出版社2003年版。

李丹琳编著:《匈牙利》,社会科学文献出版社2006年版。

李学通、古为明:《中国德奥战俘营》,福建人民出版社2010年版。

林昔:《匈奴通史》,人民出版社 1986 年版。

刘作奎、鞠维伟、佟巍等:《中国和匈牙利的全面战略伙伴关系:历史、现状、前景及政策建议》,中国社会科学出版社 2018 年版。

马细谱:《追梦与现实——中东欧转轨 25 年研究文集》,中国社会科学出版社 2016 年版。

潘忠岐:《概念分歧与中欧关系》,上海人民出版社 2013 年版。

商务部:《2016 年度中国对外直接投资统计公报》。

商务部:《中国对外投资合作发展报告》。

世界知识出版社编:《关于匈牙利事件》,世界知识出版社 1957 年版。

王志连:《波匈捷经济转轨比较研究》,中国言实出版社 2000 年版。

习近平:《习近平谈治国理政》(第一、二卷),外文出版社 2014、2017 年版。

熊炜:《统一以后的德国外交政策 1990—2004》,世界知识出版社 2008 年版。

薛君度主编:《转轨中的中东欧》,人民出版社 2002 年版。

杨烨、高歌主编:《冷战后德国与中东欧的关系》,社会科学文献出版社 2017 年版。

张岱年、方克立:《中国文化概论》,北京师范大学出版社 2004 年版。

赵乃斌、朱晓中:《东欧经济大转轨》,中国经济出版社 1995 年版。

中国驻匈牙利大使馆经商参赞处:《匈牙利 2017 国别投资指南》。

周东耀:《中东欧瞭望》,新华出版社 2018 年版。

周力行:《匈牙利史——一个来自于亚洲的民族》(增订三版),三民书局 2019 年版。

朱晓中:《十年巨变——中东欧卷》,中共党史出版社 2004 年版。

朱晓中:《中东欧与欧洲一体化》,社会科学文献出版社 2002 年版。

朱晓中主编:《曲折的历程:中东欧卷》,东方出版社 2015 年版。

朱晓中主编:《中东欧转型 20 年》,社会科学文献出版社 2013 年版。

二 中文论文

陈新:《中国企业在匈牙利》,《欧亚经济》2010 年第 3 期。

窦勇、卞倩:《"一带一路"建设中如何充分发挥华侨华商的作用》,《中国经济导刊》2015 年第 33 期。

方慧、赵甜：《文化差异与商品贸易：基于"一带一路"沿线国家的考察》，《上海财经大学学报》2017 年第 3 期。

高潮：《匈牙利：进入欧盟的重要门户》，《中国对外贸易》2014 年第 4 期。

高静：《以互利共赢的制度保障双边经贸的顺利发展——中智自由贸易协定的意义》，《拉丁美洲研究》2006 年第 5 期。

郭洁：《近二十年匈外交转型刍议》，《俄罗斯研究》2012 年第 1 期。

胡磊：《立足匈牙利开拓欧盟市场》，《国际经贸探索》2003 年第 6 期。

胡睿：《世界旅游城市联合会成员·重庆友城布达佩斯（匈牙利）：绮丽的多瑙河明珠》，《重庆与世界》2016 年第 29 期。

黄健：《多瑙河畔的明珠——布达佩斯》，《广西城镇建设》2016 年第 6 期。

黄立茀：《匈牙利转型：集体记忆与政治——以 1956 年事件为个案》，《俄罗斯学刊》2015 年第 5 期。

姜琍：《"邻国匈牙利族人地位法"与匈斯关系》，《俄罗斯中亚东欧研究》2004 年第 2 期。

鞠豪、方雷：《"欧洲化"进程与中东欧国家的政党政治变迁》，《欧洲研究》2011 年第 4 期。

康成文：《中俄贸易市场及其潜力分析》，《北方经贸》2016 年第 10 期。

孔田平：《东欧剧变后国家与教会关系的演变》，《俄罗斯中亚东欧研究》2003 年第 4 期。

孔田平：《欧尔班经济学与经济转轨的可逆性——匈牙利经济转轨的政治经济学分析》，《欧亚经济》2016 年第 6 期。

刘作奎：《2018 年大选后匈牙利的内政和外交走向》，《当代世界》2018 年第 6 期。

刘作奎：《新形势下中国对中东欧国家投资问题分析》，《国际问题研究》2013 年第 1 期。

龙海雯、施本植：《中国与中东欧国家贸易竞争性、互补性及贸易潜力研究》，《广西社会科学》2016 年第 2 期。

龙静：《中国与中东欧国家关系：发展、挑战及对策》，《国际问题研究》

2014 年第 5 期。

马加什、江沛:《"一战"期间在中国的奥匈战俘》,《历史教学》2017 年第 10 期。

苗华寿:《平稳的转向进程——匈牙利十年经济改革和转轨》,《国际贸易》2000 年第 4 期。

莫盛凯:《中国公共外交之理论与实践刍议》,《外交评论》2013 年第 4 期。

任杰、肖荣阁:《中国投资匈牙利矿业的汇率风险分析》,《资源与产业》2009 年第 11 期。

沈坚:《匈牙利人起源及早期变迁》,《经济社会史评论》2016 年第 2 期。

宋保军:《16 世纪匈牙利新教改革探析》,《东北师范大学学报》(哲学社会科学版) 2016 年第 5 期。

宋黎磊、[罗] 王宇翔:《新形势下中国对中东欧国家公共外交探析》,《现代国际关系》2013 年第 8 期。

王国安、范昌子:《中欧贸易互补性研究——基于比较优势理论和产业内贸易理论的实证分析》,《国际贸易问题》2006 年第 3 期。

王秋萍:《软实力视角下的中国和匈牙利》,《对外传播》2018 年第 2 期。

王秀哲:《政教关系的全球考察》,《环球法律评论》2012 年第 4 期。

徐刚:《东欧国家跨界民族问题探析:以匈牙利族人为例》,《俄罗斯东欧中亚研究》2013 年第 3 期。

徐刚:《中东欧社会转型中的新民粹主义探析》,《欧洲研究》2011 年第 3 期。

许衍艺:《匈牙利青民盟政府经济政策浅析》,《欧亚经济》2015 年第 2 期。

严天钦:《欧盟成员国拒绝接受穆斯林难民背后的宗教因素探析——以匈牙利为例》,《世界宗教文化》2015 年第 6 期。

于津平:《中国与东亚主要国家和地区间的比较优势与贸易互补性》,《世界经济》2003 年第 5 期。

张建红、姜建刚:《双边政治关系对中国对外直接投资的影响研究》,《世界经济与政治》2012 年第 12 期。

张剑光、张鹏:《中国与"一带一路"国家的贸易效率与影响因素研究》,

《国际经贸探索》2017年第8期。

张行、董婧涓:《匈牙利华侨华人与"一带一路"建设》,《海外纵横》2016年第5期。

朱雯霞:《沙俄政府的反犹政策与苏联政府对犹政策之比较》,《俄罗斯中亚东欧研究》2004年第5期。

三 中文译著

[美] 约瑟夫·奈:《软实力》,马娟娟译,中信出版社2013年版。

[匈] 雷尼·彼得编:《1956年匈牙利事件的经过和历史教训》,人民出版社1984年版。

[匈] 玛丽亚·乔纳蒂:《转型:透视匈牙利政党——国家体制》,赖海榕译,吉林人民出版社2002年版。

[匈] 王俊逸:《1956—1966年匈中关系的变化——来自匈牙利档案馆的有关材料》,姚昱、郭又新译,《冷战国际史研究》2009年第1期。

[匈] 温盖尔·马加什、萨博尔奇·奥托:《匈牙利史》,阚思静等译,黑龙江人民出版社1982年版。

[英] 艾伦·帕尔默:《夹缝中的六国——维也纳会议以来的中东欧历史》,于亚伦等译,商务印书馆1997年版。

[英] 弗朗西斯·斯奈德:《欧洲联盟与中国(1949—2008)基本文件与评注》(上、下),李靖堃、叶斌、刘衡译,社会科学文献出版社2013年版。

四 外文论著

Act LXII of 2001 on Hungarians Living in Neighbouring Countries.

Act LXXVII of 1993 on the Rights of National and Ethnic Minorities.

Act XLIV of 2010 amending Act LV of 1993 on Hungarian Nationality.

Agasisti, Tommaso, Francesco Avvisati, Francesca Borgonovi, and Sergio Longobardi, *Academic resilience*:*What schools and countries do to help disadvantaged students succeed in PISA*, OECD Education Working Papers, Paris:OECD Publishing, 2018.

Arany, László, *A Kínai Népköztársaságűrtevékenysége I*, rész, In:Haditechnika,

2017, 51, évf., 3, sz..

Arany, László, *A Kínai Népköztársaság űrtevékenysége II*, rész, In: Haditechnika, 2017, 51, évf., 5, sz..

Arany, László, *A Kínai Népköztársaság űrtevékenysége III*, rész, In: Haditechnika, 2017, 51, évf., 6, sz..

Aranyi, László, *Kínai rejtélyes űrrepülőgép-programja*, In: Haditechnika, 2013, 47, évf., 3, sz..

Artner, A., (2008), "A kínai működőtőke offenzívája", *Statisztikai Szemle* 86 (9).

Artner, A., (2009), "Kína mint globális tőkeexportőr", In: Inotai A., Juhász O. (ed.), A változó Kína: 4, Kína a nemzetközi gazdasági erőtérben, MTA Világgazdasági Kutatóintézet; Miniszterelnöki Hivatal, Budapest.

Artner, A., (2010a), "A kínai direkt tőkeexport legújabb fejleményei", *Statisztikai Szemle*, 88 (9).

Artner, A., (2010b), "Állami vagy piaci?: Az állam és a kis-és középvállalatok szerepe Kínában", *Fejlesztés és finanszírozás*, (3).

Artner, A., (2010c), "Quo vadis Kína?: a dolgozók helyzete Kínában", *Eszmélet*, 22 (87).

Artner, A., (2010d), "A kínai működőtőke a világ piacán: geopolitikai stratégia vagy modernizációs elem?" *Geopolitika a 21, században*, 1 (2).

Artner, A., (2011a), "A kínai munkaerőpiac: (foglalkoztatás és szociális helyzet)", In: Inotai A., Juhász O., (ed.): Kína belső viszonyai: belső reformok, valamint a válság kezelése és következményei: a kínai modell fejlődése és következményei, MTA Világgazdasági Kutatóintézet; Miniszterelnöki Hivatal, Budapest.

Artner, A., (2011b), A kínai direkt tőkeexport és a kis-és középvállalati szféra, In: Inotai A., Juhász O., (ed.): Kína és a világ: Kína nemzetközi kapcsolatai és világgazdasági szerepének erősödése: a Kína-Magyar kapcsolatok, MTA Világgazdasági Kutatóintézet; Miniszterelnöki Hivatal, Budapest.

Artner, A., (2011c), "A kínai működőtőke-export és az Európai Unió új keleti tagállamai (részletek)", Köz-Gazdaság, 6 (1).

Bakay, Kornél: Tükrök és kínaiak-6, rész, In: Kapu, 2017, 29, év. , 9, sz.

Bakay, Kornél: Türkök és kínaiak, In: Kapu, 2016, 29, évf. , 11 – 12, sz.

Bakay, Kornél: Türkök és kínaiak, In: Kapu, 2013, 25, évf. , 11 – 12, sz.

Bakay, Kornél: Türkök és kínaiak-1, rész, In: Kapu, 2016, 29, évf. , 10, sz.

Bakay, Kornél: Türkök és kínaiak-3, rész, In: Kapu, 2017, 29, évf. , 2, sz.

Bakay, Kornél: Türkök és kínaiak-4, rész, In: Kapu, 2017, 29, évf. , 3, sz.

Bakay, Kornél: Türkök és kínaiak-4, rész, In: Kapu, 2017, 29, évf. , 5, sz.

Bakay, Kornél: Türkök és kínaiak-5, rész, In: Kapu, 2017, 29, évf. , 8, sz.

Bakay, Kornél: Türkök és kínaiak-7, rész, In: Kapu, 2017, 29, évf. , 10, sz.

Bakay, Kornél: Türkök és kínaiak-7, rész, In: Kapu, 2017, 29, évf. , 11 – 12, sz.

Bakay, Kornél: Türkök és kínaiak-8, rész, In: Kapu, 2018, 30, évf. , 2, sz.

Balogh, Lilla Sarolta, Lehet-e Kína a következő ipari forradalom nyertese? In: Hitelintézeti szemle, 2017, 16, évf. , Klnsz.

Baracs, Dénes, A főtitkár 60 pontja: Nehézkes reformok a kínai egypártrendszer keretein belül, In: Hetek: országos közéleti hetilap. 2013, 17, évf. , 47, sz.

Bartha-Rigó, Márta, A nemzetközi intézmények szerepe a kínai külpolitikában, A kínai külpolitika egy lehetséges magyarázata, In: Külügyi szemle, 2017, 16, évf. , 2, sz.

Bartha-Rigó, Márta, Kína kisebbségpolitikája Hszincsiang Autonóm Tartományban, In: Kisebbségkutatás, 2017, 26, évf. , 2, sz.

Batten, J. , A. , Kinateder, H. , Szilágyi, P. G. , Wagner, N. , F. ,: Can stock market investors hedge energy risk? Evidence from Asia, In: Energy Economics, 2017, 66.

Bertelsmann Foundation, *Social Justice in the EU: A Cross-national Comparison*, *Berlin: Bertelsmann Foundation*, 2014.

Bertelsmann Foundation, *Social Justice in the EU-Index Report* 2017, *Social In-*

clusion Monitor, Gütersloh： Bertelsmann Foundation, 2017.

Bethlendi, András, A kínai "csoda" -egy kicsit másképp. In： Pénzügyi Szemle Online, 2013.

Bihari, Péter, A kínai jegybank a függetlenedés és a nyíltabb kommunikáció útján, In： Köz-gazdaság ： tudományos füzetek, 2016, 11, évf. , 2, sz. .

Bojnec, S. , Ferto, I. , Fogarasi, J. , "Quality of institutions and the BRIC countries agro-food exports", In： *China Agricultural Economic Review*, 2014, 6, évf. , 3, sz. .

Boros, Eszter, A megtakarítás változó mintái Kínában, In： Köz-gazdaság： tudományos füzetek, 2017, 12, évf. , 2, sz. .

Boros, Szilárd, Kína geopolitikai viszonyai a harmonikus világrend elmélet tükrében, In： Közép-Európai Közlemények, 2017, 10, évf. , 2, (37,) sz.

Botos, K. , "A kínai gazdasági 'csoda' és hatásai", *Valóság*, 2007 (9) .

Bradean-Ebinge N. , Kulcsár Sz, "A kulturális diplomácia világa-magyar és kínai szemüveggel vizsgálva (The world of cultural diplomacy-Through Hungarian and Chinese lenses)", *GROTIUS*, Paper 04, 07, 2017.

Braun, Gábor, Bepillantás a kínai gazdasági átalakulás hátterébe, In： Külügyi és Külgazdasági Intézet Tanulmányok, 2015, 11.

Budapest, Institute of World Economics, Centre for Economic and Regional Studies, Hungarian Academy of Sciences, 2014.

Bóka, É. , (2009), *The Europe-China Dialogue in a Historical Perspective*, *Grotius E-Library*, Elérhető, http：//www, grotius, hu/doc/pub/FDWKZS/ 2009_ 02_ boka, pdf Letöltve： 2017. 03. 07.

Bóka, É, (2011), *Modernization and Intercultural Dialogue on Values and Principles*, http：//www. uni-corvinus. hu/fileadmin/user _ upload/hu/tanszekek/kozgazdasagtudomanyi/tsz-vilgazd/dialogue_ mra/Intercultural _ dialogue_ _ Europe-Asia_ . pdf Letöltve： 2017. 03. 07.

Chen, J. , Chang, K. , Karácsonyi, D. , Zhang, X. , Comparing urban land expansion and its driving factors in Shenzhen and Dongguan, China, In： Habitat International, 2014, 43.

Chen, Y. , Chang, K. , Hana, F. , Karacsonyi, D. , Qian, Q. , Investigating urbanization and its spatial determinants in the central districts of Guangzhou, China, In: Habitat International, 2016, 51.

Concorde M. B. Partners, *Cégérték 2017 jelentés*, Concorde MB Partners, Budapest: Concorde MB Partners, 2017.

Croby B. C., Bryson J. M., "Integrative Leadership and the Creation and Maintenance of Cress—sector Collaborations", *The Leadership Quarterly*, 2010, 21 (2).

Csaba, L., (1996), "The political economy of the reform strategy: China and Eastern Europe compared", *Communist Economies and Economic Transformation*, London, (8) /1.

Csanádi, M., Gyuris, F., Átalakuló pártállam és egyenlőtlen túlfűtöttség Kínában a globális válság idején, In: Tér és Társadalom, 2018, 32, évf., 1, sz.

Csanádi, M., Zihan N., Shi, L., Crisis, stimulus package and migration in China, In: China & World Economy, 2015, 23, évf, 5, sz.

Csanádi, Mária, A kínai hatalmi szerkezet és átalakulása összehasonlító megközelítésben, In: Hitelintézeti szemle, 2017, 16, évf., Klnsz.

Csanádi, Mária, Állami beavatkozás, lokális eladósodás, túlfűtöttség és ezek rendszerbeli okai a globális válság alatt Kínában, In: Tér és társadalom, 2014, 28, évf., 1, sz.

Csanádi, M., "Systemic background of local indebtedness and investment overheating during the global crisis in China", *Journal of Chinese Economic and Business Studies*, 2015, 13, évf, 2, sz.

Csanádi, M., "Varieties of communist system transformation and their common systemic grounds: a comparative study of China and East European countries", *Journal of Chinese Economic and Business Studies*, 2016, 14, évf., 4, sz.

Cseres-Gergely, Zsombor, and György Molnár, "A közfoglalkoztatás a munkaügyi rendszerben 2011 – 13 – alapvető tények", *Munkaerőpiaci tükör 2014*, edited by Károly Fazekas and Júlia Varga, Budapest: MTA KRTK, 2014.

Csoma, Róbert, A szuverén alapok szerepének felértékelődése a világgazdaságban,

In: Pénzügyi Szemle, 2015, 60, évf, 2, sz.

Csutora, M., Vetőné Mózner, Z., Proposing a beneficiary-based shared responsibility approach for calculating national carbon accounts during the post-Kyoto era, In: Climate Policy, 2014, 14, évf., 5, sz.

Csutora, Mária-Vetőné Mózner, Zsófia: A nemzetközi kereskedelem hatása a kibocsátáselszámolási módszertanra Kína példáján keresztül, In: Külgazdaság, 2013, 57, évf., 9-10, sz.

Deák, András-Szunomár, Ágnes, Az orosz-kínai reláció a 21, század elején-haszonelvű kapcsolat vagy világpolitikai tandem? In: Nemzet és biztonság: biztonságpolitikai szemle, 2015, 8, évf., 1, sz.

Dobai, Gábor, Fejezetek a gázszolgáltatás történetéből XXII, A Mennyei Birodalom és a folyékony arany, avagy Kína kőolaj-és földgáz-gazdálkodása, In: Víz, gáz, fűtéstechnika: épületgépészeti szaklap. 2016, 17, évf., 12, sz.

Eszterhai, Viktor, A guanxi az ázsiai államközi kapcsolatokban-A Kína-központú hű bérajándék-rendszer újragondolása, In: Eszmélet, 2013, 25, évf., 100, sz.

Eszterhai, Viktor, A Kína-központú hűbérajándék rendszer irracionális gazdasági működésének problémája, In: Hallgatói Műhelytanulmányok, 2013, 2.

Eurofound, *Quality of life survey* 2016, Brussels, European Foundation for the Improvement of Living and Working Conditions, 2017.

Eurofound, *Social mobility in the EU*, Brussels: European Foundation for the Improvement of Living and Working Conditions, 2017.

Farkas, P. (2010), "Kína szerepe a nemzetközi pénzügyi rendszer stabilizálásában és átalakításban", *Magyar Tudomány*, 2010 (április).

Farkas, P. Szabó, Zs, (2011), "A nemzetközi pénzügyi és gazdasági válság, Kína szerepének értékelése ebben a folyamatban", In: Inotai, A., Juhász, O., (ed.), *Kína a globális válság első szakaszában, Kína és a válság I*, MTA-MEH Stratégiai kutatások.

Fazekas, Gy, (2015), "A magyar (Ázsia-és) Kína-politika új értelmezése (i) a rendszerváltást követően", In: Salát, G., (ed.): *Kínai álom-kínai valóság*, Typotex Kiadó Budapest.

Fehér, Helga-Poór, Judit: Foreign trade competitiveness of Sub-Saharan African countries-The effects of China's trade expansion, In: Studia Universitatis Babes-Bolyai Oeconomica, 2013, 58.

Fonyó, Istvánné: Könyvtár még nem volt ennyire vonzó, mint ez a futurisztikus bibliotéka Kínából, In: Tudományos és műszaki tájékoztatás, 2017, 64, évf., 12, sz.

Forgács, Imre: Kormányozható-e a globális gazdaság? In: Köz-gazdaság, 2014, 9, évf, 2, sz.

Fábián, A., Matura, T., Nedelka, E., Pogátsa, Z., (2014), Hungarian-Chinese Relations: Foreign Trade and Investments, In: Mráz, S., Brocková, K., (ed.), Current Trends and Perspectives in Development of China-V4 Trade and Investment. Konferencia helye, ideje: Bratislava, Szlovákia, 2014. 03. 12 – 2014. 03. 14, Bratislava: University of Economics in Bratislava, 2014. (ISBN: 978 80 225 3894 7)

Gan Quan-Gál, Zsolt: Az OECD országok és Kína fontosabb gazdasági összehasonlítása, In: Controller Info 2018, 1, sz.

Gaál, G., (1993a), A felelősségi rendszer kialakulása, formái és a továbbfejlesztés lehetőségei Kína agrárrendszerében, *Közgazdasági Szemle*, 40 (10).

Gaál, G., (1993b), A reform és a nyitás hatása Kína külkereskedelmére, *Kereskedelmi Szemle*, 34 (7).

Gaál, G., (1993c), Kína a modernizálás útján, *Kereskedelmi Szemle*, 34 (4).

Gaál, G., (1993d), Kína gazdasági és ipari arculata az új gazdaságpolitika tükrében, *Kereskedelmi Szemle*, 34 (5).

Gaál, G., (1995a), Kína külkereskedelme és perspektívái, *Kereskedelmi Szemle*, 36 (9 – 10).

Gaál, G., (1995b), Gazdasági-társadalmi változások és a migráció Kínában, *Demográfia*, 38 (2 – 3).

Gaál, G., Xu, Y., Y., (1994), A "kínai modell" a piacgazdaság útján, *Kereskedelmi Szemle*, 35 (3).

Gaál, G., Xu, Y., Y., (1998), Ember-munka-szervezet a "kínai modell" *ben*, *Statisztikai Szemle*, 76 (2).

Gergely, Attila, Identitás-stratégiák és államközi kapcsolatok Kelet-Ázsiában, A Kína-Japán-Korea komplexumról, In: Világtörténet, 2013, 35, évf., 2 - 3, sz.

Gervai, P. Trautmann, L., (1999), "Ázsiai kultúra és információs társadalom," *Fordulat* 1999/ősz-tél.

Gervai, P. Trautmann, L., (2014), "Értékrend és liberális demokrácia", In: Bertók R., Bécsi Zs, (ed.) (2014): *Kirekesztés, Idegenség, Másság*, ETHOSZ-Virágmandula Kft., Pécs.

Gerőcs, Tamás (2017), A nemzetközivé válás kihívásai a kínai fizetőeszköz szempontjából, Hitelintézeti Szemle, 16, évf., Különszám, 2017, január, 170 - 185, o.

Gondos, Borbála, "A globalizáció, turizmus és életminőség kapcsolata, különös tekintettel Kína és Oroszország vonatkozásában", *Geopolitika a 21, században*, 2013, 3, évf, 4, sz.

Gyuris, Ferenc, A kínai gazdasági csoda okai és korlátai, In: Földrajzi közlemények, 2017, 141, évf., 3, sz.

György Balázs, Károly Szelényi, *The Magyars: the birth of a European nation*, Corvina, 1989.

Gábor, T., (2009), "Kína árfolyampolitikájáról alkotott eszmék vagy téveszmék: valóban káros az alulértékelt jüan a globális gazdaság egésze szempontjából?" *Pénzügyi Szemle* (2 - 3).

Gábor, T., (2010), "Kína szokatlan kettős külgazdasági többlete", *Magyar Tudomány*, 171 (4).

Gábor, T., (2012), *Kína monetáris politikája a globális pénzügyi egyensúlytalanságok fényében*, Doktori (PhD) értekezés, Szegedi Tudományegyetem Gazdaságtudományi Kar, Közgazdaságtani Doktori Iskola, DOI: https://doi,org/10,14232/phd,1639.

Gál, Zsolt-Asmi, Bahaa-Zsarnóczai, J., Sándor: A környezetgazdaság politika tervezése és gyakorlata Kínában, In: Controller info, 2016, 4, évf., 1, sz.

Gáspár, T., Gervai, P. Trautmann, L., (1999), "Az ázsiai válság természetéről", In: Trautmann L. , (ed.) *Az átmenet vége*, Saldo Rt, Budapest.

Hajdú, Ferenc-Klemensits, Péter-Sárhidai, Gyula: A kínai WU-14 Dong Feng-21D nagy hatótávolságú hajó elleni ballisztikus rakéta és a csendes-óceáni erőegyensúly átalakulása, In: Haditechnika, 2017, 51, évf. , 1, sz.

Hajnal, Béla-R. , Fedor, Anita: A kínai demográfiai folyamatok néhány sajátossága, In: Magyar tudomány, 2015, 176, évf. , 9, sz.

Hamar, I. , Salát, G. , (2005), *Kínai filozófia és vallás a középkor hajnalán*, Sinológiai Műhely 5, Balassi Kiadó, Budapest.

Hamar, I. , Salát, G. , (2009), Kínai történelem és kultúra, Tanulmányok Ecsedy Ildikó emlékére, Sinológiai Műhely 7, Balassi Kiadó, Budapest.

Hartmann, Eszter-Lelovics, Zsuzsanna: A bahái hit és kínai univerzizmus híveinek táplálkozási szokásai, In: Élelmezés, 2016, 1 – 2, sz.

Hartyándi, Mátyás, Engedelmes utódok és magányos taktikusok: a kínai gyermekkép változásának főbb pillanatai, In: Pannonhalmi szemle, 2017, 25, évf. , 2, sz.

Hegedűs and József, "Lakáspolitika és lakáspiac: a köpolitika korlátai", *Esély*, No, 5, 2006.

Hoppál, Mihály, Utazás Shangrila-ba (Lijiang és vidéke, Kína), In: Zempléni múzsa: társadalomtudományi és kulturális folyóirat, 2017, 3, sz.

Horváth, Cs, B. , (2012), "A kontinentális erőegyensúly mint az amerikai-kínai versengés valószínű modellje", *Külügyi szemle*, 2012 (2).

Horváth, Csaba Barnabás, China's Rise and the Geopolitics of Southeast Asia, In: Defence Review: the Central Journal of the Hungarian Defence Forces 2017, 1, sz.

Horváth, Csaba, A kínai-orosz viszony alakulása Kína felemelkedése és a kínai-amerikai versengés tükrében, In: Társadalomkutatás: a Magyar Tudományos Akadémia Gazdaság-és Jogtudományok Osztályának folyóirata, 2014, 32, évf, 3, sz.

Horváth, Dániel-Teremi, Márton: Így neveld a sárkányodat: Az offshore piacok szerepe a renminbi térnyerésében, In: Gazdaság és pénzügy, 2016, 2, évf,

4, sz.

Hrecska, Renáta: Keleten a helyzet változatlan? A kínai és magyar munkajogiszabályozás összehasonlítása a versenyképesség és munkavállalói jogok tekintetében, In: De iurisprudentia et iure publico, 2013, 7, évf., 2, sz.

Huszár and Ákos, "Egyenlő esélyek", *Új Egyenlőség*, Vol. 05, 2017.

Háda, Béla, Ázsia, a felemelkedő katonai hatalmak hazája-India, Kína és Japán, In: Nemzet és biztonság: biztonságpolitikai szemle, 2014, 7, évf., 1, sz.

Háda, Béla, Útban egy nemzeti álom felé?: Kína 2015, évi katonai stratégiája, In: Nemzet és Biztonság: Biztonságpolitikai Szemle, 2015, 8, évf., 3, sz.

Hárfás, Zsolt, Kína újabb orosz atomerőművet rendel, In: Elektrotechnika, 2014, 107, évf., 9, sz.

Inotai, A., (2009), "Kína és a világgazdasági válság," *Fejlesztés és finanszírozás*, 2009 (3).

Inotai, A., (2010), "Kína világgazdasági szerepének erősödése-Az exportorientált 'modell' jövője," *Vélemények-Kommentárok-Információk*, 206.

Inotai, A., (2011), "The Strengthening of China's Role in World Economy and The Future of The Export-Oriented 'Model'", *Köz-gazdaság*, Vol. 6, No. 1.

Inotai, A., (2011), "Kína világgazdasági szerepének erősödése, az exportorientált, "modell" jövője", *Köz-Gazdaság*, 2011 (1).

Inotai, A., Juhász, O., (2008), *Kína: realitás és esély*, Tanulmányok Magyarország Kína stratégiájának megalapozásához MTA VKI-MEH, Budapest.

Inotai, A., Juhász, O., (2009a), *A változó Kína-I, kötet: Kína politikai, társadalmi fejlődésének jelene és jövője*, MTA VKI-MEH, Budapest.

Inotai, A., Juhász, O., (2009b), *A változó Kína-II, kötet: Kína a nemzetközi politikai erőtérben*, MTA VKI-MEH, Budapest.

Inotai, A., Juhász, O., (2009c), *A változó Kína-III, kötet: A magyar-kínai kapcsolatok fejlesztésének néhány területe*, MTA VKI-MEH, Budapest.

Inotai, A., Juhász, O., (2009d), *A változó Kína-IV, kötet: Kína a nemzetközi gazdasági erőtérben*, MTA VKI-MEH, Budapest.

Inotai, A., Juhász, O., (2010a), *Kína és a válság*, Akadémiai Kiadó, Budapest.

Inotai, A., Juhász, O., (2010b), *Kína és a válság I, : Kína a globális válság első szakaszában*, MTA VKI-MEH, Budapest.

Inotai, A., Juhász, O., (2010c), *Kína és a válság II, : A magyar-kínai gazdasági kapcsolatok kelet-közép-európai regionális összehasonlításban*, MTA VKI-MEH, Budapest.

Inotai, A., Juhász, O., (2011a), *Stratégiai kutatások 2009 – 2010, I, kötet, Kína belső viszonyai: Belső reformok, valamint a válság kezelése és következményei, A kínai modell fejlődése és következményei*, MTA VKI-MEH, Budapest.

Inotai, A., Juhász, O., (2011b), *Stratégiai kutatások 2009 – 2010, II, kötet, Kína és a világ: Kína nemzetközi kapcsolatai és világgazdasági szerepének erősödése, A kínai-magyar kapcsolatok*, MTA VKI-MEH, Budapest.

Jacoby W (2014), "Different cases, different faces: Chinese investment in Central and Eastern Europe", *Asia Europe Journal*, Vol. 12, 2014.

Jamal TB, Stronza A., *Collaboration Theory and Tourism Practice in Protected Areas: Stakeholders, Structuring and Sustainability*, Journal of Sustainable Tourism, 2009, 17 (2).

Janusz Bugajski, *Ethnic politics in Eastern Europe: a guide to nationality policies, organizations, and parties*, M., E., Sharpe, 1995.

Jordán, Gy, (1988), "A kínai falusi reformok második szakasza", *Közgazdasági Szemle*, 35 (4).

Jordán, Gy, (1993), Kína az 1990-es években: Szocializmus kínai jellemző kkel, szocialista piacgazdaság, vagy, Társadalmi szemle, 0039 – 971X, 48, 1993 (7).

Jordán, Gy, (1995), Kína, a civil társadalom (újjá) születése, *Társadalmi Szemle*, 50 (6).

Jordán, Gy, (1996), A privatizáció Kínában-tények és feltevések,

Közgazdasági Szemle, 43（1）.

Jordán, Gy,（1997）, A foglalkoztatás Kínában, *Statisztikai Szemle*, 75（7）.

Jordán, Gy,（1998）, A város és a vidék közötti szakadék és a belső migráció Kínában, *Statisztikai Szemle*, 76（4 – 5）.

Jordán, Gy,（1999）, *Kína története*, Aula Kiadó, Budapest.

Jordán, Gy,（2000）, Kína：demokratikus átmenet? *Valóság*, 43（4）.

Jordán, Gy,（2007）, "Az új főszereplő：Kína," In：Rada, P.（ed.）：*Új világrend*? Corvinus Külügyi és Kulturális Egyesület-Ifjú Közgazdászok Közhasznú Egyesülete, Budapest.

Jordán, Gy,（2010）, "Washingtoni konszenzus vs, pekingi konszenzus," *Kül-Világ*, 2010/2 – 3.

Jordán, Gy,（2011）, " 'Anagy proletár kulturális forradalom' és utóélete", *História* 33（7）, Anagy proletár kulturális forradalom.

Jordán, Gy,（2012）, "Kína-modell és a kínai kivételesség kérdése", *Külügyi szemle*, 2012（2）.

Jordán, Gy, Tálas B. ,（2002）, "A terv és háttere, Kína 10, ötéves tervéről", *Külügyi szemle*, 2002（2）.

Jordán, Gy, Tálas, B. ,（1996）, Kínai dilemmák, *Társadalmi Szemle*, 51（7）.

Jordán, Gy, Tálas, B. ,（2005）, *Kína a modernizáció útján a XIX – XX,* században, Napvilág kiadó, Budapest.

Joseph de Guignes, *Histoire générale des huns, des turcs, des mogols, et des autres tartares occidentaux*, Chez Desaint & Saillant.

Juhász, István, Kínai munkavállalók motiválásának alternatívái-Hofstede kulturális dimenzióinak tükrében, In：Vezetéstudomány, 2014, 45, évf. , 10, sz.

Juhász, István, Kínai munkavállalók motiválásának vezetői kihívásai-kulturális sajátosságok, mint korlátok, és mint lehetőségek, In：Marketing & Management, 2014, 48, évf. , 2, sz.

Juhász, O. ,（2005）, "Kínai folyók, emberek, harmónia," *Műhely*：*A folyó*, 28（6）：100 – 107.

Juhász, O. ,（2007）, "Kína 2006-ban", In：Szegedi Társadalomtudományi

Szakkollégium (ed.) , *Hová vezet a selyemút?* Universitas Szeged Kiadó, Szeged.

Juhász, O. , (2008), "Kína mint Együttműködő Partner", In: *Kína: Realitás és Esély* (ed. , Inotai András, Juhász Ottó) , MTA VKI-MeH Stratégiai Kutatások, Budapest.

Juhász, O. , (2011) , "A kínai biztonságpolitika régi és új elemei", In: Inotai A. , Juhász O. , (ed.): *Kína belső viszonyai: Belső reformok, valamint a válság kezelése és következményei, A kínai modell fejlődése és következményei*, MTA VKI-MEH, Budapest.

Juhász, O. , (2012) , "A modernizáció és tradíció kérdései Kínában, 1840 – 2012", *Külügyi Szemle*, 11 (2) .

Juhász, O. , (2012) , "A modernizáció és tradíció kérdései Kínában, 1840 – 2012" *Külügyi szemle*, 2012 (2) .

Juhász, O. , (2014), "Három 'első ízben'", In: Hidasi J. , Kalmár É. , Salát G. , Vértes K. , Zombory K.

Juhász, O. , (2015) , "A kizökkent idő", In: Salát G. , (ed.): *Kínai álom- kínai valóság*, Typotex Kiadó Budapest.

Juhász, O. , A tea és a bor vetélkedése Kínában, In: Műhely, 2018, 42, évf. , 1, sz.

Jézus Társasága Magyarországi Rendtartománya (JTMR) (2013) , "Kína valódi arca", *A SZÍV* (99) /2, ISSN 0866 – 1707.

Kajdi, László, Belföldi vándorlási folyamatok Kínában, In: Demográfia, 2013, 56, évf. , 1, sz. .

Kajdi, László, Nyugati menü kínai fűszerekkel-a kínai pénzforgalom sajátosságai, In: Hitelintézeti szemle, 2017, 16, évf. , Klnsz.

Kalmár, Éva, Kína, hagyomány, történelem, fantasztikum, In: Műhely, 2016, 39, évf. , 5 – 6, sz.

Kamensky J. M. , Burlin T. J. , *Collaboration: Using Network sand Partnerships*, Maryland: Rowman & Litdefield Publishers, INC, 2004.

Kapronczay, Károly, Mi történt Kínával? Kínai változások a 20, /21, században, In Valóság, 2015, 58, évf. , 9, sz.

Kasznár, A. , (2016b) , *Vallás és kormányzat Kínában*, *A bölcseleti filozófiai-vallási rendszer hatása a XXI*, századi kínai politikai rendszerre, Bíbor Kiadó, Miskolc.

Kasznár, A. , A bölcseleti vallási rendszer kiépülésének vallástörténeti keretei Kínában, In: Egyháztörténeti szemle, 2016, 17, évf. , 2, sz.

Kasznár, A. , A Kínai Népköztársaság a nemzetközi erőtérben, In (T) error&Elhárítás, 2013, 4, sz.

Kasznár, A. , A taoizmus szerepe a kínai politikai kultúrában, In Egyháztörténeti szemle, 2017, 18, évf. , 3, sz.

Kecskés, András-Bujtár, Zsolt, "Sárkányok tánca", a hagyományos-és az árnyékbankrendszer küzdelme a pénzügyi dominanciáért Kínában, In: Jura, 2016, 22, évf, 1, sz.

Kecskés, András-Bujtár, Zsolt: A kínai pénzügyi rendszer árnyéka, In Polgári szemle, 2017, 13, évf. , 4 – 6, sz.

Keczer, Gabriella, Felsőoktatás Kínában 1, : Irányváltások és reformok Konfuciusztól a tömegoktatásig, In Közép-Európai Közlemények, 2015, 8, évf. , 3, (30,) sz.

Keczer, Gabriella, Felsőoktatás Kínában 2: decentralizáció, piacosítás, privatizáció és nemzetközi nyitás, In: Közép-Európai Közlemények, 2016, 9, évf. , 1, (32,) sz.

Keczer, Gabriella, Felsőoktatás Kínában 3, A mennyiség és a minőség ellentmondásai, In: Közép-Európai Közlemények, 2016, 2, (33,) sz. , Kemény, István, Béla Janky, and Gabriella Lengyel, *A magyarországi cigányság*, 1971 – 2003, Budapest: Gondolat, 2004.

Kerekes, Gábor, A kínai felsőoktatási expanzió folyamata és tapasztalatai, In: Educatio, 2014, 23, évf. , 2, sz.

Keszthelyi, Gyula, Az Y-20-as, új kínai nehéz teherszállító repülőgép bemutatkozása, In: Haditechnika, 2015, 49, évf. , 3, sz.

Kiss, Endre, Kína ma/Meglepetések óriása-Óriási meglepetések, In Új Egyenlítő, 2013, 1.

Klemensits Péter-Hajdú Ferenc-Sárhidai Gyula: Hadseregreform és katonai modernizáció Kínában: a Népi Felszabadító Hadsereg a 21, században IV, rész, In Haditechnika, 2016, 50, évf. , 2, sz.

Klemensits, Péter: Kína építkezései a Spratley-szigeteken, A dél-kínai-tengeri konfliktus egy újabb fejezet, In: Honvédségi Szemle: A Magyar Honvédség Központi Folyóirata, 2016, 144, évf. , 4, sz.

Klemensits, Péter-Hajdú, Ferenc-Sárhidai Gyula: Hadseregreform és katonai modernizáció Kínában: a Népi Felszabadító Hadsereg a 21, században II, rész, In Haditechnika, 2015, 49, évf. , 6, sz.

Klemensits, Péter-Hajdú, Ferenc-Sárhidai, Gyula, Hadseregreform és katonai modernizáció Kínában: a Népi Felszabadító Hadsereg a 21, században III, rész, In Haditechnika, 2016, 50, évf. , 1, sz.

Klemensits, Péter-Hajdú, Ferenc-Sárhidai, Gyula: Hadseregreform és katonai modernizáció Kínában: a Népi Felszabadító Hadsereg a 21, században I, rész, In Haditechnika, 2015, 49, évf. , 5, sz.

Koi, Gy, (2015), "A kínai jog kutatásának helyzete Magyarországon különös tekintettel az 1949 és 2014 közötti időszakra", In: Salát G. , (ed.): *Kínai álom-kínai valóság*, Typotex Kiadó Budapest.

Komlóssy, Laura-Kovalszky, Zsolt-Körmendi, Gyöngyi-Lang, Péter-Stancsics, Martin: Kína: a tervgazdaságtól a modern bankrendszerig, In Hitelintézeti szemle, 2015, 14, évf. , Klnsz.

Komlóssy, Laura-Körmendi, Gyöngyi-Ladányi, Sándor: Út a piacorientált monetáris politika felé és a "New Normal", új monetáris politikai rendszere Kínában, In: Hitelintézeti szemle, 2017, 16, évf. , Klnsz.

Kopper, Ákos, Managing conflicting "Truth Claims" ambiguity in the diplomat's toolkit in East-Asian Island conflict, In: Pacific Review, 2017, 29, évf. , 4, sz.

Kormány, A. , (2014a), *A kínai jogi kultúra vázlata*, ELTE, Budapest.

Kormány, A. , (2014b), Alkotmány, emberi jogok és jogvédelem Kínában, In: Közjogi szemle, 7, évf. , 3, sz.

Kornai, J. , (1982), *A hiány*, Közgazdasági És Jogi Kiadó, Budapest.

Kornai, J. , (1986), *Duangue Tingji Xue*, (Economics of Shortage,), Beijing: Tingji Kexue Chubanshe.

Kornai, J., (1993), *A szocialista rendszer* HVG Kiadó, Budapest.

Kornai, J., (1999), "A rendszerparadigma", In Kornai J., (ed.), *Szocializmus, kapitalizmus, demokrácia és rendszerváltás*, Akadémiai Kiadó, Budapest.

Kornai, J., (2007), *Szocializmus, kapitalizmus, demokrácia és rendszerváltás*, Akadémiai Kiadó, Budapest.

Kornai, J., (2014), Példaképünk: Kína? In *Társadalmi riport* 2014, ed., Kolosi Tamás-Tóth István György, Budapest: TÁRKI, 603 - 616, oldal.

Koudela, P., A kínai diaszpóra, In: Polgári szemle, 2017, 13, évf., 1 - 3, sz.

Koudela, P. Yoo Jinil, The Role of Korea in Cultural Transmission Between China and Japan during the Three Kingdoms Period, In Prague Papers on the History of International Relations, 2014, 2.

Kozjek-Gulyás, Anett, A hagyományos és individualista értékek Kínában, In Mű hely, 2016, 39, évf., 5 - 6, sz.

Kozjek-Gulyás, Anett, A kínai közösségek európai identitásának dilemmája, In: Távol-Keleti Tanulmányok, 2013, 1 - 2, sz.

Kozjek-Gulyás, Anett, A kínai középosztály Kínában, In Társadalomkutatás a Magyar Tudományos Akadémia Gazdaság-és Jogtudományok Osztályának folyóirata, 2013, 31, köt., 3, sz.

Krajcsír, Lukács-Rónaháti, Cecília: A kínai-maláj kapcsolatok: A kínai-maláj kapcsolatok története, In: Bhkk Műhely-Biztonságpolitikai Folyóirat, 2015.

Kurmai, Viktória, Market Competition and Concentration in The Global Market of Apple Juice Concentrate Concerning Hungary, Poland and China, In Annals of the Polish Association of Agricultural and Agribusiness Economists, 2016, XVIII, évf.,, 5, sz.

Kádár, Zoltán Dániel, The role of ideology in evaluations of (in) appropriate behaviour in student-teacher relationships in China, In: Pragmatics, 2017, 27, évf, 1, sz.

Károly Kocsis, Eszter Kocsisné Hodosi, *Ethnic Geography of the Hungarian Minorities in the Carpathian Basin*, Simon Publications LLC, 1998.

Kéri, Katalin, A kínai neveléstörténet hazai bemutatása a reformkortól a 20, század elejéig, In: Iskolakultúra, 2015, 25, évf., 5-6, sz.

Ladanyi, L., S., J., (1983), *The Church in China*, Hong Kong: Ricci Hall.

Ladanyi, L., S., J., (1992), Law and Legality in China, The Testament of a China-watcher, Hongkong.

Lakatos, Artur, Katolicizmus Kínában, In Keresztény szó, 2017, 28, évf., 1, sz.

Lehoczki, B., (2009), *Latin-Amerika és Kína: a kapcsolatok új rendszere?* = *Latin America and China: New System of Relations?* Doktori (PhD) értekezés, Budapesti Corvinus Egyetem, Nemzetközi Kapcsolatok Doktori Iskola.

Lehoczki, B., Brazil-kínai kapcsolatok az ezredfordulón túl, In: Grotius, 2015.

Lehoczki, B., Relations between China and Latin America: Inter-regionalism beyond the Triad, In Society and Economy, 2015, 37.

Li, Jing-Tóth, Márk-Bárczi, Judit-Li Maohua, Ahp Appriach in The Credit Risk Evaluation of the Rural Finance in China, In: Modern Science / Moderni Veda, 2017, 2, sz.

Li, Jing-Zéman, Zoltán, "Pro-Cyclical Effect on Capital Adequacy of Commercial Banks in China", In: Vadyba: *Journal of Management*, 2016, 2, (29).

Li, Maohua-Wang, Ying-Zéman, Zoltán, A Study on the Realization Mechanism of Csr in China, In Proceedings of the 2015 International Conference on Education Technology and Economic Management, 2016, 63.

Li, Maohua-Zéman, Zoltán, "Study on the Srid Evaluation Framework of Agricultural Enterprises in China", In: *Visegrad Journal on Bioeconomy and Sustainable Development*, 2016, 5, évf, 1, sz.

Li, Maohua-Zéman, Zoltán-Almádi, "Bernadett, The Study On Influential Factors Of Srid In China", *Vadyba: Journal of Management*, 2016, 2, évf, 29, sz.

Li, Maohua-Zéman, Zoltán-Li, Jing, A vállalatok társadalmi felelősségvállalásának hatása a kínai gazdasági fejlődésre, In: Pénzügyi Szemle, 2016, 61, évf., 4, sz.

Lipusz, Éva, Az orosz-kínai fegyverkereskedelem a XXI, században, In: Biztonságpolitika, hu 2013. 07. 28.

Liu, Xiafei-Yan, Bin-Wang, Qian-Jiang, Mengmeng-Tu, Changchun-Chen, Chuangfu-Hornok, Sándor-Wang, Yuanzhi: Babesia vesperuginis in common pipistrelle (Pipistrellus pipistrellus) and the bat soft tick Argas vespertilionis in Republic of China, In: Journal of Wildlife Diseases, 2018, 54, évf. , 2, sz.

Liu, Z. , "The pragmatic cooperation between China and CEE-characteristics, problems and policy suggestions", *Working Paper Series on European Studies*, Institute of European Studies, *Chinese Academy of Social Sciences*, Vol. 7, No. 6, 2013.

Losoncz, Miklós, A növekedési pályaváltás és a gazdasági kormányzás dilemmái Kínában, In: Hitelintézeti szemle, 2017, 16, évf. , Klnsz.

Lukács, Hajnalka, A mosoly diplomáciája-a public diplomacy kínai modelljéről, In: Külügyi szemle, 2013, 12, évf, 3, sz.

Lökkös, Gergő, Kulturális hatások a kínai számvitelben, In: Gazdaság és társadalom: társadalomtudományi folyóirat, 2015, (7, évf,), Klnsz.

Magyar, L. , (1991), *Kína gazdaságának vázlata*, Magyar Lajos Alapítvány, Budapest.

Marján, Attila, Social policies, are "European models" viable models for China, In Pro Publico Bono: Magyar Közigazgatás, A Nemzeti Közszolgálati Egyetem Közigazgatás-Tudományi Szakmai Folyóirata, 2016, 2.

Marján, Attila, "Social policies, are 'European models' viable models for China", *Journal of East China Normal University*, 2016, 5.

Marján, Attila-Xi, Chen, China's regional policy-how it could benefit from the EU experience, In: Pro Publico Bono: Magyar Közigazgatás; A Nemzeti Közszolgálati Egyetem Közigazgatás-Tudományi Szakmai Folyóirata, 2015, 3.

Matura T (2012), "The Pattern of Chinese Investments in Central Europe", *International Journal of Business Insights and Transformation*, *ITM Business School*, Vol. 5, Special Issue 3, July 2012.

Matura T. , Szunomár, Á, "Perceptions of China among Central and Eastern European university students", *China-Central and Eastern Europe cross-cultural dialogue: society, business, education in transition* (Joanna Wardega ed.), Kraków: Jagiellonian University Press, 2016.

Matura T., "China's Economic Expansion into Central Europe", *Asian Studies* (ed., Tamas Matura), Hungarian Institute of International Affairs, 2013.

Matura, T., (2012), The Pattern of Chinese Investments in Central Europe, International Journal of Business Insight and Transformation 5: (3).

Matura, T., (2012), "A magyar-kínai kapcsolatok elmúlt két éve", *Külügyi szemle* 2012 (2).

Matura, T., (2013), China's Economic Expansion into Central Europe, In: Matura Tamás (ed.), *Asian Studies 2013*, Budapest: Magyar Külügyi Intézet, 2013.

Matura, T., (2015), Hungary and China: Hopes and Reality, in Mapping Europe-China Relations, edited by Mikko Huotari; Miguel Otero-Iglesias; John Seaman; Alice Ekman.

Matura, T., (2016), Along the New Silk Road Across Central Europe, in Europe and China's New Silk Roads, edited by Frans – Paul Van der Putten; John Seaman; Mikko Huotari; Alice Ekman; Miguel Otero-Iglesias (2016).

Matura, T., (2016), Hungary: Along the New Silk Road across Central Europe, in Europe and China's New Silk Roads Edited by Frans-Paul van der Putten, John Seaman, Mikko Huotari, Alice Ekman, Miguel Otero-Iglesias, ETNC Report December 2016.

Matura, T., (2016), "The Northeast Asian Security Subcomplex", In: Háda, Béla-N., Rózsa Erzsébet-Tálas, P. (ed.): *Regional Security Studies*, Budapest: Nemzeti Közszolgálati Egyetem.

Matura, T., (2016), Északkelet-Ázsia, In: Háda Béla, N Rózsa Erzsébet (ed.): Regionális tanulmányok, p200; Budapest: Nemzeti Közszolgálati Egyetem, 2016.

Matura, T., (2017), A Kínai Kommunista Párt 19, kongresszusa és egy új korszak hajnala, In: Stratégiai Védelmi Kutató Központ (Elemzések) / Center for Strategic and Defense Studies Analyses 29, sz.

Matura, T., (2017), Chinese Investment in Europe: Few Results but Great Expectations, in Chinese Investment in Europe, A Country-level Approach, A Report by the European Think-tank Network on China (ETNC) December, edited by John Seaman; Mikko Huotari; Miguel Otero-Iglesias.

Matura, T., (2017), Chinese Investment in the EU and Central and Eastern Europe, In: Moldicz Csaba (ed.): China's Attraction: The Case of Central Europe; Budapest: Budapesti Gazdasági Egyetem, 2017.

Matura, T., (2017), Chinese Investment in the Four Visegrad Countries, Visegrad Insight, 10: (1).

Matura, T., (2017), "Hungary and China Relations", In: Song, Weiqing: China's Relations with Central and Eastern Europe, Routledge.

Matura, T., (2018), "Hungary and China Relations", In Weiqing Song (ed.): China's relations with Central and Eastern Europe: from "old comrades" to new partners, London: Routledge.

Matura, T., Mátyás, M., (2016), China: Tactical gains, but strategic concerns over the Ukraine crisis, In Kristi Raik, Sinikukka Saari (ed.), Key Actors in the EU's Eastern Neighbourhood: Competing perspectives on geostrategic tensions; Helsinki: Finnish Institute of International Affairs, 2016.

Matura, T., Szunomár, Á (2016), "Perceptions of China among Central and Eastern European university students", Joanna Wardega (ed.), *China-Central and Eastern Europe cross-cultural dialogue, society, business, education in transition*, Kraków: Jagiellonian University Press, 2016.

Matura, T., Turcsanyi, R., Fürst, R., (2014), "The Visegrad countries' Political Relations with China: Goals, Results and Prospects", In: Szunomár Á (ed.), *Chinese investments and financial engagement in Visegrad countries: myth or reality?*.

Matura, Tamás, A Kínai Kommunista Párt 19, kongresszusa és egy új korszak hajnala, In: Stratégiai Védelmi Kutató Központ (Elemzések) / Center for Strategic and Defense Studies Analyses 2017, 29, sz.

Meisel, S., Somai, M., Vígvári, G., Völgyi, K., (2009), "Kína Változó Szerepe a Világgazdaságban és a WTO-ban", In Inotai A., Juhász O., (ed.), *A Változó Kína IV-Kína a Nemzetközi Gazdasági Erőtérben*, MTA VKI-MeH Stratégiai Kutatások, Budapest.

Mendizabal Isabel, "Reconstructing the Population History of European Romani from Genome-wide Data", Current Biology, 22, 6 December 2012.

Misetics and Bálint, "Lakhatási válság-az állam felelőssége," *Új Egyenlőség*, Vol. 4, 2017.

Moldicz, Csaba, "Integration and Disintegration: European Theories and Experiences in the Light of China Taiwan Relations", In: *Contemporary Chinese Political Economy and Strategic Relations*, 2016, 2, évf., 1, sz.

Mérték, *Magyar egészségügyi rendszer teljesítményértékelési jelentése* 2013 – 15, Budapest: Mérték, 2016.

Mészáros, K., (1999), *Tudományos-technikai modernizáció és gazdasági fejlődés Kínában-A multidiszciplináris világrend egy új nagyhatalmának születése*, Doktori (PhD) értekezés, Budapesti Közgazdaságtudományi Egyetem, Posztgraduális Kar, Budapest.

Mészáros, K., (2002), "A fiatalítás jegyében-az irányvonal nem változik", *Vélemények, kommentárok, információk* 43, szám, http://www, vki, hu/sn/sn_ 43, pdf Letöltve: 2017, augusztus 29.

Mészáros, K., (2005), *Kínai jelen és jövő*, http://www, vki, hu/mt/mh-68, pdfLetöltve: 2017, augusztus 29.

Nagy, Éva, Új nemzetközi magánjogi törvény Kínában, In: Jogtudományi közlöny, 2013, 68, évf., 7 – 8, sz.

Nemeskéri, Zsolt, Kína különleges övezetei, In Tudásmenedzsment: A Pécsi Tudományegyetem Kultúratudományi, Pedagógusképző és Vidékfejlesztési Kar periodikája, 2017, 18, évf., 1, sz.

Novokmet and Filip, *Entre communisme et capitalisme: essais sur l'évolution des inégalités de revenus et de patrimoines en Europe de l'Est* 1890 – 2015, Paris: École des Hautes Études en Sciences Sociales, 2017.

Nyíri, Pál, Migráció és a kínai globalizáció, In 2000 irodalmi és társadalmi havi lap. 2015, 27, évf., 4, sz.

Nölke, A., and A., Vliegenthart, "Enlarging the Varieties of Capitalism: The

Emergence of Dependent Market Economies in East Central Europe", *World Politics*, 2009, Vol. 61, No. 4.

Orosz, Éva and Zsófia Kollányi, "Egészségi állapot, egészség-egyenlőtlenségek nemzetközi összehasonlításban", In *Társadalmi riport* 2016, edited by Tamás Kolosi and István György Tóth, Budapest: Tárki, 2016.

Patsch, F., S., J., (2011), *Misszió, globalizáció, etika-*, Budapest: JTMR Faludi Ferenc Akadémia-L1 Harmattan Kiadó.

Pencz, Helga-Szalai, Gergely, Kína bankrendszerének fejlődése és reformjai, jelenlegi helyzete, In: Közép-Európai Közlemények, 2017, 10, évf., 2, (37,) sz.

Peragovics, Tamás, Új status quo a Dél-kínai-tengeren? Kína mesterségessziget-építésének hatásai a régió biztonságára, In: Nemzet és biztonság: biztonságpolitikai szemle, 2016, 9, évf., 3, sz.

Peter F., Sugar, ed., *A History of Hungary*, Indiana University Press, 1990.

Pew, "European Millennials more likely than older generations to view China favourably", Pew Research Center, February 18, 2015.

Polanyi, K., (1971), *Primitive, Archaic, and Modern Economies: Essays of Karl Polanyi*, Beacon Press.

Polanyi, K., Arensberg, C., M., Pearson, H., W., (1957), *Trade and Market in the Early Empires: Economies in History and Theory*, The Free Press.

Polonyi, P. (1988), *Kína története*, Kozmosz Könyvek, Budapest.

P. Szabó, S., (2012), *A Sárkány közbelép: Kína nemzetközi kapcsolatai, gazdasága és közigazgatási rendszere a 21, században*, Nemzeti Közszolgálati Egyetem Kínai Közigazgatás-, Gazdaság-és Társadalomkutató Központ, Budapest.

Rimaszombati, Andrea, Világgazdaság 2050: 2050-re Kína átveszi a vezető pozíciót az Egyesült Államoktól, In: Hetek: országos közéleti hetilap. 2013, 17, évf., 4, sz.

Rippel, Géza, Kína-Az egyensúly helyreállítása és a fenntartható felzárkózás, In: Hitelintézeti szemle, 2017, 16, évf., Klnsz.

Rácz, L. , (2011) , "A kínai biztonságpolitika régi és új elemei", In Inotai A. , Juhász O. , (ed.) : *Kína belső viszonyai*, MTA VKI-MeH Stratégiai Kutatások, Budapest.

Rácz, Lajos, A változó Kína hatása a nemzetközi biztonságra, In: Hadtudomány, 2013, (23, évf,) , 1, elektr, sz.

Rékási, Róbert, Kína tényleg világhatalom? In: Hitelintézeti szemle, 2015, 14, évf. , 2, sz.

Rónaháti, C. , (2015) , "Kína tengeri ambíciói", In Salát G. , (ed.) : *Kínai álom-kínai valóság*, Typotex Kiadó Budapest.

Salát G. , "Budapesttől Pekingig, a magyar-kínai kapcsolatok múltja", *From Budapest to Beijing, the past of Hungarian-Chinese relations*, Konfuciusz Krónika, 2009, 2.

Salát, G. , (2000b) , *A kínai külpolitika néhány vonása a kulturális forradalom alatt*, http: //www, terebess, hu/keletkultinfo/salat2, html, Letöltve: 2015, április 15.

Salát, G. , (2000c) , "Mítoszok és vallások Kínában", In Hamar, I. , Salát, G. , P. Szabó, S. , *Sinológiai műhely* 1, Balassi Kiadó, Budapest.

Salát, G. , (2000d) , "Vallási kérdések a kulturális forradalom alatt", *Új Keleti Szemle*, 2000 (1) .

Salát, G. , (2000e) , "Vallások Mao Kínájában", In Hamar I, (ed.) : *Mítoszok és vallások Kínában*, Sinológiai Műhely Balassi, Budapest.

Salát, G. , (2003a) , *Büntető jog az ókori Kínában, Qin állam törvényei a shuihudi leletek alapján*, Sinológiai műhely, Balassi Kiadó, Budapest.

Salát, G. , (2003b) , "A kínai Qin állam törvényei", In Jany J. , (ed.) : *Szemelvények az ókori kelet jogforrásaiból, Válogatás az ókori Irán, India és Kína jogemlékeiből*, Studia Orientalia 2, Pázmány Péter Katolikus Egyetem Bölcsészettudományi Kar, Piliscsaba.

Salát, G. , (2006a) , "Az ókori kínai Qin állam büntetőjogának rendszere", In Hamar, I. , és Salát, G. , (ed.) : *Sinológiai Műhely* 7, Balassi Kiadó, Budapest.

Salát, G. , (2006b) , "Társadalom és gondolkodás az ókori Kínában", In

Hamar, I. , és Salát, G. , (ed.), *Sinológiai Műhely* 8, Balassi Kiadó, Budapest.

Salát, G. , (2010), *A régi Kína története*, ELTE Konfuciusz Intézet, Budapest.

Salát, G. , (2011), "A katolikus térítés Kínában, A Ricci-módszer", In Déri Balázs (ed.): Conversio, Az Eötvös Loránd Tudományegyetem Bölcsészettudományi Karán 2011, szeptember 22-23-án tartott vallástudományi konferencia el ő adásai, Budapest, ELTE BTK Vallástudományi Központ, 2013.

Salát, G. , (2015) (ed.), *A kínai alkotmány*, Typotex-PPKE, Budapest.

Salát, G. , (2015), *Kínai álom-kínai valóság (Chinese dream-Chinese reality)*, PANTA, Budapest: Typotex.

Salát, G. , (2016a) (ed.), *Kínai álom-kínai valóság*, Typotex-PPKE, Budapest.

Salát, G. , (2016b), *Büntetőjog a Han-kori Kínában*, Typotex-PPKE, Budapest.

Salát, G. , (2016c), *Kulturális hagyomány a Modern kelet-ázsiai államban* (*ed.*), Salát, G. , Szilágyi, Zs,: L'Harmattan, Budapest.

Salát, G. , (ed.) (2015b), *Kínai álom-kínai valóság*, Typotex Kiadó Budapest.

Salát, Gergely, Az "Igazság" a "Két bármi" ellen, A kínai reformok kezdetének politikai körülményei, In Világtörténet, 2013, 35, évf. , 2 – 3, sz.

Salát, Gergely, Nyugati civilizáció-kínai szemmel, In: Századvég, 2016, 21, évf. , 81, sz.

Sarkadi, P. (ed.), *Pekingi magyar rapszódia: Emlékek a magyar-kínai kapcsolatok 65 évéből*, Kiadó, kiadás helye.

Schlipphak B. , Menniken T. , *Assessing Attitudes towards Regional Integration Processes*, London: Routledge, 2011: 176.

Schuminszky, Nándor-Arany, László, Kína újabb hordozórakéta típusai I, rész, In Haditechnika, 2017, 51, évf. , 3, sz.

Schuminszky, Nándor-Arany, László: Kína újabb hordozórakéta típusai II, rész,

In Haditechnika, 2017, 51, évf., 4, sz.

Schuminszky, Nándor-Arany, László: Kína újabb hordozórakéta típusai III, rész, In Haditechnika, 2017, 51, évf., 5, sz.

Sedlar Jean W., *East Central Europe in the Middle Ages*, 1000 – 1500, University of Washington Press, 1994.

Setényi, János, A lokális és globális összeolvadása: a kínai felső oktatási expanzió, In Educatio, 2014, 23, évf., 2, sz.

Simay, Attila Endre, Kína és az internetes gazdaság, In Külügyi szemle, 2017, 16, évf., 3, sz.

Simay, Attila Endre, Kínai ritkaföldfém-és egyéb nyersanyag-korlátozások (Kína kontra EU, USA, Japán), In Glossa Iuridica Jogi Szakmai Folyóirat 2017, 4, évf., 1 – 2, sz.

Simonovits B., Szalai B., "Idegenellenesség és diszkrimináció Magyarországon (Xenophoby and discrimination in contemporary Hungary)", *Magyar Tudomány*, March, 2013.

Song L., "China's public diplomacy toward Visegrad countries: Beyond economic influence?", *Chinese investments and financial engagement in Visegrad countries: myth or reality?* (ed., Ágnes Szunomár) Budapest: Institute of World Economics, Centre for Economic and Regional Studies, Hungarian Academy of Sciences, 2012.

Steven W., Sowards, *Twenty-Five Lectures on Modern Balkan History (The Balkans in the Age of Nationalism)*, Lecture 4: Hungary and the limits of Habsburg authority, Michigan State University Libraries, 2009.

Stirber, Tomás-Karácsony, Péter-Nagyová, Nikoletta: Kína és az Európai Unió közötti kereskedelem elemzése, In Acta Carolus Robertus: Károly Róbert Főiskola Gazdaság-és Társadalomtudományi Kar Tudományos Közleményei, 2017, évf, 1, sz.

Stukovszky, Tamás, Az autóipar útja a válságtól a fellendülésig (2008 – 2013) A kínai sikertörténet?! In A jövő járműve, 2013, 3 – 4, sz.

Szabó, Máté, Emberi jogok, demokrácia-Kína árnyékában? In Acta Humana: Hungarian Centre for Human Rights Publications, 2016, 4, évf, 1, sz.

Szigeti, Cecília-Borzán, Anita, A területileg differenciált ökológiai lábnyomkalkulációk eredménye a kínai tartományokban, In Geopolitika a 21, században, 2013, 3, évf, 4, sz.

Szilágyi, Gábor, The Objectives of China and Japan in Regional Processes in Southeast Asia, In Hadtudományi Szemle, 2017, 10, évf, 4, sz.

Szilágyi, Zsolt, Az orosz-kínai kapcsolatfelvétel a 17, században, In Távol-Keleti Tanulmányok, 2015, 7, évf, 2.

Szobolevszki, Sándor-Vida, István (ed.) *Magyar-kínai kapcsolatok*, 1956 – 1959, Budapest, MTA Jelenkorkutató Bizottsága, 2001.

Szretykó, György, Nemzeti kultúrák, stratégia és a cégvezetés; az amerikai és a kínai HR stratégiák tükrében, In: Humánpolitikai szemle, 2013, 3 – 4, sz.

Szunomár Á (2018), "One Belt, One Road: Connecting China with Central and Eastern Europe?" *The Belt & Road Initiative in the Global Arena: Chinese and European Perspectives*, (eds., Cheng Y., Song L., Huang L) Singapore: Palgrave Macmillan, 2018.

Szunomár Á., Liao J., "Zhongguo he xiongyali de jingmao guanxi", *Zhongguo he xiongyali de quanmian zhanlue huoban guanxi: lishi, xianzhuang, qianjing ji zhengce jianyi*, (eds: Zuokui L Szunomár Á, Weiwei J., Eszterhai V, Wei T), Beijing: China Social Sciences Press, 2017. (National Think Tank; 42)

Szunomár Á., Völgyi K., Matura T., "Chinese investments and financial engagement in Hungary", *Working Paper*, No, 208, 2014, Institute of World Economics-MTA KRTK.

Szunomár Á., "Blowing from the East", *International Issues & Slovak Foreign Policy Affairs*, Vol. XXIV, No. 3, 2015.

Szunomár Á., "Yanbian zhong de zhongguo yu xiongyali jingmao guanxi: chengjiu yu tiaozhan", *Xiongyali kan "Yidai yilu" he zhongguo-zhongdongou hezuo* (ed Chen Xin), Beijing: China Social Sciences Press, 2017.

Szunomár, Á., (2012), "Kínai külpolitika, kínai hatalmi politika: folyamatosság és változás," *Külügyi szemle*, 2012 (2).

Szunomár, Á., (2015), "Eredmények és új lehetőségek a magyar-kínai gazdasági kapcsolatokban", In Salát, G. , (ed.): *Kínai álom-kínai valóság*, Typotex Kiadó Budapest.

Szunomár, Á. , Völgyi, K. , Matura, T. , (2014), Chinese investments and financial engagement in Hungary, Budapest: Institute of World Economics, Centre for Economic and Regional Studies, Hungarian Academy of Sciences, 2014, 24.

Szunomár, Á. , Völgyi, K. , Matura, T. , (2014), Chinese investments and financial engagement in Hungary, In: Szunomár Á (ed.), Chinese investments and financial engagement in Visegrad countries: myth or reality? ; Budapest: Institute of World Economics, Centre for Economic and Regional Studies, Hungarian Academy of Sciences, 2014.

Szálkai, Kinga, The Wild West of China: The Uighur Minority and China's Considerations of Security, In Biztonságpolitikai Szemle, 2015, 2.

Székely-Doby, András Urbanizációs tendenciák és a vidék-város ellentét gyökerei Kínában, In Köz-gazdaság: tudományos füzetek, 2014, 9, évf. , 3, sz.

Székely-Doby, András, A kínai fejlesztő állam kihívásai, In Közgazdasági szemle, 2017, 64, évf. , 6, sz.

Székely-Doby, András, A kínai reformfolyamat politikai gazdaságtani logikája, In Közgazdasági szemle, 2014, 61, évf. , 12, sz.

Sárhidai Gyula, Vízre bocsátották Kína első légvédelmi cirkálóját, In: Haditechnika, 2018, 52, évf. , 2, sz.

Sárhidai, Gyula, A kínai légierő fokozza stratégiai szállító képességét, In Haditechnika, 2015, 49, évf. , 4, sz.

Sárhidai, Gyula, Kínában elkészült az AG-600-as, a világ második legnagyobb amfíbiája, In Haditechnika, 2017, 51, évf. , 5, sz.

Sárközi, Ildikó Gyöngyvér, Az emberi tényező: Terepmunka és barátság Kínában, In Távol-Keleti Tanulmányok, 2017, 1, sz.

Sárvári, B. , (2016b), "China's Role in The New World Order", In *China-Central and Eastern Europe Cross Cultural Dialogue*, (ed.) Joanna Wardęga Jagellonian, University Press, Kraków.

Sárvári, B. , (2016c), "A kínai eszmetörténeti hagyomány", *Köz-Gazdaság*,

2016/4.

Sárvári, B., (2017a), China's Peaceful Rise and the New Silk Road, In XVII АПРЕЛЬСКАЯ МЕЖДУНАРОДНАЯ НАУЧНАЯ КОНФЕРЕНЦИЯ по проблемам развития экономики и общества, Oroszország, Moszkva, 2, kötet.

Sárvári, B., (2018), *The Economic and Foreign Policy Foundations of the Chinese Catch Up Process* 1949 – 2007, PhD, Dissertation, Corvinus University of Budapest.

Sárvári, B., Kelemen, Z., (2017), "The economic and foreign policy interaction between China and the Hungarian occurrences of 1956", *Manuscript*.

Sárvári, B., Szeidovitz, A., (2016a), "The Political Economics of the New Silk Road", *Baltic Journal of European Studies*, Volume 6, Issue 1, Pages 3 – 27.

Sárvári, B., Szeidovitz, A., (2017c), "Political Economics of the New Silk Road", In Cheng, Y., Song, L., Huang, L., (ed.): *The Belt & Road Initiative in the Global Arena, Chinese and European Perspectives*, Palgrave Macmillan, London.

Sárvári, Balázs, China Expands Tianxiaism Along the Modern Silk Road, In Kultura-Historia-Globalizacja, 2017, 22.

Sédy, Judit, Emlékek Kínáról a Kínai-Magyar Geofizikai Expedíció idejéből, In Magyar geofizika, 2017, 58, évf., 1, sz.

Sütő, Zsanett-Tóth, Tamás, A kínai kötvénypiac főbb jellemzői, In: Hitelintézeti szemle, 2016, 15, évf., 2, sz.

Šimalčík M., "Do the Central European media show caution towards China?" *East Asia Forum*, Šimalčík M., Karásková I, "Chinfluen CE Roundtable: The Extent and Kind of China's Influence in Central Europe", *Briefing Paper*, No. 8, Association for International Affairs, 2018.

Takó, Ferenc, Az amerikai demokrácia és a kínai despotizmus: Tocqueville Kína-képének alakulástörténetéről, In: Holmi, 2014, 26, évf., 4, sz.

Tamás, Pál, Felzárkózás és nemzeti technológiai kitörési pontok: A kínai modellek, In: Magyar tudomány, 2014, 175, évf., 12, sz.

Tarrósy, István, "Chimerican" Interests, Africa Policies and Changing US-China Relations, In: Biztpol Affairs, 2013, 1, évf, 1, sz.

Tarrósy, István, China's "Peaceful Rise" and Pragmatic Foreign Policy Along the New Silk Road, In: Globs: Foreign Affairs and Trade, 2017, 9, sz.

Thompson E. A., *A History of Attila and the Huns*, Oxford University Press, 1948.

Thomson A. M., Perry JL, Miller TK, *Conceptualizing and Measuring Collaboration*, Journal of Public Administration Research and Theory, 2009, 19 (1).

Tibor, Frank, ed., Discussing Hitler: Advisers of U. S. Diplomacy in Central Europe: 1934 - 1941, Budapest: Central European University Press, 2003.

Tischler, Zoltán, Kínai szigetviták-a Szenkaku/Tiaojü-szigetek kérdése, In Nemzet és biztonság: biztonságpolitikai szemle, 2013, 6, évf., 1/2, sz.

TJN, *The Price of Offshore Revisited*, Tax Justice Network, 2012.

Turcsányi R Q., Matura T., Fürst R., "The Visegrad countries' Political Relations with China", *Chinese investments and financial engagement in Visegrad countries: myth or reality?* (ed., Szunomár Á) Budapest: Institute of World Economics, Centre for Economic and Regional Studies, Hungarian Academy of Sciences, 2014.

Tálas, B., (2006), "Kína-a 21, század leendő hiperhatalma", *Külügyi Szemle*, 2006 (1 - 2).

Tálas, B., (2012), "A kínai civilizáció újabb reneszánsza a XXI, század első évtizedeiben", *Külügyi szemle*, 2012 (2).

Tóth, Csaba G., and Péter Virovácz, "Nyertesek és vesztesek: A magyar egykulcsos adó reform vizsgálata mikroszimulációs módszerrel", *Pénzügyi Szemle*, No. 4, 2013.

Tőkei, F., (1980), "Az ókori kínai társadalom és filozófia", In: Tőkei F., (ed.): *Kínai filozófia*, Akadémiai Kiadó, Budapest.

Tőkei, F., (ed.) (1964), *Kínai Filozófia*, *Ókor I - III*, szöveggyűjtemény, Akadémiai Kiadó, Budapest.

Tőkei, Ferenc (1965), Az "ázsiai termelési mód" kérdéseihez, Kossuth Kiadó, Budapest.

Tőkei, Ferenc (2005), Ázsiai termelési mód, antikvitás, feudalizmus-Életmű sorozat IV, kötet Budapest: Kossuth Kiadó.

Tőkei, Ferenc (ed.) (1982), Őstársadalom és ázsiai termelési mód Magvető, Budapest.

Törös, Á., (2012), *Az árfolyam-politika szerepe Kína gazdasági növekedésében*, *Doktori (PhD) értekezés*, Budapesti Corvinus Egyetem, Nemzetközi Kapcsolatok Doktori Iskola.

van Leeuwen B., Didenko, D., Foldvari, P., Inspiration vs, perspiration in economic development of the Former Soviet Union and China (ca, 1920 – 2010), In Economics of Transition, 2015, 23, évf, 1 sz.

Varga, Bence, A kínai pénzügyi felügyelést érintő aktuális kihívások és kezelésük, In: Hitelintézeti szemle, 2017, 16, évf., Klnsz.

Vaszkun, Balázs-Koczkás, Sára: The influence of ideologies on Chinese management characteristics and its relevance in cross-cultural management between China and the European Union, A conceptual paper, In Vezetéstudomány, 2018, 49, évf, 5, sz.

Vörös, Zoltán, Belső migráció és szellemvárosok Kínában, In: Modern Geográfia, 2014, IV.

Vörös, Zoltán, Kína külpolitikai irányváltása a regionális tengerek vonatkozásában, In Szakmai Szemle: A Katonai Nemzetbiztonsági Szolgálat Tudományos-Szakmai Folyóirata, 2014, 1.

Vörös, Zoltán, Kína legfőbb tengeri kereskedelmi útvonalának biztonsági kockázatai: Afrika, In: Afrika tanulmányok, 2013, 7, évf., 4, sz.

Vámos, Péter, A Hungarian Model for China? Sino-Hungarian Relations in the Era of Economic Reforms, 1979 – 1989, In Cold War History online first ed, 2018.

Vámos, Péter, *Sino-Hungarian Relations and the* 1956 *Revolution*, Cold War International History Project, Woodrow Wilson International Center for Scholars, Washington D. C., November, 2006, Working Paper No. 54.

Vámos, P. (1995), "Az egészségmegőrzés kínai tudománya: a csikung I, rész", *Keletkutatás* 1995/ősz: 9 – 22.

Vámos, P. (2007), "A magyar forradalom szerepe a Kínai Kommunista Párt politikájában" In Rainer, M., J., Somlai, K., (ed.): *Az 1956-os forradalom visszhangja a szovjet tömb országaiban*, 1956-os Intézet, Budapest.

Vári, Sára, A kínai fejlesztési együttműködés Afrikában az ezredfordulót követő évtizedben, In Külgazdaság, 2016, 60, évf., 9 – 10, sz.

Várnai, András, Kína arculata a felvilágosodás gondolkodóinak tükrében, In Műhely, 2016, (39, évf,), 5 – 6, sz.

Várnai, András, Leibniz Kína-képe, In Magyar filozófiai szemle: a Magyar Tudományos Akadémia Filozófiai Bizottságának folyóirata, 2015, 59, évf., 1, sz.

Vér András, Henry Kissinger Kínáról, In Aetas, 2013, 28, évf., 1, sz.

Wang, C., Meng, Q., Zhan, Y., Liu, M., Wang, L., Jancso, T., Spatial interpolation analysis of spring wheat evapotranspiration measurements in northwest china, In Nongye Jixie Xuebao/Transactions of the Chinese Society of Agricultural Machinery, 2014, 45, évf, 11, sz.

Woon L. J., "Asian FDI in Central and Eastern Europe and its impact on the host countries", *Asia Europe Journal* 1, 2003.

Zsinka, László, A kínai civilizáció történeti földrajzi portréjához, In Grotius, 2013.

Zsubrinszky, Zsuzsanna, Jelképek és szimbólumok a kínai kultúrában, In Nyelvvilág, 2016, 18, sz.

Árva, László-Schlett, András: The long march: the lessons of China's economic transition, In: Asia Europe Journal, 2013, 11, évf, 1, sz.

五 网络资源

https://index.hu/gazdasag/magyar/roma060508.

http://www.china-ceec.org/chn/.

https://web.archive.org/web/19970204103909/http://www.feefhs.org/banat/bhistory.html.

https://www.worldatlas.com/articles/ethnic-groups-of-hungary.html.

http://www.hrvatiizvanrh.hr/en/hmiu/croatian-minority-in-hungary/9.

http：//www. refworld. org/docid/4c3476272. html.

https：//www. constituteproject. org/constitution/Hungary_ 2011. pdf.

http：//www. refworld. org/docid/3f460e764. html.

https：//www. legislationline. org/documents/id/5331.

http：//wemedia. ifeng. com/62317947/wemedia. shtml.

https：//hungarytoday. hu/hungarian-ukrainian-relations-how-much-worse-can-it-get/.

http：//www. xinhuanet. com/world/2018-10/06/c_ 129966197. htm.

http：//www. sohu. com/a/257725460_ 731085.

http：//ec. europa. eu/commfrontoffice/publicopinion/archives/ebs/ebs _ 393 _ en. pdf.

http：//www. reformatus. hu/mutat/6819/.

https：//ipfs. io/ipfs/QmXoypizjW3WknFiJnKLwHCnL72vedxjQkDDP1mXWo6uco/wiki/Religion_ in_ Hungary. html.

https：//www. pmume. com/view/nbv7p. shtml.

https：//www. stmarys. ac. uk/research/centres/benedict-xvi/docs/2018-mar-europe-young-people-report-eng. pdf.

http：//www. xinhuanet. com/world/2018-05/10/c_ 1122814937. htm.

https：//budapestbeacon. com/political-christianity-in-orbans-hungary/.

http：//www. bw40. net/12265. html.

http：//politicalcritique. org/explains/2016/religion-politics-state-hungary/.

http：//hungarianspectrum. org/2016/04/01/the-hungarian-catholic-church-and-education/.

http：//nol. hu/belfold/elithalozatot-epit-az-allam-1509167.

https：//en. wikipedia. org/wiki/Matthias_ Church #/media/File：Matthias_ Church,_ Budapest,_ 2017. jpg.

https：//www. bazilika-esztergom. hu/en/history.

https：//www. budapest. com/hungary/debrecen/sights/the_ reformed_ great_ church. en. html.

https：//en. wikipedia. org/wiki/Reformed_ Great_ Church_ of_ Debrecen#/media/File：Debreceni_ reform%C3%A1tus_ nagytemplom. jpg.

http：//www. greatsynagogue. hu/gallery_ syn. html.

https：//dailynewshungary. com/121-facts-dohany-street-synagogue/.

https：//www. iranypecs. hu/en/info/attractions/turkish-age/the-mosque-of-pasha-yakovali-hassan. html.

http：//www. guideinfo. hu/en/80-latnivalok/latnivalok-pecsett/202-mosque-of-pasha-yakovali-hassan.

https：//www. danubetourism. eu/the-mosque-of-pasha-yakovali-hassan-pecs/.

http：//www. grotius. hu/publ/displ. asp？id = GJRFWY.

http：//www. eastasiaforum. org/2018/02/14/does-the-central-european-media-show-caution-towards-china/#more-109995.

http：//www. kornai-janos. hu/Kornai%20Caijing-interju%202010. pdf.